转型时代的图书馆：新空间·新服务·新体验

第七届上海国际图书馆论坛论文集

上海图书馆　编

上海科学技术文献出版社
Shanghai Scientific and Technological Literature Press

图书在版编目（CIP）数据

转型时代的图书馆：新空间・新服务 ・新体验：第七届上海国际图书馆论坛论文集 / 上海图书馆编 . —上海：上海科学技术文献出版社，2014.7
ISBN 978-7-5439-6289-7

Ⅰ . ① 转… Ⅱ . ①上… Ⅲ . ①图书馆工作—文集 Ⅳ . ① G25-53

中国版本图书馆 CIP 数据核字(2014)第 130461 号

责任编辑：徐　静
封面设计：徐　利

转型时代的图书馆：新空间・新服务 ・新体验
——第七届上海国际图书馆论坛论文集
上海图书馆　编
出版发行：上海科学技术文献出版社
地　　址：上海市长乐路 746 号
邮政编码：200040
经　　销：全国新华书店
印　　刷：常熟市人民印刷厂
开　　本：787×1092　1/16
印　　张：30.5
字　　数：1 032 000
版　　次：2014 年 7 月第 1 版　2014 年 7 月第 1 次印刷
书　　号：ISBN 978-7-5439-6289-7
定　　价：180.00 元
http://www.sstlp.com

目　录

摘要选登

Content

大会报告

Conference Speeches

购物中心图书馆—对现代社会期待的回应：以格但斯克的“曼哈顿图书馆”为例

Pawel Braun

（波兰滨海省格但斯克图书馆）

摘要 我们图书馆正处于一个非常激动人心的时代。毫不夸张地说，我们可以将之比作古腾堡的革命，因为馆藏的数字化以及网上知识的普遍可取性，我们或许可以期待相似的变化将影响我们的工作和整个文明。

Shopping Mall Libraries—Responding to the Expectations of Modern Society on the Example of Biblioteka Manhattan in Gdansk

Pawel Braun

(The Joseph Conrad—Korzeniowski's Voivodship and Municipal Public Library of Gdańsk, Poland)

Abstract We do live in a very exiting time for the libraries. Without exaggeration, we can compare it to the Revolution of Guttenberg. Because of the digitalization of the collections and universal access to knowledge generated on-line we can probably expect similar changes affecting both our work and the whole civilization.

When I have started working in the library, just about 20 years ago, nobody really suspected how the Internet will change our work. We have had one e-mail address for the library and the Internet itself was just a funny toy for the gamers. Nowadays we are sure that there is no escape from changes of our new role in the society.

Since knowledge stored in the libraries can be easily and conveniently accessed from any electronic device which is "in network", it should be expected that the interest in the printed book will be from year to year decreasing significantly. It calls into question both about the role and even the need for our institutions.

Among many ideas on the functioning of our institutions dominate those associated with the idea of a third place presented in 1989 by the American sociologist Ray Oldenburg. According to this theory, a new source of attractiveness of our institutions should be sought through recourse to emotional and social needs of the readers. Provide them with the products that will fill the time between work and home and cumulate energy community to meet the needs of integration and self-development.

Although the concept of Oldenburg was not projected for public institutions, it seems that in the search for new development paths for libraries we could not find better way. It is difficult for more egalitarian, universal institution which possesses a greater trust in their environment than a library. We're almost everywhere, in big cities and small communities. Open to everyone regardless of age, gender, religion, or political views, in addition, our services are free of charge. So we are a great candidate to implement the idea of third place!

In accordance with dramatically falling down readership in Polish Libraries we faced a challenge consisting in recognition and meeting demands of our recipients. The traditional library offer which was making books accessible turned out to be insufficient. Especially the representatives from young generation as well as professional activity people used our offer much rarely. Still growing offer of easy entertainment and very fast access to the knowledge put us in circumstances of redefine our role in society.

We began the process of recognition needs of our readers from making research among the citizens who did not use library's offer at all. The results of these research turned out to be extremely interesting. It revealed that the library is being held in great respect and trust among all groups of recipients. However, our offer we judged as very poor and addressed to narrow group of recipients only. Which is characteristic, the majority of surveyed had their last contact with library many years ago and did not know their local branches and its new offer.

Considering the above we decided to prepare a social and marketing campaign showing the new image of the library. Being deeply convinced about our high quality offer we implemented activities in order to encourage our old readers to come back to library and confront the picture of the library with its new image. The modernisation of our services kept our actions company—full catalogue online, multimedia shop, branches refurbish and complex trainings for librarians regarding professional customer service.

Implementing one library card for all 30 branches became a great success. The card is called—Culture Pass. Its functionality has been widen of the discount program which was including all culture institutions in the city. In the first year of operating the new strategy we recorded 20% increase of readers and significant improvement of recognition. Our actions met with great favour of media and finally with journalist award—Sztorm Roku 2011(Storm of the Year 2011).

Both with the increase of the readership the expectations against our branches become higher. Big and very often chaotic network of our branches generated high operating costs and significantly limited our flexibility in creating our offer. Therefore it was high time of presenting to the citizens but also to our organizers a vision of a library built in the structure of the city and meeting the standards of a modern library.

We chose the district with 750 years history located in the heart of the city for the realization of our project. The district of long trade tradition, fashionable among the citizens in any kind of age because of a universal character and well communicated with other districts. Not without significance was the fact of existing 6 branches in this district which were very expensive in maintenance and old-fashioned.

Looking for the readers we went to the place where in this district were the most—to the city centers ...

In the world of such projects existed since the 90's. Extremely helpful in building the development strategy of our institution were experience of Singapore Libraries. It seems that it was the most comprehensive plan for changing the library system for such use. In 1992, the Library 2000 Review Committee(LRC), led by Dr Tan Chin Nam, was formed to formulate a master plan to provide a new framework and a set of recommendations for library improvement and development. The shopping mall concept was part of this plan The report suggested to set up libraries in commercial or institutional buildings in town centers because it is a quicker and less expensive option than building stand-alone libraries①.

These economic arguments are still very solid and convinced both librarians and patrons all over the world to the idea of shopping mall libraries. Another very strong arguments were those from sociological and psychological side:"The shopping mall library concept was to attract people to visit libraries. It was felt that people visiting the shopping mall to get groceries, catch a movie or to have a meal would drop-by the library since it was located in the mall too. This would attract visitors to the library and at the same time make it convenient for the people. The aim was to take library services closer to the people"②. There is no doubt that the same mechanism can work in almost every countries were people meet each other in the malls. In Poland such new habit explodes over a dozen years ago and it is constantly growing.

After public consultations we have find out our first limitation in this project. Our readers were used to small intimate libraries. In our polls this specific work atmosphere turned out to be very important. Searching for a new customers we had to also take into account the habits of our existing readers. Too modern library

---

① Balamurugan Anasuya: Shopping mall libraries[on-line]http://eresources.nlb.gov.sg/infopedia/articles/SIP_705_2005-01-20.html.

② Ibidem.

could scare off our regular customers including especially the elderly. Finally our community and its financial capabilities were much smaller.

For many years we were enviously looked at the development and social importance of libraries in the Nordic countries. Therefore, in search of useful models we decided to use Scandinavian designs. Very interesting and widely commented was opened in 2008 library in Hjorring on Jutland. The library was praised for innovative solutions and high functionality. So we decide to make something similar little bit similar in our city.

Unfortunately our next significant limitation was the budget and time. Because of the high risk associated with the project(it was the first such library in Poland) we get budget of 300.000 Euro and just one year to finish.

Library Manhattan—adaptation of commercial space to the needs of the public library

The concept design work was combined forces of interior designers, sociologists and librarians. The effect is to create a place unique.

Adaptive work carried out in the modernized premises include the design of electrical installations, sanitary and ventilation, sprinkler system and internal hydrants, adjust lighting to rooms without access to natural light for the people working on permanent jobs.

After the construction work started the project of interior design library. The main part of the facility (629 m^2) is an open space of the main hall, in which were placed collections of 65.000 books, computer stations for readers, musical instruments, audiovisual collections, children's playground, which simultaneously is a space for meetings held in the library and interactive games room-"Consoleum". The main hall is equipped with audio-visual system and corners for users who want to take advantage of the on-site press or to meet in the library. In the interest of readers looking for a place to work and study silent reading room has been developed (over 70 m^2), where the individual workplaces and computer stations. The library operates a WiFi network. The remainder of the surface of the object(about 100 m^2) was earmarked for offices, server room, social rooms and sanitary facilities for employees. The library is fully adapted to the needs of people with disabilities. Innovation in this space, in addition to the solutions of arrangement and interior fittings, especially the location of the library in the mall let us be one of the model library in the country. In 2013 our project received the prestigious designers and architects award "Modernisation of the year 2012".

The library is visited by over 1.500 people a day, is open six days a week from 9.00 to 21.00, giving access not only to the traditional library but new technologies as well. During the last year to the Library Manhattan signed up almost 30.000 people, which represents a quarter of all the readers of the Provincial and Municipal Public Library in Gdansk. With 355.000 visits and 575.000 loans per year we have crossed the expectations of all including ourselves. Library Manhattan has become not just traditional library but also fashionable meeting place. 30% of our respondents declared spending time at this site. The library is also a place of cultural events, literary festivals, concerts and exhibitions. For our activities have also received a publishers and booksellers prize of "Ikar 2013" as the most active library in the country.

Finally, what is most important for us these project has changed the whole image of our institution making it one of the most important part of local community. In the last four years we have increased the number of readers in our city from 50.000 to 120.000 all in terms of falling readership in whole country.

Especially now, when I am sitting among the people in the full library I feel that the shopping mall libraries are one of the proper directions of the development both libraries or the society.

References

[1] Morris Anne, Brown Anna: Siting of public libraries in retail centres: benefits and effects// Library Management. - Vol.25(2004), Iss.3, pp.127-137.
http://www.emeraldinsight.com/journals.htm?articleid=859128&show=abstract.

[2] Blankship Donna Gordon: Let's go to the mall // Library Journal.-2005, February 1.
http: // lj.libraryjournal.com / 2005 / 02 / ljarchives / lets-go-to-the-mall / .

[3] Forsyth Ellen: Public libraries in shopping centres: retail therapy or social inclusion? // Australian Public Libraries and Information Services.-Vol.19(2006), No.2.
http: // www.thefreelibrary.com / Public+libraries+in+shopping+centres%3A+retail+therapy+or+social...-a0147301649.

[4] Johnstone Laurelle: Public libraries and shopping centres // Australasian Public Libraries and Information Services.-Vol 12 No1,(March 1999), Auslib Press, South Australia.
http: // www.thefreelibrary.com / PUBLIC+LIBRARIES+AND+SHOPPING+CENTRES.-a053980286.

[5] Building audit of Victoria Public Libraries an independent report for the State Library of Victoria and Victorian public library Network. -2008(May).
http: // www.plvn.net.au / sites / default / files / buildingauditforvictorianpubliclibraries.pdf.

[6] Dewe Michael. Planning Public Library Buildings: Concepts and Issues for the Libraries.-Ashgate Publishing Limited, 2006.
http: // books.google.pl / books?id=sARvKM5rynkC&pg=PA123&lpg=PA123&dq=springburn+leisure+centre+library&source=bl&ots=9K1teIYJBT&sig=uDKlD0NjpAmkVAM9_2Jt8qAyugU&hl=pl&sa=X&ei=Vj8LU_GoM8L8ygO-0IGADA&ved=0CEQQ6AEwAw#v=onepage&q=springburn%20leisure%20centre%20library&f=false.

[7] Mittermaier Bernhard. Libraries In Singapore.-Forschungszentrum Bibliothek Library, 2007.
http: // juser.fz-juelich.de / record / 58901 / files / Bibliothek_17.pdf.

[8] Libraries in shopping malls.
https: // libraryarchitecture.wikispaces.com / Libraries+in+Shopping+Malls.

[9] Johnston James R.: "They Put a Library in the Mall!" // Illinois Libraries.-Vol.78(1996), No2.
http: // www.lib.niu.edu / 1996 / il960270.html.

[10] Schoeberle Beverly, Reid Joyce: The first mall library in Illinois.
http: // www.lib.niu.edu / 198 / 03115.html.

[11] Kotulska Jadwiga, Sliwińska Beata: Wpływ współczesnych przemian na architekturę bibliotek w XXI wieku-z wybranymi bibliotekami wydziałowymi Biblioteki Głównej Uniwersytetu Opolskiego wtle.
http: // sbc.wbp. kielce. pl / Content / 4950 / Wp% C5% 82yw + wsp% C3% B3% C5% 82czesnyh + przemian + na + architektur%C4%99+bibliotek+w+XXI+wieku.pdf.

Shopping mall libraries in the world(choice)

Denmark

Thornhauge Jens: Rewolucja w bibliotece [wywiad] / rozm.Karolina Monkiewicz

http: // www.przeglad-tygodnik.pl / pl / artykul / rewolucja-bibliotece

Finland

Kirjasto Omena

http: // www.helmet.fi / fi-FI / Kirjastot_ja_palvelut Kirjasto_Omena

News from the CEO: Sello Library, Leppävaara District, Finland

http: // yarraplentylibrary.blogspot.com / 2008 / 10 / sello-library-leppvaara-district.html

What is a library?

http: // irexgl.wordpress.com / 2010 / 04 / 19 / what-is-a-library

Sello Library, Leppävaara District Library

http: // www.librarybuildings.info / finland / sello-library-leppavaara-district-library

Ireland

Douglas Library

http: // www.corkcitylibraries.ie / douglas

Library

http: // www.blanchardstowncentre.ie / library

Germany

Anna-Seghers-Bibliothek

http: // www.berlin.de / ba-lichtenberg / buergerservice / bildung / bibliothek011.html

Ingeborg-Drewitz-Bibliothek

http: // www.stadtbibliothek-steglitz-zehlendorf.de

Helene-Nathan Bibliothek

www.stadtbibliothek-neukollen.de / helene.htm

Medien@age

http: // www.medienetage-dresden.de

Singapore

[Report about libraries]

http: // www.nlb.gov.sg / annualreport / inaugural / foreword / index.htm

Bukit Batok Public Library

http: // www.pl.sg / PL.portal?_nfpb = true&_windowLabel = PlLibraryLocations_1_2&PlLibraryLocations_1_2_actionOverride = %2FIBMS%2FplLibraryLocations%2FlibraryDetailsDisplay&PlLibraryLocations_1_2BranchCode = BBCL&_pageLabel=PlLibraryBranches

Bukit Panjang Public Library

http: // www.nlb.gov.sg / Corporate.portal?_nfpb=true&_windowLabel=PlLibraryLocati

Cheng San Public Library

http: // www.pl.sg / PL.portal?_nfpb = true&_windowLabel = PlLibraryLocations_1_2&PlLibraryLocations_1_2_actionOverride = %2FIBMS%2FplLibraryLocations%2FlibraryDetailsDisplay&PlLibraryLocations_1_2BranchCode = CSCL&_pageLabel=PlLibraryBranches

Clementi Public Library

http: // www.pl.sg / PL.portal?_nfpb = true&_windowLabel = PlLibraryLocations_1_2&PlLibraryLocations_1_2_actionOverride = %2FIBMS%2FplLibraryLocations%2FlibraryDetailsDisplay&PlLibraryLocations_1_2BranchCode = CMPL&_pageLabel=PlLibraryBranches

Choa Chu Kang Public Library

http: // www.pl.sg / PL.portal?_nfpb = true&_windowLabel = PlLibraryLocations_1_2&PlLibraryLocations_1_2_actionOverride= %2FIBMS%2FplLibraryLocations%2FlibraryDetailsDisplay&PlLibraryLocations_1_2BranchCode = CCKCL&_pageLabel=PlLibraryBranches

Sembawang Public Library

http: // www.pl.sg / PL.portal?_nfpb = true&_windowLabel = PlLibraryLocations_1_2&PlLibraryLocations_1_2_actionOverride = %2FIBMS%2FplLibraryLocations%2FlibraryDetailsDisplay&PlLibraryLocations_1_2BranchCode = SBCL&_pageLabel=PlLibraryBranches

Sim Chi Yin: Self-service libr ary opens in Sengkang Library

http: // en.wikipedia.org / wiki / User:Sengkang / Sketchpad / Sengkang_Community_Library

Pasir Ris Public Library

http: // www.nlb.gov.sg. / Corporate.portal?_nfpb=true&_windowLabel=PlLibraryLocati

Yishun Public Library

http: // www.pl.sg / PL.portal?_nfpb = true&_windowLabel = PlLibraryLocations_1_2&PlLibraryLocations_1_2_actionOverride = %2FIBMS%2FplLibraryLocations%2FlibraryDetailsDisplay&PlLibraryLocations_1_2BranchCode = YICL&_pageLabel=PlLibraryBranches

Slovenia

Modweŝĉek Tomaž: Domžale Public Library

http: // www.librarybuildings.info / print / 119

USA

Public Library In Shopping Mall

http: // wikis.ala.org / professionaltips / index.php?title=Public_Library_in_Shopping_Mall

McMichael Barbara Lloyd: Something new to check out at the mall: library books // The Christian Science Monitor.- 2004, nr z dn. 23.08

http: // www.csmonitor.com / 2004 / 0823 / p12s02-ussc.html

Dallas

http: // www.dallaslibrary2.org / branch / bookmarks.php

Baychester Library

http: // www.nypl.org / locations / tid / 9 / about

Lake Forest Park Library

http: // www.kcls.org / usingthelibrary / locations / directions.cfm?locID=23

South Centre Library

http: // www.kcls.org / usingthelibrary / locations / directions.cfm?locID=26

The mall library connection opens at Westfield

http: // www.50plusnorthwest.com / the-mall-library-connection-opens-at-westfield

Switzerland

Gemeindebibliothek Volketswil

http: // www.bibliothekvolketswil.ch / site

Sweden

Citycon launches a first-of-its-kind Digital libr ary AT Kista Galleria

http: // www.property-magazine.eu / citycon-launches-a-first-of-its-kind-digital-library-at-Kista-Galleria-26028.html

Högdalen Centrum

http: // www.citycon.com / shopping_centres / shopping_centre / ?MapID=106

Thailand

A Word of ideas await

http: // www.library.tcdc.or.th

Thailand Knowledge Park(TK Park)

http: // www.bangkokpost.com / lifestyle / 3032_info_thailand-knowledge-park-tk-park.html

The Tiger's Bookshelf: Shopping Mall Library

http: // www.papertigers.org / wordpress / the-tigers-bookshelf-shopping-mall-library

Thailand Knowledge Park

http: // www.tkpark.or.th / eng / page / about_tk

Great Britain

Knowle Library

http: // www.yelp.co.uk / biz / knowle-library-bristol

Shepherds Bush Library

http: // www.lbhf.gov.uk / Directory / Leisure_and_Culture / Libraries / Sheperds_Bush_library

Tinsley Library

https: // www.sheffield.gov.uk / libraries / all-libraries / tinsleylibrary.html

公共图书馆转型发展的思考与实践
——以上海图书馆为例

周德明　林　琳　唐良铁

（上海图书馆）

摘要　传统出版由纸质转向数字化的趋势显现，全球数字资源增长迅速，纸质和数字资源等多媒体格局已经形成。在此背景下，公共图书馆如何顺势而为，利用新媒体、新技术调整自身业务和服务以应对时代的挑战已成为当今业界关注的焦点。本文以上海图书馆近年来的实践为基础，对公共图书馆在转型过程中应当加大数字资源建设和阅读推广力度，打造新的服务功能和提高馆员的专业技能，增强与读者的黏合度，从而在数字化时代形成公共图书馆的自身优势等提出了一些观点。

关键词　公共图书馆　数字资源　数字阅读　创新空间　转型发展

On Transitional Development of Public Library
—A Case of Shanghai Library

Zhou Deming, Lin Lin & Tang Liangtie

(Shang Library, China)

Abstract　With the rapid growth of global digital resources, a shift from traditional publishing of predominantly print to digital is clearly underway. There has formed a multimedia structure covering print, digital and etc. In this context, libraries are greatly concerned about how public libraries should adjust its operations and services by utilizing new media and new technology to response to the challenges of the time. Based on theoretical studies and practice of Shanghai Library in recent years, this paper proposes that public libraries under the transition should enhance digital resource construction and the promotion of reading, launch new services and functions, improve librarians' professional skills as well as strengthen their bond with readers so as to create their own advantages in this digital era.

Keywords　Public Library　Digital Resources　E-reading　New Space　Transition and Development

1　数字资源增长及多媒体格局形成

1.1　全球数字出版发展迅猛，数字阅读上升趋势明显

全球出版业正在经历着从纸质向数字出版的转型，数字出版成为各大出版商的重要发展战略。

2009 年 12 月 25 日，亚马逊网站电子书销量第一次超过纸质书。2011 年 1 月 28 日，亚马逊在发布财报时表示，该公司销售的电子书与纸质书的金额比例为 115：100。① 美国电子书出版拉动出版业从 2008 年到 2010 年三年内实现了 5.6%的营收增长，2012 年电子书销售额达 12.51 亿美元，较 2011 年增长了 42%，销量达图书总销量的 50%以上。②截至 2013 年 9 月，美国大约 35%的成年人拥有一台平板电脑，24%的成年人拥有一台电子书阅读器（见图 1）。③

---

① 搜狐 IT：亚马逊称电子图书销量超过平装书，http://it.sohu.com/20110128/n279129935.shtml

② 中国数字出版信息网，http://www.cdpi.cn/xzx/xingyexianzhuang/20130417/5800.html

③ Tablet and E-reader Ownership Update, http://www.pewinternet.org/2013/10/18/tablet-and-e-reader-ownership-update/

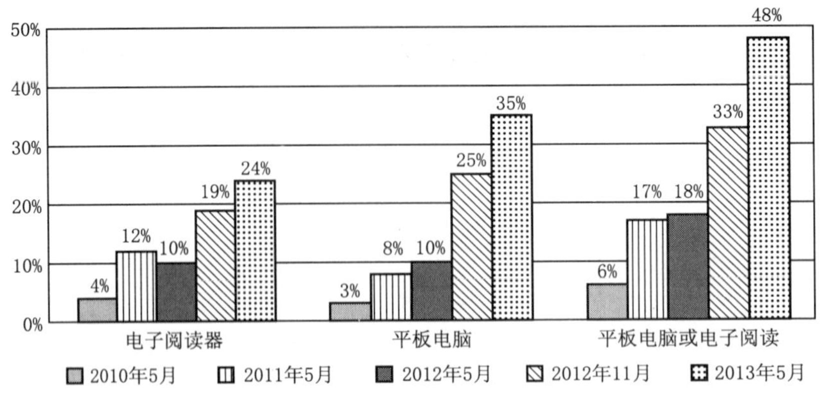

图 1　2010—2013 年美国拥有平板或电子阅读器人数情况

2012 年，中国数字出版产业整体收入规模为 1 935.49 亿元，比 2011 年增长了 40.47%，其中电子书及其他网络出版物达 31 亿元。

许多数据表明，数字资源的增长对阅读方式的影响明显，有成为主流阅读媒体的可能。为了应对数字出版及阅读方式转变的影响，各类型图书馆相应调整了信息资源配置策略，纷纷加大数字资源采购力度。世界知名出版商 Wiley2013 年对全球 525 家图书馆进行了调查，在采购预算中，数字资源的比例逐年上升，占总预算的 36%，并且还将上升(见图 2)。①

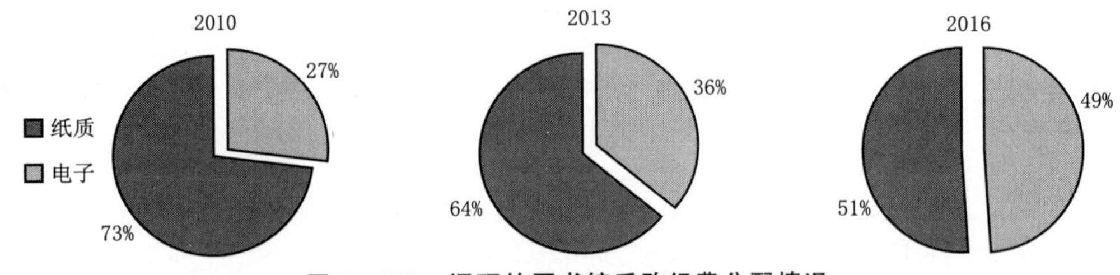

图 2　Wiley 调研的图书馆采购经费分配情况

2012 年，我国各类型图书馆使用数字资源的数量也明显提高，电子书的总销量年增加 25%②(见图 3)。上海图书馆近年来也持续加大数字资源的采购力度，2013 年数字资源采购经费占总经费的比例从 2009 年的 9.85%上升为 15.17%，纸质资源与数字资源的采购经费比例从 2009 年的 9.2∶1 降低为 6.2∶1。

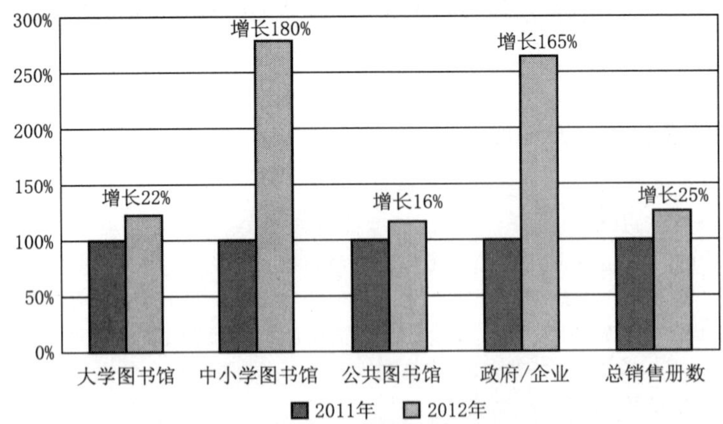

图 3　中国 2011—2012 年数字图书馆用户增长情况

① Digital Books and Challenges of Library, http://www.lsc.org.cn/d/2013-11/18/201311181320527.pdf

② 郝振省：《2012—2013 中国数字出版产业年度报告》，北京：中国书籍出版社，2013 年版，P45。

1.2 公共图书馆传统优势受到挑战

随着互联网、移动互联网技术的发展,人们可以随时随地进行信息搜索、发布和共享,而不必再过分依赖某个特定场所或载体,原本借助公共图书馆获取信息资源的不少读者已转向网络。"图书终结场景——公共图书馆的转型发展"(The Bookends Scenarios—Alternative Futures for the Public Library)报告中预测,至2030年,85%的图书馆将是虚拟的,原先的物理图书馆仅作存书之用。①

或许,对图书馆最直接的影响便是读者查找信息时的第一选择发生了变化。据OCLC2010年发布的调查报告,当人们需要获取信息时首先想到的并不是图书馆而是搜索引擎。②而互联网技术发展至今日,我们感觉,人们对搜索引擎的依赖程度有增无减(见图4)。

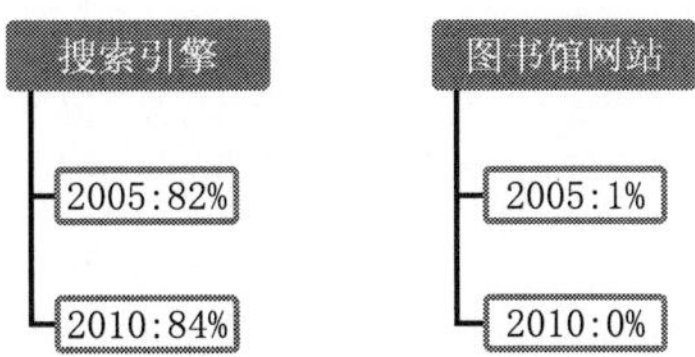

图4 美国用户搜索信息的第一选择

以上海图书馆为例,2011年至2013年到上海图书馆借阅纸质书刊的读者数有所下降,到馆读者中自带电脑、利用互联网和数字资源的人数明显增多,其中,使用移动应用APP的读者数涨幅最为明显(见图5)。

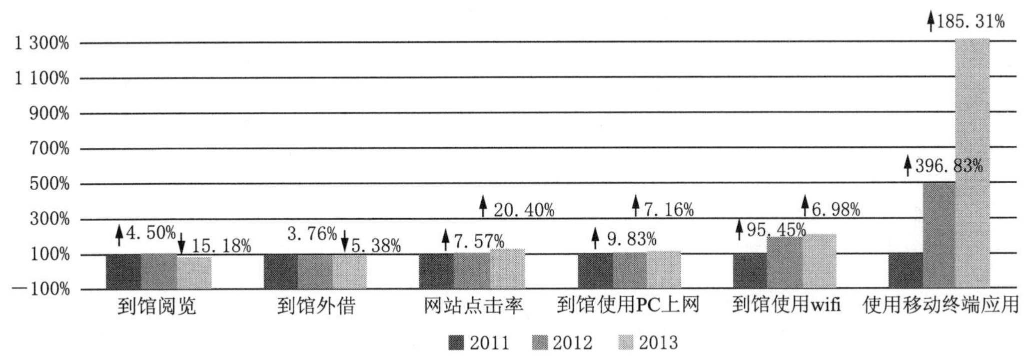

图5 2011—2013年上海图书馆纸质及数字资源使用人次统计

1.3 多媒体和信息服务"遍在化"促进公共图书馆转型发展

近十年来,网络、数字技术飞速发展,信息获取途径经历了从传统纸质查阅到存储介质读取,再到PC、电子书、平板电脑、智能手机等。相对纸质资源,数字资源的获取更加即时便利,其存储和检索优势明显。根据中国互联网络信息中心发布的报告,截至2013年12月,中国网民规模达6.18亿。其中手机网民规模达5亿,较2012年底增加8 009万人,人群占比提升至81.0%。高流量手机应用发展加快,整体即时通信用户规模在移动端的推动下提升至5.32亿,较2012年底增长6 440万,使用率高达86.2%。③另据中国新闻出版研究院发布的报告,中国18~70周岁国民数字化阅读方式接触率为40.3%,较2011年上升了1.7%;人均电子

① The Bookends Scenarios—Alternative Futures for the Public Library, http://www.sl.nsw.gov.au/services/public_libraries/docs/bookendsscenarios.pdf

② Perceptions of Libraries, 2010: Context and Community, https://www.oclc.org/en-US/reports/2010perceptions.html

③ CNNIC《2013年中国网民搜索行为研究报告》, http://www.cnnic.net.cn/hlwfzyj/hlwxzbg/ssbg/201308/P020130828331153376173.pdf

书阅读量从2009年的0.73本增加到2.35本,人均阅读时长66.23分钟。①

与此同时,越来越多的纸质版信息资源停止出版而只提供数字版。例如:2012年3月大英百科全书公司正式宣布停止出版纸质《大英百科全书》,这部拥有244年历史的百科全书从此只有电子版。2012年12月31日美国知名刊物《新闻周刊》停止发行印刷版,全面转向数字版,只保留在线出版形式。②

以2012年上海图书馆采购的外文期刊载体变化为例,纸本刊转为纯数字版的种数较2010年增加87.5%,纸本刊转为纸本、数字版捆绑订购的增长31.73%,订纸本刊免费开通数字版的增长80.61%。

越来越多的信息表明,随着数字技术和网络技术的迅猛发展,数字、电子信息资源占主流地位的时代即将到来,公共图书馆必须顺应形势,提供多媒体、多渠道服务以适应并引领读者需求,接受挑战、转型发展,势在必行。

2 上海图书馆近年的转型探索

2.1 纸质书——电子书

信息载体多元化是当今时代的鲜明特征,我们应当确定的是:信息载体发生了变化,公共图书馆文献服务、信息服务、知识服务的社会职责没有变化。顺应潮流,让读者体验各种载体的特点和精彩是我们在转型期间的一个任务。2009年2月,上海图书馆率先推出电子书外借服务,适时成立"新阅读体验中心",邀约国内电子书、各类数字移动阅读器供应商在此展示各种产品,通过阅览、外借服务收集读者的体验感受,反馈供应商以改进产品、改善体验效果。并且采购读者喜好的电子书,促进流通,使电子书存储量大、携带方便、能自主借还的优势展露无遗。我们的调查表明,66%的读者认为公共图书馆外借数字移动阅读器符合新潮流,72%的读者认为数字移动阅读器服务有方便读者借阅之效,55%读者认为数字移动阅读器应该推广。当然,读者对相关技术标准不一、一种阅读器不能方便阅读多种文字格式的内容表示遗憾。

5年来,随着我们逐渐加大电子书等新颖载体的采购力度,其外借量也不断递升,目前,上海图书馆拥有各类数字移动阅读器达34个品牌、86种型号,提供流通的数量为1 337台,年流通量近10 000人次(见表1)。我们还在去年成立了评测小组,对其进行测评,形成《上海图书馆手持数字阅读终端用户评价报告》。由此,"新阅读体验中心"对数字移动阅读器的展示、服务和评价功能初露端倪。

表1 2009—2013年上海图书馆可供流通的数字移动阅读器数量及流通人次

年　份	2009	2010	2011	2012	2013
设备数量	100	299	479	557	1 337
流通人次	110	851	1 143	2 413	9 283

2.2 互联网——移动互联网

随着移动终端的迅速普及,加上许多公共场所提供Wifi服务,无所不在的移动阅读大潮乘势而上,仅仅实施数据库远程访问服务已不能满足读者的新需求。在此背景下,2011年12月,上海图书馆正式推出市民数字阅读网站(http://e.library.sh.cn),它主要为上海图书馆注册读者提供适用于平板电脑、手机等移动终端的数字阅读服务。截至2013年8月,市民数字阅读网站共收录图书268 028种、期刊9 030种、报纸947种。③2013年,我们和盛大公司的"网络文学"联手,使读者通过该网站能够免费阅读到最受青少年欢迎的网络小说特别是正在连载的热门读物,弥补了我国数字读物数量不多、内容陈旧的缺陷,使网站的关注度和使用量总体处攀升之态,2013年市民数字阅读网站月均浏览量(PV)较上年增长25.97%,访客数(UV)增长56.02%,IP数上升146.91%。

2013年10月,我们又推出"市民数字阅读APP",不断改善用户界面,提高阅读体验的流畅性,同时研制数字阅读自助机,使读者不仅可以直接搜索、浏览和试读电子图书,还可以通过"扫一扫"、"摇一摇"等功能,将电子书快捷地添加到自持的移动终端上(如iPad, mini iPad,智能手机),"BYOD(Bring Your Own Device)

---

① 《第十次全国国民阅读调查报告》,http://www.chinapublish.com.cn/ztjj/yddc/

② 喻国明:《2013中国传媒发展指数报告》,北京:中国人民大学出版社,2013年版,P344。

③ 市民数字阅读推广计划博客,http://read.library.sh.cn/

服务模式”的应用大大节省了投入经费，为公共图书馆数字移动阅读服务开辟出一片全新的天地。

2.3 阵地咨询——VRD——社交互动平台

参考咨询一直是上海图书馆的核心业务，从先前面对面的阵地咨询，到电话咨询、Email 咨询以及之后的虚拟参考咨询服务(VRD)，一直受到读者青睐。但当搜索引擎逐渐成为人们获取信息的重要渠道时，公共图书馆的参考咨询服务深受其影响，数据表明 2013 年上海图书馆面对面阵地咨询数量较上一年减少 19.86%，VRD 服务平台的点击率比上一年度下跌了三分之一，VRD 总提问量不及高峰年度的一半(见图 6)。

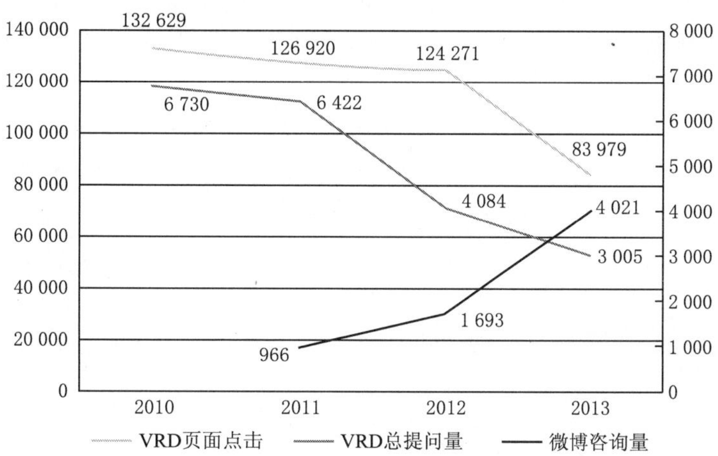

图 6 2010—2013 年上海图书馆 VRD、微博参考咨询数量

2010 年是我国微博快速兴起的一年，我们抓住了这个机遇，在 7 月顺势推出了微博服务(@上海图书馆信使)。微博的开放性、交互性、时效性等特点，成了参考咨询及其服务推广的重大“利好”，2013 年 7 月粉丝数曾一度突破 30 万，全年回答读者询问达 4 021 条，首次超过 VRD 的咨询量。2011 年至 2013 年在微博上咨询的年平均增长率为 104.02%。如此，虚拟参考咨询总量仍处较高水平。从某种意义上说，微博的应用“盘活”了上海图书馆的参考咨询服务。

2013 年，因为微信大热而使微博渐冷，全国微博用户规模和使用率均大幅减少，①“上海图书馆信使”粉丝数量在达到最高点后开始下滑。为此，2013 年 12 月 20 日，“上海图书馆”微信公众服务号完成认证并正式运行，开始探索新的服务方式(服务内容见图 7)。由于绑定读者证的用户还能获得个性化图书推荐、查询已借图书、借还清单、续借清单、逾期提醒等服务，所以，在几乎没有任何宣传的情况下，仅 3 个月关注的读者已逾 10 000 人，月咨询服务量超 200 题，相信在以后的日子里微信将与微博一起在参考咨询等服务中发挥更大的作用。

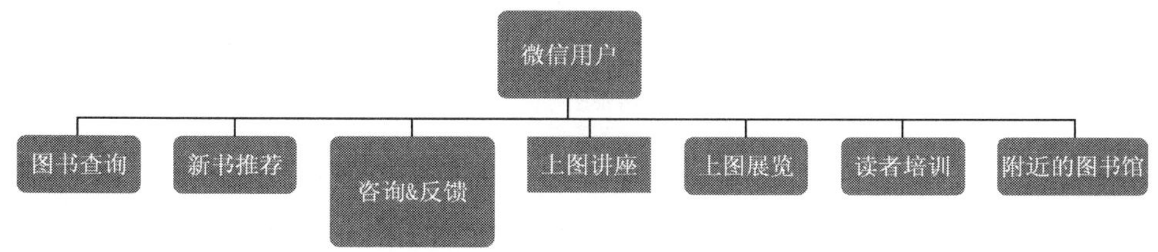

图 7 上海图书馆微信服务内容

2.4 提供文献——提供信息——提供工具

图书馆的传统服务是以收藏和提供文献为主要内容的，随着通讯和网络技术的引入，图书馆开始实施数字资源服务。而为了进一步吸引读者、强化互动和深化主题服务，受芬兰赫尔辛基第 10 区图书馆(Library

① CNNIC 第 32 次《中国互联网络发展状况统计报告》，http://www.cnnic.cn/hlwfzyj/hlwxzbg/hlwtjbg/201403/P020140305346585959798.pdf

10)提供音乐设备让读者播放、录制和编辑作品的影响和启发,2013 年 5 月,我们围绕设计、创新主题建设了"创 · 新空间",除了提供文献阅览、网络查询服务外,还提供诸如"电子沙盘"、3D 扫描仪和打印机等工具,并且腾出空间引入在本市最为活跃的创客群体"新车间"、"设计丰收"、美田艺术、上海设计中心等机构和专家,展现和讲解他们的设计、创新技术和产品等(参见图 8),在社会专家和读者之间搭起桥梁,增加互动。让读者在观摩交流、自主设计、使用工具过程中学习知识、产生创新灵感。

今年 3 月,我们针对"可穿戴设备"这一当下热门新兴技术及其产品,引进了"谷歌眼镜",以专家坐堂形式,将此介绍给读者,希望在普及科学知识、引领新颖技术、介绍创新产品方面发挥公共图书馆的社会职能。这一系列的努力,赢得了业界关注和读者好评。"创 · 新空间"自 2013 年 5 月 27 日开放至 2014 年 3 月底,共开展各类活动 74 场,吸引参与者约 4 500 人次。

图 8 "创 · 新空间"服务类型及内容

展示	培训	DIY
· 设计丰收——环保 · 善淘网——中国第一家慈善商店 · 本土服装设计师展 · 本土摄影师作品展——M97 画廊 · UNITAG DESIGN · 中国当代动漫插画艺术展 · ……	· 创 · 新空间讲座——Arduino 入门 · AUTODESK123D CREATURE · STYLESIGHT 数据库 · 人人都是设计师系列——tinkercad · 3D 打印入门 · AUTODESK PIXLR · ……	· 水培工作坊 · 虫虫机器人工作坊 · 建筑复原模型工作坊 · 导电面粉工作坊 · 鱼菜共生 · 生态意象工作坊 · 水果钢琴 · 简易电动月球车制作 · ……

3 对公共图书馆转型发展的一些思考

3.1 加大数字阅读推广力度,明确公共图书馆在数字时代的新任务

《公共图书馆宣言》指出:公共图书馆是地区的信息中心,它向用户迅速提供各种知识和信息。新媒体、新技术的出现,要求人们具备更高的信息素养,要能够在海量的数据中检索、筛选并精确地获取内容。对此,公共图书馆在提供准确信息、知识服务、深度参考咨询方面发挥的作用就显得尤为重要。据统计,读者在比较搜索引擎和图书馆的信息来源可靠性时,相对更加信任图书馆(见表 2)。也就是说,新的形势并没有改变公共图书馆的社会职责,只是要实现这一职责,我们要完成一些新任务。既然数字资源迅速增长、越来越多的读者选择数字阅读方式,那么,公共图书馆就得顺势而为,采集各种知识和信息载体,尤其要注重数字资源的采集,尽可能向读者提供充足的信息服务,促进全民阅读,促进文化、科技的传播,促进社会教育职能的发挥。新媒体的出现、新技术的应用,为公共图书馆提供了新的服务手段和方式,我们应该借力开辟出一片新的服务天地。

表 2 图书馆 vs.搜索引擎①

图书馆:更值得信任		
	图书馆	搜索引擎
更值得信任	65%	35%
更准确	58%	42%
搜索引擎:更快		
	图书馆	搜索引擎
更快	9%	91%
更方便	10%	90%
易于使用	17%	83%

① Perceptions of Libraries, 2010: Context and Community, https://www.oclc.org/en-US/reports/2010perceptions.html

在转型发展过程中，我们更应注重了解各种信息载体的特点，使之优势互补，数字阅读的推广能弥补图书馆物理空间及开放时间的局限性，使公共图书馆的服务无所不在、无时不在，实现人们普遍均等地享受获取知识和信息的权利。我们更应注重"借用"其他机构的网络服务资源和力量，结合自身特点和优势，整合更多信息资源更便捷地为读者服务，因为原本唯图书馆独有的资源优势已越来越小。我们更应注重将新媒体、新技术、新产品、新服务引入公共图书馆，在各种渠道实施服务，尤其要主动到读者"扎堆"的社区（实体或虚拟）和平台中，使我们的服务能够便利地抵达目标人群。而不能读者喜欢网络，我们却死守在阵地；读者喜欢微信，我们却活跃在微博。我们更应注重员工培训和队伍建设，数字、网络技术的发展对公共图书馆的服务提出了更高的要求，只有先提高员工自身的素养和能力，才有可能在新形势下向读者提供合符其需求的服务，提供比其他网站、机构等更高品质的服务。

只有如此，公共图书馆方能在多媒体时代、在转型发展中找寻到自己的发力点，并且，在服务中逐渐建立自己的优势。

3.2 增强与读者的黏合度，逐渐形成公共图书馆在转型发展中的优势

(1) 公共图书馆要加强数字资源的宣传和服务力度。目前，公共图书馆在数字资源建设方面已经做出了许多努力，并拥有了一定数量的数字资源。同时，供应商也在不断地推出新颖的数字资源服务模式。2012年，德国德古意特(De Gruyter)出版社提出了 PDA 数字出版发行模式，图书馆只要支付一定的费用就可租用"德古意特在线"以供读者阅读，并最终按实际使用情况付费。美国六大出版商则开始为纽约市的图书馆系统提供短期性电子书服务。①但是，据对美国公共图书馆的调查报告，当人们谈及什么是图书馆的第一标识时，答案为图书的仍是大多数(见图 9)。② 说明图书馆的数字资源的知晓度不够、宣传不够或者读者实际使用数字资源的量尚未达到一定的水平。

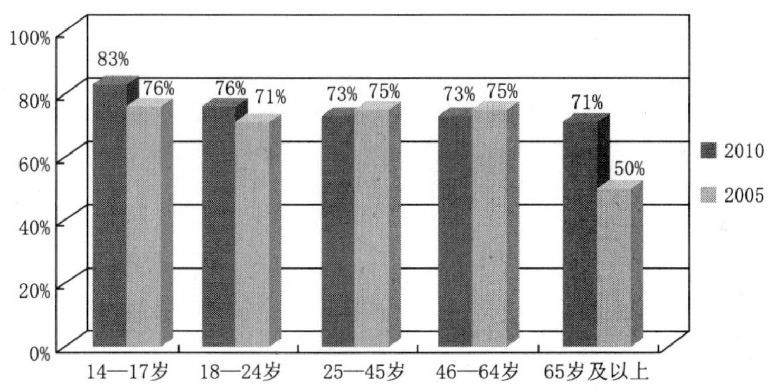

图 9 不同年龄读者认可图书馆第一标识仍是图书的比例

我国公共图书馆还面临着中文数字资源不足的困惑，由于上游出版商能提供的中文数字资源尤其是新内容数字资源匮乏，内容陈旧，同质化现象严重；供应商各自为政、技术标准有异，致使读者查检不便；公共图书馆所提供的平台整合力度不足，宣传、培训和服务工作乏善可陈。在上海图书馆前不久邀请第三方评测公众满意度的调查报告表明，有 47.5％的被调查读者不知道有"市民数字阅读"服务，有 36.2％的读者知道但从未体验过，说明数字资源极其使用远未达到我们的期待。加上读者信息素养相对不够，"一索即得"又几无可能，公共图书馆完全缺乏与百度、google 等搜索引擎的竞争优势。鉴此，我们认为，公共图书馆首先要呼吁出版商提供更多更新更好的数字资源，其次要实现技术创新，提高数字资源服务平台的水平和服务质量，同时要善于宣传所拥有和能利用的数字资源，加强读者培训，提高读者利用数字资源的水平，以提供独特的服务、深度的参考咨询为"亮点"吸引读者。

(2) 公共图书馆要努力打造新的服务空间和功能。近十数年来，全球许多图书馆都在努力打造新型服务空间，20 世纪 90 年代，北美大学图书馆为改善服务功能，提高图书馆对读者的吸引力，纷纷尝试建立"信

---

① 郝振省：《2012—2013 中国数字出版产业年度报告》，北京：中国书籍出版社，2013 年版，P4。

② Perceptions of Libraries, 2010: Context and Community, https://www.oclc.org/en-US/reports/2010perceptions.html

息共享空间”(Information Commons)以及尔后推出的“学习空间”(Learning Commons)等,试图从空间改造入手,或匹配读者对图书馆提出的新需求,或引领新的服务格局。近几年里,一些图书馆还尝试引入新的设备和工具充实图书馆的功能。譬如纽约的费耶特维尔公共图书馆(Fayetteville Free Library, FFL)是第一个建立创客空间“FFL Fab Lab”的图书馆,赫尔辛基市第10区图书馆(Library 10)将自己定位为“免费的城市公共空间”,提倡“用户既是生产者也是组织者”。这些都是图书馆提供新颖服务功能,打造新技术平台、社交平台的成功案例。公共图书馆应当利用自身的社会认知度,争取早日在数字阅读和服务方面赢得读者的进一步肯定。同时,要善于创新,将先进的理念、新颖技术及其产品植入图书馆,搭建城市、社区居民继续教育与终身教育的新平台。并通过深入挖掘读者需求、及时提供相应的服务来吸引更多的用户走进公共图书馆,体验并享受“人与书、人与信息、人与工具、人与人”之间的交流新模式。上海图书馆的一些探索实践得到了读者的认可,说明了这种尝试在转型发展中的作用和价值。

(3) 公共图书馆要利用数据分析发现新需求满足新需求。对读者需求变化的敏感发觉并调整服务策略和方式,有助于增大与读者的黏合度。公共图书馆要及时利用数据统计分析发现问题、发现需求,并及时解决问题、满足需求。我们要善于通过对读者行为有关的数据的监测、挖掘和收集,掌握其阅读需求和阅读习惯的变化,及时调整服务策略,优化读者体验过程,提高服务效能,避免用户流失。以上海图书馆的服务实践来看,更加关注移动数字阅读而不仅仅固守基于传统互联网的数字阅读,更加关注微信服务而不再仅仅依赖原本亦已具备相对优势的微博服务,更加关注新技术、新产品对读者获取信息、学习知识带来的可能的帮助而不是一味依靠传统服务,这些举措均有着数据统计分析的基础。因此,这些新的服务内容和方式能够吸引读者,使图书馆服务达到预期的效果。

3.3 着力提高图书馆员的专业技能,重塑公共图书馆服务新形象

读者获取信息、学习知识的方式甚至习惯发生了明显的变化,公共图书馆对此进行着一系列的改革以适应这种变化,而要达成转型发展的另一个重要因素是馆员的观念转变、服务方式调整和服务技能提升。诚然,着力在职培训一直是我们的一个基本工作,公共图书馆想成为一座没有围墙的终身学校,图书馆员必须率先终身学习,所谓“以其昏昏,使人昭昭”。依上海图书馆的探索实践而言,以下三点颇有感受。其一,重视青年员工的培养。80后、90后员工是伴随着互联网和移动互联网的产生、发展而成长的,他们对数字化、网络化作业等有着天然的亲近感,学得快,用得好,应该把他们投放在数字资源建设和服务的第一线。记得当年我们首次启动电子书外借服务时,起先特地遴选中老年资深馆员来操作,但实际效果不佳,主要原因是这些员工本身对电子书的体验不够,难以回答使用电子书读者的众多问题。而重新调整、选择青年员工实施这项服务时,情形一下子得以转变。之后,我们在推出微博服务时,就“清一色”地选用年轻人,因为他们已经是微博的个人注册者,熟悉网络语言,跟读者的沟通顺畅、互动默契,致使在较短的时间里获得了读者的认可。其二,重视参考馆员队伍的建设。毋庸讳言,相当数量的读者在做信息检索时首选搜索引擎,使得图书馆参考咨询服务受到冲击。但是,我们发现:能够提供专业深度咨询服务的参考馆员依旧能依赖他们所提供服务的准确性和权威性而获得读者的青睐,尤其是针对性强的个性化服务更是能让读者长期黏合,这类深度咨询服务常常能和互联网的一般服务形成互补。这十多年来,上海图书馆建设了一支经验丰富的参考馆员队伍,在他们周围已经形成了一群读者。我们认为,他们的服务是搜索引擎难以替代的。其三,重视技术支撑型员工的一线服务。通常,在公共图书馆中属于技术支撑型的员工大多在“后台”工作。当越来越多的新技术、新产品、新工具等至图书馆时,越来越多的咨询、解释、操作需要在“前台”即时完成。因此,技术支撑型员工应该从“后台”移至“前台”,提高读者服务的水平和效率。

公共图书馆的转型发展还在过程中,我们仍需要观察、需要学习、需要思考、需要实践。

数字人文背景下图书馆的角色和挑战

The Role of and Challenges to Libraries in the Context of Digital Humanities

图书馆资源发现系统著作权侵权问题研究
——从信息定位服务提供者角度分析

陈 宇

（上海图书馆）

摘要 图书馆资源发现系统是向读者用户揭示定位图书馆资源的检索平台，本质是一种信息定位服务。资源发现系统因具有“实质性非侵权用途”，就不能因为搜索出侵犯著作权的资源，被认定服务提供者具有帮助他人的主观过错。资源发现系统提供的信息定位服务，应属于深层链接，不可能构成直接侵权，只存在间接侵权的可能。如果资源发现系统仅提供搜索服务，只有在服务提供者明知或应知被链接内容侵权而不及时断开链接的情况下，才构成帮助侵权。为图书馆在数字人文背景下通过资源发现系统更好地提供专业信息服务、避免著作权侵权纠纷提供建议。

关键词 资源发现 信息定位 著作权侵权

Study on Library Resource Discovery System for Copyright Infringement

Chen Yu

(Shanghai Library, China)

Abstract Library resource discovery system is an information location services. Resource discovery system is capable of substantial non-infringing uses, you cannot search for copyright infringement. Resource discovery system providing information location services that are deep links. While deep link service providers providing links does not copy, adapt, issue the chain website content in any form, so it does not constitute the information network transmission right of direct infringement. In order to determine the library resource discovery service providers' subjective fault better, summarizes systematically the faults exist of deep link services by using of "substantial non-infringing uses", "safe harbor" rules. Hopefully it has some ideas for practice of library service.

Keywords Resource Discovery System Information Location Service Infringement of Copyright

从20世纪60年代以来，随着信息技术的发展，数字化技术逐渐涉入人文领域，并不断得以扩展。由最初为方便研究者和大众获取和使用人文资料，将大量的图书、报纸、期刊、照片、古籍、音乐、视频等人文资料数字化，到目前运用计算机技术对人文资料进行数据统计、量化分析和智能化处理，从而大大改变了人文研究的环境。在这一“数字人文”背景下，使现代图书馆的知识服务面临了极大地挑战。

与传统人文学科研究相比，“数字人文”最显著的区别是其研究手段、研究对象都需要数字技术的介入，因此计算机技术与信息技术的应用，尤其是信息检索技术，就在“数字人文”研究中显得尤为重要。而如何在文本文件、声音、图像等类型的数字资源中实现一站式检索，将是“数字人文”时代图书馆技术研究的重点。①②为实现数字资源一站式检索，图书馆资源发现系统应运而生，但其使用也为图书馆服务工作带来了著作权侵权的风险。本文主要对图书馆资源发现系统的行为定性及著作权侵权认定规则等进行系统梳理，并结合我国法律法规进行分析，以期为图书馆开展资源发现服务避免著作权风险起到一定的借鉴作用。

1 图书馆资源发现系统提供服务的行为定性

要分析图书馆资源发现系统可能存在的著作权侵权问题，首先要认清资源发现系统提供服务的技术过

---

① 周琼，胡礼忠.图书馆员在“数字人文”中的作为——“2011数字人文国际大会”后的感想[J].图书馆建设，2012，(3).

② 张文秀，朱庆华，黄奇.数字图书馆的未来[J].现代图书情报技术，2006(5)：1—5.

程,并对这一服务行为作出准确的定性。

1.1 资源发现提供的是信息定位服务

资源发现服务主要是通过资源发现系统来实现的,工作原理是系统提供商通过与出版社等内容提供商的合作,对海量的、来自异构资源的元数据和部分对象数据,采用分析、抽取等手段进行预收集,并将这些数据按映射转换规则转换为标准的格式,纳入到元数据标准体系中,形成一个预聚合的元数据联合索引库,在本地或者远程中心平台提供统一的搜索服务。①②

资源发现服务系统这一一站式的搜索系统通过类似 Google 的简单检索框,采用统一路径以实现对图书馆各种资源的发现和获取。一般认为,日常生活中常用的百度、Google 等搜索引擎,属于网络服务提供者提供的三类服务中的信息定位服务。这里的信息定位服务是指网络服务提供者以提供链接的方式,向网络用户提供位于第三方网站中的信息资源。资源发现系统提供的资源发现服务,从其服务本质来看,是将图书馆各种数据库资源通过统一的搜索系统检索出来,并以链接的方式向读者(用户)提供,且资源发现系统提供的链接服务对被链数据库的内容没有进行复制、改变、发行等任何形式的使用,因此,笔者认为这一服务属于信息定位服务。

1.2 图书馆资源发现系统提供的是自动搜索服务

在"信息定位服务"中,最常见的服务类型是纯粹通过搜索引擎自动提供链接,即网络服务提供者完全根据用户在空白的搜索框中输入的关键词,采用"机器人"或"爬虫"等通用的搜索技术,从海量的网络或文件信息寻找与关键词有关的信息,并对其设置链接,向用户提供。在这一搜索服务过程中,未采取排列整理、设置"榜单"等措施,用户面对的完全是空白的搜索框。

图书馆资源发现服务系统最终的目标是要给读者(用户)提供类似于 Google Scholar 一站式搜索界面,搜索揭示图书馆各种资源的服务。该系统提供一个完全空白的搜索框给读者(用户),根据读者(用户)输入的关键词,检索出符合要求的文献资源链接。因此,图书馆资源发现系统提供的信息定位服务应属于完全的自动搜索服务。

1.3 图书馆资源发现系统提供的是深层链接

学术上把信息定位服务提供的链接分为"浅层链接"和"深层链接"。传统的链接是"浅层链接",即对第三方网站首页或其他网页的链接。而深层链接则是对第三方网站中存储的文件的链接。对于深层链接,用户在点击链接之后,就可以在不脱离设置链接的网站的情况下,在线打开或下载第三方网站的文件。但此时用户浏览器中显示的网络地址仍然是设置链接的网站,而不是被连接的文件所在的第三方网站的地址。

这就如同 Google 搜索中按文件类型进行的搜索,即通过添加"file type"和"PDF、PPT 或 XLS 等文件格式的缩写",来搜索特定类型的文件,Google 提供的搜索结果页面即为"深层链接"。而图书馆资源发现系统的最终目标,是让读者能直接获取文献资源内容,因此这一信息定位服务所提供的链接,均属于"深层链接"。

2 图书馆资源发现系统著作权侵权可能性分析

图书馆资源发现系统提供的服务归根结底是信息定位服务,且该信息定位服务提供的链接属深层链接。因此,本文对图书馆资源发现系统著作权侵权可能性分析的基础,就将围绕探讨深层链接行为是否构成对信息网络传播权的侵犯展开。

2.1 不构成信息网络传播权的直接侵权

著作权专有权利是用于控制特定行为的,享有一项专有权利就意味着能够控制他人利用作品的特定行为。他人未经专有权利享有者(著作权人)的许可,且缺乏法定免责事由如"合理使用"和"法定许可"的情况下,擅自实施了受专有权利控制的行为就构成了对著作权的"直接侵权"。从《中华人民共和国著作权法》第 10 条第 1 款第 12 项关于信息网络传播权的定义可知,信息网络传播权控制的是"以有线或无线方式向公众提供作品,使公众可以在其个人选定的时间和地点获得作品、表演和录音录像制品的行为",即信息网络传播行为。只有将作品上传或以其他方式置于向公众开放的网络服务器上,才是受"信息网络传播权"控制的"信

---

① 聂华.发现服务——通向深度整合与便捷获取的路径[C].2011高校图书馆发展论坛暨数字图书馆前沿问题高级研讨班,四川成都,2011.

② 包凌,蒋颖.图书馆统一资源发现系统的比较研究[J].情报资料工作,2012(5):67—72.

息网络传播行为",才可能构成对"信息网络传播权"的直接侵权。自 2007 年以来,"十一大唱片公司诉雅虎案"、"泛亚电子商务有限公司诉北京百度网讯科技有限公司著作权纠纷案"等一大批案件的审理结果已明确表明,未经许可提供深层链接的行为不构成著作权直接侵权。在总结了多年网络环境下著作权纠纷案件审理经验的基础上,北京市高级人民法院 2010 年 5 月颁布的《关于审理涉及网络环境下著作权纠纷案件若干问题的指导意见(一)》(以下简称"《指导意见》"),该《指导意见》第 3 条也对此作出了明确规定。①当然,虽然未经许可提供深层链接的行为不构成直接侵权,但仍需要根据证据判断相关网络服务提供者是否实施了上传行为。

2.2 "实质性非侵权用途"规则及其适用

早在 1840 年,美国联邦最高法院就在"环球电影公司诉索尼公司案"中阐述了一条为世界各国所普遍接受的规则——只要某种服务或工具具有一种"实质性非侵权用途",就不能仅仅因为有人利用这种服务或工具去实施侵犯著作权侵权的行为,就推定这一服务或工具的提供者有帮助他人侵权的主观故意(does not constitute contributory infringement if the product is widely used for legitimate, unobjectionable purposes, or, indeed, is merely capable of substantial noninfringing uses)②。因此,图书馆资源发现系统提供的搜索服务,完全适用索尼案确定的"实质性非侵权用途"规则。即使读者(用户)在使用图书馆资源发现系统服务中,搜索出有未经著作权人许可使用的数字化文献资源,而该侵权的数字化文献资源也确实因资源发现系统提供的信息定位服务使其传播范围得以扩大,使原本不知道该侵权内容具体位置的读者(用户)通过链接得以阅读、浏览或下载,使得侵权行为造成更大的损害。但是,图书馆资源发现系统本身具有合法性用途,它为读者(用户)从图书馆合法收藏的海量非侵权文献资源中查找到所需的信息提供了极大的便利。因此,图书馆资源发现系统作为一种信息定位服务,向读者(用户)提供符合需求的具体文献资源,这种深层链接服务也完全适用"实质性非侵权用途"规则。

2.3 "避风港"规则及其适用

网络著作权领域的"避风港"原则最早出现在美国 1998 年制订的《数字千年著作权法》(DMCA)第 512 条。根据 DMCA 规定,把网络著作权侵权限制的行为分成了四类:一是临时性数字网络传输;二是系统缓存;三是根据用户指令存放在系统中的信息;四是信息定位工具。就我国立法而言,对信息定位服务的"避风港"规定于《信息网络传播权保护条例》第 23 条之中,即"网络服务提供者为服务对象提供搜索或者链接服务,在接到权利人的通知书后,根据本条例规定断开与侵权的作品、表演、录音录像制品的链接的,不承担赔偿责任;但是,明知或者应知所链接的作品、表演、录音录像制品侵权的,应当承担共同侵权责任。"

作为图书馆资源发现系统,其在向读者(用户)提供深层链接的过程中,因其面对的是图书馆合法收藏的海量数字化文献资源,因此一般难以认定其"明知"或"应知",所以只要图书馆承担了"通知移除"的注意义务,就可以免除著作权侵权责任。

关于搜索链接服务商承担的具体通知移除义务,《信息网络传播权保护条例》第 14 条规定:"对提供信息存储空间或者提供搜索、链接服务的网络服务提供者,权利人认为其服务所涉及的作品、表演、录音录像制品,侵犯自己的信息网络传播权或者被删除、改变了自己的权利管理电子信息的,可以向该网络服务提供者提交书面通知,要求网络服务提供者删除该作品、表演、录音录像制品,或者断开与该作品、表演、录音录像制品的链接。通知书应当包含下列内容:(一)权利人的姓名(名称)、联系方式和地址;(二)要求删除或者断开链接的侵权作品、表演、录音录像制品的名称和网络地址;(三)构成侵权的初步证明材料。权利人应当对通知书的真实性负责。"在一般情况下,搜索链接服务商只应承担明确告知情况下的移除义务,对于未明确告知的内容,其不承担移除义务。

3 图书馆资源发现系统服务中规避著作权侵权的几点建议

为了让图书馆通过资源发现系统更好地提供专业信息服务,规避著作权侵权风险在上述分析的基础上,

---

① 该条规定:"网络服务提供者为服务对象提供自动接入、自动传输、信息存储空间、搜索、链接、P2P(点对点)服务的,属于为服务对象传播的信息网络上传播提供技术、设施支持的帮助行为,不构成直接的信息网络传播行为。"

② SONY CORPORATION OF AMERICA ET AL. v. UNIVERSAL CITY STUDIOS, INC., ET AL.464 U.S. 417 (1984)

提出如下建议。

3.1 数字资源采购时应重视著作权授权情况

随着数字资源的发展,越来越多的图书馆将购书经费用于购买数字资源,而在数字人文的背景下,跨学科的研究越来越多,对馆藏电子资源的要求也越来越高。因此要更好地发挥图书馆知识服务的作用,就要在采购数字资源时特别重视资源供应商在著作权方面的处理。虽然从实际操作上说,让图书馆对所购买的数据库中每一个文献资源的版权授权情况进行核查是不可能的,但图书馆在采购数字资源时也应了解该数字资源供应商的著作权处理方式,并可从重抽查一定数量作品的著作权授权文件,特别是针对复制权、信息网络传播权的授权情况。

3.2 向读者(用户)提供数字资源时应采取技术措施

我国《信息网络传播权保护条例》第 7 条规定,"图书馆、档案馆、纪念馆、博物馆、美术馆等可以不经著作权人许可,通过信息网络向本馆馆舍内服务对象提供本馆收藏的合法出版的数字作品和依法为陈列或者保存版本的需要以数字化形式复制的作品,不向其支付报酬,但不得直接或者间接获得经济利益。当事人另有约定的除外。"这条一般被认为是"图书馆等对馆藏作品的特定复制和传播"的合理使用。在根据该条规定向读者(用户)提供数字化作品时,也应根据《信息网络传播权保护条例》第 10 条的规定,采用加密、身份验证等技术性措施,在未经著作权人许可的情况下,只允许读者在线阅读,防止读者(用户)将该数字化作品下载后通过复制到 U 盘或发送邮件等方式,使该数字作品进一步被复制和传播,从而对著作权人利益造成实质性损害。

3.3 收到著作权人侵权通知时应及时断开链接

图书馆资源发现系统在提供服务的过程中,一旦收到著作权人侵权通知(或著作权人起诉后法院送达的传票)后,应立即承担"通知移除"义务,根据规定立即断开与侵权内容之间的链接,这样才有可能根据信息定位服务"避风港"规则,不承担赔偿责任,反之则有可能承担共同侵权责任。当然,图书馆如果发现链接内容涉嫌著作权侵权,则应主动采取阻断措施,否则也可能因具有过错而无法根据"避风港"规则免责。

4 结语

图书馆资源发现服务对揭示图书馆馆藏文献资源、提高数据库使用效率发挥了重要功能,但也确实因资源发现系统提供的信息定位服务扩大了侵权的数字化文献资源的传播范围,使图书馆陷入著作权侵权纠纷。从网络技术角度来说,该项服务虽然只是一个网络链接服务,但因网络链接往往涉及设链者、被链者、链接对象著作权人,同时由于链接技术本身所具有的特点及其复杂多变性,也提高了对信息定位服务侵权问题的认定规则。图书馆在提供资源发现服务的过程中,应遵循我国现有著作权的法律法规,及时关注我国司法实践中对信息定位服务的认定,从而能有效规避著作权侵权风险,使图书馆资源发现系统在图书馆知识服务中发挥更大的作用。

无线射频技术在图书馆应用中的人文关怀初探

金奇文
（上海图书馆）

摘要 无线射频技术和电子标签在许多领域已经应用，现该技术在上海图书馆外借流通部门开始使用，在推广的过程中呈现了一定的优势，也凸显出一些不足。本文就该技术与人文关怀的结合进行探讨。

关键词 无线射频 图书馆服务 人文关怀

A Study on Humanistic Care of the Application of Radio Frequency Identification in Libraries

Jin Qiwen
(Shanghai Library, China)

Abstract Radio Frequency Identification and digital tag technology has been applied in many fields. Now Radio Frequency Identification is applied in the circulation department in Shanghai Library. It shows some advantages, as well as some weak points. We will discuss how to make a combination of RFID and humanistic care in our library services.

Keywords Radio Frequency Identification Library Services Humanistic Care

高速发展的计算机网路、通信、多媒体技术将图书馆建设引入新技术时代，当代图书馆致力于创设平等、自由获取知识和信息的氛围，体现人文主义精神和现代技术的融合。

ISO 11620 的图书馆绩效指标中有：读者满意度，服务每位读者的平均成本，图书资料的可获得性，馆藏利用率，自动化系统的可使用性，设备利用率，开架式馆藏查寻所需平均时间。

上海图书馆正是本着以人为本的宗旨，为提高服务效率而引入无线射频技术的。

1 无线射频的概念与技术简介

无线射频(RFID)，一种非接触式的自动识别技术，诞生于第二次世界大战时期，兴于 20 世纪 90 年代，近几年来发展迅速。已经在通信、医疗、零售业得到广泛应用。2003 年 8 月，国际图联大会信息技术组提出 RFID 技术与图书馆的关系后，近年来有多家专业公司，如 Vernon Library Supplies, Inc.等，均致力于在图书馆领域推广这一技术，世界各地已有若干公共图书馆正在使用或准备使用这一技术，给图书馆现代化管理带来革命性的变化。

1.1 无线射频系统的基本构件

基本的 RFID 系统由以下 3 部分组成：

(1) 电子标签(Tag)

电子标签是 RFID 技术的核心部件，被置于被识别的物体上，由耦合元件及芯片组成。每个标签具有唯一的电子编码，并存储着一定格式的关于物体信息的数据。

(2) 阅读器(Reader)

阅读器是读取(有时还可以写入)标签信息的设备。它可无接触地读取并识别电子标签中所保存的数据。

(3) 天线(Antenna)

天线是电子标签与阅读器之间传输数据的发射、接收装置，能够控制数据的获取。

1.2 无线射频技术的工作原理

当电子标签进入磁场后,接收阅读器发出的射频信号,凭借感应电流所获得的能量发送出存储在芯片中的物体信息,并发送一定频率的无线电波自动读写标签内的数据信息,然后送至中央计算机系统进行有关数据的处理。RFID系统的主要工作频率有:低频(125～134 KHZ);高频(13.56 MHZ);特高频率(869 MHZ、902～928 MHZ);微波(2.54 GHZ)。其识别距离可从几厘米到十几米。

2 国内关于该课题的现状

中文文献:通过中国知网(中国学术期刊全文数据库中的期刊数据库),以“RFID图书馆”和“无线射频图书馆”为关键词,检索结果分布如下,年限为2008年—2013年。

年　　份	2013	2012	2011	2010	2009	2008	合计
RFID图书馆	34	71	39	26	24	32	226

从2008年至2013年关于无线射频技术在图书馆中应用的文献数量呈明显的增长趋势,该技术越来越受到图书馆界的关注。从检索结果可以发现,RFID作为一个在图书馆新兴的应用技术研究领域,有关研究论文还不是很多,还有许多可探讨的方面,尤其在实际的图书馆服务工作中,其优势和缺点逐渐被工作人员发掘,通过不断总结,进行一系列改进。我们在实际应用中,发现了这一新技术的诸多优势,但有许多方面有待进一步完善。

3 无线射频技术在上海图书馆的应用

2010年,上海图书馆于自助阅览室试运行无线射频技术,实行无人自助借还书服务。

2011年,上海图书馆在中文书刊外借室应用无线射频技术。上海图书馆中文书刊外借室拥有25万册图书,日人流量可达千余人,在这样的环境下使用无线射频技术,过程中产生的问题具有一定的代表性,针对这些问题的解决方案有一定的参考价值。

3.1 无线射频技术在应用中体现的优势

2010年9月,笔者在上海图书馆普通外借室就无线射频使用后的情况反馈进行了抽样问卷调查。调查的对象分为四组类型:图书馆馆员、无线射频技术厂商、网络信息部门工作人员和普通读者。我们每组调查了10人,以选择题的形式,最终选择在该群体中占最多数的意见为代表制作了以下表格:

类　　型	电子标签的优点	需增加的功能	学会操作的时间	对射频技术危害的认识
图书馆员	方便	语音提示	几分钟	希望能尽量避免使用
网络部门工作人员	方便	智能书架	几分钟	希望能尽量避免使用
读　　者	方便	语音提示	几分钟	认为无所谓

以上表格反映了无线射频技术在图书馆流通应用中的优势:操作简便,易学,电子标签轻便小巧、易携带的形象获得大多使用者的认同,尽管对无线射频技术是否对人体存在危害仍有质疑,但多数人还是认为在可以接受的范围内。

(1) 无线射频技术简化了图书借阅流通的过程

在推广使用无线射频技术的过程中,颇受读者好评的是办理借阅手续的过程被简化了。以往需要和工作人员进行的语言交流省去了,优化了阅览环境,基本达到无音操作,许多类似于“请您插卡”、“请将读者证正面插入”等赘述成为历史。

其操作界面的提示浅显易懂,许多老年读者都能在几分钟内通过界面的文字指示顺利完成借阅过程。

(2) 无线射频技术提高了安全防盗性能

无线射频技术是利用电子标签的感应系统,进行防盗,和以往的磁条不同,磁条较易受磨损、脱落。无线射频中的电子标签充消磁过程是自动完成的,既简便又迅速地完成了上磁防盗的手续。

(3) 无线射频技术使图书馆员的工作重心向更高层次迈进

实行无线射频技术使原来在流通借阅岗位上的图书馆员从简单机械的借还书工作中解放出来,有更多的时间进行高层次的读者服务工作，如参考咨询、用户需求分析、数据库维护、建立特色馆藏数据库等。

3.2 无线射频技术在应用中显现的不足

无线射频技术在推广应用中也显现出其不足之处：新技术维护平台人员与馆员的沟通不及时，导致一些服务功能没有得到相应的开发，其先进性不能及时体现，一些基础技术问题常常不能及时解决，如打印机故障等；馆员对新技术掌握水平与用户的一样，导致辅导作用流于表面；相应的配套设施还未更新，导致借阅环境不够便利，如可以多本借阅，但放置区域设计得过窄，过低等。

4 无线射频技术有待改进的方面

4.1 人文环境的缺失

图书馆环境应包括自然环境和人文环境。前者指馆舍环境、建筑风格、技术硬件设备等，后者指图书馆与社会的关系——图书馆服务网络，这是一个由各种社会因素联系着的网络，图书馆应多一点与读者的沟通，了解需求，开展有针对性地服务，促进图书馆与社会各个机构形成良性的互动机制。

无线射频技术的推广从某种角度讲，减少了读者与馆员面对面交流的机会。

图书馆的社会作用在于实现馆员与读者的充分交流、互动，以激活、增值文献知识资源。许多图书馆着力通过自身的服务与读者的被服务，其中包括读者参与图书馆服务，加强双向交流沟通，即图书馆深入了解读者需求，注重服务反馈；读者不断提高图书馆意识，积极利用图书馆。

无线射频技术给图书馆带来的产品除了经过标签加工的书刊，还有利用无线射频技术进行自助服务的自助借还书机器。图书馆可以考虑在此类机器上加辅助功能，来加强与读者的互动和沟通。大致可以分为以下 3 种辅助功能：

• 导引功能。加入图书馆目录检索系统，其实质为检索系统加入自助借还机原有功能中。目的是导引读者利用图书馆，让读者更方便地接触到图书馆目录。

• 推介功能。制作新书新刊推荐等页面，在自助借还书机上滚动播出，利用读者借书的间隙向读者推介书刊。

• 用户参与功能。用户不再仅仅是信息服务的享受者，还应该成为图书馆资源建设、服务开展的参与者。在自助借还书机边设置意见本，让使用完该机器的读者留下意见和建议，甚至可以鼓励读者参与目录的编写。(简单地提供编目设备)

在给予用户图书馆资源、技术和服务的全新体验后，提供一个平台，使他们在资源建设、技术维护和服务提供等方面都能够发挥自己的创造性。

4.2 后期服务的跟进有待提高

(1) 读者个人信息资料库的建立

在倡导个性化服务的今天，建立读者信息资料库有相当重要的意义。

资料库中应包括读者利用图书馆资源的信息：如读者基本信息、借阅历史、检索历史等。可以在读者证上建立个人信息系统。第三方服务公司可以通过电子邮件方式，跟踪用户使用情况，包括借阅图书书目清单、检索书目的查询记录等，还可进行超期提醒、预约续借等。

但注意保证此类资料不泄露，保护读者的隐私安全。

后期服务还可以以信息资料库为基点，展开多项服务。如开展阅读调研，读书心得征文，读者报告会与辅导会。

(2) 馆藏利用情况的统计

借书处是图书馆为读者办理文献借还手续及管理工作档案的地方，也叫图书馆出纳台一般设在目录室和书库连接处，反映读者利用藏书的情况和各类藏书的流通情况。

无线射频技术的应用为工作人员减轻简单的手工记录操作的负担，工作人员应把重心转移到对流通量和藏书利用情况的统计、调研上。每日根据自助设备的网络数据记录统计各类藏书的借阅情况，根据此数据改善馆藏结构，更好地满足读者需求。

4.3 新技术与传统服务融合，添入更多人文关怀

新技术的引入、图书馆自动化、网络化、数字化工程的建设必须与日常的各项传统服务工作统一起来，才

能真正为读者带来便利。

(1) 建立指引室藏布局的系统

通过文字、语音、视频等多方式建立一个室藏导引系统。由于无线射频技术减少了工作人员出现在前台直接为读者服务的频率,外借室内就更需要一个人性化的导引设备。该系统应考虑到读者群的多样化,比如老人居多等,加入语音和视频功能,方便他们找寻馆藏。

(2) 建立快速的咨询途径

无线射频技术减少了读者面对面与工作人员进行口头咨询交流的机会,因此利用该技术时,应考虑设立一台设备让读者可以快速地将疑问传递给工作人员。比如发现所借书刊有损毁现象,未能在指定点找到所需图书,需要借光盘等。可以通过即时聊天功能(可以保持室内整体环境的安静,建议有手写输入功能方便老年读者)。

(3) 建立功能强大的书目检索系统

拥有良好检索系统技术的 OPAC 才能为用户提供良好的服务,才能为无线射频技术提供强有力的扶助。图书馆系统的发展趋势:用于资源发现的工具从传统图书馆集成系统中分离出来。美国 VuFind 的 OPAC 系统提供书目信息相似的信息提示,向读者推荐与他们正在浏览书目近似的书目信息,著者生平及相应馆藏记录也可显示在界面上,为用户保留检索历史记录。使用无线射频技术的图书室内应拥有这样的书目检索系统,让用户看到历次检索的记录,甚至进行相关浏览的提示,主动按用户搜索的主题为其提供相关书目列表。

4.4　培训馆员和读者

推行无线射频技术至今,上海图书馆中文书刊外借室几乎每日都会处理由于标签折损造成无法自助还书的问题,每日都会发现由于自助借还造成的光盘遗失问题。

针对此类问题,我们引进了非书资源管理系统,让读者带移动硬盘通过管理员设备获取随书的光盘资源(我们将随书光盘数字资源导入管理员设备,设置密码管理),追查折损标签的读者,实行一定的经济赔偿和口头教育。

图书馆的目的是提高对图书馆用户的服务效率,引入新技术,提高自动化服务水平应该因地而异,根据外部环境和用户对象的区别,把握所在地区的公众文化水平、知识结构和发展需要等,寻找适应其特定环境的技术。

首先,推广新技术要培训馆员,要求馆员最快地掌握新技术,并具有创新的精神,开放的思维模式和理念,对技术持续的兴趣等等。鼓励馆员进行服务效果跟踪和评价工作。

在应用了新技术手段后,应马上考虑如何应用现代信息技术扩大各种活动的社会效应,如组织培训,读者交流活动来推广新技术。

设立馆内专家咨询委员会,将馆员培训和用户培训结合。充分考虑开发、运行、维护和服务成本。建立用户评估机制,用户激励和管理机制(有奖参与评估)。

4.5　加强与技术开发商的沟通

上海图书馆中文书刊外借室在推行无线射频技术的过程中,发现不同馆加工的标签对应的门禁系统不同,协调较差,如长宁区图书馆使用无线标签完成借阅的图书在我馆门禁处就会有啸叫声;不同厂商的标签在其他厂商的加工平台无法进行加工操作。

图书馆的社会服务活动需要吸收最新科技成果,以提高自身的工作效率,但不能把技术手段的改进作为主攻方向。这应该是技术专家和厂商开掘的项目。根据图书馆自身发展需要,读者和社会对图书馆的需求,与信息技术开发商沟通,不断要求开发商改进、丰富和完善系统。针对以上问题,中文书刊外借室不断与开发部的工程师沟通,逐步缓解此类问题。

5　图书馆引进无线射频技术应遵循的原则

随着图书馆事业的高速发展,图书馆自动化系统在各级图书馆的应用、升级和更换也迎来一个新的高潮。如何选择一款适用本馆的自动化系统,是否要在本馆使用无线射频等新技术需要从技术角度和业务角度两个方面对图书馆自动化系统的进展情况进行充分了解。

确定基本要求:(1) 要充分利用现有硬件配置,并能根据系统的要求更新、升级现有硬件。

(2) 要充分考查新设备是否能够满足读者服务需要,馆员是否接受该系统。

(3) 新技术系统要具有较强的稳定性和容错性,是否已是成熟的技术。

(4) 要具有支持数字图书馆建设等功能和接口,具备二次开发的能力,能扩充灵活性,能按馆情自由配置使用方式。

(5) 要从经济角度考虑,包括系统安装及用户培训费、操作系统维护费和更新费等。

6 结语

传统图书馆是一个人造系统,是人类的一种社会现象。人们信息意识的加强、新技术的应用和创新服务方法的引进,使图书馆服务呈现出新的特点:读者数量迅速增长,读者分布范围扩大,读者需求层次多样化。

图书馆应选择合适的用户环境,新技术的应用要鼓励用户参与,遵循业务驱动服务、服务驱动技术的设计理念,不断根据用户需求将软件进行重组、调整,优化服务,将人文关怀充分融入现代图书馆的技术服务中,才能更好地满足读者需求。

参考文献

[1] 黄俊贵,邓以宁.社会阅读与图书馆服务[M]合肥:安徽大学出版社,2010:3, 106, 163, 169, 178, 247, 259, 262, 280, 298, 303.

[2] 杨新涯,彭晓东.馆人合一——图书馆 2.0 创新与实践[M]北京:知识产权出版社,2010:4, 71, 109, 122, 161, 164, 176.

[3] 任罡.图书馆工作研究与案例[M]江苏:江苏大学出版社,2010:139, 191.

[4] 程应红.图书馆管理与利用[M]安徽:安徽大学出版社,2009:43, 45.

[5] 李哲汇.数字化进程中的图书馆[M]北京:北京图书馆出版社,2007:17, 140.

[6] 王宗义.世纪之交的中国图书馆活动[M]上海:上海科学技术文献出版社,2011:43, 74, 75, 77, 179, 210, 214, 217.

[7] 缪其浩.新技术背景下的图书馆[M]上海:上海科学技术文献出版社,2009:57—59, 63, 87, 113.

[8] 李昕.RFID 技术及其在图书馆中的应用[J].河北科技图苑,2008(5).

抓住知识进入网络时代的新历史机遇

鲁 凯
（舟山图书馆）
沈备军
（上海交通大学）
居德华
（华东理工大学）

摘要 在实现中华民族伟大复兴中国梦的历史新起点，恰逢知识进入网络时代的人类历史新转折期，作者提出抓住这一难得契机，以主动知识服务精神，通过知识互联网（“知联网”），将太丰富和散乱的知识资源，组织成可有利“创新驱动、转型发展”的智力驱动引擎，本文以浙江舟山海洋数字图书馆的建设规划方案为例，说明如何能将新颖的数字图书馆建成为一个智慧网络，成为可支持海洋经济发展、智慧舟山和海洋文化名城建设的重要基础设施。

关键词 网络化知识 主动知识服务 知识组织 知联网 图书馆作为平台

To Seize the Emerging Historical Opportunity of the Networked Knowledge

Lu Kai
(Zhoushan Library, Zhejiang, China)
Shen Beijun
(Shanghai Jiaotong University, China)
Ju Dehua
(East China University Science and Technology, China)

Abstract While standing at a new historical starting point to realize the Chinese Dream of a great rejuvenation of the Chinese nation, it coincides with a new turning point in human history for knowledge entering into the network(new media) era. To seize this rare opportunity, the authors proposed to adopt a more active spirit for knowledge services in organizing “Too Big” and scattered knowledge resources into an intelligence-driven engine to facilitate the “Innovation Driven, Transformational Development” strategy. Through the case study of building the Zhoushan Ocean Digital Library, this paper illustrates how to turn a digital library scheme into a vital infrastructure that can support sustainable development of marine economy as well as construction of the smart Zhoushan and famous marine culture city.

Keywords Networked Knowledge Active Knowledge Service Knowledge Organization Internet of Knowledge Library as a Platform

1 一个重要的历史转型期

人类正面临从工业化时代向信息时代、知识经济时代和服务经济时代的重要转型，而蓬勃发展的中国也适时提出了“创新驱动、转型发展”的明确目标，面对这一实现中华民族伟大复兴中国梦历史新起点的关键时刻，我们也敏感地认识到，当前正适逢一个更重要的基础性历史转型期，那就是知识已从纸媒体时代走向“网络化知识”(Networked Knowledge)时代，网络化知识将成为经济转型和实现智慧时代可持续发展的关键智力驱动引擎。

中国人曾以祖先的“四大发明”倍感自豪，造纸术和印刷术的出现，使知识可以借助纸媒传播，为中国的古代文明带来了一度的辉煌灿烂。但21世纪的人类，已开始迈入新媒体时代，知识的传播不再仅依靠纸面的书本文稿，知识已走向网络，而且开始以网络的速度传播，知识的影响和价值也将以网络的规模按Metcalfe定律倶增，数字出版和数字图书馆的发展更加速了这一进程，这将对人类的文明进步带来难以充分估量的影响。

国外的先见学者已开始探讨"知识网络"的影响及其潜在价值，被誉为是数字时代思想家的哈佛大学伯克曼互联网与社会中心高级研究员大卫·温伯格，2012年出版了一本题为"Too Big To Know"的著名专著，对新的网络化知识发表了许多精辟的论点，带来了很大的冲击力和影响，该书也因此两次获得当年的国际最佳图书奖。随着信息和知识社会的来临，人类正面临一个具有新突破可能的重要历史转折期，谁更能自觉地认识这一点，和利用好这一机遇，将能更跃前一步，这对具有"中国梦"的我们来讲，更是一个可以补上工业时代落后的好机会，走向时代前列，关键是要不失时机地拿出我们有见地的想法和做法。

产业转型，知识转型需要先行。这是成功转型的智慧基础，让我们紧紧抓住向网络化知识转型的重要历史机遇，用创新的理念和行动，推动和加速转型发展，这也是本文试图探索的一个重要目标，下面我们将结合舟山海洋数字图书馆建设发展规划，讲述一些研究思路和学习心得。

2 夯实转型的基础

如何实现创新驱动、转型发展？许多专家提出过不少有益的建议，可说仁者见仁，智者见智。但我们这里更强调，应把注意力放在更基础和根本的方面，这是更具有长效性的能力，也是对时代性转型更重要的基础设施建设，切不能太急功近利，只顾一时时效和猛追"热点"，犯"抓芝麻丢西瓜"和"欲速则不达"的错误。

知识是知识经济的重要资源，已成为今天公认的常识，但我们是否已花足够力气，研究如何才能有效利用这块重要资源？面对知识爆炸带来的挑战和困惑，人们常常感到很大困难去发现和找到所需要的知识，只能对浩瀚的知识海洋"望洋兴叹"；特别在一些新兴战略性领域，飞速的技术发展，更让一线忙于日常业务的领导和骨干人员感到力不从心，难于跟上发展步伐；今天信息和知识不对称现象更是比比皆是，想知道的人不知道有些什么和哪里有？而知道的人则不清楚谁会需要？中国要从人口大国转化为人才强国，每个领域均牵涉数以百万计的专业人才，如何才能冲破只有高校这座独木桥的瓶颈困境？转型发展需要科学决策，这带来当前的智库建设热，面对高动态的发展环境，如何才能闯出我们具有中国特色的智库建设之路？以满足各方面的科学决策需要？

要解决这些具共性的重大问题，都需要从基础建设着眼。根据我们的观察和多年的潜心研究，我们认识到就像现在感觉需要"智库"一样，未来的知识社会、经济发展需要一个健壮的知识、创新、智慧服务支持体系，它能适应各方面发展的需要，包括政府的决策需要，经济和产业的发展定位，企业和人才的健壮成长等。我们将它列为未来社会的一项极重要的基础设施建设，也是智慧城市的重要软基础设施，而网络化的知识服务正是这一服务体系的核心组成。韩国先进科技院(KAIST)由于意识到这一重要性，创建了世界上第一个"知识服务工程"系，以推动支持基于知识的科学决策，2012年出版了第一本《知识服务工程手册》。

3 知识即服务 知识即网络

现代管理权威Peter F.Drucker指出："后资本主义社会的主要资源将是知识，而起引导的阶层将是'知识工作者'"；"未来企业最重要的投资已不再是机器、厂房、土地、设备，而是知识工作者之知识的投资"；"个人、组织、产业或国家获取和应用知识的效率，将越来越成为关键的竞争力"。知识作为重要的资源已成为今天公认的常识，但如何才能充分挖掘和利用这一资源的价值，提升我们的核心竞争力，仍缺乏有效的行动。面对"知识爆炸"带来的挑战，我们正遭遇"要知道的太多"的困惑，但网络化知识时代的到来，也给我们带来新的机遇，利用技术的进展，找到突破这些难题的解决方案。

我们提议方案的一个基本观点是：知识是发展知识经济的重要资源，但不必让知识成为埋在地下被动等待发现和挖掘的资源，也可让其成为一项主动服务，即将知识直接送到需要者手中。要做到这一点，需要有目的的组织活动，需要建立一支专业的知识服务团队，提供具针对性的服务。知识即服务(KaaS)已成为新研究热点，被IDC列为前十位技术趋势。

在工业化时代，为开发利用自然资源，我们首先需要做好资源的调查勘测工作，绘制地质资源地图，而对重要的知识资源呢？我们常没有类似的准备。在知识管理领域，有一项推荐的任务，就是知识审计，即企业根据自己已制订的战略发展目标,通过知识需求调查和分析,绘制知识地图,明确知识差距和重要的管理目标。这就像打仗一样,画出作战地图,明确主要攻坚方向,同时准备好充足的弹药,确保攻坚的胜利。对经济发展,我们需要类似的准备,摸清知识需求,做好资源盘点,知道需要什么样的弹药资源?以及它们在哪里?和如何可方便取到。

网络化知识时代的到来,给我们带来了新的思路和机遇,因为互联网的高互联性威力,能为知识服务带来全新的解决方案。在2008年欧共体未来互联网大会的报告中提出,未来互联网具有5大应用支柱,除现在大家已熟知的物联网(Internet of Things-IoT)外,还包括“网络互联网”、“知识和内容互联网”(Internet of Knowledge and Contents-IoK),“人员互联网”(Internet of People-IoP)和“服务互联网”(Internet of Services-IoS),为叙述方便,对后三者我们简译为“知联网”、“人联网”和“务联网”,思科公司(Cisco)最近更提出“一切互联网”(Internet of Everything-IoE)的概念,中文译为“万物联网”,这里的思路非常清晰,就是要充分发挥互联网的高互联性威力,把一切可利用的资源高度连接起来,实现高集成的综合优势和价值,为我所用,这包括“知联网”的知识和内容资源整合优势,“人联网”的集体智力资源优势以及“务联网”的服务价值链集成优势,而我们提议的方案,就是如何开发和利用除物联网以外的、三个其他还未被充分注意的互联网的价值,建设我们所谓的“网络化知识服务支撑体系”。

知识是一个有机的整体,它的一个重要特性应是其关联性,只有综合的知识才能创造更高的价值,这是其价值的基础,零散无组织的知识片段,只能沦为低一层次的信息,因此有专家提出了“知识即网络”(Knowledge as a Network)的论断,而知联网方案在这里的作用,就是借互联网的连接能力,实现知识资源的关联连接,发挥综合优势和价值。知联网有助实现面向服务目标的知识组织,如可针对发展规划中的具体战略目标,进行知识需求调查分析,明确知识差距,绘制知识地图,确定知识管理目标;而对具体的产业转型发展目标,对应专业领域的“知识体系”(Body of Knowledge),是建立知识组织和地图的重要参考框架,因为它是领域专家定义的该领域专业人员必须掌握的基本知识,具有科学性和完整性,保证知识服务的完备性。

知联网的“联结”能力,还表现在通过知识服务团队事先的服务调查,明确每个知识点或子领域的资源所在(包括书本、论文、报告、标准和教材等),因此使用者在知识地图的导引下,能很快发现自己感兴趣的知识点,并能通过简单的屏幕点击,直接存取到已经连接的知识资源,而这些资源都是经过专业人员筛选的高关联、高价值的推荐资源,不像搜索引擎常带来大量的无关垃圾信息,这种通过专业团队实现的知识发现服务,也具有很高的倍增效应,即一人服务让千万人受益,大大提高知识发现的效率。

这样,通过知联网我们真正将网上知识资源组织成完整的网络化知识,使原先让我们感到太多的资源,得到分门别类地清晰组织,在专业服务的引导和帮助下,能更方便地找到自己的兴趣点,网上所有资源均能为我所用,由于在资源的收集连接上,保持高的开放性,不具偏见,允许不同观点连接共存,让读者自己鉴别选择,更能体现网络化知识的特性要求。

知联网的“联结”价值,还表现在这一服务可通过网络直接连接到需要者的手指尖上,数字图书馆和数字出版业的发展,更为这一连接和存取提供了前提基础,知联网的建设将为结合目标的针对性知识服务提供更好的应用接口,而当这一网络化知识资源放到云计算平台上,更能实现“按需知识获取”的“知识云”服务,能方便不同用户通过各类终端设备,实现24/7的全方位服务,包括通过手机的移动学习,而知识云被专家推崇为“未来的未来”。

知联网和知识云服务的实现,对中国这样一个十几亿的人口大国,更具有特殊意义,因几乎对每个特定专业,都涉及上百万的人才梯队,要满足这样庞大队伍的广泛知识需求,单靠大学这样一座独木桥是远远无法满足的,因此我们急需要一个能打破学校围墙的理想学习环境,而知联网和知识云服务就能创造这样一个“知识生态系统”(Knowledge Ecosystem),这是国外研究者现在推崇的建设目标,而对我们中国来说是为专业人才发展提供一个广通道,我们称之为让互联网从“信息高速公路”提升为“知识高速公路”的一个重要举措。

而从教育改革的目标看,也具有重要意义,因为现在学校流行的单向灌输型课堂教学,基本上是“以教师为中心”的模式,统一的培养模式难以适应产业多方面的人才需求,也难以适应人才的个性化发展需求,而我们提供的新型学习生态环境,将创造一个“学习者为中心”的培养模式,可作为教育改革的重要补充手段。

我们提出的知联网知识服务方案，已被舟山市领导所采纳，作为他们建设海洋数字图书馆的规划方案，并已启动实际开发，我们也已借此契机，摸索了开发知联网的经验，包括针对浙江建立海洋经济强省的目标，按规划产业发展目标，开发了海洋经济知识体系示例版，涉及的知识点超过1万个，已调查和连接的知识资源超过11 000本印刷和电子书籍，为实际开发实施奠定初步基础。

除了知识资源联网，与知联网并立的还有一个重要环节就是内容互联网，在舟山项目中，我们发现内容互联网，可用来支持文化产业发展与舟山建设海洋文化名城的目标，因为舟山在这一领域已积累很多历史文化遗产，关键是如何将它们挖掘出来，发挥应用价值。我们根据地方专家提出的"舟山十个海洋文化"框架，把舟山本地丰富的文化资源内容，通过知联网连接，实现内容综合集成，成为宣传舟山文化名城的一个支撑亮点。这一块的特点是，不像技术领域需要从国外引进，我们称之为"外到内"路线，而对本地文化这一块，能尽显本地资源优势，可采用"内到外"路线，较少受知识产权的约束限制，是一个明显的优点。

这也是一个支持智慧舟山建设功能完备的公共服务平台，它与智慧舟山规划的总体框架(见图1)高度匹配，提供全方位支持，并进行了重要的功能补充，使智慧舟山的实施更加增色。可以看出方案的价值，已完全超越了单一文化设施的基本含义，也为智慧舟山建设提供更多实质性贡献和价值。

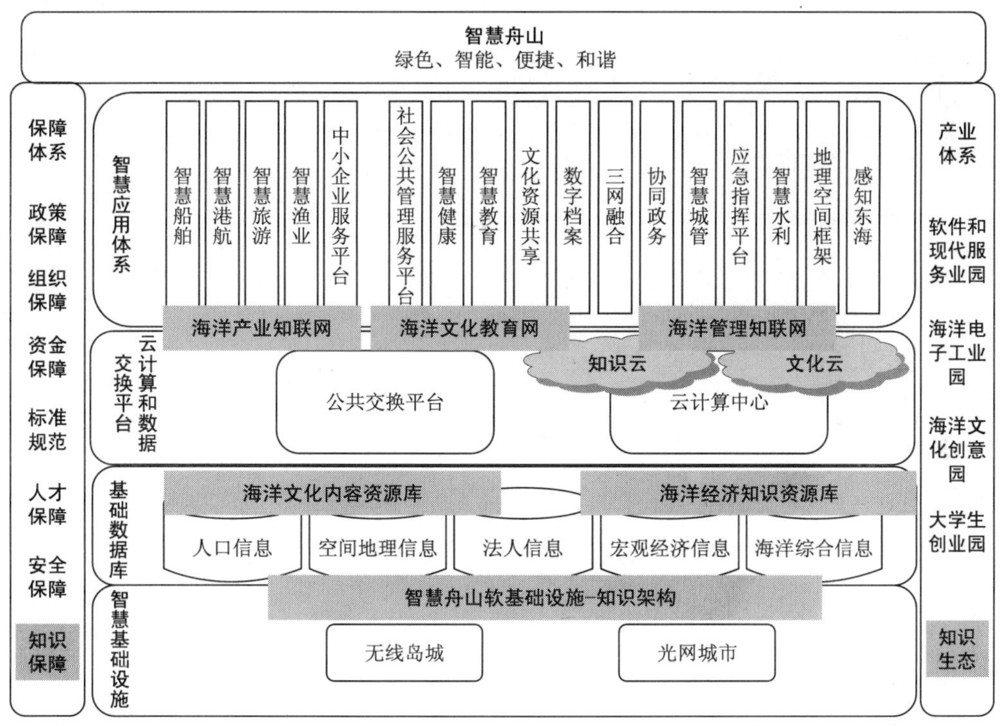

图1　智慧舟山规划总体框架

由于知识的基础性和广谱性，以上的思路、方法与原理，也可适合推广至各类需要发展的领域，因为基底运行平台可以是相同的，只是对知识资源组织的框架，要由该领域的专家参与共创建设，因此我们建议可先选取部分需求和价值高的专业领域起步，做出示范样板，摸索积累开发经验，分阶段逐步推广。

我们提出的主动知识服务，其思路是非常明确清晰的："需要就是我们的服务目标"，我们的服务体系就是要配合地方和区域的发展目标，主动展开知识需求调查，完成要求的知识资源组织，建立对应的专题性服务知联网系统。为配合上海建设4个中心的战略目标、智慧城市和自由贸易区建设以及"创新驱动、转型发展"目标，我们已通过前期调研，完成一系列针对性的原型知联网系统，奠定了启动知识服务的框架基础。

另外也要指出，由于技术不断在发展，新的应用要求和知识不断涌现，因此初期提出的知识组织框架，也非一劳永逸可一成不变的，需要动态调整不断改进完善，这也需要运用网络平台的特点，通过开放参与，实现共创改进，集合集体的智慧，因此初步建立只是为共创搭建一个起步平台，这是一个高交互的知识生态系统。

按照我们的观点,理想的和有意义的网络化知识不是会自发或自动造就的,它需要我们用附加的、有组织的知识服务活动,加以推动其早日实现,有计划地建设领域知识服务体系,是我们迈向未来知识社会和迎接网络化知识时代的一项重要基础工程。

4 创新生态系统建设

杨雄市长指出:"上海转型发展根本出路在于创新",立足创新驱动是关键。上海在创新方面有很多优越条件,包括资源优势、产业集群和市场接口等,但要将这些优越条件转化为真实的创新,还需要下一番工夫,因为好的条件并不意味着实际的创新生态,还没有转化成为激励创新的因素。企业创新是转型发展的主体,但企业创新需要营造良好的创新支撑环境和创新网络,让他们具备好的创新能力和条件,对区域创新体系或创新生态系统的建立,按创新专家观点,需要发挥三重螺旋模型的积极作用,即产业、政府和知识组织实现高度的合作互动,推动知识的传播和流通。

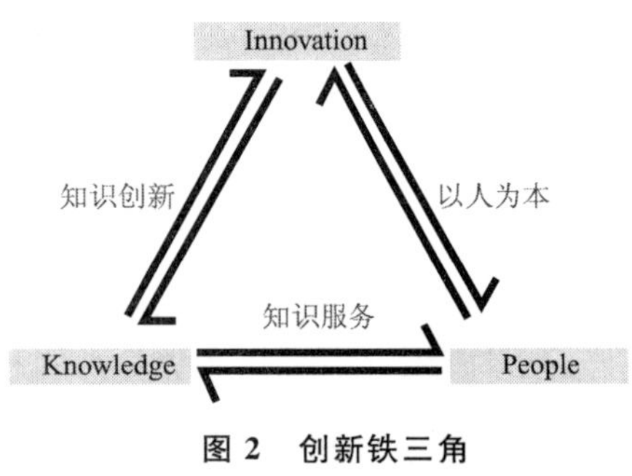

图 2 创新铁三角

对知识创新存在如图 2 所示的一个铁三角,知识创新要有必需的知识支撑,而创新的主体是人,应突出以人为本,但创新人才需要通过知识服务,具备足够的创新知识和方法。这解释了我们用知识服务促进创新的基本考虑和出发点。

传统的创新模式,是所谓的"封闭模式",有实力的企业建立内部研发中心,聘用一批具有创造力的英才,实验室就是他们的世界和家,进行研发创新,提出他们想象中客户会需要的新产品,推给被动的客户接受,创新的源在内部。

到了网络时代,这一流行创新模式已被开放创新所取代,因为已认识到不是世界上所有的聪明人都在为我们工作,所以企业应有本事利用外部的智力资源,让更多智者有机会参与到企业的创新和新产品研发,包括顾客和合作伙伴参与的共创,使世界成为我们的实验室,创新的源可来自外部,为做到开放创新,企业必须重视发展其对外合作网络,建立可以让外部智力参与的共创平台。

开放创新也被称为是创新的 2.0,今天开放创新更进一步发展为采取所谓的"众包"(Crowdsourcing)模式,即通过网络中介平台,将您发展中遇到的难题在网上发布出来,让有能力的解决者帮您提出更好的解决方案或思路,而不在乎这些人是内部或外部,这种模式充分发挥了集体智慧的威力,这也是大卫 · 温伯格提出的,今天专家到处都有,关键是您如何能通过网络找到他们,让他们给您提供咨询帮助,不管是志愿或有报酬的。这种众包开放创新模式,已被许多企业广泛采用,包括许多著名的跨国企业,因为这种方式常是更有效的,能大大扩展您的智力源库。这种模式也正是我们提议要采用的推荐创新模式,它也特别适合中国广大的中小型企业,因为他们常缺乏足够的创新能力和智力资源,需要能从外界得到更多的知识和创新服务支持,而作为政府和知识组织为企业发挥三重螺旋作用,也需要为产业的创新生态系统搭建一个支持平台。

开放创新的关键,是有开放创新的意识和态度,除建立必需的服务支持平台外,也需要加大对这一创新模式的宣传力度,提高对这一模式价值的认知度,因我们发现这里同样存在信息或知识不对称问题,另外,保持渠道的畅通也是关键,为广泛的参与提供重要通道,这里开放的网络平台和 2.0 精神显得更加重要。

对支持开放创新,我们已提出了一个建立创新中心平台的方案,它支持开放创新和众包模式的实施,类似国外著名众包平台 Innocentive 具备的功能,允许通过平台发布提出要求解决的问题,再借助平台已建立的专家社区,或前面提到的"人联网",匹配找到合适的解决者,帮助企业找到困难问题的解决方案。

此外,作为知识创新的基础,我们也通过建成的知联网,提供专业领域的知识服务,包括提供咨询服务,为用户提出的问题,提供答案或知识资源的代查及辅导服务,真正推动网上的合作解决问题。

除此之外,我们还在网上提供创新技术和方法的知识支持服务,为此,我们也已完成了创新知识知联网原型系统的开发,它集成了国际上 19 个创新知识体系的成果,包罗了 240 种以上的创新技术和方法的知识资源以及国际企业已证明行之有效的系统创新方法,它打破了创新需要依靠"天才"的误区,允许企业一线人员在系统方法引导下,为开发新产品提供启发思路,这一系统也包含了我们早年为市科委完成的《新产品开发知识体系》软课题成果的全部内容。

5 实施体会

在舟山海洋数字图书馆建设规划方案研究中，我们充分打破地域观念，实现开放合作创新，发扬舟山人敢为人先勇于做“吃螃蟹第一人”的精神，通过边学习、边思考和边实践，提出了一个所谓“顶天立地”的方案，“顶天”就是突出一个高字，强调高目标和高价值，对提出的数字图书馆建设方案，不再是就事论事，仅停留在一般的数字化实现上，而是抓住历史机遇，提高到实施网络化知识的高度，从而大大拔高了实施目标和价值，这一高目标，也带动了方案的实施责任心，推动不畏艰难实施到底的决心；基于知联网的实施方案提出，不仅使实施目标更加具体可行，也是一个面向未来互联网技术发展方向的创新方案，保证了方案的足够先进性。立地就是将建设海洋数字图书馆的目标定位，没有仅满足停留在“差异化”特点上，而是紧密结合国家、浙江和舟山本地建设海洋经济的目标，突出服务和支持海洋经济发展的目标，使方案有牢固的落脚点，具备鲜明的建设服务目标，确保了投资回报价值；在具体方案设计上，也跳出了传统图书馆的思路模式，突破物理限制，不把目光局限在自身的馆藏资源上，利用知联网连接优势，突出服务无限精神，使海洋图书馆能立足在“虚资源”空间，从而大大扩展可应用的知识资源空间，树立全新的数字图书馆创新服务理念，为有限投入更多价值产出提供了可能性。

除了方案设计本身，基于知联网海洋数字图书馆方案的一个关键难点，还在于如何发展作为知识组织框架的《海洋经济知识体系》。海洋科学的知识体系是一个客观存在，编纂框架的目的，就是要将其显性化，能为更多人方便共享和掌握，推动知识管理的实现，但正如我们上面所说，对海洋经济而言，这是一个极其广阔的知识海洋，它涉及超过 50 个以上的涉海专业，是一项非常具挑战性的系统工程，需要投入极大的工作量才能完成。从我们提出的知识服务实施框架要求看，为确保质量的实现，必须有领域的专家的参与支持和专业知识服务工作者的配合，虽然也存在另一可行策略，就是借用现成已有定义的领域知识体系，可惜对海洋领域能借鉴的很稀少，同时组织多领域专家来发展知识体系又是不现实的，这给方案的实施带来一个具挑战性的难题。

实践迫使我们进行许多求解难题的思考，不断提高认识，从而找到可切入的途径，而这也是我们方案要能推广的必经之路。通过一段摸索，我们逐渐认识到，知识体系的发展不可能一蹴而就，而是一个由粗到细、由低到高的渐进过程，而且知识发现又是高动态的，因此知识体系也非一成不变的，不可能设想去定义一个一劳永逸的版本，因此对我们知识服务工作者而言，就是要起步进入这个“征程”(或过程)，不断发展完善。

对知识体系而言，没有最好和最终成果，只有“更好”，基于这一认识，我们将发展海洋知识体系的任务，作为一个分阶段、逐步求精的迭代过程。另一个重要认识是，发展高质量海洋经济知识体系的任务，绝非依靠少数几个人(即使是权威专家)所能完成的，它必须是集体智慧的结晶，需借用开放创新或众包手段实现共创，这是未来“知识、创新生态系统”所企求的目标。为做到这一点，借鉴软件生态系统发展的经验，必须创建一个支持共创的平台，这就要求我们先拿出解决思路，开发出系统雏形，让更多人理解和汇集，方便领域专家和一线专业人员的参与、建议反馈和共创，这就是我们提出实现海洋经济知联网原型和先行拿出配套知识体系框架作为引子的重要出发点。

为拿出可行的海洋知识体系框架方案，我们十分慎重地经历了一个“三台阶”过程：

第一阶段 2011 年 3—5 月，在提呈浙江领导建议书中，为说明支持海洋经济发展的知识服务目标，结合浙江省提出的发展规划，通过 3 个月的初步调研和对高校领域专家的访谈讨教，编写完成上百页的《发展海洋经济知识体系示例样本》，提出初步知识框架，明确主要进攻点。

第二阶段 2012 年 6—8 月，在开发其他领域知联网原型取得经验的基础上，一鼓作气完成了海洋经济知联网原型，使建议方案的实施更加具体和可视；通过实际知识资源的调查连接，对知识框架做了一些调整，形成更合理的知识组织框架，也向实用方向更靠拢了一步，原型系统连接的资源达 8 439 册，其中纸版图书 5 145 册，电子出版物 3 294 册，收集资源总量达 5.9 GB。

第三阶段 2013 年 8—10 月，在完成舟山海洋数字图书馆规划方案评审后，为确保实施质量，对方案的核心组成——海洋经济知识体系框架，又一次展开全面完整性评审和完善求精，由于有一定前期基础，原计划只需 2 个月时间，结果由于工作量超出预期，足足持续了 3 个整月时间，完成的海洋经济知识体系框架总量达 317 页，知识点超过 1 万个，连接资源扩展到 10 789 册，其中纸版书籍 6 070 册，电子出版物 4 719 册，收集资源总量超 9.3 GB，为海洋数字图书馆初期工程建设打下扎实基础，除了量的扩展，知识体系框架的整体质量也有了明显改观。

经过以上整9个月的辛勤努力，我们终于拿出了一个可以初步“上台面”的海洋经济知识体系框架，就像我们前面已解释过的道理，这不是什么研究成果，这仅是我们知识服务征程的一个起点或起步，是一次有益的尝试和探索，包括三阶段建设知识体系框架的经验，都可为其他领域应用所借鉴和参考。

通过实践，我们也更加认识知识服务体系的建设需要更多人的参与和共建，因这是一项伟大工程，“没有人可包打天下”，无论是知识体系建设还是资源收集连接，都需要有团队的努力，我们目前的努力只是创造一个起步点，为集体共创准备条件，后面的路程还长着。我们下一步的目标，就是要利用已有基础，把原型系统加快开发出来，通过开放实践，接受检验，同时吸引更多人参与共创，充分体现 Web2.0／3.0 和图书馆 2.0／3.0 的精神。

6 网络化知识时代的图书馆

在网络化知识时代，图书馆的作用和价值也发生很大变化，传统物理图书馆较关注馆藏量，有了知联网支持，可不在乎对资源的“拥有”，允许资源的分布存储和共享利用，这样不必花大的投资去拥有所有资源，能将投资用到刀口上，同时也能充分发挥各方面的建设积极性，突出的是对资源的连接和中介存取服务。

未来图书馆更关切的是知识服务，知联网的知识组织和资源连接，就是靠服务，只有面向用户的服务，才能使有限的资源，发挥更高的价值，变得更好使用。知联网由于能按应用需求，灵活按需组织资源服务，也使图书馆在面向用户的最后一公里服务上，能实现更好的创新。

对数字图书馆建设，我们不需要占有所有资源或包办一切，因我们做不到包打天下，但最重要的是有一种主动和用心的服务精神，它可让我们创造更多有价值的服务，它比资源更重要。资源总是有限的，服务的空间则是没有限制的，关键是能发现它的价值；许多资源无法都拥有，它们可以属于别人，但服务精神就在自己手里，就看您的发挥。

要做好服务，就需要从资源为中心转向以人为中心，通过用心服务，发现更多用户需求，创造更多价值，让资源变活。对未来图书馆员的要求也变得更高，除了良好的服务精神，掌握图书馆和情报管理知识外，还要能成为有专长的领域知识服务工作者和领域“知识经理”，并熟悉社会媒体技能；借助众包策略，吸引领域专家参与图书馆管理，发展“虚拟馆员”，也不失为一个好策略。

在 2012 年 10 月在互联网图书馆员大会上，大卫 · 温伯格在开幕主旨报告中提出了“图书馆作为平台”的思路，他认为对电子书和数字图书馆，其重要性不在于数字化，而是网络上引起的实在变化，图书馆作为平台并非一个新概念，其优点是有个统一框架，能认真对待社交网络，提高图书馆的价值。平台不同于网站，不只是访问，它提供的是一个知识网络，知识网络最瞩目的特点在于其巨大的规模和连接，打破纸媒书本和传统图书馆的局限性。面对知识爆炸的新时代，今天知识空间是如此的宽广，只能通过知识网络才能理解，还需要有它们所在平台的协助支持。

温伯格引用软件开发领域高效的生态系统为例，这里是一个公共学习环境，大家都谦恭愿意学习，也大方愿意作出自己贡献，迭代显示威力，小的变化让产品越来越好。图书馆作为平台，也意味着一个挑战，一个平台应提供资源能让其他人在上面建造东西，对图书馆用户也可以是开发人员，图书馆除了宿主内容、元数据、关系、用户驱动的内容、专长以及本地数据，还要提供各种服务和工具(保存、访问、出版)，作为知识的一个门径通道，图书馆并不区分物理和虚拟空间，它的哲学是最大化它的应用，构造平台的目标就是为用户创造完全价值。

图书馆应是一个动态扩张的机构，新的观念和知识不断涌现，通过连接、变化和扩展，在这里图书馆能发挥重要作用，应当成为尽可能宽网络的一部分，这样图书馆就能为社区创造更多价值。

在前面，我们已提到要为数字图书馆建立一个共创平台，大卫 · 温伯格的一些观点加深了我们的理解和认识，对海洋经济知联网，我们允许用户对底层的知识体系提出修改建议，按技术发展和应用需要，不断动态调整和优化，充分发挥迭代的威力，持续改进。任何企业和个人，也可为海洋知识体系每个子域或知识点，推荐补充有价值的资源，并接受公众的评价，这些均是海洋图书馆作为平台提供的参与功能。通过这些方式，海洋数字图书馆平台将不断壮大和提升价值。

7 结语

本文提出了一个非常重要和严肃的战略性课题,即在知识向网络和新媒体转移的历史转折关键时刻,如何能及时抓住这一难得机遇,采取有效行动,加快我们实现中华民族伟大复兴中国梦的进程。我们希望借此能引发更多的讨论和合作参与。

建议方案的实施无疑是一个非常巨大的挑战,因为这既是一个具有高前瞻意义的历史性工程,也是一个涉及“要知道的太多”的基础性系统工程,需要通过选择限定领域,取得试点实施经验,确保其可行性和价值。好在我们提出的思路也非一时心血来潮,就像网络知识那样,有许多想法就出自网络,包括出自大师级的专家(如彼得 · 德鲁克和大卫 · 温伯格等),这是体现网络知识和组合创新的集体智慧结晶,对建议方案的理论依据和参考思路,我们也已建立一个原型知联网,它已连接超过 1 100 多本书籍,说明这也是集体智慧的大集成。而我们对自己提出的建议方案思路,也遵循公共思考的原则,通过各种场合,几经公开大声谈出,广泛接受各方评审,既得到许多鼓励,也从反馈中受启发,能让方案更加完整和全面,朝可实施方向迈了一步。

参考文献

[1] Gangmin Li(2008), *Economic Sense of Metcalfe's Law*, WWW2008,
Also see: http://ra.ethz.ch/WWW/www2008/ws-workshop/WebEvolve2008-10.pdf.

[2] David Weinberger(2012), *Too Big to Know: Rethinking Knowledge Now That the Facts Aren't the Facts, Experts Are Everywhere, and the Smartest Person in the Room Is the Room*, Basic Books, 256 Pages.

[3] Jussi Kantola, Waldemar Karwowski(2012), *Knowledge Service Engineering Handbook*, CRC Press, 599 Pages.

[4] Peter F.Drucker(1993), *Post Capitalist Society*, New York: Harper Business Dynamics, 240 Pages.

[5] Chee Chin Chan(2009), *IDC's Top 10 Tech Predictions: Cloud and Analytics*[EB/OL], http://www.pcworld.idg.com.au/article/329628/idc_top_10_tech_predictions_cloud_analytics/.

[6] European Commission Information Society and Media (2008), *Future Internet Assembly Meeting Report*, Madrid, Spain,
http://ec.europa.eu/information_society/activities/foi/library/docs/madrid-conference-repor-v1-1.pdf.

[7] Dave Evans(2012), *The Internet of Everything*, Cisco IBSG Report,
http://www.cisco.com/web/about/ac79/docs/innov/IoE.pdf.

[8] David Weinberger(2012), *Knowledge as a Network*. ALA Annual Conference 2012.
http://www.ala.org/ala/mgrps/divs/alcts/confevents/past/ala/mwinter/10/knowledge.pdf.

[9] Dehua Ju and Beijun Shen(2011), *On Building Knowledge Cloud*, International Workshop on Knowledge as a Service (KaaS 2011), Nanjing, 2011.

[10] Art Murray and Mirghani Mohamed, *The Future of the Future: Are You Ready for the Coming Knowledge Cloud?* Available:
http://www.kmworld.com/Articles/Column/Future-of-the-Future/The-Future-of-the-FutureAre-you-ready-for-the-coming-knowledge-cloud-66075.aspx.

[11] Robert B. Barr and John Tagg(1995), *From Teaching to Learning-A New Paradigm for Undergraduate Education*, Change, Vol.27, No.6, pp.13—25.
http://www.ius.edu/ilte/pdf/BarrTagg.pdf.

[12] Chesbrough, H.W.(2003), *Open Innovation: The New Imperative for Creating and Profiting from Technology*, Harvard Business Press.

[13] Joel Buenrostro(2011), *Librarians as Knowledge Managers in the Networked Knowledge Economy*,
http://uplsaa.net/wp-content/uploads/2011/10/Librarians-as-KM-Managers-Presentation.pdf.

[14] David Weinberger(2012), *Library as Platform*, Keynote address at IL2012,
http://www.libconf.com/2012/10/22/il-opening-keynote-by-david-weinberger/.
Also see: http://lj.libraryjournal.com/2012/09/future-of-libraries/by-david-weinberger/.

数字人文:图书馆的机遇与挑战

曲 蕴

(上海图书馆)

摘要 信息技术的迅猛发展推动了其在各学科领域的应用普及。在此背景下,产生了由信息科学与传统人文科学交叉形成的研究领域——“数字人文”(Digital Humanities)。随着图书馆数字化转型和数字图书馆的兴起,“数字人文”开始向图书馆领域渗透。本文简述了“数字人文”的概念、起源及发展状况,介绍了图书馆在数字人文中的优势及面临的各项挑战,并着重阐述了数字人文对图书馆建设提出的新要求。

关键词 数字人文 图书馆 图书馆建设

Digital Humanities: Chances and Challenges for Library

Qu Yun

(Shanghai Library, China)

Abstract The development of information technology promotes its application in different subjects. Under this situation, it appears a new study across the information science and the traditional humanity science—Digital Humanities. Meanwhile, it's introduced into library with the rise of Digital Library. This paper describes the concept, origin and development of Digital Humanities, introduces the advantages and challenges of library in it, and focuses on the new requirements brought by Digital Humanities to library construction.

Keywords Digital Humanities Library Library Construction

1 数字人文概述

1.1 数字人文的概念及起源

目前,国内外已有诸多针对“数字人文”(Digital Humanities)的研究和探讨,但尚未对之形成权威的定义。国际上,美国伊利诺伊香槟分校图情学院院长 John Unsworth 给出了较明确的定义,他认为:“数字人文”是一种代表性实践、一种建模方式,或者说是一种拟态、一种推理、一个本体论约定。这种代表性实践可一分为二,一端是高效计算,另一端是人文沟通。在国内,武汉大学信息管理学院的王晓光也提出较为完整的“数字人文”学科概念,他指出:“数字人文”,即“人文计算”(Humanities Computing),是一个将现代计算机和网络技术深入应用于传统的人文研究与教学的新型跨学科领域。其研究目的是为了在根本上改变人文知识的获取、标注、比较、取样、阐释及表现方式。

实际上,“人文计算”这一提法出现得更早,它由 20 世纪 60 年代意大利人文学者 Roberto Busa 首次提出。随着数字技术广泛应用,人文研究的基础从文本载体向数字化载体转型,人文知识生产、传播和共享呈网络化趋势。在此过程中,一些人文学者开始使用含义更丰富的“数字人文”来代替“人文计算”,以突显其学科范围的扩展和研究活动的数字化烙印及数字技术的价值。

1.2 数字人文的发展瓶颈

截至 2012 年,全球范围内已有超过 20 家数字人文研究中心,主要集中在欧美日等发达国家。这些机构开展的数字人文项目涉及了文学、语言学、历史考古、艺术等领域。此外,不少人文学科的专业学者,常以个人或团体的名义开展数字人文研究项目,均已获得丰富的学术成果。但从总体来说,数字人文在一定程度上仍面临发展瓶颈,主要表现在研究的整合延续性和成果保存及利用等方面。

目前,大部分数字人文研究机构一般倾向于通过互联网或自行开发应用软件的形式发布项目成果和提供利用,使大量学术成果呈现为各自分散、格式互不相容、不易保存和不易查找使用的状态。有些时间比较久远的项目，难以回溯，最终“湮灭”在容量不断递增的信息世界里。对于个体研究者或一个学术研究团体开展的数字人文项目，其延续性难以得到保证，一旦有学者离开或转变研究方向，则会导致研究中断。

2 图书馆在数字人文中的机遇

2.1 图书馆的优势

对知识进行加工、保存、传播、利用，是图书馆的核心任务，也是其最大优势。尤其在数字图书馆这一概念被提出后，数字技术的引入强化了图书馆对数字学术资源进行挖掘、整合、存取的能力。这一能力同样能很好地运用在数字人文领域，帮助其有效整合和存储各类研究成果，并通过搭建统一平台，面向特定人群实行开放获取，在一定程度上协助数字人文改善瓶颈问题。同时，图书馆作为收藏有丰富的人文学科资源的大宝库，也可立足于数字图书馆建设，根据馆藏人文资源的特点自行开发数字人文研究项目。

2.2 图书馆是数字人文的实践前沿

图书馆数字化转型为开展数字人文工作带来新的机遇。为了进一步提高人文学科领域的知识共享程度，图书馆开始对馆藏人文资源进行数字化和网络化，这不仅丰富了数字图书馆的内容，也加快了人文学者间的知识共享及人文知识的大众化普及。可见，支撑数字人文研究是图书馆建设的重要目标之一，而数字图书馆将成为数字人文的基础性技术研究平台。

目前，涉及数字图书馆建设的国内外数字人文研究项目，例如 2008 年启动的欧盟数字图书馆，以门户网站的形式，提供各种书籍、音乐、绘画、照片和电影等数字资料；2004 年启动的中国国家数字图书馆工程，建设了包括馆藏甲骨实物与拓片数字化资源库、敦煌遗珍数字化资源库、民国图书数字化资源库、馆藏年画数字化资源库等多个数字人文资料数据库。①这些项目不仅受到各国国家级科研基金会和管理机构的资助，还受到包括国际图联(IFLA)等专业图书馆机构的资助。

3 图书馆面临的挑战

3.1 尽快缩短与数字人文的差距

数字人文最早出现于 20 世纪 60 年代，与当时的传统图书馆基本没有产生任何交集，直到 20 世纪 90 年代数字图书馆概念提出，再至近几年，才开始出现数字人文与图书馆间关系的初步探索，这已经比数字人文晚了至少 30 年。在这些年当中，数字人文经历了充分发展，形成了一整套较为完整的科学体系。鉴于当前，数字人文以数字图书馆作为其基础研究平台的需求，图书馆无论被动或主动，都将与数字人文学科的发展息息相关。

因此，图书馆要在数字人文中有所作为，必须尽快缩短与之差距，提升自己在数字人文相关领域的工作与研究的能力。例如通过与馆外数字人文团体或机构合作开展研究项目，学习对方的经验；掌握数字人文的发展态势及走向，对研究方向的变化做出及时反应和相应调整。

3.2 对图书馆建设提出新要求

数字人文对图书馆各方面建设，包括资源采购、加工、保存、整合以及资源发现、专业馆员服务能力等，提出了更高的要求。结合近年来国内外图书馆界的学者，以图书馆所具备的各项优势为基础，总结出图书馆在数字人文中能够发挥的具体作用，可以概括为以下 4 个方面。

(1) 资源建设及管理

虽然资源的建设管理是图书馆的日常工作，但是随着用户研究行为的改变，资源建设和管理的方式也会随之而变。由于可供人文学者参考的文献资料越来越多，因此要求图书馆拥有坚实完善的资源建设能力和管理基础，并能一对一地为其提供最优研究方案和主题定制服务。例如图书馆在资源采集和组织的过程中，必须要系统的考虑资源延续性，提高资源采访质量；并且鼓励人文学者和研究团体的多方参与，进一步分析他们的需求，从而促进图书馆提供正确的知识指引及服务支持。

(2) 数字化加工及保存

图书馆管理着由研究者们创造的大量珍贵资源。对部分大型图书馆而言，它们具备将这些资源数字化的技能，同时也拥有先进的数字化技术设备。因此，对人文资源进行数字化加工，是这类图书馆的重大职责和重要功能。同时，图书馆作为各类资源的专业保存机构，可以与开展数字人文研究的个人或机构合作，为

---

① 王晓光.“数字人文”的产生、发展与前沿.2009 中国高校哲学社会科学发展论坛论文集[M].重庆，2009：207—221.

其提供数字保存方面的建议和指导。但是由于数字人文的研究对象越来越复杂,其中不仅包括文本资料,还包括声音、图像等音视频资源以及原生数字资源。因此,针对不同类型资料的保存,还应该使用不同的技术方法。今后,图书馆可以此为契机,为数字人文研究产出及其持续性保存做出贡献。

(3) 资源整合及资源发现

对数字人文而言,图书馆所起到的一个决定性作用就是可以将分散在各处的资源进行有机整合,并且挖掘出淹没在海量信息中的有用资源以及提供跨学科的专题资源发现服务。目前,许多图书馆都在自建特色数据库、主题网站和参考咨询服务平台,例如美国国会图书馆、荷兰皇家图书馆、中国国家图书馆等相继投入的"国家记忆"——文化记忆收集项目以及前文提到的国图数字图书馆建设项目的案例,均建成跨学科的人文专题资源发现库,面向大众开放利用。

(4) 专业馆员培养

数字人文要求信息时代的专业图书馆员,具备跨学科的集成式素质能力,既掌握人文领域的相关学科,又对数字技术有一定了解,并能熟练实施有关的技术运用。因而要从数字人文的角度,加强馆员在这些方面的能力培养和提升。最近,业内还提出了一种"嵌入式"馆员的概念,它提供的是一种分散式的图书馆服务。简单来说,就是研究者在哪里,图书馆员就把服务带到哪里。就数字人文而言,馆员可以"驻扎"进大学校园或者其他学术研究机构里,为有需要的人文研究者提供即时的信息和技术支持;与此同时,馆员也可以对正在进行的热点研究活动保持关注,并随时给予实质性的帮助。

参考文献

[1] Unsworth J.What Is Humanities Computing and What Is Not? [EB/OL]. http://computerphilologie.uni-muenchen.de/jg02/unsworth.html.

[2] 王晓光."数字人文"的产生、发展与前沿.2009 中国高校哲学社会科学发展论坛论文集[M]重庆,2009:207—221.

[3] 周琼,胡礼忠.图书馆员在"数字人文"中的作为——"2011 数字人文国际大会"后的感想[J].图书馆建设,2012(3):82—84.

[4] Ben Showers. Does the library have a role to play in the Digital Humanities? [EB/OL]. http://infteam.jiscinvolve.org/wp/2012/02/23/does-the-library-have-a-role-to-play-in-the-digital-humanities/.

[5] (美)杰弗里·A·赖德伯格-科克斯.挑战数字图书馆和数字人文科学[M].桂林市:广西师范大学出版社,2010.

[6] Hitoshi Kamada. Digital humanities: Roles for libraries? College & Research Libraries News[J].2010, 71(9):484—485.

[7] William A.Kretzschmar Jr, William Gray Potter. Library collaboration with large digital humanities projects. Literary and Linguistic Computing[J], 2010, 25(4):439—445.

将数字化人文资源引入指导服务：重新定义21世纪数字图书馆的案例研究

Raymond Pun
（上海纽约大学）

摘要 本文介绍了数个由纽约公共图书馆系统所属研究图书馆所建设的数字化人文资源项目，并说明了如何利用这些项目推广图书馆特藏并增强用户的数字化信息素养的。本文探讨了数字化人文馆藏在高校、研究和公共图书馆指导性服务中的重要性。以作者自身为例，作者曾就职于纽约公共图书馆，指导性的研讨班聚焦于向学生介绍传统的图书馆研究技能，比如检索电子资源、检索在线书目或提升检索策略。但是，纽约公共图书馆引入数字化人文资源以后，这些众包项目，“菜单上有些啥？”、“地图整理”、“纽约市指引：1940”等，更多地利用非正规文献向学生教授如何收集与发现这些消失的历史与叙事。更重要的是，通过这些项目，学生学到了新的信息技能。例如，在“菜单上有些啥？”项目中，参与者协助转录图书馆馆藏菜单，该众包项目使参与者与图书馆同时收益。学生们可以了解某家餐厅在某个特定时期内不同菜单上的菜品和成分，学生藉此学会了如何辨识这些菜单并如何进行编码，同时为图书馆的食物知识进行了编目。用户在网站上添加和分享这些菜单也使图书馆同时获益。通过这些案例研究，本文在指导性服务与数字化人文资源之间构建了关系，并探索了利用这些数字化人文资源教授新的信息技能的方法。本文总结指出，通过这些数字化项目，图书馆与图书馆员依然在不断满足学术界的各项需要。

Integrating Digital Humanities in Instructional Services: Case Studies that Redefine Digital Literacy in the 21st Century

Raymond Pun
(New York University Shanghai, USA)

Abstract This paper presents several case studies of digital humanities projects hosted in the New York Public Library Research Libraries, and demonstrates how these projects promote special collections and enhance digital literacy skills. The paper explores the important role of digital humanities in instructional services for academic, research or public libraries. In the case of the author, a former research librarian in NYPL, instructional workshops often focused on introducing traditional library research skills to students like researching electronic resources, online catalogs or developing search strategies. However, since the arrival of digital humanities, NYPL's crowdsourcing projects such as "What's On the Menu?," "Map Waper," and "Direct Me NYC: 1940," are teaching students more about the collections and rediscovering lost histories and narratives through digitized ephemera. More importantly, the students are learning new digital literacy skills. For example, in "What's On the Menu," participants can help transcribe the Library's menu collection from various scripts. This crowdsourcing activity benefits both the student and the library: students learn more about the types of ingredients used and dishes produced in different menus from a restaurant in a certain historical period. They learn how to "code" and "identify" such scripts visually and categorize food knowledge for the library. The Library benefits from this engagement since users are adding and sharing these transcriptions in the library's site. Additionally, students in these instructional services develop visual literacy skills where they learn how to read a map properly and identify legends and such. The paper draws on these case studies to form the nexus between instructional services and digital humanities, and explores new ways of teaching digital literacy skills from digital humanities projects. The paper concludes on how libraries and librarians are continuously meeting the need of the scholarly community through the promotion of these digital resources.

1 Introduction

As an emerging field, "digital humanities"(DH) has introduced new ways of sharing, analyzing, visualizing and thinking about data as information. Before DH, there was "humanities computing," which studies the intersections between humanities fields such as literature or art history with media or information technologies to uncover new research methods or solutions. However, with the arrival of emerging technologies, "humanities computing" became DH. DH is "an application of information technologies in analyzing humanities" and is often "data-driven, answering humanities research problems with multidisciplinary, interdisciplinary, and cross-disciplinary approaches within the digital IT / realm."① Research libraries with large collections and budgets can afford to focus on the role of DH in their services. DH projects are often based on an open source format where anyone on the web can access the digital library or collections remotely. For discover purposes, DH projects tend to focus special collections or primary sources where few scholars have actually researched the collections.

In this paper, three case studies of DH projects hosted in the New York Public Library(NYPL) are closely examined to identify new digital literacy skills. In this context, "digital literacy skills address the fact that information is no longer limited to text but also includes still images, video, sound, interactive web pages."② By introducing and integrating these DH projects into the library's instructional services program, participants can gain specific research skills that were not acquired initially through traditional library workshops. The paper addresses the positive role that DH can play in instructional services by exploring the Library's three DH projects: "What's On The Menu?" "Direct Me NYC: 1940," and "NYPL Map Warper." The author draws on these case studies to form the nexuses between instructional services and digital humanities.

2 What's on the Menu?

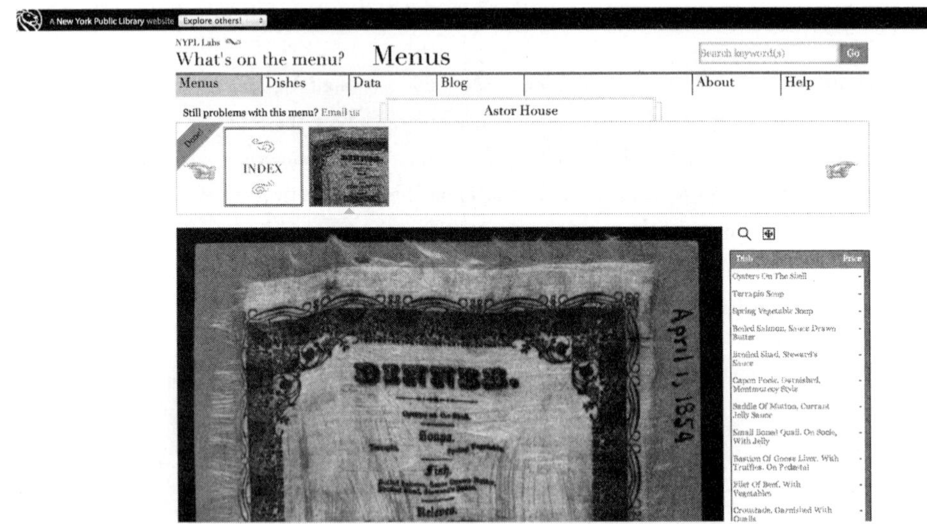

Figure 1 "What's On the Menu?"www.menus.nypl.org

① See Hitoshi Kamada. "Digital Humanities: Role for Libraries?" *College and Research Libraries News* 77, no.9 (2010):p.484.

② See Leo Tan Wee Hin. *Handbook of Research on Literacy in Technology at the K-12 Level*. p.290.

With approximately 45,000 menus dating from the 1840s to the present, the NYPL's restaurant menu collection is one of the largest in the world, used by historians, chefs, novelists and everyday food enthusiasts. They contain menus from Chinese to Russian to Middle Eastern restaurants from the 19th to the 21th centuries. However, these menus can very difficult to search and assess all at once since some may be fragile and difficult to read. If scholars were interested in specific information about dishes, prices, the organization of meals in these menus, they would have many challenges in reviewing them all at once. The NYPL found a solution to promote the collection and to provide an easy access for any one to use: "What's On the Menu?" is a DH project that can reveal the stories of these "menu data" and draw new connections in the history of food and culture.

In this DH crowd-sourcing project, the NYPL improves the collection by allowing online participants to transcribe the menus, dish by dish. By doing this, the collection can be researched, accessed and discovered differently. According to the website, there are currently 17,000 menus already transcribed by participants but how does one build an instructional services program with this ambitious project? In an instructional services program, one can train participants in using this site to enhance their knowledge of food history. By making students comfortable to transcribe various scripts and prints of menus for the Library, they are also seeing what types of food are being served, how much they cost and where restaurants were located geographically.

In one example, according to a menu, a dish called, "preserved chow chow" was served in Rio De Janeiro, Brazil in 1900. If users saw that cuisine in the menu, they would not know what it is but with image search engines such as "Google Images" or "Baidu," they may find that "chow chow" refers to the "dog." They may also assume that dogs were being fed in Brazil during that time based on these search engines. However, this DH project rectifies this knowledge by placing the food in context: the DH project links the dish into scholarly resources that can describe what the dish actually is or was. Users can know that "preserved chow chow" is a vegetable dish. Why is this important? Part of the new digital literacy initiatives is to strengthen core skills of information literacy. Today, there are waves of websites providing misleading information. In this case, participants learn how to decipher food knowledge properly and understand the cultural context of food in history. More importantly, they learn how to "find credible sources" by reviewing the library's digital resources to verify or fact check the information. In an instructional services program, librarians can also train students to think critically and globally about food and economics in their projects: how did food cost change over time and what was popular to eat back then? These important questions can only be answered through the data inside the digital menus. Users are learning to decipher and mine "data" which are also important digital skills to develop. However, it is more effective for a librarian to guide the users to access this resource and properly transcribe thc data. This DH project provides useful information for anyone conducting research in food history but one needs to make sense of the "data" supporting the project through transcription.

3 "Direct Me NYC: 1940"

Direct Me NYC: 1940 is another DH project hosted by NYPL but functions very differently from "What's On the Menu?" For anyone interested in genealogical research, this DH project lists the telephone directories of the five main boroughs of New York: Manhattan, Queens, Bronx, Brooklyn and Staten Island in the year 1940 only. This project was made for the purpose of the 1940 U.S. Federal Census, which was released in 2012. The Federal Census is released every ten years in the U.S. due to privacy and legal procedures. As a result, genealogical research can be very difficult to conduct without the proper census. "Direct Me NYC" offers an innovative approach to conduct genealogical research: the site lists the telephone directories which contains names, addresses and phone numbers of residents and businesses in these boroughs but the site also converts the addresses to enumeration districts(ED) by opening corresponding census pages. The enumeration district is a geographic area determined for the purposes of taking the census. From there, users can discover more information about the census and their genealogical research. How does all this information enhance one's digital literacy skills and more importantly, how can the library utilize this DH project in an instructional services program?

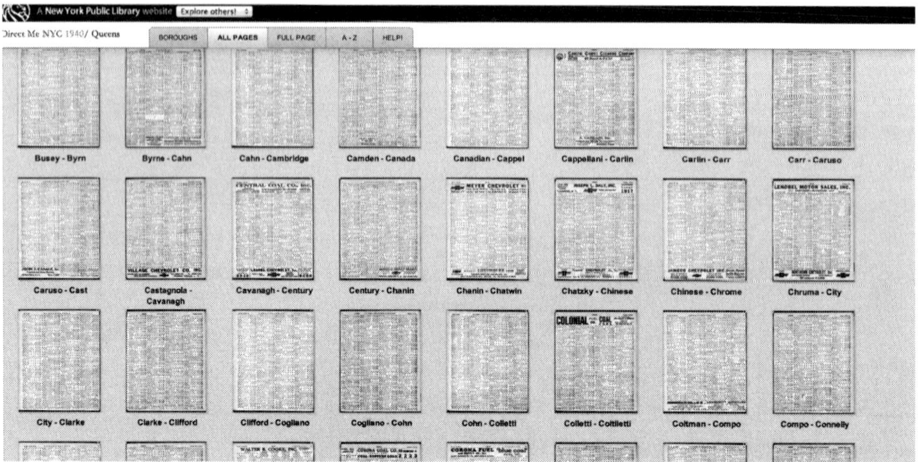

Figure 2 "Direct Me NYC: 1940"http: //directme.nypl.org

First, this DH project engages participants differently: by contextualizing "data" from the telephone directories and Federal Census, users can learn and discover genealogical and local histories differently. They learn more about where people used to live based on surnames and where businesses or restaurants opened their services in New York. Most importantly, participants learn how data is compiled, arranged, processed, analyzed and visualized differently compared to our contemporary times. Data analysis skill is critical in digital literacy.① By exploring these data sets presented in the telephone directories and Federal Census, users can develop and delve into important quantitative studies based on these resources. One major critique of this project is that it does not effectively engage with participants but only presents the data that can be used for many research purposes beyond the genealogical one.

In an instructional services program, librarians can demonstrate on using this site effectively but also utilizing additional tools to quantify the data. For example, quantitative tools such as "R" or "SPSS Statistics" can support statistical analysis for these data; participants can learn how to manage and analyze their data sets based on these quantitative resources. From there, Direct Me NYC:1940 can uncover new types of data in local history. More importantly, this DH project offers an opportunity to learn about data research and analysis. These digit literacy skills are important and "traditional information literacy workshops" would not include extensive data-driven pedagogics.

According to the website, the NYPL Map Warper is a "tool for digitally aligning('rectifying') historical maps from the NYPL's collections to match today's precise maps."②NYPL has collected over 400,000 map sheets from all over the world since 1898. This vast collection can support researchers interested in history, geography, urban or environmental studies, cartography, and other interdisciplinary fields.

---

① See Martyn Jessop. "Digital Visualization as a Scholarly Activity." *Literary and Linguistics Computing* 23, no.3 (2008):281—293.

② See NYPL Map Warper: http://maps.nypl.org/warper/.

NYPL Map Warper

Figure 3　NYPL Map Warper: maps.nypl.org

The purpose of the Map Warper is to assist NYPL align or rectify a map. Once users find an old map in the online collection, they can place the map in the current boundaries as it stands and formulate new ideas or questions in the geographic context on the "rectified maps." These "rectified maps" have overlaying digital images of historic maps onto a contemporary digital map, similar to "Google Maps" and can transform them into a virtual atlas. For example, a rectified map sheet of Manhattan, New York from 1857 can display the changes in the streets, or footprints of old buildings. To contextualize this map in local history, one can utilize archival records, newspapers, manuscripts, photographs or other historical documents associated with the places on the map. This DH project serves as a foundation for scholars and educators to support the Library's geospatial initiative by creating new "rectified" maps and thus, "new knowledge." Similarly, this can produce a type of geographic information system; users learn how to visually interpret maps, draw boundaries and focus and identify details in the map such as legends.

This DH project can enhance digital literacy skills in geospatial knowledge by allowing participants to visualize and analyze data. More importantly, a key component of digital literacy is visual literacy. Participants learn how to read a map and understand its impact to and historical importance in society. They can also create programs that can visualize the data and space in the map. "Spatialization adds extra dimensionality that is absent from written language and in doing so facilities the display of simultaneity."① Drawing on instructional services program that utilizes on this DH project can produce different digital literacy skills: users would be reading primary sources and understanding how to "code" and "decode" the language of cartography or a visual media, an essential skill in digital literacy. In addition to teaching local history, librarians can play a key role in promoting data visualization, and visual literacy through the Map Warper.

4　Conclusion

From food to maps, these digital humanities projects as case studies can provide meaningful and creative approaches to enhance digital literacy skills in instructional services program. DH is more than digitizing primary sources and adding them into a digital repository: there are multiple purposes and functions. Participants can learn about special collections or primary sources, and discover or collect lost narratives together. In the case of instructional services program, NYPL's DH projects can support or enhance new digital literacy skills in GIS, data analysis, web fact checking, and reinforce "traditional" information literacy

① Jessop, Martyn. "Digital Visualization as a Scholarly Activity." p284.

skills such as critical thinking and research skills.

The opportunities for these new projects allow the librarians to play a more active and critical role in supporting and teaching digital literacy: "librarians provide or help customize electronic information or data in a more interactive way as primary source data for individual computer-assisted research projects, in addition to continuing their effort to digitizing resources in a larger scale."① There is a bridge connecting digital humanities and instructional services as demonstrated in these case studies. By producing and promoting these resources, the Library is continuously meeting the need of the scholarly community: scholars are analyzing text, data, and metadata in their respective fields in the humanities differently, repositioning their findings and exploring new avenues of research.

5 Bibliography

Adams, Jennifer L. and Kevin B Gunn. "Digital Humanities: Where to Start."*College and Research Libraries News*73, no. 9(2012):536—569.

Berry, David M. "The Computational Turn: Thinking about the Digital Humanities." Culture Machine 12(2011):1—22.

Choi, Haeryun and Joseph M. Piro. "Expanding Arts Education in a Digital Age."*Arts Education Policy Review* 110, no.3 (2010):27—34.

Dalbello, Marija. "A Genealogy of Digital Humanities." *Journal of Documentation* 67, no.3(2011):480—506

Hin, Leo Tan Wee, eds. *Handbook of Research on Literacy in Technology at the K-12 Level*. U.S: Idea Group Publishing (2005).

Jessop, Martyn."Digital Visualization as a Scholarly Activity." *Literary and Linguistics Computing* 23, no.3(2008): 281—293.

Kamada, Hitoshi. "Digital Humanities: Role for Libraries?" *College and Research Libraries News* 77, no.9(2010): 484—485.

Martens, Gunther. "Literature, Digital Humanities, and the Age of the Encyclopedia." *CLCWeb: Comparative Literature and Culture* 15, no.3(2013):1—10.

References

[1] Ms. Diane Serrano

Senior Library Administrative Associate in Periodical and Microform Unit (Former Supervisor) The New York Public Library, Room 108, 476 Fifth Avenue, 10018 1212-930-0696, dianeserrano@nypl.org

[2] Dr. Elaine Carey

Chair and Associate Professor at St. John's University

St. John's University, St. John's College, Room 244I, Queens Campus 8000 Utopia Parkway, Queens, NY 11439, 1718-990-6229, careye@stjohns.edu

① Kamada, Hitoshi."Digital Humanities: Role for Libraries?" p485.

21 世纪的图书馆空间——应对用户对信息、技术和专业知识的挑战

Robert A.Seal

（美国芝加哥洛约拉大学图书馆）

摘要 在 21 世纪的第二个 10 年，图书馆和图书馆专业人士面临着来自用户需求的多重挑战。对大学图书馆而言，这些挑战尤为迫切。师生不仅期待快捷、方便、无缝的信息获取，他们还希望图书馆能够提供灵活而舒适的空间用于独自学习和工作，或者与同事、朋友、同学或指导老师一起合作。同样是这些用户还会经常要求信息专业人员为其在图书馆与日俱增的网络资源中进行导航。近 15 年以来，美国和全球的图书馆界对“作为场所的图书馆”这一观念在增强高校图书馆重要性上的认识发生了重要转变，因此，在图书馆员的强烈要求下，各个学术机构开始设立了诸如信息共享空间、学习共享空间、研究共享空间在内的各类空间以满足用户的需求。

Library Spaces in the 21st Century—Meeting the Challenges of User Needs for Information, Technology and Expertise

Robert A. Seal

(Loyola University Chicago, USA)

Abstract Libraries and library professionals face multiple challenges in meeting user needs in the second decade of the new millennium. This is particularly true in academic libraries where students and faculty demand and expect fast, easy, and seamless access to information as well as flexible, comfortable places to work alone was well as collaboratively with colleagues, friends, classmates, and instructors. These same patrons often require the assistance of information specialists to navigate a library's increasingly large array of online resources. The past fifteen plus years have seen a major shift in philosophy in the U.S. and in other parts of the globe in terms of the importance of "library as space" in enhancing the role of the college and university library. As a result, academic institutions, at the urging of librarians, have created spaces known as information commons, learning commons, research commons, etc. in response to user needs for 1) access to technology, 2) group work, 3) social interaction, and 4) knowledge creation.

The information commons in all its forms has not been static, indeed it has matured, adapting over time to changing technologies, patron needs, and pedagogics. This paper provides historical context and reviews recent trends in the area in the area of learning and study spaces in academic libraries. It also cites the successful Information Commons at the author's home institution, Loyola University Chicago, examining its first six years of operation and projecting changes in its next half decade.

1 Introduction

Space has always been an issue in college and university libraries: how it is designed and utilized; where services are located; how materials are stored, displayed, and made accessible; where staff and service points are placed; growth needs for the collections; furnishings and equipment needs; use of technology; etc. Books such as *Planning Academic and Research Library Buildings* (1999) by Leighton and Weber, the third edition of the 1965 classic by Keyes Metcalf, addresses in great detail the space needs of an academic library.

Despite being 15 years old, many of the book's ideas continue to be useful and instructive for today's space planners. The authors recognized constant transformation within librarianship and pointed out that "Library buildings ... must be able to accommodate change more readily than other types of academic buildings."① They correctly observed that "the most striking change in the character of the library over the past few decades has been the result of computer systems, the Internet, the World Wide Web, the personal computer, the laptop computer, email,"② an insightful statement long before newer trends in social media, mobile devices, and cloud computing! In any case, technology has indeed altered library operations in a dramatic fashion and has influenced library space planning to a great extent.

Books, articles, and conference papers in most of the 20th century reflected a philosophy that library space should be designed by and for librarians. User needs, while recognized, often came second. We professionals thought we knew what students and faculty needed and planned new libraries accordingly. For instance, user comfort was mentioned as an important design consideration but it focused almost exclusively on the environment: for example, Metcalf wrote that "Comfort, to oversimplify, might be said to require conditions that enable the occupant to forget about such matters as temperature, humidity, drafts, lighting, visual and auditory distraction, and to go about his work oblivious to his physical surroundings."③ Likewise, Rogers and Weber in their 1971 work, *University Library Administration*, noted that "Students and faculty members have heightened expectations with respect to pleasant surroundings, ample light without glare, colors that are pleasing, ventilation that is adequate, temperatures that are comfortable, acoustics that protect the reader from undue distraction, and seating and work surfaces that facilitate long and often intense concentration."④ In addition to environmental comfort, much of space planning formerly concentrated on traffic flow, collection storage and access, arrangement of furniture, staff work areas, etc.

As a result, the typical academic library of the mid-to late 20th century was a quiet but sterile place focused on acquiring, processing, and holding collections as well as facilitating scholarly, studious work. While not explicitly stated, except for the graduate student and some faculty members, the university library was a place to avoid or, at best, get what was needed for a project and leave quickly. The exception was the student who needed a quiet location to study because their dormitory or apartment was not conducive to productive work. This (perhaps unintended) "mausoleum library model" was common for decades, quite in contrast to the philosophy of today which besides offering quiet study space also encourages group work and conversation, access to food and drink, ubiquitous technology, and more. No wonder many academic libraries saw minimal use until relatively recently.

In fact, when electronic journals proliferated and the World Wide Web appeared at the end of the 20th century, there were dire predictions of the death of the physical library. ("Why do we need libraries or books? Everything is on the Internet.") Attendance in the college library had declined while large bookstore chains were prospering thanks to their offerings of comfortable lounge chairs, classical music, and coffee. Fortunately, something happened at about the same time that changed the academic library dramatically, resulting in a resurgence in use and popularity like nothing ever seen in the academy. The institution of the university library was not only taken off "life support" but today is stronger than ever with record attendance and intensive use of collections, facilities, and user services.

The primary impetus for the transformation was a change in attitude by the profession. At first, it was a small number of librarians who dared to oppose the traditional conservative thinking about library space and

---

①② Philip D. Leighton and David C. Weber, *Planning Academic and Research Library Buildings* (Chicago: American Library Association, 1999), p.xxviii.

③ Keyes D.Metcalf, *Planning Academic and Research Library Buildings*(N.Y.: McGraw-Hill, 1965), p.6.

④ Rutherford D.Rogers and David C.Weber, University Library Administration (N.Y.: H.W. Wilson Company, 1971), p.356.

use. These included those who began to systematically ask users what would bring them back to the library. It involved those who dared to imitate the bookstore model which included comfortable furniture and coffee. It included those who had the vision that access to computers and the Internet was at the center of the library of the future. Gradually, more and more librarians accepted this new model, making changes that made the academic library a destination on campus, not a place to stay away from.

"Library as place," a common phrase today, was perhaps first mentioned by Leighton and Weber who defined it as "where students seek out intellectual interaction, informational exchange, and socializing in an academic environment, and even find the library a refuge from a world dominated by slick entertainment, the media sound bite, and pervasive commercial values."① One wonders what they would have thought of students in the library today, not only studying and doing research but Web surfing, using social media to communicate, watching YouTube clips for fun and education, and playing computer games.

While some changes, such as technology access or permitting food and drink, occurred independently and made an impact, a new model incorporating all the above changes and more began to appear in the 1990's in the United States. This new model was known by different names but at first most commonly as the Information Commons. Defined in different ways, the IC as it is called on many campuses, has four basic features: 1) technology in its many forms; 2) spaces for group work; 3) digital media and online collections; and 4) access to both librarians and technology experts. There are other aspects which vary from institution to institution and will be outlined later in this paper.

Finally, and unrelated to the Information Commons and its cornerstone, technology access, two other significant changes occurred after about 1995 which made the academic library more attractive and welcoming to students: allowing conversation and permitting food and drink (within reason). While simple ideas, for years librarians fought against both, with mostly unsuccessful results. For most of the twentieth century, librarians went around quieting users and taking their soft drinks and snacks. After all, this was a library, not a dorm room or cafeteria, rather a place for serious work. We knew that cookie crumbs attracted pests which destroyed books and a spilled beverage was a danger to library materials and furnishings. We did displays of insects and damaged volumes. We put up signs with the primary messages of Don't Do This, Don't Do That; and please, please Be Quiet! No wonder few of my college friends went to the library in the late 1960's.

Happily today, most academic libraries are warm, hospitable, attractive places where students not only do serious work but go to be with their friends, write research papers, meet their professor for a cup of coffee, make a video presentation for class, do research in databases and electronic journals, prepare for a class group project or presentation, surf the Web and use social media, and attend an impromptu talk by a prominent faculty member. This paper is written to celebrate the library space of today, space which attracts users with technology, comfortable places to work, cafés, both print and electronic collections, and information professionals who smile and are helpful. The focus is on a place that embodies the above concepts, promotes learning, and has revitalized the concept of an academic library, the Information Commons.

2 The Information Commons: History, Definitions, Models, and Goals

More than 20 years ago, the University of Iowa introduced what it called the Information Arcade, a place for students and faculty to utilize technology tools "to access, gather, organize, analyze, manage, create, record, and transmit information."② While not an information commons in the modern sense, it was an early attempt to integrate technology into an academic library program in a significant way. Two years later, in 1994, the University of Southern California opened a 24-hour "Information Commons," with similar offerings

① Leighton and Weber, *Planning Academic and Research Library Buildings*, p.3.

② University of Iowa, Information Arcade website: http://www.lib.uiowa.edu/arcade/about/mission.

to those at the University of Iowa.① In the following two decades, this service model developed and became increasingly popular. There are now hundreds of examples of information or learning commons in libraries around the world. While some are standalone buildings, most are sections or floors of buildings, often the first thing a user encounters when entering the library.

A brief discussion of the definition of an information commons is in order. While the literature is full of opinions, in the interest of brevity only a few will be cited. The most often mentioned is the now classic definition in 1999 by Donald Beagle who wrote that the information commons is "a new model for service delivery in the academic library" in which there are two possible states: 1) "an exclusively online environment in which the widest possible variety of digital services can be accessed via a single graphical user interface (GUI) and potentially searched in parallel via a single search engine from any networked workstation" or 2) "a new type of physical facility specifically designed to organize workspace and service delivery around the digital environment cited above."②

Others have described the information commons as a "one-stop shopping experience" for all types of information needs, both library and technology. Halbert described the IC as "a platform for innovation ... fundamentally as the shape of libraries to come."③ Since its inception, the concept has been influenced by the growth of the World Wide Web, advances in computer technology, the popularity of social media, and changing pedagogical methods and philosophy. Thus the information commons has continued to evolve and a more up-to-date definition might simply be a place where library, technology, and teaching merge to enhance research, create knowledge, and facilitate learning. Beagle summed it up best: "The IC potentially offers a "continuum of service" that can help the student move through and beyond the established regime of information access and retrieval, through further steps of interpretation, processing, and manipulation, and on to the development, packaging and presentation of new knowledge."④

Numerous other definitions abound and, while there are dozens of models each with their own set of features and goals, all have one primary goal in common: to meet the needs of the undergraduate student, the so-called millennial. While the academic library commons is aimed primarily at this demographic, it also serves to a lesser extent graduate students and faculty. Indeed, the administration of today's academic library often seeks ways to better integrate information commons programs with teaching and learning and thus work more closely with those whose primary job is pedagogical: professors and graduate teaching assistants.

The service philosophy of the information commons can be characterized by the four C's of connectivity, collaboration, creation, and community. Connectivity refers to the student's desire to be linked to the world around them via the Internet, to have easy access to information, knowledge, friends and family, the university and its professors, and more. The IC facilitates this connectivity with computers and peripherals, campus networks and email, high-speed Internet access, and ubiquitous Wifi. Collaboration denotes formal class group assignments as well as informal study groups working on homework or preparing for exams. The library commons supports this activity by providing large tables, group study rooms, seminar and classrooms, clusters of comfortable seating, and flexible furniture for creating impromptu cooperative activity. Specialized software for collaborative work may also be provided.

---

① "USC opens $27.5M Leavey Library." *College & Research Libraries News*, 55, no. 10(November 1, 1994): 629.

② Donald Beagle, "Conceptualizing an Information Commons," *The Journal of Academic Librarianship*, 25, no.2 (1999):82.

③ Martin Halbert, "The Information Commons: A Platform for Innovation," *The Journal of Library Administration* 50 (2010):73.

④ Donald Beagle, "The Emergent Information Commons: Philosophy, Models, and 21st Century Learning Paradigms," *The Journal of Library Administration* 50 (2010):9—10.

The creation of knowledge is the third C, facilitated by 1) online, print, and audiovisual resources; 2) software packages for analytical and statistical work, video and audio editing, and basic office functions such as word processing; 3) digital media services such as equipment loan, instruction in the use of equipment and software; 4) software for group projects; and 5) assistance from information professionals. Finally, the information commons is often a place for social interaction, creating a community which complements or even serves as a second(or replacement) student center. It offers formal and informal meeting spaces such as cafés, lounges, classrooms, study rooms, and special events venues, as well as comfortable chairs and sofas, and food service. In this way, Lippincott noted, "the Information Commons can ... support the social aspects of learning,"①since interaction among people is a key aspect of learning. Leighton and Weber supported this way of thinking by noting that "higher education is increasingly understood as a social activity, and the library provides the prime studious home with spaces specifically designed ..."② for social learning. Even the presence of food and beverage can advance education as pointed out by Bennett who wrote "food domesticates a space, fostering the kind of informal, serendipitous conversation that leads to learning."③Sullivan also pointed out that "The availability of sustenance also allows students to stay in the library longer, increasing time on task."④

Because of this four-pronged philosophy and the variety of services offered(e.g. research assistance, circulation of books and equipment, peer tutoring, library instruction, and technology help, etc.), the information commons has revitalized the library, offering many benefits which draw in users. These advantages include, but are not limited to, seamless and convenient access to information resources; hardware and software needed to do research, write papers, and undertake projects; a variety of spaces to accommodate differing learning styles and study habits; and the opportunity to interact with classmates, librarians, technology specialists and professors, all of whom contribute to the success of one's academic work. It's no wonder that the information commons is such a popular, indeed productive space for our students.

3 The Evolution of the Information Commons

The information commons model, first theorized, proposed, and implemented in the 1990's, has not remained constant. Like other aspects of the library profession, indeed society at large, the academic library commons has been evolving. Old ideas have been updated and improved upon and new aspects of the model have been introduced. Much of the transformation has come from advances in technology, new types of pedagogy, appearance of social media, and changing user need and expectations.

Not surprisingly, improvements in technology have had the greatest impact on the Information Commons model over the past decade. More powerful and faster processors, greater and cheaper memory and disk storage, shrinking CPU footprints, larger and touch screen monitors, declining costs, and mobile devices (smartphones and tablet PCs) have revolutionized and influenced the kinds and variety of computer equipment that are needed in today's library. This situation is in stark contrast to the early IC model of desktop computers, printers, and scanners. Of course, because technology advances day-by-day, it is a challenge for libraries to stay current as well as support the incredible number of electronic devices and software now available to users. Mobile devices have spawned a related issue to an extent even greater than anyone designing a commons envisioned just a few years ago: an increased demand for power outlets to operate and charge multiple devices from laptops to cell phones to tablets. The old adage, "there are never enough electrical

① Joan K. Lippincott, "Information Commons: Meeting Millennials' Needs," *The Journal of Library Administration* 50 (2010):32.

② Leighton and Weber, *Planning Academic and Research Library Buildings*, p.3.

③ http://www.clir.org/pubs/reports/publ29/bennett.html.

④ Rebecca Sullivan. "Common Knowledge: Learning Spaces in Academic Libraries," *College and Undergraduate Libraries* 17, no.2—3(2010):142.

outlets," has never been more true and the need will only increase as time goes on. My own library has spent thousands of dollars in the past five year adding many more electrical outlets for our patrons.

Technologies seen in today's Information Commons include, but are not limited to, 1) mobile docking stations/modules for individual and group work; 2) video walls; 3) touch screen computers and signage; 4) 3-D printers; 5) circulating iPads and other tablets of all sizes; 6) copier /scanner combinations; 7) wireless printing; 8) poster printers; 9) charging stations or lockers; 10) splitters for group listening; 11) green screens; and the list goes on. Such an array of equipment is in response to user expectations and a desire to offer the latest technology in support of learning, knowledge creation, and collaborative work. The situation underscores the need for partnerships with the campus IT department, instructional technology units, and computer science departments to name a few.

Changes in pedagogy have also influenced the design of the learning commons. While many classrooms still feature the "talking head" professor lecturing while students (frantically) take notes, there have been transformative ways in which knowledge is imparted. Students working collaboratively is one example. While group projects and class presentations is nothing new in the academic setting, their use seems to have increased significantly since the turn of the millennium. This has evolved from in-class speeches or group term papers to presentations utilizing videos done by the students themselves, not to mention incorporating Web resources in PowerPoint slides, etc. The Information Commons, with its emphasis on collaborative work, has not only supported this change but perhaps has influenced it as well. Group study rooms, practice presentation spaces, collaborative software, and so on, all central features of the library commons, facilitate group work and *learning*.

The prevalence of online and blended classes(online with some face-to-face class sessions) is another area where the information or learning commons can be of assistance. Tools for the creation of PowerPoint presentations, help with identifying and downloading video clips, and aid with integrating library resources into course management system class shells, are all things that IC staff can and do assist with. With its fast Internet connections, wireless service, and large screen computers, the IC is an ideal place to participate synchronously with classmates and to review previously recorded class sessions. Instructors may even present online class sessions and participate in virtual discussions in the commons. While this may be done from a professor's office, even home, the Information Commons provides a strong alternative with more up-to-date technology than many teachers have access to themselves. It is unclear exactly how the IC may interface with and support Massive Open Online Courses (MOOCs) but surely there is a role similar to that for the institutions own online or blended classes.

So-called "flipped teaching" is in stark contrast to traditional instruction involving classroom lectures and exams with students reading textbooks and doing problem sets outside of class. In flipped instruction, students first study the topic by themselves using reading material assigned by the professor often along with video lessons either prepared by the instructor or a third party. During class time, students use the knowledge acquired from outside class to solve problems or lead discussions facilitated by the professor. In short, flipped classrooms allow time for hands-on work, for help with math problems for example, and for asking questions of the instructor. Students also help each other and learn from interaction. This process repeats itself in the commons in study groups, facilitated by flexible groupings of furniture including mobile chairs and whiteboards, not to mention group computing stations or rooms.

Many universities are beginning to record lectures for later viewing using so-called "lecture capture" software along with the video hardware itself. The recorded classroom sessions offer the ability to watch, rewind, pause, and replay which can aid in the student's retention of educational material and understanding of concepts. When universities utilize this technology and offer lectures in streaming format, the commons is an ideal location for viewing, either by individuals or groups. The software can also be used by librarians to create online tutorials in the use of databases and other resources; these sessions can be embedded in course management pages for individual classes.

A growing trend in the United States and elsewhere is to require a so-called capstone course or experience in one's major. In many instances this means the creation of an electronic portfolio to collect and showcase a student's work. Loyola University Chicago students often create an ePortfolio which the university website describes as "a digital collection of work that showcases skills, abilities, values, knowledge, and experiences through a variety of artifacts, documents, or media files that provide a holistic representation of a student's personal, professional, and academic progress. An ePortfolio may also function as a venue for sharing academic work with faculty members, a tool for inviting collaboration and feedback, a professional resource, or a private log of academic progress.including text, images, data files, blog entries, multimedia resources, Web pages, and more."①The technology and staff of the learning commons may facilitate portfolio creation through special software and instruction in its use, help with formatting text and data, and aiding in the capture of written or digital material as well as electronic resources, and more. While such support often comes from individual academic departments or an office of experiential learning, the IC, through its technology and services, is an additional resource which can aid students in the creation of this important collection of "electronic information," critical for learning and evidence of achievement.

Social networking has likewise had an impact on the learning commons. Students(and we) use these tools to stay in touch with family and friends, share photos, play games, offer opinions, read articles, blog about personal experiences, and much more. The Information Commons is a place to check for and send messages using the library's desktop computers and other devices. The ubiquitous wireless access in the commons also supports using one's own laptop, tablet, or smartphone for such communication and information exchange. The IC staff use these tools to communicate with each other, announce instruction sessions and cultural programs, communicate changes in hours, and receive feedback from users. Using social media, libraries create contests to stimulate interest in collections and services including, for example, offering prizes for the best video or photo about the library or commons. Such activities were not possible before the appearance and now great popularity of social media.

Another impact on the Information Commons model has been, of course, the changing expectations of our users. Before the commons, patron attitudes toward the library could be described as neutral at best. We had library lovers in our academic community to be sure, but for the vast majority of students, the library was just a place to study, find a book or journal article for a specific assignment, and little else. It was not a destination as mentioned earlier in this paper. One went there because you had to. It was more fun to hang out or more productive to study elsewhere. Expectations of finding things easily, even getting help, were often low. There were exceptions, naturally, but in general one didn't spend much time in the university library.

Then along came a new generation of student, the so-called Millennials, the ones who grew up with computers and the Internet. They expect fast, seamless access to information for class assignments. They prefer to find information themselves. They like and choose the concept of self-service. They want access to technology anywhere and everywhere. They don't want someone telling them to be quiet or not to eat or drink when studying. The traditional library for the most part had nothing for them except a quiet place to study and check the hometown newspaper if they were lucky.

As noted earlier, the Information Commons changed all that with its computers, café, permission to talk, and one-stop shopping for information needs, both library and technology. But now that we have given our students what they wanted, they want even more. They want faster Internet access. They desire equipment checkout—digital cameras, microphones, podcasting equipment, video cameras, laptops and tablets. They expect the latest technology: up-to-date PCs and Macs, large format scanners, video editing software, a fast, strong wireless signal, and smartboards. They want a variety of seating and moveable furniture to create their own work and collaborative space. They need resources and spaces to create and

① http://www.luc.edu/highimpactlearning.

practice class presentations or prepare for a job interview. They want more than coffee and soft drinks—they want yogurt, bagels, salads, even sushi. The good news is that we as a profession are responding to these needs as we design and keep our information and learning commons up-to-date. However, we must continue to respond quickly and regularly if we wish to avoid becoming the place on campus that everyone takes for granted and begins to abandon for something else.

4 The Information Commons of Loyola University Chicago

A look at an example of a successfully implemented information commons can be instructive, and this portion of the paper provides an overview of the Information Commons at Loyola University Chicago, describing its goals, philosophy, characteristics, and operation. Keys to success and future directions will also be discussed. Founded in 1870, Loyola University Chicago is a doctoral granting institution offering a variety of degree programs at the graduate and undergraduate levels in the humanities, social sciences, sciences, law and medicine. In 2013—2014 it had more than 16,000 students, including more than 9,000 undergraduates. It is a private institution with a diverse student body, a high percentage of which has a "study abroad" experience before graduating. Academic strengths are the humanities, law, nursing and medicine, business, social work, teacher preparation, and communication.

The school has five libraries in Chicago and another at the Rome, Italy campus. One of the Chicago facilities is an information commons, a standalone building connected to the main library by a corridor with a café. Located on the shores of Lake Michigan north of downtown Chicago, the Loyola IC was constructed in 2006-2007 at a cost of $32 million and has 72,000 square feet distributed over four floors. Described at the time as a "library of the future," it has only a handful of reference books and utilizes computer technology to access information on the Internet and in hundreds of databases and thousands of e-journals and e-books.

Since opening in January 2008, our information commons has been an overwhelming success in terms of attendance, utilization of technology, user satisfaction, and programming. From the beginning it had three primary objectives:

- Focus on undergraduate library and technology needs
- Create a one-stop information shopping experience and
- Provide tools for the creation of knowledge.

Beginning with the planning process, the Loyola Chicago IC has been a cooperative project of the University Libraries and Information Technology Services(ITS), the campus IT group. The Libraries provide research assistance, information resources, and bibliographic instruction, while ITS provides the computer hardware and software, technology training, customer support, and the network and wireless infrastructure.

Designed for the future with an open, flexible layout, the building includes a video conference room, digital media creation and editing software, a satellite of the University's writing center, equipment checkout, a large, multipurpose meeting space, and group study rooms which can be reserved online. Staffing is a combination of librarians, supervisory staff, technology specialists, and student assistants. The facility is open 24 hours a day, five days a week.

From the founding of the Loyola IC, we sought to fulfill the primary library requirements of today's student: ① spaces to study, work, and be together; ② up-to-date technology; ③ robust network connectivity; ④ library and technology expertise; and ⑤ information resources. As a result, we based our service philosophy on the "four C's" cited above: connectivity, collaboration, creation of knowledge, and community. For illustrative purposes, what follows is a description of how Loyola Chicago has responded to each of those areas.

Today, in 2014, connectivity implies a need for fast and reliable Internet access, cell phone communication, and strong, ubiquitous wireless networks. In response, the Loyola IC offers high speed Internet via 222 PC and Mac desktop computers, more than 50 circulating laptops, multiple iPads and Android tablets, and robust wireless access throughout. The need for collaboration is aided by spaces and furniture for users to work together: ① 30 group study rooms, each with a computer; ② four technology equipped seminar rooms accommodating up to 12 persons; ③ six 24-seat digital classrooms; ④ large tables in open study areas; and ⑤ groupings of soft seating throughout the building.

Our information commons facilitates the creation of knowledge via multiple types of hardware and software as well as a vast array of online resources with ready access to library and technology professionals for guidance in their use. Noted features include numerous high-end Mac desktops for audio and video editing, a website for 24 / 7 access to the library's information resources, and a very popular equipment checkout program offering digital and video cameras, headphones, podcasting equipment, microphones, portable devices such as digital voice recorders, hard drives, and DVD players, and more.

Almost immediately, the Loyola IC became a focal point for student gathering, both for study and research as well as social interaction. Even the opening of a new campus student center in 2013 did not diminish the community role of the building which for many has served as what sociologists speak of as a "third place," a location apart from where we live or go to school or work, a place we spend our free or leisure time. To facilitate this atmosphere, we offer a variety of study spaces with around 700 seats that accommodate different learning styles, one floor devoted to silent study, a café, and round-the-clock opening, five days a week. Our location on Lake Michigan provides patrons with relaxing, beautiful views of the water, even in the winter. Regular talks by faculty promote learning outside the classroom in an informal, comfortable setting.

Services in the Loyola IC include ① a help desk staffed by reference librarians and technology specialists; ② private reference consultations by appointment; ③ information literacy classes; ④ workshops on technology tools and online library resources; ⑤ book checkout and return; and 6) group study reservations. Technology-related services involve ① troubleshooting personal computer problems; ② resolving network access and password difficulties; ③ poster printing; ④ high resolution scanning, and, as noted above, ⑤ equipment circulation. All services are regularly monitored and have been modified over time.

Quality of service has been maintained via the aforementioned partnership with Information Technology Services. Our success over the first six and a half years can be attributed to several factors including ① creating a steering committee of key players from both library and ITS; ② regular staff meetings and instant messaging (IM) communication; ③ rapid response to and consultation on problems; and ④ regular assessment of services, the web site, equipment use, and other issues. While there have been challenges and disagreements at times, such matters have normally been resolved quickly and in a straightforward manner due to a willingness to communicate and be flexible.

5 The Committee to Re-envision the Information Commons

As popular as the Loyola IC has proven to be in its first six-plus years, it became clear several months ago that the building and our services had fallen behind what other institutions now offer users in their Information or Learning Commons. While we have kept our desktop computers and equipment checkout items up-to-date, there is much more that we could provide to our patrons. A review of the literature, examinations of websites, visits to other colleges and universities, and presentations at conferences such as the second annual "Designing Libraries for the 21st Century Conference" at North Carolina State University, all told us that we cannot be satisfied with what we planned and implemented in our IC in 2008. As noted earlier in this paper, rapid changes in technology, new types of teaching, and rising user expectations demand that we must keep our model up-to-date.

As a result, a committee of Loyola libraries and Information Technology staff was appointed in the fall of 2013 to plan for the next several years of our Information Commons. Their task was to investigate and recommend changes in programming, furnishings, and technology to bring our award-winning building up-to-date and respond to current and future needs. The committee has been studying the following issues: ① services offered by both the libraries and IT; ② role and use of service desks; ③ staffing needs and patterns; ④ new technologies in support of learning, in open areas, group studies, classrooms, and other spaces; ⑤ better support for collaborative study and learning; ⑥ improvement of programming and presentation spaces and technology; ⑦ infrastructure upgrades, e.g. power outlets, wireless capacity, and Internet speed; ⑧ software upgrades and additions; ⑨ furniture needs for study, computing, and collaborative work; ⑩ redesign of the library instruction classroom; and more.

In terms of furniture, the group has been looking at replacing some of our fixed wooden tables with more flexible, moveable, modular tables and portable white boards to allow for impromptu group work. Tables and carrels for group listening and mobile device collaboration is another possibility. Technology additions might include 3-D printers, a large interactive video wall, touch screen computing, expanded equipment checkout, group work stations accommodating multiple mobile devices, interactive digital signage, and the use of collaborative software, to name a few. Service concerns include cross-training staff between some library and IT functions, new workshops on library resources and software tools, and future types of reference and technology help for our users.

In addition to the planned updating ofour Information Commons, the staff has been focusing for the past three years on incorporating aspects of a "learning commons" into the IC program with the goal of becoming better integrated into teaching and learning at Loyola University Chicago. To this end, we are focusing on increased numbers of workshops to teach our students how to better utilize the information and technology resources at their disposal. We have implemented a series of programs which involve faculty and librarians in discussion around topics of mutual interest such as use of technology in the classroom, social media, digital humanities, electronic textbooks, and teaching partnerships. A series of "flash seminars" featuring our faculty giving brief talks on subjects as wide ranging as philosophy and the environment has proven to be an effective way for students to become engaged with their professors outside the classroom. In the future we are hoping to implement additional programming and services for graduate students and faculty in the information/learning commons.

Beagle observed that "the IC becomes an LC when its resources are 'organized in collaboration with learning initiatives sponsored by other academic units, or aligned with learning outcomes defined through a cooperative process.'"① At Loyola, our partnerships with ITS academic resources, the faculty development center, the writing center, and individual faculty, are moving our successful information commons toward a learning commons model, providing opportunities for education outside the classroom, fostering creativity, and offering a platform for the creation of knowledge.

6 Summary

The information commons is now so mainstream that for many it is no longer a new idea. Yet it cannot and will not remain stagnant for the foreseeable future as evidenced by changes in the field over the past two decades. Driven in large part by technological advances, the IC has also responded to new types of pedagogy, increased and ever changing user expectations, and creative, visionary librarians who put their patrons first. Library professionals have always given customer service high priority and through the information commons model they have seen an opportunity not only to meet, but exceed, the expectations of library users by fulfilling the IC's "4 C philosophy" of connectivity, collaboration, creation of knowledge, and community. Because of both internal and external influences in education, technology, and society, the Information Commons and Learning Commons are here to stay but with the knowledge and expectation that they will continue to evolve and complement traditional library services and collections.

---

① Donald Beagle, "The Emergent Information Commons: Philosophy, Models, and 21st Century Learning Paradigms," *The Journal of Library Administration* 50 (2010):17.

数字人文背景下，马来西亚戏剧图书馆的角色和挑战

Sim Kok Meng(沈国明)
(马来西亚戏剧图书馆)

摘要 图书馆被誉为医治灵魂的场所，它就像一座灯塔，为追求知识者提供指引的坐标。

戏剧图书馆，是马来西亚华社唯一一间以戏剧为主题的图书馆，由马来西亚华人民间剧社“心向太阳剧坊”于2009年创立，成立至今走过5年岁月，在数字人文背景下面对了巨大的挑战，然而依然秉持最单纯的心，坚持守着这座堡垒。

戏剧图书馆成立的宗旨，不仅希望作为知识的基地，更希望提供一个交流平台，除了让剧场工作者能够获得本地或国外相关的戏剧信息和知识，同时也让更多民众接触戏剧，从而将戏剧普及化。

为了让图书馆不孤单，心向太阳剧坊也在旁设立了小剧场、咖啡座，并且频密举办各项活动，包括电影赏析会、中小学戏剧观摩赛、舞台剧、戏剧表演班等，并且开放场地作为电视台拍摄、媒体采访空间等。

此外，图书馆也提供戏剧咨询平台，如让本地演出单位置放传单、张贴海报、售票处，为消费者解释戏剧与剧场知识，协助家长与老师解决戏剧教学的疑难等。虽然如此，戏剧图书馆还是必须依赖商家的支持才能存活。

笔者将以实际的操作经验，分享在马来西亚经营中文图书馆的挑战，并且希望从中梳理更清晰的思绪，让图书馆走得更平坦一些。

关键词 戏剧 图书馆 马来西亚 心向太阳剧坊

Functions and Challenges Facing by Drama Library in Malaysia with the Influence of Digital Humanities

Sim Kok Meng
(Manager of Drama Library, Malaysia)

Abstract Library could be a place for us to mend the soul. It is guiding us like a beacon in the ocean, heading to the world of knowledge.

Drama Library is the only library in Malaysia Chinese community that been designed and run with the idea of promoting drama. It was found by Persatuan Kesenian Belia Heart Towards The Sun(a drama ensemble in Malaysia) in year 2009. We always stand firm with our goal which is stands close with public and serves for public, even though there is always having great impact to face with due to the influence from digital humanities.

With the establishment of Drama Library, we hope to introduce and expose the public with the art of drama besides provide a platform for those who involve themselves in this field to communicate and updating among each others with the latest information and knowledge.

In order to make it more attractive and valueable, an experimental theatre and a drama café have been set-up next to the library. Those places are fully utilised by having activities such as forums for movies, competitions, performances and training that related with drama. It also could be a space for interviews and film shooting.

The library allows others performing groups to place their flyers, posters and selling tickets for their performances. It also plays its roles as a platform to introduce the art of drama to teachers and parents besides helping them to solve their problems during teaching. All the activities will seldom bring us the income. Hence, we still need the financial support from others in order to run the library.

Base on author's experiences, he will share his knowledge regarding the challenges that he faces with while run the library. With all the feedback and discussion, he hopes that he will be able to run and expand the library in a better way.

Keywords Drama　Library　Malaysia　Persatuan Kesenian Belia Heart Towards The Sun

马来西亚戏剧图书馆(摄影:沈国明)

马来西亚是一个多元种族、文化和宗教的国家,每一名国民根据宪法,原则上享有平等的权益。但是,实际上却又有很多条例被约束。大部分华人惟有用自己的双手苦干,努力地求三餐温饱。

马来西亚华人约有800万人口,华人非常重视教育和华人传统文化。国民型华文小学、华文独立中学、国民型中学和华文大专学府,都靠华社商家、热心人士等出钱出力扶持华文教育的成长,重视培养优秀的人才,而华校的教育方式,也受华裔的青睐和好口碑。

华人守持传统文化,在华人农历新年的习俗、清明节的扫墓祭拜仪式、端午节裹种子祭拜祖先、农历七月的盂兰盛会、中秋节的赏月吃月饼,就算马来西亚的气候没有四季之分,冬至的到来也搓汤圆一家团圆。还有许多不同籍贯的习俗如农历初八晚福建人拜天公等,都是马来西亚华人重视的华人传统文化习俗。

在艺术方面,舞龙舞狮、踩高跷、华族舞蹈、华乐演奏等,都是华人所熟悉的,虽然经营下来吃力不讨好,但是,仍有一些具坚韧毅力的一群在陈守着。然而,在戏剧方面,命运更加坎坷。

图书馆被人们誉为“知识的殿堂”和“没有围墙的大学”,应该发挥社会教育的功能。中世纪流行的一句谚语就是:“没有图书馆的修道院,就像没有武器的城堡。”①戏剧图书馆就像在储存着能量,等待时机的那

① 雷若欣.中世纪西欧修道院图书馆析论.//缪其浩主编.图书馆文化的守望者.上海科学技术文献出版社,2007:97.

一刻。

1 心向太阳剧坊简介与戏剧图书馆缘起

心向太阳剧坊是从一部舞台剧开始。那部舞台剧就叫做《心向太阳》，演的是黄乃辉的奋斗故事。黄乃辉是台湾一位脑性麻痹患者的杰出青年。舞台剧于 2000 年 11 月公演，更邀得故事主人翁黄乃辉亲临现场观赏，获得观众的不俗回响。两年后，“心向太阳”成员，将台湾另一名残疾人士郑丰喜的故事“汪洋中的一条船”搬上舞台。当时的班底，就称作“心向太阳舞台剧制作群”。

为了能够更有系统地发展剧团，于 2004 年将剧团的中文名定为“心向太阳剧坊”，同时公演舞台剧《梦天堂》，并主办黄乃辉巡回马来西亚半岛 9 场《梦天堂：打开生命之窗》激励讲座会。剧坊后来又公演了《椅子 · 人》和《爱之路》舞台剧，并在 2006 年正式获得注册为非营利社团。

从《心向太阳》开始，剧坊始终秉持着戏剧不仅娱乐，也有教育功能的意识。《心向太阳》舞台剧的主题曲“生命是一颗种子”，代表着剧坊成员的心声，希望自己的生命也像一颗种子，能够茁壮成长，最终长成一片茂密的森林。

心向太阳剧坊也于 2005 年推出一本戏剧刊物——《戏纪元》(Go! Theatre)。随着国内大大小小的中文舞台剧蓬勃发展，《戏纪元》希望设立一个沟通的文字平台，通过资讯交流、意见交换和心得分享，从“心向太阳剧坊”开始，逐渐拓展到其他的剧团和表演艺术工作者，让大家利用这个园地探索戏剧艺术的发展、发表本身参与的感受和彼此鼓励提醒切磋，让舞台上的光、影、声、艺沉淀成文字，理智清醒地分析、批判、沟通、交流，期待国内舞台艺术的百花齐放。

同年，剧坊开设儿童戏剧表演班，也让孩子们在快乐的环境下体验团体生活，学习戏剧知识和演艺技巧，最重要的还是建立起自己的自信心和沟通能力。

剧坊不仅只推广舞台艺术文化，也把自己定位为公益戏剧团体，从 2006 年开始投入艾滋病社会关怀工作，推展艾滋病教育与醒觉运动，在各大商场派发资讯手册和安全套，进行问卷调查，并与国家血库中心联办捐血活动、义诊和展览。

迈入 2008 年，获得韩新传播学院林景汉院长的赏识合作开办戏剧传播学系，成功地再度向前迈出一大步。希望“心向太阳剧坊”能够不断吸收新血，从中发掘更多的人材，为本地戏剧圈子贡献一份力量，为国家社会注入一丝温暖。

2009 年，正式设立戏剧图书馆，并且附属在马来西亚华文唯一戏剧小巷“戏剧后巷”中，同时设有黑箱剧场、戏剧咖啡座、精品馆等，作为定期举办文化艺术活动、戏剧资讯中心的基地。

心向太阳剧坊标志

2 戏剧图书馆的理念

人类创造了灿烂的文化,但文化的保存和传播确实一件困难的事情。文化具有失传性和封闭性。为了使文化能够得到保存和传播,就必须使之物化,使之客体化。文献是人们保存和传播文化的主要方式,而大量文献的收集、整理、保藏和利用导致图书馆的产生和发展。图书馆是人类为了解决文化失传和封闭问题,而创造的一种工具。①

在创办心向太阳剧坊之前,戏剧给予笔者的印象是一套有系统地在管理着,同时提供有关的戏剧资讯。当时,在马来西亚,剧团是"凭舞台"扮演者咨询与服务的平台,的确让想筹办舞台剧的新剧场工作者解决了一些行政问题,但是想要获得更多戏剧的知识、寻找戏剧理论与影音画面等文献与材料,那时候似乎比较困难。

于是,打造戏剧图书馆的意念由此潜藏着了。附属在"戏剧后巷"的戏剧图书馆宗旨,就是希望提供一个戏剧的交流平台,让剧场工作者能够获得本地或国外相关的资讯,同时也让更多民众接触中文戏剧,从而将戏剧普及化。因此戏剧后巷 2009 年在吉隆坡怡保路珍珠坊设立了,拥有"黑箱剧场"、"戏剧图书馆"、"摄影馆"、"戏剧咖啡座"和展卖国内外戏剧作品的"精品馆"。因此,图书馆的价值观,是图书馆管理的灵魂,体现出办馆思想和理念,决定着图书馆的前途和发展方向。②

"戏剧图书馆"的藏书包括戏剧理论、戏剧史、剧场技术、编剧、导演、表演方法、剧场实务与营运、剧本、小说、侧写、导读等。此外,在戏剧图书馆旁也打造了"阅读和影音空间",让民众可以在舒适和幽静的环境下阅读。

在一年多的时间里,心向太阳剧坊在这个空间进行了超过 100 场的活动,包括电影赏析会、中小学戏剧观摩赛、舞台剧、单人剧、舞台剧影片欣赏会、台湾文化艺术电影之旅、摄影分享会、戏剧生活营、儿童戏剧表演班、青少年戏剧表演班、中秋节欢聚会、戏剧交流会等。

另外,也开放"黑箱剧场"作戏剧团体演出、电视台拍摄、媒体采访空间、学院生拍摄短片,而戏剧图书馆也每天开放,让公众现场借阅书籍和影片。

此外,戏剧图书馆也提供戏剧咨询平台,如让本地演出单位置放传单、张贴海报、售票处,为学生解释戏剧与剧场知识,协助家长与老师解决戏剧教学的疑难等。

为了让广大的群众接触戏剧,心向太阳剧坊分别在不同时段,如早餐、午餐、下午茶和晚餐提供丰富的饮食,食物包括中餐、西餐和小食,饮料则有咖啡、茶、奶茶、果汁和汽水等,为了符合团体需求,也提供自由餐的性质,以期让民众赴一场戏剧的飨宴。

一位曾光临戏剧图书馆的朋友这样形容:

> 星期日的晚上,第一次踏足这个地方。从停车场走进广场,它就在不显眼的转角处。第一个抓住视觉的景物是一个展览照片的空间,左边的桌上摆放着关于戏剧活动的资料。那些照片被简单地用衣架子夹在布景上,展览空间的中央有一幅绿色为主,画着花的图案。展览室的旁边是剧园(戏剧图书馆),一个像办公室的小空间,玻璃橱窗处陈列心向太阳剧坊创作结晶的光碟。
>
> 咖啡座就在剧园的旁边,外头有圆圆的高脚桌子和高脚椅子,里面是一张张四方形的桌子和圆形的靠背椅子。以戏剧为主题的咖啡馆,当然少不了大荧幕,它就被摆放在店中央,右边的墙上挂着剧坊配合戏剧所设计的衣服,店的周围还放置许多心向太阳剧坊演出的舞台剧海报。这里无疑是个休闲的空间,食物的价格合理,氛围不错。③

戏剧图书馆在 2011 年 1 月份搬迁至吉隆坡旧巴生路珍城商场至今。

---

① 尹鸿博.艰难的跋涉——从图书馆工作到图书馆学理论.大众文艺出版社,2010:206.

② 尹鸿博.艰难的跋涉——从图书馆工作到图书馆学理论.大众文艺出版社,2010:147.

③ http://fengyunqingdan.blogspot.com/2009/09/blog-post_14.html.

初创“戏剧图书馆”(摄影:沈国明)

在营运戏剧图书馆时,义务人员遵守以下的规则:

① 确保离开前将电源、插头关掉或拔开,以节省电源;

② 确保看顾戏剧图书馆内的书籍、物件,避免被偷窃;

③ 欢迎民众自由乐捐书籍或经费,以扶持戏剧图书馆的运作;

④ 民众或成员们在活动时进入戏剧图书馆,请填写记录表,以方便记录和查询;

⑤ 器材的使用,请按照正确的开关程序,并且小心使用;

⑥ 若有民众前来参观,服务员请脸带微笑给予接待和讲解;

⑦ 请将门闸都打开,避免接获商场管理层的警告信;

⑧ 请协助将寄卖的书籍和光碟展示出来,义卖以筹募“戏剧图书馆”的运作经费;

⑨ 所有卖出物品请使用记录簿详细记录;

⑩ 请勿私自将物品带离戏剧图书馆;

⑪ 请保持地方整洁与干净。

马来西亚雪州高级行政议员郭素沁说:“艺术不能够没有企业、经济的支持,对于国内中文戏剧团体的成长深有感触。国内有诸多表演艺术人才,但是中文源流的艺术工作者在国内却无法很好发展,往往在国外扬名后才为人所知。华人社会中对戏剧艺术的认识不够,宣传需要加强,希望更多华团、华裔企业能够作为心向太阳剧坊的经济后盾,以让心向太阳剧坊没有后顾之忧专心推展戏剧的工作。我们有很多充满活力、精力、创意、演艺天分的儿童和青少年,剧坊能够让孩子有发挥的平台,若能加以推广取得各方面的援助,将吸引更多喜欢艺术创作的青年朋友和孩子参与。”

郭素沁也宣布拨款马币 3 000 令吉支持心向太阳剧坊活动,以此抛砖引玉,希望能够获得更多人士响应支持。郭素沁是于 2011 年 11 月 5 日出席戏剧图书馆开幕礼时,如是表示。①

原任马来西亚交通部长兼心向太阳剧坊顾问拿督斯里翁诗杰说:“ 11 个年头的经历,为心向太阳剧坊的坚持和诚意喝彩。11 年来剧坊的成长,是由无数次的挫折、磨炼、经验累积而成。希望剧坊能以新起点、新作为、新气象,继续推广剧艺这条艰难的路,并且自我超越、自我改进。”

他回想担任副部长期间与剧坊交往和互动,出席戏剧图书馆开幕礼为再续前缘。他也代表中兴青年会拨款马币 5 000 令吉,鼓励心向太阳剧坊继续坚持、继续走这条艰难的路,也更用心开拓这条难走的戏

① 郭素沁是出席“戏剧图书馆”新迁开幕礼致词时说,2011 年 11 月 5 日,12pm。

剧之路。①

2011 年新迁戏剧图书馆开幕礼嘉宾合影(左 3 起为翁诗杰、郭素沁和沈国明)

彭歌在《改变历史的书》一书的卷首说:"书籍绝不是无声无感的东西,而常常是具有'动力'的,足以转变历史进行的方向——有时候是往好处变,有时候朝坏处变。"②戏剧图书馆,就是在这一股傻劲的"动力"下经营。

3 戏剧图书馆的活动与宣传渠道

从事图书馆工作超过 30 年的中国学者尹鸿博认为,图书馆应注意馆藏质量和特色,重视虚拟馆藏的建设;尽量满足读者的信息要求,自由、平等、免费使用图书馆;科学、有效、充满人文关怀的管理;高素质的馆员群体;设计合理的馆舍,功能齐全的设备,绿化、美化和人性化的环境;加强馆际交流与合作,不局限于一馆的藏书与服务,努力实现资源共享,消弭数字鸿沟。③

在马来西亚,阅读风气不佳,国家图书馆更是"冷"得刺骨,不仅人烟稀少,也因为人少室内空调也特别寒冷。

人与人之间的交流是最直接的。我们应抓住图书馆的特征,力争形成图书馆本身服务的特色,创建品牌,通过宣传,在全馆上下树立起这种创新服务意识,提高图书馆的利用率。这里所说的读者,既包括来到图书馆的阅览的读者,也包括利用图书馆网上资源的用户。④

在网络时代下,戏剧图书馆不与现实低头,试着寻求另一种经营模式与现实社会抗衡,策划和执行了许多娱乐、教育、公益性等的活动,即使没有经济的支柱,也要发挥它的社会教育与公益的功能。

(1) 戏剧演出

图书馆旁的空间,平日人潮三三两两,但是主办戏剧演出,这里就显得人山人海,异常热闹。以图书馆作为演出的背景,无形让这个演出空间增添了书香气息。演出场地的灯光、音响等,都是图书馆人员一手搭建。而舞台与观众的距离接近,也加强了互动与交流。往往散场后,观众会走进图书馆参观珍藏的戏剧书籍,而到戏剧图书馆看戏咯,期待成为当地看戏剧的一个好口碑。

① 翁诗杰是出席"戏剧图书馆"新迁开幕礼致词时说,2011 年 11 月 5 日,12pm。

② 徐雁.藏书与读书.国家图书馆出版社,2008:76.

③ 尹鸿博.艰难的跋涉——从图书馆工作到图书馆学理论.大众文艺出版社,2010:154.

④ 王居平编著.网络环境下图书馆服务的理论与实践.安徽大学出版社,2009:250.

序号	日　　期	活　动　内　容
1	2009 年 11 月 7 日,1:30pm—5pm	书香第 2 届中小学戏剧观摩赛初赛—小学组
2	2009 年 11 月 8 日,1:30pm—5pm	书香第 2 届中小学戏剧观摩赛初赛—中学组
3	2010 年 1 月 30 日和 31 日,3pm/8pm	单人剧《快乐围炉》
4	2010 年 7 月 4 日,3pm—4pm	舞台剧《校看风云》预演
5	2010 年 11 月 6 日,1:30pm—7pm	书香第 3 届中小学戏剧观摩赛参赛初赛
6	2011 年 11 月 5 日,1:30pm	书香第 4 届中小学戏剧观摩赛初赛
7	2012 年 4 月 22 日,8pm	戏剧班学生呈现戏剧《向日葵Ⅱ朵朵开》
8	2012 年 9 月 6 日,8pm	舞台剧《校看风云》
9	2012 年 10 月 21 日,1:30pm—5pm	书香第 5 届中小学戏剧观摩赛初赛

戏剧图书馆前演出舞台剧《校看风云》(摄影:李振城)

(2) 新闻发布会、推介礼、开幕礼

宣传广告费昂贵,对于戏剧图书馆而言,开放场地让文艺活动作新闻发布会、推介礼或开幕礼,能够达到报章、杂志、网络媒体等的图文免费宣传,举办记者会就是一种宣传渠道。即使记者会的内容与图书馆的主体无关,但是记者总会在新闻稿上列明活动地点、甚至作为背景的图书馆在仪式上进行合影,这无形提供了免费的宣传。

序号	日　　期	活　动　内　容
1	2009 年 9 月 9 日,8pm	剧在 Drama Cafe 开幕礼
2	2009 年 11 月 7 日,1m—1:30pm	书香第 2 届中小学戏剧观摩赛初赛开赛礼
3	2009 年 11 月 8 日,1pm—1:30pm	"戏剧后巷"推介礼
4	2010 年 11 月 6 日,1pm—1:30pm	书香第 3 届中小学戏剧观摩赛开赛礼
5	2010 年 11 月 13 日,2pm—2:30pm	第四届台湾文化艺术电影之旅开幕礼暨第三届中小学戏剧观摩赛抽签仪式
6	2011 年 11 月 5 日,12pm	"戏剧图书馆"新迁开幕礼

续 表

序号	日 期	活 动 内 容
7	2011 年 11 月 5 日,1pm	书香第 4 届中小学戏剧观摩赛初赛开赛礼
8	2012 年 4 月 22 日,7pm	《心向 · 太阳 · 绿洲》舞台剧音乐专辑 4 和《十年剧运》新书推介礼
9	2012 年 10 月 21 日,7pm	新书推介《爱之路》剧本集
10	2013 年 5 月 1 日,11am	舞台剧《爱永续》新闻发布会
11	2013 年 11 月 10 日,1pm	书香第 6 届中小学戏剧观摩赛参赛队伍抽签仪式

戏剧图书馆前举行新书推介《爱之路》剧本集(摄影:sayang * sayang)

(3) 开班招生

戏剧图书馆旁的空间或黑箱剧场,定期举办课程让孩子们参加。每堂课 2 个小时的时间,父母搁下孩子后,即可到图书馆浏览书籍,或善用图书馆舒适的空间休息,无形间也发挥图书馆的功能。另外,在一些课程纲要上,也加了一些内容让孩子们到图书馆查询资料,让学生们对图书馆的资源产生兴趣。

序号	日 期	活 动 内 容
1	2009 年 12 月 12 日和 13 日,9:30am—5pm	儿童戏剧二日营
2	2010 年 1 月至 3 月	小学功课补习班
3	2010 年 9 月 26 日,7pm	心向太阳剧坊戏剧班师生与家长月光聚会
4	2010 年 10 月 24 日起,5pm—7pm	第二届“青少年戏剧班”正式开班
5	2011 年 8 月 28 日,5pm—7pm	儿童青少年戏剧班开放日
6	2011 年 9 月 5 日至今,10am—7pm	逢周日戏剧班上课
7	2011 年 12 月 4 日,10am—5pm	儿童戏剧一日营
8	2012 年 12 月 16 日,10am—5pm	儿童戏剧一日营
9	2013 年 6 月 15 日至 8 月 3 日	电影美学研究班
10	2013 年 12 月 15 日,10am—5pm	儿童戏剧一日营

戏剧图书馆前举行儿童戏剧一日营(摄影:沈国明)

(4) 电影欣赏会

电影欣赏会能够将社区居民联系起来,也期盼将戏剧图书馆成为居民们的联系地点。

化成动感影像的电影,将人生记录下来。在影片结束后进行导读与分享。电影影评人曾在戏剧图书馆导读电影《KJ 音乐人生》后,在其部落格写道:“很高兴,在大家尽力的推动与宣传下,由心向太阳剧坊主办的新戏剧后巷看电影活动于 2011 年 8 月 21 日星期天顺利地举办了,此次的出席人数与上一次比较真的是大跃进了,约 21 位同好参与,有年轻的学院生,有工作的,有家庭的,更有上年纪的老前辈,大家都来自不同的生活背景、工作领域,但都愿意抽空来出席这一家庭式小众型的看电影活动,只因大家都有股热诚,有求知的欲望。

也因为热诚,所以国明与天洋十年来都坚持的推动戏剧与艺术的公益活动,从来不计较个人得失。也因为热诚,他们能完全投入的经营非营利团体的心向太阳剧坊,一路走来已十年岁月。也因为有热诚,一旦确定了目标,即使需要独自的去面对一切挑战,都能自我独立起来把问题解决。消极与被动是热诚的敌人,但我从他们身上看到的除了坚持,还有无比强大的热诚。

最后再次感谢当天的所有出席者,尤其几位年纪已属公公婆婆级的老前辈,也感谢分享部分提出见解与发问的朋友,相信大家都有所获益了。也衷心的祝福国明与天洋能永远坚持梦想,你们的热诚是我的借鉴。也希望第三次的看电影活动能尽快地举办,希望到时参与的同好们能更踊跃。”①

序号	日　期	活　动　内　容
1	2009 年 9 月 13 日,7pm—10pm	国内著名已故导演 Yasmin Ahmad 电影分享交流会
2	2009 年 9 月 20 日,7:30pm—10pm	Yasmin Ahmad 电影《Sepet》分享会
3	2009 年 9 月 27 日,7pm—10pm	Yasmin Ahmad 电影《Mukhsin》赏析读书会
4	2009 年 9 月 20 日,7:30pm—10pm	Yasmin Ahmad 电影赏析读书会

① 项丰影艺部落 http://www.ifublog.com/foong/2011/08/25/%E6%96%B0%E6%88%8F%E5%89%A7%E5%90%8E%E5%B7%B7%E7%94%B5%E5%BD%B1%E6%AC%A3%E8%B5%8F%E4%BC%9A%E5%90%8E%E8%AE%B0/。

续 表

序号	日　期	活　动　内　容
5	2010 年 2 月 28 日,4pm	LG 电影 Live Group 分享会
6	2010 年 3 月和 4 月份,逢周末和周日,4pm	LG 电影 Live Group 分享会
7	2010 年 5 月份,逢周末和周日,1pm/4pm	第三届“国内外戏剧影片欣赏会”
8	2010 年 11 月 13 日和 14 日	第四届台湾文化艺术电影之旅
9	2011 年 8 月 21 日,6pm	《KJ 音乐人生》电影赏析读书会,影评人霍旭锋
10	2011 年 9 月 4 日至 6 日,7pm—10pm	第三届台湾文化艺术电影之旅

戏剧图书馆旁的活动空间举行《KJ 音乐人生》电影赏析读书会(摄影:沈国明)

(5) 展览活动

美国图书馆学家巴特勒认为:“图书馆是将人类记忆的东西移植于现在人们的意识之中的一个社会装置。” 巴特勒主要是从哲学和心理学的角度来概括图书馆的质的规定性。①

为了让图书馆旁的空间得到发挥,也让剧坊成员和年轻青年朋友有个发表自身的创作,因此,也曾举办摄影展、诗展、绘画展和装置艺术。通过此活动,除了能够了解青年们的想法,也与戏剧的价值相联系。

序号	日　期	活　动　内　容
1	2009 年 10 月—2010 年 12 月	舞台剧《陪你走过》暨李振城“海啸”摄影展
2	2011 年 3 月 28 日至 4 月 9 日,11am—7pm	杨子宽呈现摄影与绘画《一段狂酒狂烟热油爆炒麻辣的日子》
3	2011 年 4 月 23 日—5 月 27 日,11am—7pm	孙天洋“诗展”
4	2011 年 5 月 28 日—6 月 30 日,11am—7pm	“种子主艺”双亲节装置展览

① 王居平编著.网络环境下图书馆服务的理论与实践.安徽大学出版社,2009:10.

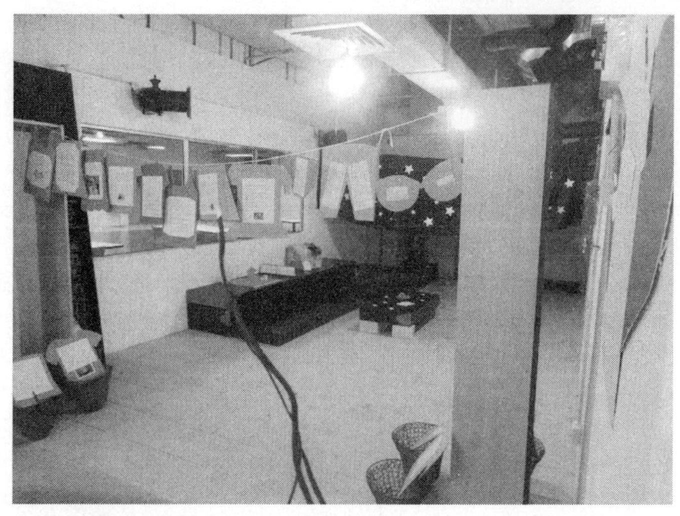

与戏剧图书馆旁活动空间的展览活动(摄影:沈国明)

(6) 交流活动

2009 年至 2013 年 4 月的活动内容见下表:

序号	日　期	活　动　内　容	说　明
1	2009 年 12 月 12 日,7pm	《戏纪元》季刊交流会	
2	2011 年 2 月 20 日,8pm	与文化艺术工作者杨两兴交流	出席者杨子宽、萧三松、张茗刚、廖晓慧和沈国明
3	2011 年 9 月 1 日,3pm	与国际佛光会马来西亚协会大学园第二分会会长交流	出席者沈国明、周有才
4	2011 年 9 月 7 日	佛光山光临交流	出席者沈国明、如行法师
5	2012 年 12 月 19 日,9:30am—11am	小太阳安亲补习中心参观戏剧图书馆,认识与了解戏剧,并且观赏戏剧影片	师生约 50 人
6	2013 年 2 月 22 日,11am	台湾中正大学硕士研究生交流	出席者卢美静、沈国明
7	2013 年 4 月 18 日,7:30pm	与《爱永续》剧组交流	出席者《爱永续》初期制作群

小太阳安亲补习中心师生一行约 50 人参观戏剧图书馆(摄影:沈国明)

(7) 媒体专访活动

为了让戏剧图书馆达到有效的推广,宣传是必要的。如何能够达到有效的宣传,首先这一股理念必须得到社会的认可。在一个发展中的国家里,文化艺术显然是被忽略的,然而社会和媒体是认可文艺术的存在。但是,可以得到有效的扶持,媒体可说是尽了一份自身的力量,将文艺信息透过自己的管道,传播给社会民众。

序号	日　　期	活　动　内　容
1	2009 年 11 月 8 日,2pm—4pm	有线电视"家娱频道"专访
2	2009 年 11 月 10 日,3pm—6pm	《东方日报》专访
3	2010 年 1 月 30 日,3pm	新加坡文化杂志《南洋文艺》专访
4	2010 年 9 月 20 日,4pm	《东方日报》专访
5	2011 年 3 月 9 日,2:30pm	《民生报》专访戏剧图书馆
6	2011 年 10 月 26 日,4pm	《星洲日报》专访戏剧图书馆
7	2011 年 11 月 15 日,2pm	《光明日报》专访戏剧图书馆
8	2012 年 2 月 24 日,4pm	《星洲日报》专访戏剧班学生陈鸿祥
9	2012 年 3 月 12 日,2:30pm	《普门杂志》专访
10	2012 年 6 月 13 日	《Hisoing》网络杂志专访
11	2012 年 2 月 24 日,5pm	《中国报》专访戏剧班学生,主题"新年后遗症"
12	2012 年 4 月 11 日,7:30pm	《中国报》专访

南洋商报 2010年9月14日●星期二

心向太阳剧坊设立

戏剧图书馆全天开放

(吉隆坡13日讯)您可曾知道在雪隆一带已经设立一间"戏剧图书馆",而且免费开放让公众人士现场翻阅?

"戏剧图书馆"是由本地中文剧团心向太阳剧坊所设立,目的是为了让戏剧爱好者有个寻找资料的空间和交流平台。

该图书馆藏了许多戏剧书籍,并且以华文书籍为主,同时也珍藏了许多国内外的舞台剧影音光碟,让戏剧爱好者和喜欢文化艺术的朋友浏览之外,也能够现场放映观赏。

心向太阳剧坊主席沈国明说,戏剧图书馆已经设立了一年,由于鲜少对外宣传,因此没有多少人知道戏剧图书馆的存在。

藏书近400册

他说,戏剧图书馆完全由心向太阳剧坊经营与维持。图书馆藏有近400册的戏剧书籍和200套的影音光碟,除了剧坊本身的珍藏,也包括剧坊会员的捐助。

"之前我们不定期开放戏剧图书馆,如今我们将全天候开放,时间从上午11时至晚上8时,而星期四则休息。"

"戏剧图书馆"的书籍包括戏剧理论、戏剧史、剧场技术、编剧、导演、表演方法、剧场实务与营运、剧本、小说、侧写、导读等。

沈国明说,我们希望文艺爱好者能够善用我们精心打造的"戏剧图书馆",同时也欢迎着家、公众人士等捐助书籍或经费,提供这样一个文艺空间。

"戏剧图书馆"坐落于吉隆坡怡保路珍珠坊底层"戏剧后巷"(邻近吉隆坡中华独中)。

如有意捐赠书籍、捐助经费或询问更多详情,欢迎致电016-232 2693,或浏览facebook"戏剧后巷"。

●图书馆藏许多戏剧书籍,并且以华文书籍为主,同时也珍藏了许多国内外的舞台剧影音光碟,是戏剧爱好者和喜欢文化艺术的朋友的好园地。

●"戏剧图书馆"的书籍包括戏剧理论、戏剧史、剧场技术、编剧、导演、表演方法、剧场实务与营运、剧本、小说、侧写及导读等。

中文报章专访戏剧图书馆报导

(8) 电视取景

戏剧图书馆的空间,对于本地媒体而言还是新鲜的,成为电视剧、电视杂志性节目等的拍摄地点,间接促进戏剧图书馆的宣传。

序号	日　　期	活　动　内　容
1	2009 年 11 月 18 日,9am—10:30am	本地电视剧制作队借用场地取景
2	2010 年 11 月 30 日	8TV 八度空间电视剧制作队借用场地取景

与戏剧图书馆旁活动空间进行拍摄(摄影:沈国明)

(9) 其他

序号	日　期	活　动　内　容
1	2009 年 9 月 24 日,8pm	《喝彩》音乐剧游戏得奖者颁奖仪式
2	2009 年 10 月 10 日和 11 日,3pm—5pm	《悬案》舞台剧演员面试
3	2010 年 2 月 9 日,7:30pm	心向太阳剧坊"温馨团圆饭"
4	2010 年 2 月 28 日,9am—5pm	《雪隆年少情》团拜活动
5	2010 年 7 月 24 日,7:30pm	舞台剧《校看风云》慰劳会和剧坊 10 周年会员疯狂派对
6	2013 年 4 月 14 日,3pm—5pm	招募舞台剧《爱永续》台前幕后人员
7	2013 年 5 月 6 日,6pm—9pm	舞台剧《爱永续》演员拍摄宣传照

于图书馆旁进行新年团拜活动

图书馆是借书的地方。戏剧图书馆希望带动的是,它不仅能够看书借书,而且还能够通过戏剧的方式,传达书中的道理,而且也能够让民众参与于戏剧之中。加强读者教育,提高读者的图书馆利用意识,吸引不同读者更好地利用图书馆,是图书馆服务工作的重要内容。①

4 戏剧图书馆参与者感想

图书馆是保存人类精神财富的宝库,它在整个社会系统中占有任何其他社会机构所不能代替的重要地位。图书馆的这种最广泛、最完整地保存人类精神财富的职能,是任何其他社会机构所没有的,是图书馆特有的。各种图书馆尽管所处的年代、社会制度不同,性质不同,收藏文献的范围和方式不同,但总的来说,对人类精神财富都有收集、保存的任务。②

马来西亚原交通部长拿督斯里翁诗杰说,心向太阳剧坊能够十年如一日,锲而不舍地把自己有限的精力、人力、物力投入在深不见底的社会工作,值得鼓励。在物质条件匮乏之下依然可以挺得住。群众不管对国内剧运了解多少,都值得支持。自力更生是华族具有的特征,但朝野政治人物,都应该有这份义务给予剧运工作者支持,除了给予经费上的拨款,也应该创造有利的环境和条件,解决戏剧工作者的空间和行政问题,以让更多热心戏剧的朋友能够继续参与,将国内的剧运工作推得更加广。③翁诗杰是出席《十年剧运》新书推介礼上,如是表示。

2010 年 5 月 2 日部分戏剧图书馆参观者留言:

序号	姓名	职 业	感 想
1	莉萍	中学教师	环境很有"戏剧"的感觉,可惜人潮不多,我会介绍给其他朋友,希望以后会越来越多人来支持你们(嘻,白开水是甜的,有人情味……)
2	栎桦	学生	很感动啊!真的会以"戏剧"为主题的后巷!!很多设计很漂亮!!很喜欢那个图书馆!!!
3	惠韵	学生	真见识到"戏剧后巷"的意思,接下来,希望心向太阳越来越好啦,加油!
4	庆汶	学生	我会再来
5	hueichi	社会人士	戏剧后巷我常与这地方擦身而过,也许地方太过于偏僻,致使我没有真正留意这块小园地。是熊天平——火柴天堂这首歌驻留了我和先生的脚步,我们不断地向两边寻找,才发现是从我们的后防传出来。当下有挣扎过要不要进去(毕竟治安不安全),可是读着一排排的剪贴报纸,和看着高高挂在上面的海报,就决定进去一探究竟。这是我第一次接触《戏纪元》。 室内设计充满了人情味和亲切感。每一个空间(像黑箱剧场、戏剧图书馆、咖啡座等)让我感受到这非盈利剧团的热心和坚持。每一个角落都有想表达的信息。文质彬彬的工作人员真诚的介绍,让我感叹为何至今才发现这剧团和这角落。 "世上无难事,只怕有心人"这句话虽然老土,但正是我想送给"心向太阳剧坊"的每个人。我相信还有一群为艺术、为戏剧默默付出的人,是布满世界各个角落,你们并不孤单,加油!

戏剧图书馆在 2009 年开办以来,由笔者一手打理,然而在 2012 年,有位新朋友陈晓春不请自来协助图书馆的书籍整理,兹将感想列之:

陈晓春的三则图书馆日记:

日 期	感 言
7.10.2012	和往常一样,希望能用在图书馆里逗留的那仅仅两个半小时的时间把还未记录的书本整理出来。但,心不在焉,看来看去还是找不到我要找的那堆书,有点纳闷。 此时,一位戏剧班的小朋友拿着他的陀螺到馆里玩。哈,心想:就请他来帮忙吧。他果真二话不说就站上椅子,帮我检查那些还未标签的书籍,还认真地把那他看不懂的字,整齐地抄下给我,这么个小孩,令我敬佩。

① 王居平编著.网络环境下图书馆服务的理论与实践.安徽大学出版社,2009:199.

② 尹鸿博.艰难的跋涉——从图书馆工作到图书馆学理论.大众文艺出版社,2010:209.

③ 翁诗杰是在戏剧图书馆出席《十年剧运》新书推介礼上致词时说,2012 年 4 月 22 日,7pm。

续 表

日 期	感 言
	第一次听他对我说话,滔滔不绝地谈着他的陀螺。感觉,小孩真棒。别小看他仅有八岁,说起话来还挺吸引人的。说:自己和弟弟如何玩陀螺,一年级时差点被怪叔叔骗走的事还有喜欢研究恐龙。说到兴奋时,那双单眼皮的小眼睛可亮得很,太可爱了。 小孩的世界好有趣。他们年纪小不代表他不懂事,什么都不会。好好的引导,他一定会很棒的。 已经好久没那么用心地去看一本书了。是找不到喜欢的图书馆或是书局,抑或是遇不上本好书,还是自己太懒,没去发现它? 在某个角落,有着这么一间宝库。里面没有富丽堂皇的装饰和摆设,更没有什么高科技的应用器材,但却藏着许多珍贵的专业书籍,伴我在业余的专业路上继续往前走。 记下一段让我有所反思的话: ——篮球明星麦克乔丹有一只让年轻人为之疯狂的经典广告,广告里这位黑色巨人说:"重点不是这只双鞋,而是知道要往何处前进,同时并未忘记起点所在"。所有的梦想着都不是应为有一双"好鞋"才开始,对于云门而言,排练场也不过就是一双鞋,更重要的是,云门的一百多位舞者与工作人员知道梦想的路要往哪里去,并继续以梦想燃烧热情。 摘自:《飙舞》林怀民与云门传奇　杨孟瑜著—与戏剧后巷到访戏剧图书馆。
14.10.2012	今天的图书馆不再像过往那样冰冷得让人颤抖,安静得只听见冷气机呼呼的声音。小朋友们的光顾,为这原本宁静的宝库注入生命力,也为它增添了几许欢乐!他们兴致勃勃地翻阅那些搁在书架上的儿童漫画,翻着那些还未整齐归类的书籍,虽然过程让我觉得有点应付不来,但却乱得很开心。图书馆开始启动了! 在事事都讲究以科技产品为第一应用工具的今天,电脑几乎已成为探索知识的必备品。而书籍,也就渐渐地被搁置一旁,少人问津。这是否意味着,大家开始渐渐遗忘,那捧着书本的感觉,阅读书籍的快乐,从而挖掘探索知识的满足感?所以,当今天看见小朋友们的反应,和翻阅手上那本书的渴望,顿时让我觉得,不管怎样,图书馆一定要继续的被经营及持续的被大家善用,让它永远有存在的价值。 从今年六月开始与图书馆接触,最初只是因为对人物的好奇想来看看他如何在没有足够的经济资助下,能设立剧团独有的图书馆。到了才慢慢地开始发现,这种自掏腰包的长期累积成果,竟可以让里面的藏书如此专业,对舞台艺术工作者尤其是戏剧人有着极大的知识参考空间。 重开图书馆,为的就只是想让更多人知道,在本地有这么一个剧团默默地为推动及鼓励戏剧教育而努力,不计盈利或亏损设立专属的戏剧图书馆。希望,能为图书馆做些什么?更希望图书馆能为你带来些什么?
21.10.2012	今天的图书馆摇身一变,成了剧坊的活动场地。馆外的开放空间,被长长的黑布包围着,设上 DIY 的舞台灯光和音响设施,一个简单的临时剧场就这样肃立于馆前。剧坊应用有限的资源,来创造的不可能中的可能,确实让我亮眼。《爱之路》剧本集推介礼暨《书香第五届中小学戏剧观摩赛》初赛于中午十二时在图书馆前准时开跑。平日门可罗雀的图书馆,瞬间高朋满座。活动顺利地进行并于下午五时在热闹的气氛下落幕。 散场后,留下工作人员开始了另一场工作——收拾。收拾什么呢?收拾这里所有的一切,看得见的和看不见的。从摆放在前台的剧坊书籍,光碟,礼品到包围着剧场的黑布,灯光及音响器材一件件地被收起,一样样地被拆下,装进储藏室里。啊!遗漏了一件:心情,落幕后的复杂心情。 只要是曾筹办或参与过任何形式演出,比赛或表演活动的朋友们都会明白,成就一项公演,需要花上至少数个月的时间来筹备,为……的 公演那仅仅数个小时,噼里啪啦一阵,活动落幕。筹备,过程中所需处理的繁文琐节,做起来累人又吃力不讨好,但过程又令人享受。紧凑的准备把我们带到公演的这一天,能做的都已经做了,不抱有太高的期望或期待任何奇迹的出现,只希望整个团队能坚守岗位,把自己负责的事务做到最好。不为什么,为的只是想要让大家在公演中那仅仅数个小时里有更好的表现,为参与者及观众带来最好的,以回报他们的支持,在大家心中灌溉艺术的幼苗。落幕时的掌声,是慰劳我们的最佳方式。落幕后的检讨,是我们引导我们迈向进步的推手。 我,仅是个旁观者,之前不曾参与剧坊的活动,也不曾陪它走过,但怎会有那种落幕后不舍的心情和莫名的失落感?是在它身上看见了自己了?还是对它所坚持的一切有更多的共鸣?接触艺术表演不难,但在本地若想要将两只脚踏足此界,全心全意的灌溉这亩田,就得有极大的勇气和超人的毅力,努力耕耘。翻过的土地和播下的种子,都是独自苦干换来的。接下来呢?会有人到田里来,共同劳动吗?施肥灌溉好比延续传承……这是怎么一回事?

戏剧图书馆书籍来源:

"一所图书馆如果停止生长,就不能维持稳定,就要衰弱了;一项图书收藏如果不能吸收最新的研究成果,就要走向灭亡。"戏剧图书馆需要不断地引进戏剧艺术类型的书籍,同时吸收最新的研究成果以丰富藏书。

(1) 热心人士捐书

捐书除了来自剧坊成员以外,公众人士也乐于捐书。来自芙蓉马口林天霸老先生在偶然情况下,知道了戏剧图书馆的存在,二话不说将自少年时期珍藏的戏剧书籍 40 册,赠送给戏剧图书馆供读者阅览。书籍几乎都是收藏了 50 年以上的书籍,对于戏剧爱好者而言颇为珍贵。

此外,一些加入面子书(facebook)“戏剧图书馆”专页的粉丝,也会通过网络捐书予戏剧图书馆。如 Doris Liew(刘秀玲)就主动发信息到“戏剧图书馆”的专页,将珍贵的书籍捐赠戏剧图书馆。

(2) 书行赠书

对于戏剧图书馆支持有加的书商,秉持推动戏剧文化艺术公益,将国外入口的文艺书籍,捐赠给戏剧图书馆。如上海书局、大将书局等。

(3) 自资出版书籍

自 2005 年起,心向太阳剧坊就自资出版戏剧季刊《戏纪元》(Go! Theatre),将剧坊的活动和本地戏剧动态,以文字图片记录下来精心排版,并且免费赠阅。心向太阳剧坊自资出版的书籍,包括:

序号	书　　名	作　者	出版年份
1	《梦天堂》	合　辑	2004
2	《十年剧运》	沈国明	2012
3	《爱之路》剧本集	孙天洋	2012
4	《陪你走过》剧本集	孙天洋	2013
5	《剧中人》	沈国明	2013
6	《爱永续》剧本集	合　辑	2013
7	《校看风云》剧本集	沈国明	2014

5　结语

戏剧图书馆在 2009 年 8 月 8 日在吉隆坡设立,至今已有 5 年,搬迁过一次。它设立在商场中,虽然每天有不少人经过此地,但是真正来了解的朋友是少数的,来借书的朋友也不多,获得热心人士的赠书也有一些。

2012 年 12 月 12 日,笔者接获商场管理层的信件,要求在 12 月 20 日搬清戏剧图书馆,果然是“世界末日”;隔日,管理层表示暂时可以不用搬了,但是一旦有业主要租,就得随时搬迁。感谢管理层的体谅,让我们松缓一口气。

戏剧图书馆就像一座灯塔,默默地为爱好戏剧朋友提供书库,希望可以通过阅读和影视平台,推广健康的文艺活动,同时也通过表演艺术,抒发身、心、灵。

不知道下一个噩讯会在什么时候,图书馆约 5 000 本的书籍,会不会继续有个家?

16 世纪时,奥图曼帝国的诗人拉提菲,称他书斋里的每一本书是,充满关爱的真正朋友,能驱走一切烦忧牵挂。图书馆被誉为医治灵魂的场所,而戏剧图书馆就像一座灯塔,为爱好戏剧艺术者提供指引的坐标。伟大的图书馆不是靠建筑来成就的,它是靠多年生长而成就的。

戏剧图书馆需要被别人看见。很多人忽略文化艺术,这是不争的事实,即使报纸常常都在刊登舞台剧演出,电台不时播报,但是还是很多人选择看不见或听不见。读者或听众可以选择性看见、听见或看不见、听不见,记得或不记得,特别是表演艺术,大家都看不见听不见。所以,我们需要时时提醒他们。

戏剧图书馆需要被别人看见。很多人会误以为曾经的支持就是代表永恒的支持,所以往往大家只是支持或赞助一次,接着你就要学会自我独立。但是表演艺术,特别是中文舞台剧,真的很难自力更生,包括国家剧院、国家图书馆每年都要政府的拨款才能生存,更何况是我们,所以,我们需要被别人看见。

别人往往选择看不见。就是因为这样,需要使尽浑身解数,以各种姿态、角度让别人看见,一百样在眼前,起码可以看见几件吧。戏剧图书馆很庆幸在不同的时期都被某些人看见他们所看见的一部分,所以能够生存至今,所以,我们需要被别人看见。

戏剧图书馆需要被别人看见。如果有一天我们隐藏了一些,别人看不见了,戏剧图书馆的生命也差不多结束了。我们唯有摆出我们的各种姿态,别人可能看中一个。

戏剧在马来西亚已经是一门冷门的艺术,走入剧场看戏的群众表现冷淡,而戏剧图书馆的成立,更是困难重重。当一个人有觉知的时候,图书馆就是他(她)寻觅的其中一个地方。

图书馆是借书的地方。戏剧图书馆希望带动的是，它不仅能够看书借书，而且还能够通过戏剧的方式，传达书中的道理，而且也能够让民众参与于戏剧之中。加强读者教育，提高读者的图书馆利用意识，吸引不同读者更好地利用图书馆，是图书馆服务工作的重要内容。①

中世纪流行的一句谚语就是："没有图书馆的修道院，就像没有武器的城堡。"②

参考文献

[1] 雷若欣.中世纪西欧修道院图书馆析论.//缪其浩主编.图书馆文化的守望者.上海科学技术文献出版社，2007.

[2] 尹鸿博.艰难的跋涉——从图书馆工作到图书馆学理论.大众文艺出版社，2010.

[3] 徐雁.藏书与读书.国家图书馆出版社，2008.

[4] 王居平编著.网络环境下图书馆服务的理论与实践.安徽大学出版社.

[5] 沈国明.十年剧运：马来西亚华人民间剧社的社会传播功能分析.心向太阳剧坊出版，2012.

---

① 王居平编著.网络环境下图书馆服务的理论与实践.安徽大学出版社，2009：199.

② 雷若欣.中世纪西欧修道院图书馆析论.//缪其浩主编.图书馆文化的守望者.上海科学技术文献出版社，2007：97.

数字化信息时代的挑战——以胡志明市科学图书馆为例

Tran Thi Hoan Anh

（越南胡志明市科学图书馆）

Challenges in the Digital Information Era-situation at the General Sciences Library of Hochiminh City

Tran Thi Hoan Anh

(General Sciences Library of Ho Chi Minh City, Vietnam)

Abstract Digital information environment has brought many conveniences for human life, in communication, sharing or exchanging information as well as created challenging for libraries. To adapt to this trend and to strengthen its' position in this era, libraries have to improve themselves by creating new services in a new environment, well-equipments and facilitates to supply high quality information resources, especially encouraging the digital information resources so that everybody can access and share infor mation without the geographical boundaries. This paper will present the effects of the digital information environment to activities of public library, and how to deal with this challenging based on the situation of the General Sciences Library of Hochiminh City(GSL). It will also include the process of changing from traditional library with traditional services to modern services to attract to many kinds of users and meet their needs, which focus on the way of building, organizing, serving, sharing and managing the digital information resources. Finally, the paper will look back to the difficulties that GSL has experienced during the conducted projects as it can be a lesson-learn.

1. General View About GSL Before the Project Conducted

1.1 GSL History

GSL is currently the largest public library serving not only for HCMC community but also the other provincial users of Vietnam because its special, rare and valuable document inherited since the past several hundred years. GSL's building was established from 1968 to 1972 and be considered as the second National Library of Vietnam. However, its documents was collected from other libraries of South Vietnam before such as Library of Governors and Admirals

1.2 GSL's Document Collections History

The historical, cultural, legal, political or literatural documents and documents about France, Indochine and Vietnam during the Vietnam wars are stored in microfilm and printed copy which now is very useful for research.

There are about 5,500 titles of books and dictionaries, 279 titles of periodicals and 645 maps which are considered as special, rare and valuable documents. Among that, it is including the documents published during the 16th to 18th century such as

- Del'historria della china, published in 1586
- Vietnamese—Portuguese-Latin Dictionary (Dictinarivm annamiticvm Lvsitanvm) / Alexandre de Rhodes, 1651
- Voyage du siam, published in 1696
- Voyage au Tonkin, published in 1788

- Le temple d'Angkor Vat,
- Technique du peuple annamite by Henri Oger, published in 1908—1909
- Dai Nam Quoc Am Tu Vi/ Huynh Tinh Cua, 1875 (Dictionary)
- Vietnamese plays.
- La broderie annamite.
- Le temple d'Angkor Vat.
- Technique du peuple annamite/ Henri Oger, 1908—1909
- Souvenir d'Annam, 1890
- Un a de séjour en Cochinchine, 1887.
- L'Annam, 1906.
- L'Indochine, 1907.
- De la colonisation de la Cochinchine 1865.
- Noire sur la base Cochinchine, 1864

Periodicals published at the end of 19th and the first of 20th century, mainly mentioned about Vietnamese and Indochine such as

- Gia Dinh newspaper, 1880 (the first newspaper published in Vietnam)
- Dai Nam Dong Van daily newspaper, 1891
- Dong Duong Journal, 1906
- Bulletin de l'Ecole francaise d'Extrême Orient, 1901
- L'avenir du Tonkin, 1906
- Bulletin des Asnis du Vieux Hue, 1914
- Official Gazette by Vietnamese and French

Ancient maps such as Vietnamese country map, Villages de la Cochinchinois, Saigon City

1.3 Current Document Collections

There are more than 2 millions units of books and periodicals by Vietnamese and foreign language has been serving currently.

- ➢ Periodicals:
- Foreign(English, French, Chinese, Japanese, Korean, Spanish...)
  - ○ Newspaper: 343 titles/337,351 items
  - ○ Journal: 7,334 titles/402,784 items
  - ○ Journal gazette: 57/68,835 (French)
- Vietnamese:
  - ○ Newspaper: 481titles/572,419 items
  - ○ Journal: 6,098 titles/313,443 items
  - ○ Journal gazette: 14/6,520(before 1975)
- ➢ Maps: 214 items, 838 sheets and 1CD-ROM
- ➢ Theses: 20,369 items
- ➢ Music: 6,627 items
- ➢ Braille books: 276 books, 8 titles of periodicals
- ➢ Books:
- Foreign: 167,320 items
- Vietnamese: 198,464 items

It is said that GSL has a plentiful collection including not only the new collection at currently but also the old, rare and valuable documents published since 16th century. However, these collections, which are stored for several hundred years, are now facing to the risk of damage because of the hot weather of Vietnam, especially it has high humidity and temperature in the Southern. Although we have preservation programs for these special collections, it is just a temporary method to reduce the risks of damage while we have to supply these documents everyday and many times to the users. The best solution should be microfilm or digitalization, which is also implementing gradually and priority. However, GSL cannot have enough financial ability and human to implement the massy collections in short time and lonely. Additionally, GSL is influenced by the changes of digital information environment.

2 Challenges That GSL Had to Face in the New Era

2.1 Service Environment and Reading Habit Change

Similar to many libraries in the world, the service environment and reading habit of users in GSL has changed in the new era. The library has not only traditional books but e-databases which can share and disseminate to many users at the same time as well. The library now is not only evaluated by the number of users coming to but the quality of their services, the document supplied and their trust on the librarians also. The service environment is not narrow in the reading-rooms, it can be outside the library such as books' introduction program at the supermarket, exhibition halls, shopping malls or in a corner of the street. Moreover, users currently have more opportunity to approach information needed than in the past because they can read books, magazine, newspapers, research and many kinds of information existed on internet. The information can be copied, shared to the community easily and freely. Therefore, they might don't need books in the library as it takes times to go and inconvenient than reading available, short and plentiful forms information on internet at home.

2.2 Users' Component and Users' Needs Change

Before that, the library focuses on the adult readers including researchers, students and local citizen. Nowadays, the services must support many kinds of users from newborn child, children, teenagers, businessmen, researchers, leaders, students, adults, the elderly to the disabled people and so on. These different users, therefore, have a variety of information needs. Mothers, housewives, who stay at home but they perhaps need information and programs for caring themselves, their families and self-studying. Children, except textbooks for studying, science books they like to participate on entertainment programs, developing aptitude courses or improving skills. They prefer modern facilities for reading such as e-books on Ipads and smartphones than a traditional reading environment. Local citizen might need the supports from the library through vocational guidance programs or services to improve their lifelong learning. In the past, the library had just few services inside the library with books for reading, borrowing and cataloging help. Users now need more convenient services as they don't have enough time to do such as supplying information following their requests, packaging information, translating or playing the role as a teacher of their children. The information they need should be processing before serving, fast transferring with modern method. They require the right, precise, high quality and fast by convenient ways, with the professional and helpful consult and supports of librarians. Again, the leaders and local government, who are busy working that they can't come to the library although they also need information for making decision. If the library cannot satisfy a part of these users to set up new services, they will lose a remarkable number of users. No library waits for this unexpectable situation.

2.3 New Services and Requirements on Qualification, Knowledge and Skills of Library Staff

To adapt to the plentiful requirements of users, new services are setting in the library. It is mean that staff of the library has to upgrade their skills and qualification to work with software, techniques in a good attitude. Library staff, although has enough qualification before they came to the library, each of them has different strong ability, the ability to adapt to the changes of new environment, their attitude to work with technology and their personal life. Therefore, it can influence to the quality of service and part of them can continue working in the new environment. Especially, library staff, who somehow works in a pleasant environment, will not sensitive with the rapid changes of technology so that they cannot change easily and create new services. The ability to work professionally the old tasks by information technology instead of manual in the past, skills in communication with users, the wide knowledge to consult their users are requirements must be achived by library staff.

2.4 Facilities, Software and Storage Equipments

The modern storage equipments, software and machines give the library more opportunity to stretch out their services that they cannot implemented by printed copy in the past. New equipments can help the library easily and effectively to store, to share and to disseminate their digital resources to the users. Many users from different areas in the world can also see, share and use the valuable information resources. Software and modern facilities to manage databases helps the users to search information quickly, saving time to serve, convenient on borrowing and returning. The effectiveness of these new equipments can be clearly proved with the old, damage but valuable documents and always in high-demand status, which are stored few hundred years ago. The modern digital machines not only can help libraries to store the original copy but can provide many copies to many users at the same time as well.

2.5 Problems on Building, Acessing and Sharing Digital Information Resources

In the new era of information technology, digital information resources are increasing rapidly because many libraries, information centers and even individuals are creating. Additionally, sharing information between people on social networks, forums and wikipedias are easier than ever. People can share any information they've got to any people they known. This can lead to the confusion of social information. It is accepted that except the official resources at the library, this can be a good reference for users. However, there are so much information on internet that users cannot select the suitable and useful information for their research. In web 2.0 environment, everyone can post information, their opinions by subjects without any organization's assessment and no one has responsibility before publishing. Not many users can clarify which information is reliable and useful for them.

3 GSL's Action Plans—projects and Programes Focusing on Digital Information Resources and New Services for Many Kinds of Users

3.1 Buildinga New Environment in the Library

Understanding the important role of information technology and digital information resources in improving the library, GSL has conducted many projects setting up new environment to widen the users' component, developing new services and focusing on digital document.

Since 2004, the library has invested a studio to produce talking books, tactile graphic books and braille books for the visual impaired people at GSL and other libraries in Vietnam. The project is firstly supported by Force Foundation and many sponsors later such as the Netherland General Consulate, USA General Consulate, AmCham and so on to produce and free distribution to libraries, educational organizations. The digital resource cannot just serve the visual impaired people, it now can be a new kind of documents for listening in a busy life as people don't have time for reading. GSL has also organized many training courses to make tactile graphic books, talking books and braille books in Vietnam, Laos and Cambodia.

While the number of users coming to the library tends to reduce because of the influences of digital information, internet and technology, many places in Hochiminh City still don't have books, information and people cannot access internet. GSL wanted to reach these groups of people in a new way. The library has designed the digital mobile library on vans for the normal and the visual impaired people since 2006. The vans are now bringing the printed books, internet and digital information resources going to the hospitals, schools or remote areas, giving them the equality on free information access. Therefore, people in other places and far HCMC can access to the GSL's documents. Three vans with different sizes are serving in remote areas and schools and provinces in Vietnam. The project is the result of the collaboration of GSL and parties such as Singapore International Foundation, Standard Chatter Bank and LG Corp. The sponsors give us the vans and

GSL will pay for maintaining the service.

In addition, the project to build a European standard Library for children is sponsored by French General Consulate with the consultant of Singapore National Library. Before that, GSL did not have a private place and books for children. They just can come to district libraries where the facilities, books and services are insufficient. When the children library opens, children can participate on many activities including reading books, story telling, drawing, practicing English and course for improving their personal skills. The library has also design educated programs for street-kids and other contests to enhance the reading movement. Computer and e-database are also provided so that children can access to the library at home.

(Please see pictures of these activities in appendix)

3.2 Investing Professional Scanners, Software and Digitalising Equipments for Digitalising, Accessing and Sharing the Old, Rare and Valuable Document in GSL and Outsides in the Community

Realizing the necessary of e-database and to preservating the old, rare and valuable document, GSL has started to collaborate with French and Netherland General Consulate on the projects of digitalizing the 16-19th century books since 2006. The project has scaned approximately 560,000 pages of document, mostly about Indochine and Vietnam in French colonial period. At that time, GSL don't have enough professional scanners and human to implement, the database is conducted by Durox Company, supported by the General Consulates. The company then has provided us database which is organized on searching software. However, the software later shows us many errors that the company cannot help and cannot integrate with other GSL's databases.

After explaining and improving the important role of digitalizing on storing and maintaining the cultural heritages documents by small project to digitalise the Sino-Nom language plays, text and royal documents, GSL has been accepted by local government, to invest a professional scanner system, including machines and software to organize the database since 2009. The grant project that costs about 800,000 USD with 16 different scanners was invested in 2013 by local government(HCMC People Committee). The scanners can adapt to different sizes of document from maps to daily newspapers and thick books. Furthermore, some small scanners can be flexible splited so that it can bring to digitalise the royal document, the rare and valuable books in families of the community. GSL digitalises not only its document, but GSL's staff is going to Mekong Delta and the Middle area of Vietnam as well, where the community here has stored many valuable documents. Each year, the library can collect approximately 160,000 pages of document outside GSL. These information resources will be organizing and cataloging on GSL's database to introduce with users. The modern scanner system can serve individuals, organizations, information center or other libraries as they provide us their document. Normally, GSL will ask for a reasonable fee for staff salary and electricity, however, they will discuss with customers to keep the digital resources instead.

3.3 Digitalising the Repository Publications of Special Institutions

Hochiminh City has six suburban districts, where the local community has less opportunity to approach books, internet and practical information supporting their career. To solve this problem, GSL has come and discuss with CuuLong Delta Rice Research Institute, Southern Horicultural Research Institute, Institute of Agriculture Science for Southern Vietnam and Information Centers to ask for digitalizing their practical books, conference and research papers, handbooks, manual books and their repository publications. These digital information resources then will be organized on GSL's database and disseminated to the community, especially farmers and suburban areas via GSL's website, CD-ROM or computers on vans.

3.4 Training Programs to Upgrade Skills for Library Staff

To be familiar with modern machines, e-databases and software system or friendly and professional communicate with users, library staff now has to educate themselves. Training courses on communication skills, computer skills and library professional skills are often implemented at GSL. Some projects for oversea internship, upgrading professional degree, collaboration programs to foreign universities and organizations are conducted so that GSL's staff can participate on these courses. They must understand that face-to-face communication is different to online-communication and understanding exactly users' requests will help them to offer useful services. They must conduct workshops to help the users for clarifying the reliable information on the internet. It means that librarian have to spend their more time to understand the characteristics of information on internet and digital information environment so that they can guide the users to locate and to select the right information. Also, knowledge on computer and software on training programs will create the confidence for library staff when they are working with new software, searching, sharing and organizing information.

3.5 Encouraging to Share the GSL's Digital Information Resources

Creating digital information is necessary, organizing and disseminating to the community not only at GSL but also other libraries and information centers is more important. At first, a website to introduce the library's activities and forums so that users can contribute their opinions on GSL's activities and ask for request is set up. At the present, 24 district libraries of HCMC and other university libraries can access to GSL's OPAC, copy information records and download part of fulltext-database. GSL is thinking about a professional integrate-software that users over the world can access GSL's fulltext records (especially the local document and HCMC's monography). If other libraries want to share this resource, they can link to GSL's website or sending a request for the record, GSL system will provide them the fulltext. To prepare for this service, now, all the digital resources must be processed following international library standards. The encouragement is meant that if users have any valuable documents, they can share with the library. GSL will come to evaluate, help them to digitalise and guide them how to preserve the original copy in safe environment. This document then will be share to the community officially.

4 The Difficulties When the Projects Are Implementing

4.1 Human Resource-Their Ability to Adapt

Although training courses are often conducted at GSL and staff has computer courses, not all library staff can adapt to the new services. For example, they cannot themselves conduct some activities for children such as consulting and vocational programs or developing aptitude courses (music, painting ...). Some old staff cannot be familiar with information technology although they may work better in traditional way. Some activities now stretch out the library and staff, therefore, sometimes has to work away from home in remote areas. New services bring convenience to users, however, it might be a worry of some library staff as they have to deal with their housewifery everyday. Additionally, training courses are true, but we cannot expect that all of them can adapt and be professional on a new position. Also, some services rather require experience and time as well as their native ability than lessons on courses. For example, communication, staff can learn or creative skills on course but they cannot be the best after a course. Moreover, technology is changing rapidly. Staff can learn this knowledge today, but it can be behind the times.

4.2 GSL's Budgets

Budget is the biggest problem of the public library as GSL while it belongs to the local government and most of services are free of charge. The policy of "Five year unchanged" budget is a disadvantage to run all activities in GSL. Inflation rate is increasing yearly but the library has received the same budget each year and surely that they must have more activities than the previous year. Funding from sponsors and NGO are unstable as GSL cannot conduct their future plans actively. Additionally, the more difficulties to submit and explain with local government, the more time for doing administrative procedures and receiving the budget GSL has experienced. For instance, the project of scanners system investment was submitted from 2009 with an agreement of the leaders of HCMC People Committee, however, the software and machines has just been installed last year. It is fact that we now have modern machines and we should use these machines effectively. More staff are recruited to digitalise and to organize the resources into databases. It means that the budget for staff's salary will increase. Although, this issue was thinking before the project conducted, GSL still has not sufficient solution.

4.3 Equipments, Information Resources Accessing and Sharing, the Collaboration of Parties Who Can Get Benefits

Because of the budget's limitation, GSL has an insufficient and synchronous investment on software, equipments and facilities. GSL has a potential digital resource and it will be increasing significantly since we have invested the new scanner system. However, the equipments for storing databases is old and the library software, which is built since 2003, is becoming backward. Therefore, the users somehow get troubles in searching and extracting data. Additionally, GSL wants to share their resources with libraries, meanwhile, these libraries does not have necessary standards or using different software that does not appropriate with GSL's software. Moreover, in terms of collaboration, it means that each party will have something to share, while most of the libraries want to use the resources but keep themselves resources. GSL can support the district libraries but it can not be strong to cover for all libraries in the city.

4.4 Information Dissemination Policies, Problems on Intellectual Property Rights and Copyright

Last but not least, GSL is facing to the issues of disseminating information and intellectual property and copyrights discussions. Some people say that the library can share to the users all document as needed, the other one say that users can just read online, no one can download and duplicate the others' works. If GSL digitalise the work without permission of authors, it will be offended. However, GSL has approximately 3, 800 theses which are submitted before 1975, it is extremely difficult for us to ask permission of these authors to digitalise their writings and publishing to the community. We just require the users to declare that they will not copy all works and install the software so that they just can read and print page-to-page. In some cases, the data is not available on website and GSL has sent e-document to the users, however, the users use this file to disseminate many people or posting on forums and social networks without library's permission. The library unintentionally infringes upon the intellectual property law.

5 Conclusion

Raising the changes of the library to adapt in the new era with the overcoming of technology, the writing reveals a practical situation at a public library as GSL. Similar to other libraries, GSL has to create new services and products so that they can alive in the era of computers, smartphone and modern technology facilities. Beside that, the investment on human resources and modern facilities through the projects of training staff and scanners system are implemented by the library. Finally, sharing the difficulties that GSL has been facing as an experience, we want to find a sympathy and lesson learnt from colleagues.

References

[1] Anh, Tran Thi Hoan(2011). Products and information services for users in the market economy: writing paper/Tran Thi Hoan Anh._ Vietnam Information and Documentation Association-Conference, Hanoi-Vietnam, 2011.

[2] Anh, Tran Thi Hoan(2012). GSL and activities of organizing information for rural areas: writing paper/Tran Thi Hoan Anh._ Mekong Delta Libraries Association Conference, HauGiang-Vietnam, 2012.

[3] Anh, Tran Thi Hoan(2012). GSL and its activities on improving reading habit in the community(writing paper)/ Tran Thi Hoan Anh._CONSAL, Bali-Indonisia, 2012.

[4] Anh, Tran Thi Hoan(2013). Building and accessing the national digital collections—The backwards and solutions: writing paper/Tran Thi Hoan Anh._Building and sharing the local digital information resources Conference, National Library-Vietnam, 2013.

[5] Annual Reports of Networking Libraries Administration Department, 2007—2011.

[6] Annual Reports of Studios and Digital Department, 2007—2011.

[7] Bao, Vinh Quoc(2011). Collaboration and share on building and developing digital library in public library system in Vietnam/Vinh Quoc Bao._Conference on Building and sharing the local information resources._Library Department,

National Library, Vietnam, 2011.

[8] Frey, Thomas (2006). The future of libraries: Beginning the great transformation. _DaVinci Institute, www.davinciinstitute.com/page.php.

[9] GSL websitewww.gslhcm.org.vn.

[10] GSL's Annual Reports from 2003 to 2013.

[11] Hung, Ta Ba (2000). Developing the digital content in Vietnam-Direction Rules / Ta Ba Hung. _Information and Documentation Journal, 2000. Vol.1, pp.2—6.

[12] Singapore International Foundation (SIF) proposal, 2012.

Appendix

New environment for reading, not only inside the library

Digitalising the old, rare and valuable document

European standard children library

Many programs for reading，playing & improving themselves

Comfortable space for reading

Sotry telling contest

Activities on environment protection: planting

Doctors consult them to care and protect themselves

Drawing contest

Mobile library going to the hospitals, schools and islands

THƯ VIỆN LƯU ĐỘNG
Mobile Library

全媒体时代背景下的生态图书馆发展建设探析

王 净 王丛聪
（海军航空工程学院青岛校区图书馆）

摘要 全媒体时代的到来，给图书馆的发展建设带来了全新的挑战与机遇。通过分析生态图书馆建设的生态理念、功能理念和管理理念，指出全媒体时代的生态图书馆应提供立体化的信息服务、实现全方位的资源聚合、打造同一性的系统平台、注重个性化的读者体验。生态图书馆建设始终要求高效全面和持续发展，结合海军航空工程学院青岛校区图书馆应用全媒体时代新技术发展图书馆建设的实际，从改善生态环境因子、生态信息因子、生态技术因子和生态人因子 4 个方面提出了全媒体时代的生态图书馆发展建设具体措施。

关键词 全媒体 生态图书馆 信息生态

The Construction and Development of Ecological Library in the Omnimedia Era

Wang Jing & Wang Congcong
(Naval Aeronautical Engineering Institute Qingdao Campus, China)

Abstract It brings new challenges and opportunities to the library with the development of omnimedia. By analyzing development of eco-library with ecological, functional and management conception, we found out that in the omnimedia era the eco-library should provide three-dimensional information service, a full range of resource combination, the systemic platform and personalized experience. It requires efficient comprehensive and sustainability for the development of eco-library. According to the utilization of the omnimedia technology to develop the library of the Naval Aeronautical Engineering Institute Qingdao Campus, we should take proper measures under the development of eco-library with the factors which include ecological environment, ecological technology, information and ecological.

Keywords Omnimedia Ecological Library Information Ecology

随着数字技术发展带来的各种媒体的融合，信息传播的渠道和方式正在发生着深刻的变化，传统媒体和新媒体之间的界线越来越模糊，全媒体概念应运而生。原本单一而分散的信息传播模式已不能满足读者多元化的信息需求，图书馆的定位受到媒体大融合趋势的巨大挑战。尤其是在低碳经济推行、生态环保观念深入人心的大背景下，图书馆的生态化建设已成为主流趋势。全媒体时代的到来对图书馆生态化建设既是挑战，更多的是发展机遇，如何借助全媒体的融合之势，找到生态图书馆在全媒体环境下的发展定位和落脚点，从而打造图书馆服务新职能，提升生态图书馆在全媒体时代的社会认同感，是需要图书馆人认真研究和付诸实践的重要课题。

1 关于全媒体的概述

“全媒体”(omnimedia)源自美国一间成立于 1999 年的家政公司 Martha Stewart Living Omnimedia(玛莎-斯图尔特生活全媒体)。这家公司拥有并管理包括杂志、书籍、报纸专栏、电视节目、广播节目、网站在内的多种媒体，通过“全媒体”传播自己的家政服务和产品。现在看来，玛莎-斯图尔特公司提出的“全媒体”概念并不全面，其真正含义更接近于“多媒体”(multimedia)，但是，“全媒体”的概念却自此深入人心，并开始为人们所关注和应用。

随着科技的发展与媒体之间日益融合互通,“全媒体”概念在传播领域得到了广泛实践,并有了一致认可的定义。“全媒体”是指媒介信息传播采用文字、声音、影像、动画、网页等多种媒体表现手段(多媒体),利用广播、电视、音像、电影、出版、报纸、杂志、网站等不同媒介形态(业务融合),通过融合的广电网络、电信网络以及互联网络进行传播(三网融合),最终实现用户以电视、电脑、手机等多种终端均可完成信息的融合接收(三屏合一),实现任何人、任何时间、任何地点、以任何终端获得任何想要的信息。全媒体通过提供多种传播形态满足用户的细分需求,选择最适合的媒体形式和管道,使得用户获得更加及时、更多角度、更多听觉和视觉满足感的媒体体验,实现对用户的最佳传播效果。

2 生态图书馆的建设理念

生态图书馆学是一门介于图书馆学与生态学之间的边缘学科,生态图书馆建设致力于设计和维护有组织能力的生态系统,研究信息与人及周围环境的相互关系,目的是使数据、信息、思想和知识得以自由流动,促使信息生态系统协调发展。总之,生态图书馆建设倡导系统、协调、动态平衡的可持续发展,有着不同于一般图书馆建设的特有理念。

2.1 图书馆建设的生态理念

首先,生态图书馆建设强调和谐发展的理念。强调图书馆与环境的和谐,图书馆内部结构和功能区域安排之间的协调;强调图书馆相关人员之间的和谐共处,包括馆员与读者之间、馆员之间、读者之间的关系要融洽;强调人与环境的和谐,在图书馆服务的人员和接受服务的读者要共同塑造优质的图书馆服务环境。其次,生态图书馆建设强调可持续发展的理念。强调图书馆现在发展与未来发展均衡,图书馆无论在设计布局还是馆藏比例上,都要考虑现在的需要与未来发展的需要;强调处理好消费与积累的关系,要在满足现有图书借阅、检索查询等服务需求的基础上,不断提高服务效率,保持图书质量和数量的协调增长,保持服务体验的稳步提升。

2.2 图书馆建设的功能理念

在传统图书馆中,图书馆是书刊的储存地。随着网络技术的应用,电子图书馆的兴起,图书馆角色发生了变化,图书馆已经变成了信息提供者,但是仅仅提供信息还不够,图书馆必须参与知识的构建、参与生态建设,所以图书馆还应是信息生态建设者。它考虑的不仅是提供信息,还应该包括营造信息环境、净化信息环境、改造信息环境。全媒体时代的到来,将把信息生态的研究逐渐纳入新的研究视野。如何有效地进行信息采集、加工处理、更新发布,并在做好传统功能的同时,不断拓展服务功能必将成为生态图书馆发展建设的重要工作。

2.3 图书馆建设的管理理念

生态图书馆建设的核心理念就是在提供图书服务的过程中,使人与人、人与自然关系和谐融洽,使人与书、藏和用、馆员和读者之间达成动态平衡。在生态图书馆建设的管理上,一方面,要强调图书馆基本的服务职能的重要性,以满足读者需求为出发点,在自然环境布置、人文生态环境的构建以及信息生态环境的建设中,使人与书、人与人之间产生互动协同,和谐共处;另一方面,必须以生态理念为指导,在新的时代背景下,满足读者多样化的信息需求,通过不断引入先进的技术手段,提高资源的利用效益,平衡现在需要和未来需要之间的关系,实现图书馆的可持续发展。

3 全媒体时代图书馆的生态化发展方向

图书馆生态化建设主要是把生态学的基本理论、方法、技术渗透到图书馆的各个层面,构建出文献内容健康真实、服务方式便捷文明、信息传递畅通无阻,文化生态、精神生态和信息传播生态的图书馆。在全媒体时代背景下,生态图书馆的建设更是有了全新的要求。

3.1 要求提供立体化的信息服务

全媒体在对同一信息需求的服务中综合运用多种途径和终端,以文字、图片、声音、影像等载体共同建构出全景化的立体服务格局,让用户置身不同形式信息的包围之中,全方位感受和体验服务成果。在这样的环境中,图书馆的信息资源既应包括文本摘要和深度分析、图表示例和横纵向对比,又要有音频、视频的场景再现。利用博客、微博、网帖和即时在线等信息发布平台,使每一位读者都可以成为信息传播者,读者也可以根据自己的兴趣选择服务形式，不论是文本、图像、图表还是音视频，实现实时、时尚、快捷、联动的信息服务全新体验。同时，通过为用户挖掘丰富而有特色的知识产品，产生立体互动的服务效果，最大限度地满足用户需求。

3.2 要求实现全方位的资源聚合

全媒体服务是集互联网、电视、手机等全方位、全媒体、互动性传播信息的聚合性服务，它的技术手段最全、信息载体最多、用户覆盖面最广。除了传统纸媒、声像外，还有视、听、光、形象、触觉等新媒体表现形式。图书馆要利用全媒体时代的先进技术，开展三网融合和多载体聚合服务，实现数据库、媒体、人与人之间的聚合服务，实现传统媒体与新媒体、物理空间与网络空间的聚合服务，实现人工服务与数字服务、大众服务与个性服务、基础服务与增值服务等聚合服务。并且要充分利用各种媒介特性不同、传播力不同、影响力不同的特点，合理优化配置各种媒体形式，达到多载体、多媒体、多空间、多时间、多形式共存互补、有机结合，各个要素和谐发展、形成最大合力的目的。

3.3 要求打造同一性的系统平台

全媒体服务强调对信息资源的同一发布，通过同一平台实现一次性无缝采集所有形式的信息资源，实现将同一内容信息同时发布在纸质资料、互联网、手机、手持阅读器等媒体上的形式。从时间维度上看，全媒体强调同步，从空间维度上看，它意味着同一信息在不同载体上的呈现。图书馆需要将数字电视平台、智能移动终端平台与网站平台整合形成多平台的综合性数字图书馆，为读者提供开放、便捷、触手可及的多样化资源，使读者可以随时随地通过网络、有线电视、手机等途径享受图书馆的服务。实现信息内容在同一时间可以通过各终端获取，甚至可以在几个终端间进行切换获取，使读者获取资源的方法更多样、选择更自由。

3.4 要求注重个性化的读者体验

全媒体服务整体表现为大而全，而针对读者个体则表现为超细分服务。当前快节奏的生活导致读者时间和阅读空间的碎片化，读者获取信息的能力和习惯也各不相同，因此需要通过利用全媒体为不同读者提供可接受的信息获取方式，根据读者个性化需求及信息特征进行取舍和调整。如在对某一课题信息展示时，用图文展示课题的描述性客观信息，用音频和视频展示课题的直观动态信息，用智能手机等移动终端在线观看课题的三维展示及参与互动性讨论等。生态化图书馆全媒体传播模式尤其要深入探析读者需求，做深度挖掘，推送读者所需，将传统的“点对面”变为“点对点”服务，为读者量身定做信息，根据读者需求、偏好或知识结构提供个性化的网页界面和信息，提高信息传播的有效性。

4 全媒体时代图书馆生态化建设的实施措施

在新技术日益发展的背景下，图书馆的建设必须紧跟时代的潮流。尤其是院校图书馆，只有应时而动，不断创新改革，才能真正发挥教育基地的作用。海军航空工程学院青岛校区图书馆，是一所军队院校图书馆，始终努力盯住新时代、新技术的发展，在馆舍建设、资源积累和读者服务方面都做了诸多创新和尝试，不断在全媒体时代背景下朝向图书馆的生态化建设发展作出努力。

4.1 打造多元读者体验方式，构建生态环境因子

在全媒体环境下，面对同一信息需求应综合运用多种服务手段和终端，将文字、图片、音频、视频等多种类型的信息资源合理配置，全景展现在读者面前，使读者可以同时将各类型信息一网打尽。在基础服务中，根据各图书馆的读者特点，要合理调整纸质资源比例，满足读者直接到实体图书馆中借阅各类纸质文献的需求，同时提供可随时访问的图书馆电子资源网站，读者可以利用手机登录图书馆的网站进行预约、续借、查找数据库资源或者直接在移动终端进行阅读。在咨询服务中，除提供传统的服务方式如当面咨询、电话咨询等，还提供通过电脑或手机终端提供虚拟参考咨询，如 QQ 通讯、微博留言、微信平台等交流方式。我馆近几年为增加读者体验方式，引进了大型读报机，读者可以查阅实时更新的新闻信息；换装了大幅彩色屏幕，不断更新播放推荐书籍及自制的读书栏目；制作各类型宣传画册和读书产品，增加读者了解图书资源的渠道和体验；举办各类读书活动，利用师生喜闻乐见的活动开展阅读推广工作等，运用各种媒体技术提升信息服务质量，创造多元化的读者体验方式。

4.2 构建完备信息资源体系，充实生态信息因子

随着信息资源总量的不断增长，单个图书馆不可能收藏所有的信息资源，尤其在全媒体时代，要想及时

快捷地反映科学技术前沿及最新信息,首先要在信息资源体系的合理优化方面不断探索完善。图书馆应充分发挥信息资源专业优势,以特色求发展。我馆作为一所航空工程类院校图书馆,信息资源建设着重突出航空装备指挥和技术保障特色,形成了能够满足信息需求的多层次、多规格和多样化特点的信息资源保障体系(图 1)。

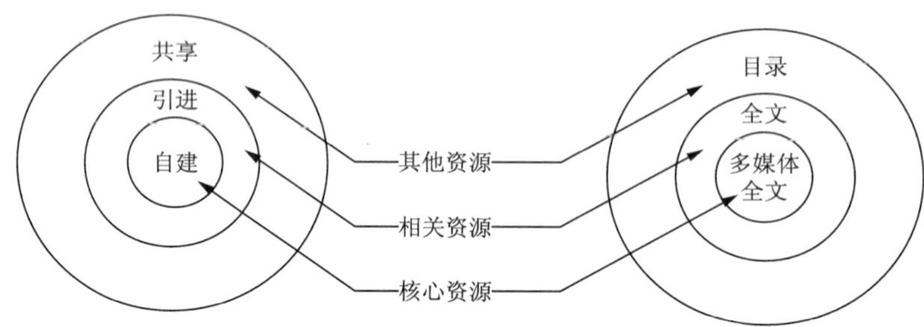

图 1 信息资源体系示意图

采取统筹规划、整体联合、系统集成的方式对海军航空装备保障类文献信息资源进行系统搜集、集成、整合和定制,通过数字化工程和资源总库建设来提高信息资源的集成度和共享利用能力。按照核心(特色)信息资源自建、相关专业资源引进、其他资源外部共享的方式实现信息资源的数字化建设,按照核心(特色)信息资源多媒体或全文存储、相关专业资源全文存储、其他资源目录存储的方式来实现信息资源的集成控制。通过充分利用整个全媒体环境中的信息资源来开展服务,突破信息资源“量”的概念,不再局限于馆藏资源的限制,将全媒体环境中一切有价值的信息都为我所用。

4.3 利用各类先进技术手段,提升生态技术因子

现代信息技术的快速发展为图书馆延伸服务提供了技术支撑,而全媒体时代的到来更是能将这种服务的延伸立体化。全媒体时代的生态图书馆应创新管理模式,优化业务流程,提升服务的水平和效果。在管理模式上,加强资源建设、服务提供与技术应用的融合,建设一体化的管理方式。在对读者管理中,利用加装 RFID 自助借还设备的契机,建立校园一卡通的管理方式,在任何校园网覆盖的终端,即可实现所有图书馆的资源获得和服务使用。在资源的利用上,对校园图书馆网站功能进行全新改版,用云计算的高计算、高存储功能,将馆藏资源通过云进行资源共享,在提供本地服务的同时,又可以共享云中其他图书馆的资源。在信息推送上,利用 Web2.0、微博客技术让书目推送、信息传递、网络咨询变得更加简单与方便。下一步,还将利用移动通信技术在图书馆的各项服务中的应用经验,通过短信平台和图书馆网站互联,使读者利用手机便可实现目录查询、借阅提醒、讲座预订、文献传递等多种功能。

4.4 提高图书馆员综合素质,培塑生态人因子

按照美国情报学家兰卡斯特的观点,信息生态系统中的关键因素是具有一定文化知识水平的人,信息生态系统的研究始终围绕着人形成和展开。目前,我馆在信息人因子的建设方面主要是加强图书馆员队伍建设,为馆员提高自身素质创造条件。在提高技术服务水平方面,创造机会多输送本馆人员参加社会及各大高校开设的图书情报、计算机技术、数据库技术、通信技术、网络建设及多媒体技术等方面的专业培训班,培训结束后,参与培训的人员将学习课件和学习内容进行提炼整理,分课时在全馆组织的集体学习中进行讲授和传达,使全馆人员可以互相交流、共同提高。在提高专业知识方面,根据学校 20 个学科专业领域的科目划分,自去年起开始了“每周一讲”专业培训活动。通过聘请各学科专业的带头人和专家为“每周一讲”的主讲人,使馆员对重点学科领域划分和专业知识有了更加深入的认识,使图书馆的服务工作有了更加明确的目标和方向,进一步提高了全体馆员的专业知识素养和服务工作水平,使得图书馆对广大教员读者的服务更加高效、更具实效。

5 结语

全媒体看起来是一种传播方式和传播形态的改变,但从深层次讲,更是一种传播理念的突破和传播机制的变革。在全媒体传媒形态影响下,图书馆正在逐渐形成全媒体信息资源的典藏、管理、服务的新流程和新

业态。面对这一切,我们应有充分的思想准备,尤其是倡导生态化、可持续发展的今天,图书馆必须将具备的所有新资源新技术优化组合,只有不断探索不断实践,才能将图书馆建设推向更高的发展层次。

参考文献

[1] 张芳宁."全媒体"视野下图书馆服务的未来[J].情报资料工作,2011(4).
[2] 毛刚,李贺,靖继鹏.图书馆用户需求生态服务系统初探[J].情报理论与实践,2013(9).
[3] 曹媛媛,张芳宁.全媒体影响图书馆服务之多维分析[J].情报管理工作,2011(4).
[4] 王丽君,陈晓虹,王从奎.图书馆绿色文化建设与服务创新研究[J].农业图书情报学刊,2010(11).
[5] 陈志兴.全媒体时代图书馆的应对策略[J].图书馆研究,2012(9).

基于数字人文与数字图书馆交互时代图书馆人新角色之探讨

Ying Zhang(张　颖)　Shu Liu(刘　姝)　Emilee Mathews

(美国加州大学欧文分校)

摘要　近年来,数字人文已经成为欧美地区人文学者和图书馆人的热门话题。随着越来越多人文学者将先进的数字技术运用到包括语言、文学、历史、艺术和文化研究在内的不同学科的教学研究之中,图书信息领域专业人士也尝试推出相应的设施和服务以满足学者们对数字资源和技术的新需求。如何有效地开展与数字人文领域精诚合作已成为数字图书馆建设中的一项挑战性工作。

作为刚成立不久的加州大学欧文分校图书馆数字人文兴趣小组的3位成员,本文作者以探索建设数字人文图书馆资源、技术和服务之有效途径为目的,对当今数字人文及与其相关的数字图书馆领域进行了全方位调查和分析。调查分析范围主要包括此两大领域中的代表性文献、网站和相关实体部门。其重点在于找出数字人文学者之需求与数字图书馆所提供服务之间的落差。基于各种分析,我们提出了在数字人文与数字图书馆交互时代图书馆人所应具备的多层次角色以及数字图书馆的发展方向。

关键词　数字人文　数字策管　学术交流　教师图书馆员合作　数字图书馆

New Roles of Library Professionals in the Convergence of Digital Humanities and Digital Libraries: An Exploration

Ying Zhang, Shu Liu & Emilee Mathews

(University of California, Irvine, U.S.A)

Abstract　Digital humanities(DH) has become a hot topic among both humanities scholars and library professionals. While humanities scholars from various fields, such as history, linguistics, literature, art, music, and cultural studies, employ digital tools in their research, teaching and scholarly content creation, the library and information science(LIS) community has taken efforts to provide new facilities and develop new services to meet their research needs. How to collaborate with the DH community effectively has been a challenging task to LIS for their digital library(DL) development endeavors.

This paper aims to discover effective ways for libraries to support DH education and research, specifically, what kinds of DL components, such as content, technology and service, should and could be developed for digital humanists. As an initial effort of the Digital Humanities Interest Group(DHIG) at UC Irvine(UCI) Libraries, our examination is primarily based on a cross-boundary environmental scan in both DH and DL fields. The environmental survey includes a literature review, as well as web and physical site visits. The survey results, especially a gap analysis between the needs and behaviors of humanities scholars and the digital technologies and services currently offered by the DL community, will be used to shape our proposed roles of digital humanities librarianship.

Keywords　Digital Humanities　Digital Curation　Scholarly Communication　Faculty-librarian Collaboration　Digital Library

1 Introduction

In 1945, an American engineer, inventor, and science administrator described a small device called Memex in his essay As We May Think(Bush, 1945). As a part, he illustrated how the Memex could change the way a historian would do research—

> The historian, with a vast chronological account of a people, parallels it with a skip trail which stops only on the salient items, and can follow at any time contemporary trails which lead him all over civilization at a particular epoch. There is a new profession of trail blazers, those who find delight in the task of establishing useful trails through the enormous mass of the common record. The inheritance from the master becomes, not only his additions to the world's record, but for his disciples the entire scaffolding by which they were erected.

Almost 70 years later, Bush's Memex dream has come true for historians and their fellow humanities scholars, owing largely to the rapid development of computing and network technologies. Since 1949 when Italian priest Roberto Busa built *The Index Thomisticus*, which utilized the first generation of IBM machine to create an exhaustive lemmatization of several religious works, the field of humanities computing has grown from solo computer-assisted textual analysis to a wide range of applications, such as topic modeling, mapping, network analysis, virtual cultural analytics, and visualization. And the research community has expanded from a few pioneers mainly from linguistics and literature to a larger and more diverse group of adopters who work collaboratively at a growing number of humanities laboratories and centers and on broader subject areas, such as history, religion, journalism, arts, and cultural and media studies. Dalbello(2010) performed a comprehensive literature review on DH and narrated a genealogy of the topic up to 2010. Having inherited its name from humanities computing in the early 21st century, digital humanities(DH) has become a hot topic among both humanities scholars and library professionals.

As an emerging field in its own right, DH has been defined in many ways. Listed below are four representative definitions from the following sources: Wikipedia, DL expert, humanities scholar, and DH funding agency program officer.

> "An area of research, teaching, and creation concerned with the intersection of computing and the disciplines of the humanities." (Wikipedia)
>
> The digital humanities ... is a field of study, research, teaching, and invention concerned with the intersection of computing and the disciplines of the humanities. It is methodological by nature and interdisciplinary in scope. It involves investigation, analysis, synthesis and presentation of information in electronic form. It studies how these media affect the disciplines in which they are used, and what these disciplines have to contribute to our knowledge of computing.(Kirschenbaum, 2010)
>
> Evolving the work of "a scholar who not only uses the computer in his work, but also engages with the methodological and theoretical aspects of computer use in humanities disciplines." (Nancy Ide and Elli Mylonas, 2004)
>
> "The application of digital resources in catalyzing humanities inquiries." (Donald Waters, the Andrew W. Mellon Foundation)

Among the four, the Wikipedia definition is most general, whereas the one by humanities scholar Kirschenbaum is most specific, pointing out the content and extent of DH. Both definitions highlight the mutual relationship between computing and the disciplines of the humanities and suggest a double inclusion of the field—the application of digital technology and resource in humanities inquiries, and the study of digital media per se. In DL's and funding agency's perspectives, however, only the former can be defined as DH. This paper will focus on the first notion of DH, that is digital content and technology as tools in humanities education and research.

Regardless of the divergence, one common and key connotation exists in the different sources of definitions, that is, humanities scholarship utilizes and benefits from digital technologies. For a full spectrum of DH connotations, one may refer to the well-conceived topic modeling output(Figure 1) produced by Elijah Meeks, the DH specialist at Stanford University Libraries. Meeks analyzed a corpus of approximately 50 different DH definitions, with the MALLET (short for Machine Learning for LanguagE Toolkit) topic modeling kit that is developed at University of Massachusetts-Amherst College.

The topics generated by the MALLET modeling are essentially in four folds—

- Domain: humanities, literature, culture, history, language ...
- Activity: academic, scholarly, research, study, access, archive ...
- Content: media, text, publication, work, data ...
- Technology: digital, electronic, technology, tools ...

Although there is no explicit mentioning of library, all topics are more or less associated with library and information science (LIS); Content and Technology are a particularly good match. Meanwhile, providing *archival* and *access* services to the *scholarly* community of the *humanities* is a core mission of academic libraries. Therefore, the model suggests roles that DL professionals could play in the DH movement.

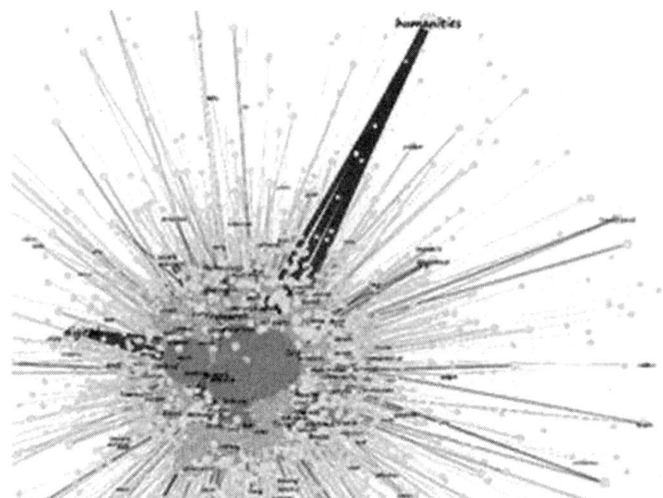

Figure 1　DH Topic Modeling by Elijah Meeks https: //dhs.stanford.edu /comprehending-the-digital-humanities /

Despite the natural fit of librarianship with DH and the evidence of a number of collaborative projects between library professionals and digital humanities, it is not easy to initiate and sustain such collaborations mainly due to the following two reasons: first, humanities scholars are known for their self-contained research activities and thus need more efforts from library professionals to build and promote trust; second, as a field at its embryo stage, there are many uncertainties in terms of what need to be done and to what extent, who are the major players, and how to ensure successful and reliable DH projects.

This paper addresses these issues and proposes what kind of digital technologies and services the DL community should and could offer to the emerging field of DH. As an initial effort of UCI Libraries' Digital Humanities Interest Group, our examination is primarily based upon a cross-boundary environmental scan in both DH research and DL professional fields. As detailed in the following Methodology section, the survey includes a literature review, web research, and physical site visits to schools and digital humanities labs/centers. Built on the findings with regard to the needs and behaviors of humanities scholars, we propose a resolution that best suits academic libraries in the DH movement.

2 Research Objectives

Below are the questions we aim to address through this research endeavor.

From the DH community:

- Who are the major players in DH research and what methods have they been using?
- What DH projects(including both successes and failures) have been done and what useful tools have been developed?
- Is there any external assistance that DL could provide? If so, what?

From the DH domain:

- How well do we understand DH researchers' needs and behavior? (any specialized journals, conferences, websites ...)
- How well have we been assisting or involved in the DH community in terms of providing information, technology, and service support?

And ultimately:

- What are the gaps, if any, between the needs of the DH community and the provisions from the DL field?
- How will the DL community address the gaps if they are found?

3 Methodology

To answer these questions, we combined a literature review of representative humanities and LIS publications with virtual and physical visits to humanities schools, research centers, and academic libraries.

For the literature review, we searched for humanities and LIS publications from JSTOR and EBSCO's Library, Information Science & Technology Abstracts(LISTA) for DH and DL literatures respectively. In addition to "digital humanities" and "humanities computing," we also used similar and related terms, such as "eHumanities," "computing history," "computing journalism," "computing literature," "digital humanit*," and "virtual culture." From the large pool of works retrieved, we selected only 69 articles for review based upon the criteria of subject representativeness, geographic balance, and authors' credentials.

As for website visits, we took advantage of the worldwide DH center list at CenterNet, with in total 193 entries. As some entries are for single DH projects, professional societies, or funding agencies, we ended up with a pool of 107 functioning DH centers for review. By "functioning," we mean a center has to have a group of supporting staff and affiliated faculty, and has to have a stated mission of ongoing support to collaborative DH projects and/or programs. The DH centers selected represent a wide range of geographical, subject and operational parameters. Considering DH center as hub within or among institutions for DH research and education, virtual visits to these representative centers should be indicative of the status quo of the DH community.

On March 17, 2014, we visited University of California Los Angeles (UCLA) and had face-to-face meetings with staff members from its Center for Digital Humanities(CDH), Center for Primary Research and Training(CPRT), and Digital Library Program(DLP). The site was chosen for its reputation of CDH and proximity to UCI. Founded in the early 1990s, UCLA's CDH currently has 35 affiliated faculty members from some 20 different departments in the fields of arts, architecture, information studies, theater, film, television, and other humanities and social science disciplines. It also has a close relationship with five other centers and institutes on campus, including the Library, where the Librarian for Digital Research and Scholarship serves as the liaison to CDH. CDH not only serves as a hub for DH research, but also offers certificate-based education. CPRT and DLP are units of the Library: the former is mainly responsible for demand-driven digitization projects for Special Collections materials; and within DLP there are three librarians who coordinate between faculty clients and four fulltime programmers to realize projects meeting faculty needs, such as Frontera Collection of Mexican and Mexican American Recordings and Encyclopedia of Egyptology.

4 Findings

Essentially, advances in digital technologies have catalyzed humanities research and education in many ways, and have changed the way how humanities scholars do their work. Over the past several decades, the DH community's profile has been raised through efforts and achievements made by scholars from different fields, institutions and regions. Many DH laboratories, centers, institutes, and associations have been established to foster collaborative efforts, which have resulted in various finished projects and programs. Nevertheless, the community's work has not received much attention from their peers in traditional humanities until the last several years for various reasons. The following selections are our major findings.

4.1 DH's innovative approach to research and teaching practices brings opportunities and challenges

The power of modern computing technology lies in its ability to process, organize, store and retrieve gigantic quantities of texts, still and moving images, and other kinds of information at an incredible fast speed and great detail, which are simply beyond human capacity. This kind of power would assist a humanities scholar to go through a massive corpus of texts, pull all relevant pieces of information together and develop models out of the information efficiently that would impossible to accomplish throughout his/her lifetime with traditional line-by-line reading.

Gilliland, Olson and Gauvreau(2011) were able to employ GIS to situate individual census households at high spatial precision. In their perspectives, using GIS offers them increased analytic power, allowing them to examine behavioral choice of households, which leads to their findings about determining factors in community building in the 19th-century Montreal, Quebec, Canada. Antoinette LaFarge, a Harvard-educated new media artist published an article in Leonardo, the leading international journal for digital arts and music, in which she confirms the Bearded Lady archetype through two digital images of Mona Lisa. Especially, the second one created through computer-synthesis shows how the left side of 1512 Leonardo Da Vinci's self-portrait matches the right side of Mona Lisa's face.(LaFarge, 1996)

Dalbello(2011) also pointed out that digital technologies generate new forms of learning experience and revitalize students' interaction with learning objects, but in a decontextualized setting. In a recent issue of Online Heidelberg Journal of Religions on the Internet, which is devoted to Religions in Digital Gaming, Grieve and Campbell(2014), religious studies professors from two American universities, examine how the contemporary gaming culture helps young generations to understand what religion is, does, and means. They used Sony's *Resistance*, *Fall of Man*, a video game heavily based on religious themes, as an example to show the success of the game in reaching out a larger population, despite objections to the game from the Church of England. Similarly, Marchioni's longitudinal evaluation studies of Perseus Digital Library(PDL) (Marchionini, 2000) demonstrated how easy students were able to access to classic materials that would have been difficult for them to do in the physical world, and how computer-augmented tools made it easier for discover, interpret(through knowledge connections), archive(through path tools), and collaborate with peer students.

Doing new things often encounters resistance. Whereas DH scholars are enthusiastic and felt proud of their work, their novel methodologies and the theoretical assumptions behind their work have been questioned by their peers from traditional humanities schools of thought. Even within the DH domain, the reliability and soundness of different approaches have been hotly debated. In one recent example, a dispute between two influential Shakespeare researchers and DH scholars erupted when John Burrows(Burrows, 2012), a core

British DH scholar and 2001 Busa award recipient, counter-attacked the criticism made by Brian Vickers, a Fellow of the British Academy since 1998, who questioned the reliability of Burrow's computational stylistics (a mixed computing and statistical approach) for studying authorship attribution(Vickers, 2011). Burrows argues that while both computing-supported and traditional reading-based approaches could be useful to study authorship attributions and there is no superiority between the two. Burrows's argument is in line with an earlier statement by Martha Smith (2002), the director of Maryland Institute for Technology in the Humanities(MITH), in terms of the symbiosis between the print-based and computer-augmented process of humanities research. Vickers(2011) seems to have his alliance, Joseph Raben, 2010 recipient of Busa Award and the founder of the the Association of Computers and the Humanities and the association's journal, also named "Computers and the Humanities", who acknowledges the ambiguity and reliability of corpus research in textual analysis and coding(Raben, 2007).

Some scholars(Borgman, 2009; Flanders, 2009) also point out the light weight of DH work in faculty academic review, which, in Flanders' words, represents the "unease of institutional structures of scholarly communication." Most scholars are tied to an institution which has historically valued the publication above all else in promotion and tenure. Until institutions more formally recognize the work that goes into these kinds of projects, there will be a major disconnect between scholars' motivation and their ability to devote the time and effort that projects necessitate while fulfilling other duties that are more valued by their respective organizations. Thankfully, there is a slow but promising improvement recently in this regard. Peter K. Bol, the Vice Provost for Advances in Learning at Harvard, announced at his recent conference keynote speech at the Council on East Asian Libraries(CEAL) Annual Meeting 2014 that database creation had become an acceptable criterion for academic advancement at his school.

Besides the institutional resistance to the new form of research, powerful technologies also created barriers, the "productive unease" in Flanders' words(2009), because some technologies are not intuitive to use and may require a great volume of information to generate meaningful results. Jessop(2008) discusses a few factors that may hinder the use of GIS technology in DH scholarship, which include the steep learning curve needed and the lack of usable temporal and spatial data sources.

4.2 DH research is collaborative work

Digital technologies have brought opportunities for humanities scholars to collaborate despite subject and geographical boundaries. Further, the technology-dependent nature of DH demands that scholars carry out their projects working closely with information scientists and technology specialists. And it was also the "unbearable lightness of a shared methodology" in computing humanities that makes cross-disciplinary collaboration possible(Meister, 2012). Almost all the empirical research and DH projects we have reviewed are done by multiple people, which is quite different from traditional humanities scholarship. For example, two computer scientists applied constraint logic programming to help a literature professor in the analysis of the chronology of William Faulkner's "A Rose for Emily", which could contribute to the understanding for the thematic relevance of Faulkner's nonlinear plots.(Burg et al., 2000)

Besides computer scientists, another group that often works closely with DH scholars is the digital library(DL) community. Siemens et al.(2011) conducted interviews and surveys of various teams of DH and DL communities in Canada, the U.S. and the UK, and found that different skill sets were the main reason for collaboration, and the common team size was 3-5 people. Interestingly, the DH community rated productivity of collaboration higher than the DL community. And the top two groups in collaboration are humanities and computer science from the DH community respondents, and humanities and archives from the DL respondents.

The nature of DH projects and funding agencies' requirements determine the necessity of teamwork (Siemens et al., 2011).The unit of currency in digital humanities is not necessarily an article or a book, but rather a project, which usually is published on an open web platform, allowing users to dynamically interact with the data accumulated through a given project. Changes in workflow also make an impact in how scholars communicate and collaborate on projects. Multiple authors and the ability to collaborate have made such online publishing and collaborative tools as Scalar, Omeka, Drupal, and Wordpress important for connecting with colleagues across the globe. For example, the Getty is currently working on an open source toolkit / workspace for scholars to collaborative online and to continue to work on projects after they have left the archive. Digital Mellini is one such example of a project built on this tool.

Many times, collaborators are from different institutions, countries and regions, on the top of the variance of subject expertise. This type of cross-boundary collaboration has the potential of research outcome improvement through complementary skills and expertise. To make skill-and expertise-augmentation effective, it is often a must for teams "to find balance between different discipline-specific approaches and modes of interaction to negotiate processes." (Siemens et al., 2011, p.335)

4.3 Major channels are established for the DH community

Similar to other academic fields, the DH community has its own channels established for scholarly communications among scholars and practitioners, which include societies and organizations, designated publications and conferences, as well as education and research programs. The followings are the summary of the status quo in this regard.

In the DH community, societies and organizations have been formed at regional, national and international levels to support DH scholarly communication at a larger scale, in addition to DH centers and laboratories at local level.

At the international level, the Alliance of Digital Humanities Organizations(ADHO) "promotes and supports digital research and teaching across all arts and humanities disciplines, acting as a community-based advisory force, and supporting excellence in research, publication, collaboration and training." (from the website). Under the big umbrella are four national and one regional, and one international resource network, which include—

- Association for Computers and the Humanities(ACH), US based, and also open to international membership
- Canadian Society for Digital Humanities / Société canadienne des humanités numériques(CSDH / SCHN)
- Australasian Association for Digital Humanities(aaDH), with members from Australia and New Zealand
- Japanese Association for Digital Humanities(JADH), the newest ADHO member
- The European Association for Digital Humanities(EADH) just changed to the current name in 2012 from the Association for Literary and Linguistic Computing, which was founded in 1973
- centerNet, an international network acting like a cyberinfrastructure of DH provides a centralized lists for DH centers and laboratories at individual institutions across the world

In addition to its advisory mission, ADHO also oversees several types of awards to recognize outstanding contributions to the community, among which the "Busa Prize", given every three years, is the highest honor in the field. Roberto Busa himself, as the contributor of the the first DH corpus, was the first recipient of the award.

Also under ADHO are several peer-reviewed journals(once belong to EADH), book series, special interests groups(SIGs) and annual conferences.

Similarly, various journals have been in place for DH scholars to present and publish their DH research output again either across all subjects or discipline-specific. Some are run by organizations, whereas the others by individual schools. Below are a list of representative DH journals. The ones marked with asterisk are subscription based whereas the others are open access or hybrid(partial free content).

- * *Computers and the Humanities*(1966—2004, continued by *Language resources and evaluation*). the first DH publication.
- * *International Journal of Humanities and Arts Computing*(formerly *History and Computing*)
- *DHQ*(*Digital Humanities Quarterly*) an open-access and peer-reviewed online DH journal covering,

published by ADHO.

- *Journal of Digital Humanities* an open-access and peer-reviewed journal, in which the articles are the Editors' Choice pieces from *Digital Humanities Now*.
- *Digital Humanities Now*, an experimental publication at George Mason Univ..
- *Journal of the Chicago Colloquium on Digital Humanities and Computer Science* publishes peer reviewed articles based upon the annual colloquium at Univ. of Chicago with humanities and computer science scholars' attendance.
- *Literary and Linguistic Computing* an Oxford journal
- * *Computer Music Journal*: by the MIT Press covers a wide range of topics related to digital audio signal processing and electroacoustic music.
- * *Leonardo*: the leading international journal in computing arts and music was founded in 1968 and now published by the MIT Press.

Besides ADHO, another significant international organization in the DH community is the Humanities Arts Science Technology Advanced Collaboratory(HASTAC). The two share some similar functions, such as organizing conferences, recognizing outstanding scholars and projects, and congregating scholars. But they differ in several ways. Whereas ADHO serves as the parent organization for regional and national DH societies and associations, HASTAC is most likely for individual scholars from all disciplines, currently 13,000 members from humanities, arts, social science, science and engineering, to share the same goal of transforming the future of learning. Compared with ADHO, HASTAC, a community-built organization, shares broader interests through more working groups and blogs.

In comparison to traditional humanities research, DH scholarship requires much larger funding support. In recent years, there have been funding agencies in a special favor of supporting DH projects, including the National Endowment for the Humanities(NEH), the MacArthur Foundation, and the Andrew W. Mellon Foundation. These funding agencies normally look for DH projects that—

- create digital humanities tools for analyzing and manipulating humanities data;
- develop standards and best practices for digital humanities;
- create, and maintain digital archives;
- create a digital or online version of a scholarly edition;
- work with a colleague on a digital humanities project;
- enhance an institution's ability to use new technologies in research, education, preservation, and public programming in the humanities;
- study the history and impact of digital technology;
- develop digitized resources for teaching

In addition, starting in 2010, Google offers annual DH research grants to encourage humanities scholars to exploit Google Books.

Workshops and summer institutes have been regarded as effective ways of giving "researchers the chance to work with techniques and concepts with which they are not necessarily familiar and to reflect upon their own disciplinary practice from the outside" (Beale et al., 2013). Several well established training programs for current DH researchers and professionals are—

- Digital Humanities Summer Institute, given once a year at University of Victoria
- The Digital.Humanities @ Oxford Summer School(DHOxSS), an annual training event
- Digital Humanities BootCamp at the annual Nebraska Digital Forum at University of Nebraska Lincoln
- The Humanities and Technology Camp(THATCamp), an unconference format sponsored by the George Mason University, "where humanists and technologists of all skill levels learn and build together in sessions proposed on the spot." (from the website)

Besides, degree programs are provided at many institutions, such as UCLA, Loyola University,

University College London. These programs play a significant role in training future DH scholars and practitioners.

There are also websites, blogs and special interest group listservs developed for advocating DH research. Examples are 4Humanities, an international platform advocating DH research, various HASTAC blogs and GeoHumanities(on spatial-and spatial/temporal-related DH scholarship).

4.4 Various tools and datasets are developed to support different types of projects

Tools are made to perform the work necessary to understand datasets through the lens of humanities. Some digital humanities projects have included the crafting of their own tools; others depend on tools made by others. A major need of the digital humanities is to identify a tool that will meet the need of the data collected and the question being asked. Tool resource hubs like Bamboo Dirt and GitHub help scholars identify the tools they need to perform the work desired. One excellent resource maintained by the digital humanities scholar Professor Alan Liu lists not only current tools, but also guides, and datasets, and marcates which are trending.

There are a variety of tools formulated for many different levels of technological familiarity among digital humanists: some require a great deal of fluency with coding and mark-up, but others have been crafted to include a graphical user interface that is easier to comprehend for digital novices. Many tools have a variety of applications, and thus are cross-listed among different modes of scholarly application.

Tools render data meaningful; but first, digital humanities scholars must secure datasets and prepare, "scrape," and/or "wrangle," to accommodate how tools are engineered to work with data. If scholars use unique materials to analyze, they must identify resources to digitize, ascribe metadata, and prepare the data to be analyzed. However, as data become more and more open, scholars may elect to work with datasets provided by a variety of institutions.

More and more digital collections for DH researchers are made available to public. American National Corpora(ANC) is a massive e-collection of American English developed at the computer-science department at Vassar College for language research and teaching. Fully open for unrestricted use, the collection contains texts of all genres and transcripts of audio materials. Again, Professor Alan Liu's resource is helpful in listing open access data collections for his students' projects. It is divided in four groups: image, textual corpora, map and Web data sets.

Digital humanities has expanded exponentially in the number of scholars ascribing to this methodology, the number of tools and datasets available, and the modes of application by which researchers use tools to create new scholarship. From the early forms of text analysis and digitization, digital humanities in the 21st century are seeing a dramatic rise in social networks, crowdsourcing, and virtual reality that employ emerging capabilities such as linked data, visualization, and multimedia. The table below shows supporting tools and example projects for a list of application modes, as defined by Johanna Drucker and Peter Schnapp.(Burdick, 2012)

Table 1 A Selective List of Digital Humanities Modes, Tools and Projects

DH Application Areas	Supporting Tools	Example Projects
Critical curation-*create a corpus of texts, images & both digitized and born digital, often across institutional holdings.*	Omeka (open source digital asset management tools built by the George Mason University)	Digital Public Library of America The Europeana
Augmented editions(e.g., textual analysis & text collation)—*annotate, collate, comment, crowdsource and add layers of meaning onto a textual corpora*	Juxtacommons, PoemViewer, Tapor, TXM, Voyant tools, and Wordhoard.	Perseus Project created by Tufts Mining the Dispatch
Topic modeling—*weight words within a given work to see how certain concepts are formulated*	MALLET	Elijah Meeks's modeling of DH definitions

续 表

DH Application Areas	Supporting Tools	Example Projects
Cultural analytics—*look at larger trends in culture using big data and visualization techniques*	R, Google Ngram viewer, Gephi, RAW, D3.js, ManyEyes, and MALLET	Phototrails
Visualization—makes trends & arguments visible using charts, graphs, wordclouds, and virtual representation of reality	Gephi, RAW, R, ManyEyes, Scalar, Second Life, GISArc	HyperCities at UCLA The Virtual Harlem Project
Network analysis—*model the relationships between data to make meaningful connection*	GEPHI	Mapping the Republic of Letters from Stanford Linked Jazz
Animated Archive—*bring archival and primary source material alive through a digital platform*	Scalar, Omeka, Drupal, and Wordpress	Los Angeles Aqueduct MediaNOLA
Gaming—*employ interactive media to engage users; crowdsourcing content*		Metadata Games(MG) AnteaterTag @ UCI one of many MG uses

4.5 DH community has unbalanced geographical and disciplinary distribution

As major hubs for cross-disciplinary collaboration, many DH centers and laboratories have been developed at institutional, regional and national levels. European and North American academia have been leading the collaboration efforts, as shown in the world distribution map below from CenterNet, an international network of DH centers(Figure 2). There are in total 52 functioning DH centers in Europe, 44 in North America, and only 6 in Asia and 4 in Oceania. Among the 52 European DH centers, 16 are from the UK. Not surprisingly, 40 out of 44 centers in North America are U.S.-based. And the six Asian centers are comprised of four from Japan, one each from South Korea and Taiwan.

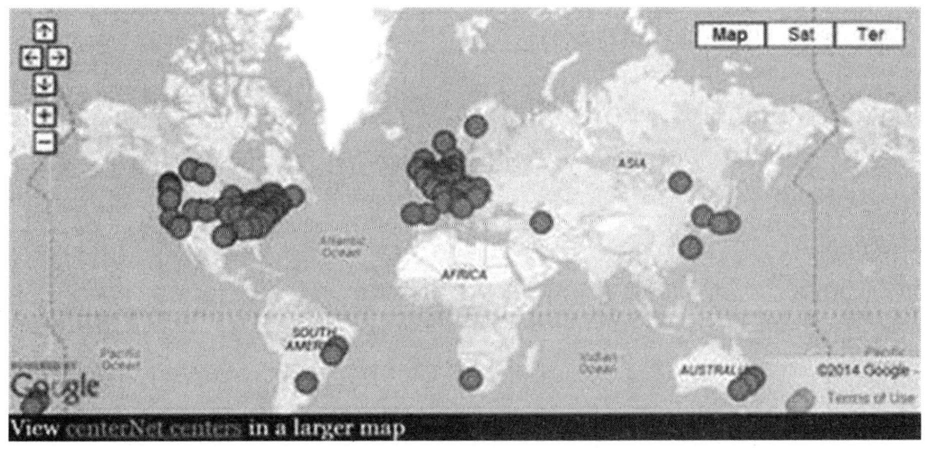

Figure 2 The World Distribution of Digital Humanities Centers(from CenterNet)

European and North American centers also differ in libraries' involvement, educational programs and operational level. In Europe, DH centers are usually located in academic units or separate space and often do not have explicit library participation according to "Who We Are", "People", or the like listed on their websites. North American, however, tends to have a closer and more explicit tie between libraries and academic centers. In fact, many DH centers are physically situated in university libraries, to name a few, Scholar's Lab at the Univ. of Virginia, Ancient World Mapping Center at the Univ. of North Carolina, and the Center for Digital Research in the Humanities (CDRH) at the Univ. of Nebraska. Two DH centers, one at Columbia(Digital Humanities Center) and one at Indiana Univ.(Institute for Digital Arts and Humanities) are actually initiated and operated by their libraries.

As far as for education programs, European centers tend to take the lead. At least 10 out of the 52 centers provide more or less formal education opportunities. For example, the Institue of An Foras Feasa provides several education programs, including a doctoral, a master and a certificate, with a focus on Irish Historical and Cultural Traditions. King's College (London) even has a separate Department of Digital Humanities. In contrast, only 3 out of 44 North American counterparts provide degree-and certificate-based DH education, which including Univ. of Nebraska for the former and UCLA and Texas T&M Univ. for the latter.

In North America, DH centers tend to serve individual higher institutions, with a very few exceptions for multi-institutions, such as the Tri-Co Digital Humanities Initiative among Bryn Mawr, Haverford, and Swarthmore Colleges in Pennsylvania. In contrast, quite some European DH centers are operated at national level, which include Arts and Humanities Data Service(AHDS) UK, Centre national pour la numérisation de sources visuelles (France), digHUMLab (Denmark), and the Institute for Corpus Linguistics and Text Technology(ICLTT) Austria.

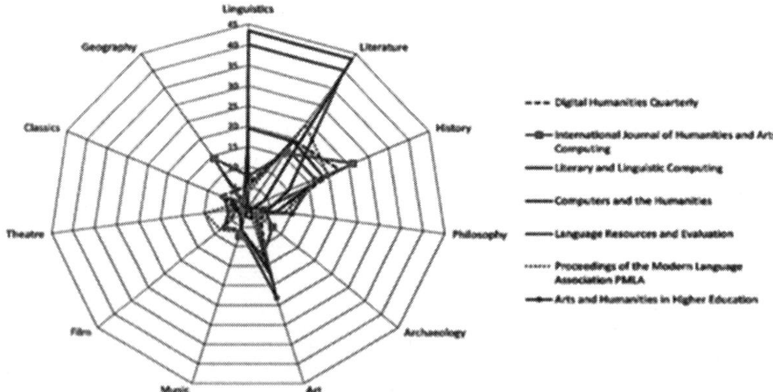

Note: *IJHAC* figures do not include occurrences in its predecessor *History and Computing*: *PMLA* only considers papers published since 2002.

Figure 3 Distribution of Papers Within Digital Humanities Journals, Expressed in Percentage of Total Hits(Huggett, 2012)

Apart from the unbalanced geographic distribution, DH research also weighs differently from discipline to discipline. Huggett (2012) examined the subject representation of published articles in the journal Computers and the Humanities(1966—2004) and found that 87% are related to literature and linguistics. His analysis of a few other DH journals also shows a similar pattern—a significant bias towards linguistics, literature and history(see Figure 3).

4.6 DH research output still lacks of attention, integration, and sustainability

Despite the collaborative efforts made in implementing individual projects, DH research community as a whole tends not to be aware of the tools developed by DH practitioners and tends to be low-profile and not influential enough, being able to make their research output known and cited by others, as pointed out by Patrick Juola(2008), a professor of computer science and the founder of a startup company for developing textual analysis tool. Juola conducted an analysis of the flagship journal in the DH field—Computers and the Humanities(1999—2004). The results show only 5 out of 205 author affiliations were Ivy League schools; and the cross-citation of DH works also was low.

A similar problem is the lack of integration of related DH collections. There have been increasingly number of digital collections developed since Father Roberto Busa developed in early 1950s the Index Thomisticus, a complete lemmatization of the works of Saint Thomas Aquinas and a few related authors, which is still being used in philosophical, religious, cultural, medieval and classic research. These digital collections are distributed in different schools, academic units, museums, archives and libraries. Few efforts have been made to link related resources together. Taking Perseus Digital Library(PDL) and the Thesaurus Linguae Graecae(TLG) for instance, both cover ancient Greek literary texts. But neither of the two contains a cross-reference to the other. And there seems no single one-stop shop for all available digital resources for classics research. The similar situation could be found in other humanities areas.

Among the numerous DH research collections are many that have been well developed, maintained and used, such as the Index Thomisticus, the Perseus Digital Library(PDL), and American Memory. However, there are still some promising digital collections, such as Alexandria Digital Library(ADL) developed at UCSB, which unfortunately became inactive mainly due to the suspension of supportive human and/or financial resources. Kretzschmar and Potter(2000) cautioned that even well-established large DH projects, such as the Linguistic Atlas Project(LAP), might at a risk of sunset in the future, if funding and manpower resources were not secured.

Trying different sources of support seems an effective way to rescue a project at risk. There are some DH projects that are able to sustain through transformation from not-for-profit to for-profit model or vice-versa. Originally developed at UC Irvine under an endowment fund of $1 million in 1972, Thesaurus Linguae Graecae(TLG) once had difficulty of further growth and technological advancement in early 1990s but now become a fine commercial digital corpus of all ancient Greek texts plus those from the present era. Additionally, an automatic lemmatize has been in place being able to recognize 95% of the all word forms in the entire TLG corpus. Similarly, Chinese Biographical Database(CBDB, 中國歷代人物傳記資料庫), a long term collaborative project among Harvard, Academia Sinica Taiwan and Peking University, was originally hosted at a commercial server in Taiwan, which made adding new data entries identified by researchers from time to time extremely difficult, not to mention the high cost of server hosting and maintenance. It took a while for the project team to migrate the database to Harvard.

4.7 Library professionals' unique roles in DH projects

The origin of DH in the LIS field is frequently attributed to John Unsworth, the founding director of the Institute for Advanced Technology in the Humanities at the University of Virginia for a decade (Kirschenbaum, 2010), in his contribution to the collective work, A Companion to Digital Humanities (Schreibman et al., 2004). Nevertheless, work preceding and considered as part of DH such as the Text Encoding Initiative(TEI) has an enduring life line since 1994.

According to LISTA, the first time DH appeared in LIS literature is in the June 1998 issue of *Information Technology & Libraries*, in a two-page report on The National Initiative for a Networked Cultural Heritage. As an evolving field, DH recently has generated more attention from the LIS community. A November 2011 report by the Association of Research Libraries(ARL) was devoted to the topic and noted that "[DH] projects often call upon librarians for consultation and project management, technical and metadata support, instructional services, and resource identification." At the midwinter meeting of the Association of College and Research Libraries(ACRL) held in January 2014, a decision was made at the Board of Directors to establish a Digital Humanities Discussion Group; consequently, a listserv was established, which was later merged with the earlier and similar interest of the Digital Library Federation(DLF) and became "dh+lib." Sula(2013) reported a steady increase of publications on DH in LISTA since 2005 which nearly doubled in 2012. Vol. 53 issue 1(2013) of *Journal of Library Administration* is specially dedicated to the theme of "Digital Humanities in Libraries: New Models for Scholarly Engagement."

Libraries have a long standing mission and tradition of collecting, organizing, preserving, and providing access to knowledge. LIS professionals are deeply concerned with their users' information needs and information-seeking behaviors, and are experts in knowledge organization, collection building, information architecture, interface design, and user/usability studies. Zorich(2008) listed thirteen activities, all or some of which a DH center undertakes. We summarize these activities into the following categories:

- digital collections building and digital tools development
- consultation services(e.g., research support and management)
- user training and instruction
- events hosting
- collaboration facilitation
- innovation and experimentation
- technology solutions provision

These activities are more or less aligned with libraries' core missions. Dalbello's table illustrating a time grid of DH development(Dalbello, 2010) also suggests that the majority of DH activities and/or topics are related to library professionals' work. Sula(2013) studied the Core Competencies of Librarianship described by the ALA(2009) and noted the profession's most germane competencies to DH; more importantly, he proposed a conceptual model for DH and libraries utilizing the term "cultural informatics", depicting the overlapping of activities in a graph and demonstrating that "libraries and DH are indeed engaged in complementary activities" and that "DH has an enduring place within the world of libraries." Clement et. al. (2013) discussed the changing and blurring roles of archivist, librarian, and humanist within the context of advancing technologies based on interviews with five leading humanities scholars and practitioners.

Many DH projects and initiatives have embraced LIS professionals' involvement. For example, two out of eight current International Executive Committee of CenterNet are representatives from libraries. Meanwhile, we are seeing increased reports from the LIS literature. Green(2014) examined five case studies that exemplify how academic librarians have collaborated with faculty on DH research initiatives utilizing text encoding and the application of the TEI Guidelines. Nuno(2013) reported on a new research infrastructure being created by the European Library to better support DH researchers, approaching the areas of accessing and analyzing big data, annotation, transcription, and discovery and access. Harkema and Nygren(2012) narrated how Historypin was incorporated with a library's digital collection from the beginning of a project to enhance the user interface aiming for "augmented reality", providing more engaging search and discovery options. The Columbia University Libraries also started their "The Developing Librarian Project" in spring 2012 as an endeavor that involves building a digital history of the neighborhood around the University and engaging with emerging technologies.

Most recently, a DHSoCal(Digital Humanities Southern California) Meeting held at UCSD was well attended by humanities faculty/lecturers, graduate and doctoral students, and LIS professionals from the region, including two authors of this paper. The meeting took an informal "unconference" approach, providing a channel of conversation for different stakeholders. Two prominent themes surfaced during the day, that is, the development and sharing of DH curriculum, and the keenness for more and deeper cross-institutional collaborations. Issues such as funding, preservation, access, and getting faculty buy-in (particularly, the controversy and effectiveness of using term "DH" vs. using specific technology names, e. g., "GIS"-some reported that the latter is better perceived by faculty) were discussed. Fortuitously for the LIS profession, most faculty/lecturers(about one quarter of the total attendees-the majority are from English and related departments) recognize the value of librarians, with a few members' research interest and activities overlap those of LIS professionals, such as the uses and implementation of RDF, FRBR, and BIBFRAME.

The position of DH centers with relation to libraries is in debate. Some scholars(e.g., Vandegrift, 2012) argued that library is a natural place for DH projects, and activities considering all essential components of a DH project, such as digitizing, storing, organizing, retrieving, and interacting with information, have been the strengths of librarianship. There are several highly active DH centers physically located within their respective University libraries, such as Maryland Institute for Technology in the Humanities(MITH) at the University of Maryland—College Park, ScholarsLab at the University of Virginia, and Digital Scholarship Commons(DiSC) at Emory University. However, Posner(2013) found that there are relatively few libraries have dedicated DH centers or programs and many existing initiatives are still in the developmental stages. While affirming that "regardless of the extent to which a library supports DH, it is vital to commit continuing advocacy for the humanities," Schaffner and Erway(2014) discussed whether every research library needs a DH center.

5 Discussion

Over the past decades, especially the most recent several years, humanities scholars have been able to pursue new types of research inquiries and teaching practices through working closely with experts from other fields and different institutions, regions and countries, taking advantage of advanced information technologies. Nevertheless, there are still many unsolved problems that have been bothering the DH community, which include, for example, access barrier to digital contents, productive uneasiness in interacting with digital content / technology, ambiguity / reliability of corpus research in textual analysis / coding, decentralized reading, project unsustainability, ignored scholarship significance from research peers, unbalanced DH development across disciplines, and sometimes ineffectiveness of teamwork due to communication breakdown among different disciplinary culture and language.

Busa, the father of DH research once said, "The use of computers is not aimed towards less human effort, or for doing things faster and with less labour, but for more human work, more mental effort." (Busa, 1976) His words do suggest what we, librarian professionals, who are from the academic center of a research institution and whose missions and responsibilities overlap with the DH community, should think and act right now to address our faculty's concerns.

To do so, we need to keep our strengths while at the same time building new skills. Based on the survey of LIS literature and the study of the overall DH environment, we propose the following library professionals' unique roles, some of which echo those opinions from existing literature:

- Creator and contributor who identifies and develops large(in size) and diverse(in format and subject) digital collections that are openly available for use and reuse. One effective way is to build on-demand digital collections through local digitization projects, like what has been done at the Special Collections of UCLA Libraries, as cautions need to be made with no assumption"If we build it they will come" (Rimmer et al., 2008). Meanwhile, it is necessary to attach relevant tools to the collections for community-enabled annotation and collation, close reading 2.0 in UCSB English literature professor Alan Liu's words(2012), to minimize ambiguity and maximize analysis reliability. Further, it needed, we should step in negotiating digital corpora from commercial e-publishers, just like Columbia Libraries did with ProQuest News Archives for an undergraduate honor project.
- Curator who provides a sustainable and discoverable one-stop shop for digital contents, tools, projects, training materials, relevant organizations, publication and more through constant evaluation, collection, organization and representation of digital collections and tools. Doug Reside, the first digital curator at the New York Public Library for the Performing Arts, suggests that in order to establish legitimacy in the eyes of the scholarly establishment, curators and creators must build tools for gathering metrics into their projects and cooperate with external peer review groups-perhaps interdisciplinary peer review consortia modeled on NINES(Clement et. al., 2013). Johnston(2013) addressed the sustainability issue of DH projects by pinpointing "active management" and "starting [preservation] at the beginning of the life cycle."
- Messenger and liaison who proactively finds digital collections, tools and services their potential users,

and meanwhile also finds DH scholars appropriate tools, collections, services, and funding opportunities at the time of need. When introducing novel tools to researchers, prepare some specific Q&As like "Why should you use this tool?" "What type of question can it I ask of it?" before going to "How to use it?"

- Educator who gets equipped with skills for using emerging and complex DH tools through continued learning and passes the skills to scholars through hands-on workshops and consultations, like the digiPrep at Stanford, so that to minimize "productive unease" when a scholar interacts with digital content and technology, as pointed out by Flanders(2009).
- Mediator and interpreter who possesses both humanities subject knowledge and information technology background, and is capable of speaking both subject and technology languages, which could be used to smooth the communication between humanities scholars and information technologists and ultimately make collaborative DH projects more effective. As Juola(2008) noted, "digital humanities specialists should be in a unique position both to identify the needs of mainstream humanities scholars and to suggest computational solutions that the mainstream scholars will be glad to accept." Subject librarians possess the advantages to become such specialists.
- Host who creates and provides physical and virtual space, which are equipped with essential technology tools, to the DH community for their teaching, research and team building activities, as well as their research products and outcomes. The space can also be used to host DH interest groups and summer institutes offering a more effective and efficient platform for different groups (i. e., DH scholars, librarians, developers) to learn from each other and collaborate with each other.
- Partner who, as a knowledgeable and valuable team member, not only provides supporting services to others, but also engages in the development of new tools and partners with faculty on conducting research. Siemens(2009) provided implications for practice drawn upon a qualitative study using in-depth interviews that we may find inspiring and useful when working within DH teams, the nature of which is often collaborative and multidisciplinary.
- Innovator who actively generates and shares new ideas drawing upon latest research outcome from user and information studies, who constantly experiments with interfaces, data mining, visualization, and other innovative tool-based projects, with sustainability in mind and in a bold but smart way, and who strives to come up with creative infrastructure and framework for DH projects and scholarly communication.
- "Hybrid scholar" who devotes knowledge and expertise in DH research, annotation, teaching, writing, publication, at the same time of providing services to faculty and students.
- Advocate who takes additional efforts to promote scholarly collaborations and DH research tools to periphery disciplines, fellow humanities researchers and even a much broader community, for example, via publicizing significant research projects and hosting related events, so that the impact of DH research could be enhanced.
- Consultant who delivers professional services and advices to DH scholars on copyrights related issue in relation to the use of digital corpora.

In response to these roles, a number of librarians initiated the DHIG at UCI Libraries in January 2014 with support from library administration. The missions of this group in the first twelve months, as envisioned by its founding members, include the following:

- forming our own understanding of what DH is and can be by exploring concepts, tools, and fields of application, in order to establish a core definition that directs our energy and work;
- promoting ourselves intelligently using the proper language to our audiences acknowledging that DH is known by many different hats and rubrics, and using the existing library infrastructure to connect interested outside parties to knowledgeable librarians and library staff; and

- proposing and facilitating the launch of new initiatives and services that may introduce successful and sustainable collaborations and partnerships to our Libraries.

In terms of whether every library should develop a DH center or laboratory, we agree that there is no one answer that fits all. Individual libraries should determine their solutions according to the needs of their local clientele and available resources including human and financial. Although the location of DH centers inside or outside libraries may have impact on the DL professionals' roles, we identify the key issues not physical, but rather, in better communication, alignment with user needs, and increasing awareness-as observed and expressed by Gretchen Gueguen, the digital archivist for digital curation services at the University of Virginia Libraries.(Clement, et. al., 2013)

Looking into the future, we will need hybrid professionals who possess both subject knowledge and technical expertise. Amy Earhart, assistant professor of English at Texas A&M University who was interviewed by Clement et. al.(2013), "hopes to witness a continued blurring of the lines separating the scholar, the librarian/archivist, the editor, and the information technology(IT) expert." We are seeing LIS education responding to this valid direction by offering new curriculum such as those offered at the iSchool of Illinois. At the organizational level, libraries should demonstrate higher efficiency and effectiveness in our services by revamping organizational culture or structure to stimulate and realize more and deeper cross-boundary conversations and collaborations. Facing the rapidly evolving digital information landscapes including that of DH, we need to start thinking and acting like a start-up. Providing user-centered and -needed services requires us to start forming a new habit of agile learning by doing. Library leaders and administrators should be more flexible, open-minded, and ready to experiment and take risks. Murphy(2011, p.35) argued, "Simply, we must engage. Taking a 'wait and see' approach, or ignoring the issues altogether, does our users a disservice. While the DH landscape may seem tumultuous and uncertain, even foreign, libraries must do their best to move forward." Meanwhile, we need to deepen our conversations and collaborations with the scholarly community by continuously and consistently demonstrating our value and capabilities.

6 Conclusion

The two communities, digital humanities(DH) and digital libraries(DL), share goals and tasks(Vandegrift, 2012). The nature of DH projects and funding agencies' requirements for teamwork present a great opportunity for the two communities to work together. To make the collaborative work more successful, we library professionals, need to challenge ourselves in continuously growing new skill sets on top of existing expertise and becoming hybrid professionals. And the DL community should strive to make ourselves more visible, valuable and approachable to the DH community, or even become part of the DH community.

References

[1] ALA(American Library Association)(2009). ALA's core competencies of librarianship. Retrieved on 4/15/2014 from http://www.ala.org/educationcareers/sites/ala.org.educationcareers/files/content.

[2] Beale, G., Beale, N., Dawson, I, & Minkin, L.(2013). Making Digital: Visual Approaches to the Digital Humanities*Journal of Digital Humanities*, 2(3). Retrieved on 4/1/2014 from http://journalofdigitalhumanities.org/2-3/making-digital-visual-approaches-to-the-digital-humanities/.

[3] Burg, J., Boyle, A. & Lang, S.D.(2000). Using Constraint Logic Programming to Analyze the Chronology in "A Rose for Emily". *Computers and the Humanities*, *34*(4), 377—392.

[4] Burrows, John(2012) A Second Opinion on "Shakespeare and Authorship Studies in the Twenty-First Century" *Shakespeare Quarterly* 63(3) pp. 355—392.

[5] Busa, R.(1976) Why can a computer do so little? *ALLC Bulletin* 4(1):1—3.

[6] Burdick, A.(2012). *Digital humanities*. Cambridge, MA: MIT Press.

[7] Clement, T., Hagenmaier, W., & Levine Knies, J.(2013). Toward a Notion of the Archive of the Future: Impressions of Practice by Librarians, Archivists, and Digital Humanities Scholars. *The Library Quarterly*, *83*(2),

112—130. Retrieved on 3/1/2014 from http://www.jstor.org/stable/10.1086/669550.

[8] Dalbello, Marija(2011)A genealogy of digital humanities. *Journal of Documentation* 67(3):480—506.

[9] Flanders, J.(2009). The Productive Unease of 21st-century Digital Scholarship.*Digital Humanities Quarterly* 3(3). Retrieved on 3/1/2014 from http://www.digitalhumanities.org/dhq/vol/3/3/000055/000055.html.

[10] Gilliland, J. A., Olson, S. H., & Gauvreau, D.(2011). Did Segregation Increase as the City Expanded?: The Case of Montreal, 1881—1901. *Social Science History*, *35* (4): 465—503. Retrieved on 4/1/2014 from http://ssh.dukejournals.org/cgi/doi/10.1215/01455532-1381823.

[11] Grieve, G. P. & Campbell, H.A.(2014). Studying Religion in Digital Gaming: A Critical Review of an Emerging Field.*Online Heidelberg Journal of Religions on the Internet* (special issue on Religions in Digital game). No.5: 54—63.

[12] Green, Harriett E.(2014). Facilitating Communities of Practice in Digital Humanities: Librarian Collaborations for Research and Training in Text Encoding. *The Library Quarterly*: *Information*, *Community*, *Policy*. 84(2): 219—234.

[13] Harkema, C. & Nygren, C.(2012). "Historypin for Library Image Collections: New Modes of Access for Unique Materials at the University of Saskatchewan Library." *Partnership*: *The Canadian Journal Of Library & Information Practice & Research*, 7(2):1—11.

[14] Huggett, Jeremy(2012) Core or Periphery? Digital Humanities from an Archaeological Perspective *Historical Social Research / Historische Sozialforschung*: *Controversies around the Digital Humanities*37(3) pp.86—105.

[15] Ide, N. and Mylonas, E.(eds.)(2004). Computers and the Humanities. 38(4): Page iii of iii-iv.

[16] Jessop, M.(2008). The Inhibition of Geographical Information in Digital Humanities Scholarship. *Literary and Linguistic Computing*, 23:39—50. doi:10.1093/llc/fqm041.

[17] Johnston, L.(2013) "Digital Humanities and Digital Preservation." Retrieved on 4/1/2014 from http://blogs.loc.gov/digitalpreservation/2013/04/digital-humanities-and-digital-preservation/.

[18] Juola, P.(2008). Killer Applications in Digital Humanities.*Literary and Linguistic Computing*. 23(1):73—83. Retrieved on 4/1/2014 from http://llc.oxfordjournals.org/content/23/1/73.full.pdf+html.

[19] Kirschenbaum, M. G.(2010) What Is Digital humanities and What's It Doing in English Departments? *ADE Bulletin*, 150: 55-61. Retrieved on 4/1/2014 from http://mkirschenbaum.files.wordpress.com/2011/03/ade-final.pdf.

[20] Kretzschmar, W.A., & Potter, W.G.(2010).Library collaboration with large digital humanities projects. *Literary and Linguistic Computing*, *25*:439—445.

[21] LaFarge, A.(1996). The Bearded Lady and the Shaven Man: Mona Lisa, Meet"Mona/Leo".*Leonardo*, *29*(5): 379—383.

[22] Liu, A.(2012). The state of the digital humanities: A report and a critique. *Arts and Humanities in Higher Education*. 11(8):8—41.

[23] Marchionini, G.(2000). Evaluating Digital Libraries: A Longitudinal and Multifaceted View.*Library Trends* 49(2): 304—333.

[24] Meister, J.C.(2012). "DH is Us" or on the Unbearable Lightness of a Shared Methodology. *Historical Social Research / Historische Sozialforschung*: *Controversies around the Digital Humanities*, *37*(3), 77—85.

[25] Murphy, B.P.(2012). "The Qumran Visualization Project: Prospects for Digital Humanities in Theological Libraries." *Theological Librarianship* 5(2):29—38.

[26] Posner, M.(2013). No Half Measures: Overcoming Common Challenges to Doing Digital Humanities in the Library. *Journal of Library Administration*, *53*, 43—52. Retrieved on 4/1/2014 from http://miriamposner.com/PosnerJLA.pdf.

[27] Raben, J.(2007). Introducing Issues in Humanities Computing. *Digital Humanities Quarterly*, 1(1). Retrieved on 4/12/2014 from http://www.digitalhumanities.org/dhq/vol/1/1/000008/000008.html.

[28] Reside, D.(2012).Switching Codes: Thinking through Digital Technology in the Humanities and the Arts. *Library Quarterly*, 82(3):387—389.

[29] Rimmer, J., Warwick, C., Blandford, A., Gow, J., & Buchanan, G.(2008). An examination of the physical and the digital qualities of humanities research. *Information Processing and Management*, *44*:1374—1392. doi:10.1016/j.ipm.2007.09.001.

[30] Schaffner, J. and Erway, R..(2014). *Does Every Research Library Need a Digital Humanities Center*? Dublin,

Ohio: OCLC Research. Retrieved on 4/1/2014 from http://www.oclc.org/content/dam/research/publications/library/2014/oclcresearch-digital-humanities-center-2014.pdf.

[31] Schreibman, S., Siemens, R., & Unsworth, J.(2004). *A Companion to Digital Humanities*. Oxford: Blackwell Publishing. Retrieved on 4/15/2014 from http://www.digitalhumanities.org/companion/.

[32] Siemens, L., Cunnineham, R., Duf, W. & Warwick, C.(2011). A tale of two cities: implications of the similarities and differences in collaborative approaches within the digital libraries and digital humanities communities. *Literary and Linguistic Computing*, 26(3):335—348.

[33] Siemens, L.(2009). "It's a team if you use 'reply all': An exploration of research teams in digital humanities environments." *Literary and Linguistic Computing* 24(2):225—233.

[34] Smith, M.N.(2002) Computing: What Has American Literary Study To Do with It? *American Literature* 74(4): 833—857.

[35] Sula, C.A.(2013). Digital Humanities and Libraries: A Conceptual Model. *Journal of Library Administration*, *53* (1), 10—26.

[36] Vandegrift, M.(2012). What Is Digital Humanities and What's it Doing in the Library? *In the Library with the Lead Pipe*, 1—7. Retrieved from http://www.inthelibrarywiththeleadpipe.org/2012/dhandthelib/.

[37] Vickers, B.(2011). Shakespeare and Authorship Studies in the Twenty-First Century. *Shakespeare Quarterly*, *62*(1), 106—142.

[38] Zorich, D.M.(2008). *A Survey of Digital Humanities Centers in the United States*. Retrieved on 4/1/2014 from http://www.clir.org/pubs/reports/pub143/pub143.pdf.

大数据时代的图书馆服务与管理

Library Services and Management in the Big Data Era

图书馆信息生态系统若干理论问题探讨

韩　青
（中国人民大学信息资源管理学院）

摘要　本文根据信息生态学理论，对图书馆信息生态系统的组成要素、影响因素、发展目标等三方面进行了全面的分析，阐述了图书馆信息生态系统组成要素与其影响因素之间的区别与联系，提出了图书馆信息生态文明建设的理念，旨在为图书馆信息生态系统可持续发展提供理论支撑与实践指导，促进图书馆工作的发展与繁荣。

关键词　图书馆　信息生态系统　信息生态文明

Discussion on Some Theoretical Problems of the Library Information Ecosystem

Han Qing
(School of Information Resource Management, Renmin University of China, China)

Abstract　In order to provide theoretical support and practical guidance for the sustainable development of the library information ecosystem and promote the development and prosperity of the library, this paper comprehensively analyzes the components, influence factors, and development objectives of the library information ecosystem according to the theories of information ecology; states the differences and the relationship between the components and the influence factors of the library information ecosystem; proposes the concept of building library information ecological civilization.

Keywords　Library　Information Ecosystem　Information Ecological Civilization

1　引言

图书馆信息生态系统是信息生态系统的一个子系统，以生态学的角度、应用信息生态理论研究图书馆建设与管理，将进一步促进图书馆事业的发展和繁荣。根据信息生态学理论，图书馆是一个由信息、信息服务人员、读者及图书馆信息环境组成的具有一定自我调节能力的人工系统。图书馆工作围绕信息的管理和加工展开，使信息系统形成了一个完整的生态循环体系，具有完备的生态特征。

目前，图书馆信息生态系统各要素间处于一种失衡状态，如信息主体性缺失、信息资源分布失衡、信息超载与信息污染现象严重、图书馆信息政策与制度滞后、图书馆人才培养与教育落后。图书馆信息生态失调的原因包括自身的、系统内部的新陈代谢作用、结构上的有序与无序相互交替时所产生的不平衡现象以及外部环境对系统的污染和干扰等。

为此，本文从信息生态学理论出发，以生态学的角度深入探讨了图书馆信息生态系统的组成要素、影响因素及其发展目标等基本理论问题，旨在为图书馆的管理与发展提供理论依据及实践指导。

2　图书馆信息生态系统组成要素分析

2.1　研究现状

通常认为，图书馆信息生态系统由信息人、信息资源和信息环境组成。如焦海舟认为图书馆信息生态系统就是信息人、信息资源、信息环境在图书馆特定的信息生态环境下相互作用、相互联系的一个有机整体，并指出图书馆信息生态系统就是把信息生态系统置于图书馆这个特定的环境中，图书馆信息生态环境包括图书馆内部的信息生态环境和与图书馆相关联的外部信息生态环境；林玲认为图书馆信息生态系统中，信息生产者、信息传递者、信息消费者、信息分解者构成了信息主体,信息是构成信息环境的基础,是信息人与信息环境之间沟通的纽带,作为支持整个信息生态系统的信息环境包含了信息政策、信息法律、信息技术、信息文化、信息伦理等影响因子;王猛认为图书馆信息生态系统是指图书馆内部各构成要素间通过信息建立相互联系、互相促进发展的系统,是由信息、信息主体(信息人)、信息环境三要素构成的,通过自我调节能够维持信息传递交流动态平衡的人工系统。图书馆信息生态系统是在图书馆信息主体间以及信息主体与馆内外环境间不断进行物质、信息和能量交流而形成的统一整体,图书馆信息生态系统是社会的一个子系统,社会的人文、经济、政治、科技、教育及信用等环境对图书馆信息生态系统具有间接的影响,而信息政策、法律、文化、技术、伦理及基础设施,是参与到图书馆信息生态系统建设的要素,对图书馆信息生态系统具有直接影响作用;郭海明分析了数字图书馆的信息生态系统,认为数字图书馆信息生态系统由信息服务人员(信息生产者、传递者、分解者)、信息用户(信息消费者)、数字信息资源、数字图书馆技术平台、数字图书馆信息生态环境等要素构成,数字图书馆信息生态环境包括信息化社会环境、知识型经济环境、现代化技术环境、多元化文化环境、数字化网络化信息资源环境、全球一体化国际环境;王瑶构建了数字图书馆信息生态系统模型,认为数字图书馆是一个具备了信息生态系统基本要素的体系,包括各种数字信息、数字信息人、信息环境,并进一步划分数字信息人包括数字信息的生产者、消费者和分解者,数字信息环境包括数字信息资源、数字信息技术、数字信息文化和数字信息法律与伦理等,还分析了图书馆信息人因子、信息生态环境因子,包括信息资源、信息技术、信息法律以及信息政策与伦理、信息文化。

2.2 图书馆信息环境的内涵

从上述研究现状可以看到,图书馆信息生态系统组成要素中对信息环境这一要素的界定并不统一,也未给予明确的定义。信息环境作为信息生态系统的组成部分,对其认识主要有两种观点,一是认为信息环境作为影响因子而存在,如信息生态系统的信息环境包含了信息政策、信息法律、信息技术、信息文化、信息伦理等影响因子,这些影响因子相互联系、相互作用,既影响着其他信息生态要素,又作用于整个信息生态系统。图书馆信息生态系统是社会的一个子系统,社会的人文、经济、政治、科技、教育及信用等环境对图书馆信息生态系统具有间接的影响,而信息政策、法律、文化、技术、伦理及基础设施,是参与到图书馆信息生态系统建设的要素,对图书馆信息生态系统具有直接影响作用,社会环境、信息环境、图书馆信息生态系统三者相互影响和制约;二是认为图书馆信息生态环境包括图书馆内部的信息生态环境和与图书馆相关联的外部信息生态环境。

从信息的收集、处理、利用这一过程看,图书馆包含一个完整的信息生态系统。因此,根据传统生态学观点,图书馆可以由两方面构成:一是由信息人、信息资源以及承载上述两者的物理信息环境所组成的内在图书馆信息生态系统;二是影响图书馆信息生态系统的外在文化、道德、法律、政策等制度性因素。由此,本文重新对图书馆信息生态环境做出界定,将其分为狭义和广义两个概念。狭义的图书馆信息生态环境只包括承载信息人与信息资源的物理媒介或空间,不包括信息政策、信息法律、信息技术、信息文化、信息伦理等外在环境因素;而广义的图书馆信息生态环境既包括了图书馆信息生态系统内在的物理信息环境,也包括影响图书馆信息生态系统运行的外在环境因素。

2.3 图书馆信息生态系统组成要素

通过对上述研究现状的进一步分析,我们可以看到图书馆信息生态系统组成要素与影响因素之间的关系未充分明确。以往研究把信息生态系统的组成要素作为其影响因素的一部分来研究,并未明确指出图书馆信息生态系统的影响因素与其组成要素此二者之间的关系。而从系统论的观点来看,信息人、信息资源、信息环境三者作为图书馆信息生态系统的基本组成要素,是图书馆信息生态系统的内在客观存在,不应再作为图书馆信息生态系统的影响因素来考虑,它的内在逻辑应是图书馆信息生态系统的影响因素作用于其组成要素,进而影响图书馆信息生态系统运作与发展。

图书馆信息生态系统的影响因素通过其组成要素影响整个图书馆信息生态系统,组成要素的优劣程度直接体现了图书馆信息生态系统的优劣程度。因此,笔者认为,应从系统论与生态学的角度重新考量图书馆信息生态系统的组成要素,从而明确图书馆信息生态系统的内在逻辑及其研究对象,清晰定义组成要素与影响因素的涵义,严格区分组成要素与影响因素此二者之间的关系。

3 图书馆信息生态系统影响因素分析

3.1 研究现状

有学者把图书馆信息生态系统的影响因素归纳为四点因素,即信息人因素、信息资源因素、信息技术因素、信息制度因素,并分别对上述四点因素做了较为详细的分析。也有学者把图书馆信息生态系统的影响因素分为间接影响因素和直接影响因素,认为社会的人文、经济、政治、科技、教育及信用等社会环境对是间接影响因素,信息政策、法律、文化、技术、伦理及基础设施等信息环境是直接影响因素,社会环境与信息环境共同构建了图书馆信息生态系统的环境层,社会环境通过信息环境对图书馆产生影响,而信息环境要受到社会环境的引导和制约,图书馆信息生态系统的发展通过信息环境促进和改善社会环境。

3.2 图书馆信息生态系统影响因素

根据本文第二部分的分析,笔者认为,上述对图书馆信息生态系统影响因素的分析仍旧模糊了图书馆信息生态系统的组成要素与影响因素之间的关系。信息人、信息资源、信息环境作为图书馆信息生态系统的固有组成,固然决定了图书馆信息生态系统的优劣程度,而真正要分析图书馆信息生态系统的影响因素,需要从图书馆信息生态系统的外部因素来考虑,从而追根溯源找到问题的本质。理清图书馆信息生态系统的外部影响因素,深刻把握影响因素之间的内在逻辑和影响机理,才能使之有效地作用于图书馆信息生态系统各组成要素,从而提升图书馆信息生态系统的整体运作水平。

因此,图书馆信息生态系统的影响因素主要包括图书馆信息政策与法律因素、道德与文化因素、经济与科技因素。而信息人、信息资源、狭义的信息环境不能作为影响因素存在,是影响因素作用的具体对象,直接决定了图书馆信息生态系统的健康有序程度。

4 图书馆信息生态系统发展目标分析

4.1 研究现状

不同学者从信息层面、功能层面、环境层面对于图书馆信息生态系统发展目标做相关深入的研究。如认为图书馆信息主体通过信息共享和传递建立联系,是竞争合作的生存模式,通过彼此间的相互关联达到共同优化、协同发展的目的,进而优化图书馆信息生态系统,优化信息流;王猛与徐恺英对图书馆信息生态系统平衡进行了研究,提出了具体的图书馆信息生态系统平衡管理措施,包括构建图书馆信息生态联盟、提升信息生态主体素质、实现知识的生态化管理、构建以用户为中心的生态评价体系。郭海明对构建健康的数字图书馆信息生态系统进行了研究,指出图书馆生态系统健康研究的主要内容是图书馆生态系统的结构、功能、系统内个体和组织与周围环境相互作用的关系和状况,并由此而引出的系统整体健康状况。数字图书馆生态系统健康构建包括系统功能层面、系统环境层面两方面内容,其中系统功能层面包括信息系统开发、技术研究、信息活动的管理与控制,系统环境层面包括构建高素质人才环境、建立健康的用户群体环境、构建健康的信息法制环境、形成良好的信息交流环境。舒宗瑛对图书馆知识生态系统进行了研究,在对高校图书馆知识服务模式和知识管理与知识服务的关系分析的基础上,提出构建知识生态化图书馆,包括构造高校、动态的图书馆知识网络、形成自组织图书馆知识生态系统、建立图书馆知识生态共享机制、构建学习型图书馆群落。邓以惠对图书馆信息生态系统的失衡进行了研究,认为衡量一个生态系统是否处于平衡状态,要考虑三个方面,即结构上的协调、功能上的和谐以及输入和输出在物质数量上的平衡。在一个良好的图书馆信息生态系统中,信息的输入和输出之间存在着相对平衡的关系,系统各部分的结构与功能均处于相互适应与协调的动态平衡之中。信息生态平衡强调的是信息生态系统的整体平衡,图书馆信息生态的平衡是相对的,非平衡的信息生态失调是在所难免的。当文献信息自身、信息加工与管理的主体以及信息环境之间不相适应的时候,图书馆信息生态则处于失衡状态。同时,作者还提出了保持图书馆信息生态平衡的策略,包括加强信息资源的整体规划与布局、加强法律法规建设、净化信息生态环境、采用各种技术手段、加强监控与管理、形成科学的信息更新机制、加强信息素质教育、培养高素质的信息人才、建立循环的信息生态圈。

4.2 图书馆信息生态系统发展目标

(1) 图书馆信息生态文明

图书馆信息生态系统平衡,固然是图书馆信息生态系统健康发展的要求和衡量标准之一,但图书馆工作的核心应是具有更丰富内涵的图书馆信息生态文明建设。生态文明是人类在改造客观物质世界的过程中,积极改善人与自然、人与人关系,建立有序的生态运行机制和良好的生态环境所取得的物质、精神、制度方面成果的总和。图书馆信息生态主要研究图书馆领域内信息行为主体、知识信息资源与信息环境之间的相互关系,因此,图书馆信息生态文明是图书馆信息活动参与者在图书馆领域内,建立有序、健康、可持续的信息生态系统所取得的信息、知识、精神、制度等方面一切积极的、进步的成果总和。

图书馆信息生态文明程度不仅体现为图书馆信息生态系统的健康状态,还体现为影响图书馆信息生态系统发展的图书馆制度与文化因素、政策与法律因素、经济与科技因素的进步程度。因此,确立图书馆信息生态文明的概念,将为图书馆未来的工作指明发展方向和努力目标,从而推动图书馆信息生态文明制度的建立和规范,健全图书馆信息生态系统健康发展所需的指导性政策法规,促进图书馆信息资源的科学管理、合理开发和高效利用,提升图书馆信息思想、信息行为与信息文化,加强图书馆信息技术的应用、创新和进步。

(2) 图书馆信息生态文明建设

图书馆信息生态文明建设是在面对日益复杂的图书馆信息生态问题时的一种理论应答,体现为对图书馆信息生态失调问题的深层反思,是为促进图书馆信息生态系统平衡、有序发展所进行的一种文明创建活动,以解决图书馆领域内人与信息的矛盾为核心,以实现人与信息的和谐、图书馆信息生态系统的可持续发展为目标,以图书馆信息知识的产生、存储、传播、利用的生态化改造为手段,以相应的信息调控机制和法律法规为制度保障,以图书馆信息活动参与者的信息生态文明思维的建立为精神动力。

由此,图书馆信息生态文明建设可以从以下两方面展开:其一,建立健全科学规范、民主文明的图书馆管理制度。判断某种制度文明程度,可从以下因素综合分析:一是制度所代表的利益和所包含的、为之服务的对象广泛程度;二是制度促进社会物质生产和精神生产,促进社会与自然和谐发展的状况;三是制度对完善人的本质和促进人的全面、自由的生产发展状况;四是制度的完善、实施、可监督制约状况;五是制度所包含和体现的公开、公正、公平原则。因此,图书馆在设计制度时,需根据其所在环境的政治、经济、技术、文化发展水平,充分考虑其制度的文明程度。

其二,全面分析和理解图书馆信息生态系统的组成要素和影响因素,根据管理制度的要求,在信息收集利用、人员培训教育、技术推广应用等方面,科学制定并有效实施有利于图书馆信息生态系统可持续发展的法规与政策。

5 结语

本文首先对图书馆信息生态系统的组成要素进行了理论层面的分析,阐明了图书馆信息生态环境的具体内涵,认为应从系统论与生态学的角度重新考量图书馆信息生态系统的组成要素,并严格区分系统的组成要素与影响因素此二者之间的关系;其次,在上述基础之上,进一步对图书馆信息生态系统的影响因素进行了分析归纳,认为图书馆信息生态系统的影响因素主要包括图书馆信息政策与法律因素、道德与文化因素、经济与科技因素。图书馆信息生态系统的组成要素是影响因素作用的具体对象,直接决定了图书馆信息生态系统的健康有序程度,但不能与其影响因素相混淆;最后,阐述了图书馆信息生态文明建设的内涵及意义,认为图书馆信息生态文明建设需要着手建立现代化管理制度,进而制定和实施适合图书馆信息生态系统可持续发展的法规与政策。

参考文献

[1] 王瑶.图书馆信息生态系统组成因子分析[J].科技情报开发与经济,2008(4):63—65.
[2] 邓以惠.图书馆信息生态失衡及对策研究[J].现代情报,2009(12):17—20.
[3] 焦海舟.图书馆信息生态系统影响因素分析[J].图书馆学刊,2010(12):31—33.
[4] 林玲.高校图书馆信息生态系统建设的对策研究[J].农业图书情报学刊,2012(12):136—138.
[5] 王猛.基于比较研究的图书馆信息生态系统解析[J].图书馆学刊,2011(10):4—6.
[6] 郭海明.数字图书馆信息生态分析[J].图书馆理论与实践,2007(1):12—13.
[7] 王瑶.数字图书馆信息生态系统耗散结构的有序性研究[J].情报理论与实践,2012(5):33—35.
[8] 王瑶.图书馆信息生态系统组成因子分析[J].科技情报开发与经济,2008(4):63—65.
[9] 王猛,徐恺英.基于知识服务的图书馆信息生态系统构建[J].图书馆学研究,2011.9(理论版):43—47.
[10] 舒宗瑛.图书馆知识生态系统研究[J].科技管理研究,2010(9):176—177.
[11] 李校利.社会文明研究现状述评[J].理论建设,2002(3):16—20.
[12] 孙国欣.论社会文明与制度文明[J].云南学术探索,1997(5):59—62.

从大历史看社会转型期的图书馆

Hong Cheng(程洪)

(美国洛杉矶加州大学图书馆)

摘要 大历史,即宏观历史。就是从大的宏观的范围,从历史的广度、深度和整体意义上去研究历史发展过程及其规律,探求历史事件的本质以及历史事件内在和相互间的联系。从大历史看社会转型期的图书馆,就是力图摆脱细微的、过于具体的、技术层面的考察,而从社会变化的角度探寻图书馆的历史地位和现实地位。立足这样的角度,我们可以看到社会因素在塑造21世纪当代图书馆中的显著作用。

在关于当代图书馆发展问题上,大量的研究注重于新的高端技术的作用,尤其是数字化进程。本文从考察社会和人类行为出发,从图书馆的经典定义出发,探索其四个基本要素的当代演变,进而探寻图书馆在新的历史时期所起的作用,触及有关当代图书馆四大关键问题。

- 空间要素:从经典的建筑空间,到扩大当代的信息覆盖;
- 资源要素:从经典的图书收藏,到建立当代的信息权威;
- 规则要素:从经典的编目索引,到实现当代的信息获取;
- 使用要素:从经典的读者服务,到追求当代的信息平等。

这四个关键问题反映了图书馆的历史经历,也构成了对当代图书馆的主要挑战。如果图书馆不能在这四方面取得成功,就将面临着消亡的命运。然而,危机同时也是机遇。如果图书馆能够掌握好这四方面,就能在信息领域坐镇中军。

社会转型时期的图书馆事业不是单纯的技术和服务模式问题,而包含着极为广泛的社会内容。我们图书馆界越早越清晰地认识到这些,就越有可能在挑战中凤凰涅槃,在社会转型中成为发展的动力,而不是发展的牺牲品。

Library under Social Transformation from the Perspective of Macro History

Hong Cheng

(UCLA Library, USA)

Abstract Macro history, or big history, is to research the historical process and its underneath laws from the large macro range, or from the breadth, depth and overall sense of historical development, and to explore the nature of historical events and their inherent and interactive connections. Studying library under the social transformation from the perspectives of macro history is to reveal the historical status and realistic position of the library in the mainstream of social changes, breaking away from fine and trivial technical details. From such a perspective, we can see the social factor plays relatively significant roles in shaping the status of the contemporary library in the 21st century.

Regarding the development of the contemporary library, many studies emphasize on the effects of newest high technology, especially the progress of digitalization. This paper focuses on the society and human behavior, explores the historical evolution from the library's classic concepts to the role in the new historical era, and illustrates the four key issues of the contemporary library:

- The Space Issue: from classic concept of architectural space, to contemporary Information Availability
- The Collection Issue: from classic concept of book collection, to contemporary Information Authority
- The Order Issue: from classic concept of cataloging or indexing, to contemporary Information Accessibility

- The Use Issue: from classic concept of user service, to contemporary Information Equality

The four key issues reflect the historical contexts of the library, and meanwhile form major challenges to the library. If library does not succeed in all the four aspects, it could be completely eliminated from the world. However, crisis means opportunity. If library is able to play a pioneer role in all the four aspects, it could be a remarkable leading force in the information field.

The library in the period of social transformation is not purely an issue of technology and service model, but contains much more social contents. The sooner the library community understands the issue, the more likely it meets the challenge and becomes a driving force of the social transformation, instead of a victim of the contemporary development.

The role of the library in the era of information exploration is always a heated topic to the researchers and library scientists. However, most research are focus on how new technology affects the library field; and how library reacts to such changes in order to ride with the wave of new technology. This paper is trying from a different angle of the "society" and human behavior to view the role of the library in the new era.

Macro history, or big history, is to research the historical process and its underneath laws from the large macro range, or from the breadth, depth and overall sense of historical development, and to explore the nature of historical events and their inherent and interactive connections. Studying library under the social transformation from the perspectives of macro history is to reveal the historical status and realistic position of the library in the mainstream of social changes, breaking away from fine and trivial technical details. From such a perspective, we can see the social factor plays relatively significant roles in shaping the status of the contemporary library in the 21st century.

Different from traditional book collections and storages for over thousands of years, true library emerged in the world with the social transformation in the modern period and with the birth of modern civil society. Each milestone in the library development and transformation reflects the historical progress of a modern society. Driving force behind the library development not only lies in the new technology, but more comes from the social changes along with the new mode of social production. Library transformation is not just an issue of technology and service model, it is more of an issue of social effects and social functions.

Through a comparative study and a tour of modern history, this paper is to demonstrate the close relationship between library and social transformation. Focusing on the current issues, this study makes efforts to reveal the four basic elements that have shaped the library development in the contemporary period. The library in the period of social transformation contains much more social contents. The sooner the library community understands the issue, the more likely it meets the challenge and becomes a driving force of the social transformation, instead of a victim of the development.

1 Library, the Classical and Contemporary Definition, Functions and Components

What is library? As we observe the role of library under social transformation, we have to understand the definition of the library.

As the commonly accepted definition, a library is "a room, a section or series of sections of a building, or a building itself given over to books, manuscripts, musical scores or other literary and sometimes artistic materials(as paintings or musical recordings) usu[ally] kept in some convenient order for use but not for sale, " as well as "a collection of books, manuscripts, or other literary materials kept(as in a library) for study or reading or a collection of paintings, musical scores, music recordings, photographs, maps, or films kept for convenient use, study or enjoyment."① This classical definition shows some basic elements of the library:

① Gove, ed., 1993: p.1304.

- A space, such as a room
- A collection of materials
- In order, as how to organize
- For use, not for sale

For hundreds, even thousands, of years, the four basic element of the library has no fundamental changes, so we can assume a library's basic functions, or work components, from the elements remain no change.

- Space → Space Management
- Collection → Collection Development
- Order → Technical Services
- Use → Public Services

In many cases, current studies on library focus on the details of the library management and services, neglecting the basics of the library. It could be extremely interesting to reexamine the basics from the perspective of macro history, which could help us to discover some essential issues for the library development in today's world.

2 Library of the Modern History: from Privilege to Right

In thousand years of world history, library appeared with almost all the ancient cultures, starting with archival collections of early forms of writing. The invention of paper and printing technology gave library a major push for growth. However, until coming of the modern civil society, library is a privilege to the ruling class and intellectual elites, not a right to the public.

The industrial revolution in the eighteenth century brought not only a boost to the library materials, but also, more significantly, the change of the library users. The early public library emerged with the expansion of the civil power and the progress of the industrial revolution in Britain. After the United States was born in the new continent, the free public library marks a milestone in library's history. Library, and education, became a right to the common people, not as a privilege of the nobles and elites.

Academic libraries experienced a similar path. Along with the industrial revolution, a number of colleges and universities appeared, with early academic libraries. As the common people won the right of education, they gained the right for library.

In the modern history, the issue of right was the core of any library development. As a result, the basic elements of the library started to have new meanings:

- A space open to the people
- A collectionreflecting the knowledge of the time being
- Organized in a way the people preferred
- Use by the common people

The principle of "Of the People, For the People, By the People" was not just to the government, but more to the library of the modern period. The right issue clearly divides a modern library from a traditional library. Although the expansion of human knowledge marked the significant progress of the library, the core and the most revolutionary change of the library came from its social identity.

In China, as a tradition of Confucianism, library has a longer and uninterrupted history in comparison with any other cultures in the world. From the court library to private library, China exceeded any other cultures no matter in the number, the size or the scope of the library. However, the academic library with modern concept did not emerge until the late nineteenth century, and the public library did even much later.

With a traditional culture valuing education, why did not China catch up in developing modern library? The key point was social transformation. As China being behind in social transformation and industrial development, it is impossible for the library to follow the world trend. Although China's collection of library materials was still in a leading position, its library system was unavoidably behind the Euro-American systems.

3 Library of the Contemporary Chapter: Forward or Backward?

Peter Hernon and Niels Ole Pors once raised an interesting question, "a key question is, How do libraries fit within the literature of national culture, assuming that the concept applies well to such organization?"①

With computer technology and online network, the library has experienced major growth since the 1990s. The digital era gave all four elements of the library new meanings, which were never available in history.

Let's look at the definition of the library further. As the world enters the digital era, more and more electronic resources emerge, a relatively contemporary definition appears, "a library is an organized collection of sources of information and similar resources, made accessible to a defined community for reference or borrowing. It provides physical or digital access to material, and may be a physical building or room, or a virtual space, or both. A library's collection can include books, periodicals, newspapers, manuscripts, films, maps, prints, documents, microform, CDs, cassettes, videotapes, DVDs, Blu-ray Discs, e-books, audiobooks, databases, and other formats. Libraries range in size from a few shelves of books to several million items."② Although significantly electronic resources are added as part of the collection, the basic elements of the library definition remains no change.

- A space, *could be virtual*
- A collection of materials, *could be electronic resources*
- In order, *or organized*
- For use, *could be digital access by the users*

Technology and information exploration reshaped the library, and it looks the only limit is money. For the first time, the four elements of a library can be expanded to such a degree:

- With virtual space, the library space could be anywhere, unlimited
- With electronic resources, the library collection could be anything, unlimited
- With the internet, unorganized information became the absolute mainstream
- With the internet, information could be accessed at anytime and from anywhere

Just like a balloon, over-expanded means crisis. If library expansion reaches a stage of nowhere, do we still need library? Meanwhile, technology built up a high threshold for library users. While the library is expanding, its user base is shrinking, more and more benefiting the intellectual and economic elites. Thus, it comes up a question: is contemporary library moving forward or backward?

Current studies pay a great amount of attention to specific issues that the library is facing in today's world, especially to the digital resources and network. Such specific issues are certainly important; however, observing the role of the library from macro history provides a different perspective for the future of the library. Some issues look like going forwards could possibly be backwards under a macro point of view. The library cannot afford to go backwards.

4 Library and the Social Interaction: a Contemporary "Space" Issue

In history, library is principally a space, as small as a corner of a room or as big as an entire building. What does the "space" issue mean? An empty space cannot be called as a library, so space with learning information or knowledge is necessary for defining as a library. The key point here is the availability of learning information or knowledge in such space. A physical space with learning information or knowledge can be

① Hernon and Pors. "Leadership as Viewed across Countries." In Hernon and Pors, eds. 2013:p.197.

② "Library" in *Wikipedia*, *the free encyclopedia* at http://en.wikipedia.org/wiki/Library, as seen on March 7, 2014.

called a library, so is a virtual space with learning information or knowledge.

Virtual space has expanded the space of the library. The library is no longer limited by its physical space, and is able to reach its users anywhere and everywhere; however, on the other hand, such expanded space with both physical and virtual is not necessarily available to everyone. To the people who rarely benefit from the virtual space of the library, the space expansion is actually no meaning to them. Therefore, the "space" issue is actually an issue of information availability.

In contrast with library's physical space, the virtual space is heavily relying on other components of the society. The precondition for the virtual space is computer network, especially the Internet. Besides, the resources in library's virtual space are normally not operated by the library, different from the books or other printed materials, but by the publishers, producers and vendors. So, running an effective and efficient virtual space does need cooperation and collaboration of many social components. Social interaction is a key element in library's virtual space. In other words, a library's "virtual space" heavily depends on the development and expansion of the computer network, especially the Internet. Thus, social interaction is a key to the library's space expansion. The more the network is able to reach, the more the library is able to reach. However, "virtual space" could be a double-edged sword. On one hand, it expands library's space; on the other hand, library could become invisible. As Beth Simone Noveck says in *Wiki Government*, "In virtual worlds for example, groups develop their own sense of spaces, where they congregate."① "Virtual space" will become users' own space, and forget the efforts of the library in behind.

Another front of the "space" expansion is "open access." The purpose of Open Access is to get a space especially for information disadvantaged population. As Edward M. Corrado says in a proposal to the International Federation of Library Associations and Institutions, the purpose "is to help libraries in developing countries with insufficient and unreliable Internet infrastructure to have enhanced access to scholarly research."② Open access gives all the people full and free access to the information and knowledge they need, and make the information availability reaches a high level. With open access, the library is able to reach the resources without financial burden, which results the same as space expansion. With open access, the library could reach far and away in the society. Open access is not just a technical issue. It is also a social issue. Open access involves many complicate social relations, woven with the interest of writers, publishers, distributors, readers and more. Open access does have cost, and someone has to pay for the cost. As a reality, absolute "open access" is not a healthy way for the development of human knowledge, so it is not feasible. Library should play a role to keep balance between the interests of the producers and the users. Only when the library is able to keep the two well balanced, the idea of "open access" can be sustainable, and the library's space expansion can continue.

5 Library and the Social Responsibility: a Contemporary "Collection" Issue

Collection③ is a core element to the library, although collection tends to be more and more complicate in the contemporary library. In the pre-digital era, collection had clear definition and measurable size in the library; and, traditionally, a collection is physically owned by a library. With the coming of electronic resources, the

① Noveck, 2009: p.119.

② Corrado, Edward M. "An Open Source, Open Access Journal Database Appliance: a Proposal." In Dione and Savard, eds. 2008: p.185.

③ In the library and information service field, a more fashionable term to use is "access" nowadays, instead of "collection." The new term emphasizes that the library enhances its collection not necessarily through the ownership, but more relying on accessibility via all the channels. This assumption is certainly correct. However, in this paragraph, my focus is not the way how library gets the resources; rather, I treat all the resources the library gets from different channels as a whole, and refer them as "collection."

boundary of collection becomes so vague that people start to think what library collects.

As the digital resource comes to the world, a common assumption is that library collects knowledge in any forms. Knowledge can be referred to a theoretical or practical understanding of a subject. Knowledge generally refers to the fact or condition of knowing something with familiarity gained through experience or association; or acquaintance with or understanding of a science, art, or technique.① Knowledge is a familiarity, awareness or understanding of someone or something, such as facts, information, descriptions, or skills, which is acquired through experience or education by perceiving, discovering, or learning. Certainly the collection of the library can be categorized as knowledge; however, knowledge is not a sufficient condition to the library collection.

Another common thought is that library collects information, which is even more misleading assumption by all means. Conceptually, information is the message(utterance or expression) being conveyed. It could be the communication or reception of knowledge or intelligence; the knowledge obtained from investigation, study or instruction; intelligence, news; facts, data; or the attribute inherent in and communicated by one of two or more alternative sequences or arrangements of something(as nucleotides in DNA or binary digits in a computer program) that produce specific effects.② We may be able to use a simpler term for information, everything that communicates. Even if we are able to add the collections of all the libraries together, the total might count merely a tiny percent of the information in general. In other words, absolute majority of information would not be collected by the library.

We have to consider the issue from much wider bases, not just from the technical point of view. In an ocean of information or knowledge, a library collection is not trying to contain the information as much as possible, which is a mission impossible; rather, it selects and deselects, collecting the knowledge and information that people need most. Social awareness is a measure for library collection during the information exploration. Library collection contains just a tiny portion of the general human knowledge or information, but it must be most useful, accessible, accurate and timing part for human learning.

Information authority is the future of the library. As more and more information sources available to the public, only establishing an authority for most useful, accessible, accurate and timing knowledge and information can make library survive and even proper during the information exploration.

A speople used to believe, the information authority often come from certain sources such as news media, government, community leadership, and even religion. However, as a problem of the contemporary society, the loss of credibility becomes so common and the public hardly trust the information with most resources. An unfortunate reality in many areas is that news media and government could be often involved with interest groups, and local communities and religious entity could have much own interest to pursue. Once false and twisted information spread everywhere, the loss of credibility is certain. Choosing the government as an example, just as Eric Kansa indicates, "the whole project of open government requires significant investment in political capital and leadership. Organizational cultures, reward systems, and perspectives must be aligned toward the goal of open government. Without such institutional changes, open government efforts will suffer from design flaws that cripple their capacity to deliver transformative impacts."③ After the incidents of Wikileaks and Snowden, people know the open government is still far away. In another instance, David Rowe discussed the tabloidization of newspaper and journalism, and thought such changes "may be regarded as responses to the pressures of maintaining profitability and retaining readerships

---

① "Knowledge" in *Dictionary and Thesaurus*, *Merriam-Webster Online*. at http://www.merriam-webster.com/dictionary/knowledge, as seen on March 14, 2014.

② "Information" in *Dictionary and Thesaurus*, *Merriam-Webster Online*. at http://www.merriam-webster.com/dictionary/information, as seen on March 14, 2014.

③ Kansa, Eric. "Open Government: Beyond Black-box Transparency." In Garvin, ed. 2011:p.168.

in an era when progressive digitization is loosening the grip of formal media organizations on media content and delivery, and when media audience are correspondingly fragmenting and shifting to new media forms (such as gaming) and genres (such as blogging)."① Such phenomenon certainly injures the credibility of newspapers and journals, as well as TVs.

However, library has its special stand in the contemporary society. Because it is not at the front of power or money making, library is less likely favored by the interest groups, which gives library itself the possibility for more accurate, accessible and timely information. In competing with commercial information resources, the power of the library on the "collection" issue is the "information authority." The library does not necessarily collect, or access to, more information resources, but it is responsible to it collection by providing more comprehensive and less biased sources, more reliable and less unconfirmed information, and more research-based and less trail news.

As Marlene Asselin and Ray Doiron said, "Look through the social change lens, librarians are regarded as professionals and mobilize to form professional networks."② This image of librarians brings up the credibility for information authority. As a professional tradition, librarians are the "arbiters of quality."③ Since the twentieth century, "librarians began to consider the implications of intentional and unintentional censorship and libraries' responsibilities for guaranteeing intellectual freedom and the right to read what one wishes."④ The balance of social responsibility and intellectual freedom constitutes the backbone of the 'information authority' in the contemporary library. The role of the contemporary library is not the size of its collection, or the scope of its access; rather, the quality of its collection and access, or the information authority in other words, will decide the fate of the library in the 21st century.

6 Library and the Social Awareness: a Contemporary "Order" Issue

Big data is especially a challenge to the "order" function of the library (i.e. the technical Services) in which a collection of data sets is so large and complex that it becomes difficult to process using on-hand database management tools or traditional data processing applications.

The reality is that the amount of information which library collects is merely of a small portion of the general information produced everyday. Massive information communicates via social media, news network, audio-visual images and the internet, and only very small percentage of such information sources would be collected by the library. Does such phenomenon mean the library is no longer important? Could be, but not necessary.

The significant character of the massive information is disorganized and disorderly. Many of information resources are searchable through online search engines, but most of them are in hidden. In other words, even if the information is available, it is not necessarily accessible. Under such situation, we need the library's another basic function, order, which leads to information accessibility through its organization and management.

The library section dealing with "information accessibility" is mainly the technical services. To make massive and disorder information accessible needs basically two types of efforts, discovery and processing.

The discovery includes capture, curation, storage, search, sharing, transfer, analysis and visualization of the massive data, while the processing means to categorize, to classify, to index, to label, to link, to summarize, to abstract, and to present the massive data. In general, through the "order" function, massive and disorderly information could be accessible, or to be easier to access.

① Rowe, David. "Tabloidization: Form, Style, and Sociocultural Change." In Rupar, ed. 2010: p.136.

② Asselin and Doiron, 2013: p.95.

③ Johnson, 2009: p.13.

④ Ibid., p.24.

In history, the way of "order" improves and changes along with the social development, and is shaped by the dominating ideology during the periods. In China, the four categories of Classics, History, Philosophy and Literature marked the highest level of classification in a pre-modern society that ignored the development of science and technology. In the West world, the evolution from Dewey Decimal System to the Library of Congress Classification reflects social changes that gave the birth to many new fields. Therefore, social awareness is undoubtedly a crucial factor to handling with the information accessibility.

In the contemporary society, how to establish an effective and efficient way for accessing to desired information is really a challenge. When search engines, especially the "Google" search, appeared in the world, many people predicted that will be the end of the library. "Google" search, fast and massive, even librarians love to use it. Keyword searching looks so easy, people may get what they want in just a few seconds. After many years of "Google" domination, people feel that using "Google" is not that rosy. The information accessed via "Google" is so massive but not necessarily so relevant, so fast but not necessarily so accurate, and so available but not necessarily so comprehensive. Keyword searching has its limits. With such Google type "order," people spent much more time for analyzing the information gained than collecting the information. Unless searching for simple information such as restaurant location, weather or so, search engines are far short of reliable, accurate and timely information resources. Many serious researches still need the role of the library for locating and accessing to information resource they need. This situation gives library an opportunity to regain the leading status of information access.

However, the library's existing "order" cannot meet today's need either. The library "order" system of classification, description, name authority and subject heading could not well fit into today's information access. Even just a few years after the birth of RDA, the new "order" of RDA seems outdated already.

Library does need new "order" for the information resources, and it has the potential to create a best way of "order," but, as the first step, it has to be fully aware of the changes in the society and the information need of the society. Secondly, the library should discover a way which is able to catch up the changes from day to day, and then to establish the way to meet the need of the contemporary society. Only achieving at this front, the library is able to win back the pubic, and becomes the main channel to the information access. As information specialists, librarians have the ability to establish the "order" for discovering and processing the information of the contemporary world.

7 Library and the Social Structure: a Contemporary "Use" Issue

Although library can have many functions, the basic one is always the "use." Without "use," there will be no reason for library to exist. The issue of "use" includes many aspects: who is using the library? How to use the library?

From the perspective of macro history, library grows with the transformation of the social structure. In the process of social structural change, emerging new industry is always a leading power. The first and second industrial revolutions brought a modern civil society to the world, and the birth of library reflects a basic need of the modern civil society. For the first time, knowledge is no longer a privilege, but a right of the citizens. However, modern civil society brought more differentiation to the social structure. The new industrial revolution, or so-called information revolution, has further changed the social structure in the contemporary period. As information more and more relies on high-technology, its accessibility is not equal to everyone in the society. In other words, the right of "use" might not be equal to everyone.

As we review the history of the world civilization, we can clearly understand that information accessibility to the public is a benchmark of a modern society. In the United States of America, public library is part of the democratic system. In Europe, when university libraries opened to the public, it came with the birth of the modern civil society. Thus, the principle of learning freedom, or information equality, is not less important than social equality and legal equality. In other words, learning freedom, or information equality, is an organic part of human rights.

In the modern period, the most significant contribution of the library was bringing learning opportunity to the common people. Using library was no longer a privilege, but a right. The open door policy in public libraries and in academic libraries of public institutions and certain private institutions gave the public an equal right to obtain learning knowledge. The right of using library is part of the right of education, reflecting the progress of social equality.

In the United States, the Civil War put an end to the slavery system, and Afro-Americans got the "legal status equality" as free men and women. However, the fight for "social equality" has been continued for over a hundred years since then. Many minority Americans have similar historical experiences for "social equality." Chinese American was the only ethnic group suffered from the "Exclusion Act," and did not get apology from the U.S. Congress until the last a couple of years. In Europe, "the legal and hidden immigration rate continues to be significant, and the issue of the rights of Muslim minorities is still high on the political agenda."①

"Social equality" means equal rights for employment, for housing, for education, for health protection, for work condition, as well as for women's rights, for children's rights, for minority's rights, for homosexuality rights, etc.

When the "social equality" continues being an issue, the "information equality" becomes increasingly an issue. As entering the information era, the issue of "information equality" becomes a new focus, although the issue of "social inequality" persists. The ownership of the computer system and the accessibility of the information network heavy rely on wealth and education levels. Even if a library is open to everyone, not everyone can access to the same amount or the same quality of information resources. The inaccessibility to library's "virtual space" even more comes from poverty or under-educated. The "information inequality" further causes the "social inequality."

The "information inequality" has several aspects. On one hand, the information world is a world of equality. As Shakuntala Banaji and David Buckingham indicated, "at least in principle, the Internet is an egalitarian medium in which all participants have an equal right to speak and there are fewer formal requirements for participation."② On the other hand, the condition for such "equality" is the ability to access to the Internet. Some common aspects of "inequality" are the lack of access ability to information resources because of poverty, learning disability, physical disability, aging, under-educated, or so. It is closely related to the "social inequality," but not the same. A person with equal social status could suffer from severe information inequality, such as information isolation.

In contemporary China, the "information equality" issue especially notable in remote regions and in the new immigrants to the major cities. The issue of the peasant-workers' children gives a typical sample of information inequality. In a two-tiered education system in major Chinese cities, children get different accessibilities for their information needs. The education system offers two tiers of education to the citizen families living in the same city. In many cases, "use" of information is still a privilege, not a right. As a result, the "information inequality" would lead to the "social inequality."

As the same as the "social equality," the "information equality," or "information right" is an issue of human rights. From the perspective of macro history, human rights improve with the development of the human society. However, the "information equality" issue seems different. The more developed the society get with new technology and wealth, the more differentiated information gap gets.

The library might be able to do a lot on the issue of "information equality" or "information right" by offering substantial "use" right to the disadvantaged population. The library could play a crucial role on the issue of "use." In most developed countries, library serves users' information needs no matter the social

① Ruzza, 2004: pp.108—109.

② Banaji and Buckingham, 2013: p.8.

status or financial situation. In this way, the library is contributing to fill the gap of "information inequality." Although such efforts look so little in comparing to the profit-pursuing activities of big information corporations, it is the hope for the future.

8 Library of the Contemporary Chapter: a Conclusion

After examining the contemporary library from the view of social changes, we can illustrate the key issues of the four functions of the library in the contemporary period:

- The Space Issue: Information Availability
- The Collection Issue: Information Authority
- The Order Issue: Information Accessibility
- The Use Issue: Information Equality

The four key issues have formed major challenge to the library. If library does not succeed in all the four aspects, it could be completely eliminated from the world. However, crisis means opportunity. If library is able to well play a pioneer role in all the four aspects, it can be a remarkable leading force in the information field. The simple reason is that no other sectors are able to play such roles, not the governments, not the high-tech corporations, and not the media or social media.

Library should have full confidence facing the future. The confidence does not come from copying from other sectors of the information field; rather, it is coming from itself, the four basic function of the library which can be traced back to thousands of years ago. The power is within the library. If the library is able to modernize its own functions to meet the contemporary need of information, no one else can replace the library.

The information revolution did bring huge changes to the library. In the last three decades, no library is able to run as was before. The rapid change makes many people to predict that library might no longer exist in the new information era. After analyzing the library under social transformation from the perspective of macro history, this paper discovers that the basic need of the society towards library has no change, and the basic four functions of the library contributing to the society remains no change. The library has to dramatically update and upgrade its four basic functions to meet the changing society; if it does this well, it will continue to exist, and continue to contribute to the social development in future.

From the perspective of macro history, the contemporary society continues requesting the library to play roles with its four basic functions. It is a challenge, and it is an opportunity. Let's cheer for the future of the contemporary library.

References

[1] Asselin, Marlene and Ray Doiron. *Linking Literacy and Libraries in Global Communities*. Burlington, VT: Ashgate Publishing Company, 2013.

[2] Banaji, Shakuntala and David Buckingham. *The Civic Web: Young People, the Internet and Civic Participation*. Cambridge, Massachusetts: The MIT Press, 2013.

[3] Conboy, Martin. *The Press and Popular Culture*. London: Sage Publications, 2002.

[4] Daniels, Glenda. *Fight for Democracy: The ANC and the Media in South Africa*. Johannesburg, South Africa: Wits University Press, 2012.

[5] Dione, Bernard and Rejean Savard, eds. *Managing Technologies and Automated Library Systems in Developing Countries: Open Source vs Commercial Options*. The Hague, The Netherlands: International Federation of Library Associations and Institutions, 2008.

[6] Flanagin, Andrew J. and Miriam Metzger. *Kids and Credibility: an Expirical Examination of Youth, Digital Media Use and Information Credibility*. Cambridge, Massachusetts: The MIT Press, 2010.

[7] Garvin, Peggy, ed. *Government Information Management in the 21st Century: International Perspectives*. Burlington, VT: Ashgate Publishing Company, 2011.

[8] Gove, Philip Babcock, editor-in-chief. *Webster's Third New International Dictionary of the English Unabridged*. Springfield, Massachusetts: Merriam-Webster Inc., 1993.

[9] Hernon, Peter and Niels Ole Pors, eds. *Library Leadership in the United States and Europe: a Comparative Study of Academic and Public Libraries*. Santa Barbara, CA: Libraries Unlimited, 2013.

[10] Johnson, Peggy. *Fundamentals of Collection Development and Management*. 2nd ed. Chicago: American Library Association, 2009.

[11] O'Connell, Brian. *Civil Society: the Underpinnings of American Democracy*. Hanover, NH: University Press of New England, 1999.

[12] Noveck, Beth Simone. *Wiki Government: How Technology Can Make Government Better, Democracy Stronger, and Citizen More Powerful*. Washington, DC: Brooklings Institution Press, 2009.

[13] *PIRF: The Public Information Rights Forum, Empowerment through Information*. Milton Park, Harare, Zimbabwe: Media Monitoring Project Zimbabwe.

[14] Rupar, Verica, ed. *Journalism and Meaning-Making: Reading the Newspaper*. Cresskill, NC: Hampton Press, 2010.

[15] Ruzza, Carlo. *Europe and Civil Society: Movement Coalitions and European Governance*. Manchester: Manchester University Press, 2004.

[16] Soper, Steven C. *Building a Civil Society: Associations, Public Life, and the Origins of Modern Italy*. Toronto: University of Toronto Press, 2013.

中央开放存取机构库:尼泊尔的开放存档计划

Jagadish Chandra Aryal
(尼泊尔社会科学巴哈)

摘要 尼泊尔国内进行了大量的研究工作,但这些成果既没有出版,也缺乏合适的渠道提供他人获取。尼泊尔图书馆与信息联合体正在启动一项名为“中央开放存取机构库”的开放存档项目。任何有意参与的人士均可以将其论文、书籍章节或研究成果存入此机构库,供公众开放获取。

关键词 数字机构库 网络档案 机构库 开放存取 数字图书馆 电子资源

Central Open Access Repository: An Initiation for Open Archives in Nepal

Jagadish Chandra Aryal
(Social Science Baha, Ramchandra Marg, Battisputali, Kathmandu, Nepal)

Abstract Many research works have been done within Nepal but they have not been published nor have they been made available to others through appropriate channels. Nepal Library and Information Consortium has taken initiative for the establishment of an open archive named Central Open Access Repository in Nepal. Anyone interested to submit their works ranging from articles, book chapters, theses, research papers can archive in this repository making publicly and openly available.

Keywords Digital Repository Web Archive Institutional Repository Open Access Digital Libraries E-resources

1 Introduction

Central Open Access Repository in Nepal is a web archive run by Nepal Library and Information Consortium (NeLIC) for the collection, preservation and dissemination of intellectual output of institutions or an individual. The outputs may be journal articles, conference papers, research reports, theses and so on, which are freely accessible to anyone interested.

2 Background

Information is the backbone of every research and study. Sources of information may range from books, journals, proceedings, reports and various reference tools. Due to rapid growth and explosion of information, it is quite difficult to publish in time and or difficult to manage and store all published materials in a retrieval form. Internet is only the means which helps archiving and managing all published and unpublished resources. Information available in the Internet is easy and speedy to retrieve.

Various publishers publish their publications online. Many learned societies, universities and research institutions archives their work either in their own institutional repositories or in online databases hosted by others.

Clifford Lynch describes institutional repositories(IR) as “a set of services that a university offers to the members of its community for the management and dissemination of digital materials created by the institution and its community members”(Elizabeth Yakel, 2008).

But universities in Nepal do not have such institutional repository.

Nepal has a growing community of researches and specialised publications in different fields of study. However, dissemination of the research works and access to these has been confined to few urban centres. This has limited the scope and utility of research being done within and about Nepal.

Though Nepal Library and Information Consortium(NeLIC) has provided access to some international journals to its members, most of the students and researches are dependent either to the print materials or to some international databases which are open for the information required in the research and study. However those are mostly written with international perspectives rather than Nepalese perspectives.

In Africa also, there have been similar initiative to establish digital archive for the availability of African scholarly works. The Aluka Project was launched by Ithaka and JSTOR to develop a mechanism for electronic content concerning Africa and other parts of the global south that could be made available online.(Isaacman, Lalu, and Nygren 2005)

In Nepal, a lot of research output is also generated and for use by development organizations, especially big multilateral institutions and a few large government and non-government organizations. These reports are not widely disseminated when their nature and usefulness to other researchers and practitioners is very high.

Another kind of scholarly research articles that do not get archived are the ones presented in seminars and conferences organized by various organizations and institutions. These papers tend to be comprehensive in their coverage and raising of issues in specific thematic areas.

Nepali researchers writing on Nepal contribute scholarly articles to international journals and book chapters nationally and internationally. However, these articles are not accessible to the general researchers in Nepal due to their unavailability locally and/or due to high cost/subscription charges.

Though there exist some institutional repositories and open access online system for example Himalayan Document Centre(HIMALDOC), Nepal Journals Online(NepJOL), these are limited to specific discipline or geographic coverage and/or not completely open. HIMALDOC provides information related only to Himalaya and publications of ICIMOD.

Nepal Journals Online(NepJOL) is an Open Journal System supported by International Network for the Availability of Scientific Publication (INASP) for the online publication of Nepali journals. It has been providing access to 87 journals published from Nepal. However not all articles(only 5560 out of 6273) are available full-text.(NepJOL website)

Even NepJOL is limited to journals only. Other works such as reports, conference papers, books, theses in various subjects are still not archived.

To overcome such problems, an archiving system was desired, and Central Open Access Repository was set up. Web archiving system is also widely used in developed countries. The Web at Risk Project is a multiyear National Digital Information Infrastructure and Preservation Program (NDIIPP)-funded effort to enable librarians and archivists to capture, curate, and preserve political and government information on the web, and to make the resulting web archives available to researchers. The Web at Risk Project is a collaborative effort between the California Digital Library, New York University Libraries, the Stanford School of Computer Science, and the University of North Texas Libraries.(Seneca 2009)

3 Central Open Access Repository in Nepal in the Context

Nepal Library and Information Consortium(NeLIC) is a nodal body established by a group of institutions with the idea of facilitating access to electronic resources to Nepali educational institutions. It coordinates with various institutions and publishers for the licensing of e-resources. Beside this, it advocates for use of Free and Open Sources Software (FOSS). Similarly, it advocates for Open Access. This Central Open Access Repository is the one of the part of its activities of Open Access Advocacy Programme with a grant funded by EIFL.

Nepal Library and Information Consortium(NeLIC) with support from EIFL Open Access Programme established a digital repository in 2012, which is publicly open for uploading research works and downloading the works of others. The repository contains various documents ranging from journal articles, conference papers, research reports, to theses, books and institutional publications, policy briefs, newsletters and annual reports.

3.1 Objective

The main objective of this repository is to promote open access system and help in finding information required for the research and study easily through a single portal. It is also a central platform for individual researchers and institutions, where individual researches can disseminate their work for wider audience and an institution can archive their published or unpublished information for future use.

3.2 Platform

The repository has been established using open sources software DSpace and a web cloud server has been taken in lease for the space which helps to protect data from various disasters.

The url:http://50.57.171.206:8001/dspace/ has been linked in the web page of Nepal Library and Information Consortium www.nelic.org so that anyone can find the repository easily.(Figure 1)

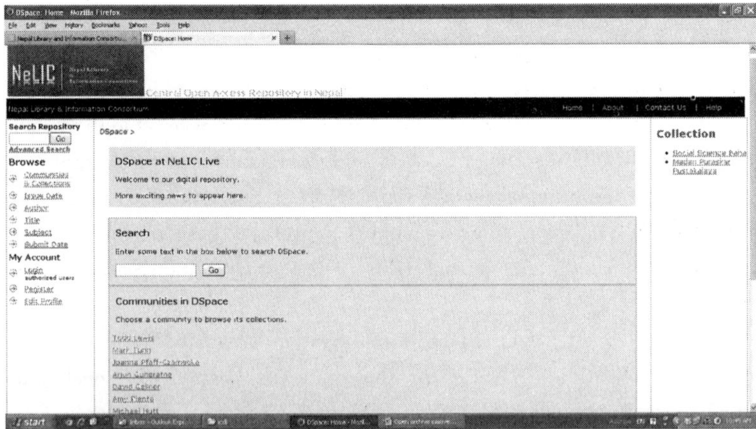

Figure 1 Screen shot of Central Open Access Repository portal.http://50.57.171.206:8001/dspace/

There sources have been classified according to communities and they have been further catagorised to different collections.(Figure 2)

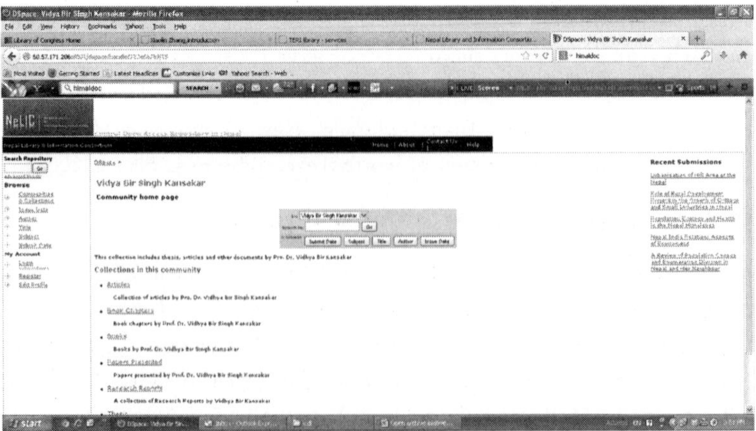

Figure 2 Screen shot of Central Open Access Repository, Vidya Bir Singh Collection http://50.57.171.206:8001/dspace/handle/123456789/15

Communities are different institutions as well as individual researchers depending upon the contributions they make their available. One of the retired professor Dr. Vidya Bir Singh Kansakar has provided his entire work ranging from PhD thesis, books, book chapters, conference papers, journal articles and some unpublished materials. The repository also contains links to institutional profile of various national and international scholars working in the areas related to Nepal where their already archived works can be found. (Figure 3)

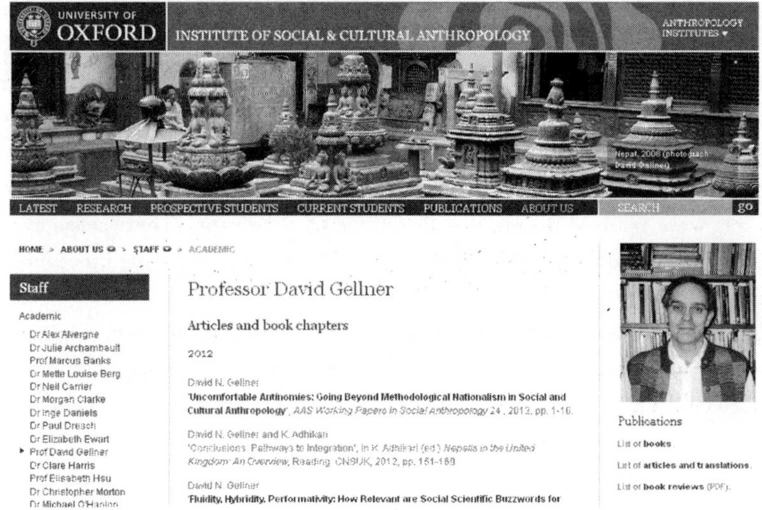

Figure 3 Screen shot of Central Open Access Repository, link to David Gellner's institutional profile page. http://www.isca.ox.ac.uk/about-us/staff/academic/prof-david-gellner/

3.3 Benefits

The repository in particular benefits three groups:

- Researchers and students will have access to hard-to-locate research materials through a single point open access system.
- Researchers/authors will have the opportunity to disseminate their work through the repository.
- Institutions and organizations which do not have a repository and/or archival system of their own can use the repository to store their research work. Additionally, institutions which have their own repository can link their collections in this central platform for greater publicity/exposure.

4 Challenges

Too many challenges have been faced during and after the establishment of this repository. These are listed below.

- Task of coordinating with scholars, researchers as well as to various institutions was very difficult. Series of meetings and presentations were organized to make people aware about open access and advocate on this issue. It was essential to collect their views for building a central repository which would be open to all and could archive their work.
- After the establishment of repository again it was the same problem to make them aware of availability of such repository. A workshop was organized to disseminate the information about this. Also the pamphlets of Central Open Access Repository in Nepal were distributed to various institutions, scholars, researches, students and teachers, editors and many other who concerned this.
- People are idle unless they are poked. The researchers have not submitted their work sufficiently in this repository. Many attempts have been continuously made to request them and motivate them to archive their own work as well as institutional archiving.

- There are not any concrete policies and guidelines regarding the submission and use of this repository rather it has been lead by conventional decision. But a draft of open access policy and guideline has been prepared which will be implemented soon for this repository as well.
- Researchers and other scholars do not have proper skill for the submission of their work in the repository directly. It has been planned to conduct some trainings to the individual researchers as well as the institutional representative in order to make them able to upload their collection them shelves. Right now Nepal Library and information Consortium has been assisting in archiving those who want their work to be archived.
- There is a financial constraint to run this repository and conduct trainings. Nepal Library and Information Consortium has managed this repository anyhow till yet but it is not sure how will it be sustainable. This is the main challenge identified.
- Copyright of the published materials is another challenge.

Some suggestions were received during the dissemination workshop. The workshop was followed by a group discussion they were mainly focused on identification, collection, archiving procedure and dissemination of the resources for the repository.

They have identified 12 different types of resources to be included in the archive and mixed approach was suggested for the collection and archiving procedure. Similarly suggestion for building network of librarian as disseminator was received. These matters will be discussed while implementing the policy.

5 Future Plan

As this is open access and central repository in Nepal, it has been desired that all other institutional repositories are linked in this repository. All institutions archive their published and unpublished work in this repository. Researchers and scholars submit their articles, research papers, conference papers and book chapters to this repository. It is expected that the collection of repository expand gradually to optimum so that sufficient information can be found. This will ensure the availability of essential information for gaining the quality education through the process of study, teaching and research works.

Hence it has been planned that Nepal Library and Information Consortium will continue running the repository with the help of its members and support from various national and international bodies.

It will follow up the various organizations and institutions to archive their collection. It will request individual researchers / scholars to provide their work. It has planned to conduct various trainings for the individuals and institutional representative to provide know how knowledge on uploading their work in the repository.

It will disseminate the information on availability of this repository and its contents among the university students, teachers, professors, researchers and other interested.

It will implement the open access policy and guideline for the repository soon which will be helpful in various issues regarding submission and copyright of the resources. This will also help in monitoring and supervision of the repository.

6 Conclusion

Central Open Access Repository in Nepal is a milestone for the open archive system in Nepal. It is a big web archive run by Nepal Library and Information Consortium for the preservation and dissemination of research work, institutional publications, and individual authors' outputs in terms of journal articles, book chapters, books, theses and conference papers. It is open to all any one students, teachers, professors, researchers, policy makers and other interested. This helps to increase the quality of education and research output. Similarly it will reduce the dependency of scholars in foreign publications and online databases in some extent. It also helps to control plagiarism seen in the field of academia.

Reference

[1] Elizabeth Yakel, S Y. 2008. Institutional repositories and the institutional repository: college and university archive system and special collections in an era of change. *The American Archivist* 71(2):323-349. http://www.jstor.org/stable/40294521(accessed on 19 July 2013).

[2] Isaacman, A F, Lalu, P, and Nygren, T. 2005. Digitization, history, and the making of a postcolonial archive of Southern African Liberation Struggles: the Aluka Project. *Africa Today 52(2):55-77* DOI:10.1353/at.2006.0009.

[3] Nepal Journals Online. 2013
http://www.nepjol.info/(accessed on 2 August 2013).

[4] Seneca, T.2009. The Web-at-Risk at three: overview of an NDIIPP web archiving initiative. *Library Trends* 57(3): 427—441. http://muse.jhu.edu/journals/lib/summary/v057/57.3.seneca.html(accessed on 19 July 2013).

大数据项目——新加坡国家图书馆通往数据驱动的图书馆管理与服务之路

Lee Kee Siang　Kia Siang Hock　Lau Yi Chin　Grace Heng
Lim Chee Kiam　Henri Lim
（新加坡国家图书馆）

摘要　新加坡国家图书馆(NLB)实施了一项范围广泛的大数据项目,以期利用大数据技术实现图书馆核心功能的转型。近年来,NLB部署了一套不但灵活而且性能强悍的大数据构架,为NLB处理从战略、战术到操作层面的各类不同分析需求提供了一个具有高性价比的解决方案。可以通过一整套的仪表盘来监测和分析覆盖整个生命周期的关键业务流程,从新资料的选择、采购和处理开始,直到资料流通过程中的外借、续借和预约。地理空间分析将地理位置、规划区域、居住人口以及人口统计数据进行了混搭,用以对何时何地开设新馆进行战略规划。通过分析,还可以洞悉"我们的读者在哪里","他们读什么","我们的图书馆分馆是否对居民实现了就近服务"以及"新建图书馆对现有图书馆网络的影响"等问题。在馆藏规划中,对预算分配采用了优化技术和假设分析,以实现在限定的空间、成本和预算规模下,实现流通量的最大化。馆藏规划在分馆和种类层次上对馆藏进行了优化,而需求分析则进一步深入到了题名层次。它用以预测对现有和新的图书资料的需求以帮助选书人确定每个分馆需要采购的副本数。现在,日常的采购工作已经可以获得外借模式预测性分析的支持。所有数据中,超过90%是非结构化的,对非结构化数据的发掘能力已变得非常关键。NLB使用了Hadoop云服务平台上的文本分析功能以实现内容的自动关联从而增强情景发现。例如,经过9天的处理,NewspaperSG馆藏中的150万篇新闻报道实现了与超过1亿3 000万篇相关推荐文献的关联。大数据项目的成功为NLB的更多探索提供了动力,NLB将会探索对互联网进行数据挖掘以更好地理解用户的行为和需求,多媒体内容分析也会成为另一个关注点。

关键词　新加坡国家图书馆大数据项目　地理空间分析　馆藏规划　需求分析　文本分析　情景发现

The Big Data Programme—the Journey towards Data-driven Library Management and Services at the National Library Board of Singapore(NLB)

Lee Kee Siang, Kia Siang Hock, Lau Yi Chin, Grace Heng, Lim Chee Kiam & Henri Lim
[Technology & Innovation, National Library Board, Singapore(NLB)]

Abstract　NLB has implemented a comprehensive Big Data Programme that leverages on the advances in big data technologies to transform its core library functions. Over the years, it has put in place an agile and yet robust Big Data Architecture that enabled NLB to realize cost-effective solutions to address its diverse analytics needs covering strategic, tactical and operational levels.

A comprehensive set of dashboards has been implemented to enable the monitoring and analysis of key business processes covering the entire life-cycle, starting from the selection, acquisition and processing of the new materials, to the circulation of the materials through loans, renewal and reservation.

Geospatial analytics that mashed up location, planning area, resident population and demographics data were used to strategically plan where and when new libraries would be required. Other insights derived include "where are our patrons", "what do they read", "are our library branches serving the residents in their vicinity", and "the impact of new libraries to the existing library network".

In collection planning, optimisation technology and "what-if analysis" are applied to allocate available budget in a manner that maximizes loans given the constraints of space, cost and budget. While collection planning optimizes at the branch / category level, demand analysis carries the guidance through to the title level. It forecasts the demand for new and existing titles to help selectors decide on the number of copies to purchase for each branch. The day-to-day selection of library materials is now backed by predictive insights through the analysis of loan patterns.

Over 90% of all data are unstructured. The ability to unearth the hidden treasures in unstructured data has become extremely critical. NLB used text analytics on the Hadoop platform to automatically associate content to enhance contextual discovery. For example, over 130 million related article recommendations for 1. 5 million newspaper articles within the NewspaperSG collection were identified within 9 days of processing.

The success in the Big Data Programme provided the impetus for NLB to do even more. It will explore mining the Internet to better understand patron behaviour and needs. Multimedia content analytics will be another area of focus.

Keywords NLB big data programme geospatial analysis collection planning demand analysis text analytics contextual discovery

1 Introduction

The National Library Board(NLB) of Singapore oversees an extensive network of the National Library and 25 Public Libraries located at strategic locations all over Singapore. With the National Archives of Singapore joining NLB in Nov 2012, Singapore is in a privileged position where the National Library, the Public Libraries and the National Archives are housed under one roof.

Millions of library users have access to a comprehensive and relevant collection of close to 8 physical million materials, contributing to over 38 million loans in FY 2012. NLB has also built up over the years a huge and expanding collection of valuable digital resources(e.g., digitized books, images, music, newspaper articles, audio-visual recordings, etc.) to meet the diverse needs of its users.

As a government agency, NLB needs to ensure optimal values are derived from its limited resources. Decisions at all levels, including long term strategic planning of future libraries into 2030, annual budget allocation for library material acquisition, to day-to-day operational ones, need to be data-driven to achieve optimal results.

The Big Data Programme is critical to NLB in achieving that goal.

2 Trends

The Infocomm Development Authority(IDA) of Singapore conducted an in-depth study in 2012 and identified Big Data as one of 9 technology themes that would shape the infocomm landscape for many years to come. Big Data technologies provide new opportunities including:

- Analysis of unstructured data such as images and audio on top of text data to unearth insights from a bigger data pool
- Insights from the data analytics outcomes to augment decision making processes
- Analytics(retrospective to predictive) to proactively identify opportunities or tackle problems

The authors would not attempt to define the term "Big Data" or take side with one of the many definitions already available. The Technology Stack and the Technology Maturity Radar in Figure 1 provide a practical perspective of the technologies generally classified under Big Data. Many of these technologies are not new, and have been previously referred to as Business Intelligence, Business Analytics and Data Analytics. For conciseness purposes, we will just refer them as Big Data technologies in this paper.

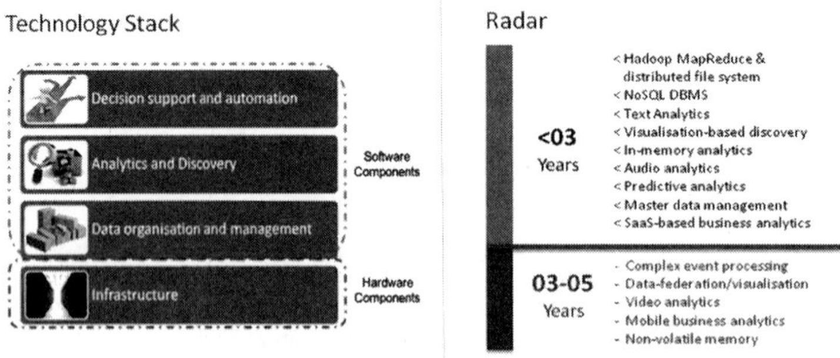

Figure 1　Technology Stack and Big Data Technology Maturity Radar

The authors also take the view that Big Data technologies are also applicable to 'small data'. For example, the use of text analytics to automatically associate digital resources works equally well with the Infopedia① collection(of 1,800 articles), and the NewspaperSG② collection(with millions of articles). What would be more important is not the volume of data, but the innovative use of big data technologies to derive useful insights and associations from the data.

3　Use of Big Data technologies on core library functions

The NLB Big Data Programme is an ambitious attempt to leverage on established big data technologies to unearth actionable insights from the data and resources it has collected. It is a holistic one covering all the core functions of a library:

- Library Planning
- Patron Profiling
- Collection Planning
- Collection Development
- Business Operations(Corporate Key Performance Indicators, HR, Finance)
- Digital Library

Moreover, the programme deals with both structured and unstructured data, pulling in the structured data from the key business applications such as the core library management system, and unstructured data such as the full-text of the digital library resources. While many organizations have established Big Data and Business Analytics programmes on structured data, the analysis of unstructured data is still a nascent one. With unstructured data forming over 90% of all captured data, the ability to unearth the hidden treasures in unstructured data is critical and will directly impact an organisation's competitive advantage.

4　Objective of the NLB Big Data Programme

The primary objective of the Big Data programme is to leverage on NLB's unique data assets to derive actionable insights at the strategic, tactical and operational levels across the entire organisation. With millions of users accessing tens of millions of physical and digital resources(i.e., the NLB collections) available across the island state, NLB is in the possession of a 'treasure trove' of valuable data. Proper mining of such data

① http://infopedia.nl.sg

② http://newspapers.nl.sg

can unearth hidden treasures that can lead to

- Productivity gain through better decision making
- Customer satisfaction improvements through better service offerings
- Better usage of NLB services and resources

5 The Agile NLB Enterprise Big Data Architecture

An enterprise-class Big Data architecture was designed, established and put in place. The high-level architecture is shown in Figure 2.

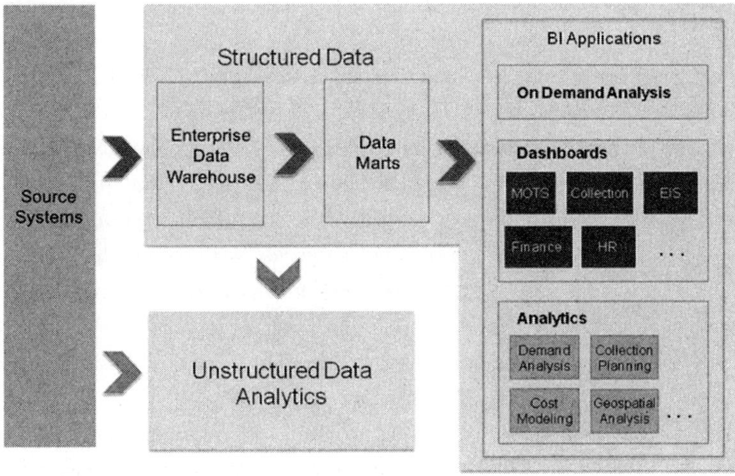

Figure 2 The High-level Big Data Architecture

The components of the architecture include:

- Enterprise Data Warehouse
- Data Marts
- ETL(Extract, Transform & Load) tool
- In-memory Dashboards
  - Collection Dashboard
  - Patron Dashboard
  - Production Dashboard
  - Executive Information Dashboard
  - HR Dashboard
  - Finance Dashboard
- Advanced Analytics
  - Recommendation Engine
  - Collection Planning
  - Demand Analysis
  - Geospatial Analytics
- Content Analytics
- Text Analytics

NLB has taken the best-of-breed approach to the implementation of the architecture. From the inception of the Big Data Programme, NLB has adopted the strategy of enabling business agility through properly managed core services, an architectural principle that has served NLB well for all its innovative services. It was envisaged that a suite of strongly managed and controlled Data Foundation Services (comprising the Enterprise Data Warehouse, Data Marts, ETL and Hadoop components) would form the bedrock of the Big Data Programme. The various Analytics components would then consume the relevant data from the Data Foundation Services. This has provided the flexibility for NLB to implement the most cost-effective analytics solutions for its diverse analytics requirements.

To support the text analytics processing of millions of unstructured data, a Hadoop cluster has been deployed. The current cluster comprises 13 nodes, and can be easily expanded when the need arises in the future. It is not yet common in this region for corporate and government organizations to deploy a production Hadoop cluster at this scale.

6 Strategic Impacts

(1) Data-driven library planning to cater to population and demographics changes

The demand for library services in Singapore is high. Parents bring their children to libraries to inculcate a healthy reading habit from young as reading is believed to be a determinant factor in the successes at later stages of their children's lives. Teenagers (and their parents as well) find library a safe and conducive environment to meet up with friends, either for school works, or just to catch-up.

Singapore is one of the fastest ageing countries in the world, with the number of elderly citizens tripling by 2030 from 2011, and the average citizen age rising from 39 to 47 in the same period. With more spare time at their disposal, the elderly residents frequently visit the libraries to stay active and to continue to engage themselves on hobbies and areas of interest that they have previously put aside due to their busy work schedule. The demographic in Singapore is thus changing very rapidly.

Singaporeans are also generally very quick in the adoption of new technologies. This has attracted many global companies to set up shops in Singapore to test-bed their latest innovations. Singapore is used as a launch pad into the booming Asia. With the galore of gadgets so readily available in Singapore, it is strategically important for NLB to understand the profile of its users, how well the library network serves the users, how can NLB continue to serve the population and demographic changes in the coming years.

NLB has collaborated with the Singapore Land Authority (SLA)①, another Singapore Government statutory board and a domain expert in geospatial analytics, to geo-code and analyse relevant NLB data captured within the NLB Data Warehouse.

Over 130 million records (including 100 million loan records, 24 million title records and 6 million patron records) were analysed. Location-based data were geo-coded, and mashed up with data on planning area, resident population, and projected overall dwelling units. Through the analysis, we were able to derive insights on:

- Where are our users?
- What do they read?
- Are our libraries serving the residents in the vicinity?
- Where shall we target our outreach campaign?
- What is the impact on the usage of existing libraries when a new library opens?
- Can our libraries cope with the population growth?

For example, before the Clementi Public Library was opened (indicated with | in Figure 3), the residents in the Clementi catchment were largely served by the Jurong Regional Library, Queenstown, Bukit Batok, Choa Chu Kang and Jurong West libraries. These libraries saw reduction in the loans from these users once the Clementi library was opened. However, it was observed that as a result of a new library that is closer to home, the Clementi residents have in fact borrowed more (increased by 30%), and more residents became active users of the libraries (increased by 25%).

---

① http://www.sla.gov.sg

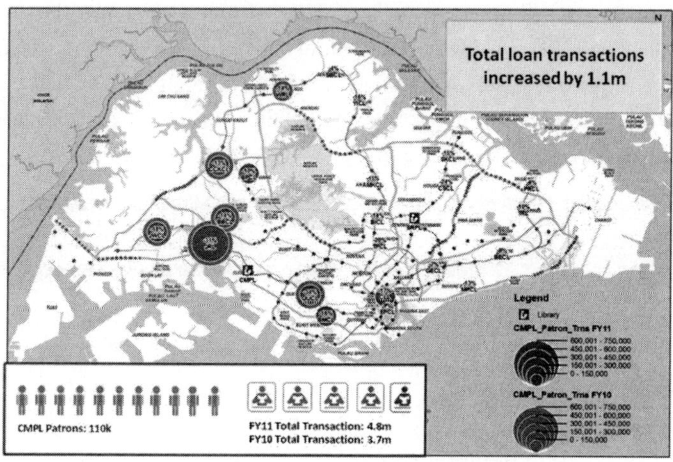

Figure 3 Geospatial Analysis

The analytics provided critical insights that were used in the Library of the Future (LoTF) master planning exercise that would shape the Singapore library network well into 2030.

The Big Data Programme has successfully provided a clean, coherent and extensive set of NLB data, the sophisticated tools, and the competencies and data-driven approach within NLB to maximise the values from the data. Strategic decisions, such as the planning of future libraries as well as the revamp of key processes, were made with supports from the data and Big Data tools.

(2) Enterprise recognition of the values of Big Data

An equally important outcome of the Big Data Programme is the recognition at all levels of NLB that Big Data can be a valuable tool. This perception is critical to making the Big Data Programme a pervasive and integral part of the decision making processes in NLB, and driving the next phase of the Big Data Programme.

With that recognition, all divisions within NLB have started to identify and some even dedicate manpower resources to perform Big Data activities. These Big Data Champions are the power-users, and are trained to perform more complex analysis without having to come to the IT division.

7 Customer Impacts

(1) A demand-based collection development that adjusts automatically with the changing needs of Singapore readers

The extensive network of libraries under NLB is well-loved by all in Singapore, and highly admired by foreign visitors. The libraries form a key part of the lives of all, catering to all ages, providing an ideal sanctuary for life-long learning.

An important reason for the popularity of the libraries in Singapore is the comprehensive collection of over 8 million items neatly lined up on the shelves at all the conveniently located library branches. It is therefore a top priority for NLB to ensure that its collections are managed effectively and efficiently.

Behind the well-stocked library shelves are a team of professional staff dedicated to the selecting, sourcing, procuring and processing of the library materials. With the Big Data Programme, we have transformed these processes that previously were based on experience and judgments, to the data-driven ones now. Millions of library users benefit from this, as they find library materials to be more relevant to their interests since their demands have been automatically taken into consideration in the entire collection management cycle. More copies of the titles that are on demand will be added to the collection, so library users will be able to get hold of the popular titles in a shorter time.

This is achieved through the Demand Analysis (DA) and Collection Planning (CP) components of the Big Data programme.

The DA component forecasts library users' demand for new and existing titles to decide on the optimal number of copies to purchase for each branch (see Figure 4). The day-to-day selection and acquisition of library materials are now backed with predictive insights through the analysis of loan patterns. As importantly, the resulting collections would be forward looking, keeping pace with demand trends, and thus are more useful and relevant to the millions of library users.

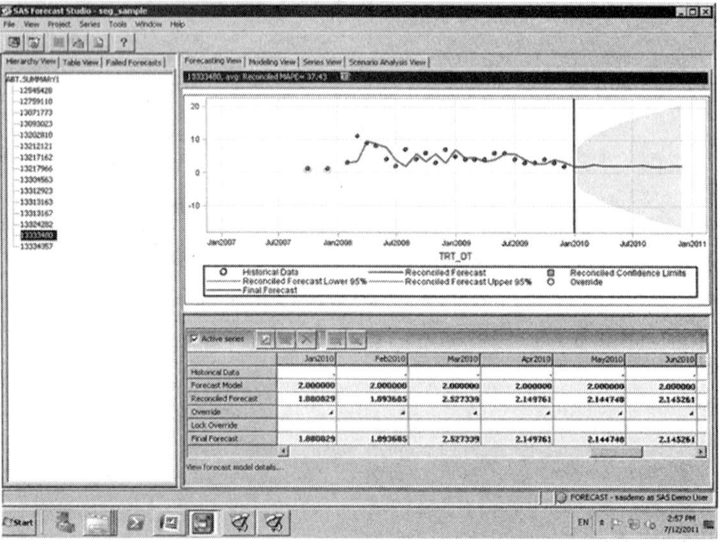

Figure 4　Demand Analysis

The DA component provides aggregated demand forecast to the CP component. CP uses optimisation technology to plan the NLB's lending collections, by determining the category mix in each public library that will maximise loans given the constraints of space, cost and budget. It considers the differing decline in readership with age of different categories in different libraries, as well as the fact that popular categories with lower on-shelf percentage require less space to recommend what to weed (i.e., remove from the shelves) and what to buy each year. Setting maximum and minimum boundaries for each category in each library enables collection planners to steer the collection to a good balance between relevance and comprehensiveness. See Figure 5.

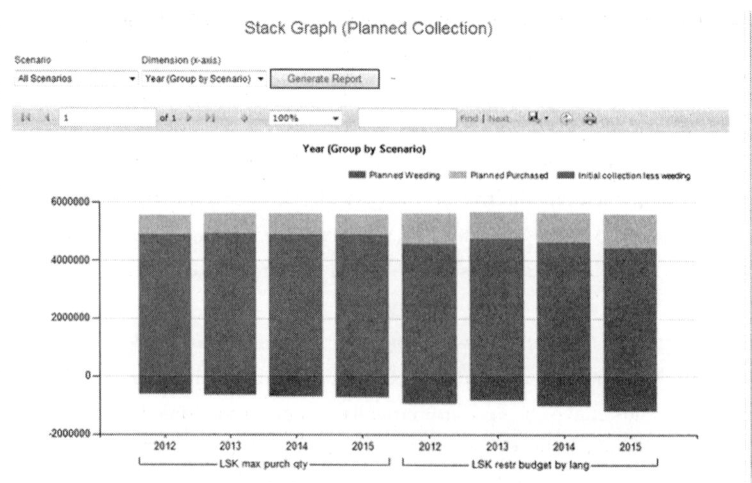

Figure 5　Collection Planning

With over 1 million items added to the NLB collection each year to the total collection of 8 million items, the users will see continuous and significant improvement(of over 10% per annum) to the relevance of the library materials at the branches, one which will automatically adjust itself to meet future demands of the users.

8 Financial Impacts

8.1 Collection Planning optimizes the limited budget to achieve maximum outcomes

The Collection Planning(CP) component provides the capability to perform 'what-if' analysis. The various parameters can be adjusted to test various scenarios so as to determine the optimal allocation of available budget. The Demand Analysis(DA) component provides accurate forecast of demands. Together, CP and DA enable wastage to be identified, and the limited budget to be optimised to meet the real demands of the library users.

NLB is now able to significantly increase the value of its collection to its users without increasing its collection budget. In the unfortunate scenario when the collection budget needs to be reduced, NLB has in its possession a tool that is able to minimise the impact of the reduced budget.

As importantly, the improvement will not be once-off. The Big Data Programme enables the improvements to be repeatable, and thus sustainable.

On top of better cost management and higher value-for-money, the new Collection Planning and Selection and Acquisition processes are now highly automated.

8.2 Text Analytics to automate labour intensive tasks

For the digital resources, with the Text Analytics(TA) component, we are now able to automatically identify the related articles within and across collections extremely cost-effectively using the Mahout on our Hadoop cluster. For example, we were able to generate over 130 million related articles for over 1.5 million newspaper articles in the NewspaperSG collection of historic Singapore newspapers, all done with our modest Hadoop cluster of 13 virtual nodes within 9 days. It would be an impossible task if this was done manually. If we just take the hypothetical assumption that it takes someone 1 minute to identify each of the 130 million relationships, works a 42 hours week, an estimated 992 man-years will be needed!!

The approach is also extendable to co-relate resources across the various rich NLB digital collections, as illustrated in Figure 6 below.

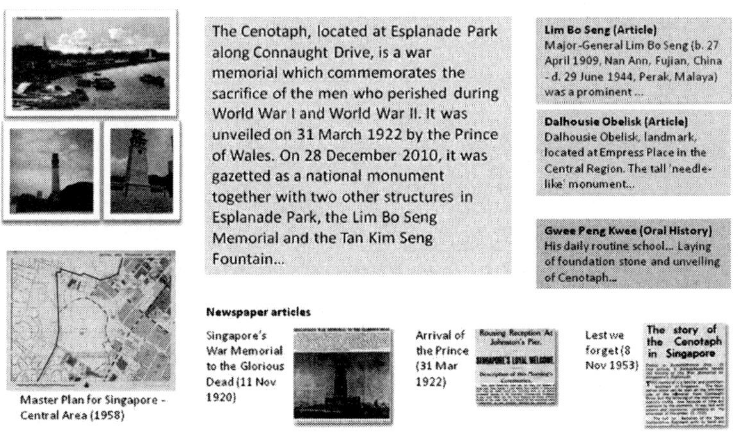

Figure 6 Contextual discovery using Text Analytics

The approach is also highly scalable since the text analytics component operates on top of a Hadoop cluster. We would be able to easily ramp up the number of nodes in the Hadoop cluster when the needs arise in the future.

It is a well-known observation that over 90% of the users of the popular Google Search do not go beyond the first page of search results. It is a clear indication of the little effort a typical user is willing to put in when looking for information-the 'instant gratification' and the 'good enough' syndromes. However, there is a danger that the information seeker may end up just touching the surface, or worse still, taking in wrong or incomplete information. Over time, this trend would not augur well for the future of Singapore which is premised upon a knowledge intensive economy.

With text analytics, we automatically sieve through all the resources to bring to the library users related ones across collections and formats, so that the users can focus on assimilating the knowledge. So instead of passive waiting for the users to search and gather all the pieces, we actively push relevant and trusted content to the users. We have transformed the digital library.

9 Operational Impacts

The NLB Big Data Programme brings together important data into the Enterprise Data Warehouse. Covering the entire life-cycle, starting from the selection, acquisition and processing of the new materials, to the circulation of the materials through loans, renewal and reservation, to the weeding of the materials from the collection, NLB is able to analyse the data from various Dashboards. Figures 7, 8 and 9 show the screen-shot of the Collection, Loans and Production dashboards respectively.

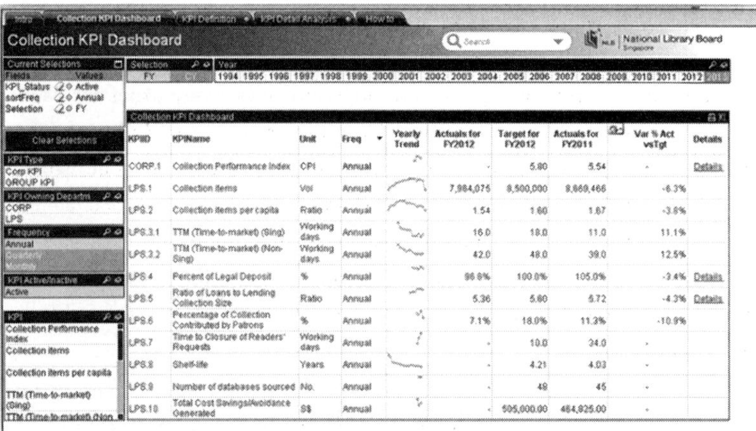

Figure 7 Collection Dashboard

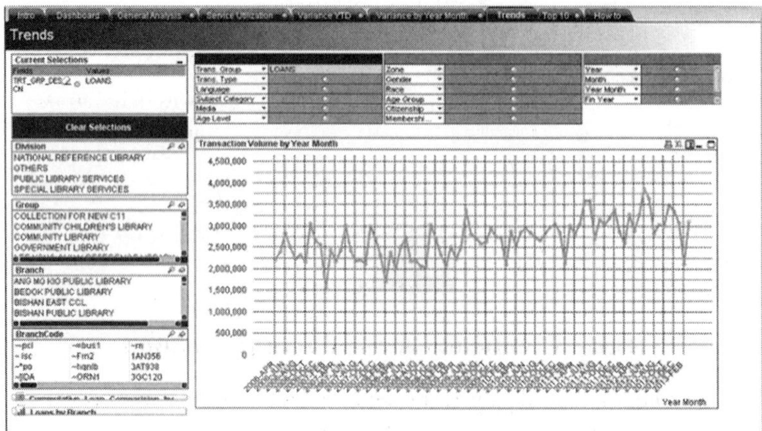

Figure 8 Loans Dashboard

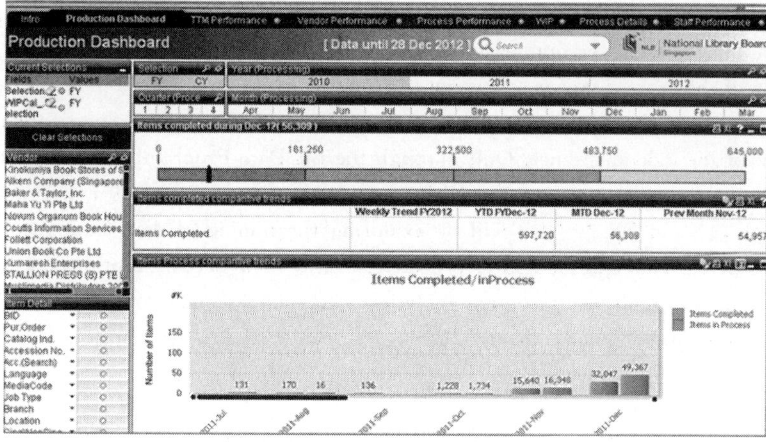

Figure 9 Production Dashboard

The dashboard software provides an easy-to-use and yet powerful tool for the library staff to analyse the data from all available dimensions. The in-memory architecture of dashboard software enables lightning fast analysis. NLB is one of the first organisations to adopt an in-memory Big Data tool. NLB senior management is even able to access the dashboards via their NLB-issued iPad—Big Data anytime, anywhere.

10 A Smarter Library

The library has been a key institution in communities small and large for thousands of years. Similar to everything else, the library is also facing major challenges due to the seismic changes brought about by the rapid advances in technologies. Libraries must transform themselves to continue to play a role in the society. Embracing technologies such as the Big Data technologies is critical to staying ahead through sustainable innovations and effective resource management.

NLB has invested significantly into the multi-year programme, and significant values have been derived. Many of the values are truly transformational in nature, and serve as references for other libraries.

The NLB Big Data Programme covers both strategic and operational analytics. It examines various dimensions(including geospatial) to identify patterns, relationships and insights.

At the strategic level, it analyses and optimises the extensive network of libraries nation-wide, examines the usage of these libraries, how well are they serving the community, how new libraries impact existing ones, and where and when additional libraries are needed.

At the tactical level, it optimises the allocation of the limited collection development budget by taking into consideration the available budget, the varying demands at the library branches and collection categories, the costs and differing aging rates of the library materials, the available shelf space and other parameters. Corporate KPIs, HR and Finance dashboards are used to monitor trends and support decision making.

At the operational level, demand forecasting tools are deployed to determine the number of copies of new and top-up titles to be purchased for each library branch. Library branches adjust their programming according to the local user and usage patterns observed.

Digital resources are automatically linked together using text analytics to provide contextual discovery. With this, NLB can now automatically sieve through the description and full-text(when available) of millions of its digital resources and identify relationships amongst them. Text analytics therefore allowed us to link our content at the speed and scale not humanly possible. It has created a break-through that allowed NLB to change the way information is delivered to our users-from "pull" to "push"; from delivering a single item to a package of all related resources.

With the Big Data Programme, it is now possible to make the significant transition towards "quality-focus" decision making. It is not the number of items on the shelves that matters most, but that these items meet the real needs of the users. Likewise, it is not the number of hits on the search result page on our digital library, but the quality of the hits that really matters. The value of a package of related resource far outweighs the sum of the individual ones. Only through the Big Data Programme can this be made possible.

The success has provided the impetus for NLB to do more in Big Data, and many more initiatives have been identified for FY14 and FY15. NLB will be exploring the mining of data from the Internet to better understand user behaviour and wants so as to proactively meet their needs. Another key focus would be to leverage on the advances in multimedia content analytics(e.g., image, audio and video analytics) to enhance the discovery of the vast and popular collection of Singapore cultural and heritage content.

References

[1] IDA's Public Consultation on Infocomm Technology Roadmap 2012, 17 Aug 2012 (http://www.ida.gov.sg/Technology/20060417212727.aspx).

[2] What is the Definition of Big Data? (http://setandbma.wordpress.com/2012/12/21/definition-of-big-data/).

[3] IDCiView "Extracting Value from Chaos," June 2011, sponsored by EMC. The multimedia content can be viewed at http://www.emc.com/digital_universe.

[4] Population White Paper: A Sustainable Population for a Dynamic Singapore. http://population.sg/whitepaper/resource-files/population-white-paper.pdf.

[5] Lim, Chee Kiam and Chinnasamy, Bala(2013) Connecting library content using data mining and text analytics on structured and unstructured data. Paper presented at IFLA WLIC 2013. http://library.ifla.org/131.

大数据时代下的图书馆发展

潘雅玲
（上海公安高等专科学校）

摘要 互联网和现代信息技术的不断发展，使信息产生成本迅速下降，数据量的猛增使可利用数据大幅增加，大量的非结构化数据等待着现代图书馆的处理、分析和利用。现代图书馆在对结构化信息资源需求的同时，也需对非结构化数据进行挖掘、分析，从而满足知识社会发展下急剧扩张的知识服务需求。结构化和非结构化数据的利用给图书馆建设带来质的飞跃，同时也给图书馆带来巨大的挑战。图书馆，作为当前较为庞大的知识信息服务中心，在 E-service 的环境下，应该利用大数据，通过对读者行为中隐含的结构化、半结构化和非结构化信息的挖掘、识别、组织和分析来满足读者对知识挖掘、知识评价、数据分析等的日常增值服务需求，实现图书馆对知识社会的服务的提升，进一步提高服务体系的组织水平，从而推动我国图书馆事业的发展。

The Development of Library in the Age of Big Data

Pan Yaling
(Shanghai Police College, China)

Abstract The continuous development of Internet and modern information technology cause rapid decrease of information cost. In addition, the large number of data leads to a substantial increase in useful information and a great deal of unstructured data which needs to be manipulated, analyzed and utilized. Modern libraries are not merely satisfied by resources of structured information. They have to mine and analyze data in order to meet the expansion of information needs. Using structured and non-structured data brings about significant innovation as well as challenges to library construction. As a large knowledge information service center, libraries should take advantage of Big Data via E-service, meanwhile, they should also mine, identify, organize, and analyze structured, semi-structured and non-structured information which are implicit in readers' behaviour. This will satisfy reader's value-added needs, such as knowledge mining, knowledge evaluation and information analysis. In consequence, libraries can realize the improvement of the service of knowledge society and further improve the level of service system of organization. Eventually, it will promote the development of libraries.

1 背景资料

2008 年 9 月，Nature 杂志出版的专刊《Big Data》系统地介绍了多个学科研究发现的“大数据”所蕴含的潜在价值与挑战，最早提出了“大数据”概念。2011 年 5 月，全球知名公司麦肯锡提出了“大数据时代”到来的观点，并认为大数据已经作为重要的生产要素渗透进各行各业，人们对大数据的应用将推动着新一波的高生产率和消费者盈余的浪潮。此后，《纽约时报》和《华尔街日报》开辟专栏封面对其展开激烈的讨论。在 2012 年 3 月 29 日，美国政府拨款 2 亿推出和支持的“大数据的研究和发展计划”更是将大数据推向全球战略发展的浪潮尖端。IT 巨头 EMC、甲骨文等也几乎都已投身于大数据软硬件技术合成和处理大数据信息的技术研发之中，力求在这块领域强占技术制高点和战略先机。“大数据”在近两年无疑是继“Web2.0”、“数据挖掘”和“云计算”之后 IT 界最关注的词。作为当前较为庞大的知识信息服务中心的图书馆，在 E-service 的环境下，更应该利用大数据，通过对读者行为中隐含的结构化、半结构化或和非结构化信息的挖掘、识别、组织和分析来满足读者对知识挖掘、知识评价、数据分析等日常增值服务的需求，实现图书馆对知识社会服务的提升，进一步提高服务体系的组织水平，从而推动我国图书馆事业的发展。

2 大数据的认识

大数据既不是新技术,也不是新产品,而只是一种新现象。目前对大数据还没有一个官方的、统一的定义,外界通常用大数据来形容数量很大、形式繁多的数据,通常包括结构化、半结构化和非结构化数据。随着对大数据的不断深化研究,IT 界总结了大数据的特点:

(1) **巨量**(Volume)

大数据的规模极为庞大,体量已从 TB(万亿字节)级升到 PB(千亿字节)级。根据国际数据公司 IDC 的研究结果显示:2008 年全球数据量为 0.49ZB(10 亿个 TB),2010 年增至 1.4ZB, 2011 年全球创建和复制的信息总量更是高达 1.8ZB。到 2013 年,只需要 10 多分钟就可以超过 2011 年一总年的全球信息量。预计到 2020 年,全球数据量会是现在的 44 倍。

(2) **繁多**(variety)

大数据的种类繁多。编码方式、数据格式等多方面的差异及多信息源的并发形成大量异构数据,数据的种类和格式冲破了以前所限定的结构化数据范畴,且结构化数据只占少数部分。在目前大量的数据中,仅 10%属于结构化数据,其余的则是大量的半结构和非结构数据,例如:视频、图片、页面点击等。

(3) **快速**(Velocity)

处理速度快。大数据存在大量的实时数据分析处理的需求,其处理依赖于云计算技术,以秒级时间单位为处理速度——"1 秒定律"。这个速度要求是大数据处理技术与传统的数据挖掘技术最大的区别。

(4) **高价**(Value)

大数据价值大,冗余多。有一幅漫画形象地形容了大数据这一特点:在一堆整齐的稻草堆中有一根缝衣针的特写。寓意大数据就是你可以在一大堆稻草中找到你需要的那根小小缝衣针。

3 大数据的应用与图书馆提升服务的可能

数据的价值不在储存与运行,而在于分析与利用。根据 NetAPP 对大数据"大"的理解,大数据的应用可分为 A(Analytic 分析)、B(Bandwidth 带宽)、C(Content 内容)三大要素。

首先,对大数据的分析,即大分析(Big Analytics)是指通过对大数据的实时分析来服务于客户。大数据因涉及感知、传输、决策等,因此对数据的处理有极高的要求。传统检索方式所得到的表面信息在某些决策中可能已经缺乏一定的利用价值,只有对信息数据的进一步分析才能达到帮助更好地决策或提高预见性的效果。其次,高带宽(Big Bandwidth)是指高速处理关键数据。大数据大多存在一定的实时性,只有在特定的时间和空间中才有意义。因此,对数据的快速处理有利于服务信息的分析和利用。再次,大内容(Big Content)是指大数据的结构化、半结构化、非结构化数据量以及对数据存储扩展的高要求,也就是对管理信息的恢复、备份、复制和安全管理。

对于图书馆而言,每天都存在大量用户访问图书馆资源时留下来的日志和信息行为数据,包括查询书目产生的 OPAC 日志、借还书产生的流通日志、用户对电子资源的点击量、浏览数、下载量、用户访问时所产生的流量数据等,这些都是可以利用的数据。通过对这些数据的分析可以更明确地了解到用户的需求从而优化图书馆的服务。国内某些大学图书馆已经逐步分析并利用这些数据优化服务模式。例如:2010 年起,复旦大学图书馆开始研究从图书馆采购的大量数字资源、用户访问信息行为以及各类系统日志数据中挖掘价值信息来缓解客户对图书馆不断增加的要求所带来的压力,提升服务水平。在大数据的环境下,大分析将帮助图书馆感知知识服务的市场、用户需求和未来发展形势等,为图书馆开辟广大前景,帮助图书馆优化服务能力、服务水平、决策水平,实现智能运营。

4 大数据时代下信息服务的基本特点与数字图书馆建设

随着全球信息化进程的加快,信息利用的重要性被越来越多的国家所关注,信息、能源和材料已被誉为现代社会发展的三大支柱。为此,我国也近年来发布了一系列关于信息的政策、法律法规、技术标准以保障我国的国民经济信息化建设,例如《国家信息化"九五"规划和 2010 年远景目标(纲要)》。在数据利用被不断重视的氛围下,数字图书馆、特色数据库等特色电子项目也拔地而起。截至目前,我国的图书馆已基本实现信息化建设。然而,目前我国图书馆在所谓的信息化建设中所利用到的数据基本还属于结构化数据,主要利用的还是例如数据库、XML 等单一数据。结构化数据相对数据而言仅仅是一小部分。根据美国 McKinsey Global Institute 在 2011 年调查后得出结论,全球将近 87.5%的数据未得到真正利用。大量的非结构化数据等待着现代图书馆的处理、分析和利用。

最早将"大数据服务"理念引入图书馆服务模式并着手实施的 Harvard 让我们看到了现代图书馆对结构化信息资源需求的同时,也需求对非结构化数据分析。相比结构化数据,后者更能够满足知识社会发展下急剧扩张的知识服务需求。

大数据时代的到来同样也带来了信息服务模式的变化,从而使得图书馆的服务模式必须根据全球信息服务模式的转变而转变。如今的图书馆服务模式更趋向于移动性、数据与文献结合、信息检索便捷性的三点明显特征。在 E-Service 大环境下,新型数字图书馆的建设必须满足目前信息发展、信息服务业发展,充分利用大数据和现代信息技术让用户体验到数据共享、文献检索等更便捷、更安全、更自由的感受。

数字型图书馆的第一大优点在于移动终端以及个性化信息服务建设更好地满足了用户的知识信息需求。数字图书馆可以向互联网用户以及拥有图书馆手机客户端的用户提供更便捷的信息查询、借阅服务,在图书馆服务于用户的同时加强用户与图书馆之间的信息交流,这些交流信息也能帮助图书馆明确定位用户需求。用户的需求通过互联网实时反馈给终端,数字图书馆便可以将馆藏资源按照用户的信息反馈进行整理。例如,在网上购物或浏览时我们常会看到"浏览了该商品的人还浏览了如下商品"或者"猜你喜欢"等字样,这些信息就是这些网站分析用户行为数据后作出的推荐策略。这个案例给图书馆的信息服务创新开辟新途径,在大数据环境下图书馆同样可以向用户提供推荐体验,把图书馆服务与用户的兴趣相契合,通过信息交流与分析使得数字化图书馆的发展避开了因建立在数据分析的基础上的生硬性、冰冷性而更趋于人性化。尤其是院校图书馆,在资金有限却不仅要保证图书馆信息资源体系科学性、合理性,还要保证图书馆的馆藏资源满足不同类型、不同层次用户需求的情况下,通过不断挖掘用户的行为数据,了解不同类型、不同层次的用户对各类信息的需求,以此作为图书馆采购依据,增强图书馆资源针对性,提高图书馆服务效率,以缓解或解决图书馆资金有限与用户需求不断提升之间的矛盾。

数字型图书馆的第二大优点在于数字与文献的融合将使学术交流更广阔、更便捷。科学数据与文献的统一更符合新范式下的学术交流。数字型图书馆提供的数据共享范围应该超过单一的研究论文,将科学数据和文献相统一,让用户在阅读论文的同时能够找到原始数据,重新做一次分析查阅,推动学术研究的严谨性。例如美国国家医学家图书馆,开展了整合生物学及临床信息项目,通过 i2b2 开发的软件工具开放资源共享,在全球 50 多个组织中使用。该项目充分利用了大数据对于数据整合和共享的优势,实现了生物学和临床的信息数据共享。利用大数据的优势通过对科学数据与文献进一步整合能大大增加资源的利用率。

数字型图书馆的第三大优点在于信息检索的便捷性。图书馆的资源组织按照其服务要求受到规范标准的严格约束,因此读者在进行信息资源检索时需要按照专业体系进行查询。对于信息素质相对较低的用户,在对图书馆馆藏资源分类不了解又没有人工咨询的情况下,精确高效地查询有用信息将相对困难。大数据环境下的数字型图书馆可在网站配备强大的帮助中心为这部分的用户提供检索帮助。比如:向求助用户提供与他所提出帮助需求相近似的主题内容,"你是不是需要这方面的问题帮助"等。在用户个性化需求和图书馆的规范化之中找到平衡点,不因契合用户需求导致专业资源组织的紊乱,也同样体现了数字型图书馆人性化服务特征。

5 大数据给图书馆发展带来的挑战

结构化和非结构化数据的利用固然能给图书馆建设带来质的飞跃,同时也给图书馆带来巨大的挑战。首先是对图书馆信息储存能力和计算能力的挑战。根据图书馆对结构化信息和非结构化信息的需求以及图书馆自身海量数据的存储和大数据对存储能力的高要求,现有的计算能力和存储能力的发展速度远远落后于数据量增长以及数据形式多样性、复杂性、实时性等的变化。

其次,数据分析和数据表示方法等都是有待解决的问题。只有通过可信度高、扩展性大、可用性强的分析和表达方法,才能真实地还原复杂、零乱的数据中所隐含的内容。

第三,图书馆需要掌握的信息范围难以控制。图书馆获得的数据包括用户的个人身份、借阅记录等,同样也包括用户的信息行为数据等半结构化、非结构化数据。所获得的数据量大,种类繁多,导致筛选分析时难度增加。只有及时在存储的所有数据中筛选出价值信息,相互结合且加以分析,才能够真正利用于图书馆未来决策之中。

第四,信息安全是大数据时代的图书馆难以忽视的问题。信息安全对于图书馆来说可分为两个方面:图书馆自身信息的保密和用户信息的保密。因为大数据时代的到来,隐私保护措施还处在模棱两可的地位。图书馆怎样在储存信息、处理信息、分析信息的同时,保证自身数据的不丢失和用户信息的保密是目前应该放在首位的问题。

最后,数据利用的同时也同样对图书馆的人力资源等基础设施带来巨大的挑战。传统图书馆的馆员在大数据时代显然已经不能发挥同力度的作用,因此,需要培养专业服务能力更强、专业面更广、技术含量更高的新时代图书馆员。

6 结语

大数据时代,图书馆应该利用大数据对图书馆服务内容和服务质量提供的支持,实现创新型图书馆建设。图书馆之间的竞争将不仅仅局限于馆藏组织、图书馆硬件设施、服务质量三大板块,而应该在于数据拥有量以及对大数据的存储、挖掘、处理、分析与价值开发的能力。对海量复杂数据的深度挖掘利用的能力将成为未来图书馆的核心竞争力。图书馆在对发展所做规划与决策时也应建立在对大数据分析的基础上。针对大数据所带来的挑战,图书馆应做好积极应对的准备,变传统被动服务观念为主动观念,不断丰富与拓展图书馆服务体系,加强其组织管理、各类资源建设管理,建立有效人员培训机制、激励机制和分析评价机制,积极呼吁读者参与到新型图书馆建设中来,在建设中不断突破由传统型走向创新型的瓶颈,不断迎接新的挑战,不断优化自身服务模式,拓宽服务范围,以完成大数据时代下图书馆的成功转型与发展。

参考文献

[1] Big data: The next frontier for innovation, competition, and producetivity[EB/OL].[2012-12-09]. http://www.mckiney.com/Features/Big_Data.

[2] The New York Times. The age of big data[EB/OL].[2012-08-09]. http://www.nytimes.com/2012/02/12/Sunday-review/big-datas-impact-in-the-world.html.pagewanted=all.

[3] The Wall Street Journal. Big-data success stories: Splunkp [EB/OL].[2012-08-09]. http://bloges.wsj.com/venturecapital/2011/10/21/big-data-success-stories-splunl/.

[4] The White House. Big data across the federal government[OL]. [2012-08-10]. http://www.whitehouse.gov/sites/default/files/microsites/pstp/big_data_fact_sheet.pdf.

[5] InfoSphere BigInsights[EB/OL]. [2012-05-20]. http://www-01.ibm.com/software/data/infosphere/biginsights/.

[6] Big Data is a Big Deal. http://www.whitehouse.gov/blog/2012/03/29/big-data-big-deal.

[7] 韩翠峰.大数据带给图书馆的影响与挑战[J].图书与情报,2012,(5).

[8]、[9]、[10] 李国杰院士:大数据成为信息科技新关注点[EB/OL].[2012-06-02]. http://www.mckinsey.com/Insights/MGI/Research/Technology_and_Innovation/Big_data_The_next_frontier_for_innovation).

[11] 张文彦,武瑞原,于洁.大数据时代的图书馆初探[J].图书与情报,2012,(6).

[12] 郭向东,陈军,甘肃省市县图书馆信息化现状调研与分析[J].图书馆与情报,2010,(3):83—87.

[13] McKinsey Global Institute. Big data: The next frontier for innovation, competition and productivity[EB/OL].[2012-08-11].http://www.mckinsey.com/insights/mgi/research/technology_and_innovation/big_data_the_next_frontier_for_innovation.

[14] The New York Times. Harvard releases big data for books[EB/OL].[2012-08-11]. http://bits.blog.nytimes.com/2012/04/24/harvard-releases-big-data-for-books/.

[15] http://sznews.com/html/2012-09/09/content_2193281.htm[EB/OL].[2013.5.21].

互联网图像搜索:应用与局限

Paul Nieuwenhuysen
(比利时布鲁塞尔自由大学)

摘要 本文是通过免费的 WWW 服务,调查和评估图像搜索系统项目的一部分。我们进行搜索的系统,无需提交文本形式的检索串,而是使用最近兴起尚未广为人知的图片进行搜索。通过这种方法,我们可以找到相似和相关图片以及这些图片所在的上下文。总之,图像搜索正演化为一项满足用户信息需求的有力工具,因此图书馆员和信息专业人员应当考虑将这个工具整合到他们为用户提供的服务中。图像搜索十分有用,例如在数字人文资源领域。本文对图像搜索的应用也进行了讨论和建议。

关键词 图像搜索 WWW 谷歌 冗余结果 语义图像检索 语义鸿沟

Search by Image through the Internet: Applications and Limitations

Paul Nieuwenhuysen
(Vrije Universiteit Brussel Library, Belgium)

Abstract Introduction / Context / Background: To satisfy various information needs, all kinds of search methods become available on the WWW. Several search methods involve images.

Purpose of this research: This is part of on an ongoing investigation and assessment of systems for image searching through the WWW, free of charge. Here we deal with systems that allow us to search, NOT by submitting a query in the form of text, but by the more recent and less well known method in which even the query consists of an image file. In this way, we can find similar and related images and the context in which these images occur.

Findings / Results:

- Images can be found that are duplicates of the submitted source image or slightly modified near-duplicates, or even modified / derived / altered / edited versions of the source image. The efficiency is quite variable from case to case.
- Not only visually similar images can be found through search by image, but even semantically related images; however this is less straightforward, more ambitious and thus less successful. Nevertheless, useful results can be obtained, mainly if the source image has been published on the WWW in some meaningful, textual context.

Conclusions / Applications / Recommendations:

In general, search by image is evolving to a powerful, additional method to meet information needs. Therefore information professionals / librarians should consider incorporating this tool and method in the services that they offer to their clients. Search by image can be quite useful, for instance in digital humanities. Applications are described and suggested.

Keywords Search by Image WWW Google Duplicates Copies Semantic Image Retrieval Semantic Gap

1 Introduction

The number of images available is increasing rapidly with the decreasing costs and technical difficulties that are related to

- digitization of hard-copy images,

- digital cameras and photography,
- publication / distribution of images through the WWW and even social interaction associated with images.

To satisfy various information needs, various search methods on the WWW become available and are steadily improved. Several methods are not limited to text, but involve images in some way; the umbrella word "image searching" is often used, even though the methods can be quite different in their features, aims, power and limitations.

We can apply some image search method to find relevant images, if some specific image needed. Besides this, when we find an image that is related to our query and that is relevant, then the search system links us also the WWW page plus the site that contains that image and all this can be relevant in the context of our information need. Furthermore, evaluating each result in a list of results returned by the search engine takes less time, when these results are thumbnails of images, in comparison with the more classical / normal display of results that consist of text fragments only.

We can search for images by submitting a text query, like in classical searching for texts. To search in this way through the WWW, several systems are available and even free of charge; examples are Bing, Yahoo! and Google(see for instance Nieuwenhuysen 2010). These systems have become quite popular; for instance, to find images, users in a university rely heavily on Google Image Search(Kandiuk and Lupton, 2012) and in China on the Chinese search engine Baidu, as well as on Google(Huang and Kelly, 2013). The retrieval systems function mainly on the basis

- of the image file name and other metadata added to the image file,
- of the text surrounding the image,
- of the text in hyperlinks to the image, which are located in other documents on the WWW.

These retrieval systems suffer from classical difficulties in information retrieval, such as synonymy and polysemy. Even worse, in most cases

- the association of describing words with an image is loose,
- image descriptions / metadata are lacking or scarce and
- these descriptions are not controlled during creation by some thesaurus or ontology.

Content-based image retrieval or "CBIR" has been developed later than text-based retrieval. In this approach, images are indexed by a computer system on the basis of their visual content, such as colors, textures and shapes, with the ambition of creating some useful possibilities for searching; see for instance an overview of the limitations of content-based image retrieval(Enser et al., 2007), surveys of principles and systems(Liu et al., 2007; Raman and Valli, 2013) and a brief review available free of charge for anyone from http://en.wikipedia.org/wiki/Content-based_image_retrieval. Some of these systems allow us to search starting with a query in which an image file is submitted to the search engine. Generic names for such systems are "search by example" or "reverse image searching" or "reverse visual search" or "search by image".

The author of this report investigates and applies image searching through the WWW by using freely available search engines on the WWW(Nieuwenhuysen 2010, 2012, 2013, 2014).

Findings on search by image have been reported earlier(Nieuwenhuysen, 2013, 2014). They include the following:

- Several engines are available free of charge to search by image through the WWW.
- Differences among these are substantial.
- The recent system offered by Google performs relatively well.
- Google can reveal images on the WWW that are copies of the source image. The efficiency is quite variable from case to case.
- This efficiency of a search by image to find the duplicate of that particular image on the WWW is strongly correlated with the efficiency of a more classical search by text to find that particular image

file on the WWW.

- Google can even reveal images on the WWW that are modified/derived/altered versions of the source image.

2 Problem Statements /Research Questions /Purpose

Here we report on our more recent investigations that address the following question:

To which extent can searching by image through the WWW find images that are not only visually related to our source image, but also even semantically related? In other words, can search by image reveal other images that are related to the subject /content /theme /semantics of our source image? This kind of information retrieval is more ambitious and difficult than retrieving images that are only visually similar. Such images that are visually related are often irrelevant as search results for the particular information problem, since these are not necessarily related to the meaning/content/theme of the source image.

Search by image can yield various categories or types(and sub-types) of matching/found images in the search results; this is illustrated in the Figure and explained in more detail below:

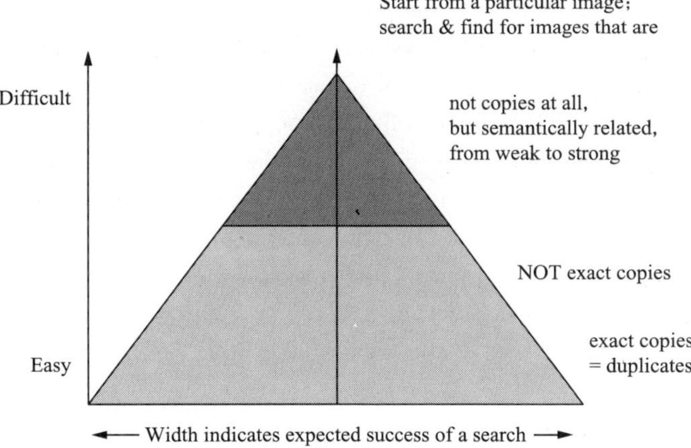

Figure Search by image can yield various types of search results

A. Images that contain at least some elements of the source image. Here we can distinguish various subtypes as follows:
   a. exact copies or duplicates of a source image;
   b. almost exact duplicates, but different from the source image
      - in size and/or colours and/or
      - resolution and/or
      - degree of compression of the data in the file, which causes some loss of details from the image;
   c. other images based on the source image, in the sense that they include the source image, but also other images and/or texts, all composed or blended into one resulting image file;
   d. other images that include only a part of the source image;
   e. edited/changed/modified versions of the source image;
   f. and of course also combinations of the types of images listed above

   The differences or boundaries between the sub-types listed above are not sharp and well-defined, but they overlap. Therefore we can consider these together, here and also in the figure, as one category or type. Such images can be more or less similar to the source image, but they all contain some elements of the source image.

B. Images that do not contain elements of the source image, but which are related to the content/

meaning / subject / topic / significance / semantics of the source image, or in other words, which are semantically related to the source image. This relation can vary in strength:

a. The semantic relation can be weak or superficial or broad; for instance all plants are related to a particular tree species, or for instance all masks are related to a particular, specific, individual mask that belongs to the type created and used by a particular people in Africa in the 20th century.

b. The relation can be very strong or specific, right on target.

3 Methods Used in This Investigation

- In each search-by-image query on the WWW, one source image is submitted from the computer disk to the search system.
- To concentrate on a subject area that is familiar to the author and to investigate a type of information retrieval that may be useful in digital humanities, we used as source images mainly simple, documentary photos of static, sculptural, traditional, ethnic, art objects from Africa.
- The file format used is jpg, because this is now the most common format for photos on computers.
- In general, when an image file is submitted as a query to a search engine, then the file name is also sent to the search engine. Then the search system can try to exploit this extra data besides the image data, to increase the quality of the retrieval action; this can function at least in principle and perhaps also in practical reality. If this file name is related to the content, the meaning, the subject of the image, then this gives indeed a hint or additional information to the search engine.
  In order to investigate the retrieval on the basis of the source image only, we want to exclude this component of a search by image file; therefore we replace the image file name with the meaningless x. jpg, before executing a query.
- We found that Google search by image does not function with large images. Therefore, in some cases we used a smaller version for the search by image.

4 Results and Discussion

4.1 Search by image to find semantically related images

A system can be useful if it can find images and texts that are related to the subject / topic / meaning / content of an image that is close to the information problem of the user. That image can be known and available to the user or it can be made on purpose by the user on the basis of an idea or available object, person, and so on. More specifically, we can imagine for instance

- a system that can find images that are not only visually similar(colours, textures, shapes ...)(see for instance the survey paper by Raman and Valli, 2013), but also semantically similar or related to the object that is displayed in the source image that is submitted by the user;
- a system that can understand in some way or another an object that is displayed in a photo or in graphical image, so that this system—or another, more or less independent system—can find and yield not only other images, but in general all kinds of information related to that object.

Such a system would be useful particularly if the user knows only the general nature of the object / subject in the image and does not know a specific word or name, so that the user cannot express the specific need for information by formulating a specific / focused text query.

In this investigation we assess the efficiency and usefulness of a real system that allows to search by image and that allows us at least to find visually similar images, namely the relatively recent system offered by Google.

Last year, in 2013, 20 searches by image were performed as test cases (Nieuwenhuysen, 2013). As expected, for each case, the results were images that show similar colors, shapes and composition; however, the results include no images of other objects that are semantically related; exceptionally in only one case, the results included a few images of similar, conceptually/semantically related objects. Performance of this kind of semantic image retrieval was even poor in those cases in which many content-related images are present on the WWW, as we know from earlier, other, different ways of exploring the WWW. These unproductive, irrelevant results are not surprising, because developing any effective system for semantic search by image is quite difficult and challenging. Furthermore, what a user ideally wants is not only some system that functions in a narrow, specialized field of applications, such a medical pattern recognition, that can work with a small, somewhat controlled set of images, but a general, generic system that can be applied to all kinds of subjects and that searches through a large and diverse, heterogeneous collection of images. Clearly developing such a system is quite challenging, if not impossible. Indeed, it is hard for a computer system to make a successful, useful match between

- on the one side in the computer system the basic/low-level/essential visual features/primitives of each image, such as the quantifiable attributes/features of color, texture, shape and the spatial distribution or regions, which can be automatically detected within the pixel domain of the digitized image and which can be automatically extracted/indexed, &
- on the other side, several of the many possible high-level, semantic contents/concepts that can be seen in an image by human beings such as the user of the retrieval system.

In general, links between the low-level features and the high-level concepts are weak or even absent(see for instance Enser et al., 2007; Liu et al., 2007; Datta et al., 2008; Raman and Valli, 2013). This is reflected by poor performance of the systems, with a low recall and precision of the search results. In other words:

- on one hand, semantically similar images may have dissimilar low-level features, which causes low recall;
- on the other hand, semantically different images may contain similar low-level features, which causes low precision.

This problem is one form of the more general, basic problem in information retrieval, which is known as the "semantic gap". (see for instance Enser et al., 2007; Liu et al., 2007; Datta et al., 2008; Tsai and Lin, 2012; Raman and Valli, 2013; http://en.wikipedia.org/wiki/Content-based_image_retrieval).

Naïve users of such systems, who are not aware of their limitations, may expect a better performance.

4.2 Assessments of search by image, offered by Google, to find semantically related images

The following describes our test cases with search by image. Here we do not mention results concerning the detection of copies on the WWW, because these have been described earlier(Nieuwenhuysen, 2013). Here we deal only with search by image to find relevant information and semantically related images, starting from a source image. This is a more challenging task for a search system and we expect less successful, spectacular or interesting results.

Several tests were made with source images that are not present on the WWW as copy. In those cases, the search system offered no "best guess" concerning the content of the images and no semantically related other images.

About 15 tests were made with source images of which we know that a duplicate is present on the WWW. In most cases, the search system revealed those duplicates(Nieuwenhuysen, 2013). However, in almost all these tests, the search system provided again no "best guess" concerning the content of the image and no semantically related images.

The lack of interesting results observed in the test cases above should not be disappointing; this outcome is expected, because a general system for efficient semantic image retrieval is hard or impossible to develop. However, a few of similar test cases did yield more interesting results, as described in the following.

Caseritual mask:

This was already tested in 2013 and has been repeated in 2014, as follows. The source image was a copy of an image that is present on my personal WWW site already for several years. In 2013, searching by this image revealed several copies on the WWW successfully, but no other semantically related images(Nieuwenhuysen, 2013). In 2014, the same test revealed again copies on the WWW, but furthermore, the search system stated that it guessed in some undisclosed way that the image is related to 'ritual masks'. This is surprisingly correct, as the image is indeed a photo of a particular African mask of a well-known type that was or still is produced by a well-know people in central Africa and that I used in ritual dances and ceremonies. Summarized, the system delivers a result page that shows at the same time

- that 9 images have been found on the WWW that are based on the source image(more concretely 7 images that are almost identical except for the size and 2 copies of an image that incorporates a copy of the image with colours removed);
- the best guess for this image 'ritual masks'(this concept occurs in the text of some of the WWW pages that include a copy of the source image);
- 12other images, and each of these shows other masks, mainly in colours that are similar to the colours of the source image.

In a pessimistic way, we can consider the guess made by the system and the retrieved images as not specific enough for a user interested in the particular type of mask shown by the source image; however, in an optimistic way, we can consider the guess and the delivered images as a significant step on the road to retrieval of relevant, useful, semantically related images.

Case Kubahelmet mask:

This case is similar to the previous one. This was already tested in 2013 and has been repeated in 2014, as follows. The source image was a copy of an image that is present on my personal WWW site already for several years. In 2013, searching by this image revealed several copies on the WWW successfully, but no other semantically related images(Nieuwenhuysen, 2013). In 2014, the same test revealed again copies on the WWW, but furthermore, the search system gave as "best guess" that the image shows an "African mask". This isnot specific but at least correct. On the same results page, the system also shows several other African masks.

Case Africanface mask covered with metal sheets:

This case is again similar to the previous ones. The source image was a copy of an image that is present on my personal WWW site, already for several years. Search by image yielded a results page that showed

- the duplicate image that is indeed present on my WWW site;
- about 10 copies in the broad sense on the WWW;
- in 2013, no "best guess" by the system for the content of the image; in 2014 however,a "best guess": African mask; this is not specific, but at least it is correct;
- a few pictures of other African masks; this is another example of successful search for semantically related images.

Case Kifwebe mask:

This case was also tested in 2013 as well as in 2014.The source image was a famous photo of an African mask in action, not in colour but in grayscale. This test ran like the test cases described above. Search by image yielded a results page that showed

- several copies of the photo present on the WWW, as expected;
- in 2013, no "best guess" by the system for the content of the image; in 2014 however, a "best guess": not just a broad term like"African mask", but the exact name "Kifwebe"; this is a famous type of mask made by the Songye(and Luba) people in central Africa;
- 10 visually similar images; these included as many as 7 photos of other masks of the type Kifwebe.

So this is another example of successful search for semantically related images. These results were even more spectacular than in the cases above, in the sense that the system brought us very close to ideal retrieval of visually as well as semantically related, relevant images and information in general.

Case famous Ngil face mask used by the Fang people:

The case studies above indicate that this kind of search method is more successful when the source image ispresent on the WWW in the form of several copies. Therefore we executed an additional test case with a source image that shows one of the most famous masks, namely a particular face mask of the type Ngil; this kind of masks were used by the Fang people. This specific object has been sold in 2006 on auction for more than 7 million US Dollar and this remains the record price for a traditional object from Africa(see for instance The Robert Goldwater Library, 2006; Databank; Out of Africa, 2012). Search by image yielded a results page that showed

- several copies of thesource photo, present on the WWW, as expected;
- a "best guess": "Fang African mask", which is correct and quite specific;
- 15 visually similar images, all of masks used by the Fang, and almost all of the type Ngil(14/15).

So this is another example of a successful search for semantically related images. These results were even more relevant than in the cases above.

Case famous Ngil face mask used by the Fang people, bis:

To get a view on the variability over time in the outcome of searches, the search described above was repeated later on the same day. The page with results was even more impressive:

- several copies of the photo present on the WWW, as expected;
- a "best guess": "masque Fang Ngil", which is correct and even more specific than in the previous search with the same source image;
- 15 visually similar images, all of masks of the type Ngil used by the Fang; this results is even better than in the previous test and can hardly be improved.

Case ordinary Ngil face mask, as used by the Fang people:

In view of the success in the case above with the famous mask, a similar search has been executed, again taking as source image a visually similar Ngil face mask. In contrast with the previous case, the source image shows not a famous mask, but a less special and less famous mask of the same type, which is probably less old and authentic, and which is available for sale from a dealer on the Internet, for only a few hundred dollars. As expected, the search result was less impressive:

- the image on the Internet that we copied to serve as our source image, correctly found as expected;
- no "best guess" about the content of the image;
- 13 visually similar images, but without semantic similarity with the source image.

In comparison with the previous case in which the image is more famous, thiscase study gives a result that offers less useful, relevant information. This observation agrees again with our general finding that more famous, popular images yield more directly useful results.

Nevertheless, we can spend a few seconds more on this case and take a closer look at the result page. Without further action and effort, we can simply see that the duplicate of the source image is found on a web page that describes the mask as belonging to the type Ngil used by the Fang people. So even though the search system does not offer this information as a "best guess", we and any user can obtain the same information directly from the search result page. Subsequently we or any user of the system can apply these words/names in a classical text query to find more relevant information or images. Therefore, this case offers less direct relevant results, but can nevertheless be considered as a success, because the user is directed to relevant information, even though the starting point consisted only of one single image only.

Case Kpelie face mask:

Here the source image showed again a mask from Africa. The image was sent to me by someone who requested my advice. We both know that this particular face mask is one of a well-known type, named Kpelie, which is used by the Senufo people in West Africa. But more information about this specific, individual mask was wanted. However, the image is far from ideal: it is a skewed photo, probably a photo of an older photo, and resolution is low. Nevertheless, a search by image was executed. The system offered a "best guess" for the content: "Afrique noir"; that is not specific but at least correct. The results page included two different graphical images that are available from various WWW sites; these pictures were clearly based on the same mask as the one on the source photographic image. The images were as usual linked to the publishing WWW sites; one of the found pictures is used on the cover of a book and the title of the book was also provided directly. So results like these do not only reveal copies of the source image, but even semantically related images and links to contexts that can bring a user closer to solving an information problem.

It is remarkable and positive that every "best guess" offered by the search system for the contents / subject / topic of the image, was at least correct and in some cases even quite specific.

The cases that deliver fruitful results are mainly those that start from a source image that is well present on the WWW in the form of several copies, with some of these even in a significant text context. This agrees with the comments by the producer of the system, Google:

"The feature works best for images of things that are quite well documented, such as often-photographed tourist attractions or images that are seen frequently online." (quoted by Parker, 2011).

A naïve user may perceive such relevant result as simply nice and useful; a user with a deeper understanding of the difficulties of search by image may perceive this as too good to be true.

The test cases described above bring us to a paradoxical situation, as follows. On the one hand, we know that a general system to search by image, which works with a huge uncontrolled heterogeneous collection of images, cannot perform well in retrieval of images that are semantically related to a source image. On the other hand, in some way or another, the system investigated performs quite well in some of the test cases, as observed in our tests and as described above. This is indeed a paradox; this looks like a contradiction, but it is not a real, hard contradiction. Indeed, the system investigated is not only an isolated system to search by image; in reality the Google search by image system is embedded in a much larger retrieval system that is aware not only of images but also of texts that form the context of these images. That allows the system to use methods besides a search by image, which is purely and only based on the values of picture elements in the images. The algorithms and mechanisms used in the retrieval actions are not published / disclosed, as far as we know. A system to search by image embedded in a bigger system to search the WWW in various ways may function as follows:

a. the system first finds copies of the source image on the WWW;

b. then the system investigates the context of these found images, because this can serve as a basis to guess the subject / content of the source image;

c. then the system can exploit both the source image and the words in the guessed subject / concept / content, to execute a combination of search by image with a more classical text search for images;

d. then the system summarizes all results and combines it all on one dynamically generated web page with search results;

e. then the system sends that page to the user of the search system.

Such a scenario is more complicated than a more classical database search. Nevertheless, the whole action only takes a few seconds in our experiments. Furthermore, most users perceive all this probably as just another normal one step search action.

Such a scenario is consistent with

- our test cases with images that are NOT present on the WWW; not a single of those test cases resulted in a best guess by Google and / or further semantically related images;
- the observation made in our successful test cases, that the best guess by Google consists of words that have been extracted from WWW pages that were found by the search by image;
- our finding that the source image that is famous and copied many times on the WWW, results in the

best, most specific and correct "best guess", namely "Kifwebe mask".

Anyway, whatever scenario or algorithm is running in practical reality, the test cases described above show interesting progress of search by image in the desired direction of retrieval of relevant, semantically related images and information about the source image.

An experienced user may

a. start from an interesting source image and

b. use search by image to find copies in the broad sense;

c. then from the links given with the copies to the WWW pages on which those copies are located, the user may investigate some of those pages to find relevant information related to the source image, probably in the form of words/text; this strategy is useful in any search action that gives images as a result(as outlined in the introduction to this paper);

d. then thesearcher can use those discovered words to execute a more classical search with a query that consists of words(and not of an image anymore), to find more relevant texts or images related to the source image.

Our investigation indicates that the search system acts in an automated, fast way like such an expert searcher/user. An experienced user will work slower and more refined, assisted by some knowledge and experience related to the subject area; the automated system will function in a more "quick and dirty" way.

The efficiency andusefulness of search by image to find related images and other kinds of information, has grown in our repeated test cases or experiments, between 2013 and 2014. More generally, this

- can be insignificant, because only few cases could be investigated, or
- can besignificant and real, reflecting a general progress of search by image; this progress may be due to more successful, better, improved retrieval algorithms in the search system, and also to the fact that a growing number of copies of images are made accessible on the WWW, many in their own context with texts.

5 Related, Further Investigations

The Google WWW search system offers even the possibility to combine in one search action

- a search by image(the topic of this contribution), with
- a more classical search with a query that consists of text.

We investigate also the efficiency and potential applications and usefulness of this method that is even more advanced than search by image only. In view of the limitations of this contribution, we cannot report our findings here. We hope to report our investigation later in another paper.

6 Conclusions: Applications of Search by Image

From the findings described above, we conclude that searching by image can be applied efficiently for a few purposes, as follows:

- Search by imageallows us to investigate if a particular image that we have created is made available from another WWW site, perhaps without asking permission from the author or publisher or even without informing the author or publisher. This can be interesting in several ways:
  - ○ Copyright infringements can be discovered.
  - ○ Curators or owners of a collection of objects can assess the impact and reuse of photos of the physical objects in their collection, on a worldwide scale.
  - ○ Photographers can assess the impact and reuse on the WWW of photos that they have created.
- We can also start from an image that we know, that we consider as interesting, but that we did not create and that is perhaps not the original version. Then searching by that image may allow us to find
  - ○ a more suitable version of that image; for instance a version closer to the original image at a higher

level of resolution or quality or integrity,
- ○ the creator/author or the copyright owner of the image or the copyright status of the image,
- ○ a copy or other version of the image and also its location on some WWW page and WWW site, which can provide us with more information about the image.

- Search by image may allow us to find visually similar images(colours, shapes, composition ...); this may have some applications, even though these similar images are in most cases not at all semantically related to the source image.
- What is probably more important and interesting: when the source image is present on the WWW in the form of copies, then a search by image may even directly deliver a suitable and informative description in words of the image, as well as other images that are semantically related, plus links to WWW pages that can provide more information.

To assist their clients, librarians and other information specialists can apply search by image to tackle some information problems.

Huang and Kelly(2013)write that "... libraries should consider providing additional information literacy courses in the areas of image information seeking and visual literacy." I agree with this recommendation. In their survey of image searching by students, they dealt mainly with relatively classical search by text for images; clearly the more recent tool of search by image can and should also be demonstrated and explained to potential users.

References

[1] Databank; Out of Africa(2012) [online] retrieved in 2014 from: http://www.art-finance.com/AA_March_2012.pdf.

[2] Datta, R., Joshi, D., and Wang, J.Z.(2008) *Image retrieval: ideas, influences, and trends in the new age*. ACM Computing Surveys, Vol.40, No.2, Article 5, pp.1—60.

[3] Enser, P.G.B., Sandom, .C.J., Hare, J.S. and Lewis, P.(2007) *Facing the reality of semantic image retrieval*. J. Doc., Vol.63, No.4, pp.465—481.

[4] Google. *Inside Search: Search by image*. Retrieved in 2013 and 2014 from: http://www.google.com/insidesearch/features/images/searchbyimage.html.

[5] Huang, Kun, andKelly, Diane(2013) The Daily Image Information Needs and Seeking Behavior of Chinese Undergraduate Students. College & Research Libraries. May2013, Vol.74 Issue 3, pp.243—261.

[6] Kandiuk, M., and Lupton, A.(2012) Digital images in teaching and learning at York University: Are the libraries meeting the needs *of faculty members in fine arts*? Evidence Based Library and Information Practice 7.2, pp.20—48.

[7] Nieuwenhuysen, P.(2010). *WWW image searching delivers high precision and no misinformation: reality or ideal?* Issues in Informing Science and Information Technology, Vol. 7, pp. 109—131. ISSN: On-line 1547—5867; CD 1547—5859; Print 1547—5840, peer reviewed journal, available online free of charge from http://iisit.org/Vol7/IISITv7p109-131Nieuwenhuysen770.pdf.

[8] Nieuwenhuysen, P.(2012). *Information discovery through WWW image searching: a quantitative assessment*. In Book of Abstracts, 4th Qualitative and Quantitative Methods in Libraries International Conference=QQML 2012, in Limerick, Ireland, May 22—25, 2012, Editor: Anthi Katsirikou, 264 pp., pp.126—127. http://www.isast.org/qqml2012/abstractsprogramqqml2012.html.

[9] Nieuwenhuysen, P.(2013) Search by Image through the WWW: an Additional Tool for Information Retrieval. Full text published in proceedings of the international conference on Asia-Pacific Library and Information Education and Practices=A-LIEP 2013 "Issues and challenges of the information professions in the digital age" held at Pullman Khon Kaen Raja Orchid Hotel, in Khon Kaen City, Isan, Thailand, 10-12 July 2013 [online] http://aliep2013.com/index.php/table-of-contents http://aliep2013.com/images/download/pdfs1/PaperNo41.pdf & Abstract published in printed Abstract Book, 55 pp., on p.38.

[10] Nieuwenhuysen, Paul(2014) TECHNOLOGY PRESENTATION: Searching by "Image" through the World Wide Web: Applications in the Domain of Traditional African Sculpture. [online] In 16th ACASA Triennial Symposium on African Art, Arts Council of the African Studies Association(ACASA). Hosted by Brooklyn Museum, Brooklyn,

New York. Book of abstracts: http: //www. acasaonline. org /wp-content /uploads /2014 /03 /16th-Triennial-ACASA-Program-Sessions _ ABSTRACTS _ 3.4.13.pdf.

[11] Parker, P.(2011)Google Voice Search & Search By Image Comes To Desktops. [online] http: //searchengineland. com/google-voice-search-search-by-image-comes-to-desktops-81633.

[12] Rajam, I. F., and Valli, S. (2013) A Survey on Content Based Image Retrieval. Life Science Journal, www. lifesciencesite.com, Vol.10, No.2, pp.2475—2487.

[13] The Robert Goldwater Library (2006) Vérité Sale: A Record [online] http: //newsgrist. typepad. com / robertgoldwaterlibrary/2006/06/vrit _ sale _ updat.html.

[14] Tsai, Chih-Fong, and Lin, Wei-Chao (2012) *Scenery image retrieval by meta-feature representation*. Online Information Review, Vol.36, No.4, pp.517—533.

印度手稿书目控制与数字化的现状:一个样例

Sangita Chore
(印度 Bar. Wankhede Art's & Comm 学院)
Mangala Hirwade
(印度 RTM Nagpur 大学)

摘要 手稿是基本的历史证据,对研究有巨大价值。据估计,印度拥有超过 600 万份手稿,为世界上最大的手稿资源库。虽然采取了许多努力保护论文手稿,但是仍有成千上万各个学科未出版的珍贵手稿散落在印度和国外,使得研究人员难以获取。通过编目、保存、保护和数字化等手段对这些手稿进行书目控制是我们所关注的问题。印度国家手稿项目(NMM)是印度综合开发包含在手稿中巨大知识传承的第一次全国性努力。本论文旨在研究印度手稿的书目控制、保护、保存和数字化工作的现状。本文重点介绍了 Kritisampada 印度国家手稿数据库、印度国家手稿项目、英吉拉甘地国家艺术中心、印度国家档案馆以及印度艺术与文化传统基金会数字化工作。数字化保存使手稿从丢失、被盗和腐坏状态中得以恢复。

关键词 手稿 印度国家手稿项目 Kritisampada 印度国家手稿数据库 书目控制 手稿的保存与数字化 英吉拉甘地国家艺术中心 印度国家档案馆 印度艺术与文化传统基金会

Status Quo of Bibliographic Control and Digitization of Indian Manuscripts: A Role Model

Sangita Chore
(Bar. Wankhede Art's & Comm. College, Khaperkheda, India)
Mangala Hirwade
(DLISc, RTM Nagpur University, Nagpur, India)

Abstract Manuscripts are the basic historical evidence and have great research value. It is estimated that India possesses more than six million manuscripts, making the largest repository of manuscript wealth in the world. Though there are several efforts to preserve these manuscripts, thousands of such valued unpublished Indian manuscripts on varied subjects are lying scattered or fragmented in India and foreign collections and some of these are no longer accessible to research scholars. Bibliographic control of these manuscripts through cataloguing, Preservation, Conservation and Digitization are the issues of concern. The National Mission for Manuscripts (NMM) is the first consolidated national effort for reclaiming India's inheritance of knowledge contained in the vast treasure of manuscripts. The present paper aims to study the status quo of bibliographic control, conservation, preservation and digitization of Indian manuscripts. It also highlights the contents of kritisampada database of manuscripts and digitization status of NMM, IGNCA, NAI and INTACH. Digital preservation of manuscripts restores it from loss, theft and decay.

Keywords Manuscripts National Mission for Manuscripts Kritisampada Bibliographic Control Conservation Preservation and Digitization of Manuscripts IGNCA NAI INTACH

1 Introduction

India perhaps has more manuscript collections than any other country in the world. These manuscripts are in various languages and format; and they are written in different scripts, such as, Devanagari, Sharada, Grantha, Kannada, Telugu, etc. on a variety of materials: birch-bark, palm leaf, paper, leather* copper-plate, textile, stone, clay-tablet, wooden board, and what not. They deal with tbe socio-cultural history, language and literature, science and technology, art and crafts of India. In other words, they reflect the growth and development of human knowledge in the Indian sub-continent over the past few centuries.(Biswas & Prajapati, 1998).

Preservation of the storehouse of knowledge in the form of manuscripts presents significant challenges. Some of it has disappeared, while some of it is in a state of damage / decay. A significant part of it is unknown, inaccessible and fragmented. In the face of these challenges, concerted and cooperative efforts are required by the Government both Central and the States, in collaboration with Universities, Research Institutes, Libraries, Non Governmental Organizations(NGO) and individuals so that this invaluable heritage s documented, preserved and made accessible.(Gopalkrishnan).

Protection of this invaluable and unique pool of knowledge is need of the hour. Bibliographic control of these manuscripts through cataloguing, Preservation, Conservation and Digitization are the issues of concern. The National Mission for Manuscripts(NMM) is the first consolidated national effort for reclaiming India's inheritance of knowledge contained in the vast treasure of manuscripts. It aims to locate, document, preserve, digitize and make the Indian manuscripts globally accessible and to connect India's past with its future, its memory with its aspirations.(Department of Ministry of Culture and Tourism(India), 2003).

2 Genesis and Development of Manuscripts

The existence of manuscripts is as old as the origin of written records. Therefore it appears necessary to trace the history of writing to have a clear picture of the origin of manuscripts. At the beginning of the human civilization, knowledge was transmitted only through speech and hearing from one person to the other and from one generation to the next generation. Shruti(that which is heard) is introduced at the time of Vedas, and next was started with written communications by using some signs and symbols, pictographic and rocks and on sand. But sand could not hold the written impression on it for long. This journey down the ages constitutes the history of writing materials from rocks to paper and writing scripts from pre-historic pictograms to our present day phonetic characters. the art of writing was discovered, the development of various kinds of manuscripts(to record and communicate) written on the leaves, wood, bark stone, linen wax metals, ivory, papyrus etc. to suit different purposes of the human beings(Sahoo & Panda, 2012).

3 Manuscript

The word "manuscript" originates from two Latin words: *manu* and *scribere*. *Manu* means by hand and *scribere* or scriptum(s) means to write and thus manuscript means written by hand. A manuscript is a handwritten composition on paper, bark, cloth, metal, palm leaf or any other material dating back at least seventy-five years that has significant scientific, historical or aesthetic value. Lithographs and printed volumes are not manuscripts. Manuscripts are found in hundreds of different languages and scripts. Often, one language is written in a number of different scripts. For example, Sanskrit is written in Oriya script, Grantha script, Devanagari script and many other scripts. Manuscripts are distinct from historical records such as epigraphs on rocks, firmans, revenue records which provide direct information on events or processes in history. Manuscripts have knowledge content.(National Mission of Manuscripts, 2003)

4 Material Used for Indian Manuscripts

Indian manuscripts are observed using the material like Paper, Palm Leaf, Cloth and Bamboo Leaves, etc. The examples of Indian manuscripts are illustrated below.

Figure 1 Manuscripts on Paper

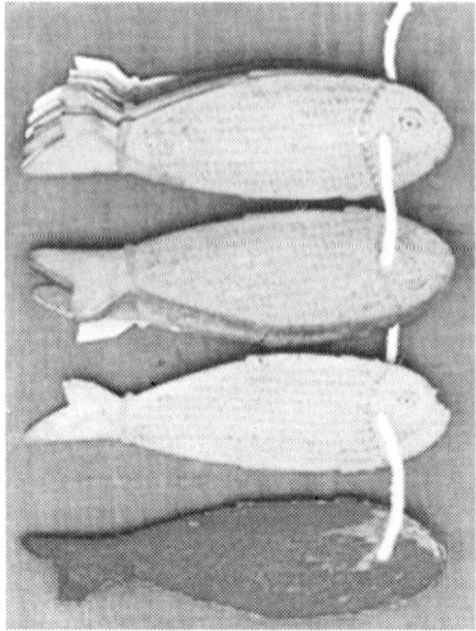

Figure 2 Manuscripts on Palm Leaf

Figure 3 Manuscripts on Bamboo Leaves

Figure 4 Manuscripts on Cloth

(Source NMM, 2013)

5 Indian Initiatives for Digital Preservation of Manuscripts

India has a vast collection of manuscripts, identification and documentation of the manuscripts has been done many times in the past. Based on the partial survey of manuscripts done so many affords taken by government some of the major Indian initiatives are depicted below.

5.1 National Archives of India(NAI)

The core mandate of NAI is to function as a central repository of public records. However, NAI has also taken some initiatives for preservation and cataloging of manuscripts. NAI has been implementing a project called National Register of Private records since 1957. Under this project NAI undertakes surveys and listing of private papers, manuscripts and historical documents in the possession of individuals, NGO's, churches, temples and mutts in collaboration with State Archives Departments.

Apart from the publication of National Register of Private Records, NAI implements the following two schemes:

- Scheme of Financial Assistance to State/Union Territories Archival Repositories, Government

Libraries and Museum and

- Scheme of Financial Assistance for preservation of Manuscripts / Rare Books.

Under these schemes funds are provided(Gaur & Chakraborty, 2009)

5.2 Indian National Trust for Art and Cultural Heritage(INTACH)

In 2001 INTACH has launched project for the conservation of manuscripts. The aim of the survey is also to enhance awareness amongst owners about the deteriorating condition of manuscripts and the need for preventive conservation. Under this project, a surveyor of temples and granthagars is being undertaken along with the preparation of a conservation status report for each manuscript in their collection. (Biswas & Prajapati, 1998)

According to the survey made by Subhas C. Biswas and M.. Prajapati on behalf of INTACH (Grant received for Survey) and their findings are published in the book in 1998 and on the basis of scrutiny of about 1,100 printed catalogues and hand lists belonging to 70 libraries, institutions and individuals, the following estimates were made:

a. Total number of manuscripts in India 5,000,000

b. Indian manuscripts available in European countries 60,000

c. Indian manuscripts in South Asia and Asian Countries 150,000

d. Number of manuscripts recorded in catalogues 1,000,000

e. Percentage of manuscripts languages wise

Sanskrit 67%

Other Indian Languages 25%

Arabic / Persian / Tibetan 8%

During their survey they also identified language wise manuscript collection. The details of the survey are tabulated in the following table.

Table 1 Language wise Manuscript Catalogues

Sr. No.	Language	Manuscripts	%
1	Sanskrit / Prakrit / Apabhramsa	829,653	78.39
2	Arabic	2,949	0.28
3	Assamese	778	0.07
4	Bengali	4,915	0.46
5	Burmese	44	0.00
6	English	7	
7	Gujarati	16,121	1.52
8	Hindi(Bhasa / Maithili / Bhojpuri / Rajasthani.etc.)	87,412	8.26
9	Kannada	13,818	1.31
10	Kashmiri	12	0.00
11	Malayalam	11,815	1.12
12	Marathi	6,552	0.62
13	Oriya	1,826	0.17
14	Pali	2,050	0.19
15	Panjabi	4,107	0.39
16	Persian	14,722	1.39
17	Sindhi	31	0.00

续 表

Sr. No.	Language	Manuscripts	%
18	Sinhalese	1,317	0.12
19	Tamil	39,666	3.75
20	Telugu	9,216	0.87
21	Tibetan	1,364	0.13
22	Turkish	20	0.00
23	Urdu/Hidustani	10,029	0.95
Total		**1,058,424**	**100**

5.3 Universities

Universities are key players in the overall strategy for protecting the nation's written heritage. A number of old universities are known to have substantial collections of manuscripts. Some of the major universities with substantial collections of manuscripts are indicated in following table.

Table 2 University wise Manuscript Collection

Sr. No.	University	Manuscript
1	Aligarh Muslim University(UP)	12,000
2	Andhra University Library(AP)	3,000
3	Banaras Hindu University, Varanasi(UP)	10,500
4	Barr.Babasaheb Khardekar Library Shivaji University Kolhapur(Maharashtra)	6,923
5	Bhanderkar Oriental Research Institute(Pune)	20,000
6	Dr. V.B.AliasBhausaheb Kolte Library, Nagpur University Nagpur(Maharashtra)	14,313
7	Dr. Babasaheb Ambedkar Marathwada University, Aurangabad(Maharashtra)	4,414
8	Gauwhati University(Assam)	3,248
9	Kameshwr Singh Darbhanga Sanskrit University(Bihar)	13,000
10	Kurukshetra University(Haryana)	5,500
11	Kavi Kulguru Kalidas Sanskrit University, Ramtek(Maharashtra)	2,288
12	GOML, University of Madras(Tamil Nadu)	72,620
13	Osmania University Library(Andhra Pradesh)	6,428
14	Patan University(Gujarat)	3,700
15	University of Mumbai Library(Maharashtra)	7,500
16	University of Pune Jaykar Library(Maharashtra)	3,746
17	Punjab University(Punjab)	18,395
18	Sampurnanda Sanskrit University, Varanasi(UP)	140,000
19	Sanskrit Academy, Osmania University(Andhra Pradesh)	3,000
20	Shivaji University Library, Kolhapur(Maharashtra)	5,673
21	Tamil University, Thanjavur(Tamil Nadu)	3,365
22	University of Calcutta(WestBenbal)	42,000
23	Utkal University(Orissa)	3,053
24	Vishwabharati University(West Bengal)	15,354
Total		**4.200,20**

5.4 Indira Gandhi National Centre for the Arts(IGNCA)

Indira Gandhi National Centre for the Arts(IGNCA) initiated the most important manuscript-microfilming programme in 1989. The IGNCA is working on the digitization of rare old photographs of the ASI and digital documentation of unprotected archaeological and heritage sites in India in collaboration with ASI and other government institutions. Till date about 1500 sites of North-East India and 560 sited of Orissa have been documented.

(1) State Archives, State Libraries and State Museums

It is very difficult to collect all the information exactly from manuscriptscentres of India. There are so many universities, institutes, research centres, maintaining the manuscript collection in India. According to information compiled by IGNCA, the holdings of some of the major state-administered institutions details are tabulated in Table 3.

Table 3 State wise Manuscripts Collection

Sr. No.	Name of the State	No. of Centers	No. of MSS
1	Andhra Pradesh	29	89,523
2	Assam	07	82
3	Bihar	22	263
4	New Delhi	17	2,754
5	Goa	03	3,209
6	Gujrat	35	124
7	Haryana	04	1,545
8	Himachal Pradesh	05	1,675
9	Jammu & Kashmir	07	14,716
10	Karnataka	35	137
11	Kerala	13	5,005
12	Madhya Pradesh	19	3,563
13	Manipur	13	2,090
14	Maharashtra	49	161,819
15	Orissa	13	2,543
16	Pondicherry	03	1,050
17	Punjab	07	16,757
18	Rajasthan	41	2,470
19	Tamilnadu	31	11,841
20	Uttar Pradesh	56	100,261
21	Sikkim	01	2,345
22	West Bengal	24	3,520
	Total	**434**	**427,292**

It is observed that 434 centers are found in India having manuscript collection. Survey, identification and documentation of the manuscripts in India have been done many times in the past. Based on the partial Survey of manuscripts done recently, we have 6 million manuscripts in India(Jha, 2014).

(2) Availability and cataloguing of Indian manuscripts outside India

There are some 3.5 million manuscripts in various collections in India. In addition, about 60,000 Indie manuscripts are preserved in 20 different countries of Europe and North America. Several other countries in Asia also have nearly 150,000 manuscripts in Indian scripts and languages. Among such countries are Nepal, Pakistan, Bangladesh, Sri Lanka, China(including Tibet), Japan, Myanmar(Burma). Of these manuscripts 67% are in Sanskrit; 25% are in modem Indian languages and the rest in Arabic, Persian, Tibetan and other languages.(Biswas & Prajapati, 1998)

5.5 National Mission for Manuscripts(NAMAMI)

The National Mission for Manuscripts(NAMAMI) is an autonomous organization under Ministry of Culture, Government of India, established to survey, locate and conserve Indian manuscripts, with an aim to create national resource base for manuscripts for enhancing their access, awareness and use for educational purposes. The Mission was initiated in February 2003, by the Ministry of Tourism and Culture, Government of India and Indira Gandhi National Centre for the Arts(IGNCA) is the nodal agency for the execution of this project. The National Mission for Manuscripts works with the help of 54 Manuscript Resource Centres and 49 conservation centers established across the country. The MRCs include well established Indological institutes, museums, libraries, universities and non-government organizations those function as the Mission's coordinating agencies in their respective regions.

Jyotshana Sahoo and three other authors described in their paper, zone wise distribution of manuscripts as well as States and Union territories included in each zone i.e. North, South, East, West and Central. It shows that highest number of manuscripts are available in north zone that are 421,409(30.53%), where as second highest number of manuscripts are available in south zone that are 374,307(27.12%), then third highest number of manuscripts are in east zone i.e. 250,124(18.12%), then the number of manuscripts available in west zone are 255,555(18.52%) and lastly the lowest number of manuscripts available in central zone i.e. 78,810(5.71%) respectively along with the number of MRCs covered under different zones are 17(31.48%), 15(27.78%), 11(20.37%), 8(14.81%) and 3(5.71%) respectively.

Table 4 Distribution of manuscripts & MRCs across various zones

ZONES	NUMBER OF STATES & UTS INCLUDED	No. Of MRCs	% of MRCs	NO. OF MANUSCRIPTS	% of Manuscripts
NORTH	8(6 States & 2 UTs)	17	31.48	421,409	30.53
SOUTH	5(4 states & 1UT)	15	27.78	374,307	27.12
EAST	6	11	20.37	250,124	18.12
WEST	3	8	14.81	255,555	18.52
CENTRAL	1	3	5.56	78,810	5.71
Total	**23**	**54**	**100.00**	**1,380,205**	**100.00**

(Sahoo, Sahoo, Mohanty, & Dash, 2013)

(1) Digitization programme of manuscripts in NMM

The Mission started with digitization of 5 caches of manuscripts as a Pilot project. In the first phase of the pilot project approximately 39 lakh pages of manuscripts were selected for digitization. Out of these selected pages about 25 lakhs pages have been digitized. Details of Digitization in the first phase are tabulated in Table 5.

Table 5 Digitization programme of Manuscripts in First Phase(Completed)

Sr. No.	Name of theInstitution	Types and No. of MSS	Details
1	Oriental Research Library, Srinagar	10,591 manuscripts	The Library has a rich collection of manuscripts mainly in Arabic and Persian and some in Sanskrit as well.
2	Kerala	340 Kutiyattam manuscripts	The State of Kerala was surveyed for Kutiyattam manuscripts with the help of the digitizing agency, Centre for Development of Imaging Technology, Kerala. The scanning was done in the repositories itself by transferring the scanning equipment.
3	Government Oriental Public Library and Research Centre, Chennai	1938 Siddha manuscripts	Other repositories include Institute of Siddha and Homeopathic Medicine, Institute of Asian Studies and Adyar Library.
4	Orissa State Museum, Bhubaneswar	1749 rare manuscripts	Smaller collections at Behrampur University, Utkal University, Sambalpur University, Dasarathi Pattanaik Library Trust, Orissan Institute of Maritime and South East Asian Studies are also covered.
5	Lucknow	1000 Jain Manuscripts	INTACH is engaged in collection and digitization of the Manuscripts in the various repositories. 180 mss have already been digitized and the work is in process to digitize many more.

Following table shows the institutions under different zones(North, South, East, West and Central) where manuscript digitization work has been completed. It is observed that, NMM has taken up digitization work under each zone. Total numbers of institutions covered are eleven where as number of manuscripts digitized are 55,255 and 6,787,776 pages. Around11 institutions are covered all total under the five different zones in which the total numbers of manuscripts digitized are depicted along with its percentage. The details of the digitization going on under the Second Phase are provided in Table 6.

Table 6 Manuscript Digitization Status of various Institutions under different Zones Digitization Programme under Second Phase(Completed)

Zones	Sr. No.	Institution	No. Mss digitized	No. of Pages	% of Digitization
East	1	Orissa State Museum, Bhubaneswar, Orissa	4,777	1,348,398	8.65
	2	KrishnaKanta Handique Library, Guwahati, Assam	2,091	156,170	3.78
Central	3	Dr. Hari Singh Gaur University, Sagar, Madhya Pradesh	1,010	117,603	1.83
	4	Kundakunda Jnanapeeth, Indore, Madhya Pradesh	8,622	1,160,453	15.60
	5	BharatItihas Samshodhan Mandal, Pune	3,523	660,730	6.38
North	6	Bhogilal Leherchand Institute of Indology	6,010	600,000	10.88
	7	Himachal Academy of Arts, Culture and Languages, Simla, Himachal Pradesh	225	55,751	0.41
	8	Vrindavan Research Institute, Vrindavan, Uttar Pradesh	20,075	1,561,864	36.33

续 表

Zones	Sr. No.	Institution	No. Mss digitized	No. of Pages	% of Digitization
South	9	Institute of Asian Studies, Chennai, Tamil Nadu	481	34,505	0.87
	10	French Institute of Pondicherry, Pondicherry	502	170,629	0.91
West	11	Anandashram Sanstha, Pune, Maharashtra	7,939	921,673	14.37
Total			**55,255**	**6,787,776**	**100**

It hastill now the digitization of 70,053 Manuscripts(9,397,422 pages) has been completed. There are total 58, 045 DVDs containing the digital images of the Manuscripts collected from various repositories mentioned above.

(2) Third phase of digitization

NMM will initiate the third Phase of Digitization shortly for digitization of Manuscripts in several repositories and collections throughout the country. The tender document for digitization of Manuscripts under the third phase was published in the website and the advertisement for the same was published in the leading newspapers throughout the country. Tenders were received and the evaluation is in process. The selection of Digitization agencies, signing MoUs with them as well as the repositories, allotment of digitization work to agencies will completed by April 2013. The digitization will be started in the repositories/ Institutions. In this phase NMM targeted to digitize one corer pages in different repositories. In addition to this, some electronic data available with Indira Gandhi National Centre for the Arts(IGNCA) and National Informatics Centre(NIC) was also transferred to the Mission's database. We are also in the process of networking with foreign institutions with collections of Indian manuscripts and hope to start cataloguing these soon.

6 Conclusion

The National Mission for Manuscripts(NMM) is the first consolidated national effort devoted towards the preservation of manuscripts. The NMM has taken up the digitization work and total numbers of institutions covered are eleven where as the number of manuscript digitized are 55,255. MRCs and MCC plays a major role of collection, digitization and preservation of mss. There are total 1,380,205 Manuscripts available in Manuscript Resource Centres under NMM. Manuscript resource centres are distributed over 5 different zones of India such as North, South, East, West and Central zone. Indira Gandhi National Centre for the Arts (IGNCA) is the nodal agency for the digitization. Due to the lack of properly trained staff the manuscripts available in different libraries are not well organized. From India 24 Universities involved in Digitization Project out of that 6 Universities are from Maharashtra State. NMM has taken initiation in third phase of digitization, process of networking with foreign institutions with collections of Indian manuscripts and hope to start cataloguing these soon.

References

[1] Biswas, S.C., & Prajapati, M.(Eds.).(1998). *Bibliographic Survey of Indian Manuscript Catalogues*. Delhi: Eastern Book Linkers.

[2] Department of Ministry of Coulture and Tourism(India).(2003). *National Mission for Manuscript*. Retrieved January 1, 2014, from National Mission for Manuscript: www.namami.org.

[3] Gaur, R.C., & Chakraborty, M.(2009). Preservation and Access to Indian Manuscripts: A Knowledge Base of Indian Cultural Heritage Resources for Academic. *Vision and Roles of the Future Academic Libraries*(*ICAL*)(pp.90—98).

New Delhi: University of Delhi.

[4] Gopalkrishnan. (n.d.). *Manuscripts and Indian Knowledge Systems: The Past Contextualizing the future*. Retrieved March 13, 2013, from UNESCO: http://portal.unesco.org/ci/en/files/28079/12323668573GopalakrishnanPaper.pdf/Gopalakrishnan Paper. pdf.

[5] Jha, P.(2014). *Digitization of Indian Cultural Heritage(Based on Information available on IGNCA)*. New Delhi: IGNCA(National Informatic Centre.

[6] Ramana, Y.V.(2007). Digital Preservation of Indian Manuscripts—An Over View. *3rd International CALIBER* 2005 (pp.370—376). Cochin: INFLIBNET Centre Ahmedabad.

[7] Sahoo, J., & Panda, K.C.(2012). *Organisation and Preservation of Manuscripts in Museums*. New Delhi: SSDN Publishers and Distributors.

[8] Sahoo, J., Sahoo, B., Mohanty, B., & Dash, N.K.(2013, June 30). Indian Manuscript Heritage and the Role of National Mission for Manuscripts. *Library Philosophy and Practice(e-journal)*.

大数据时代的图书馆服务与管理

王艳平
(郑州华信学院图书馆)

摘要 大数据时代的来临,图书馆特别是研究型图书馆以及大学图书馆正面临着贡献边缘化的危机。通过对知识创造的生命周期模型进行分析,当前和未来科技创新需要科研数据管理和基于知识的交互协同创造能力。图书馆服务应抓住机遇,通过科研数据管理与用户关系管理相结合,探索融入科研一线,跟踪科研全过程的图书馆知识化服务模式,提升图书馆的竞争力。本文基于国外的图书馆科研数据管理以及用户关系管理方面,从技术支撑、科研数据组织、数据分析到用户关系管理等,探索该服务模式。

关键词 大数据 图书馆服务 科研数据管理 用户关系管理

Library Services and Management of Big Data Era

Wang Yanping
(The Library of Zhengzhou Huaxin College, China)

Abstract In the Era of Big Data, libraries, especially research and university libraries, are facing threats to their contributions. Based on analysis of the life cycle model of research knowledge creation, research data management and knowledge-based are identified as challenges to library services. Libraries have to grasp the opportunity to develop e-Science knowledge management by combing research data management and Customer Relationship Management(CRM). Based on the research data management and CRM experience in foreign libraries, this article explores the service in libraries from these aspects: technology support, research data organization, data analysis and CRM in libraries.

Keywords Big Data Library Service Research Data Management CRM

大数据(Big data)是IT界继Web 2.0、云计算之后近两年最流行的词。数据目前尚没有统一的定义,通常被认为是一种数据量很大、数据形式多样化的非结构化数据。奥巴马政府于2012年3月宣布推出联邦政府"大数据的研究和发展计划",旨在推进和改善联邦政府部门的数据收集、组织和分析工具及技术,以提高从大量、复杂的数据集中获取知识能力,把大数据上升到了国家战略的高度。随着大数据时代的来临,科学研究也正在向数据密集型科研转变。对于图书馆特别是研究型或大学图书馆来说,在这个"大数据"时代如何提高海量增长的文献数据处理能力等,尤其是科研用户服务能力,是图书馆研究的思考之一。解决这个问题的关键之一就是图书馆要构建强大的科研数据管理以及科研用户关系管理有机结合的管理体系,实现图书馆,特别是研究型或大学图书馆的科研用户服务能力的提升,推动图书馆服务事业的发展。

1 图书馆科学数据管理服务

科研是与数据密不可分的,科研的过程就是数据的发现、收集、处理、分析以及利用等的过程。科研数据具体是指数字形式的研究数据,包括在研究过程中产生的能存贮在计算机上的任何数据,也包括能转换成数字形式的非数字形式数据,还包括科研论文、专利、研究报告、实验观测数据和元数据、参考资料、照片和图表、学术类多媒体资源等等。

近年来,随着各国的科技投入增大,科学观测和分析能力已得到快速的提升,导致科研数据的产生和积累呈指数级增长。有效的科研数据管理具有保护数据免于丢失、提高数据曝光度,传播和出版成果、实现数据共享、对科学质疑公开、鼓励观点的多样性、节约科研成本、完成研究资助方的要求等诸多意义。

目前在美国科学数据管理成为美国研究型大学图书馆的一项新使命，美国多家知名图书馆都积极投入。2011年美国国家科学基金会(NSF)要求所有基金申请必须提交研究数据管理计划，包括数据的长期保存、共享与访问方式等内容。这项战略性信息基础建设新政策强调了公共获取数据的重要性，并且NSF的datanet项目明确研究型图书馆将作为主体参与此项工作。科学数据管理离不开信息技术的支撑，需要依托一定的基础设施和软件平台。

1.1 基础设施

(1) 图书馆自建或与其他机构合作建设

图书馆独立建设数据仓储并对其进行维护与管理，目前这种形式并不多，这并不仅仅是图书馆的技术能力问题，在开放、共享的理念下，图书馆更多地趋向于合作方式，重点利用学校建立的数据或机构仓储，利用已有的基础设施，与校园内其他部门或政府和一些组织资助的项目也建立了不同学科的数据仓储，为国内机构提供共同服务，使科研数据存储超越了图书馆，超越了某一个单一机构。图书馆这时的任务是向研究者提供相关信息与帮助，使其了解这些仓储，并帮助用户利用这些重要资源。在技术上侧重科研环境建设，构建数据门户，做好数据导航。

(2) 利用云计算共享

近几年来，"云计算"的应用在图书馆领域也迅速发展了起来。云计算会促进e-Science发展，通过云远程使用资源，图书馆不需要自己购买硬件设施，不需要建设基础设施环境，大型设备尽可在网上利用，图书馆可以将数据存储在云存储服务商提供的服务器中，按需申请，按时付费。例如微软的云计算战略以及云计算平台—Windows Azure以云技术为核心，提供了软件＋服务的计算方法。它是Azure服务平台的基础。Azure能够将处于云端的开发者个人能力，同微软全球数据中心网络托管的服务，比如存储、计算和网络基础设施服务，紧密结合起来。这样开发者就可以在"云端"和"客户端"同时部署应用，使得企业与用户都能共享资源。

目前，云计算在图书馆的应用越来越广泛。OCLC启动的"将图书馆管理服务推向Web级的战略"是图书馆界接受云服务的重要标志性事件，美国国会图书馆与DuraSpace正式发布的开源云服务DuraCloud项目部分受美国国会图书馆的全国数字信息基础设施与保存项目(NDIIPP)资助。DuraSpace项目开源，但提供基于订购的服务。目前已有麻省理工学院、哥伦比亚大学、西北大学和莱斯大学签约使用其托管的云服务以保护数字资源。

1.2 科学数据组织服务

研究人员的科研数据除保存在相关学科库以外，机构仓储是另一重要选择。机构知识库最初的设想是保存机构成员的研究成果，并提供出版机会，既有存储的功能，又有检索和服务的功能。机构库的创建软件多种多样，目前国际上流行的软件平台是Eprints以及Dspace。

(1) Eprints

机构知识库系统的发展始于2000年英国的南安普敦大学开发的Eprints软件，南安普顿大学采用自己开发的Eprints软件创建的遵循OAI协议的机构知识仓储，该机构知识仓储中目前保存的数据的类型收录的学术内容格式既包括结构化的。

(2) Dspace

美国麻省理工学院(MIT)图书馆和美国惠普公司实验室合作两年多于2002年发布全球第一个机构知识库(IR)-DSpace数字资源存储系统，并将其BSD开放源代码技术向全球公开。DSpace在目前的数字仓储软件中占据了三分之一以上的份额。作为开放源代码，它允许被下载、修改，而且其所使用的第三方软件也都是开放源代码系统。DSpace可保存任何格式的数字资源，包括论文、图书、图书章节、数据集、学习资源、3D图像、地图、乐谱、设计图、预印本、录音记录、音乐录音、软件、技术报告、论著、视频、工作文档等。MIT图书馆数据管理项目组承担全部数据的存档、管理、系统维护、软件升级和用户使用指导等服务并且与出版商争取相关权益，建立开放获取政策，执行DSpace数据提交服务，推动MIT的开放获取服务等。另外在DSpace的众多用户中，剑桥大学的机构仓储较为成功。

然而调查显示，国际上流行的软件平台Dspace、Eprints软件在国内并不十分受欢迎。有的原来使用Dspace的机构库也在运行过程中慢慢更换了软件平台比如中国科学院国家科学图书馆，中国西部环境与生态科学知识积累平台。

1.3 科研数据分析服务

科学数据的组织管理服务与图书馆的其他资源服务相类似，是图书馆开展科学数据服务基础。未来图书馆科学数据服务大趋势是服务中附加更多智力活动，进行数据分析，把科学数据进行关联，帮助用户更好地利用数据。

目前逐渐有一些机构仓储在存储数据的同时提供了类似的服务。康奈尔大学组建了研究数据服务组(research data management service group)，其图书馆作为其中主要成员与校内其他机构合作，提供各种研究数据管理服务，包括存储备份、元数据加工、数据分析、数据发布、协作工具等。康奈尔大学图书馆近两年正在探索开发研究数据检索挖掘工具，建立一套标准符合 NSF 要求的数据管理与服务体系，并且已经建立了一个实验性的数据仓储 Datastar。Datastar 目前主要保存农业与生态系统学科的研究数据，支持研究合作与数据共享，促进研究数据及其高质量元数据的发布存档。哈佛大学的"Dataverse 网络"(Dataverse Network)，项目包括科研数据出版、共享、参考、抽取和分析各个方面，为大学或其他机构提供数据出版系统的全部解决方案，并提供数据分析服务。目前可提供数据分析的机构不多，这是图书馆科研数据服务的方向。

2 图书馆用户关系数据管理

用户是数字图书馆建设的出发点，为了提升数字图书馆的服务质量，需重视数字图书馆的用户研究。用户关系管理(Customer Relationship Management, CRM)是通过有关的管理技术和方法对用户进行系统化研究，识别有价值的用户，对用户进行沟通和教育培训等工作，从而改进服务，提高用户满意度。

数字图书馆用户关系管理借助数字仓库、数据挖掘、知识发现、专家系统和人工智能等多种现代信息技术手段，建立一个能搜集、追踪和分析用户信息的系统，为数字图书馆用户服务和决策提供一个自动化的解决方案，实现数字图书馆由传统的人工管理模式向现代管理模式的转变。实际上，目前有些数字图书馆系统本身就具有用户数据的自动收集、统计和分析功能。数字图书馆用户关系管理的一些新技术，如数据仓库技术、数据挖掘技术和知识发现技术等，有效地使数字图书馆用户数据的获取、模式发现、数据的积累、传播和共享更为快捷有效。

要做好用户关系管理，就需要搜集各种用户数据信息，对用户资料进行统一管理，包括用户基本信息、用户类型划分、用户状态、服务情况等信息进行整合。数字图书馆数据挖掘的信息源主要是用户活动信息、日志文件、网站的注册用户信息。通过整理和分析日志文件可以获得许多有意义的信息。如页面访问量、受欢迎程度等，或者了解到用户的爱好、价值取向，从而为制定有关的服务策略提供依据。用户使用数据的挖掘分析有许多方法，如关联分析是为了挖掘隐藏在数据间的相互关系，序列分析的侧重点在与分析数据的前因后果或顺序关系等。用户的数据挖掘不仅可以了解数字图书馆的访问量，而且可以统计不同的数字化资源被访问的频率等，还可以对用户进行跟踪分析，从不同的侧面来研究用户的信息需求及其行为规律。

用户关系管理(CRM)系统应该具有用户信息分析能力、集成能力和用户互动渠道。通过建立数据仓库对大量用户数据进行综合分析，识别相关用户群，根据多种指标对用户进行分类，针对不同的用户实施不同的策略，为用户提供更合适的服务。

目前国外有许多图书馆引进 CRM 系统。大英图书馆是一个世界上最大的研究图书馆，其读者遍布世界各地。维护其客户和图书馆积累的大量数据，是一项重大挑战，该组织发现自己与 37 个不同的客户相关的数据库。为了把一个系统在其 37 数据库中的信息集成，大英图书馆引进安装 Microsoft Dynamics CRM (MSDN)。另外芝加哥图书馆用户关系管理安装了具有类似功能的 SageCTM 系统。SageCRM 客户服务系统可以提供完整的工作流、问题跟踪、案例管理及服务状态的信息，帮助创建一个可靠的知识库，从而保证一致而高效率的客户服务。

3 基于科研数据管理与科研用户关系管理的服务模式思考

图书馆特别是研究型图书馆的发展在从传统图书馆转变为数字图书馆之后，未来的发展之路是要发展嵌入科研一线的知识化服务模式。嵌入科研一线的知识化服务强调了图书馆必须更为直接地服务于科研人员。在数字科研下，研究数据管理保存数据集存储与分析对支持重复验证、全面传播知识、激发新问题、开展研究等都有重要的作用。而图书馆为了更好地实现以需求为驱动的服务模式，建立图书馆自己的用户管理系统也十分的必要。

研究型图书馆为了更好地服务科研人员，把科研数据管理与用户关系管理结合起来显得十分必要。为此可以建立一个具有科研用户与科研数据之间、科研数据与科研数据之间、科研用户数据与科研用户数据的数据系统十分必要。采用关联分析以及序列分析等，从不用侧面挖掘与跟踪某一个或几个科研用户，或者某个学科领域科研用户在科研过程及之后的用户需求。

参考文献

[1] 大数据时代的特点[EB/OL][2012-05-20] http://www.5lian.cn/html/2012/xueshu_0417/32237.html.

[2] 赛迪智库软件与信息服务研究所.美国将发展大数据提升到战略层面[J].中国电子报,2012-07-17(003).

[3] Hey T, TamSley S, Tolle K. The fourth paradigm-Data-intensive scientific discovery[OL].[2010-09-14]. http://research.microsoft.com/en-us/collaboration/fourthparadigm/.

[4] Humphrey, Charles.(2006), e-Science and the life cycle of research, http://datalib.library.ualberta.ca/~humphrey/lifecycle-science060308.doc.

[5] ANU Data Management Manual: Managing Digital Research Data at the Australian National University[2010-09-1], http://www.citeulike.org/user/janeta/article/10426141.

[6] OCLC 宣布将图书馆管理服务移到"网络规模"的策略[OL].[2010-09-14].http://www.oclc.org/asiapacific/zhtw/news/releases/200927.htm.

[7] DuraSpace 推出开源云服务 DuraCloud http://www.duraspace.org/duraspace/launches/open/source/cloud/service.

[8] 纪云霞.国内机构库软件平台调研[J].图书情报工作网刊,2012(1).

[9] Research Data Management Service Group(RDMSG)[EB].[2012-3-15]. https://confluence.cornell.edu/display/rdmsgweb/home;jsessionid=73DF1608333FB2D6FoFDCB976AB20C76.

[10] 康奈尔大学实验性的数据仓储 datastar, http://datastar.mannlib.cornell.edu/.

[11] 张晓林.研究图书馆 2020:嵌入式协作化知识实验室[N].中国图书馆学报,2012(1).

[12] Christine LBorgman. The conundrum of sharing research data[OL].[2011-11-15].

对基层公共图书馆一线服务团队管理与培养模式的探索

徐　琳
（上海市嘉定区图书馆）

摘要　读者服务部(又称流通部)是公共图书馆的基础部门,也是直接面对读者的重要窗口,其服务质量好坏直接影响全馆的整体形象。作为一线部门的管理人员,笔者以本单位为例分析了以80、90后为主体的员工特点和工作现状,总结在实践中碰到困难、采取的措施及成效,并围绕在大数据时代下,在硬件设施不断优化的同时,从明确社会角色定位、提高工作创新能力、完善服务配套体系三个方面入手,探索一条一线服务团队的管理提升之路。

关键词　80、90后　基层公共图书馆一线服务　管理与培养　大数据时代

The Research of the Window Service Team Management and Training Mode in District Public Library

Xu Lin
(Jiading District Library, Shanghai, China)

Abstract　Reader's service department which also called circulation department is the basic part of a public library and it is an important window for facing readers directly, and readers judge the image of the library mostly by the quality of the service. Being an administrator of the reader's service department, the writer analyzes the staff of the department who born in 1980s and 1990s, summarizes the difficulty, measures and effect taking the Jiading library as an example, and researches the prompt road of the window service team management by proceeding from the role of the society, in advance of innovation ability and systematic service in the time of the big data time.

Keywords　Librarians Born in 1980s and 1990s　Window Service in District Public Library　Management and Training　Big Data

近年来,随着政府部门的重视和财政的支持,公共图书馆建得越来越好,面积越来越大,藏书越来越多,职工数量也随之激增。以嘉定区图书馆为例,为实现"一区两馆"的服务模式,去年一年就陆续招聘了30多人,读者服务部人数从21人增至49人。这些新职工中90%以上都是刚毕业或踏入社会不久的80后和90后(文中80后和90后主要以1985年至1992年出生的人为主)。大量新人的加入,给图书馆注入了新的活力,也给管理带来新的挑战与变化。

1　富有朝气的80、90后,他们身上有许多优点需要管理者带着开放的眼光去看待

新鲜血液的大量注入,必定引起少许排斥反应:有些是年龄间的代沟,有些是一时间的不适宜,有些是理想与现实的差距等。但作为管理者必须要有发展的眼光来看待,发现他们的闪光点,帮助他们尽快进入角色。

1.1　80、90后员工的优点

(1) 多才多艺,有抱负有梦想

笔者在与这些新进职工接触过程中发现几乎每位都有自己的特长:有学过钢琴、书法、绘画、摄影、礼仪等专业培训的,有在大学所学专业是外语、法律、艺术设计、计算机等的,兴趣广泛多才多艺。他们在长辈们的殷切期望中长大,对未来有许多美好的梦想和憧憬。

(2) 热爱生活,喜欢与他人分享

微博、微信的普及,让这些年轻人很快就热络起来,建立起比同事关系更亲密的友情。休息的时候他们会一起行动:结伴去旅行、品尝美食、逛街购物看展览等。他们喜欢相互分享生活中的点滴,在网络上好友圈里晒生活、晒想法、晒幸福、晒喜好。

(3) 信息渠道多,接受新事物能力强

他们成长于电脑开始普及的年代,网络信息的发达让他们几乎无所不知,有的习惯于浏览境外网页获取更多的信息。最近流行的新名词、电影电视、音乐、时尚、美食、话题等他们总能第一时间知道。对于图书馆信息化程度较高的新设备,一学就会,还会自己琢磨更方便快捷的操作,同样他们也是善于发现问题的一群人。

1.2 原有的一些管理方式在 80、90 后新职工面前失去了作用

80、90 后是幸福的一代,是在各种呵护关爱下成长的独生子女,成长的过程注定他们身上或多或少会有些自以为是、自我为中心的特性。这使得原有的一些管理方式逐渐失去了效果。

(1) 上下级的概念模糊,领导的权威在他们面前失效

他们没有很强的等级观念,不会因为你是上级而对你的命令绝对服从。当他们认为有失公平时会主动表达自己的不满,有时甚至情绪激动;受到委屈时,会哭会闹会发脾气或直接辞职。在工作中,他们更希望自己可以主动选择而不是单纯地接受领导安排,他们希望的沟通谈话是尊重员工的想法而不是所谓的"走形式"。

(2) 喜欢按自己的想法来,原有的管理制度无法起到约束作用

无论工作制度如何严格,他们总能找到些漏洞,想方设法"对自己好一些,更好一些":"空调吹多了,皮肤会干"于是服务台上多了个像杯子一样的加湿器;"服务台上的灯光有些暗,对眼睛不好"于是服务台上又多了盏小台灯;"每天面对沉闷的服务台真没意思"于是设备上、抽屉上多了各种卡通贴纸;"食堂饭菜不太好,我们来煮火锅改善伙食"……他们的想法层出不穷,管理者们疲于应对,甚至要像检查大学寝室一样定好值日生,不定期抽查员工休息室。对于"批评"、"扣钱"等办法,只会增加他们的反感,无法从根本上解决问题。

(3) 职工的队伍不够稳定,有随时跳槽的想法

刚进图书馆的 80、90 后,大多还没有把这份工作当成长期职业来考虑。由于事业编制的限制,大多只是作为暂时的过度,很难形成强烈的责任意识。刚开始他们会因好奇心和新鲜感而热情工作,时间久了就会产生职业倦怠。特别是窗口服务工作,每天的内容几乎是一样的,读者咨询的问题也是大同小异,整理图书似乎是无穷尽的,从中很难找到成就感或是学到些什么。于是,留给读者的微笑越来越少,逐渐变得不耐烦,随时想着有好的机会就跳槽。

2 在实践中,不断调整管理模式,帮助 80、90 后的新进员工扬长改短

管理者不能沿用过去的经验来管理 80、90 后的职工,应该根据他们的特性,在管理理念和工作方法上与时俱进,调整管理模式。

2.1 家长式领导模式向民主讨论式转变

公共图书馆传统的管理模式是金字塔形的,领导的权威占有很大的因素(如图 1 所示)。

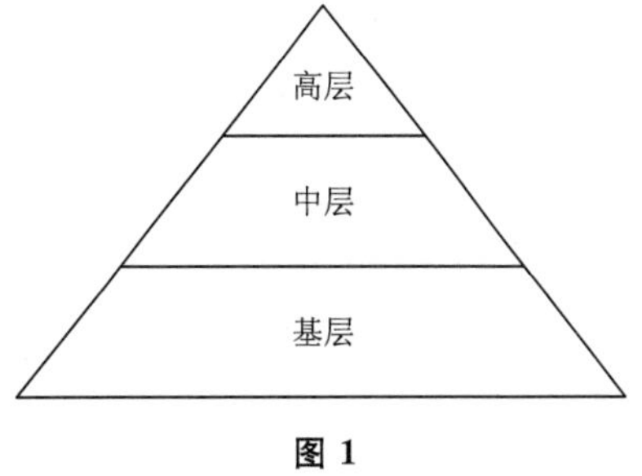

图 1

郑伯壎等专家把家长式领导定义为:一种表现在人格中的、包含强烈的纪律性和权威、包含父亲般的仁慈和德行的领导行为方式。这要求一是自身要有权威,相对应的属下要敬畏顺从;二是需要花很多精力在管理的每一个细节上,力求准确无误;三是要求管理的团队具有稳定性。这种对应关系建立在领导者、下属对自己角色的认同以及下属的追随之上的,否则将导致管理绩效降低、人际和谐关系破坏,甚至公开的冲突。这样的管理模式对员工的自身成长并不有利,他们会对管理者产生过多的依赖,一旦管理者疏忽了或做出了错误的判断会影响整个部门。且一个人的智商和能力都是有限的,这样的管理方式会限制整个部门的发展,也会让管理者感到心有余而力不足(见图 2)。民主讨论式是指一是与

部门成员以朋友的方式相处,相互关心、学习和帮助,通过微信、微博、QQ 和部门活动等方式相互进增了解;二是关心、了解部门成员在实际工作中出现的问题,一起讨论商量整理出解决的方案;三是举办活动时,多让部门成员一起参与策划和组织,发挥他们各自的长处(见图 3)。

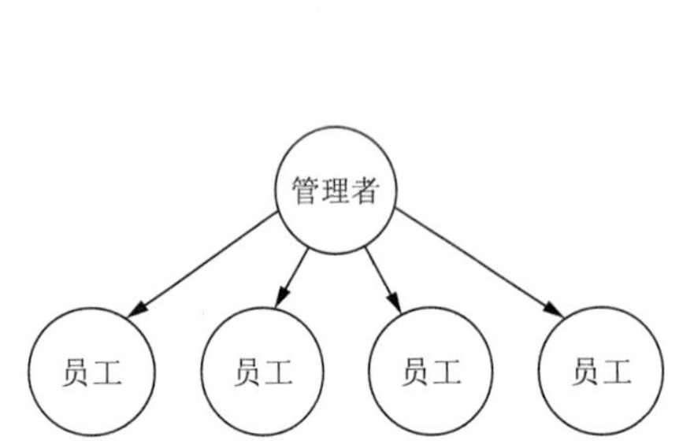

图 2　家长式领导的管理者与部门成员的关系

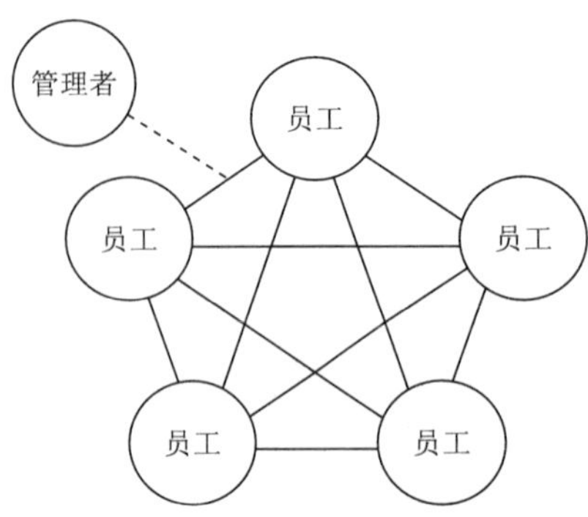

图 3　民主讨论式的管理者与部门成员的关系

2.2　完善工作制度,营造愉快的工作学习氛围

图书馆窗口工作是周而复始,无限循环的重复,时间一久就会产生职业倦息。主要表现在:做事不积极、不主动,敷衍了事;对读者不热情、不耐心,生硬冷漠;对制度不遵守、对着干,随心所欲。面对这样的情况,管理者通常会采用加强巡视来起到监督管理的作用。但是光靠监管不仅事倍功半,且员工们把管理者排斥在外,不利于沟通和了解,也容易引起反感。80、90 后的员工喜欢的工作环境是愉快的、温暖的,有点像寝室室友的关系,他们相互了解彼此的状况(包括个人生活、感情、家庭及工作经历),彼此间相互关心,分享心情、生活等等,有人生日了会一起庆祝,有人生病了会去关心探望,有人伤心难过了会安慰陪伴。这种在工作中建立起的友情,在人际关系复杂的职场中是难能可贵的,这也是打造高效团队的有利条件。管理者需要做的是:营造愉快的工作学习氛围,通过实例、示范等引导他们发现兴趣点。比如在窗口借还中了解热门的书籍,在为读者找书中了解读者,在整理图书时熟悉架子上书籍、发现好书,在平时收集读者案例一起分析、总结等。另外,还要完善工作制度,将任务分工细化,责任到人。笔者在实践中主要采取了三点措施:一是在定人定架的基础上,将工作团队人员进行分组,进一步明确每天的工作职责,做到责任到人;二是根据窗口人员流动性大的特点,在开展"一对一"带教制度的基础上,完善了《读者服务部员工手册》,让新人能尽快熟悉岗位、提高工作效率;三是在工作团队中定期组织开展与业务相关的交流学习论坛。内容主要是工作上碰到的问题及困难提出并进行讨论,寻找较好的解决方案或是对业务相关知识进行学习与分享,通过这样的形式统一思想,树立正确的服务理念,提高团队的凝聚力与总体服务水平。对读者投诉事件,逐一了解情况,与班上成员一起收集分析讨论案例、观看服务礼仪方面的视频、制定读者纠纷预案、开展情景模拟测试,规范服务语言。

2.3　充分发挥员工特长,一起参与活动的策划与管理

美国哲学家马斯洛有一被大家所熟知的"需求层次论":①生理需要;②安全需要;③归属与爱的需要;④尊重需要;⑤自我实现的需要。如果愉快的工作学习氛围让员工们感到"归属与爱的需要",那么④和⑤就需要管理者在经常与部门员工沟通中发现他们的闪光点,扩大日常工作的内涵和外延,通过各项阅读推广服务活动来发挥他们的才能。以嘉定区图书馆为例,在领导的大力支持下,在读者服务部主要开展了三项阅读推广活动:

一是每周日举办"周末故事会",整合区内少儿馆内丰富的读书资源,通过以讲故事为主的活动方式,引导学龄前儿童阅读。目前每场活动的策划、海报制作以及活动主持、布置、道具准备等分别交由部门的工作人员来具体操作。

二是每月开展读者培训,让读者更了解图书馆,熟练使用馆藏资源,提高读者的信息意识和获取信息的能力。培训内容由读者服务部的员工们一起策划,并从中遴选讲课老师为读者进行培训。

三是组织书友会,通过"以书会友"的形式,开展深层阅读、分享阅读心得,让"阅读"成为城市文明新风尚,让"到图书馆去"成为广大市民文化休闲习惯。活动发动了部门成员一起参与图书的推荐、分享阅读

心得。

通过活动给予机会和舞台进一步培养他们。让每一个员工都找到自己内心的火种，点燃它，在岗位工作中发挥它最大的热量与光芒！

3 对培养模式的设想和探索，努力打造一流的窗口服务团队

当我们还没完全明白"物联网"、"云计算"、"全媒体"是什么时，"大数据"已掀起了信息技术的新浪潮。许多图书馆内外都添置了现代化的自助借还、办证等设备，还相继推出了数字化的信息服务，搭建了数字化服务平台。在公共图书馆的硬件设施不断优化的同时，"大数据"又会给公共图书馆的角色带来什么变化？窗口服务会有什么变化？管理者要如何适应时代的需求来培养、提高工作服务团队的效率和水平？笔者以为要从以下三个方面入手。

3.1 要把握社会角色定位，放低姿态，明确责任意识。

许多80后、90后到了工作岗位后，发现"英雄无用武之地"，每天做的工作简单而枯燥，专业知识几乎用不到，做的是像服务员一般的工作，心理落差大。但事实公共图书馆就是服务行业，所以一开始的定位要准确：图书馆的工作人员都是服务员。但因文化的元素和被赋予的使命，我们还应充当部分教师和推销员的角色。"教师"的角色是因为一是要实现"信息获取力"的公平性，图书馆员需要引导更多的人参与阅读、主动阅读和学习，教会他们使用现代化的设备和查询工具来获取需要的信息和数据；二是培养人们(从孩子抓起)的阅读习惯，教人们正确地看待教育；三是对读者不文明的阅读行为进行劝导。"推销员"的角色是因为一是要向广大市民推广图书馆的服务功能，让人们更了解图书馆；二是要吸引更多社会力量参与到图书馆的工作和管理中；三是就如印度图书馆学家阮冈纳赞的图书馆学五个定律中提到那样，让"每个读者有其书"、"每本书有其读者"。

3.2 参加公益服务活动，提高创新能力

80后、90后的年轻人大都愿意为公益事业奉献自己的爱心和力量，在参加公益活动、志愿服务中常常能看到他们的身影，他们在传递爱心的同时传递着正能量。公共图书馆原本就是公益性的，管理者应鼓励年轻人利用休息时间去参加社会活动，正所谓：笼鸡有食汤锅近，野鹤无粮天地宽。通过与各行各业人士的接触交流，偶尔跳出"图书馆员"的框架，站在不同的角度来看待这份工作，也许会有不一样的收获和体会，思考不一样的服务。比如在参加红十字会的志愿者活动中，发现可以借鉴的组织和管理模式；在参加周末故事会活动中，与家长的交流中发现更多适合"讲、演"的优秀绘本和与孩子互动的新形式；在参加帮困救助的活动，了解弱势群体阅读的需求，拓展服务功能。

3.3 加强合作意识，完善服务配套体系

服务配套体系的完善，能更好地维护图书馆、馆员、读者的权利，保障图书馆的正常运转。服务配套体系除了硬件设施方面，还有管理、监督、奖惩等方面的人力资源管理体制。但目前图书馆还没有一支水平较高的人力资源管理专业人才队伍，缺乏专业知识和技能，需要与专业的机构或第三方服务公司合作，给出更有效的管理制度方案。方案包括：人事管理、奖惩制度、晋升机制、绩效评估等。其次与教育部门合作，为员工开展有针对性的系统培训，提高专业技能和文化水平。比如：资助进修图书馆科学的硕士学位、为管理者开展MPA等相关课程、为窗口服务的工作人员开展心理辅导等。在澳大利亚，图书馆会拿出经费支出的1%用于馆员的教育培训，澳大利亚图书情报工作者协会、澳大利亚图书馆自动化协会等许多高等院校都承担了相关的任务。最后要汇聚社会公众的力量，让广大群众参与公共图书馆的监督和管理。

参考文献

[1] 曾楚宏，李青，朱仁宏.家长式领导研究述评[J].外国经济与管理，2009(5)：40—41.
[2] 姜馨.人本管理是克服职业倦怠的有效途径[J].管理论坛，2010(8)：30.
[3] 李辉.基于馆员满意的图书馆内部服务补救问题研究[J].图书馆工作与研究，2012(6)：30—33.
[4] 郑丽娜.我国图书馆人力资源管理研究综述[D].吉林：东北师范大学图书馆学，2010.
[5] 王晓云.澳大利亚图书馆员的在职继续教育[J].中国成人教育，1998(6)：41.

图书馆可视化信息服务探索
——以上海图书馆、上海市中心图书馆即时数据展示屏为例

杨 佳
（上海图书馆）

摘要 在当今这个信息爆炸，数据在呈指数级增长的大数据时代，图书馆如何利用自身信息系统内的数据资源、通过数据分析挖掘产生新的效益，是我们应该重视与努力的方向。本文介绍了上海图书馆利用信息可视化方法展现图书馆自身信息系统内的大数据资源，藉此进行的创新服务实践，并帮助图书馆洞察系统运营情况。

关键词 数据分析 数据挖掘 信息可视化

Exploring the Use of Information Visualization for Library —A Case Study of Shanghai Library-Shanghai Central Libraries' Data Flow Visualization

Yang Jia
(Shanghai Library, China)

Abstract As in the era of Big Data, the analysis of data in Library systems is vital. Exploring the use of such big data can help library find new way to enhance services. With the case study of Shanghai Library-Shanghai Central Libraries' Data Flow Visualization program, the article explores a way to show the library as an information center. The visualization program focuses on data flow and the library as a data exchange center where the circulation of books can be made visible and expressed statistically.

Keywords Data Analysis Data Mining Information Visualization

1 引言

大数据时代，图书馆如何利用自身信息系统内的数据资源、通过数据分析挖掘产生新的效益，是我们应该重视与努力的方向。在保障用户隐私的基础上，上海图书馆一直在尝试激活系统中沉睡的海量读者数据、读者信息行为数据，发挥它们的价值。

大数据技术的意义不在于掌握庞大的数据信息，而在于对这些含有意义的数据进行专业化处理。上海图书馆同时支撑着本馆和上海市中心图书馆 250 多家机构的运营，读者群逾 200 万，2013 年全年书刊流通量 4 432 万册次，海量的读者数据、读者信息行为产生的数据在系统中沉睡，等待发挥它们的价值。

“上海图书馆、上海市中心图书馆即时数据展示屏”（以下简称“展示屏”）正是基于对海量数据的分析与挖掘，利用信息可视化手段进行创新服务的一次尝试。“展示项目”采用新颖的多媒体交互展示方式展现上海图书馆、上海市中心图书馆阵地服务、流通业务等的即时情况，以创意展示的形式在“创 · 新空间”主题阅览室内的大屏交互展现。

2 信息可视化

2.1 信息可视化的概念、作用与特性

随着互联网的发展，海量信息和数据得以发布，并借助网络迅速大范围的传播。相关业界的领先者们多

次预言，大数据(Big Data)将引发新的“智慧革命”：从海量、复杂、实时的大数据中可以发现知识、提升智能、创造价值。信息可视化(Information Visualization, InfoVis/IV)是利用计算机支撑的、交互的、对抽象数据的可视表示来增强人们对抽象信息的认知。可视化过程是将信息转化为一种视觉形式，充分利用人们对可视模式快速识别的自然能力去进行观测、浏览、判别和理解信息。信息可视化最早被用于科学计算，但是随着计算机技术及信息处理技术的高速发展，信息可视化迎合了对于大数据信息进行可视化并帮助用户感知信息的需求，逐渐成为研究热点，并被广泛应用于商业、科研、生活等各个领域，其不仅被学术界广泛研究，还被工业界应用到商业数据分析、数据挖掘、知识管理等多个领域。

信息可视化致力于创建那些以直观方式传达抽象信息的手段和方法。可视化的表达形式与交互技术则是利用人类眼睛通往心灵深处的广阔带宽优势，使得用户能够目睹、探索以至立即理解大量的信息。视觉是人类最重要的感觉，人脑所能接受的外借信息 90%以上源于人眼的视觉感知，高质量的信息图能比文字更快速的被理解。因此利用可视化技术将经过整序后的复杂数据集合以精简的图形、文字、数字相结合的方式展现，可以使得观众快速了解数据所想展现的内容以及洞察关键。

2.2 信息可视化在图书馆的应用

西雅图公共图书馆(Seattle Public Library, SPL)改建建筑空间时提出的利用信息技术将图书管理视作数据，将图书馆视作数据交换中心，利用可视化手段展现数据。SPL 与交互媒体设计 George Legrady 合作的名为“Making Visible the Invisible”的项目计划在 10 年间将采集的图书流通量以小时为单位进行分析，并利用可视化技术将分析结果展现在 6 个 LCD 的屏幕上，该屏幕位于改建后的 SPL 主要咨询台上方，背后即为 SPL 的一个大型开放式信息检索、研究阅览室。

3 建模

3.1 业务理解

了解业务是大数据分析的前提，上海图书馆是大型综合性研究性公共图书馆和行业情报中心。上海市中心图书馆以上海图书馆为总馆，其他区(县)图书馆、高校图书馆或专业图书馆为分馆，街道(乡镇)图书馆等为基层服务点，以网络为基础，以知识导航为动力，以资源共建共享为目标，以提高服务水平为目的而组建的图书馆联合体。位于上海图书馆内的计算中心同时支撑着本馆和上海市中心图书馆 250 多家机构的运营，读者包括来自 100 多个国家的逾 200 万人，系统的书刊流通量 10 年间一直呈现稳步增长趋势，2013 年全年书刊流通量 4 432 万册次，同比增长 17.5%。

3.2 数据理解

“展示屏”以读者最感兴趣的图书流通数据为主要采集对象，从人、书、地三个实体理解数据。人，是访问图书馆的读者，他们借阅书刊；检索数据库，获取新知。不同的人具有不同的性别、年龄、学历、职业等属性，影响他们不同的阅读习惯、偏好。书，是图书馆提供借阅服务的根本，经过编目人员的专业加工，具有书名、著者、出版社、分类号、封面等各种属性。地，是上海图书馆、上海市中心图书馆的联盟性质决定的，具有层级、区县等属性。

4 可视化信息服务设计

4.1 数据采集与分析

在人、书、地三个实体的基础上，加上时间，构成的一次借还行为即为数据采集的一条原始信息行为。这样一条简单的信息，并不足以支撑美学方式的设计表现，为了能记叙性的、比喻性的、联合性的将数据设计为图形化信息呈现，需要给予流通信息结合各个实体的不同属性，通过借出/归还的单一事件驱动，加之以地点信息，表现出系统的特征。因此在流通数据的基础上，数据采集的范围包括图书馆自动化管理系统、读者信息管理系统。由于系统内的图书编目不涉及封面，为了可视化呈现更具体、直观的效果，还需与第三方机构合作，获取图书封面，该项目中，与立足文化生活发现的创新网络服务的豆瓣网，借助 ISBN，通过开放接口(API)的方式进行数据交换。

大数据分析面临的一个问题就是隐私性，在综合考虑数据安全性、读者隐私的前提下，上海图书馆采用自主研发的方式，利用系统自动采集，隐去读者标识，在统计分析的基础上，通过提供 webservice 接口的方式，形成一套标准的数据输出。每天采集流通信息 120 000 册次以上，每分钟采集一次数据，每天的数据采集完毕后,进入历史库,以日期为单位进行切片保存。

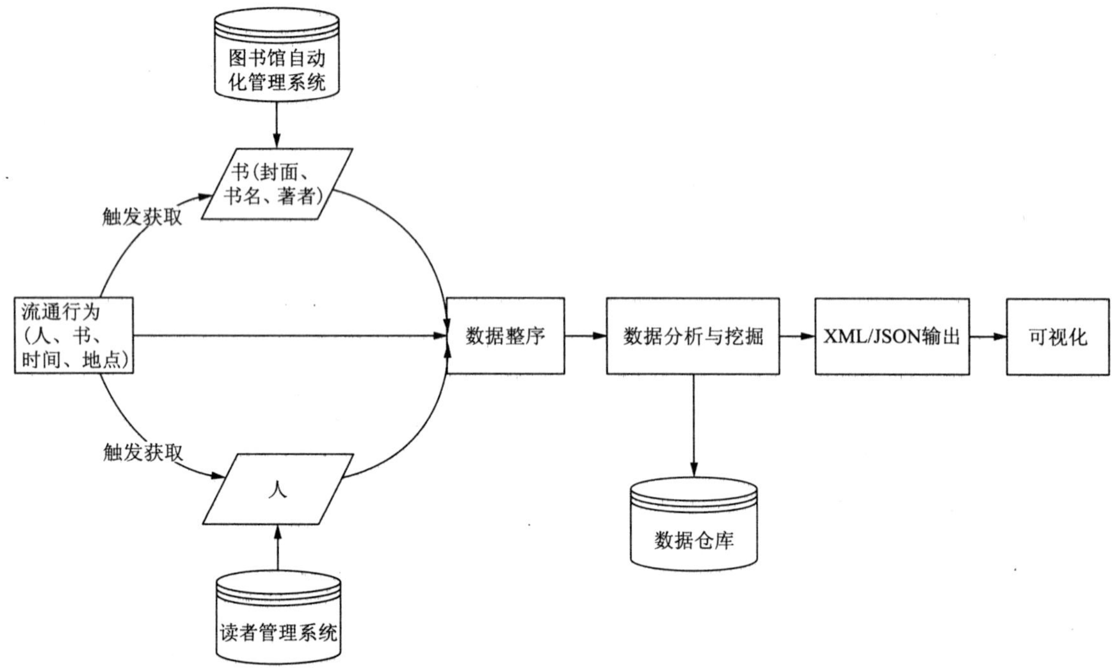

图 1 以流通行为触发的数据流示意图

4.2 **数据输出**

经过整序处理的数据,通过标准的 webservice 接口输出,数据接口同时提供 XML、JSON 两种格式的输出结果。由于 XML 的结构规范要求严格,而书名等文字信息中可能包含一些特殊的字符格式,这些字符可能会导致程序无法正确解析整个 XML 文件,因此采取 JSON 返回方式具有更高的稳定性。JSON 是一种轻量级的数据交换格式,文件不具有明显的强结构特征。

一个传递每天流通总量信息的 XML 数据包可能如下所示:

=〈data〉
=〈cki〉
=〈item〉
〈cnt〉**58697**〈/cnt〉
〈time〉**2014-04-17**〈/time〉
〈/item〉
〈/cki〉
=〈cko〉
=〈item〉
〈cnt〉**57249**〈/cnt〉
〈time〉**2014-04-17**〈/time〉
〈/item〉
〈/cko〉
〈/data〉

相应的 JSON 数据包:

{"2014-04-17": [{"cki": "58697"},{"cko": "57249"}]}

在复杂的 JSON 对象中,因为它不像 XML 文件用规范的标签形式标记有效的内容,虽然对于人来说较难整理，但因为JSON文件结构简单，因此通过电脑分析JSON文件具有强大的处理能力。另外，JSON文件中因为不再具有用于标记内容属性的说明性标签，因此相比承载相同内容的XML文件，返回文件占用空间更小，也更适合作为海量数据获取中的文件传输形式。

4.3 可视化

"展示屏"的侧重于展现流通数据的可视化，为呈现出图书馆即时服务的情况，时间、地点维度是较易被考虑到的展现方面，不同地区的图书馆由于服务范围、区域用户的不同，服务量有所差别；不同的日期、同一天内的不同时间，图书馆服务量都会有所不同。

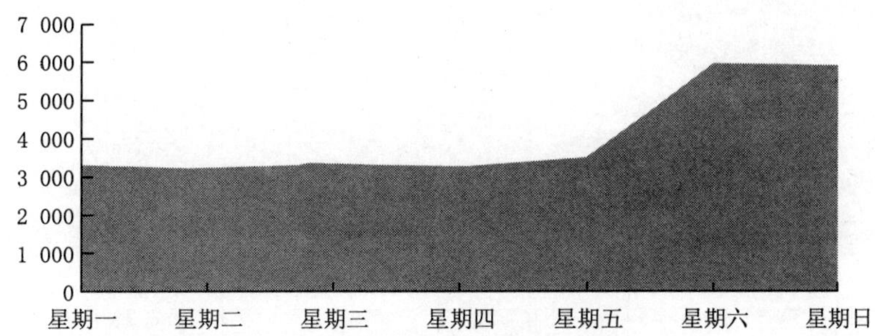

图2 某入口平均进入读者数

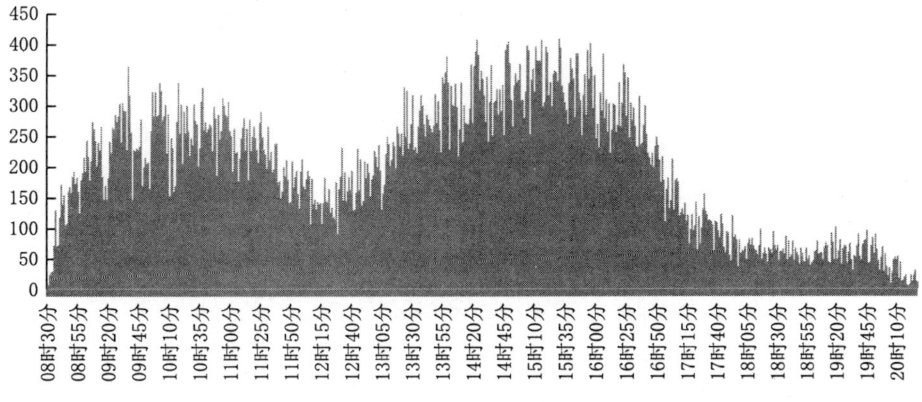

图3 某馆某日外借册数

从图2可以看出，双休日的到馆读者数一般为工作日的1.5～2倍，图3可以看出每天流通发生有两个高峰，分别在上午9、10点间和下午14、15点前后，不仅读者可以从中获取信息，规避等候时间；图书馆的工作量安排也能根据该分布更趋合理。

"展示屏"的设计过程中，视觉元素的运用主要侧重于以下三点：

(1) 利用形体造型增强信息可视化的叙事性

以上海图书馆到馆读者的即时展现屏为例，最醒目的右侧的圆圈内，显示的今日到馆总人次的数字，该数字不用跳跃着上升，展示了阵地服务的热度。而左下角区域又利用上海图书馆楼层平面图的形状，展现不同楼层今日进入读者数的变化，娓娓道来上海图书馆阵地服务的情况。

(2) 利用色彩提升信息可视化的视觉效果

以上海图书馆上海市中心图书馆书刊流通数据的即时展现屏为例，该屏以服务时间为横，每5分钟采集汇总的借还数据的柱状图表达了流通量随时间流逝的变化情况，配色采用了对比强烈的绿色和橙色，在冷色调的蓝色背景上，跃动效果感强，而衬底的灰色图形则显示了前一日的流通情况，低调的灰色即不会夺走对当日借还数据的关注，两相对比，又起到了对比的作用，一目了然。

(3) 利用动态增加信息可视化的视觉体验

以上海图书馆上海市中心图书馆今日借出／归还图书封面屏为例，该屏呈现的是当前正在外借／归还书刊的图书封面,不断向外扩散/向内聚集的图书封面,极具视觉冲击力。

由于每个数据集都有其独特的特性,可视化需要最大化的展现这个特性,因此对于可视化而言,模板并无太大意义,可视化方法更重要。“展示屏”三个屏根据数据特点,侧重于不同的设计方面,但整体设计风格又统一于简洁,展示效果灵活、丰富。作为领悟新含义、探索新知识的一种方法,通过这种即时信息图形的展现图书馆的服务情况,及方便了图书馆了解自身,又能吸引读者关注的兴趣;读者边享受视觉盛宴边学习知识,求知欲亦能被大力激发。

5 结语

信息可视化的主要目的是借助图形化手段,更高效和清晰地交流信息。但这并不意味着数据图表会因实用而枯燥,因华美而繁复。通过了解业务,理解数据,把握设计与功能之间的平衡,设计让思想能有效地传递,实现可视化信息服务传播信息的主要目的。利用可视化的方式来展示从数据中抽取出的信息,通过给观众讲故事的形式,使读者能在数字之外有所启发。"展示屏"常规放置在"激发创意灵感,引发思维变革,真正成为一个学习、探索以及开拓思维的场所"的创·新空间阅览室的咨询台的上方,适合该阅览室的定位,同时在上海图书馆主入口内,也放置了滚动播放的"展示屏",吸引着每一位进馆读者的眼光,不仅是一项简单的创新服务,同时也是很好的阅读推广手段。未来在不断深入对采集数据的分析的基础上,"展示屏"还能讲述更多的故事。

参考文献

[1] 陈超.智慧城市,"智慧来自大数据"[N].文汇报,2012-5-9(5).
[2] 周宁."信息可视化及应用"专题序[J/OL].现代图书情报技术,2010(7/8).
[3] 吴佳鑫.Web 环境下信息可视化模型研究[D].武汉大学,2009.
[4] James J.Thomas, Kristin A.Cook. A Visual Analytics Agenda[EB/OL]. IEEE Computer Graphics and Application, 2006(1/2)[2014-2-17]. http://zaphod.mindlab.umd.edu/docseminar/pdfs/01573625.pdf.
[5] 杨俊.图像数据的视觉显著性检测技术以其应用[D].国防科技技术大学,2007.
[6] Legrady, G.Making Visible the Invisible: Seattle Library Data Flow Visualization[C/OL]//Digital Culture and Heritage. Proceedings of ICHIM05, Paris, France, 2005.[2014-03-02]. http://www.museumsandtheweb.com/biblio/making_visible_the_invisible_seattle_library_data_flo.html.
[7] 上海图书馆.覆盖城乡的公共图书馆服务体系:上海市中心图书馆建设十周年[M].上海:上海社会科学院出版社,2010.
[8] 廉捷;周欣;曹伟.新浪微博数据挖掘方案[J].清华大学学报(自然科学版),2011,51(10):1300—1305.
[9] Ben Fry. Visualizing Data: Exploring and Explaining Data with the Processing Environment [M]. O'Reilly Media, 2008.
[10] Alison Circle. Telling Your Story With Visual Power[EB/OL]. [2014-3-12]http://lj.libraryjournal.com/2012/01/marketing/telling-your-story-with-visual-power/.

发现工具——一种以云服务方式管理图书馆在线资源的综合性和创新性方法

Zhong Geng(耿忠鸣)
(美国玛丽伍德大学图书馆)

摘要 一个新的图书馆/综合性学习现场正在 MARYWOOD(玛丽伍德大学)大学筹建。新图书馆将配备自动存储和检索系统,电子资源发现系统,还有一个新的网络系统,以更好地管理不断变化的计算需求。在当今的信息世界,变化主宰着等式的两侧:客户对更快的信息检索的需求与技术进步以适应其需求。本文在描述自动立体库的同时,将重点讨论如何引进、开发和实施信息发现系统以帮助加强数字资源的管理,包括电子书,电子音响,电子期刊和杂志以及其他通过云提供的资料。虽然新的图书馆/综合性学习现场正在兴建,电子检索系统尚未安装,信息发现系统已经证明了其有效地提供大量信息综合能力,表现出信息系统的互动性增长的巨大潜力。

Discovery Tool—A Comprehensive and Innovative Approach to Managing Library Online Resources via Cloud

Zhong Geng
(Marywood University Library, USA)

Abstract A new library/Leaning Commons is currently being built at Marywood University, which will be equipped with ASRS—an automated book-retrieval system, EDS—an electronic resources discovery system, and an updated network system to better manage the changing computing needs. In today's information world, changes dominate both sides of the equation: patrons' demand for quicker and faster information retrieval on one side, and technological advances to accommodate the demand on the other. This article, while depicting ASRS in the background, will focus on the process of introducing, developing, and implementing the EDS Discovery system to help strengthen the management of digital resources, including e-book, e-audio, e-journals and magazines, and other information provided via Cloud. While the new Learning Commons is taking shape and the automated retrieval system is yet to be installed, the EDS Discovery system has already demonstrated its integrated capacity to deliver vast amounts of information effectively, showing tremendous potential for growth in interoperability of information systems.

Marywood University Library has been around since 1968 and, needless to say, has evolved over the years: from a single room print only service to a semi-automated online catalog system to an integrated ILS system. Indeed, the changes have been fascinating; yet, when considering the transformations Google has brought about over the last decade or so and, most important, how people have responded to Google's innovations, Marywood University could no longer find itself comfortable or compatible with the developments witnessed either from technological point of view or library users' point of view. The facility, though still functioning, has proven itself outdated and unable to provide what is desired for today's information seekers. The integrated OPAC system, though still accommodating, has found itself uneasily handling the ever-changing environment and workflow. Online databases, though growing in numbers, have operated with so many interfaces and so much complexity which frustrate not only patrons, but library staff as well. Therefore, in order to provide better information service, the library has no choice but to seek a drastic change from inside out. The following is intended to provide a detailed glance at the steps the library has taken to equip itself with the capabilities designed for our patrons, particularly in the area of online resources management with the new learning commons depicted in the background.

1 A Little Background Check—the Library's Current Infrastructure for Online Resources

Over the last ten years, Marywood University Library has seen itself facing significant changes in the areas of both resources and services it offers. In the resource area, the dominance of print material and physical items is diminishing, outpaced by electronic resources such as full-text databases in particular. Furthermore, other digital resources, such as special project digital collections and e-books have taken root. In the service area, our library users—accustomed to quick and instant searching, finding, and accessing information in the Goolge age—demand more and more instant and easy access to the library resources and services. Despite that the library still maintains a print collection of some 250,000 items; it has steadily reduced its annual budget for new print material. In addition, the collection has witnessed a gradual downward in circulation transactions; some 7—10% annual decline in the past ten years. In contrast, while the print collection has experienced depreciation, the online resource collection has appreciated its growth by leaps and bounds, expanding search capabilities exponentially. Over the years, thanks to the growing interest in online resources as well as the advances in information technology, the library has conscientiously improved its financial capabilities for online resources, having acquired some 65 databases from a dozen vendors, spanning subjects in all areas. Correlating the growth in online resources, the usage has seen a significant increase in recent years, particularly among the databases that provide full text information for the popular majors offered at Marywood, such as Education, Social Work, and Music, etc. However, despite the encouraging performance of online resources, and users' enthusiasm to embrace the resources, the lack of progress in database search interface and functionality has brought confusion or/and reluctance to the users, including the librarians, which helped to find the cause for change—a change aimed to streamline users' search experience and improve database management.

2 The New Expectations from Customers, Coupled with the Development in Information Technology, have Made the Change a Reality

As described above, the expectations from ourusers, as information technology advances and Google in particular, have arrived at a new high level which demands the library to adopt an attitude for change accordingly. The library online catalog, for instance, though still relevant in terms of providing basic service, has become a source of users' complains in recent years—slow and cumbersome. Library users' preference for Google caused a decline in the value of library catalogs, and encouraged library leaders to "establish the catalog within the framework of online information discovery system." This awareness of changes in user expectations during a time when Google set the benchmark for search simplicity was echoed by numerous authors who recognized the limits of library catalogs and expressed a need for the catalog to be greatly modernized to keep pace with the evolution of the web. This specifically requires that the next-generation library automation system should use the web as a platform to fulfill the notion of software-as-a-service (SaaS), or further, platform-as-a-service(PaaS). The technical advantages of such systems would include the ability to 1. Develop, test, deploy, host and maintain on the same integrated environment; 2. User experience without compromise; 3. Build-in scalability, reliability, and security; 4. Build-in integration with web services and databases; 5. Support collaboration; 6 deep application instrumentation. And, further, comprehensive library resources management requires that next-generation ILSs should be able to manage all library materials regardless of format or location. Based on these notions, the library crew, staff and professionals working as a team, started to develop a concentrated effort in order to draw a blue print to take as many aspects of the change into account, starting with the physical facility first. Since the current library

Library Dedication, 1968

The New Learning Commons with Automatic Storage and Retrieval System (ASRS)

was built upon the old concept—serving users with mainly print collection, a brand new building was favored in order to better accommodate the rising demands for digital contents. The concept of building a new learning commons equipped with comprehensive functionalities targeting the users of the digital age won overwhelming support and approval by the university administration enthusiastically. Then, the idea to introduce ASRS (automatic storage and retrieval system) to the new learning commons strengthened the confidence from the university board of trustees who recognized the system as an innovative approach to modernizing the information services of today. During the two-year course of preparation, the design of the learning commons absorbed many changes targeting potential improvements for digital content deployment and development, including storage, ease of access, online systems efficiency, mobility and flexibility, and room for future growth, etc. And, cheers, the new learning commons broke ground last August and is gradually taking shape. While the design of the new learning commons attracted a lot of attention, the concern about the outdated library online resource system emerged as one of the top issues that could not afford to wait. The picture of a decade old online system housed in a modern library facility did not take much persuasion to convince the university administration to agree on implementing an advanced system. So, a hunt for a Discovery tool was on.

3 The Process of Selecting a Discovery System

An intensive effort was gathering steam as soon as the library obtained the financial means to seek a Discovery search engine. First and foremost, a team of librarians and staff developed a set of criteria for the Discovery system, which focused on the needs arising from the Marywood community. Among others, the criteria dictate that 1. A discovery tool should be able to carry out real-time interaction between the library ILS system (SirsiDynix at Marywood) and other databases. 2. It should be able to blend the library online services into other campus environments. 3. It should provide content from external sources. 4. It should be able to retrieve and display vast range of resources available at Marywood, including local print holdings, specialized databases, government/public databases. 5. It should have a unified search interface with a single search box but with faceted search capabilities, RSS feeds, and the ability to easily save searches or export selected records to standard bibliographic management software programs. With the criteria in mind, the team started exploring various Discovery systems by several vendors, such as Summon from Serials Solutions, Primo From Exlibris, Worldshare Management System from OCLC, EDS from EBsco, and Encore from Innovative Interface. The team also looked into the Intota from Serials Solutions which was then in the beta platform and still is. In order to experience each system with hands-on feelings, sort of, the team not only interviewed the experts about their products, but arranged live demos, too, via either by Webex or personal visit. The team would, after each presentation from the vendors, gather their minds together in order to dissect the systems to seek the features that may accommodate our needs better. The selection process was time consuming, and painstaking at times as all the products are equipped with some similarities that looked pleasing to us. But the process provided an excellent opportunity for the team members to gain the inside of the products, helping improve the knowledge about how a Discovery system should work. Towards the end of a three-month deliberation, the team picked EDS from Ebsco to be the library's first Discovery system based on: 1. EDS is built off Ebscohost platform which has won the hearts and souls at Marywood over the years, and EDS extends the platform into the web scale discovery space through a preharvested, centralized index encompassing content sourced from Ebsco databases and beyond. 2. The base index underlying the EDS service includes content from nearly 20,000 providers, in addition to metadata drawn from tens of thousands of book publishers. This base index presently includes metadata for more than 45,000 journals, more than 800,000 CDs/DVDs, nearly six million books, and more than one hundred million newspaper articles. 3. EDS offers a template that libraries can customize to their local environment. Within the Ebsco admin interface, the library can customize various branding elements, such as colors and logos and specify some layout details, such as the positions of logos. Also, libraries can implement widgets of their own—the options to pull external content into the EDS experience, such as LibGuides, blogs, and online chat, etc. 4. EDS offers faceted navigation which significantly helps search refinement. 5. EDS offers a variety of export options with printing, e-mailing, saving, and exporting to a citation management program all supported, such as EndNote, ProCite, REfWorks, and BibTex. 6. EDS offers mobility—its mobile interface can be used for various smartphone devices. 7. EDS offers a potential feature that grabs our attention—suggesting databases the user may wish to search based on the query. With the decision made, the team, along with other library staff, set out to welcome and embrace the first Discovery system with high enthusiasm yet a great deal of hard work. First and foremost, the data extraction from online catalog. While Ebsco was assembling the EDS discovery system for us, Marywood library was obliged to submit the metadata of our bibliographic records of all formats in order to be integrated into EDS system. Though generating the file of records seemed pretty routine, the work to map out all the fields that EDS uses to display the bibliographic records correctly took unexpected twist and turn during the installation, such as the choice of tags: 035 vs 989, as well as other options for bibliographic records maps. The first batch of metadata failed to display some of the records in EDS, and the second attempt to install a fix did not completely turn out successful either. After having exerted more painstaking effort and time, the MARC records finally display the information that looks helpful to the users. The EDS implementation consumed a lot of detail orientated mind and energy, but the Discovery tool has turned out a worthy product that is helping to achieve our goal: providing a streamlined search experience for our users and a better administration for our online resources.

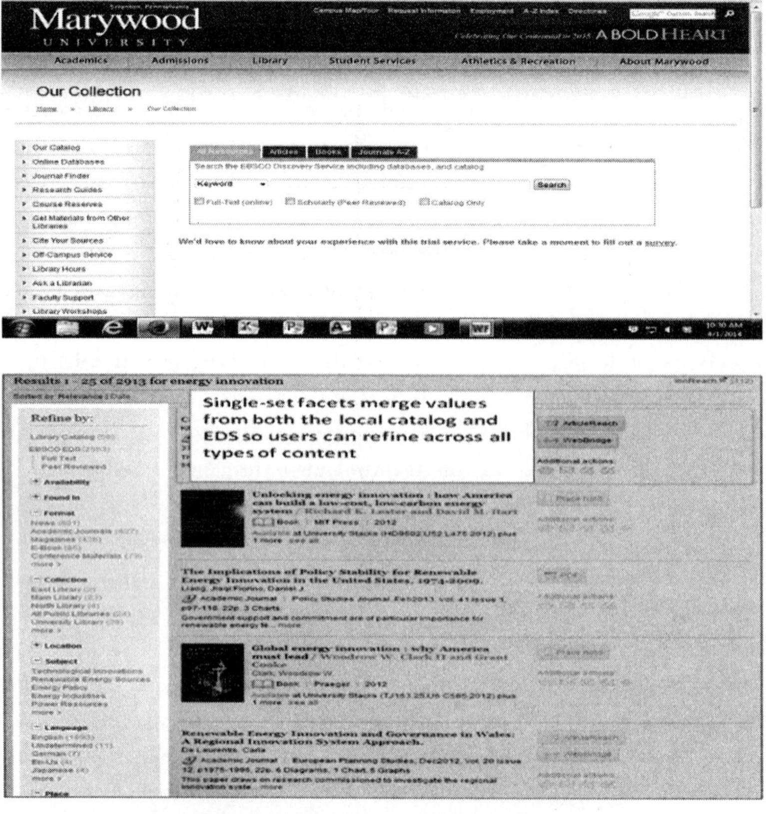

EDS Search Interface and Faceted Search Features

4 EDS's Advantages and Disadvantages

It has been more than six months since we employed EDS as our Discovery system for online resources and, to a large extent, the system has delivered what we had expected. 1. It has helped increase our users' exposure to the entire Marywood library collection. Unlike before EDS, users had to choose different search systems to seek their information needs, the simple/ single search box integrates the entire library collection and beyond, including external resources such as Google books and online publishers that are outside Marywood library's subscriptions, and delivers satisfying results. 2. With faceted capabilities, EDS improves relevance rankings, response time, and consistency as well. Despite that a search query may go through as many relevant resources, the results are returned immediately. In most cases, we see better response time in EDS than any other single search interface such as our online catalog. And the well calculated facet makes search results limiting more efficient and effective. 3. A built-in A—Z list provides an easy access for those who pursue journal title search and have the title in mind. 4. The administration module dramatically improves online resources management, such as license control, usage statistics, databases management, etc., all in one place. 5. The bottom line—our users are happier and more satisfied with their search experience. According to some brief surveys, our faculty recognizes that EDS has helped expand both their search scope and depth, as the system unveils some of the contents that are impossible to be discovered by other search tools in which they had already developed skills and experience. Our students and other user types have felt the advantage from EDS as well: faster, more comprehensive results, and ease of search limiting. While EDS has demonstrated itself a powerful tool in terms of significantly expanding the online resource searching capabilities, as well as enabling the librarians to meet better users' expectation, it still leaves some areas of weakness where users are less satisfied or awaiting further training. For instance, faceted searching, though powerful and effective if used properly, could overwhelm some users as it is not easily self-taught or self-guided, at least not with the Discovery system version we currently operate. Also, some experienced users who are good at obtaining information from the core subject databases may feel lack of the knowledge about the scope of their searching, i.e. what databases their search queries are pulling from, which could cause some confusion and frustration. And, to some users, a vast amount of data presented to them may seem puzzling, as they are unable to determine what to choose and are not comfortable with faceted search yet. So, EDS, though having shined and delivered better performances in many areas, still has room to improve.

5 Implication /Ramification of EDS Implementation

A six-month trial period is not long enough to grasp a comprehensive performance of a Discovery system; yet, what the system has helped Marywood library achieve is worth sharing: 1. EDS has allowed Marywood library to maximize the visibility, value and usage of its overall collections, and has enabled the users to gain the most benefit out of the information the library makes available. A single search query of "Chinese economy", for instance, will return the user with a mixed collection of books, e-books, audio books, journal titles(print and non-print), and other formats such as DVD instantaneously. Since EDS collects the usage data from all the online resources it integrates, the library is able to tell which resources receive the most attention instantly, all in one place instead of gathering usage from all over the place. Needless to say, the usage statistics will greatly enhance the library's capability to make better forecast for future subscriptions—an edge in financial management 2. The results of EDS will help the university administration make better decisions about the future development for the new Learning commons. While the ASRS system, though costly, will help shed light on print / media collection circulation, the Discovery system will definitely assist in demonstrating how the library online resources fare, particularly in the areas of usage, licensing renewal, access control, and content management. More important, it will guide as well as prepare the library to transition itself to the next stage of online resource management system, as we are at the beginning of a new era of library automation system. 3. EDS offers more scalability. Since EDS is cloud based, particularly Ebsco promises to expand EDS's capability in accommodating more apps, Marywood University Library has seen a much improved environment where online resources can be managed more efficiently and effectively, such as adding or dropping database subscriptions, system functionality administration, and hardware / software maintenance, etc.

Marywood University library has well positioned itself to embrace the changes taking place in the areas of information technology and users services. The unique architectural design of the new learning commons will help pursue the exploration of the library's traditional collections, print collection in particular, as the automatic storage and retrieval system(ASRS) will significantly facilitate the circulation of the collection. A one-minute per item circulation process, from taking a submitted loan request to fulfilling the request, is no match for our current circulation system performance. The convenience from the building's interior architecture is a dream-come-true for those who desire the information in an environment which provides easy access, comprehensive services, and flexibility in terms of personal choices of space and communications. The newly implemented Discovery system will equip both the users and library staff with the necessary knowledge and skills to deal with the information of various formats in this cloud based digital age. Further, since EDS is designed to accommodate future changes, any advances in the system will provide a heads-up for us to see what is coming in the information technology development. Most important, as we grow along with the advances in technology, we are ready for any changes coming our way, both physically and mentally.

References

[1] Yongming Wang and Trevor Dawes, "The Next Generation Integrated Library Systems: A Promised Fulfilled", Information Technology And Libraries, September 2012:76—84.

[2] Jody Condit Fagan, et al., "Usability Test Results For A Discovery Tool In An Academic Library", Information Technology And Libraries, March 2012:83—105.

[3] Jason Vaughan, "Ebsco Discovery Services", Library Technology Reports, January 2011.

如何应对现代图书馆规范工作之挑战
——11 所美国佛罗里达州立大学经验谈

Zhonghua Du(杜钟华)
(美国佛罗里达国际大学图书馆)

摘要 规范控制是制定规范记录,并用之于图书馆馆藏目录来指代某一物体或概念的过程。规范控制可以聚集同一名称或主题的所有相关著作,并排除同名或类似主题的材料以使检索结果准确,进而提高图书目录的检索功能。规范工作指一切实现规范控制目标的行为。如今,由于预算削减,图书馆员短缺及图书馆资料数量和类型的日益增加,规范工作成为所有图书馆面临的一个严峻的挑战。图书馆能否继续维持规范工作的质量和数量,甚至继续开展规范工作都成为问题。在美国佛罗里达州,我们 11 所州立大学图书馆,一直在努力寻求对策来克服规范工作的挑战。首先,为了共享数据,减少重复劳动,我们合并了 11 家大学图书馆的数据库,成为"共享书目","共享书目"目前拥有约 11 500 000 条书目记录和 73 000 条规范记录。数据库的集中化使规范工作更加高效。其次,我们尽可能利用计算机来完成简单重复的工作,以使图书馆员可以利用宝贵的时间从事计算机无法处理的复杂的规范工作。比如,我们正在测试如何利用数据库软件来完成自动回溯性标目更新。第三,我们尽量优化工作流程,更高效合理地分配我们的工作。规范工作目前由两个大学图书馆负责,具体项目由精通各标目的人员分别承担。这些改变取得了显著的成果,保证了"共享书目"的持续更新。我作为"共享书目"规范工作的协调员之一,将在本文中阐述我们的规范工作的流程和成功实施的一些自动化项目。我希望这些经验的共享可以促进其他图书馆类似工作的进展。

关键词 规范工作 规范控制 规范记录 标目更新

Authority Work Modules at Florida State University Libraries' "Shared Bib" in United States

Zhonghua Du
(Florida International University Libraries, USA)

Abstract Authority control is the procedure of creating a preferred form of a heading, which can be applied to refer to a single entity or concept in library catalogues. The purpose of authority control is to collocate and disambiguate materials thus help users locate the resources of interest in library catalogues. Authority work is the activities to help achieve the goal of authority control. Nowadays, due to the cut of budgets, the shortage of librarians and the increase in the volume and type of library materials, authority work becomes a serious challenge for all libraries. It is very difficult for libraries to maintain the quality and quantity of authority work or even keep up with authority work. In Florida in the United States, we, the eleven State University Libraries, have been trying to develop strategies and methods to overcome the challenges of authority work. First, in order to share data and reduce duplicate work, we merged our individual databases into the "Shared Bib" database which currently holds over 11.5 million bibliographical records and 73,000 authority records. The centralization made authority work much more efficient and effective. Second, we utilize technology as much as possible to release librarians from repeated simple work. So librarians can spend precious time on complicated authority work that computers cannot handle. For example, we are testing the ability of our system to automate a major part of authority work—

retrospective headings maintenance. Third, we try to streamline the workflow and share our work more efficiently. Two university libraries coordinate the authority work and the work is further shared by people who are specialized in each subject in these two libraries. These strategies ensured the "Shared Bib" is up to date. As one of the two authority control coordinators for the "Shared Bib" database, in this paper, I will elaborate our modules of authority work and some automation projects we have successfully implemented. I hope the sharing of these achievements can facilitate similar work in other libraries.

Keywords Authority Work Authority Control Authority Records Retrospective Headings Maintenance

1 Introduction

Authority control is the procedure of creating a preferred form of a heading, which can be applied to refer to a single entity or concept in library catalogues. The purpose of authority control is to collocate and disambiguate materials thus help users quickly locate the resources of interest in library catalogues. In detail, the headings can help users to identify important features of library materials, such as authors, subjects, series, places, etc. Furthermore, authority control also establishes relationship between names and concepts which are often known as cross-reference. Authority control is essential for the maintenance of a good library catalogue and it cannot be substituted by anything else.

Authority work is all the activities of authority control. It includes authority records creation, authority records update, bibliographic headings validation and retrospective headings maintenance. Authority work is critical to a successful catalogue and it costs a lot of library professionals' time and money, which only few big university or public libraries can afford and justify. Especially nowadays, due to library budgets cut, personnel decrease, and increase of library materials in both formats and volumes, authority work is becoming a big challenge to all libraries. Even university and big public libraries are looking for solutions to maintain the quality and quantity of authority work to match the requirements of a good cataloging.

In Florida in the United States, we, the eleven State University Libraries, merged our individual databases into the "Shared Bib" in June, 2013. The Shared Bib currently holds over 11.5 million bibliographical records and 73,000 authority records. The merge facilitated data sharing and reduced duplicate work, which is very helpful for us to accommodate new era challenges. One big benefit for our authority work now is we can share and coordinate retrospective headings maintenance work. After the merging of the database, two biggest libraries, Florida International University(FIU) and University of Florida(UF) libraries, took the responsibility of retrospective headings maintenance in the Shared Bib for 11 university libraries. Other nine libraries were released from it due to their personnel cut. The transition from a single bib to the Shared Bib increased the cooperation and coordination thus reduced duplicate authority work and redundant efforts within the library and between libraries. However, with benefits it has presented, it also brought new challenges since two libraries have to stretch to accommodate the inflation in materials allocations(bombing of volume size) with limited time and budgets. It is challenging to keep the same quality of authority work in the new scenario. For overcoming the challenges, we try to streamline the workflow and share our work more efficiently. As a coordinator of the authority work in both FIU individual database and the Shared Bib, in this paper, I will elaborate our modules of authority work including our practice on authority records creation and retrospective headings maintenance. I will mainly explain how we automate retrospective headings maintenance by using the methods of "Correction", "Global Changes" and "UPD Y".

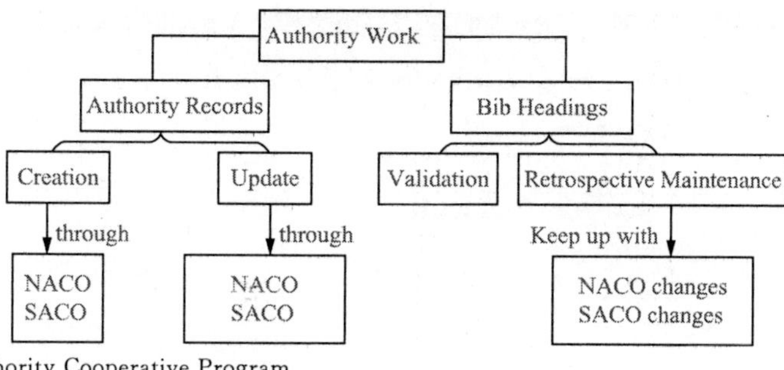

NACO: Name Authority Cooperative Program
SACO: Subject Authority Cooperative Program

Figure 1 Summary of authority work

2 Authority Records Creation and Updating

As shown in the figure 1, authority work has two major objects which are authority records in authority file and bib headings in bib records. Authority work is done through the coordination of Cataloging librarians and authority control librarians. Cataloging librarians validate headings subject to authority control against authority records in the Library of Congress Authority File (LCAF) during copy cataloging or original cataloging. When they can't find matching authority records in the LCAF, they or authority control librarians create new authority records through Name Authority Cooperative Program (NACO) or Subject Authority Cooperative Program (SACO). Even though they find matching authority records, they could update the authority records such as correcting errors in the records, or differentiate the records when they have enough information. NACO and SACO are two programs created by the LC in order to allow librarians to contribute authority records to the LCAF. Only the LC authorized librarians can participate in NACO and SACO. Authority control librarians do retrospective headings maintenance to keep headings synchronized with the LCAF.

In 2008, Five of the eleven state university libraries including FIU and UF in Florida joined together to form the Florida NACO Funnel. The Funnel enables SULs to submit names authority records to the LCAF and consolidate our efforts to make a more significant contribution. First, members create authority records in

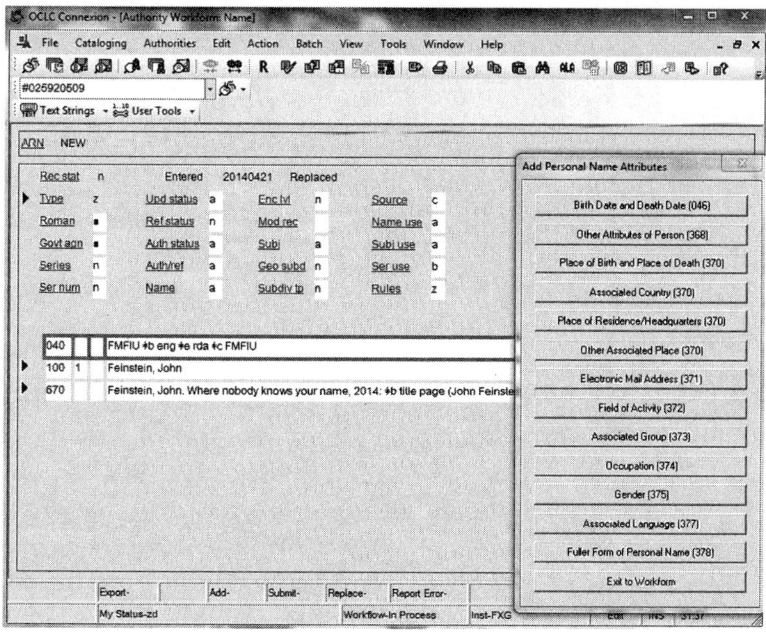

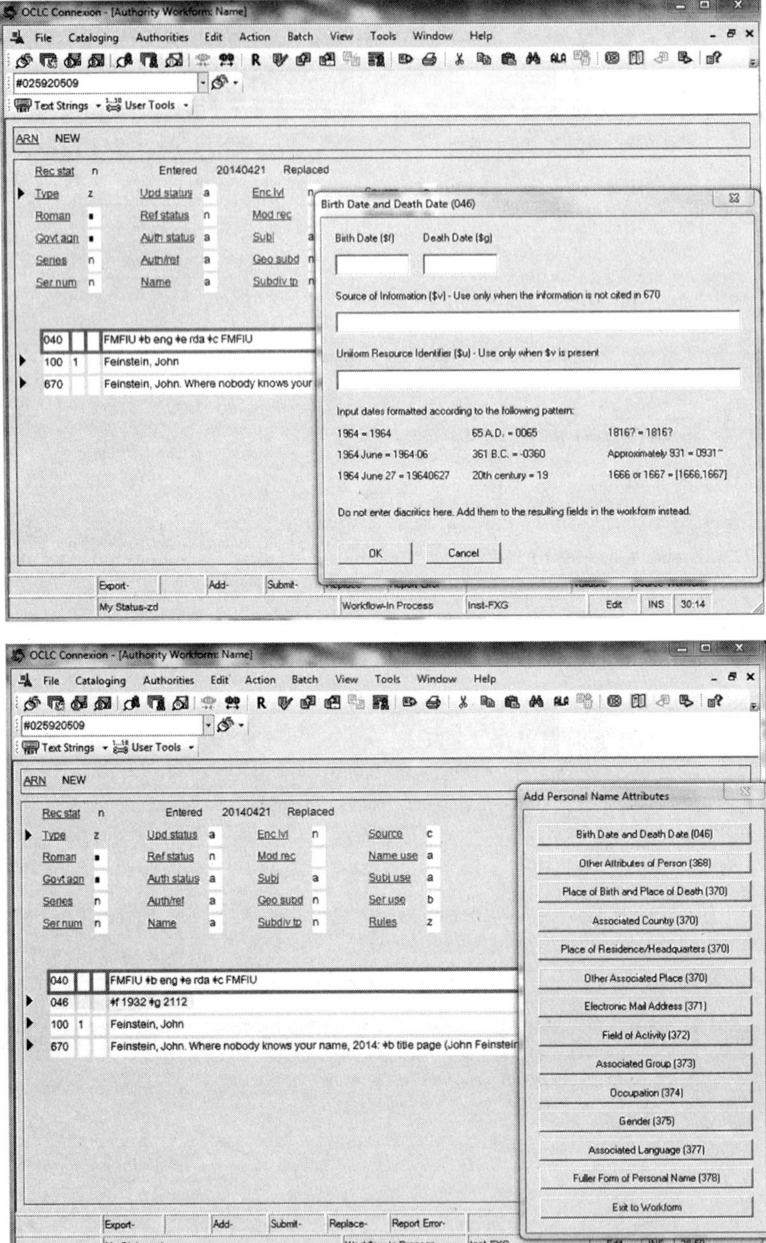

Figure 2　Create Authority Records in OCLC

OCLC and save it online or locally. Figure 2 shows the OCLC macro for creating name authority records. With the information provided, the macro will record it in the appropriate field and in correct format. Second, NACO Funnel Coordinator reviews the records to ensure quality. Third, OCLC sends the records to the Library of Congress. Fourth, the Library of Congress approves the records, adds them to the LCAF and distributes them to be shared across the world. The Florida NACO Funnel members could become independent after a period of review. FIU joined the Funnel for series authority records submission and has become independent right now. FIU has been independent from the beginning for other name authority records and subject authority records submission. Being independent means FIU can submit their authority records directly to the Library of Congress. In 2013, FIU has submitted 277 name authority records, 43 series authority records, and 7 subject authority records to the Library of Congress.

3 Retrospective headings maintenance

Besides authority records creation, retrospective headings maintenance is another important part of authority work. Retrospective headings maintenance keeps library catalogs updated, in the Shared Bib speaking, keeps up with NACO and SACO changes and keeps local catalog headings in harmony with the LCAF. Before the Shared Bib, each Florida University Library was responsible for the retrospective headings maintenance of their individual database. Due to lack of personnel, some small libraries couldn't afford it. After the merging of the database, two of biggest libraries, Florida International University and University of Florida Libraries, took the responsibility of retrospective headings maintenance in the Shared Bib for 11 university libraries. The work is divided equally between FIU and UF libraries and further shared by people who are specialized in name, subject or series headings maintenance. For convenient and efficient communication, we have set up a Google spreadsheet which has been used to sign up the report we have finished. Being aware of each other's working status has improved our coordination on the retrospective headings maintenance.

There are seven categories of retrospective headings maintenance, namely name correction, name delete, subject correction, subject delete, series correction, series delete and undifferentiated names. The retrospective headings maintenance in the Shared Bib is initiated by the Library of Congress authority update files. Every week the Library of Congress delivers authority update files for names, subjects and series/titles. Florida Library Virtual Campus(FLVC), the administer agency of the Shared Bib, loads update files into the Shared Bib, to compare with the headings in the Shared Bib and create localized Arrow Authority Reports which list the headings that need to be updated in each category in the Shared Bib. These reports are called Name COR, Name Delete, Subject COR, Subject Delete, Series COR, Series Delete and Undifferentiated Name Arrow Reports. In general, authority COR Reports list authority records whose 1xx field was changed by a weekly authority load. Authority Delete Reports list all authority delete records contained in a weekly authority load. And authority Undifferentiated Name Reports list authority records that change from undifferentiated names to differentiated names. Figure 3 shows the Arrow Name COR Report of the first week in 2014. It lists all name authority records whose 1xx field was changed. The previous name heading, for example, "$ $ aBoyd, William Kenneth, $ $ d1879—1938", is showed in Before Load column. And the new heading, "$ $ aBoyd, William K. $ $ q (William Kenneth), $ $ d1879—1938", is showed in After Load column. There are 52 Arrow Authority Reports in each category every year. FIU and UF work on these reports alternately. Each university is responsible for half of these reports which are 182 reports.

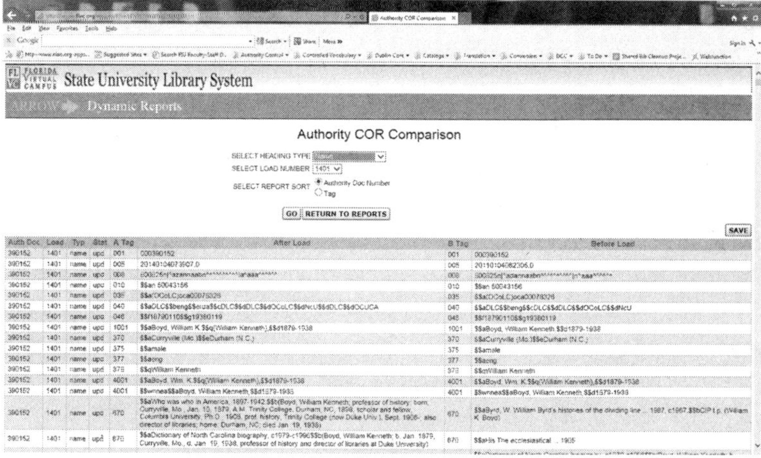

Figure 3 Arrow Authority COR Report

In fact, retrospective headings maintenance is the most time consuming part of authority work. The bigger the database, the more time is required on headings maintenance. In the Shared Bib, there are over 20,000 headings and 160,000 bibs needed to be updated every year. While neither FIU nor UF Libraries can allocate extra personnel on the headings maintenance, it is impossible to update so many headings and bibs in the usual manner. On one hand, we continue to use our system embedded feature, Correction and Global Changes, to update headings in groups as much as possible. On the other hand, we have been actively testing and implementing new features such as UPD Y which can automate updating headings when weekly authority update files are loaded to the system. Each of these methods has its advantages and disadvantages. The best result could be reached if they are well coordinated.

The Heading Correction is an embedded function in Aleph, which allows updating one heading for a group of bib records together. The Heading Correction is good for any category of headings updating. Its limitation is it can only update one heading and a few hundred of bib records per time (see Figure 4).

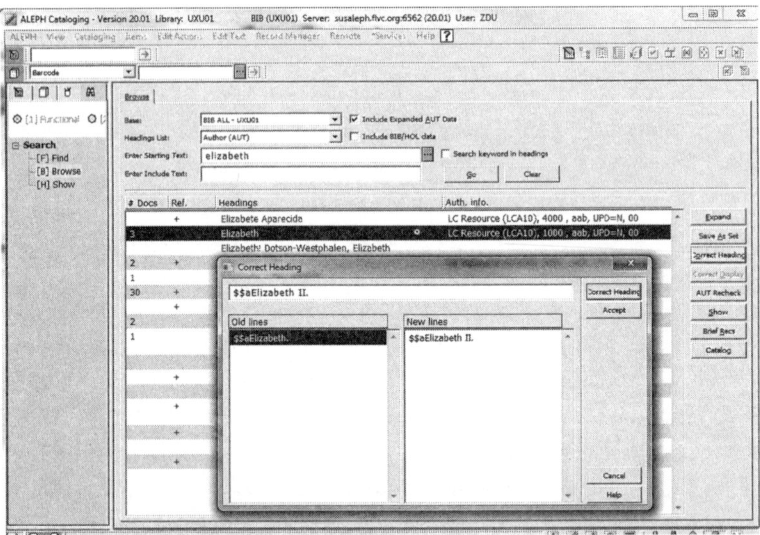

Figure 4 Heading Correction

The Global Changes is another embedded function in Aleph, which enables us to make changes in all catalog records that meet the selection criteria. With appropriate design, the Global Changes can be used to update whatever amount of headings and bib records at the same time. It can be used for any updating in any category. In 2013, 20,342 headings and 169,185 bibs have been updated in the Shared Bib. A big portion of these updating was done through the Global Changes (see Figure 5).

The efficiency of the Global Changes is highly dependent upon designs. Good designs have to be based on good database searching, records analyzing and sorting skills, as well as good cataloging knowledge. A good design could exert the ability of Global Changes to its most. For years, I have generalized a seven step method for global changes on headings maintenance. At Florida Library Association(FLA) 2011 Conference, I have presented the method for the first time and how I utilized the method in one of our big authority work projects—local authority records cleanup. For preparing FIU database to merge to the Shared Bib, we have done some cleanup work in our database. One project was to review over 37,000 local series authority records and sort out those records that don't record local practice and delete them because those blocked the linking to the updated records in the Library of Congress Authority File. There were over 37,000 local series authority records in FIU database. If reviewed manually, this project would take 1872 working hours. However, with global changes, 27,636(74.24%) records were sorted out to be deleted within 30 working hours.

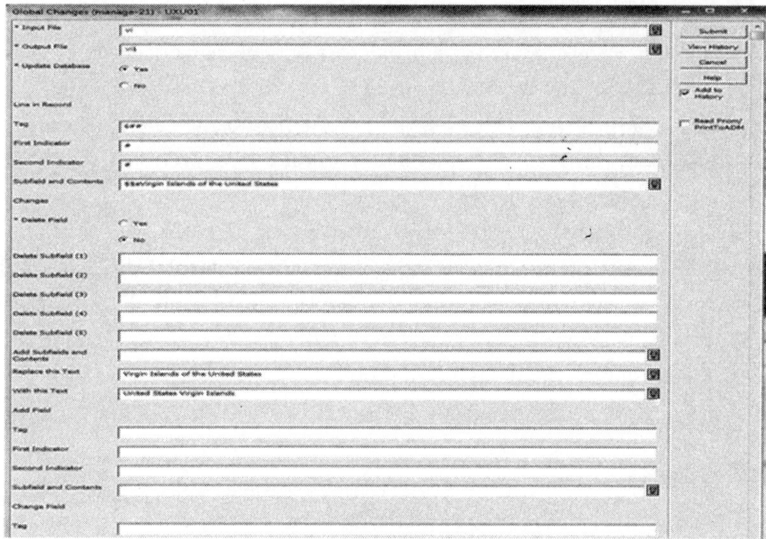

Figure 5 Global Changes Form

UPD Y is one of the Shared Bib function that supports the automatic updating of headings in bibliographic records to match the authorized form of the LC heading by changing the update code form "N=no" to "Y=yes" in the authority record. Each week, FLVC receives 7 types of authority update files from the Library of Congress. These files were loaded into FLVC's copy of the LC Authority File, called LCA10 in the Shared Bib. The impact of load with UPD Y is that all the linked headings would be updated automatically to the newest form of those headings.

In March of 2014, after 3 full months of testing, the UPD Y was turned on for the load of one weekly subject COR report. It was done successfully and since then, the subject COR reports have been loaded with UPD Y weekly. Right now series headings are under testing. UPD Y has been turned on only for some carefully selected series headings. And name headings will be tested soon.

UPD Y is very powerfulon COR headings maintenance. Deleted headings and undifferentiated name headings still need intellectual intervention so they can't be done with UPD Y right now. We have been implementing this function with precaution because we have noticed it could mess up the headings index and cross references in the Shared Bib at certain situations. FLVC has been working in conjunction with FIU and UF to thoroughly test this database management functionality and debug issues. Different testing was designed to cover various types of headings automatic updating. And the types of headings which are not suitable for UPD Y and should remain UPD N have been recorded in an exceptions spreadsheet. We have set up four exceptions for now and there may be more to find out.

Exception 1—When a heading contains $v. It was found that form terms in $x will lead to duplicate subfields or $x will be flipped to $v while it shouldn't.

Exception 2—When open dates on "history" headings are closed. Records with 151 $y require for review and then manually turn on UPD Y when there is no "open date" in $y. It needs to be manually updated if there is an open date. E.g., when "Korea(South) $x History $y 1988—" is changing to "$a Korea(South) $x History $y 1988—2002", a new heading, "Korea(South) $x History $y 2002—" is established for the works about Korea history after 2002. Besides updating the heading to "$a Korea(South) $x History $y 1988—2002", records need to be reviewed to see if it contains the content beyond the year 2002. If so, the new heading, "Korea(South) $x History $y 2002—", should be added.

Exception 3— When multiple name headings used for the same place at the different time period. It is concerned that UPD Y would flip different name headings into one. This will be further tested.

Exception 4— When the type of heading is changed from 110 to 151, e.g., "Chicago Park District". When a 151 heading(geography name) is used as a main entry or added entry, it will be treated as a corporate body and coded in 110 or 710. So no action needs to be taken for the headings maintenance. The field tag should be remained as 110 or 710. If it's used as a subject, the field tag should be changed to 651. This kind of heading should remain UPD N because UPD Y probably will flip 110/710 to 151/751. This will be further tested, too.

Once all exceptions are sorted out and UPD Y is turned on for all other kinds of COR headings, FLVC will run reports and monitor types of authority records that should not be globally updated. Right now before load, each report is manual reviewed to screen for certain types of exceptions. FLVC staffs are working on a more efficient way to identify the records that should have UPD N. With UPD Y on, it is expected to finish one third or half load of retrospective headings maintenance work.

4 Conclusions

In conclusion, there is no single method or model which can fit all authority work. Devotion to the authority work is the key and sound judgment of variety of methods is the tool of being successful. With our librarians' devotion, wisely utilizing automation features of the database, we have successfully kept up with our authority work in the Shared Bib. As a result, we could keep the headings in the "Shared Bib" synchronized with the weekly headings update files of the Library of Congress in the United States. Our experience shows: (1) the Shared Bib increased the cooperation and thus reduced duplicate authority work and redundant efforts within the library and between libraries, which made centralization of authority work possible. (2) Automation of authority control is very helpful in terms of saving cost, labor and time, especially for the management and maintenance of authority records and bib headings in a large database. This has been proven by several auto projects that have been done in years. One good example is our local authority records cleanup project. As mentioned before, the project was done efficiently with the seven-step automation method. And it only took 4 work days to sort out 27,636(74.24%) out of 37,223 records to be deleted. Compared to the estimated time of doing the project manually (234 work days), this equals a 98.29% saving of staff time. (3) UPD Y project can release librarians from most of name, series and subject headings update thus they can spend more time on solving complicated maintenance issues. This helps FIU and UF libraries increase efficiency of headings maintenance thus overcome the inflation in materials allocations (bombing of volume size). It is very helpful for keeping up with the high quality of authority work in the new scenario. As a result, we could accommodate the much bigger size database with limited personnel and budgets, and also keep up with the high quality of authority work in the meantime.

Reference

[1] OCLC.Create authority records. Accessed Mar 25, 2014. http://www.oclc.org/content/dam/support/connexion/documentation/browser/authorities/create_auth_records/create_auth_records_pdf.pdf.

[2] Library of Congress. NACO—Name Authority Cooperative Program. Accessed April 22, 2014. http://www.loc.gov/aba/pcc/naco/index.html.

[3] The Institute of Museum and Library Services. Implementing authority control. Accessed Mar 25, 2014. http://libraries.vermont.gov/sites/libraries/files/tsu/implementingauthoritycontrol.htm.

[4] Library Technologies, Inc.Authority Control at LTI. Accessed Mar 25, 2014. http://www.authoritycontrol.com/ardist.

[5] the Authorities Subcommittee of Florida State University Libraries. White paper on Shared Bib authority control. Accessed Mar 26, 2014. http://files.flvc.org/pdfDocuments/communications/advisoryGroups/MCLS/Item%205_Authorities_White_Paper.pdf.

[6] Exlibris. Aleph Staff User's Guide. Accessed Mar 25, 2014. http://staff.library.vcu.edu/actf/ver20/docs/Aleph%2020%20User%20Guide%20-%20Cataloging.pdf.

网络社会实体图书馆的定位与发展

The Orientation and Development of Physical Libraries in the Network Society

类百度百科模式专家学者知识链数据库建设研究

都平平
（中国矿业大学图文信息中心）
李雨珂
（波兰格但斯克大学）
孟　勇
（南京大学）

摘要　本文阐述基于类百度百科模式专家学者知识链数据库建设，对百度百科词条及优势进行了分析，从而论证了社交媒体的类百度百科交互模式进行专家学者知识链数据库建设的可行性。通过学者百科模式建立专家学者聚类词条式数据库，以词条为基础平台，利用开源社交媒体交互软件建设系列类交互模式内容链接数据库，聚类词条式数据库和类交互模式内容数据库进行知识链接，以此作为专家学者的信息内容发布平台，建站者和专家学者可以轻松构建一个以互动网络关系为核心的交互建设的交互站点群，实现有序的内容组织的上传、布局、展示。对功能模块上载、修订、记录、发布、评价、分享等，此平台可以了解专家学者的信息内容，并实现内容的一站式获取。实现专家学者信息、知识、内容的一体化发布和获取。并实现学者知识圈的互动。

关键词　社交媒体　专家学者库　人物百科　知识链接　关联聚类

江苏省教育科学“十二五”规划 2013 年度课题：重点项目《高校域联盟机构知识库资源建设研究》（课题编号：B-b/2013/01/025）

Construction of Experts Knowledge Chain Database Similar to Baidu Encyclopedia Mode

Du Pingping
(Library, China University of Minging and Technology, China)
Li Yuke
(the University of Gdansk, Poland)
Meng Yong
(Nanjing University, China)

Abstract　This paper describes the feasibility of the idea of class-based Baidu Encyclopedia knowledge chain model database construction experts, and the advantages of Baidu Encyclopedia entries were analyzed to demonstrate the kind of social media interaction model Baidu Encyclopedia chain experts knowledge database construction. Database experts clustering entry is created by scholars encyclopedia mode, to entry based platform, using open source software, social media, interactive building series class interactive mode content database, clustering and class entry Database content database knowledge in interactive mode link, as a content publishing platform, experts and scholars, and experts and scholars station can easily build an interactive network relationships as the core group of interactive building interactive sites, to achieve an orderly organization of uploading content, layout, display。Functional modules can upload, modify, record, publish, evaluation, sharing, this platform can understand the information content of experts and scholars, and to achieve a one-stop access to the content. Experts and scholars to achieve integration of information, knowledge, and access to the contents of the release. Academic knowledge and interact circle.

Keywords Social Media Database Experts and Scholars Character Encyclopedia Knowledge Links Relational Clustering

1 百度百科及百科词条模式

百度百科是内容开放、自由的网络百科全书,它涵盖各领域知识的中文信息收集平台。并强调用户的交互、参与和奉献,众人交流和分享。

百度百科人物是其所含内容的基础分割单位的词条。它由以下若干部分组成:百科名片、词条正文、正文图片与图册、地图、词条内链、参考资料、开放分类、相关词条、扩展阅读等。

1.1 百度百科人物词条的创建

注册并登录,拥有"百科"的完整服务并进行各项操作,进行创建或编辑词条(见图 1):

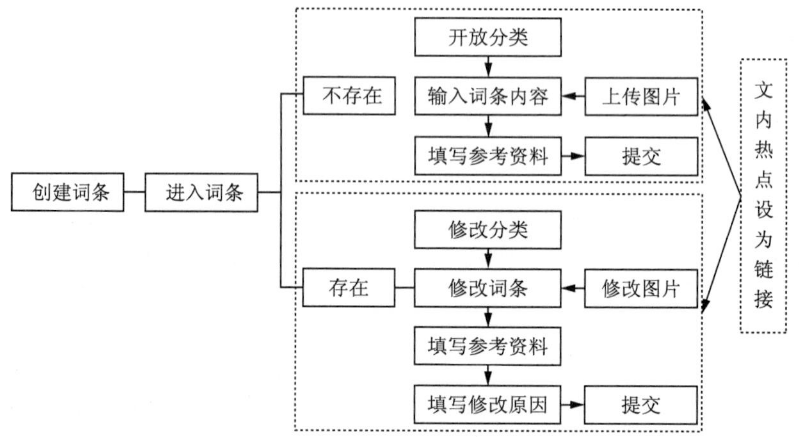

图 1 创建百度百科人物词条的流程

1.2 百度知名人物搜索信息的整合

百度对众多知名人物的搜索结果页展示进行整合调整,调整后的搜索结果页将优先展示由百度全面整合的人物信息,包括人物的百度百科、微博、图片、最新报道、视频、音乐及贴吧信息(见图 2)。

搜索知名人物,搜索结果页的左侧将在顶部优先展示人物的综合信息,之后展示其他站点的相关链接,而搜索结果页的右侧也将显示人物的百科基本信息,及其他用户正在搜索的知名人物。

1.3 百度百科人物词条的质量保障机制

百度百科为保障词条的编辑质量,词条的编辑参与团队包括(见图 3):

这样多角度的保障了词条的精准度。

2 类百度百科模式专家学者数据库的建设思路

① 为 WEB2.0 的交互模式加 WEB3.0 的推送为一体。词条和知识内容的形成双向和多向。

② 有序的组织、管理、保存专家学者的综合信息、研究成果、荣誉、历史沿革、照片图册、视频、音频等,并获得开放服务。

③ 实施有效的互动访问,具有二维码收藏,微博、微信等社交媒体的互动与即时互动。

④ 清晰的互关联和知识链接,相关信息的聚合式聚群。

⑤ 多终端展示,包括 PC 终端和移动终端等。

⑥ 具有百度百科、维基百科、互动百科、搜搜百科的优质特色,并更加适合机构知识的关联使用模式。

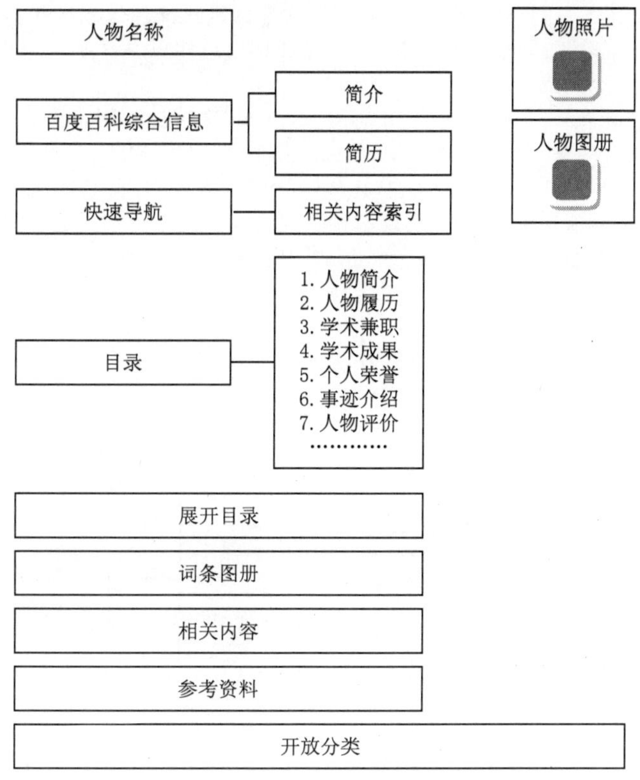

图 2 百度百科人物信息整合展示

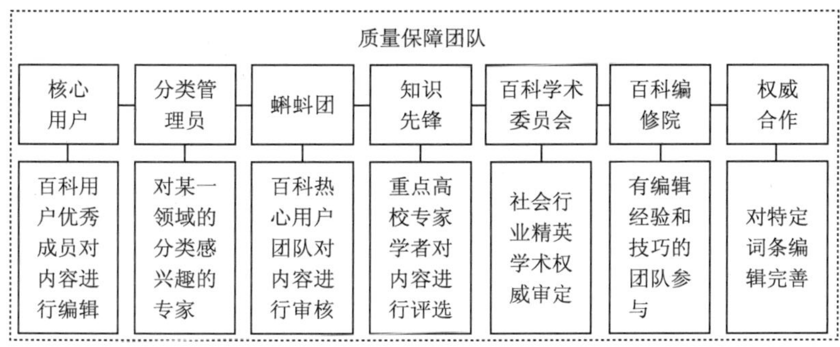

图 3 百度百科质量保障团队

2.1 一级页面内容设置

(1) 人物自身内容

人物名称(最具标志性头衔)

综合介绍

目录:简介;个人状况简介;成果、作品(著作、论文、专利、科研、报告、其他作品);荣誉记录(主要获奖、主要提名);合作关系(合作成果、合作奖项);指导学生(毕业论文、指导项目、指导者奖项);展示(多媒体、报告、新闻报道、媒体视频);活动记录(图片、报道、视频);其他(综合类)(见图 4)。

(2) 关联内容

参考与注释;外部链接(个人网站、微博、微信、照片);开放分类;关联(知识树、分类树、相关人物、人物关系);论坛(讨论);收藏(扫描二维码用手机浏览词条)。

2.2 展示关联及知识链数据库的建设

建设形式,网站包括基于 HTML 和基于 WAP(移动)两种网站形式,采用交互式数据库模式。各类型资源分别建库，库软件主要采取具有社交媒体特性的开源软件并进行插件式二次开发，不同社交媒体软件平台，所实现的知识展示是不同的，关键在于目标媒体的选择和信息知识内容组织，根据数据库知识类型的不同建库类型如下：

专家学者汇集平台：类 Facebook、人人网、开心网、51.com，这种交互网络模式比较容易实现学者的聚群，因为他们一般要求实名注册、真人头像、好友分组、信息即时发布等功能，有利于建立专家群组。

专家学者图片展示平台：类 Pinterest 的模式比较适合图片库的建设，它依托"视觉＋兴趣＋瀑布流布局"的独展示交途径，在图片信息爆炸的时代，以学科图片为"圈子"结交志同道合的学友，增加用户的忠诚度。我国基于这种网站有美丽说和蘑菇街、mark 之、码图网、知美、花瓣等。

学术视频共享平台：类 YouTube、优酷、土豆等模式适合，可以建设以专家学者报告视频为基础的视频聚类共享空间。

专家学者论坛及微论坛：类 Twitter、新浪微博、腾讯微博模式为主流的学术观点、学术交流、学术争鸣、新闻动态等。

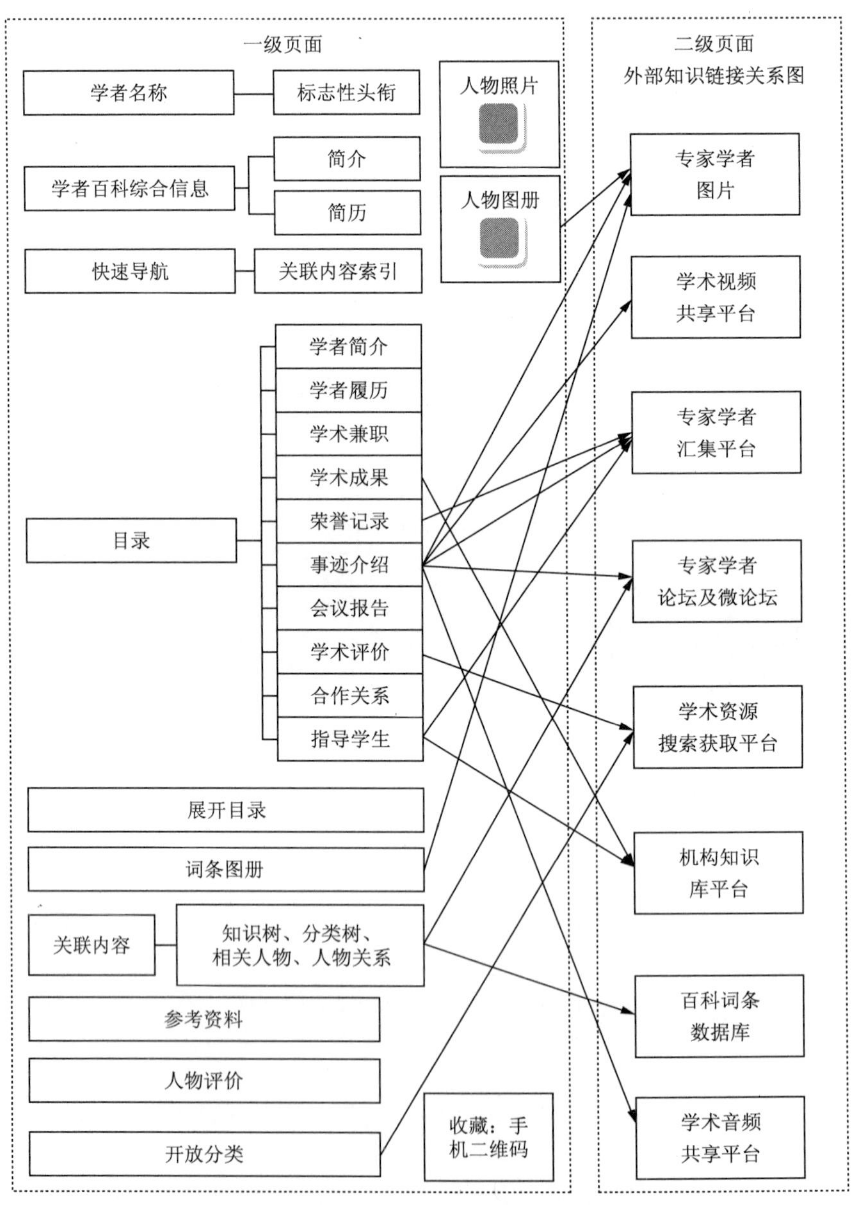

图 4　学者百科与知识链接数据库的关联关系

学术资源搜索获取平台:类 Google+模式以扩展搜索为主的综合交互网站,知识聚类,并强势搜索。可以汇集学者资源及评估。

机构知识库平台:类 DSpace、Eprints、Fedora 模式的机构知识库。可以汇集学者的学术成果和历史沿革。

百科词条数据库平台:类维基百科软件建立,学科专业词条数据库。

其他都可以采用类社交媒体的开源软件建库,形成以学者书签为中心的知识链路和展示。

2.3 关联与知识链接关系显示

关联、组合、聚合、依赖关系链(见图 4)。

2.4 收藏关系

收藏(扫描二维码用手机浏览词条),使用户可以移动式登陆。

2.5 人物关联

人物关系图谱:学者:①学者的老师、熟悉的老师;②同行专家、学者的朋友;③学者团队、合作伙伴;④学者的学生;⑤其他人物。

3 类百度百科模式专家学者数据库建设过程

3.1 布局平台

选择类百科开源软件如:TWiki-4.0.2、HDWiki4.0.3、OpenWiki Lukin 等软件,是基于 wiki 技术的多语言的百科支持软件,能交互式建设人物百科。采用全员共同组织知识的理念。

主要方式是学者作为内容的上传者和质量的主要督查者,学者、建站者和学者的关系人群作为学者百科的修改、维护和补充者。

3.2 二级数据库平台的建设

基于专家学者百科链接数据库主要为:基于专家学者图片展示库、基于专家学者论坛及微论坛微信平台、基于土豆模式的视频播放平台等建立起了信息交互网络平台学者链接推广服务网站。

学者链数据库示意图(见图 5)。

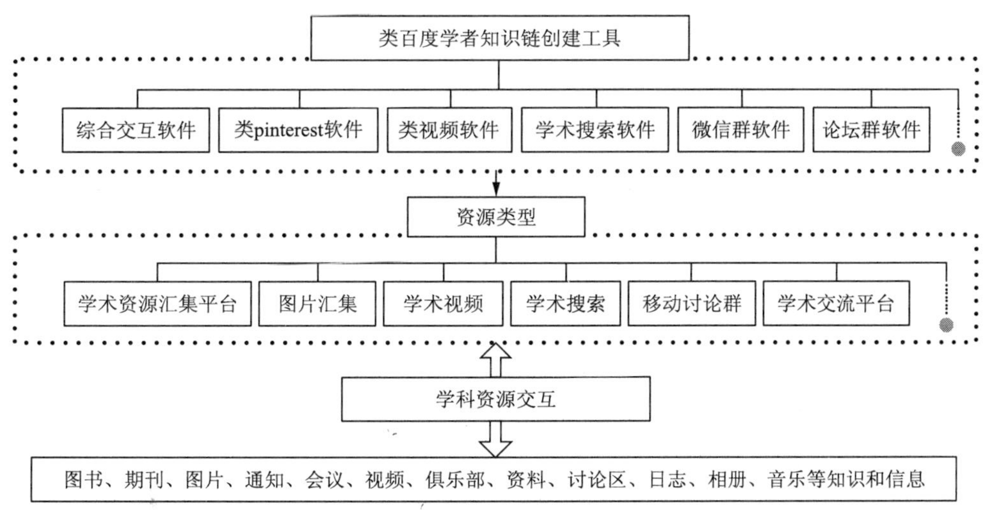

图 5 学者链数据库示意图

(1) 机构知识库

机构知识库是学者知识链接数据库的最主要的一个数据库,它将学者的学术成果汇集到一起,可以为学者百科提供学者论文、著作、专利、科研报告等二级知识链的全文链接。

(2) 学者课程慕课库

慕课,简称"MOOC",也称"MOOCs",是一种在线课程开发模式。学者课程慕课库是以 E-Learning 方式通过课程数据库的建设,以因特网进行的教育及相关服务;它提供给学习者一种全新的方式进行学习,使学习具有随时随地性,从而为终身学习提供了可能;能很好地实现某些教育目标。

(3) 专家学者图片库

基于社交媒体的类 pinterest 交互模式进行图片数据库建设的思路。在开源社交网络平台上以类 pinterest 软件搭建图片数据库平台,以此建立专家学者图片库群,建站者可以轻松构建一个以学者网络关系为核心的交互网络,建站者可以有序的组织图片的上传、布局、展示,站点用户可以通过图片墙等功能模块修订、记录、展示、上传、分享自己拥有的图片,同时了解知识好友图片动态,获取和补充网络性的图片知识源。

3.2.4 视频分享网站的建立

学术视频共享平台:YouTube、优酷、土豆等模式适合,可以建设以专家学者报告视频为基础的视频聚类共享空间。把学者的相关的会议、专家讲座进行全场录制,同时上载网上多媒体学术视频。

4 类百度百科模式专家学者数据库达到的效果

专家学者知识链数据库就是体验到结果展示的整合性、炫酷度、层次感和知识链接关联性。

4.1 基于搜索的任务知识发现的效果

通过搜索引擎搜索人物,搜索结果实现与用户交互,主要体现在三大方面,首先整个搜索结果更加全面,系统展现和人物相关的资料、新闻、动态、作品、图片及相关人物等所有信息。其次,在学者动态中的学者榜的左侧,用户可以随时了解其他学者的搜索量,并进行关注。此外,用户还能通过学者动态的作品板块,直通学者作品。整个聚合结果分布主次需求明确,打通学者百科自有大数据平台资源进行系统整合,更便于用户快速完成和信息浏览和知识获取。

4.2 布局 WEB APP 人物百科移动人物搜索聚合展示

相比于传统 PC 搜索,移动搜索要在方寸屏幕间为用户打造卓越的使用效果,更需要有精深的技术支撑。学者百科可采用 PHP+HTML5+CSS3 技术,同时深度融合了搜索引擎抓取与排序机制,并大幅优化了展示交互方面的能力。将让搜索结果都更加适合移动化的环境和用户,促进 Web App 趋近于 Native App 的使用效果。

移动技术核心的优势快速抢占端入口,学者搜索聚合展示结果中的作品、TA 的微博等均可以直接跳转第三方 Web App。移动聚合类展示与第三方网站对接,将实现移动应用的价值增益。

4.3 知识链接的整合性

社交网络功能的实现离不开合作和依赖。例如,你浏览百科学者的图片,可以通过链接对其他 Pinterest 图片进行分享,这样就能进行资源的关联共享并获得相应的关注和推广,依赖于各社交网络平台之间的合作与共享。实现圈友相关网站的聚合合作,可以选择关联网站和各类社交网站,也可以选择独立机构和个人网站等等。通过合作与共享,不仅能够极大地方便用户使用、满足用户需求,更可以提高知名度、扩大品牌、扩大专家人脉,扩大信息源,保证其可持续发展。

参考文献

[1] 常静,杨建梅.百度百科用户参与行为与参与动机关系的实证研究[J].科学学研究,2009, 27(8):1213—1219.

[2] 夏火松,王瑞新.百度百科词条特性对知识共享意愿影响的实证研究[J].科学学研究,2010, 28(12):1877—1883, 1890.

[3] 黄令贺,朱庆华.百科词条特征及用户贡献行为研究——以百度百科为例[J].中国图书馆学报,2013,(1):79—88. DOI:10.3969/j.issn.1001-8867. 2013. 01. 010.

[4] 陈叶旺,王华珍,李海波等.基于百度百科与文本分类的网络文本语义主题抽取方法[J].小型微型计算机系统,2012, 33(12):2605-2610.DOI:10.3969/j.issn.1000-1220. 2012. 12. 009.

[5] 万力勇.网络百科用户协同创作的互动机制研究*——以百度百科贴吧为例[J].情报杂志,2014,(1):167—172.DOI:10.3969/j.issn.1002-1965. 2014. 01. 031.

[6] 胡婕茹,杨小平,黄都培等.从百度百科挖掘领域知识相关度[J].广西师范大学学报(自然科学版),2011,29(4):28—34.DOI:10.3969/j.issn.1001-6600. 2011. 04. 007.

[7] 林金珠.面向用户需求的百度百科词条的序化研究[D].南京师范大学,2013.

[8] 杨瑞仙.Web2.0 环境下的链接关系研究*——以博客和百度百科为例[J].情报杂志,2013,(9):199—203.DOI:10.

3969/j.issn.1002-1965. 2013. 09. 039.

[9] 邓莉.中文维基类百科施引文献分布与词条著录研究[J].现代情报,2011,31(3):48—50,54.DOI:10.3969/j.issn.1008-0821. 2011. 03. 011.

[10] 何宇杰.开放的百科全书——百度百科评价[J].科技信息,2009,(31):379,396.DOI:10.3969/j.issn.1001-9960.2009.31.296.

[11] 罗志成,关婉湫,张勤等.维基百科与百度百科比较分析[J].情报理论与实践,2009,32(4):71—74.

[12] 彭涛.无线移动环境下图片信息推荐系统的研究与实现[D].北京邮电大学,2010.

[13] 陈卫晓.移动环境下图片多维组织与管理系统服务器端的研究与实现[D].北京邮电大学,2010.

[14] ELAINE THORNTON. Is Your Academic Library Pinning? Academic Libraries and Pinterest[J]. Journal of web librarianship, 2012, 6(3):164—175.

[15] Irene E.McDermott. Pinterest for Libraries[J]. Searcher, 2012, 20(4):7—45.

[16] Deborah Lynne Wiley. Recommended Reading on New Professionals, New Roles, Digital Information, and Pinterest [J]. Online, 2012, 36(5):61—63.

[17] Michael Malone.Stations Show Some Interest in Pinterest[J]. Broadcasting & amp; amp; cable, 2012,142(11):15—15.

[18] Amateur Photographer Group.www.pinterest.com[J]. Amateur Photographer, 2012,(Sep.1):11—11.

[19] 移动产品:Wap与App之比较(2012-02-08 16:35:54),移动互联网互联网电子商务产品经理数据统计wap移动应用移动app.

[20] Derek Law. As for the future your task is not to forsee it but to enable it. IFLA Journal, 37(4): 269—275.

[21] 邓泽辉,唐艳春.移动终端电子期刊及其未来发展趋势[J].出版发行研究,2013,(7):55—58.

马尼拉德拉萨大学图书馆的电子教参

Joseph M.Yap

（菲律宾马尼拉德拉萨大学图书馆）

摘要 图书馆员在判断何种行为属于合理使用的过程中发挥关键作用。2013 年 QS 世界大学排行榜排名最高的 4 所菲律宾大学中，目前仅有一所学校提供了自有的电子教参。大学图书馆有两项最重要的功能，首先是获取，其次是保存。第一项功能与图书馆的存在相符，通过提供电子教参，图书馆向“信息搜寻者提供了一个无限制获取信息的场所”。在德拉萨大学引进电子教参作为附加服务的过程中，本文试图指出处理电子教参问题的最佳实践以及这些做法的法律后果。因为这些因素会影响到类似服务的引进、发展和实施。

关键词 电子教参 版权 许可协议 合理使用

Introduction of E-reserves at the De La Salle University—Manila Libraries

Joseph M.Yap

(De La Salle University, Manila, Philippine)

Abstract Librarians' role to judge which practice is supposed to be fair use is critical nowadays. In the Philippines, only one academic library which belongs to the top four Philippine universities based on the 2013 Quacquarelli Symonds(QS) university rankings has an in—house e-reserve. The universal library has two roles according to John(1998), first is access and second is preservation. The first role matches the libraries' existence in coming-up with an e-reserve whereby it becomes "a place where the information seeker can access information without restriction."

In introducing e-reserves as an added service of the DLSU Libraries, this paper will identify the best practices of handling e-reserves and its legal implications as one of the factors that might affect the introduction, development and implementation of such service.

Keywords Ee-reserves Copyright License Agreements Fair Use

1 Introduction

E-reserves became popular in the United States during the mid-1990's as they offer "easier, more efficient and more cost-effective access to and management of course content"(Albanese, 2007).

The Association of American Publishers provides a suitable definition of e-reserves. "E-reserves short for electronic reserves are commonly used to describe course readings that are digitized and made available on an academic department or library network site to students enrolled in the class, who usually each need a password to access the readings and then may download and print their own copies. Unlike traditional paper reserves, posting readings in e-reserves always requires making copies of the original materials, and e-reserve systems typically make the readings available simultaneously to all students in the class, anywhere or anytime they choose"(AAP, 2005).

Based on the initial survey, the Ateneo de Manila University (ADMU) maintains an e-reserves system since 2008. ADMU was chosen as a respondent since it is among the top four universities based from the 2013 Quacquarelli Symonds(QS) university rankings in Asia together with De La Salle University(DLSU)—Manila, University of the Philippines(UP)—Diliman, and University of Santo Tomas(UST). The ADMU's e-reserve was developed in-house using ASP. The library is in-charge of uploading and organizing the content while the faculty submits their items weekly to be included in the e-reserves. Their e-reserves are available off-campus and is password protected(personal communication with Karryl Sagun, November 14, 2013).

Most academic libraries in the Philippines including De La Salle University—Manila maintain a course reserve. Course reserves are normally those materials in print. ODLIS (2013) defines course reserves as "materials that were given a shorter loan period (one-hour, three-hour, overnight, three-day, etc.) for a limited period of time(usually one term or semester) at the request of the instructor, to ensure that all the students enrolled in a course have an opportunity to use them."

While faculty members choose to place materials on course reserve, some faculty members opted to use IVLE. De La Salle University—Manila uses a Course Management System known as Integrated Virtual Learning Environment(IVLE). Its primary benefit is to provide access of up-to-date course materials to students working in-campus and off-campus. Whilst this system is being maintained by the Academic Support for Instructional Services and Technology(ASIST) of the University, the Libraries have no access from it. In a telephone interview with Ms. Jessica Camba, Staff Supervisor of ASIST, there are only 31 faculties and 63 active courses that has an IVLE account during the 2nd Term AY 2013—2014.

2 Objectives

This paper will have the following objectives: to gather the best practices in creating and maintaining e-reserves by avoiding legal difficulties during its establishment; to provide examples of database licenses governing e-resources; and, to determine if DLSU—Manila Libraries is in need of an e-reserve system.

2.1 Course reserves

The Libraries of DLSU still maintains its course reserve. Course reserves are materials placed on reserve by the faculty members to ensure that all students have access to it (UC Santa Barbara Library, 2010).Majority of material on Course Reserves is in the form of books. Only original copies of books and articles are accepted. Every term, faculty members are invited to send their reserve materials to the circulation section. They have to renew their list every term if they still need those materials to be placed on reserve. A helpdesk announcement is circulated to the academic community for their information:

> We wish to inform all FACULTY MEMBERS that the Libraries are now accepting original copies of course materials(i.e. books, articles, etc.) to be placed ON RESERVE for Term 3, AY 2013—2014 at the Circulation(for general subjects) and Filipiniana(for a variety of subjects on the Philippines) counters.
>
> Requests for course materials to be placed on reserve should be made at least two(2) weeks before the start of classes. Previously reserved reading materials are automatically removed from the Reserve Counters, unless a notice to retain them is received by the Circulation and/or Filipiniana library personnel.

2.2 Virtual vertical files

Aside from the course reserves, the information-reference section maintains the virtual vertical files. These are electronic files included in the OPAC. These files are by request and available in-campus only. These materials are classified as supplementary materials in support to the community's research needs. There are about 1,705 titles listed from 2004—2008.

But since virtual vertical files are accessible in-campus only and are just supplemental materials, just like the course reserves, the library could offer much more than that of the printed reserves.

2.3 Springshare

In 2013, the library subscribed to Springshare which can accommodate an e-reserve service. Springshare was utilized for its chat services and creation of pathfinders. It was very useful for its chat with LORA(Library Online Reference Assistant) services. The success of the service brought the launching of LIA(League of

Information Assistants) which expands the use of chat for reference services at the satellite libraries. On the other hand, there are more than 20 pathfinders created from various fields of study such as business, education, engineering and technology, humanities, psychology, sciences and social sciences. To further maximize the use of Springshare, e-reserves could be deployed as an added service. It is timely to review whether it can introduce, develop and implement this kind of off-campus service.

3 Review of Literature

E-reserves became popular because they are the equivalent counterparts of print reserves. However, e-reserves pose many legal issues because of works protected by copyright(Hansen, Cross & Edwards, 2011). In the library's daily operations, it will be a difficult task for librarians to battle the legal implications if they are unaware of the laws that exist. They will be vulnerable if not assisted by legal experts though this should not be peculiar to them since copyright should be innate in their line of work. There is also a gradual interest in copyright.

Works in public domain are not a problem since the copyright has already expired. In cases where works are copyrighted, libraries can apply fair use for reasons stipulated by the law and the policies adapted by the libraries based from the law. Librarians may also contact the owners of the work for proper clearance before they make use of it.

3.1 Advantages and benefits

E-reserves are used extensively for e-learning or blended learning environments (Ji, Michaels & Waterman, 2014). This is true for distance learning courses or for courses that meet once a week only.

In a very recent article by Ji, Michaels & Waterman(2014) and as elaborately studied by Annand(2008), economic efficiency is one of the issues to be raised in providing print vs electronic readings. One has to compare the time and money costs of student self-printing and binding activities. One advantage is that paper and physical costs are saved. However, students are likely to print electronic materials for them to read in their most convenient time. The study does not say if these students have access or is capable of owning their own mobile device so that they can read electronic resources anytime, anywhere.

As Ji, Michaels & Waterman (2014) narrates, there is a strong student preference for electronic resources over print-based library reserve systems. This phenomenon happened during the e-reserves trend in the 1990s. They also found that students printed extensively from the e-reserve systems. Meaning, they access e-reserves but chose to print the materials when needed. In addition, students have the option of converting electronically accessed readings to print and many students still do that. Even if they can access the electronic format, they prefer printing the documents for future reading. Students believe that they learn more from using print.

The findings of Ji, Michaels & Waterman(2014) showed that over 80% of respondents said in their survey that they preferred to use hard copy readings, 44.2% also said that in the future they would like to see more "electronic versions of course readings/books."

On the other hand, Fineberg(2009) reviewed guidelines for fair use of copyrighted materials from the 1970s until 2009. He made a research on copyright and course management systems because there was a little study made about this. The determination and permission of what fair use remains a puzzling subject when talking about copyright. As Fineberg(2009) expressed, "there is an absence of concrete legal guidelines." The lack of existing policy leaves libraries and universities open to legal challenge.

3.2 Best practices

The Copyright Clearance Center (CCC) of the United States issued Guidelines and Best Practices for Copyright Compliance in using Electronic Reserves in 2008. As aptly described by the CCC, these fair use guidelines could be applicable in any format: print or electronic.

Below are the guidelines to follow:

① Online Doesn't Mean "Free"
② Limit E-Reserve Materials to Small Excerpts
③ E-Reserves Require the Same Permissions as Coursepacks
④ E-Reserves Are Not a Substitute for the Purchase of Textbooks (or Coursepacks)
⑤ "First Semester Free"
⑥ Get Permission Before Posting
⑦ Passwords Are A Good Start
⑧ Know What You've Paid For
⑨ Work From Authorized Originals
⑩ Remove Expired E-Reserves Promptly
⑪ Include Copyright Notices

The citizens of the United States have a great way to check the copyright since there are 9,600 rights holders registered within their office. Any individual could check whether each person who will be using the following is violating any rights: e-reserves, library reserves, interlibrary loan, document delivery, print and electronic course packs, classroom handouts, distance education, and administrative uses.

As for an academic institution like DLSU, there is a need to develop standards and guidelines to ensure that they will not face challenges from publishers.

3.3 Disadvantages

Somehow, disadvantages are present in every concept you want to develop. E-reserves have been existent since the 1990s and the library vendors are aware that their resources might be overused in the academe as it is covered by fair use. Each library vendor incorporates a limit of uploads per course in their database agreements.

The big point to consider here is the lack of proper guidelines in support to the law on copyright especially here in the Philippines.

3.4 Legal implications(philippine law)

Establishing best practices for interpreting and adhering to copyright law is especially difficult in the context of electronic reserves(e-reserves) services(Hansen, Cross & Edwards, 2012).

Academic libraries have two questions in mind: first, is the work already available under an institution-wide license; and, second, is posting the work permissible under the fair use exception to copyright? (Hansen, Cross & Edwards, 2012).

As e-reserves intend to share knowledge and information, Conghui(2010) argued that maintaining a balance between copyright protection and public access should be visible. As there are a miniscule number of libraries with e-reserves in the Philippines, this area should be discussed and resolved for future implementation of e-reserves.

3.5 Fair use

The Philippine law on copyright has a provision on fair use. Fair use is defined as the:

> Conditions under which copying a work, or a portion of it, does *not* constitute infringement of copyright, including copying for purposes of criticism, comment, news reporting, teaching, scholarship, and research.

Republic Act 10372: An Act Amending Certain Provisions of Republic Act No.8293, otherwise known as the "INTELLECTUAL PROPERTY CODE OF THE PHILIPPINES", and for other purposes states that:

"SEC. 185. *Fair Use of a Copyrighted Work*

185.1. The fair use of a copyrighted work for criticism, comment, news reporting, teaching including limited number of copies for classroom use, scholarship, research, and similar purposes is not an infringement of copyright. Decompilation, which is understood here to be the reproduction of the code and translation of the forms of a computer program to achieve the interoperability of an independently created computer program with other programs may also constitute fair use under the criteria established by this section, to the extent that such decompilation is done for the purpose of obtaining the information necessary to achieve such interoperability."

This section on fair use written in our law extends to e-reserves. To provide us with an in-depth explanation about e-reserves, I asked some opinions from two legal experts who are working for the Intellectual Property Office(IPO), Philippines.

Two copyright experts from the IPO office shared their views about e-reserves. In an email interview last December 4, 2013, they answered the following questions:

> Aside from our law(RA 10372), does IPO-Phil created definition, standards or guidelines of fair use?
>
> What is your take on course management systems or other similar systems like e-reserves which scans and uploads materials on a password protected system in an academic environment? Is this fair use or copyright infringement?

Atty. Herrin answered: "Aside from RA 10372 and RA 8293, there are no other definitions, standards or guidelines for fair use. Sometimes we use American cases to better understand and apply fair use.

In an academic environment, fair use is easier to prove, however you would have to base it on the nature of the materials you are scanning and uploading. So the four factors need to be answered / weighed when trying to determine whether there is infringement or not.

Getting consent from the author is still the best way to go about things, before uploading / scanning them. It will avoid future problems and may even encourage the author to share more resources with you (personal communication with Atty. Mark Andrew C. Herrin)"

On another note, Atty. Calvario's take on e-reserves is that: "IPOPHL has not come up with fair use guidelines / regulations as the determination of whether or not a specific act constitutes fair use is a matter of judicial discretion, meaning, a case has to be filed before the court and the judge has to render a decision after hearing both sides. Such determination is made on a case-to-case basis. IPOPHL can also make such a determination if an administrative case has been filed with it and after hearing both parties. In other words, the power to make such determination rests not only with IPOPHL but also, significantly, with the courts. Issuance by IPOPHL of such guidelines would unduly stifle the power and discretion vested by law in the courts.

Nevertheless, there are standards that the judiciary or IPOPHL should follow in making such determination, and this is none other than the fair use provision, Section 185.1 of the Intellectual Property Code(RA 8293, as amended by RA 10372), particularly the four factors enumerated therein: ① purpose and character of the use; ② nature of copyrighted work; ③ substantiality of the portion used; and ④ effect upon the potential market for or value of the work.

In view of the above, we cannot, for now, make an official statement as to whether the system you were referring to comes within the ambit of fair use or otherwise. We advise you, though, to take into consideration Chapter VIII of the IP Code, the 'Limitations on Copyright', which includes the fair use provision, in order to guide you in the development of the said system or similar projects (personal communication with Atty. Louie Calvario)."

Atty. Herrin and Atty. Calvario quoted the four-factor fair-use test which was also based from Section 107 of the US Code on Copyright. This code is also being supported by the American Library Association

(ALA). Below is the four-factor fair-use test adopted by the ALA (Russell, 2014).

(1) First factor

The character of the use

- Libraries implement e-reserves systems in support of non-profit education.

(2) Second factor

The nature of the work to be used

- E-reserve systems include text materials, both factual and creative.
- They also serve the interests of faculty and students who study music, film, art, and images.
- Librarians take the character of the materials into consideration in the overall balancing of interests.

(3) Third factor

The amount used

- Librarians consider the relationship of the amount used to the whole of the copyright owner's work.
- Because the amount that a faculty member assigns depends on many factors, such as relevance to the teaching objective and the overall amount of material assigned, librarians may also consider whether the amount, even the entire work, is appropriate to support the lesson or make the point.

(4) Fourth factor

The effect of the use on the market for or value of the work

- Many libraries limit e-reserves access to students within the institution or within a particular class or classes. Many use technology to restrict and/or block access to help ensure that only registered students access the content.
- Libraries generally terminate student access at the end of a relevant term (semester, quarter, or year) or after the student has completed the course.
- Many e-reserves systems include core and supplemental materials. Limiting e-reserves solely to supplemental readings is not necessary since potential harm to the market is considered regardless of the status of the material.
- Libraries may determine that if the first three factors show that a use is clearly fair, the fourth factor does not weigh as heavily.

4 Sample Database License Agreements

In an attempt to compare the grant of rights given by the library vendors to an academic library, it shows that they support the limited reproduction, distribution, downloading and access of materials provided that they are password restricted. Some would allow the inclusion of their materials if the institution desires to create course packs. This part will give us an idea on the restrictions imposed by the vendors and if libraries can really implement e-reserves in the Philippine setting. Below are selected examples of license agreements from three vendors namely: American Society of Mechanical Engineers, Euromonitor, and Datamonitor.

4.1 American Society of mechanical engineers—Online Journals License Agreement

To reproduce, distribute and publicly display limited portions of Content from the ASME Online Journals but only for the Subscriber's activities or for its Authorized Users' personal use or research in connection with their personal activities or Subscriber's activities on the condition that downloaded Content from the ASME Online Journals remains access-restricted and is not made available to anyone other than Subscriber and its Authorized Users;

To reproduce, distribute(in paper handouts only) and publicly display limited portions of Content to

Authorized Users or audience members in the course of a non-systematic, educational presentation, such as a seminar, class, lecture, conference or similar professional activity conducted by Subscriber or in which Subscriber or an Authorized User is taking part.

4.2 Euromonitor International—Academic Licence Agreement

Each Authorised User may use the Service during the term of this Agreement for the following non-commercial purposes and in the following ways:

To make such digital copies and photocopies available to other Authorised Users. Course packs and scholarly use.

To reproduce insubstantial and limited amounts of the Intelligence in the Authorised User's own course work, reports, essays, projects and similar materials which he or she creates for academic purposes only.

In the case of faculty only, to reproduce a reasonable portion of any individual work or item within the Intelligence in course packs.

4.3 Datamonitor(Marketline)

In relation to the materials which you have purchased or to which you have subscribed(whether in hard copy, EDS or other electronic form and regardless of the means of access or delivery):

(a) you and users shall have the right to electronically display the materials;

(b) you and users may download and digitally copy a limited and insubstantial portion of the materials;

(c) you and users may print a limited and insubstantial portion of the materials;

(d) you and users may use a limited and insubstantial portion of the materials in the preparation of course packs or other educational materials;

(e) you and users may use a limited and insubstantial portion of the materials for use in connection with specific courses of instruction offered by you;

(f) If the materials are a database, compilation, or collection of information, you and users shall be permitted to extract or use information contained in the database for educational, scientific, or research purposes, including extraction and manipulation of information for the purpose of illustration, explanation, example, comment, criticism, teaching, research, or analysis;

(g) you may provide electronic links to the materials from your web page(s), and are encouraged to do in ways that will increase the usefulness of the materials to users;

Table 1 Summary of grant of rights

GRANT OF RIGHTS			
Rights	ASME	Euromonitor	Datamonitor
Reproduction	limited	limited	limited
Distribution	limited	limited	limited
Downloadable	yes	yes	yes
Access	password restricted	password restricted	password restricted
Print distribution	limited	limited	limited
Course packs	not mentioned	allowed	allowed

The table above shows that the database vendors have similar rights granted to their clients. These rights will be the guiding factors of the library in implementing an e-reserves system. Since most of them support the creation of course packs, it may be interpreted that they allow the creation of e-reserves by any library as what has been being practiced in the United States. But before doing this, again, there should be a consultation with the vendor and the legal experts.

5 E-reserves using Springshare

In case the DLSU Libraries would like to implement this service in the future, Springshare has already a built-in module for e-reserves which is accessible via its libguides account. In using this module, there should be proper coordination by the library and the faculty members should be willing to have an e-reserves account. Unfortunately, for 2014, there will be an additional charge if the university continues to use the e-reserve as part of the libguides(Springshare) subscription. An additional fee of $1,499/year will be assessed.

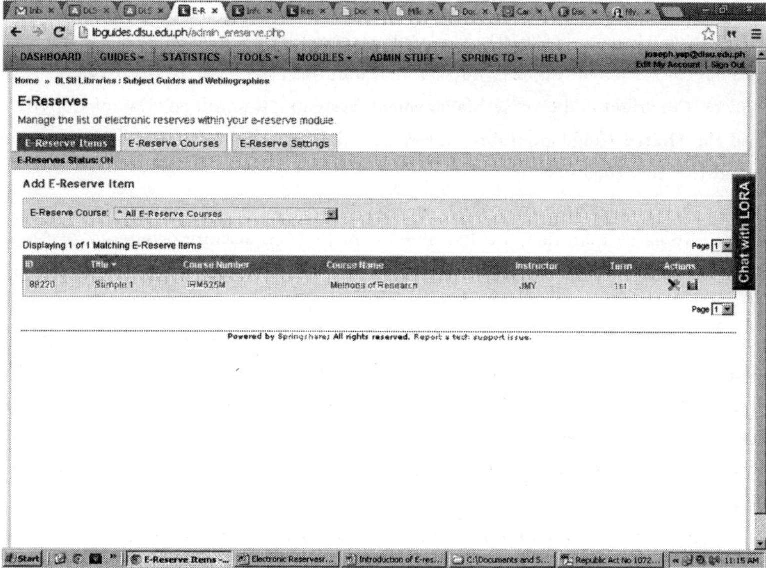

Figure 1 Sample e-reserves module for DLSU

6 Recommendation

E-reserves pose a good promise for its users particularly on providing access as wide as possible. In comparison with the print resources, e-reserves are spared to wear and tear although connectivity is now an issue. Thinking about fair use, libraries are confined with certain restrictions especially when substantiality is being taken into consideration.

In making sure that e-reserves will be a part of an academic libraries' service, be prepared to have the following guidelines:

① curation policy(preservation and disclosure of born-digital documents)

② copyright policy

③ electronic course content copyright guidelines (e-reserves and content management systems)

DLSU has a guideline on database selection and renewal. It might be necessary to review the license agreements if the vendor allows the client to collect full-text articles and use it in the e-reserve system for academic purposes similar to course packs.

Institute an awareness campaign and lobby for fair use initiatives. The Congress of Southeast Asian Librarians(CONSAL) has formulated a former initiative in exploring the guidelines for fair use of various types of materials, especially digital transmission(Ramachandran, 2002). Collaboration within the region will be a great step towards achieving fair use of digital information.

At the moment, DLSU Libraries still need to weigh the cost of the system, the legal implications if this will be implemented and the guidelines to be enacted before they decide to continue with this new innovation.

References

[1] Albanese, A.(2007).Down with e-reserves. Library Journal, 132(16), 36—38.

[2] Annand, D.D.(2008). Learning efficacy and cost-effectiveness of print versus e-book instructional material in an introductory financial accounting course. Journal Of Interactive Online Learning, 7(2), 152—164.

[3] Association of American Publishers. (2005). Using content: library reserves. Retrieved from, http://www.copyright.com/Services/copyrightoncampus/content/library_aap.html.

[4] Conghui, F., Lin, C., & Heqing, L.(2010). Electronic reserve services for academic libraries in China: practices and concerns. Interlending & Document Supply, 38(4), 245. doi:10.1108/02641611011094392.

[5] Fineberg, T. (2009). Copyright and Course Management Systems: Educational Use of Copyrighted Materials in the United States and the United Kingdom. Libri: International Journal Of Libraries & Information Services, 59(4), 238—247. doi:10.1515/libr. 2009. 021.

[6] Hansen, D., Cross, W., & Edwards, P.(2013). Copyright policy and practice in electronic reserves among ARL libraries. CollegeAnd Research Libraries, 74(1), 69—84. http://crl.acrl.org/content/74/1/69.full.pdf+html.

[7] The integrated virtual learning environment (n. d.). Retrieved from, https://ivle. dlsu. edu. ph /public / background.asp.

[8] Ji, S., Michaels, S., & Waterman, D.(2014). Print vs. electronic readings in college courses: Cost-efficiency and perceived learning. Internet And Higher Education, 2117-24. doi:10.1016/j.iheduc.2013.10.004.

[9] John, N.(1998). Libraries and the global information infrastructure. Retrieved from, http://www.unesco.org/webworld/infoethics_2/eng/papers/paper_13.htm.

[10] Ramachandran, R.(2002). Congress of Southeast Asian Librarians(CONSAL). http://www.cdnl.info/index.php?option=com_content&view=article&id=89&Itemid=54.

[11] Reitz, J.(2013). Online Dictionary for Library and Information Science. Retrieved from, http://www.abc-clio.com/ODLIS/odlis_f.aspx.

[12] Russell, C.(2014). Fair use and electronic reserves. Retrieved from, http://www.ala.org/advocacy/copyright/fairuse/fairuseandelectronicreserves.

[13] Stim, R.(2014). Fair use. Retrieved from, http://fairuse.stanford.edu/overview/fair-use/.

[14] University of California. (2010). Course reserves. Retrieved from, http://www.library.ucsb.edu/course-reserves.

设计优良图书馆空间以推进信息素养

Klaus U.Werner
（德国柏林自由大学图书馆）

摘要 变化的读者需求需要用以培养信息素养的新环境，如果从全球学习环境改变的视角来看，需要对信息素养的学习空间进行重新设计。许多图书馆同仁正在忙于开发界面友好的数字化学习工具，但我们也需要作为场所的图书馆配置新的设施以支持信息素养的学习。本文认为，在图书馆内创建高质量的有益的信息素养交流的创新之处在于：在整体上融合培训与指导。建立教学图书馆的挑战在于创建不仅用户友好，而且具有启发性和激励性的环境空间，推动用户的信息与媒体素养、增强我们的课程并提升培训的效果。无论是中小学图书馆的儿童，大学图书馆的学生还是公共图书馆的读者，我们需要为他们的培训和指导提供一套更具激励性的环境。现在正是开启深刻变革的时候——为未来的学习环境而改变设计。

关键词 信息素养 教学图书馆 图书馆设计

Designing Good Library Space to Promote Information Literacy

Klaus U.Werner
(Freie Universität Berlin, Germany)

Abstract Changing user habits necessitate new environments for information-literacy learning. A redesign of spaces for information literacy also seems to be called for in the context of global change in the culture of learning. Many colleagues are busy dealing with the development of user-friendly design for e-learning tools, but to support information literacy we also need new equipments for the library as space. The novel aspect of creating high-quality, rewarding information-literacy communication in libraries is this: integrating training and instruction in the overall design. The challenge is to establish environments for the teaching library that are more than just user-friendly, but rather inspiring and encouraging spaces that promote information and media literacy, enhance our courses and add to the success of our training:

- modern, welcoming atmosphere and design of rooms for classes and workshops instead of old-fashioned classrooms
- refurbishing with modular desks and flexible chairs
- new tools like notebook and tablet instead of towers
- new spaces for consulting instead of information desks
- mobile devices instead of inflexible equipment

For training and instruction we need a motivating and stimulating setting suitable for all of our users: for children in school libraries, for students in their universities and for our users in public libraries. Now it is time for a profound chance-to change the design of future learning environments.

Keywords information literacy teaching library library design

1 Changing User Habits

Changing user habits necessitates new environments for information-literacy learning, and that concerns not only the digital, but also our physical learning environment. In the context of global change in the culture of learning we should think about the design of library spaces for teaching information literacy. The new generation, which has been socialized to use various collaborative tools, multitasking, learning together in groups including digital devices, will not be satisfied with a passive role of listeners and receivers of information.

2 Library Space and Information Literacy

We as librarians practice more and more engaging and creative learning methods, but most of us do so in a physical environment, which is not appropriate. Many colleagues are busy dealing with the development of user-friendly design for e-learning tools, but to support information literacy we also need a new environment and equipment for the library as place. The challenge is to focus on a re-design of the environment for the teaching library that is more than just "user-friendly". These spaces should be inspiring and encouraging to promote information and media literacy. For training and instruction we need motivating and stimulating settings suitable for our users, for our young adults in school libraries, for our students in university libraries and for the users in public libraries as well-a modern, welcoming atmosphere and design of rooms for classes and workshops instead of old-fashioned classrooms. Students should enjoy learning especially in the library while they attend a tutorial in information literacy. We can develop new ways of learning and make students enjoy going to an educational institution like a library not only by providing new digital environments but by creating better physical spaces. Instruction of information literacy in particular requires not only new didactic concepts, but also demands new adequate environments to support these didactical aims.

3 What to do?

Library space, where we teach information literacy, should definitely not look like a computerized training room as you may find it in a computer center. Spaces within the teaching library aimed at promoting information literacy should expand the students' learning environment, should be something quite different from classrooms or computer training centers. The design of these library spaces and the equipment should support individual learning strategies and collaborative learning as well. We are facing a wide range of students' individual learning styles! Therefore, flexibility of furniture to create different settings is a main aspect. Which requirements have to be met in the interior design of this kind of teaching rooms? Tables and chairs, computers on each table and a projector hung from the ceiling—that is not enough. Attention must be given to lightning, acoustical treatment of doors and ceilings, control of temperature and humidity. Is there any natural light in the room? Is it possible to look outside through windows? What about enough fresh air? These spaces need more fresh air than the rest of the library: the projector, the ICT-devices, printer—all of these cause heat and stale air. What about colours and attractive features to create a special atmosphere?

4 What our Users Like?

- Flexible furniture: Mobility becomes a priority: we should use height-adjustable chairs with a rolling base and desks with rolling casters. Heavy chairs and tables are not appropriate. The worst option would be permanent, fixed furniture. This means: a Starbucks feeling with its mixture of a variety of styles and designs of chairs.
- Collaborative learning: teaching and learning in groups will support collaborative learning.
- Social aspects of the training room: to support communication.
- Integration of physical and digital services is expected by our young people who are digital natives.
- Lounge atmosphere: The balance of teaching, learning and relaxing characterizes the favorite style of

learning and a "feel-good" learning atmosphere for the young generation.

- The library should be "cool" like a Starbucks cafe or an Apple store: this is not an adequate and realistic goal for libraries in every country, in different cultures. But "being cool" describes a vision of successful communication through library space and services with these young adults—but without becoming slave to trends of fashion.

5 What our Users Need?

What our users need are flexible rooms with flexible furniture to create different settings: Flexibility and mobility of physical and digital settings, library as a learning center, for collaborative learning the users need open space for group study and for other forms of collaborative learning, new environments for an "architecture of teaching and learning" in the library.

6 Some Examples

To highlight some difficulties and to point out some aspects of improvement: Let me show you some examples from "bad" to "better" to "pretty good" and finally to my "vision".

You can see what the furniture says and what this arrangement expresses: don't move, don't discuss, don't feel comfortable! —This a traditional IT training room, that you may find in many universities with big computers, tables in rows, no windows that allow you to have a look outside, dominant computers and displays, very limited space for the learners. —The students will get tired very quickly!

A little bit better: some different arrangements: semi-circle, but all users must sit facing the wall, a mixture of tables combined to clusters and chairs without desks. — But look at this ugly wiring.

This equipment looks really good, but it is not an ideal solution. Individual light is required for a user's desk in reading rooms but not for a desk in a room for teaching and learning. The handling of this kind of retractable computer displays is tricky: Because of the very sensitive technique of vertically adjustable displays, it is advisable to keep these rooms closed while no classes are being taught. But that is a real disadvantage because it should be possible to use these spaces outside teaching hours as well.

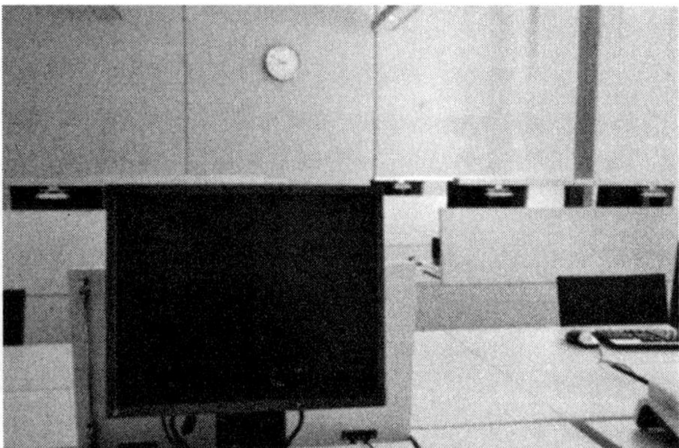

The same disadvantage pertains to the training room of my library at the Free University of Berlin where I work. And it is rather boring that everything is in white and black. Also, the furniture is totally inflexible because of these big, heavy desks. The retractable Displays seem to be an option for flexible use: You can use the computers, or you can have just plain desks. However, the disadvantages I mentioned overbalance the advantages. — We will change this room completely very soon.

What I like in this setting is the coffee machine! Have a break, take some coffee during some long, intensive training—why not?

This young man is attending a class and has brought two smartphones with him ...: I am sure, that he has his own notebook in his backpack as well, but the library provides these fixed computers. But let me say this: I bet this guy would prefer using his own notebook.

Much better: there is space for notebooks, a glass of water is allowed, there is natural light from outside, a look outside is possible.

A transparent room because of the glass walls and glass door: This allows users passing by to see what is going on inside. And that can motivate them to join a tutorial or a class. And don't worry: Nowadays projectors are so bright, dimming the light in the room is no longer necessary. So, you can use a transparent space like this even if you are using a projector.

This is a photograph from a school library in Hamburg, Germany. The tables look nice, but take into account, that libraries have to keep the furniture longer than the a specific IT-equipment. If you choose a very sophisticated furniture with special features for IT-hardware, that might cause some problems when you get the next generation of computers. But the curved tables support communication, create a nice atmosphere. — And it is "cool" design, no doubt about that.

High-quality projector and audio-visual devices are a matter of technical competence for the library. Notebooks and flexible chairs—quite good! —The rectangular arrangement like in a meeting supports communication.

This setting is much more flexible with tables arranged in clusters. Round tables instead of rectangular tables support learning in groups. Daylight and a kitchenette make the stay very comfortable.

Large touch screens on the wall, movable tables on casters, comfortable chairs on wheels covered with breathable fabric, a transparent glass wall to look in and out, a flexible use for training and teaching as well as for general use like learning in groups.

A very good setting: vertically adjustable touch screens on the walls, flexible tables which are half oval and half rectangular: This special shape makes it possible to place the table right in front of a touch screen, or you can combine two tables to form a big oval. —A very flexible space, indeed.

7 Conclusion

The main aspects of a nearly perfect training room?

The main aspects are: flexible space to teach, to learn whether alone or in a group, to communicate, to relax; a "cool" design; an inspiring and motivating atmosphere; use of mobile devices instead of inflexible computer equipment, that is to say, notebooks and tablets instead of towers; try to bring as much natural light as possible into the room, but avoid glare; try to realize a balance of teaching, learning and relaxing—and please don't forget the library's vision: What is important is that the design of physical spaces is linked to the institution's vision for teaching and learning, and that this is articulated in as many single details as possible.

References

[1] Altenhöner, Reinhard(2011). Learning and working environments—what students expect; results of a Student Design Contest. Satellite Conference of the World Library and Information Congress: 77th IFLA General Conference and Assembly / Library Building and Equipment Section, Atlanta, USA, 10./11. 8. 2011.

[2] Braun, Salina(2010). Die UB Kassel als Lernraum der Zukunft: Alles unter einem Dach: differenzierte Arbeitsplätze, Lernorganisation, Erholung und Entspannung. Berlin: Institut für Bibliotheks—und Informationswissenschaft. http://edoc.hu-berlin.de/series/berliner-handreichungen/2010-268/PDF/268.pdf.

[3] Götz, Martin(2010): Lernzentren—ein Überblick und eine kurze Einführung. In: Bibliothek—Forschung und Praxis 34/2(p.145—147).

[4] Gwyer, R., Stubbings, R. & Walton, G.(Eds.) (2012). The road to information literacy. Librarians as facilitators of learning. Berlin, Boston: de Gruyter.

[5] Raff, Jan-Henning(2009). Designinnovationen im Lernalltag. In: Hentsch, Norbert et al.(Eds.), Innovation durch Design: Technisches Design in Forschung, Lehre und Praxis(p.283—289). Dresden: TUDpress.

[6] Scheibel, Michael(2008). Architektur des Wissens. Bildungsräume im Informationszeitalter. München: kopaed.

[7] Scholle, Ulrike(2012).Vom Schulungsraum zum Lernraum. Plädoyer für eine didaktisch orientierte Gestaltung eines Schulungraums am Beispiel der Universitätsbibliothek Duisburg-Essen. In: Zeitschrift für Hoschschulentwicklung Jg. 7, Nr. 1(Januar 2012) (p.114—128). http://www.zfhe.at/index.php/zfhe/article/view/376.

[8] Werner, K. U. (2012). Räumliche und gestalterische Anforderungen an Bibliotheken als Lehr-und Lernort zur Förderung von Informationskompetenz. In: Sühl-Strohmenger, W. & Straub, M. (Eds.), Handbuch Informationskompetenz (pp.451—466). Berlin: de Gruyter.

[9] Werner, K.U.(2013): "Dear Architect ...:" —A librarians view. Translated into Chinese by Shang Jin. In: European Libraries Now. World Architecture 273(03/2013), Beijing: Tsinghua University, pp.18—19.

图书馆内“非图书用途”空间的特点与作用
——以 A 大学 B 校区图书馆为例

李 宁
（陕西师范大学西北民族研究中心）
谢 刚
（西北民族大学民族体育学院）

摘要 网络化时代，图书馆的功能已经在逐步变化，如收藏资料的方法及读者使用资料的方式、习惯等等都已经急剧的变化，尤其反映“非图书用途”空间的建立于发展上。图书馆的“非图书用途”空间已经是图书馆设计与建设的重要内容，这些原不属图书馆功能的空间已经成为图书馆的组成部分，其或扩大了图书馆的使用者来源，或提升了图书馆的可见度，对于新世纪的大学图书馆而言，应是利大于弊。

关键词 图书馆 “非图书用途”空间 作用

Research Characteristics and the Role of the Library “Non-book Uses Space”
— Take A University B Campus Library for Example

Li Ning
(Northwest Ethnology University, Shaanxi Normal University, China)
Xie Gang
(Northwest University for Nationalities, China)

Abstract The library function has been gradual changes in network era, such as the collection, the methods and habits that readers use information, in particular, the establishment and development of “non-book uses space”. The“non-book uses space” has been an important part of the library. These original space expand the sources of library users and enhance the visibility of the library for the university libraries in terms of the new century.

Keywords Libraries “Non-book Uses Space” Role

图书馆是搜集、整理、收藏图书资料供人阅览、参考的机构，早在公元前 3000 年就出现了最早的图书馆，图书馆有保存人类文化遗产、开发信息资源、参与社会教育等职能。随着资讯科技的进展与电子资源的普及，传统的图书馆角色功能受到挑战，并已产生一些不确定性。此时要新建或整建馆舍，规划符合现在需求，并着眼未来发展的大学图书馆空间，单凭传统的图书馆营运数据，显然不足。教学与学习模式的改变，学术传布与沟通的改变是图书馆要密切注意的新趋势，而图书馆的空间规划要立基于大学的任务与目标，进而因适应新的资讯媒体与新的学习方式。

1 图书馆“非图书用途空间”的发展和历史

1995 年至 2002 年间美国 182 所大学图书馆内，许多传统上不属于图书馆用途的空间，都包含在图书馆建筑之中。下面是在回复问卷之图书馆中，出现较多的“非图书馆用途”空间：85%—有会议室；53%—有专题研讨室；32%—有简餐室；25%—有画廊；20%—有大会堂；17%—有写作工作坊。这些“非图书馆用途空间”，是要从性质上升华图书馆，营造出一种有利于持续的、严肃的学术工作氛围；有些活动其社群的、文化的层面可导引学生去享受更广阔的心智生活，这也是大学生涯很重要的经验。此外，美国大学校园里陆续出现了一些新的学术服务单位，如：写作与课业辅导中心、教学与学习中心、国际活动办公室、就业中心、多元文化办公室、学术电算中心等。这些新增学术服务单位需要场地,学校在寻觅场地时也在寻求策略性的协作单位,而图书馆可能就是大家心目中适合的协作单位,例如:卡尔顿学院的写作中心与就业中心便安置在图书馆之内。以美国西雅图为例,从 1998 年开始推动“Libraries for All”兴建计划,陆续重建或扩建图书馆,改善新的设施、科技与图书资料。其中西雅图公共图书馆中央图书馆由钢骨、玻璃外形所构成的不规则建筑体,已成为西雅图建筑的地标;内部空间亦有许多营造阅读氛围的设计,例如三楼特别称为活动室,可以让读者在此闲坐、阅读、聊天、喝咖啡、上网,所陈设的馆藏类型为一般休闲性的小说、美食、旅游等主题,包含新书、报纸、杂志等,成功营造成为市民乐于前往的空间。

英国 1990—1994 年间修建的大学图书馆也呈现同样的趋向,例如:将图书馆与电算、媒体或语言部门行政并合。不仅这些单位实体上紧联,而且大楼命名“学习资源中心”之类的名称,如 Middlesex 的 Tottennham Learning Resources Centre,便是兼容图书馆与电算中心的大楼。国内新建的大学图书馆之中,除了上文已讨论过的专题讨论室之外,会议室、画廊、大会堂、电算中心,甚至简餐室,也都可找到许多案例。会议室兼具学术性知识交流场地与学术社群聚合之处。而简餐室可满足使用者饮食需求,鼓励使用者做较长时间的逗留。

新加坡图书馆充分展现整体设计感与新颖的特质,秉持“知识、创造力、可能性”的精神,作为公共图书馆经营上最基础的三个核心价值。在设计上、科技感与人情味的完美交融下,构筑出浓厚的人文气息及现代感空间。整体而言,新加坡公共图书馆突破传统设计的既有框架,展现便民的服务精神,充分的与民众日常生活机能结合外,宽敞且舒适的空间设计,搭配舒适的阅览桌椅,使得新加坡公共图书馆成为当地民众最重要的精神食粮来源地。

总之,这些原不属图书馆功能的空间或扩大了图书馆的使用者来源,或提升了图书馆的可见度,对于新世纪的图书馆而言,是利大于弊。

2 国内公共图书馆馆内“非图书用途空间”发展

图书馆是人类文明的宝库,也是反映一个国家或地区综合实力和文化水准的标志。古代的藏书阁也好,现代的图书馆也好,犹如一部部永恒的作品,刻写着不同时代、不同地区的文明轨迹。图书馆是强调功能的特殊建筑,设计良好且合乎功能需求的图书馆,有助于服务的提供,并鼓励读者入馆使用。图书馆建筑之文献均指出:图书馆乃为使用而生。以实质空间与适宜设施来具体完成,达成图书馆搜集、整理、传播资讯,因此,设计图书馆时,不只是设计一栋图书馆的建筑物,而是设计一套图书馆的“运作方式”,诸如管理方法、服务内容、馆藏质量、阅览方式,乃至使用者质量等,均与图书馆内部空间与动线规划息息相关。以 A 大学 B 校区图书馆为例,考查我国图书馆馆内“非图书用途空间”发展现状。

2.1 A 大学 B 校区图书馆概况

A 大学是国家教育部直属大学,国家“211 工程”重点建设院校,从创始至今已有 60 余年历史。学校自建校伊始,即十分重视图书馆建设。雁塔校区图书馆建于 1956 年,古朴庄重;B 校区图书馆建于 2004 年,大气宏伟。两校区图书馆面积 6.2 万平方米。作为学校教学科研的文献信息保障中心,学校图书馆设施先进、藏书丰富。截至 2010 年底共有纸本藏书 329.96 万册,其中馆藏古籍线装图书 25 万余册,古籍善本 700 余部,9 000 余册;历代石刻拓片 12 000 余通;地方志亦收藏较为丰富,尤其是陕西地方志收藏较为完备;另外,大型古籍丛书、古今名人字画收藏丰富。同时,图书馆拥有丰富的电子资源,有各类中外文数据库 40 余种,电子图书 109 万册,中外文电子期刊 1.5 余万种。图书馆注重读者服务工作,努力为读者提供舒适实用的阅览环境。目前,图书馆内设机构有文献建设部、参考咨询部、B 校区借阅部、雁塔校区借阅部、计算机与信息服务部、图书馆办公室、雁塔校区图书馆综合办公室;各类阅览室 27 个,阅览座位 3 578 席,读者使用的计算机 362 台。大部分阅览室实行藏借阅一体化的开放模式,自早 8 点至晚 10 点不间断开放。其中 B 校区图书馆为 7 层建筑,7 层有树华电子智源中心(原电子阅览室)、文学图书借阅室、专家导引室、馆办公室、文献建设部、证件管理室、监控室、借阅部办公室;6 层是外文图书阅览室、中文社科图书借阅一室、文印室、读者培训室;5 层有中文理科图书及工具书借阅室、近三年中外文过刊阅览室、计算机与信息服务部、参考咨询部;4 层是中文社科图书借阅二室中外文现期报刊阅览室;3 层是古籍阅览室《四库》群籍及港澳台版图书阅览室、民国图书阅览室、书画拓片珍藏室、古籍善本珍藏室;2 层是中文样本图书阅览室;1 层有中外文过期报纸阅览室;负一层有密集书库、读者休闲区、莘园餐吧。

2.2 A大学B校区图书馆"非图书用途空间"的空间设计特点

A大学B校区图书馆"非图书用途空间"的空间设计特点,如下:

(1) 便捷性

本馆的内部空间应让读者入馆即一目了然,兼具亲和性和吸引力,本馆的各项公共设施与空间规划充分考虑无障碍环境之设计。本馆的入口区、流通柜台、电脑检索区和参考服务区配置在主楼层;各项公共设施,如楼梯、电梯、洗手间、饮水设备、公共电话等尽量集中,并配置在各楼层相同的垂直位置,这充分体现以读者为本的最高原则。基于读者与馆员活动的不同性质,将读者与馆员的活动区域明确划分,避免交错,免相互干扰,而导致影响服务成效。本馆员的服务空间规划以图书处理流程为依据,将业务关系密切的部门紧邻配置,以利沟通联系。

(2) 舒适性

基于研究与休闲两方面的阅览需要,本馆在馆内适当地点设置读者休息区,作为读者沟通休憩之场所。从人体工程学和建筑生态学的理论为依据,B图书馆内的服务设施、读者的阅览欢迎以及馆员的工作环境的规划中,以达到人与空间的和谐相处,以便提高馆员的工作效率同时,提升本馆的舒适性。

(3) 经济性

馆内读者服务区宜采单一出入口方式管理,以节省人力,且空调及其他机电设备之配置,应多利用边缘及角落地带,以增加图书馆可利用之空间。内部空间应开阔明朗避免不必要的死角,且紧急逃生出口之设计,应同时兼顾人员逃生及馆舍门禁之安全。B校区图书馆馆内设计具弹性充分考虑到了馆内的变化的需要,如线路布局,预留了足够的空间为旧设备的改造和新设备的更新等新需要。

2.3 A大学B校区图书馆馆内新增的"非阅读作用空间"

伴随大学生学习方式和教师教学方式的改变,促使图书馆部分空间成为教室的延伸,供使用者之间的知性与社群交流,图书馆同时也成为学术活动中心。图书馆一般会提供服务台、资讯检索区、资料陈列与使用区等读者服务空间外,最常见亦最为学生乐用的是多样化的阅览空间。目前大学图书馆里常见的读者使用空间有:

(1) 小型研究室

通常小型研究室内有大型工作桌、白板、联网设备。学生在此可以讨论功课、预习、温习、撰写作业、准备口头报告等。因而除了上网设备之外,还要提供印表机。因为教师的鼓励与学习方式的导引,讨论室的使用非常频繁。研究室、讨论室的使用率高、增长速度快。馆内讨论室为师生提供了协作式、互动式的学习空间,有助于使用者建立群体归属感。

(2) 大型自习室

通常是学生独自潜心阅读、学习、思考、写作的空间。这些空间在本馆很受欢迎。甚至因自习室的数量有限,本馆不得不严限借用时间,以嘉惠较多使用者。图书馆内宁静的自习室提供了个人思考、阅读、写作的场所。

(3) 多媒体阅览室

昔日属于教学设施的专题研讨室与教室,与图书馆原有严格的区分。今日这些原为教学的空间也成为许多大学图书馆的重要读者服务空间。馆员为了资讯素养、推广课程、或在职进修课程,需要一些空间。渐渐地这些空间由不定期变成定期的教学空间。有些教师喜欢在书本围绕的环境中教学,随时可取用相关资料,学生在课前、课后可逗留在馆中准备或撰写作业,网络计算机化的教室有时可兼做电脑实习或针对小团体介绍训练之用。

(4) 学术报告厅

B校区图书馆学术报告厅是A大学对外学术文化交流的重要窗口。报告厅内有音响设备、多功能电教设备、LED数字显示屏、座椅,是本校环境最好、规模最大的集会议、教育培训、学术研讨于一体的多功能设施,多为大型学术会议和学术报告使用。

(5) 读者休闲区、餐吧

科学的休闲可以有效地促进读者与馆员能量的储蓄和释放,修养智能与体能,生理与心理机能的和谐。读者休闲区、餐吧是本图书馆内的重要配套设施,是当代图书馆内部空间中不可缺少的部分,是以读者为本的建馆理念的集中体现。以往这些"看似无用"的设施,如今是读者和馆员缓解压力,减少抑郁,增强记忆、调养心性的好地方。

上述以 A 大学 B 校区图书馆为例,说明了随时代变迁及文明的发展,读者开始普遍期盼具有多元、多功能的公共图书馆。因此近几年国内对公共图书馆阅读空间升级改造中,以活化温馨的阅读空间,营造以读者为本的阅读环境为原则,这已经成为图书馆建设的发展方向。

3 传统与变革中"消失"的大学图书馆

《尚书 · 多士》言,"惟殷先人,有册有典。"文献的产生是人类进入文明时期的重要标志。自 13 世纪大学图书馆产生以来,图书馆就以其对文献信息的系统收藏和传播,在大学职能履行和文化传承方面发挥着独特的作用,成为一代学人和莘莘学子心目中的精神家园。图书馆是大学的象征,是大学精神的重要守护者。

大学图书馆,与学院图书馆同属于学术图书馆的类型。不同于研究图书馆专为某些专家、学者在特定领域研究之目的而设,大学图书馆为大学所附属的图书馆,其主要功能在于支援大学的教学与研究两项活动。在某些国家,大学图书馆亦为该国的国家图书馆,整合国家的图书馆事业发展。

回顾大学图书馆的历史,多数欧洲大学在 14 世纪时已设立各学院图书馆,而总图书馆则晚数百年才设立;早期学院图书馆藏书大部分来自捐赠,亦偶有捐赠基金作为图书馆经费或向学生征缴图书费,藏书量甚少,且无专业馆员,在许多方面皆直接承袭修道院及大教堂图书馆;15 世纪时独立的图书馆建筑出现;1500 年后,因印刷术的昌明,各大学图书馆的规模均得以扩展;牛津大学(1168 年创立)、剑桥大学(1209 年创立)、布拉格大学(1348 年创立)、海德堡大学(1442 年创立)、维也纳大学(1475 年创立)等图书馆为着名之古老大学的图书馆。

中国大学图书馆中,北大图书馆是中国第一个现代意义上的图书馆,北大图书馆继承自国子监藏书阁。京师大学堂藏书馆正式成立于 1902 比中国最大的国家图书馆都要早 9 年成立,是亚洲最大的大学图书馆。当时北大图书馆是中国大学图书馆藏书最多的大学,约 629 万册,曾经作过中国国家图书馆。

大学图书馆人文精神的核心,是对读者知识需求和精神心理问题的关注和关怀;是为读者的文献资讯需求提供保障,并营造出一种人性化的读书学习环境,体现以人为本的思想,满足人的需要、实现人的价值、追求人的发展、体现人文关怀,创造图书馆活动的美与和谐。

然而历史悠久的图书馆也面临时代的问题,根据美国研究图书馆协的统计,参考咨询的件数已有下降的趋势,自 1997 年的 148 294 件下降到 2001 年的 105 087 件;借阅量也是逐年递减,自 1999 年的 508 633 次下降到 2001 年的 459 335 次;而明尼苏达大学图书馆,1996—1997 年间,图书馆的借阅量约一百万,2002—2003 年,数量个下滑到 773 000 次。传统图书馆在网络信息时代遇到了大挑战。

而促使传统图书馆变革的原因也是强调及时性、互动性、个性化和移动化的网络信息时代的到来。网络信息时代造成了学生学习的网络化,教师教学的多媒体化,资料信息存储、传递和阅读及分享的便利化。在网络信息时代的挑战下,图书馆的建设与功能发生了巨大变革。传统的图书馆只是一个存书和看书的地方,转变为一个"消失"的无时无处不在师生身边的资源信息存储、管理和分配的"云图书馆"。计算机与网络就是使传统图书馆的插上翅膀的魔法棒。"云图书馆"将提供一切形式的信息,包括传统纸质与电子化的网络化资源,而通过"云图书馆"支持学习者所需要的图书馆馆藏资源与服务,实现如手机、电脑等网络终端的服务;为教师提供信息化教材,并与教师合作开发网络教学课程支援教师的教学方法的更新和教师本身作为一种资源的传输与分享,支持学生的自我学习;与其他网络资源拥有者例如与各大院校、研究所、实验室,其他公司如新浪爱问、雅虎奇摩、亚马逊、豆瓣等强强联合,加强网络资源整合建设;建立网络信息化部门,将传统信息资源数字化,并开展数字化教学与研究。显然,虚拟化的图书馆并不能完全取代实质性图书馆的所有功能,但是可以提升图书馆的现代化和人性化服务水平。

参考文献

[1] Brian. Lang, "Library Buildings for the New Millennium." In: Library Buildings in a Changing Environment: Proceedings of the Eleventh Seminar of the IFLA Section on Library Buildings and Equipment, Shanghai, China, 14—18 Aug. 1999.(Munchen: Saur, 2001), p.13.

[2] Dean Harrison, and Elizabeth MRodger, Library Buildings in the United Kingdom 1990—1994. (London: Library Services Limited. 1995), p.vii.

[3] Whole Building Desige Guide: A Program of the National Institute of Building Sciences, http://www.wbdg.org/design/public_library.php.

[4] A大学图书馆概况,http://www.lib.snnu.edu.cn/action.do?webid=w-s-bgjs.

[5] A大学图书馆馆藏分布,http://www.lib.snnu.edu.cn/action.do?webid=w-s-gcfb.

[6]《尚书》[M].上海古籍出版社,2012.

[7] Margeton, S.G.(2000). Introduction to academic law library design: a features approach. Littleton, Colorado: Fred B. Rothman.

[8] 朱强.北京大学图书馆的历史、现状与展望[J].大学图书馆学报,2012(6):5—7.

[9] ARL, ARL Statistics 2000—2001, Washington, D.C., Association of Research Libraries, Retrieved March 17, 2004, from http://www.arl.org/stats/pubpdf/arlstat01.pdf. ARL Supplementary Sataistics 2000—2001, http://www.arl.org/stats/pubpdf/sup01.pdf.

都市化、网络化进程中公共图书馆的社会空间再生产

祁　刚

（南京图书馆）

摘要　城市空间的内部改造、外部扩张，不单是地理空间上的景观变化，且伴随信息网络技术应用，引致社会观念、大众行为、公共范式的变化，是对城市社会空间关系的重新塑造。

作为城市空间人文景观与社会关系的重要组成，国内大型公共图书馆的新建、改造，是对“都市化”的被动适应，空间上受到行政、商业中心的支配而“边缘化”，对信息技术、网络技术应用主动适应，在传统服务基础上拓展新空间。

基于实体、虚拟的空间互补，图书馆在都市化、网络化进程中，应以信息技术应用、服务体系建设为主，针对读者群体空间分布、阶层属性、需求偏好等，发挥技术、服务网络化的叠加效应，不断弥合图书馆公共服务与社会大众之间的空间距离、技术鸿沟、观念差距。

Social Spacial Reproduction of Public Library in the Progress of Metropolitanization and Information

Qi Gang

(Nanjing Library, China)

Abstract　The internal reform and external expansion of the traditional city space, not only change the geographical space landscape, but also change the application of information network technology popularization, and induce social ideas, the public behavior, and public paradigm, is the reshaping of urban social spatial relations.

As the important cultural landscape and social relationships in urban spacial composition, domestic public library building or rebuilding, the large-scale especially, are dominated by the administrative and capital at least, seems in a relatively “marginalized”, both in physical and social space. On the other hand, the public libraries actively adapt to the new process of information technology, network technology, and on the basis of traditional services develop a new space for service.

Based on the complementary between entity and virtual space characteristics, City public library development tactics in the progress of Metropolitanization and information, is according to the construction of information technology application and service system as the main means, gearing to the spatial distribution of readers, class attribute, needs, preferences and so on basic level, utilizing the superimposed effect of double network, both technique and service, to bridge the gap between the library public service, the general public and technical bottlenecks.

通过对中国公共图书馆事业的长时段考察(1978—2013)，其发展历程在这35年中先后受到来自都市化、网络化这两个社会发展趋势的影响。前者出现较早——1978年以来，以经济建设为中心的改革进程，以工业化、商业化、城市化、信息化为表征，在提升国家经济实力的同时，对当代中国的人文景观、城市空间、社会关系等产生深刻影响。后者出现稍晚——20世纪90年代初，随着美国“国家信息基础设施”(National Information Infrastructure)战略实施，全球范围内开始以通信网络、计算机、数据库等组成完备的网络体系，用于海量数字信息交换，进而开始改变人们生活日常中工作、学习、娱乐及沟通方式。

都市化进程,从物理空间上改变了图书馆的馆址位置坐落、馆舍建筑容积,而网络化发展,在虚拟空间中丰富了图书馆服务的应用价值和社会存在。在国内公共图书馆新馆建设浪潮中,借由都市化、网络化的不同角度,有关图书馆空间问题的研究①,分别从图书馆物理空间、虚拟空间、社会空间予以揭示。在此基础上,能够将都市化、网络化两个社会发展趋势综合考虑,且将物理、虚拟与社会三类空间融会贯通,或应成为今后一段时期实体图书馆发展应对的思考方向。

1 都市化:实体图书馆的物理空间变化

城市空间,通常作为公共图书馆建设、发展的内生性背景因素,往往被视作是静态的,而非将其作为一种动态变量引入到图书馆服务模式建构过程中。动态地看来,以都市化为目标的城市开发,其本质是一个法律过程,是一个规划过程,也是一个社会过程,在对城市空间结构产生影响的同时,也为城市社会、政治、经济结构所影响②。因此,关于都市化进程、城市图书馆空间二者之间的关系调适,首先是对物理空间上的位移现象进行观察,进而解读其社会空间发生变化的内因所在。

1978 年以来的都市化进程,起初是以经济发展的工业化、商业化为导向和基础的,而包括公共图书馆在内的城市公共机构设施建设,直至 20 世纪 90 年代初期,随着宏观经济形势的好转,才开始成为城市建设的主要内容。据不完全统计,截至 2009 年底,在全国 2 850 个公共图书馆中,有近 60%的图书馆馆舍建筑、主体结构是在 1990 年以后建设、落成的(表 1)。

表 1 2009 年全国公共图书馆主体结构建成年份情况表③

按级别	分组数量				
	合计	1980 年以前建成	1981—1990 年间建成	1990—2000 年间建成	2001 年以后建成
全国	2 850	398	779	729	944
国家级	1	0	1	0	0
省级	37	7	9	12	9
地市级	321	43	94	94	90
县级	2 491	348	675	623	845

这一时期公共图书馆的建成,从数量上改变了新中国成立以来图书馆建筑年代久远、设施陈旧的历史面貌,基本达到或实现了现代图书馆办馆技术要求和建设标准。在改善图书馆办馆条件的同时,却囿于财政预算和规划方案,以至于馆内面积狭小,缺少图书阅读、书库等必要功能空间,图书馆借阅能力受到限制,难以有效开展收集、整理、研究以及读者服务工作等一系列问题。

进入新世纪之后,全国公共图书馆在总数基本持平的情况下,馆舍建筑总面积出现扩容增长的趋势。根据文化部的相关统计④,全国每万人拥有公共图书馆设施面积由 2002 年的 45.4 平方米提高到 2011 年的 73.8平方米,增长了 62.6%;全国公共图书馆阅览室坐席数量由 2002 年的 43.9 万个提高到 2011 年的 68.1 万个,增长了 55.1%。在不到 10 年的时间中,全国公共图书馆馆舍建筑总面积的放量增长,意味着原有馆舍的改建扩建以及新馆建设落成,是其主要成因,而大型公共图书馆在此增长结构中又居主要组成。

值得注意的是,全国公共图书馆馆舍建筑面积总量的增长扩容,与同期城市开发的增长趋势又是一致、

① 廖小梅.新馆建设浪潮中的图书馆物理空间观念变革——城市图书馆空间变奏曲之一[J].图书馆,2010(6):90—91.廖小梅.新馆建设浪潮中的图书馆虚拟空间崛起——城市图书馆空间变奏曲之二[J].图书馆,2011(2):103—105.廖小梅.新馆建设浪潮中的图书馆社会空间生长——城市图书馆空间变奏曲之三[J].图书馆,2011(3):103—104.

② 顾朝林,甄峰,张京祥.集聚与扩散:城市空间结构新论[M].南京:东南大学出版社,2001:60.

③ 中华人民共和国文化部:"十五"以来全国公共图书馆发展情况分析[EB/OL].[2014-03-22]. http://www.ccnt.gov.cn/sjzznew2011/cws/whtj_cws/201111/t20111128_153313.html.

④ 中华人民共和国文化部:"十六大"以来全国公共文化设施建设情况[EB/OL].[2014-03-22]. http://www.ccnt.gov.cn/sjzznew2011/cws/whtj_cws/201209/t20120925_264368.html.

吻合的。通过对全国 37 个大中城市①——建成区面积、人均城市道路面积、每万人拥有公共汽电车——相关城市建设指标的统计(表 2),同期城市建设与开发的趋势十分明显。两者之间的一致性,似乎也表明了以城市土地开发与利用为动力的都市化进程为城市图书馆的改造与新建提供了新的建设契机和发展机遇。

表 2 全国 37 个大中城市 1990、2000、2010 年城市开发情况对比②

指标 年代	建成区面积 (平方公里)	人均城市道路面积 (平方米)	每万人拥有公共汽电车 (辆)
1990	115.14	4.056	3.98
2000	172.25	5.942	11.99
2010	396.53	12.588	15.528

但是,城市地域结构在此过程中受到城市土地有偿使用转让价格由中心商业区(Central Business District)向郊区依次递减效应的影响。传统的工业地域、商业地域、居住地域、办公地域、生活空间亦随之发生位移,即中心城区的商业功能不断增强,而服务业、办公区、居住地以及生活空间等相对外向迁移,在都市化进程中形成城市结构的"选择性离心化"。

"选择性离心化"的城市空间生产,对现阶段国内公共图书馆新馆建设的影响,是隐秘而深刻的。在我国城市内部地域的结构划分中,从城区中心向郊区外围,可分作"城区(内城——外城)——新区(开发区)"的基本结构。全国 37 个大中城市 48 个大型公共图书馆新馆馆址的位置择定(详参附表),呈现出从城市的"内城——外城"、"城区——新区"的移动格局,超过 66%的新馆馆址发生了外向位移——由内城迁至外城的占 48%,由城区(市区)迁至新区的占 18.75%(表 3)。事实上,这一趋势近几年愈演愈烈,尤其是在中小城市图书馆新馆建造过程中呈现出不断加剧的倾向——往往作为配套、附属而纳入到行政中心区、经济开发区的建设当中。

表 3 新馆馆舍建筑馆址位移趋势分类统计

城市内部地域结构	城区(市区)		新区(开发区)
	内城	外城	
馆址类型变化数量	16	23	9

新一轮的新馆建设在馆址选择定位上有悖于馆址中心化的理论模型③,物理空间上的背离是社会关系生产的结果,在其生产关系中主要受到商业资本、行政力量支配的影响。与此同时,如何实现城市内部空间距离上图书馆服务的均衡覆盖、有效到达,成为新馆建成之后的图书馆服务模式所需面对的新问题和挑战,特别是在市、县级图书馆新馆建成之后。

2 网络化:实体图书馆的虚拟服务空间

在全国大中城市公共图书馆中,仍有近 35%的新馆选址保持原有城区的区位优势,凭借市区人口密集、交通便捷的有利条件吸引读者到馆④,实现图书馆服务的中心辐射。其服务实现的前提,是在城市空间结构系统中对市区高密度人口流动的利用。与之相比,超过 6 成的馆址外向位移的图书馆及其服务,在区间公共交通基础设施尚未配套之前,应改变单纯利用人口流动的传统服务思路,转而借助城市空间结构系统中的信息流动。在互联网时代,现代图书馆对城市系统中信息流的利用,除传统的大众传播媒体(报纸、电视、广播等)、电信(电话、电报、传真、电邮等)和邮递(信函、报纸、包裹等)之外,更为重要的是实现对网络社区(BBS、

---

① 具体为:北京、天津、石家庄、太原、呼和浩特、沈阳、长春、哈尔滨、上海、南京、杭州、合肥、福州、南昌、济南、郑州、武汉、长沙、广州、海口、南宁、桂林、重庆、成都、贵阳、昆明、拉萨、西安、兰州、西宁、银川、乌鲁木齐、青岛、大连、宁波、厦门、深圳。

② 资料来源《中国城市统计年鉴》,北京:中国统计出版社,1991—2011 年.

③ 刘博学.国内公共图书馆新馆选址 CBD 发展趋势研究[J].新世纪图书馆,2012(8):80—83, 42.

④ 侯宽其.图书馆、文化和商业:从公共图书馆建设的位置说起[J].中国图书馆学报,2005(6):74—77.

论坛等)、即时通讯(QQ、飞信、易信等)、自媒体(微博、微信、Qzone、Blog、Facebook、Twitter等)等新媒介、多媒体的虚拟应用,而自媒体对于未来图书馆的重要性不言而喻。

现阶段,国内公共图书馆在网络化进程中的技术实现与服务到达,主要是基于互联网架构的电脑网络空间(Cyber Space)的"网络社会"(Cyber Society),即以"数字图书馆"形式存在的。数字图书馆是数字时代图书馆新的发展业态,比之传统的实体图书馆,其资源更加丰富多彩、服务更加广泛便捷,其最终建设目标是实现任何群体、任何个人都能不受时间和空间的限制,随时随地获取所需的资源和服务。

然而,与西方发达国家的数字图书馆建设相比较,我国数字图书馆建设的研究与实践,尚存在一定的技术时间差,加之理解方式、实践操作不同,其具体建设过程中存在明显差异。与国外数字图书馆以用户为中心,注重与用户的互动的人性化服务相比,国内公共图书馆的数字图书馆建设,绝大多数仅能提供较为基本的内容,且从内容到形式都乏善可陈,服务性体现不够,与用户的交互性也有待加强。基于以上问题,我国公共图书馆在建设数字图书馆的过程中,首先应强化服务至上的观念,真正做到"以用户为中心",更好地为用户服务。各图书馆要充分认识到参考咨询服务的重要性,加强实时咨询的实际使用效率;其次,图书馆也要加强对数字资源的导航与组织,方便用户的查找与使用——数字图书馆建设过程中也要开展自己的特色服务;最后,图书馆要注重交互功能,搭建与用户沟通的平台,加强与用户的联系与互动,提高用户服务到达。

与图书馆物理空间吸引到馆读者为主的"人口流"相比,虚拟化的数字图书馆则为潜在用户提供定向的数字化的"信息流"为主。无论是实体图书馆吸引读者到馆自主借阅,抑或是数字图书馆通过终端设备体系将信息资源推送给受众,其基本的思路都是要实现人口流与信息流之间的对称与适应。基于以上两种图书馆服务的基本范式,图书馆服务效用的最大化,旨在实现和提高城市结构系统中人口流动与信息流动的最优匹配。不可否认,这种最优匹配的实现,应是建立在城市生活中的众多个体的基础之上,是基于人口流动的需求分众——即个性化、多元化、差异化的需求维度,从而提供有效的、针对性的资源推送与服务供给。

大数据时代(Big data era)的到来,为实现"人口——信息"流动的最优匹配,提供了可行可靠的数据说服力。大数据的技术应用,可以通过对图书馆诸如读者到馆频次、检索条目信息、书刊借阅统计、数字库访问量等各类非结构数据进行分析①,实现对图书馆用户行为信息的有效利用。事实上,此类图书馆读者行为信息的大数据分析只是一种技术手段,其本质是对"网络社会"(Network society)——基于现实空间一种新型社会结构形态的数字化语义表达,试图借此对读者与读者、读者与图书馆、图书馆与图书馆之间的社会关系结构予以界定和表述,从而构建一种基于大数据的图书馆个性化智慧服务体系,在"需求——供给"平衡中实现资源和服务的高度融合,实现图书馆在人、资源、空间三要素的智慧交互与融合,也是未来图书馆服务模式发展的必然趋势②。

应当指出,大数据时代图书馆个性化智慧服务体系的构建背景,是"智慧城市"(Smart city)作为新型城市化的建设思路和技术路线方兴未艾。其技术特征的主要特征是强调个体对城市及城市生活的自体验,即对城市物理空间的自感知、对海量数据信息的自适应、对数据整合处理的自优化③。与"自体验"密切相关的自媒体,至少是个体对海量数据信息充分处理和优化的传播媒介,是用户利用移动终端设备进行自感知、自适应、自优化的操作平台,也是虚拟空间人际关系构建的社交平台。因此,作为智慧城市生活一部分的图书馆个性化智慧服务体系的构建,没有理由不重视自媒体及其系统在图书馆虚拟化服务空间中的作用和意义,并应将其视作智慧图书馆建设的重要组成部分。

3 图书馆社会空间再生产的机制与策略

在列斐伏尔(Henri Lefebvre)空间生产的理论中,空间作为一种社会关系,"不仅被社会关系支持,也生产社会关系和被社会关系所生产",且当"空间"被定义为一种使用价值(use value)时,社会的转变就已预设了空间的拥有与集体管理,是被"利害相关的各方"(interested parties)不断干预的④。受此理论阐释的观照,通过对国内城市图书馆物理空间的去中心化或离心化、数字图书馆时代虚拟服务空间的单一化、单向化等现

① 裴昱.大数据时代图书馆用户行为信息的利用方式[J].图书馆学刊,2013(8):44—45.

② 陈臣.基于大数据的图书馆个性化智慧服务体系构建[J].情报资料工作,2013(6):75—79.

③ 杨堂堂.从数字城市到智慧城市的建设思路与技术方法研究[J].地理信息世界,2013(2):63—67.

④ 亨利-列斐伏尔.空间:社会生产和使用价值[C].包亚明.现代性与空间的生产.上海:上海教育出版社,2002:47—58.

象与问题的揭示,使得有关公共图书馆社会空间再生产的思考与探讨,成为一种可能性,乃至必要性——基于社会改革的宏观背景下,对“公共图书馆”背后的社会关系及其关系变化趋势的远景预期。

城市实体图书馆为了中心性增强,或是对去中心化、离心化的向心补充,为了实现图书馆有形服务在城市空间中的匀质分布、均衡流动,总分馆制已经成为当前我国城市大中型图书馆的发展潮流。至于总分馆制在各城市图书馆的实践探索,结合不同空间的城市规模及其内部空间结构实际,先后形成了上海中心图书馆计划、深圳图书馆之城、苏州图书馆总分馆制、佛山联合图书馆、东莞图书馆总分馆制等几种模式①。概而论之,其实施框架旨在以“总馆(中心馆)——分馆(区县馆)——基层服务站点”的结构体系,实现图书馆服务在城市物理空间(范围)中从中心向基层的有效覆盖与延伸推广以及服务重心在城市社会空间(层级)中的向下移动。其中,作为总分馆体系的空间替代与时间补充,以自助借还服务系统为核心的 24 小时图书馆,可以在城市生活空间中基本实现实体图书馆有形服务的全天候存在。

如果以城市图书馆总分馆体系建设作为图书馆物理空间离心化趋势下社会空间再生产的一种机制,那么,这种再生产机制的普适性在中国城市都市化的发展进程中,无论其具体的技术路线如何,其主要的建设思路仍是通过城市范围、社会阶层的扩大化,来缩短或拉近读者人群与图书馆之间的空间距离,增加到达实体图书馆的人口流动规模,仍属于有形服务的范畴,受到物理空间的影响。正因城市物理空间的客观存在,城市图书馆总分馆体系建设的思路并非在所有规模的城市中都是实用的。需要指出的是,综合考虑到城市空间规模、受众群体数量、服务时间成本、习惯观念意识等因素的存在和影响,图书馆总分馆体系所产生的服务效益的边际效用会随着城市空间规模的扩大而不断增加,即在大型、特大型城市(副省级以上)的实际应用效果比较明显,且要优于中小型城市。

与图书馆有形服务在资源上“中心集聚、层级分散”的分布相比,基于互联网、通信网络架构的图书馆虚拟空间服务,理论上可以实现数字资源的均质分布,并在终端设备、网络条件、访问权限相同的条件下,实现虚拟图书馆服务的均等化。以此为技术思路的数字图书馆建设及服务,被认为是网络化进程中图书馆社会空间再生产的一种机制。在这一机制作用下,当前数字图书馆建设及服务虽然力求以资源数字化、传播网络化、技术智能化、服务泛在化、管理实体化为表现形式②,但是更多地还是侧重于能够用于投放服务的资源生产,而相对地在服务方式、服务推广等方面投入不足,以至于数字图书馆服务应用的空间拓展缓慢,除了网络技术普及程度之外,还受到潜在受众的年龄大小、教育背景、上网行为等基本因素的影响,亦即如何实现信息流动向人口流动的有效达到,成为数字图书馆扭转“重资源,轻服务”发展现状的关键点。例如,在虚拟空间的图书馆服务中,持有移动终端设备的读者已经习惯网络阅读,“尽管阅读样式难以避免受到网络技术革新的影响,但是载体的流变,并没有改变读者对优质内容的渴望,以及彼此交流阅读体验的需求”③。事实上,虚拟图书馆服务的信息映射是针对个人有效推介和送达的,与总分馆体系针对人群开展服务的受众面有所不同,正因如此,公共图书馆社会空间再生产的两种机制可以相互融合,从而形成一套“虚实相间”、“以虚补实”的公共图书馆社会空间再生产的新机制。

综上所述,无论是总分馆制还是数字图书馆的空间生产机制,实体图书馆在实际发展中始终须面临、克服服务网络布局、服务资源配置两大问题。作为问题解决的基本思路,是以读者需求为基本导向和根本出发点的,并将其作为一种发展策略,纳入到大数据时代的图书馆基本工作范畴。首先,在个人信息保密的情况下,前期利用办证系统建立实现读者个人有效信息的档案化管理,诸如年龄、教育、居地等;其次,利用图书馆业务管理系统定期对读者借阅行为的数据统计进行分析与处理,诸如读者借阅频次、读者借阅排行、数据库访问量等等,形成可资参考的分析报告;再次,通过问卷的结构设计在馆内外不定期地进行专题性的读者问卷调查,实现图书馆服务的过程管理;最终,将前置各项统计、分析、调研汇总,并按照业务系统管理的逆向传导相关信息,上升成为图书馆业务规划与调整的制定依据,从而及时调整、改进相关环节和流程,实现公共图书馆服务的切实有效、经济高效、卓有成效。

---

① 栗慧,刘丽东,祝茵.创新理念引领下的公共图书馆服务网络——以东南沿海城市图书馆为例[J].图书情报工作,2007(7):112—115.

② 胡唐明,郑建明.公益性数字文化建设内涵、现状与体系研究[J].图书情报知识,2012(6):33.

③ 钱好,王磊.数字化阅读,不都是碎片化浅阅读[N].文汇报,2014-04-23(03). http://whb.news365.com.cn/wh/201404/t20140423_1832676.html.

4 结语

在都市化、网络化社会进程中，能够生产出公共图书馆社会空间再生产关系的社会关系，应保持政府投资与公共需求、行政治理与行业发展两组关系的供求平衡。其中，政府财政投入的主体性，奠定了非营利性文化事业的公益性质的法理基础，然而公共图书馆在社会空间中从“公益性”向“公共性”的转变，本质上是政府文化服务从刚性供给向弹性需求的道路转变，也是对公共图书馆社会空间再生产的内在要求，旨在保障公民基本文化权利。

作为社会空间关系的生产机制，总分馆制、数字图书馆、智慧图书馆等，旨在促进城市内部的各级图书馆之间、实体与虚拟图书馆之间能够形成合力；并在政府主导的前提下，充分调动政府部门、社会组织、商业机构等社会多元主体关系在图书馆物理空间、虚拟空间的生产过程中能够充分发挥各自的主动性、积极性，相互博弈，拓展合作。另一方面，在实体图书馆今后发展定位中，应当对公共图书馆社会空间中的顶层设计与基层需求、城市空间与乡村文化、虚拟化与实体化、基础服务与个性服务等四组关系予以重视，因地制宜、因时制宜采取符合城市空间结构的公共图书馆社会空间再生产。

参考文献

[1] 廖小梅.新馆建设浪潮中的图书馆物理空间观念变革——城市图书馆空间变奏曲之一[J].图书馆,2010(6):90—91.
[2] 廖小梅.新馆建设浪潮中的图书馆虚拟空间崛起——城市图书馆空间变奏曲之二[J].图书馆,2011(2):103—105.
[3] 廖小梅.新馆建设浪潮中的图书馆社会空间生长——城市图书馆空间变奏曲之三[J].图书馆,2011(3):103—104.
[4] 顾朝林,甄峰,张京祥.集聚与扩散:城市空间结构新论[M].南京:东南大学出版社,2001:60.
[5] “十五”以来全国公共图书馆发展情况分析[EB/OL].[2014-03-22]. http://www.ccnt.gov.cn/sjzznew2011/cws/whtj_cws/201111/t20111128_153313.html.
[6] “十六大”以来全国公共文化设施建设情况[EB/OL].[2014-03-22]. http://www.ccnt.gov.cn/sjzznew2011/cws/whtj_cws/201209/t20120925_264368.html.
[7]《中国城市统计年鉴》,北京:中国统计出版社,1991—2011 年.
[8] 刘博学.国内公共图书馆新馆选址 CBD 发展趋势研究[J].新世纪图书馆,2012(8):80—83, 42.
[9] 侯宽其.图书馆、文化和商业:从公共图书馆建设的位置说起[J].中国图书馆学报,2005(6):74—77.
[10] 裴昱.大数据时代图书馆用户行为信息的利用方式[J].图书馆学刊,2013(8):44—45.
[11] 陈臣.基于大数据的图书馆个性化智慧服务体系构建[J].情报资料工作,2013(6):75—79.
[12] 杨堂堂.从数字城市到智慧城市的建设思路与技术方法研究[J].地理信息世界,2013(2):63—67.
[13] 亨利-列斐伏尔.空间:社会生产和使用价值[C].包亚明.现代性与空间的生产.上海:上海教育出版社,2002:47—58.
[14] 栗慧,刘丽东,祝茵.创新理念引领下的公共图书馆服务网络——以东南沿海城市图书馆为例[J].图书情报工作,2007(7):112—115.
[15] 胡唐明,郑建明.公益性数字文化建设内涵、现状与体系研究[J].图书情报知识,2012(6):33.
[16] 钱好,王磊.数字化阅读,不都是碎片化浅阅读[N].文汇报,2014-04-23(03). http://whb.news365.com.cn/wh/201404/t20140423_1832676.html.

附表 全国副省级以上城市公共图书馆馆址位置变化情况※

序号	馆　名	老馆原址	新馆地址	空间改变类型	最新落成开放时间
01	国家图书馆	北京海淀区白石桥高粱河畔	北京市海淀区中关村南大街 33 号	内城——内城	2008 年
02	首都图书馆	北京市东城区安定门内国子监街	北京市朝阳区东三环南路 88 号	内城——外城	2012 年
03	天津图书馆	天津市和平区承德道	天津市南开区复康路	内城——外城	1991 年
04	河北省图书馆	石家庄市长安区东大街中段	石家庄市长安区东大街中段	原址扩建,内城	2011 年

续 表

序号	馆　　名	老馆原址	新馆地址	空间改变类型	最新落成开放时间
05	山西图书馆	太原市迎泽区解放南路	太原市晋源区长风街	内城——外城	2012 年
06	内蒙古图书馆	呼和浩特市回民区新民街	呼和浩特市赛罕区乌拉察布西街	内城——外城	2010 年
07	辽宁省图书馆	沈阳市东陵区万柳塘路	沈阳市浑南新区莫子山	城区——新区	预计 2014 年
08	吉林省图书馆	长春市朝阳区新民大街	长春市高新区人民大街	城区——新区	预计 2014 年
09	黑龙江省图书馆	哈尔滨市南岗区文昌街	哈尔滨市南岗区长江路	内城——外城	2005 年
10	上海图书馆	上海市黄浦区南京西路	上海市徐汇区淮海中路	内城——内城	1996 年
11	南京图书馆	南京市玄武区成贤街	南京市玄武区中山东路	内城——内城	2007 年
12	浙江图书馆	杭州市上城区大学路	杭州市西湖区曙光路;之江新城	内城——内城——外城	预计 2015 年
13	安徽省图书馆	合肥市庐阳区逍遥津公园西侧	合肥市蜀山区芜湖路	内城——外城	2002 年
14	福建省图书馆	福州市鼓楼区东街	福州市鼓楼区湖东街	内城——内城	1995 年
15	江西省图书馆	南昌市东湖区中山路	南昌市东湖区洪都北大道	内城——外城	1993 年
16	山东省图书馆	济南市历下区大明湖东路	济南市历城区二环东路	城区——新区	2002 年
17	河南省图书馆	郑州市金水区优胜北路	郑州市二七区嵩山南路	内城——外城	1989 年
18	湖北省图书馆	武汉市武昌区武珞路	武汉市武昌区公正路	内城——外城	2012 年
19	湖南省图书馆	长沙市天心区天剑路	长沙市芙蓉区韶山北路	内城——内城	2004 年
20	广东省立中山图书馆	广州市越秀区文明路	广州市越秀区文明路	内城——内城	2010 年
21	海南省图书馆		美兰区国兴大道	新建,外城	2007 年
22	广西壮族自治区图书馆	南宁市兴宁区人民公园	南宁市邕宁区民族大道	内城——内城	1985 年
23	广西桂林图书馆	桂林市秀峰区榕湖北路	桂林市象山区安新北路	内城——外城	1991 年
24	重庆图书馆	重庆市渝中区长江一路	重庆市沙坪坝区凤天大道	内城——外城	2007 年
25	四川省图书馆	成都市锦江区总府路	成都市青羊区人民西路	内城——内城	2013 年
26	贵州省图书馆		贵阳市云岩区北京路	内城,原址扩建	2004 年
27	云南省图书馆		昆明市五华区翠湖南路	原址扩建,内城	2004 年
28	西藏图书馆		拉萨市城关区罗布林卡路	新建,内城	1996 年
29	陕西省图书馆	西安市莲湖区西大街	西安市碑林区长安北路	内城——外城	2001 年
30	甘肃省图书馆	兰州市城关区通渭路、白银路	兰州市城关区南滨河东路	内城——外城	1986 年
31	青海省图书馆	西宁市城中区解放路	西宁市城西区西关大街	内城——外城	1997 年
32	宁夏回族自治区图书馆	银川市老城区	银川市西夏区同心路金凤区人民广场东侧	旧城——新城	2008 年
33	新疆维吾尔自治区图书馆	乌鲁木齐市天山区新华南路	乌鲁木齐市新城区北京南路	市区——新区	1999 年
34	广州图书馆	广州市越秀区中山四路	广州市天河区珠江东路	市区——新城	2012 年

续 表

序号	馆　　名	老馆原址	新馆地址	空间改变类型	最新落成开放时间
35	成都图书馆	成都市青羊区人民公园	成都市青羊区文翁路	内城——内城	2003 年
36	武汉图书馆	武汉市江岸区南京路	武汉市江岸区建设大道	内城——外城	2000 年
37	西安图书馆		西安市未央区未央路	新建,外城	2000 年
38	哈尔滨市图书馆	哈尔滨市南岗区一曼街	哈尔滨市南岗区学府路	内城——外城	2003 年
39	长春图书馆	长春市朝阳区解放大街	长春市朝阳区同志街	内城——内城	1992 年
40	沈阳市图书馆	沈阳市沈河区北京街	沈阳市沈河区青年大街	内城——外城	2005 年
41	济南市图书馆	济南市市中区经三路	济南市槐荫区	市区——新区	2013 年
42	青岛市图书馆	青岛市市南区鱼山路	青岛市市北区延吉路	内城——外城	2001 年
43	大连市图书馆	大连市中山区鲁迅路	大连市西岗区长白街	内城——外城	1999 年
44	金陵图书馆	南京市玄武区长江路	南京市建邺区乐山路	内城——外城	2009 年
45	宁波市图书馆	宁波市海曙区药行街	宁波市海曙区永丰路	内城——内城	2001 年
46	杭州图书馆	杭州市上城区浣纱路	杭州市江干区解放东路	市区——新区	2008 年
47	厦门市图书馆	厦门市思明区公园路	厦门市思明区体育路	内城——内城	2007 年
48	深圳图书馆	深圳市福田区红荔路	深圳市福田区福中一路	内城——新城	2007 年

※　表中相关信息、数据来源于各图书馆网站主页。

作为激扬智慧社区空间的图书馆

Renato Ramiro Lopez
（阿根廷富兰克林基金会公共图书馆）

The Library as a Communal Inspiration Space

Renato Ramiro Lopez
(Franklin Society Popular Library, Argentina)

1 The New Technologies and its Impact in the Way of Generating and Gaining Access to Knowledge

In the course of history the main and most efficient means used by mankind to communicate knowledge, has been and still is the book①, it was so from the appearance of the codex(that compendium of parchment attached at one end) in the second century B.C and more widely and with more competence from, first the use of paper(created by T'sai Lun in the second century a.C) and then by the use of movable type printing invented by Johann Gutemberg by mid fifteenth century of the Christian Age.

The use of print multiplied the production of books and made it possible that more and more people agree to ideas and information in them, which generated that the intellectual production increased significantly because the knowledge that had previously been reserved almost exclusively to nobility and to upper classes, started to spread to other social classes, which, in turn, began to produce new content.

The final opening for the society, in general, to have access to knowledge and information in books and periodicals took place in the late eighteenth century with the emergence and proliferation of public libraries, emerged from the ideas of Benjamin Franklin, creator of the first circulating library by the members registration, which allowed access to collections of books to anyone who could pay a small monthly fee.

Throughout this gradual process of development of production technologies, communication and access to knowledge, the intellectual creation of man was increased gradually and progressively. More and more people were able to generate new content since knowledge, mainly disseminated through books, started to become more and more accessible to the entire population.

From the creation of school, university and public libraries could efficiently manage the physical storage and the communication of progressive human knowledge, offering great service to the community in pursuit of individual and collective development, both spiritual and economic and social.

The gradual growth of intellectual production remained constant until the early 1950s, time from which this is dramatically accelerated by the advent of computers in the process of generation and communication of knowledge.

In the early 1970s, electronic microprocessors for research, intellectual production and communication of information started to be used and this enabled an exponential growth of content on what had been until then.

Gordon Moore, creator of the first microprocessor, enunciated the empirical postulate which states that computers double in power every 18 to 24 months(Moore's Law), which has been performing this way for over forty years to the present. This circumstance determined directly that the intellectual production will

---

① The book is a scientific, artistic, literary or any other kind of work that constitutes a unit publication in one or more volumes, which may be printed or other susceptible reading rack.

develop surprisingly and never seen before.

In this sense, Francisco Sagasti ① says that in the last thirty years the rapid increase in the volume of intellectual production is due to the advance in the communication and information technologies, the use of word processors easy to use, the direct access to information from any personal computer through the internet, and to the development achieved in telecommunications and connectivity.

Today the content and the intellectual products are not necessarily reflected in printed texts, they circulate through electronic means, possible to access remotely without having to go to any physical space, so that the communication of knowledge is less and less done through books in their traditional format.

Given the significant change in the production process, communication and access of knowledge, from the moment computers and audiovisual technologies started to be used for those purposes, the challenge for public libraries, in this context, is posed on how to continue to serve the community and its relation with knowledge and information when, due to the expressed reasons, it becomes less and less necessary for people to attend the physical spaces of libraries to have access to them.

2 Facing Challenge

From 1866 up to now, the Franklin Library of San Juan has been organized as a non profit association, as a non governmental organization(NGO) model inspired by the current library by membership subscription created by Benjamin Franklin in the U.S city of Philadelphia.

It has always given a service of public library and has been managed by a group of people periodically elected by the members of the institution without government participation.

Since the mid 1980s, the institution has gradually added services to those traditional ones of conservation and lending of books and newspapers, initially incorporating computers for the automation of files and catalogues. Subsequently, microfilming and digitizing valuable collections of nineteenth century newspapers.

At the beginning of the twenty-first century, the rapid changes in information technology boosted the idea that a better use of technological resources involved the logical evolution towards a cultural centre that would diversify the services which were supplied to strongly promote the intellectual and spiritual rise of people in order to promote the individual, social and economic development of our community.

With that conviction, gradual changes were thereby giving rise, such as the adaptation of the building so that workshops and courses on different subjects could be delivered there, also the organization of conferences, the production of short radio programmes, the production and promotion of different plays among other initiatives.

However, the evolution targeted, the rapid technological progress and the great opportunity it implies to expand the contribution that from the library can be done to the community, demands to our institution deeper changes, which we have designed to perform in coming years through a strategic program.

3 Franklin Society Program for the Next 5 Years

The Franklin Library wants to be, increasingly, an inspirational② motor for the community development③

---

① The Future of the Book: the impact of new technologies in the processes of offer and access to book, Estudio Foro Nacional Internacional, Lima 2008.

② An object which quickens or stimulates an influence upon the intellect, emotions or creativity.(en.wiktionary.org)

③ Murray Ross defines it as a process through which a community identifies its needs and objectives, puts them in order, develops confidence and will to work on it, increases the internal and external resources to face those needs and undertakes the action as regards them, and when so, it uses or puts into practice cooperation and collaboration, quoted by Maria Dolores Chacon in "Community Development" www.csi-csif.es/andalucia/modules/mod_ense/revista/pdf/Numero_29/M_DOLORES_CHACON_1.pdf.

through knowledge and information. The library has planned four strategic actions for the next five years:

A) The transformation of library services in a service that responds to the concept of a hybrid library, where the access to knowledge is achieved through different formats, integrating the physical with the electronic ones.

B) The creation of a multimedia communication structure, in which the library files and takes its contents and proposals to the local and global community.

C) The redefinition of the spaces inside the building to optimize them as places where life experiences and the meeting of people happen.

D) The constant search for alliances with institutions and both local and global companies to finance projects to promote the community development.

4 Towards a Model of Hybrid Library

Since the different formats, through which you can have access to knowledge, both print and electronic and audiovisual, have advantages and disadvantages, one with respect to the others and because the contents stored in one or another are still different in great quantities, they work as complementary supports.

Because of this and being an objective of the library to provide the community as much information as necessary and provide the different ways to access to it, it is necessary to integrate the physical and electronic formats of storage of contents when offering them to the users. To do this, you may follow the example of other libraries in the world, such as the Shanghai Library, which has been having a hybrid service① model for more than 10 years.

Some first steps taken in the Franklin Library to make the access of integrated contents easy both physical and electronic was to install awi fi internet connection in the reading rooms so that users can have simultaneously, in the same place of resources both in physical formats(stored in the building and directly available on request) and digital ones available through the various portable electronic devices(notebooks, netbooks, tablets, smartphones, e readers, etc.) with which people go to the libraries.

The next steps to follow in this sense will be the digitalization of the collections the library has and are not in electronic format, first the old newspaper publications and books of greater value and secondly the rest of the contents a group of experts should have to determine. Already in digital format, the collections will be available to users through an institutional web page so that they can have access to that information anywhere in the world they are.

Simultaneously, the reading rooms and the users, who go to the building, will have electronic devices such as computers and e readers so that they can have access to digital content on the internet and, in turn, they can connect with the librarians through an intranet system to ask questions and make requests.

A series of lectures delivered by well-known national and international speakers, which are recorded in audio, video and text have been delivered in the building of the library since 2007. All of them will be made available to users in the same formats but accessible electronically through the institutional web page and hereafter the next lectures to be delivered will be immediately available through publication on the internet.

5 Producing Contents

In order to promote community development, in order to foster improvement and the intellectual rise of people of our community is essential to produce contents from the quantity of knowledge and information stored in our library and broadcast out of it, since due to the stated reasons in the introduction of this work,

① The Library of the 21st Century, Jianzhong Wu, ed Long River Press, pp.264/268.

going to the library to find information will become less and less unnecessary.

A radio, a magazine, a web page, tv programs and the participation in social networks (facebook, twitter, ect.) will be the media used to show our content.

A team of experts on media is being trained. We will work with them building a radio broadcast room in the building of the library, getting the estate permission and the program design so that in 2015 we can be broadcasting from our building both through the air signal and streaming.

The magazine called "Sala de Lectura" (Reading Room), owned by the library, has published three samples so far. It is expected a biannual edition of it from this year on and for the year 2015 a quarterly circulation, both in digital and printed format.

Nowadays a new web page is being developed through which you can also have access to the contents published in the printed magazine and on the radio. The social networks will be used to promote briefly the contents published in other media.

As there are thousands of media, available to broadcast the contents of the library, the influence on the community can be exerted and in this way a same product can be broadcasted and doubled in a different format by the diverse channels it has, producing a saving of resources and reaching a greater quantity of people.

Also, tv programs can be produced using the same human and material resources and later shown b the tv channels that may be interested in our products.

6 Meeting Place and Shared Life Experiences

For the technological advances already mentioned have had negative consequences for the social and affective life of people, fostering isolation and superficial conditions in human relationships, it is inevitable to change these social trends, make our libraries, today more than ever, a meeting place, where people may share real, stimulating and inspiring life experiences.

In this sense, the Franklin library will start to improve the building, generating new rooms where courses and workshops can be delivered on different topics, both referred to art and science. There will be new spaces to show videos and art exhibitions of all kinds.

Teaching music in the rooms will be promoted through courses on various musical instruments, also the teaching of techniques for artistic creations, presentations of scientific research, postgraduate teaching courses and certificates endorsed by local and international universities. Nowadays there are also dance and theatre workshops, which are promoted with greater energy, encouraging the creation of groups and stable companies in the library. Additionally, there will be dance exhibitions regularly and the rooms will be conditioned for recitals, conferences, staging of different plays as often as possible and they will put the rooms in order for circus shows, juggling and sports.

On the other hand, currently there is a new building being remodelled which the library bought, which will be used for social gatherings, such as dinner parties, dance parties and benefit teas.

7 Cooperation and Institutional Alliances

Because human and economic resources of the Franklin library, generally as in every institution, are scarce, it is imperative to look for the cooperation of other institutions to achieve the objectives.

As the benefit the library is intended to achieve is general, for the whole community, it is likely that many estate and private, local, national and international institutions, both as private persons are willing to contribute, since the results will also be helpful for the contributors.

An agenda of activities and projects to develop gradually and programmed by them shall be established.

Likewise, the library will join in the initiatives of other institutions that tend to achieve the intellectual advance of people with its human and material resources, such as encouraging the general improvement, both of the local community and the global community.

It will be necessary to create, between the library and its allies, a strong commitment of cooperation, by which we are able to participate simultaneously and jointly with our resources and energy, undertaking shared efforts to achieve the objective of the community development, which just poses as a premise for its accomplishment the cooperation and solidarity.

8 Conclusions

Public Libraries have had as an objective, from the moment of their creation, to promote the intellectual raise of people, encourage self-education, provide resources for individuals to access to knowledge and information and thereby contribute to happiness and the one of all the community that benefits as far as its members have a better intellectual and emotional training.

The overwhelming creation of knowledge and information to which technological advances have taken humanity today to libraries, specially devoted to preservation and distribution of them, to rethink the ways of doing it and the meaning of their building structures, which, at first sight, would lack of purpose, since the remote access to knowledge would make its existence unnecessary.

However, as I have tried to show in this paper, the development of information technologies and communication, far from causing a reduction of the library services provided at the physical buildings generate an enormous opportunity to re design them and greatly expand the activities to be performed in their areas.

The effort to do it will not be enough, but for libraries the human and community development has never been possible to promote more efficiently as it is now, since using the new technologies with creativity and passion, they may and will be an indispensable engine for the intellectual, social and economic growth of our communities, contributing decisively to improve the quality of life and happiness of people, making them actively take part in securing their own welfare.

Bibliography

Books

[1] Jürgen Seefeldt y Ludger Syré, Las bibliotecas en Alemania: Puertas Abiertas al Pasado y al Futuro. Olms Verlag, Hildesheim, Alemania 2004.

[2] Mauricio Meglioli, El fin de la Era Gutemberg, vanityme.com, Buenos Aires, Argentina 2010.

[3] Jianzhong Wu, The Library of the 21st. Century, Long River Press, Shanghai Press, Shanghai, China 2005.

[4] Deyanira Sequeira, Bibliotecas y Archivos Virtuales, Nuevo Parhadigma, Rosario, Argentina 2000.

[5] Ana Dobra, La Biblioteca Popular, Pública y Escolar, Ediciones Ciccus, Buenos Aires, Argentina 1997.

Articulos y Ensayos Breves

[1] Ernesto Oscar Carrizo, Biblioteca y Sociedad en La Biblioteca Popular, Pública y Escolar, Ediciones Ciccus, Buenos Aires, Argentina 1997.

[2] Francisco Sagasti, El Futuro del Libro, Foro Nacional Internacional, Agenda Perú, Lima, Perú 2008.

[3] Santiago Bilinkis, El futuro del futuro, conferencia planetario de Buenos Aires, 2012, youtube.com.

[4] Wikipedia, Gordon Moore, Biografía.

通过文本挖掘来了解高校图书馆用户在信息素养方面的需求

Ximin Mi(米希敏)
(伊利诺伊大学香槟校区图书馆)
Xiying Mi(米希颖)
(阿拉巴马州立大学图书馆)

摘要　高校图书馆中的信息素养培训服务是至为重要且不断更新变化的。信息素养服务必须建立在了解用户需求的基础上才能最合理有效地安排。本文通过分析伊利诺伊大学香槟分校图书馆系统的参考咨询服务数据来了解用户在信息素养方面的需求。本文采用了 READ 评估表来区别标注问题的难易度。

伊利诺伊大学香槟分校图书馆系统的参考咨询图书馆员会对他们处理过的客户问题创建纪录。记录内容包括对问题内容的描述和按照 READ 评估表对问题难度的标分。本文使用的数据居于 READ 评估表的 2 至 4 区间,所有数据经过预处理后,利用相关服务做关键词进行文本挖掘。

关键词　信息素养　文本挖掘　用户需求　学术图书馆

Using Text-Mining to Understand Academic Libraries User Needs for Information Literacy

Ximin Mi
(University of Illinois at Urbana-Champaign Library, USA)
Xiying Mi
(Levi Watkins Learning Center, Alabama State University, USA)

Abstract　Information literacy(IL) has being an important as well as dynamic part of the academic library services. In view of the limited resources, to provide high quality IL services, it is necessary to be aware of users' needs in their information using process and to design IL planning and curriculum accordingly. This paper analyzes reference transactions data in University of Illinois at Urbana-Champaign(UIUC) library system to obtain a better understanding of users' needs in terms of IL. And READ scale has being employed in this research to differentiate the reference questions complexity in order to provide effective yet efficient IL services.

Reference librarians at the frontline create logs for each reference question they answer with the question description, READ scale, and question category. The authors will draw data from READ scale 2—4 as the data for this project. The data was pre-processed and transformed into a mine-able format. The keywords of relevant services will be used as features to mine the patterns of user needs. These features are used as evidence to give library suggestions on improving IL education.

Keywords　Information Literacy　Text-mining Users' Needs Academic Library

Information literacy(IL) has been playing critical roles in many aspects. It is important for participating in social life, as Corrall stated, "IL is recognized internationally as an essential competence for participation in education, employment and society". (Corrall, 2008, p.26) When it comes to higher education, IL is equally, if not more important to academic activities. IL skills are the necessary tools to help faculty members, researchers and students "successfully navigate the present and future landscape of information".

(Eisenberg, 2008, p.40) IL is the key to achieve academic success by facilitating researchers, students and faculty members handling a large amount of information in their daily work and study for the purpose of comprehensively understanding a subject and creating new knowledge on top of that.

1 Literature Review

Facing information explosion, the requirements of IL have been brought to a new higher level in the past decade. In 2000, American Library Association defined IL as "the ability to recognize when information is needed and to locate, evaluate, and use effectively the needed information"①. While in 2014, Association of College & Research Libraries gives IL a new definition: "combines a repertoire of abilities, practices, and dispositions focused on expanding one's understanding of the information ecosystem, with the proficiencies of finding, using and analyzing information, scholarship, and data to answer questions, develop new ones, and create new knowledge, through ethical participation in communities of learning and scholarship"②. A comparison of these two definitions shows that the bar of being information literate has been dramatically raised after a decade. Today one needs to possess the following abilities in addition to finding, evaluating and using information, to be considered information literate:

- expanding the understanding of the "information ecosystem" rather than basic information locating and evaluating;
- using the findings to answer academic questions;
- using the information to develop new scholarship.

The proliferation of information and the new requirements of IL pose challenges to library users in higher education institutions to be IL proficient for their academic needs. In view of this challenge, it is one of academic libraries' most important missions to improve IL education to facilitate scholarship.

To achieve the goal of enhancing users' IL, libraries need to first gain in-depth insight of challenges users have in using the current system for their information needs. In this paper, the authors chose reference questions records as the research data. Analysis of reference questions is an effective way of looking closely at these needs. Reference question data is collected by the reference librarians after each reference transaction at the frontline. And the data come from the users who are stumbling on certain library service. They are valuable evidence to identify "gaps or weak spots in library resources"③ and to "challenge (librarians') assumptions about students' library knowledge"④.

It is also critical to be aware of all IL skills and knowledge. In the context of higher education, IL covers a wide range of skills and knowledge, from the basic knowledge of using library equipments, such as printers and scanners, to understanding the information organization system such as libraries, from information search and evaluation, to using multiple resources to answer complicated academic research questions.

With good understanding of users' challenges, libraries could then design suitable IL programs to help users meet their needs. One core philosophy that is believed to be efficient and effective for guiding IL program design and implementation is the user-oriented approach. "Academic research libraries must develop a more sustained and intimate understanding of their user community"⑤ and librarians should understand "the needs of our students in order to provide them with effective IL instruction"⑥. What's more, being aware of the users' needs gives librarians opportunities to realize the threshold concepts users encounter in their

---

① ALA, 2000, p.2.

② ACRL, 2014, p.4.

③ Finnell, Fontane, 2010, p.279.

④ Hanz, Lange, 2013, p.538.

⑤ Neal, 2009, p.463.

⑥ Pinto, Sales, 2007, p.532.

learning process. This knowledge allows librarians to bring revolutionary changes to the way they think, learn and conduct research. For example, when students pose a big question like "what is the difference between google search and an academic database search" , it is an opportunity for librarians to introduce the power of an academic database to the student, which will " change our students' perspective and help them make sense of their information landscape"①.

The reference question data used in this project was from UIUC library system. UIUC libraries create a log for every reference question they answer. As one of the largest academic library systems in this country, UIUC libraries are actively providing IL support in form of online instruction, classroom instruction and one-on-one consultation to faculty, staff, students, as well as national and international users. By using their reference records of 2013, the authors wanted to examine the comprehensive needs for IL assistance of such a large and diverse user group.

It is hoped that the results can help UIUC libraries improve their IL education, and ultimately, help users to conquer some thresholds of using library resources, and to be able to evaluate information sources critically for their learning and researching.

2 Data Analysis

2.1 Data introduction

The data used for this project is the reference question records of UIUC libraries, including both the main library and 24 departmental libraries(except International and Area Studies Library) in the year of 2013. The librarians create a log for every reference question they answer. Each log description includes the status of the patron who asked the question, the status of the library staff that answered it, the time it takes to answer the question, the question category, a brief description of the question and the READ scale of it.

This project intends to understand which aspects of library services general users have most difficulties to understand and use. This information will guide the librarians to improve IL curricula design and better help users improve their knowledge of using library resources. For this purpose, this project selects read scale 2—4 questions as classifiers to organize questions for analysis. These levels were selected because, according to read scale definition, level 1 questions are basic information requests, for example, patrons need to borrow a pen or stapler, or to find the restroom. These questions do not fall into IL range. The easiest way to assist with patrons is to give information on-site. Level 5 and 6 questions, on the other hand, are most complicated and fall into subject specialties. They usually involve multiple rounds of communication between patrons and librarians, which are too complicated to include in general IL education range. Level 2—4 questions are our focus. Comprehensive understanding of the complexity of these questions helps librarians to effectively plan IL assistance, choose the correct form of information delivery, and be it a classroom instruction, a one-on-one consultation, or a web form instruction.

During the year of 2013 there were 3062672 pieces of reference question records generated in total in UIUC library system. Among these 3062672 records, 43728 pieces had detailed descriptions about the patrons, the reference questions and the answers and were used as effective records in this project.

The authors were trying to answer the following research questions:

- Which services lead to questions at each level?
- Which services fall into multiple levels?

Questions tend to fall into multiple READ scale levels were of great interests to the authors. Multiple levels indicated that these services would trigger questions with different level of complexity.

- What are the thresholds behind these questions:

A comprehensive understanding of users' needs at different levels will be used as the reference for the

① Townsend, Brunetti, Hofer, 2011, p.860.

improvement of future library IL education. It is our hope that, with improved IL assistance, users will be able to meet their own information needs at lower levels, to analyze information needs at higher level, and simplify information needs at multiple levels to a singular level, and eventually answer these questions themselves.

2.2 Research methods

The research method adopted in this project is text mining. Text mining was chosen as the analysis method for two reasons. First, text mining is a more efficient option to process big dataset than manual review. Given the number of records involved in this project, text mining is an appropriate choice. Second, mathematics-based machine processing is unbiased compared to human reading and analysis. The authors tried to get a comprehensive understanding of the needs of IL in academic libraries without bias given their professional experience.

This research consists of four steps: pre-processing, transformation, data mining, and interpretation. The first step was to clean data. Ineffective data records was deleted, including records without descriptions; fields within each record that were not involved in this projects, such as the time the question came in, through phone call, email, chat or in-person consultation; the status of the staff that answered the question, question categories, and so forth. Only relevant information fields, including question descriptions and READ scales were kept for analysis. In addition, for the convenience of tracking, every question was also assigned a question id.

The second step is transformation. In this step the data was re-organized in appropriate format for feature selection. In this project, free words are used as features because most descriptions were written down in simple and short sentences. The keywords by themselves deliver the most important information of every record. The algorithm used to select features is information gain. The top 200 features discovered by information gain were organized under three classes: READ scale 2, 3, 4 for mining.

The third step was data mining. Selected features for each level were put in data miner for analysis. Classification was adopted at this step organizing data for mining, as stated above. This choice is made because the data itself has clear classifications for prediction, which are READ scales 2—4.

Both Naive Bayes and Decision tree algorithms were used as mining algorithms. The computing results of both algorithms were compared, and the one with higher accuracy was chosen as the final results for interpretation. Naive Bayes showed higher accuracy and therefore, was adopted in this project.

3 Discussion

The data mining result shows a set of words that are predictive of questions at each level, while there are some keywords tend not to occur at a certain level.

Table 1

	Predicative	Unpredictive
READ scale 2	locker(86%), photocopier(86%), resume (83%), color printer (80%), booking (77%), semester (75%), return (74%), lower-level(74%), flash-drive(67%)	chapter(90%), homepage(77%), medical(76%), 1970s (86%), economics (75%), instruction (53%), citation (70%), newspaper(69%)
READ scale 3	chapter (60%), article (58%), books (48%), refworks(43%), journal(43%), citation(42%), online (40%), instruction (38%), newspaper(37%), ebook(34%), report(33%), request(25%)	color printer(74%), return(74%), print(74%), phone (74%), main stacks(74%), reserve(74%)
READ scale 4	Business Information Services (100%), 1970s (73%), author (68%), medical (67%), newspaper (64%), graduate (62%), faculty(43%), citation(42%)	color(100%), room(100%), iCard(87%), main stacks (75%), reserve (74%), undergraduate library (68%), location(67%)

3.1 Level 2 question analysis

Level 2 questions focus on the use of equipments, spaces and general policies. Words *locker* (86%), *photocopier* (86%), *color printer* (80%), *flash-drive*(67%) indicate that users need instructions on how to use a locker, a photocopier, a flash drive or a color printer. While providing users with access to equipment and facilities in libraries, it is equally important to instruct them on how to use these equipment and facilities. The challenge of operating these equipment is increased as the university pay system login is involved. Words *booking* (77%), *return* (74%), *lower-level*(74%)(refers to undergraduate lower-level space at UIUC undergraduate library) indicate that users need policy information on booking library rooms, using library space, and using undergraduate library.

Regarding assisting users with using library facilities and equipment, more efforts should be made to facilitate users on self-services. One possible instruction approach is to improve the onsite instruction guide. UIUC libraries do have brief instructions on scanners but not on all other equipment. This approach could be further expanded to other machines so that users can read through the instructions and complete most tasks by themselves. As for clarifying library policy information, UIUC libraries do have policy information pages for these services. However, they are not at the most discoverable spots. Further improvement of the library website could be made to simplify the structure and make information more searchable. This change will help users discover information with higher autonomy.

One major threshold users encounter at this level is to understand library website structure, which is the gateway of library information. In addition to further improving its website towards a user-centered style, as suggested above, library's other IL mission at this level is to familiarize users with the their rationale and philosophy of organizing information on the website, and help users effectively navigate the site to discover information.

3.2 Level 3 question discussion

Questions fell into READ scale level 3 are mainly related to materials and information search, including books, journals, newspapers, reports, book chapters, articles, as the keywords show. Level 3 also witnesses a high-frequency occurrence of questions about online resources, including ebooks and other online resources. Another important category of questions that occurred to this level are citations related questions and use of citation tools as *refworks*(43%) was detected.

Material searching has been one of the major reference supports academic libraries offer, and remains important. One major challenge the users encounter is to understand the right tools for their specific search needs. As the results show, users have questions searching for materials of different formats, such as books, journals, and newspapers. The IL focus on these categories of questions is to help users understand the structure of library resource management (figure 1) and different formats. For library information organization, it is critical to help students understand library resources come from different sources, and are managed under different agents. Also, because information is treated as valued commodity, it has limited and separate access. Accurate understanding of information sources enables users to search them through the appropriate information channel.

A second IL mission that is critical to address questions at this levelis understanding different formats, as well as primary and secondary resources. Knowledge of different formats enables users to evaluate the academic value of different information resources. Understanding of primary and secondary resources guides users to the right sources seek for information. It also helps users to design solid research frameworks combining primary and secondary sources.

3.3 Level 4 questions

Most READ scale level 4 questions are related to specific subject resources, such as business(*Business Information Services*(100%),) and medical information(*medical*(67%)). In addition, level 4 also saw a flux of older and rare materials, as indicated by the keywords *1970s*(73%), *newspaper*(64%). This level

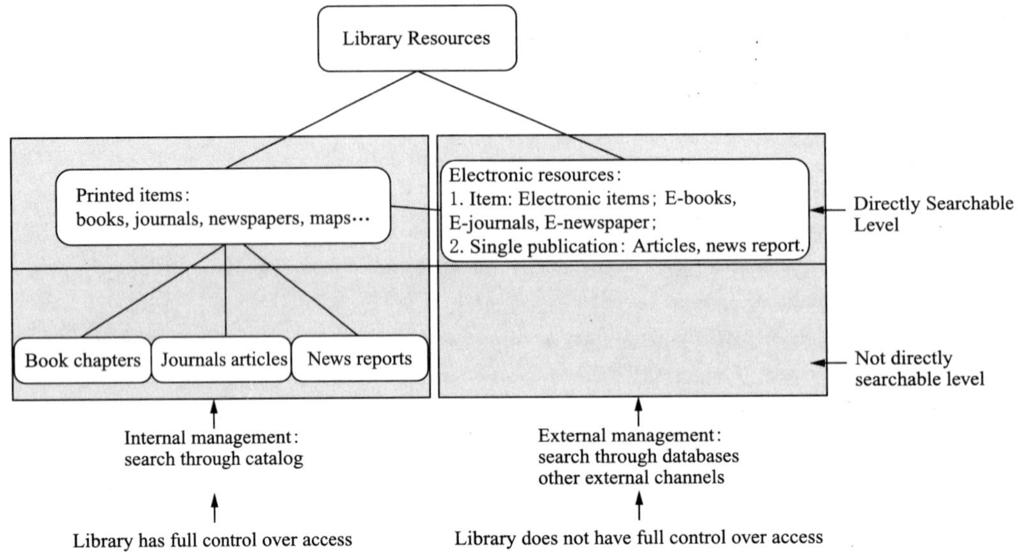

Figure 1

also encounters some citation(*citation*(42%)) related questions. Keywords *graduate*(62%), *faculty*(43%) also indicate the major users groups from which these questions come. Level 4 questions reflect the needs for high level IL assistance on specialized subjects, specifically to UIUC library is "business" and "medical".

UIUC library websites do have online instructions to facilitate users' information seeking. Newspaper library has "Course Guides" to help students with specific course resources, "Guides and Tutorials" for all guides about their resources, as well as subject specific resource pages, such as "Religion", "Philosophy", "African American Studies", etc. Similarly, Business library also has "Class Assignments" to put together resources for different classes, and "Company Info" to address users' frequent needs of information on company business model, financial status, and so forth. The effort of organizing subject-oriented, user-centered information pages does provide support on user automated information search and use. They are frequently referred to users as information search assistance. In addition, subject libraries also link to multiple library LibGuide pages to direct users to resources for specific topics, classes or research tools. The challenge for IL education at this level is that online instructions do not always provide direct answers to level 4 questions given their complexity. Usually, these questions should be broken down into small questions. Also, more than one resource needs to be used to collect the information and to patch up to the best suited answer. Although the current web pages try to add sections according to user search needs, most part of them are still organized based on library information organization system. For instance, some collections are listed as reference resources, like Farm, Field and Fireside Collection and Illinois Digital Newspaper Collection. However, they are not self-explanatory as to what information can be found within the link.

One effort could be made is to further improve the website in a more user-centered style.

IL skills needed at level 4 are more complex and individualized. To address these questions, librarians need to initiate conversations with users on their research topics, designs and objectives. Many questions of this level are from research classes. IL classroom instructions could be conducted to assist users. For individual research projects, one-on-one consultations could be made to walk users through the information selection and evaluation process. Due to the complexity of questions at this level, librarians and faculties should collaborate and make conversations on students information needs. One of the concerns is that because faculty members and librarians are focusing on different aspects of research, and provide segmented guidance to students and leave gaps in between. For instance, faculty members usually provide information about the quantity and authorities of literature for a specific research topic, and librarians provide information on how to find these resources. In this process, students are asked to passively accept rather than critically think of authorities or independently evaluate different resources. According to threshold concepts, this gap exists because faculty members and librarians are bonded in their own field when providing students with IL knowledge.①

This boundedness usually causes barriers for students to gain understanding of information system as a whole, and therefore, is one threshold of their IL enhancement. To help students and users in general, cross this threshold, it is critical that faculty members and librarians increase conversations on students information needs, and cover these gaps so as to assist them enhance IL skills. Even more importantly, users should be encouraged to view these resources critically about the accuracy and appropriate of a resource for their specific research needs. One successful IL learning and teaching process is a critical thinking process as well. The ability of critical think, on the other hand, is closely related to access to information too. "In order to think critically, a student needs to be able to gather and assess information."②

4 Future Research

In general, this research project reveals some IL needs in academic libraries, including knowledge of using library facilities and equipment, skills to navigate through library websites to find basic information, such as policies, to understand library information system and choose appropriate tools for specific information search tasks, to understand different formats so as to evaluate different information resources, as well as IL skills at more complex levels. Questions at different levels are analyzed to find out the thresholds and suggested different solutions. For level 2 skill needs, users' major threshold is the understanding of library website. Improving online as well as on-site IL instruction would be sufficient. Thresholds at level 3 are mainly about understanding of library resources as a system, resource formats and authority. IL support required for this level can be provided by combining online and classroom instruction. Thresholds that users encountered at level 4 are locating specialized collections and older rare materials. IL support can be provided in forms of classroom instructions of specific topics or individual assistance. Both require higher level of conversation and deep shared understanding of the research questions.

The next step of this research is to further analyze from which channels patrons asked these questions. If they were asked from online chat, then the library should work on improve relevant the web pages design or the searchability of these pages. If they were asked on site, library should work on improving library space information signs. For instance, if patrons tend to ask about equipment related questions in person, then the library should improve its signs to more effectively navigate users to find them within the library. If patrons tend to ask more research related questions on site, then the library should reconsider its staffing strategy to offer timely support on research.

It is recognized that this research has its limitations. Within 3062672 records in the year of 2013, only 43728 records have full descriptions, which might cause bias, although most records that have no description are either level 1 or level 5—6 questions.

Reference

[1] American Library Association. (2000). Information literacy competency standards for higher education.

[2] Association of College & Research libraries. (2014). Framework for IL for higher education.

[3] Association of College and Research Libraries. (2014). (Draft) Framework for Information Literacy for Higher Education.

---

① UCL DEEE, 2013.

② Albitz, 2007, p.107.

[4] Cordell, R. M., & Fisher, L. F.(2010). Reference questions as an authentic assessment of Info. Reference Services Review, 38(3), 474—481. doi:10.1108/00907321011070946.

[5] Corrall, S.(2008). IL strategy development in higher education: An exploratory study. International Journal of Information Management, 28(1), 26—37. doi:10.1016/j.ijinfomgt.2007.07.002.

[6] Eisenberg, M. B.(2008). IL: Essential Skills for the Information Age. Journal of Library & Information Technology, 28(2), 39—47.

[7] Finnell, J., & Fontane, W.(2010). Reference Question Data Mining: A Systematic Approach to Library Outreach. Reference & User Services Quarterly, 49(3), 278—286.

[8] Hanz, K., & Lange, J.(2013). Using student questions to direct IL workshops. Reference Services Review, 41(3), 532—546. doi:10.1108/RSR-03-2013-0016.

[9] Hofer, A. R., Brunetti, K., Townsend, L.,(2013). A Threshold Concepts Approach to the Standards Revision-discuss in Second Life. Communications in information literacy. 7(2), 108—113.

[10] Johnson, L., Adams S., & Cummins, M.(2012). The NMC Horizon Report 2012 Higher Education Edition.

[11] Lastname, F. N.(Year). Title of dissertation(Doctoral dissertation). Retrieved from Name of database. (Accession or Order Number).

[12] Lavoie, B., Dempsey, L., & Connaway, L. S.(2006). Making data work harder. Library Journal, 131 (1), 40—42. Retrieved from: http://search.proquest.com/docview/57618005? accountid=14553.

[13] Maybee, C.(2006). Undergraduate Perceptions of Information Use: The Basis for Creating User-Centered Student IL Instruction. The Journal of Academic Librarianship, 32(1), 79—85. doi:10.1016/j.acalib.2005.10.010.

[14] Meyer, J., & Land, R.(2003). Threshold concepts and troublesome knowledge: linkages to ways of thinking and practising within the disciplines. UK: University of Edinburgh.

[15] Neal, J. G.(2009). What Do Users Want? What Do Users Need? W(h)ither the Academic Research Library? Journal of Library Administration, 49(5), 463—468. doi:10.1080/01930820903089104.

[16] Paulette A. Kerr.(2010). Conceptions and Practice of Information Literacy in Academic Libraries. (Doctoral dissertation). Retrieved from Proquest Dissertation & Theses.(3418770).

[17] Pinto, M., & Sales, D.(2007). A research case study for user-centred IL instruction: information behaviour of translation trainees. Journal of Information Science, 33(5), 531—550. doi: 10.1177/0165551506076404.

[18] Sharkey, J. (2013). Establishing twenty-first-century information fluency. IL and instruction, 53(1).

[19] Townsend, L., Brunetti, K., & Hofer, A. R.(2011). Threshold Concepts and IL. Libraries and the Academy, 11(3), 853—869. doi:10.1353/pla.2011.0030.

[20] Townsend, L., Brunetti, K., & Hofer, A. R.(2011). Threshold concepts and information literacy. portal: Libraries and the Academy, 11(3), 853—869.

上海公共图书馆信息共享空间的实践与创新

张　奇　张春景
（上海图书馆）

摘要　本文从国内外信息共享空间的发展概况展开，介绍了上海地区公共图书馆信息共享空间发展的背景与现状，重点从实体层、虚拟层和支持层 3 个方面详细分析了上海地区 3 个典型的信息共享空间建设案例。在案例分析的基础上，对上海地区信息共享空间的建设进行了总结和思考。

关键词　信息共享空间　主题图书馆

The Practice and Innovation of Information Commons in Shanghai Public Libraries

Zhang Qi & Zhang Chunjing
(Shanghai Library, China)

Abstract　The paper introduces the background and development of information commons in shanghai public libraries, analyses three typical cases about information commons in shanghai by the physical layer, the virtual layer and the support layer. Finally, the paper summarizes the mode of information commons and proposes some suggestions to the construction of information commons in shanghai public libraries.

Keywords　Information Commons　Subject Library

1　引言

信息共享空间是 20 世纪 90 年代在信息技术革命、开放存取运动和共享式学习背景下出现的新概念。它是以图书馆为依托，围绕综合数字环境而特别设计，整合实体空间、虚拟资源和多种服务为一体的学习场所和服务环境。信息共享空间理念应用于图书馆，不是简单的在图书馆开辟一定的实体空间，配备充足的信息基础设施和设备，提供全媒体的各种资源，而是突显和适应“图书馆作为人与人交流的空间、图书馆作为聚集信息资源和人的资源的知识空间”的一种全新的服务理念和形态。

自 1992 年美国爱荷华大学建立“信息拱廊”勾勒出信息共享空间的概念雏形，1999 年北卡罗来纳大学图书馆信息共享空间对外开放，该项目负责人 Donlad Beagle 教授首次明确提出信息共享空间理论以来，信息共享空间在美国、加拿大等国外图书馆得到广泛应用，特别在大学图书馆已成为基础的服务环境和流行的服务模式，并正逐步向学习共享空间的方向发展。

与之相比，国内图书馆对于信息共享空间的研究和实践起步较晚，2005 年吴建中馆长将信息共享空间概念引入国内，指出“开放环境下的信息共享空间已经成为现代图书馆发展的潮流”，引发和助推了国内图书馆信息共享空间建设。上海师范大学图书馆、复旦大学上海视觉艺术学院文献中心等在上海高校率先开展信息共享空间建设，上海图书馆不仅自身开展了多种模式的信息共享空间的应用和实践，同时在上海市中心图书馆主题馆建设中引入信息共享空间的理念和模式，引领上海市公共图书馆的信息共享空间建设。

2　背景与现状

上海市公共图书馆由市、区县、街镇三级公共图书馆组成，共 237 家。自 2000 年 12 月启动上海市中心图书馆建设以来，已形成以上海图书馆为总馆、23 家区县图书馆为分馆、213 家街镇图书馆为基层服务点的三级公共图书馆服务网络，即全市书刊通借通还的“一卡通”服务网络、电子资源远程服务的“e 卡通”服务网络。在完善和保障全市公共图书馆书刊借阅共性服务的基础上，2008 年上海市中心图书馆启动主题图书馆建设,在主题馆建设中引入信息共享空间理念,推动区县公共图书馆的个性化服务和信息共享空间的建设。

上海图书馆是信息共享空间建设的推动者,也是实践者。当前馆址的上海图书馆设计于 20 世纪 80 年代,建成于 20 世纪 90 年代,其空间区域设计、区域功能设计无法达到信息共享空间的理想要求,但是,多年来通过局部的点、面的改造,从网络学习室的网络信息资源的一站式服务、多媒体报纸阅览室的各种载体新闻类资源的一站式服务、信息共享空间讨论室的空间一站式服务,到新技术体验中心的真正意义上的信息共享空间的一站式服务,体现了上海图书馆在信息共享空间上学习、认识和理解的深化以及在信息共享空间建设上的自我完善、自我追求和自我特色。

上海有区县 17 个、区县级公共图书馆 23 家,其中建有主题图书馆,即主题阅览室 10 个,占区县馆总数的 43.5%。根据信息共享空间三层模型及其主要组成部件,通过实地走访各馆从实体层、虚拟层、支持层 3 个方面、8 个主要组成元素,对 10 个主题阅览室进行了考查,从《上海区县公共图书馆主题馆与信息共享空间对照表》可以看到,其中符合信息共享空间建设要求的有 2 家,为杨浦区图书馆的近代文献主题馆、陆家嘴图书馆的金融主题馆;基本符合信息共享空间建设要求的有 1 家,为徐汇区图书馆的徐汇历史风貌主题馆,共 3 家,占主题馆总数的 30%,占区县馆总数的 13.04%,虽然仅占少数,但上海区县公共图书馆的信息共享空间建设已起步。

上海区县公共图书馆主题馆与信息共享空间对照表

图书馆名称	主题阅览室名称	信息共享空间模型							
		实体层			虚拟层			支持层	
		实体空间	设施设备	纸本资源	数字资源	软件资源	虚拟环境	专职人员	统计评估
虹口区图书馆	影视文献主题馆	○	○	●	●	○	●	●	⊙
杨浦区图书馆	近代文献主题馆	●	●	●	●	●	●	●	●
长宁区图书馆	虹桥国际主题馆	●	⊙	●	⊙	○	○	●	⊙
浦东陆家嘴图书馆	金融主题馆	●	●	●	●	●	●	●	●
松江区图书馆	松江地方文献主题馆	●	○	●	⊙	○	○	●	⊙
闵行区图书馆	春申文化主题馆	●	⊙	●	⊙	○	⊙	●	⊙
明复图书馆	石库门主题馆	○	○	●	●	●	●	●	⊙
徐汇区图书馆	徐汇历史风貌主题馆	●	●	●	●	⊙	●	●	⊙
闸北区图书馆	商务印书馆版本主题馆	●	⊙	●	⊙	○	⊙	●	⊙
普陀区图书馆	上海当代作家作品手稿主题馆	●	⊙	●	⊙	○	○	●	⊙

【说明】"●"代表"符合要求";"⊙"代表"部分符合要求";"○"代表"不符合要求"

3 实践与案例

3.1 上海近代文献主题图书馆的信息共享空间建设

上海近代文献主题馆位于杨浦区图书馆 4 楼,总面积约 340 平方米,于 2008 年 12 月开放使用。该主题馆划分为主题文献阅览区、数字文化体验(多媒体阅览)区、交流互动区、主题展览区、参考咨询服务区和讲座培训区 6 个区域,为读者提供近代文献的阅览服务、主题电子资源的检索、软件自学及辅导以及讲座和培训等活动。该馆共有阅览座位 34 个、电脑 10 台,还提供无线网络、打印机、复印机、投影仪、音像设备和各种活动桌椅等通用设备,并设有参考咨询服务台。该馆年均接待读者 1 万人次;年均举办"上海近代优秀建筑"、"回眸杨树浦、早期上海时尚"等各类展览 20 多场,年均举办"老上海读者沙龙"24 场。

从实体层来看,该馆设备较全,配置近代文献主题特色藏书 3 200 多种,11 000 多册,采用了阅览和数字体验为一体,互动交流和展览区相互隔离的构建模式。实体空间中既有安静的学习阅览区域和展览区域又有开展活动和讨论的交流互动区域，但安静区域和交流互动区域用硬隔断分隔，保证了各个区域之间互相不会产生干扰。从虚拟层来看，该馆无线网络全覆盖，配备各种类型的数据和网络资源专题文献数据库以及百年工业、百年市政、海上名人和近代上海图库等特色数据库。同时在网站上开辟网上虚拟展厅和虚拟参考咨询，让不能到馆的读者也能观展和获取资源。从支持层来讲，设有咨询服务台，配有专业的参考咨询服务人员进行实时和虚拟参考咨询。杨浦区图书馆对于近代文献主题馆的建设理念是着眼地区城市文化发展的要求，收藏反应杨浦区文化特点的文献资源，通过开展讨论和展览等交流活动，将对老上海近代历史感兴趣的读者聚集在一起，经过一定时间的积累，形成研究老上海风土人情和近代历史的专业团队，从而推动区域文化发展，传承历史和弘扬文化。

3.2 金融主题图书馆的信息共享空间建设

金融主题图书馆位于浦东新区陆家嘴图书馆 3 楼，面积约 200 平方米，于 2007 年 10 月开放使用。该馆划分为图书阅览、期刊阅览、电子资源检索、讨论室和参考咨询 5 个区域，为读者提供金融图书和期刊的阅览服务、金融类数据库和自建数字资源的检索服务、参考咨询服务和讲座培训沙龙服务。该室共有阅览座位 20 个、电脑 3 台，并提供有线网络、投影仪、无线网络和活动桌椅等通用设施，还设有参考咨询服务台。自开放至 2013 年底，阅览人数 126 953 人次，外借图书 25 848 册次，全年解答读者咨询 5 402 条，举办 60 多场金融理财讲座。

从实体层来看，该馆配置了关于银行、保险、基金、期货、证券等方面的报纸、期刊近 200 种，经济金融类书籍 1 万多册作为实体馆藏。空间布局采用跃层的构建模式，阅览区、电子资源服务区等安静区域位于跃层下方，读者取阅的书架和讨论室分别位于主题馆两端的跃层，这样的构建模式保证了阅览学习所需的安静空间，又保证了互动交流区活动的开展。从虚拟层来讲，该馆无线网络全覆盖，引进了中国经济网和 CNKI 中国知网等 14 种金融经济类权威数据库，还自建了《陆家嘴地方文献》和《金融中心建设纵览》两个特色资源库，数字资源总量达 12.67TB。此外，该馆还有网上联合知识导航、金融专家博客、虚拟参考咨询等比较全面的网络虚拟服务。从支持层来讲，该馆配有专业的参考咨询服务馆员，并邀请金融行业的专家作为专业支撑资源。该馆的核心理念是面向金融城金融机构从业人员和普通市民，提供全方位的金融信息服务，一方面向普通市民普及金融理财知识，另一方面为金融从业人员打造一个金融业务和知识的研究和交流中心。

3.3 新阅读体验中心的信息共享空间建设

新阅读体验中心，原名新技术体验中心，位于上海图书馆 C 区 3 层，约 220 平方米，于 2010 年 9 月开放使用。该室软划分为软件自学区、电子阅读终端展示区、电子阅读终端体验区和 IT 软件学习类图书阅览区 4 个区域，为读者提供电子书阅读器外借服务、多种移动电子阅读终端展示和体验、软件自学及辅导、IT 软件学习类图书阅读以及讲座、培训等活动。该室共有阅览座位 42 个、电脑 12 台、外借的电子书阅读器 13 种 1 347 台、展示和体验的各类电子阅读终端 81 种 147 台，还提供互动体验式触摸屏教学系统、投影仪、白板、电源接口、无线网络、活动桌椅等通用设施，并设有服务台、参考咨询台。同时，该室利用展区空间开展小型的读者移动阅读方式体验和培训活动，也利用 3 楼阅读室的信息共享空间讨论室作为其活动交流空间。自开放以来，新阅读体验中心接待读者 284 602 人次，电子书阅读器外借 17 155 人次，开展体验活动 325 次，利用信息共享空间讨论室 296 次。

从实体层来讲，采用了集计算机室、小型展示厅、阅览室为一体的构建模式，实体空间既有安静区域又有活动区域，区域之间的软割断有时会使区域之间产生干扰。该室设备较齐全，配置 300 多册软件学习的参考书作为实体馆藏。从虚拟层来讲，该室无线网络覆盖，为外借和体验的电子阅读设备预装数量不等的电子图书，配置 30 多种正版软件以及上图购买、自建或试用的各种电子资源。从支持层来讲，配备参考咨询服务的一线服务人员、虚拟参考咨询的二线服务人员。上海图书馆对于该室的建设理念体现在“体验”两字上，以电子阅读器为核心，重心在于汇聚关注电子阅读器的读者、生产电子阅读器的厂商，研究电子阅读器的馆员，打造一个读者个性化轻松学习和体验、厂商新型产品展示和推荐、馆员个性化精致服务、读者和馆员共同参与产品评测，读者、馆员、厂商协同学习提高的学习场所、体验场所和交流场所，通过逐步形成的电子阅读的读者流、厂商流和专家流，使之成为移动电子阅读的学习中心、试用中心、研究中心、评测中心和宣传推广中心。

4 思考与小结

信息共享空间诞生于大学图书馆，广泛应用于大学图书馆并受到好评，其主要原因是适应了大学图书馆支持、参与和推动读者学习、研究、学术活动需求的变化和发展,这在国内大学图书馆也不例外,上海师范大学信息共享空间服务满意度调查亦是一个很好的证明。但是,公共图书馆和大学图书馆毕竟存在着差异性,尤其是大学图书馆读者对象较明确、需求较聚合,公共图书馆读者对象较分散、需求较多样,为信息共享空间在公共图书馆的开展带来挑战。上海根据本地公共图书馆的发展现状,结合本地实际和特点,对公共图书馆信息共享空间建设进行了有益的探索,思考与小结如下:

第一,上海公共图书馆在探索和实践信息共享的过程中,秉承"在一个信息共享的空间当中,围绕某一个主题,提供一站式的服务,不仅集聚传统的纸质资源、网络资源,而且把灰色文献以及与主题相关的各类物件集聚起来,吸引有共同兴趣的读者和专家共同洽谈和研讨,使信息共享空间成为人与人交流的社会空间"的建设思路,上海图书馆创建的新技术体验中心信息共享空间以阅读移动设备为媒介,实现资源、功能、服务的全面一站式服务,成为国内公共图书馆信息共享空间的最佳实践案例。杨浦区图书馆建立的上海近代文献主题馆、陆家嘴图书馆建立的金融主题馆的信息共享空间建设,继承和创新发展了上海区县公共图书馆自20世纪80年代末期就已开始的特色资源建设和服务,以主题阅览室建设来推进信息共享空间建设,即"主题馆+信息共享空间"建设模式适应上海公共图书馆发展的现状和特点,越来越多的区县馆在主题馆建设中准备采用信息共享空间的理念和服务模式,如黄浦明复图书馆的石库门主题馆、徐汇区图书馆的历史风貌主题馆等,上海公共图书馆"主题阅览室+信息共享空间"的建设模式初步形成。

第二,对照信息共享空间的三层模型,上述3个案例的实体层都提供了一个经过特别设计的舒适优雅的空间,在这个有限空间里都精心配置了集实体资源服务和虚拟资源服务于一体的设施设备,对学习区、交流区、体验区等进行了合理规划;虚拟层都针对相关主题配备了相应的软件工具和数字资源,都提供数字资源的整合服务和虚拟参考咨询服务;支持层都配备了专职的一线参考馆员及二线的虚拟参考馆员,由此而形成与其他阅览室不同的空间设计和布局,围绕相关主题提供的实体资源、网络资源和软件工具的一站式资源服务,融合阅览、检索、展示、咨询、培训、活动等功能营造的促进学习、交流、体验、研究的环境,一方面给读者带来新鲜的感觉,吸引研究者、兴趣爱好者等不同类型的读者融入空间,通过聚集静态的文献资源,聚集了动态的人的资源;另一方面给馆员带来岗位学习的兴趣,促使馆员在融合资源、整合功能的一站式服务中,通过参与读者的学习、交流、体验、研究活动提高综合素质和综合能力。上海公共图书馆信息共享空间实践为各图书馆自身发展注入了活力,增加了实力,提升了品质。

第三,信息共享空间的建设不是一成不变的,应随着信息技术的不断发展而发展,随着共享式学习需求的不断变化而变化。上海图书馆的新技术体验中心根据目标定位以及用户需求变化,于2013年改名为新阅读体验中心。同时,2013年6月上海图书馆新建了"创·新空间",以"激活创意、知识交流"为理念,旨在为创意者搭建创意平台,提供一站式的全媒体服务。该空间位于上海图书馆3楼A区,面积约780平方米,设立创意设计展示区、阅读区、全媒体交流体验区等功能区,各区相通相连不隔断;该空间配备上万种国内外创意类书籍和上百种外观设计类期刊,除无线全覆盖,常规电脑外,还提供3D打印机、电子沙盘等新颖设备以及专用工作软件,通过举办各类文化创意、科技创意有关的讲座、工作坊、培训等活动,为创客、极客和设计师们提供交流、展示、创造的平台。上海图书馆在信息共享空间的实践重心从新阅读体验中心的"体验",到"创·新空间"的"体验与创造",凸现了以各种技术工具来促进读者的协作式、交互式学习,推进读者与图书馆之间、读者与读者之间的互动、交流、协作基础上的知识的共享和创造的学习共享空间的特征,显示出上海图书馆信息共享空间建设正向学习共享空间探索和发展。

第四,上海公共图书馆在信息共享空间建设中还存在着不足,在实体层主要表现为较重视实体空间舒适优雅环境的打造、硬件设备的配备、纸本实体资源的建设,但在空间功能设施、服务设施配备的完整性上,在动区、静区的软硬分割的有效结合上都有待于加强,例如该空间普遍缺少残障辅助设施等;在虚拟层主要表现为较重视在线数字资源的建设、虚拟参考咨询服务,但在自建的数字资源的更新常态化,软件工具资源的丰富性,利用微博、QQ、微信等互动网络工具建立主题相关的虚拟学习社区、虚拟论坛、网络课件等虚拟环境建设上都有待于提高;在支持层上主要表现为较重视参考馆员的配备,特别是上海图书馆能够配备较充足的参考馆员数量,并形成各个部门协同工作的常态工作机制,但在服务质量的跟踪调查和评估上,在信息共享空间宣传与推广上,在建立常态化提升馆员主题研究、信息素质等能力的培训上都有较大的提升空间。上海公共图书馆根据自身的特点在信息共享空间的创新实践,为国内公共图书馆的开展将提供有益的经验和参考。

参考文献

[1] 任树怀,盛兴军,孙桂春等.信息共享空间实现机制与策略研究.上海:上海人民出版社,2011:1.
[2] 吴建中.拓展图书馆作为社会公共空间的功能[J].公共图书馆,2011(3):3, 5.
[3] 彭小花.从信息共享空间到学习共享空间——以中国科学院国家科学图书馆 IC&LC 为例[J].图书馆学研究,2012(20):72, 73.
[4] 吴建中.开放存取环境下的信息共享空间[J].国家图书馆学刊,2005(3):10.
[5] 张奇,李颖,郑雯雯.上海図書館情報共有空間の実践[J].図書館界,2012(6):436—437.
[6] 任树怀.信息共享空间的规划与建设[J].图书情报工作,2006(5):122.
[7] 王继颖,王婉卿.以信息共享空间理念构建主题馆——以杨浦上海近代文献馆为例[J].图书馆杂志,2011(8):56.
[8] 刘晓霞,胡振华,杜慧平等.高校图书馆信息共享空间服务质量评价的实证研究[J].图书情报知识,2010(6):61.
[9] 李果.小型公共图书馆特色服务工作的实践与体会[J].图书馆学研究,2001(6):55.

图书馆多元化服务与核心竞争力

Diversified Library Services and Core Competitiveness

针对不同读者的数字化解决方案：高校图书馆部分较少涉足的领域

Anil N.Chikate
（印度 North Maharashtra 大学）
Vijay Srinath Kanchi
（印度 Moolji Jaitha 学院）

摘要 在讨论信息技术和通信技术对图书馆和信息科学的影响时，毋庸置疑会重谈某些陈词滥调。已经有许多关于世界各地图书馆如何进行改造以及未来的图书馆会是什么模样的讨论。许多图书馆，即使是在印度这样的发展中国家，随着数字化内容的引入，也正在逐步转为复合图书馆。高校图书馆正订阅越来越多的电子资源，图书馆成为数字化教室、数字化阅览室的情形也开始慢慢出现。

然而数字化的潜力在许多图书馆却尚未得到充分挖掘。例如，随着取代模拟录制和存储技术的数字化技术的出现，图书馆将能够为之前从未被纳入正规服务范围的各类用户提供服务，如视障人士。但即使在今天，许多高校图书馆仍然不具备必要的资金以服务于这些弱势群体。只要一点点的努力，为视障用户提供可访问格式的资源，这些迄今为止难以获得服务的用户也将可以与视力正常的人群一样，获得学习资源。为他们提供无障碍格式的资源，数字技术也将铺平免费获取许多文学资源的道路，如具有重大内在价值的手稿、珍本书籍和高价书籍。高校图书馆还可以将其丰富的资源投入临终关怀病人改善治疗。同样，高校图书馆还可以在地理标识，在区域文化遗产的数字化等领域做出贡献。本文将探讨图书馆可有效部署并服务于客户特殊需求的一些数字化解决方案，将深锁在图书馆中的知识投入更广泛地应用。

关键词 DAISY 数字有声读物格式　可搜索 PDF　手稿　数字化　古旧图书　书目　地理标识

Digital Solutions for Varied Readers: Some Less Chartered Areas of Academic Libraries

Anil N.Chikate
(North Maharashtra University, India)
Vijay Srinath Kanchi
(Moolji Jaitha College, India)

Abstract The impact of information and communication technologies on the library and information science cannot be gainsaid without overstating a few clichés and banalities. Volumes have been written on how libraries across the world are transforming and what the future holds for the libraries. Many libraries, even in developing countries such as India have begun transforming into hybrid libraries with the inclusion of digitized content. Now academic libraries are more and more subscribing to e-resources and just as digital classrooms, digital reading rooms are also slowly emerging.

However the potential of digitization is not fully tapped yet in many libraries. For example, with the advent of digital technologies that replaced analog recording and storage, it is now possible to cover a wide gamut of users that were never brought into the ambit of regular library users, such as persons with visual impairment. Even today, many academic libraries do not have necessary wherewithal to service such disadvantaged users. With a little effort, these hitherto underserved users could also be provided same access to learning resources just as their sighted counterparts, by providing them resources in accessible formats. The digital technologies also have potential to pave the way for bringing into circulation those literary resources which have been withheld from free access to users, owing to their intrinsic value such as manuscripts, rare books and high priced books. Academic libraries can put to use their rich collection to the better health of patients under palliative care. Similarly, academic libraries can also contribute in the areas of Geographical indications and also in the digitization of cultural wealth of the region. The present paper examines some digital solutions which could be effectively deployed to serve clientele with special needs and also how knowledge kept under lock and key could be brought into greater use.

Keywords Daisy Format Searchable Pdfs Manuscripts Digitization Books of Antiquity Bibliotherapy Geographical Indications

1 Introduction

Traditionally, libraries always focused on catering to the needs of conventional users that came to avail their services. Since information needs of even the conventional users were as varied as the users themselves, identifying precisely their requirements and making available the right resource to them has always remained a great challenge. This was more so in the pre-computer era when information resource gathering, storing, searching, retrieving and circulating depended entirely on the skills of the library staff and their standard practices. The advent of electronic computing that hugely surpassed human ability, enabled better storage and retrieval and received a shot in the arm with the developments in communication technology. Thanks to internet revolution, the spatial and temporal constraints have been greatly reduced and the world has shrunk into a small global village. These developments in information and communication technologies have hugely potential for including hitherto unserved sections into the ambit of library services. This paper examines several such areas where library services could be extended to uncovered sections of the society.

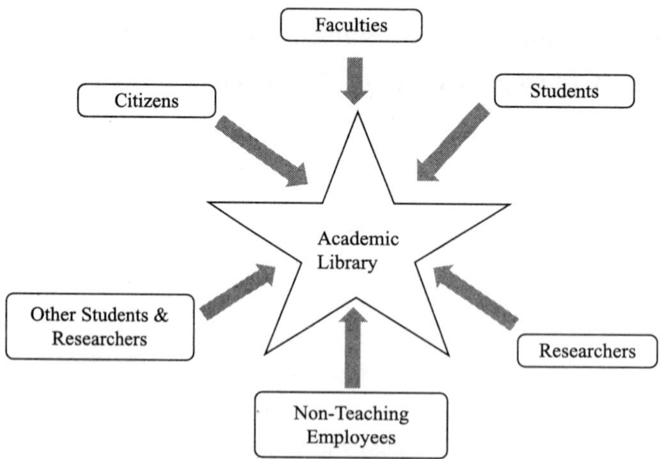

Figure 1 Traditional Understanding of Stakeholders of Academic Libraries

IFLA established the library services for disadvantaged persons way back in 1931 to include in its purview people with physical, mental or cognitive disabilities who are unable to access the mainstream library services. But in the pre-computer era, this high ideal could only serve limited users under the space time constraints. Later in 2008, IFLA reclined the title to "Library Services to People with Special Needs Section" to include, but not limited to people in hospitals and prisons, homeless people, persons in nursing homes and other care facilities, the deaf and people with dyslexia and dementia (Panella, 2014).

Following the footsteps of IFLA, even many academic libraries also of late, began to open up their resources to the society and not just limit their resources and services to the academic community. The idea of connecting the lab with land and library with local communities is gaining ground and academic libraries are now gearing up to include varied clientele in their patrons' list. Taking cue from the success story of IFLA, academic libraries could also proactively address special interest groups such as those discussed below.

1.1 Bibliopathy and bibliotherapy for Patients

As Samuel Crothers put it in 1916, "A book may be a stimulant or a sedative or an irritant or a soporific." This thought was put to test in the intervening century, by the doctors, nurses, librarians, and social workers who have more seriously championed "bibliopathy," "bibliocounseling," "biblioguidance," and "literatherapy"—all variations on the notion that reading can heal(Price, 2013). Leah Price in Bostonblobe. com website further points out that 1997, a randomized trial found bibliotherapy supervised by therapists no less effective in treating unipolar depression than individual or group therapy. More surprisingly, a 2007 literature review by the same researcher found that books treated anxiety just as effectively without a therapist's guidance as with it. A 2004 meta-analysis comparing bibliotherapy for anxiety and depression to short-term talk therapy found books "as effective as professional treatment of relatively short duration (Price, 2013)."

Academic libraries, not just public libraries have very rich collection of literature on topics of varied interests that can certainly inspire and motivate depressed and bedridden patients, who otherwise find it difficult to come to terms with their existing situation. A great deal of government funding is received by the libraries which go on procuring books year after year and considerable number of books remain in the book shelves unused even for a single time by any user. This is tantamount to squandering of public money and to make best use of such collection the libraries shall develop a mechanism to deliver books to private and government run hospitals. Using the WEBOPAC facility, the patients may be provided access to the collection of books in the library and a mechanism to request for a particular book online may be developed. This would help in realizing the SR Ranganathan's dream of 'Books are for Use' and 'Every reader his book'.

1.2 Persons with special needs

Another important focus area could be the persons with disabilities. Not many libraries have necessary wherewithal to serve persons with special needs, whereas the fact is that it requires just a simple set up to provide information access to these differently-abled persons, in this information era. For example, printed books can be scanned using scanners or cameras to make digital images, which can be converted into text files using many open source software and then saved in DAISY(Digital Accessible Information System) format to make them as digital talking books. By deploying an on-screen text reader, a visually challenged person can be provided access to the wealth of information contained in these printed books. Many countries have amended their copyright acts to allow digitization of copyrighted material to facilitate access to persons with disabilities. The government of India also introduced an amendment to its Copyright Act in 2012 for digitally storing copyrighted material for the benefit of differently-abled persons.

Similarly for the hearing impaired, audio loop facilities in the reading/meeting rooms to help hard of hearing people hear speakers better at any program can be set up. Video phone booths can also be installed in the libraries, along with access to closed captioned DVDs and videos. Libraries can also extend their services to persons with auditory impairment through sign language interpreting, oral transliteration, cued speech transliteration, close vision interpreting and tactile interpreting services through library-sponsored programs. These solutions can be effectively blended with communication technologies to reach the users through video conferencing.

Fig 2 Training the Visually Challenged to Use Digitized Content Using Simple Set up

1.3 Reaching out to the tourists

Libraries can play an active role in collaboration with local tourism departments in providing additional reference material on topics of interest to visiting tourist-researchers, boosting academic tourism. Researchers and academicians often find very limited information at the tourist site and are often compelled to carry out their research study only after going back to countries. Often this demands revisiting the monument again by the researcher as some finer details may come to notice only after deeper study. This proves tedious and expensive, sometimes forcing the researcher to compromise on the quality of research study. Local libraries, in collaboration with the tourist department could support the academicians and researchers by acting as the information intermediary in the present communication era.

2 Digitization of Literature Wealth

Traditional mindset compels the librarians to think twice before issuing library resources that are high priced or that have an element of rarity attached to them, due to the risk of losing them permanently. This results in keeping a wealth of information under lock and key in many libraries, leaving them unutilized for years together. By scanning and digitizing such resources, allowing their usage only within the library premises and disallowing copying, these resources can be made accessible to the users without infringing or violating Copyright laws.

Further many households, temples and monasteries in the culture rich countries of East such as India and China have old and ancient manuscripts that are handed over from generation to generation in legacy. These manuscripts are generally worn and in dilapidated condition which the householder is neither ready to dispose off as paper waste nor keep it preserved. Academic libraries must shoulder a proactive role in reaching out to such householders and monasteries in conserving and preserving them through digitization so that such wealth remains for the posterity.

2.1 Digitization of cultural wealth

Institutions of higher learning have the responsibility of preserving the cultural wealth of a region in which they are situated. The University Grants Commission of India also entailed the universities and colleges to act as cultural repositories. The cultural wealth of rich civilizations such as India and China could attract the academicians and tourists, when they are made available as digital content across the web. Further, digitization also helps in preservation of digital footprints of the cultural wealth to the posterity. The academic libraries can embark on the task of digitizing the cultural wealth and making it accessible to the communities across the globe.

3 Creating a Wareness About Geographical Indications

Another important area where academic libraries can contribute significantly and which is often overlooked is creation of awareness about geographical indications. A geographical indication(GI) is a name or sign used on certain products which corresponds to a specific geographical location or origin(e.g. a town, region, or country). India, as a member of the World Trade Organization(WTO), enacted the Geographical Indications of Goods(Registration and Protection) Act, 1999 has come into force with effect from 15 September 2003 (Wikipedia). Though there are many products and goods such as agricultural, manufactured, handicrafts and food, that have established their unique identity owing to their association with a particular geographical area, lack of awareness among the general public in respect of registering the product in the Geographical Indications of Goods results in poor popularity. Academic libraries can shoulder the responsibility of creating awareness about these geographical indications and help register the products as per the GIG Act, 1999.

4 Conclusion

The prime goal of the academic libraries is to serve the stakeholders of education such as students, teachers and researchers. However, in the fast changing present times where Information and communication technologies are proving to be a real boon for the libraries, the academic libraries need not limit their services only to these conventional groups. It is only the traditional mindset that sometimes limits the information resources from reaching the readers. Academic libraries can play a significant role in the welfare of the society by treading the less charted areas and covering the disadvantaged groups and communities and facilitate them to have easy and free access to information resources. With a little effort, these hitherto underserved users could also be provided same access to learning resources just as the conventional users, by providing them resources in formats that are accessible and suitable to them.

References

[1] Panella, Nancy Mary(2014), LSN: A Historical Overview, http://www.ifla.org/publications/lsn-a-historical-overview.

[2] Price, Leah(2013), http://www.bostonglobe.com/ideas/2013/12/22/when-doctors-prescribe-books-heal-mind/H2mbhLnTJ3Gy96BS8TUgiL/story.html.

[3] http://en.wikipedia.org/wiki/List_of_Geographical_Indications_in_India.

新加坡国家图书馆组织结构、多元化服务和核心竞争力

Belinda Chan　Vicky Gao Xiaohang(高小行)
(新加坡国家图书馆)

摘要　图书馆基于可持续发展的三个关键因素是环境、社会和经济。当内、外部环境发生变化时,图书馆应怎样不断地响应外界的变化和与时并进,走出一条符合国情和读者需要的生存和发展之路。

本文将通过新加坡的社会环境变化及国家图书馆的社会责任来探讨重组后的新加坡国家图书馆在积极创建本土化新加坡数字内容、加强新加坡内容的开放、传承历史文化遗产、协助年轻一代了解历史、增进社会凝聚力、建立国家认同感方面所扮演积极作用。

The National Library of Singapore's Organizational Structure, Diversified Library Services and Core Competencies

Belinda Chan & Vicky Gao Xiaohang
(National Library Content & Services, Singapore)

Abstract　The sustainable development of libraries is based on three key factors-environment, social and economic. When internal and external environment changes, how should the library respond to these changes and move with the times to meet the changing demands of readers?

Impacted by societal and environmental changes and the need to fulfill its social responsibility, this article discusses how the National Library of Singapore re-organised its structure to actively create Singapore digital content and increase access to its collection to enhance the nation's historical and cultural heritage. It also shares the National Library of Singapore's influential role to help the younger generation better understand the country's history, promote social cohesion and strengthen national identity.

1　概述

在一个多种族、多语种、多元文化的社会,为了实现多元文化的融合,新加坡政府始终致力于共同价值观建设。1991 年,经新加坡国会通过了经全民讨论的《共同价值观白皮书》,提出了"国家至上、社会为先;家庭为根、社会为本;社会关怀、尊重个人;协商共识、避免冲突;种族和谐、宗教宽容"的五大共同价值观,并把它提升为新加坡的国家意识,增强不同文化背景人群的国家归属感、文化认同和民族凝聚力,形成全社会团结合作的和谐氛围。

新加坡是一个建国时间不长、资源贫乏的小国,建国初期面临失业、经济衰退、环境恶化、政治斗争激化、劳资冲突尖锐、族群纠纷不断等严重的经济社会问题。40 多年来,新加坡政府和执政的人民行动党通过实施一系列法律法令和政策措施,使新加坡逐步迈入发达国家行列,成为政局稳定、族群和谐、环境优美、人民安居乐业的国家。

建国已经 49 年了的新加坡,在老一代的艰苦创业下,已发展成大都市。在全球化的大环境下已变成一个移民社会,环球经济的发展为人们带来更多的机会,新加坡不少年轻人选择出国读书和工作,使得年轻一代对历史传统的认同感比较薄弱,政府深切地意识到,国家要继续向前迈进,年轻一代肩负着传承文化的重任,新加坡是个年轻的国家,在复杂的环球经济下保持继续前进,克服困难,急切需要年轻一代建立我们国家

认同感。

早在 2003 年，李显龙总理在出席第 12 届国际潮团联谊年会上就指出，新加坡没有五千年的历史，独立时也没有国民意识。要是所有新加坡人都相信他们是环球公民，就不会有新加坡的存在。所以，我们必须汇集我国多元种族社会的丰富文化和历史传统，同时扩大不同族群之间的共同空间，逐步建立我们的国民意识。

新加坡国家图书馆最大的特色是收藏大量有关新加坡及东南亚的历史文献资源，国家图书馆认识到图书馆在促进社会凝聚力及协助年轻一代发掘本土文化根的方面可以扮演着积极的角色，新任总裁上任后的国家图书馆全面致力于发展本土化的新加坡内容，并结合现代数字化技术，在资源内容的选择、获取和呈现方式等方面吸引和鼓励新加坡人发现和使用这些新加坡内容，由此将个人的价值观、国家的认同感和本民族文化的根有机地结合起来，传承和发扬光大。

2 国家图书馆管理局组织结构图和 2020 年未来发展的领域

1.1 新加坡国家图书管理局

新加坡国家图书馆管理局 2014 年组织结构见下图：

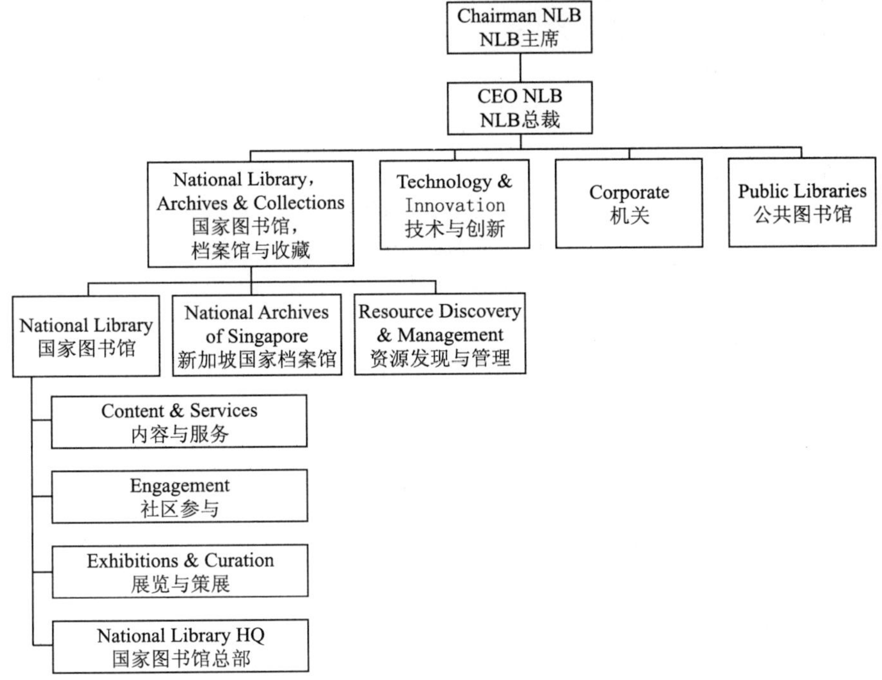

1.2 新加坡全国图书管理机构

图书馆管理局领导下的全国图书馆组织机构由四大部分组成如下图所示：

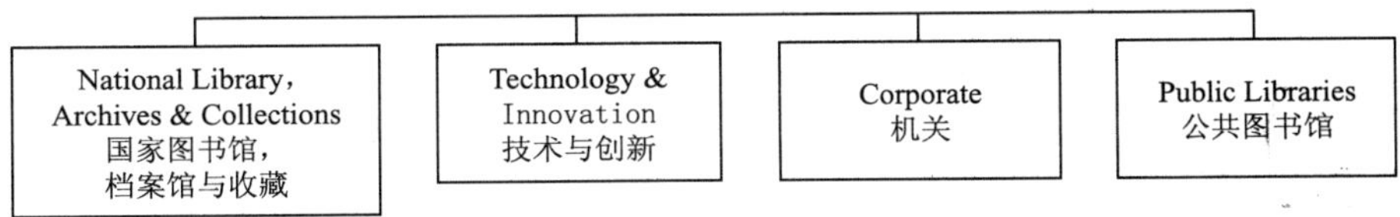

- 国家图书馆、档案馆和收藏
- 技术与创新部门
- 机关（包括战略开发部、企业通讯、国际关系部、客户质量管理部、财务部、人事部、培训学院、资产与设施管理部）
- 公共图书馆：包括公共图书馆服务、阅读创新

1.3 发展规划

转型中的新加坡国家图书馆管理局重新定位,以逐步实现以下的 2020 年发展战略规划:

- 提供传统服务
- 吸引新一代数字时代读者
- 提供有趣互动式学习体验
- 筑建社会学习型社区
- 共同创建和呈现更多新加坡内容

2. 国家图书馆的组织结构和发展重点

2.1 内容与服务

内容与服务负责全馆服务柜台及创建本土化数字文献的责任,帮助国人了解和认识我们的文化和文学遗产。

内容与服务部门的绩效指标包括:

- 全馆各个学科参考柜台服务及咨询量
- 到馆人数
- 图书馆新加坡内容网站网上浏览量
- 每年可以让读者阅读到的新内容
- 新收集和保护的内容
- 馆员出版刊物/文章
- 有关新加坡内容的馆藏增长量

内容与服务部门将近年来本土化的数字内容集中放在 URL http://eresources.nlb.sg/,方便读者使用。在这个 URL 下有系列网站如 BookSG, PictureSG, MusicSG 和 NewspaperSG。在这同一个网站,图书馆用户还可以访问订阅数据库、电子期刊、在线杂志、漫画、有声读物、新加坡 Infopedia 以及国立艺术在线存储库。

(1) NewspaperSG(新加坡旧报网)

超过 2 千万报道文献;http://newspapers.nl.sg/

国家图书馆管理局与新加坡报业控股,新加坡最大的报纸出版商达成协议,推出 NewspaperSG 平台公众可通过图书馆里的多媒体平台阅览《海峡时报》刊登于 1845 年 7 月 15 日的创刊号和 2006 年之间的报纸。新加坡《海峡时报》从 1845 年开始记录新加坡历史,中文旗舰报《联合早报》则有 87 年的历史。

公众可使用国家图书馆多媒体电脑,阅览过去 160 多年、曾经在本地出版过的 17 份英文报,包括早已停刊的英文报章报道及华文、马来文的报章。NewspaperSG 是当前和历史悠久的新加坡和马来西亚报纸的在线资源。用户可以搜索 1831 年至 2009 年间出版的报纸存档,或发现在国家图书馆的缩微收集超过 200 报纸标题的信息。我们已经推出了多语言用户界面,允许用户浏览网站的英文,华文或马来文。

与此同时,使用者也可通过这个平台,阅览新加坡的第一份报纸《新加坡纪事报》(Singapore Chronicle and Commercial Register)、"Commercial Register"、"Malayan Saturday Post"、"Straits Chinese Herald"和"Straits Eurasian Advocate"等曾经在 19 世纪出版但早已停刊的英文报。

即使不想亲自去图书馆,公众也可使用家中电脑上网阅览这些报章报道;不过,他们可阅览的报道局限在刊登于 1845 年和 1989 年之间的新闻。

(2) PictureSG(新加坡图片网)

超过 2 万张;http://pictures.nl.sg/

PictureSG 是提供有关新加坡的文化、地理、历史和社会发展信息集合的图片。它包含通过捐助者和其他贡献我们的合作伙伴捐赠给 NLB 的图片。图像的物理副本已数字化的新加坡国家图书馆保存并提供给位于库中,使用户能够探索和发现这些资源的资源更好地获得。

(3) BookSG(新加坡书籍)

超过 3 万册;http://sgebooks.nl.sg/

国家图书馆,保存着新加坡的善本和文化遗产资料包括捐赠资料,BookSG 是数字化这些珍贵馆藏,有些是从大英图书馆东方与印度事务部收集来的善本。

(4) MusicSG(新加坡本土音乐)

超过5 000首歌,4 000曲,2 000谱;http://musicsg.pl.sg/

这是新加坡第一个关于音乐的数字开放存档,将新加坡过去和现在所有的音乐作品进行收藏。在版权允许的情况下,研究人员和音乐爱好者可以获取国家图书馆总馆和所有分馆的珍贵资源。通过其在线馆藏,我们可以访问过去和现在的音乐作品信息,如录音以及其相应的评价、文章、歌词和专辑封面等内容。除了保存新加坡的音乐遗产,MusicSG也致力于提高对新加坡音乐的认识,并服务于研究人员以及那些对新加坡音乐作品和历史感兴趣的人们,为他们提供重要的资源。这些作品涉及多种音乐风格,不仅有嘻哈音乐、说唱乐、爵士乐、流行音乐、摇滚和重金属音乐,还有古典音乐、民谣和新民谣音乐。每一个公民都是保护新加坡传统音乐文化的一份子。随着时间的流逝,在音乐史上许多重要的资料处于即将永远消失的危险时刻。MusicSG致力于保存这些材料,使后代能够享有和学习。对于公众来说,MusicSG将为世人或相关研究人员甚至是对当地音乐有兴趣的其他个人提供便捷的查询入口,这是最直接的好处。

2.2 社区参与

Singapore Memory(新加坡记忆工程)

超过300 000记忆;http://www.singaporememory.sg/

文化资源作为历史沉淀的产物,是人类文明的宝贵财富,它与其他物质资源相比,具有更高的价值性和不可交换性,是一个国家民族的精髓所在。因此,对文化资源如何挖掘、收集、保存及利用,一直是世界各国共同关注的问题。近年来,数字化技术的日趋成熟和广泛应用,为解决历史文化资源的保存和共享问题提供了理想途径,许多国家也纷纷展开相关项目研究和探索性尝试。新加坡记忆工程(Singapore Memory Project)由李显龙总理亲自启动,新加坡国家图书馆管理局的上级部门新加坡通讯及新闻部负责,由新加坡国家图书馆管理局承担于2011年正式发起。该项目旨在收集全民心中及经历过的国家记忆,还原完整新加坡,传承子孙后代。从一个勉强糊口的小渔村,到生活富足且效率一流的大都市。这段近50年的发展轨迹,现在正由所有的新加坡人一起用记忆共同拼凑出来,共同书写历史。新加坡记忆工程的目标是在2015年新加坡庆祝独立50周年时,收集500万个记忆。

到目前为止,新加坡民众提供了超过40万件的"记忆",包括手稿、录音、照片或图片、电子书及视讯。目前所有搜集到的记忆,都被分为两大类。第一类是个人对社区、朋友、学校及经历的回忆;第二类则属于集体性的记忆。在120个伙伴团体及130位志工的支持下,希望能记下500万新加坡人每一个人的记忆。

2.3 展览与策展

国家图书馆的大量有关新加坡和东南亚的历史文献资源收藏在闭架馆藏,如果不能开放呈现在公众面前予以利用,则毫无意义。另外,随着电子资源的发展,读者到馆人数下降已经是普遍的现象。为吸引图书馆读者回流,并最大限度地获取和利用文献资源,图书馆设立此部门,负责协调与其他各部门合作,定期推出展览,帮助来图书馆的读者不断获取新资源和感受新体验。

通过展览,国家图书馆希望达到以下目标:

- 增强读者对探索馆藏的兴趣、理解和互动,让图书馆成为他们生活的一部分。
- 增加馆藏的开放度使读者对知识更容易的获取和信息的共享。
- 促进与其他团体机构如其他图书馆和协会更广泛的社区互动与合作。
- 促进学习,有些读者或许不是通过阅读而是其他形式来学习。
- 大型展览将加强人们对国家图书馆作为重要和积极的文化中心的印象。

近年来在介绍本国历史文化遗产方面的展览有:

(1)"运动城市:海报人生"(Campaign City:Life in Posters)展览

新加坡是对"运动"情有独钟的城市。自1959年至今,新加坡人经历了200多个由政府推行的大大小小运动。新加坡是对"运动"情有独钟的城市。自1959年至今,新加坡人经历了200多个由政府推行的大大小小的运动,展出的7个运动有礼貌运动、讲华语运动、反嗜毒运动、清洁与绿化新加坡运动、生产力运动、改变饮食习惯运动和家庭计划运动。早期的全国运动使出一大箩法宝尝试改变人们的一些习惯和态度,这些运动,短的只是一次性的活动,长则可成为多年的大规模运动,全国运动同时具备国民教育的功能。

通过参观海报展览,回顾全国运动,让国人重温这些伴随着他们长大的运动,回顾大家共创美好未来,人民和国家都取得进步的这段历史。

(2) 浪漫与革新:南侨诗宗邱菽园(Khoo Seok Wan: Poet and Reformist)展览

这是今年展出的纪念本地早期著名文人、诗人、报人及清末维新变法运动支持者邱菽园的展览。

生于1874年的邱菽园是新加坡的文艺先驱之一,也是清末维新变法运动支持者,支持保皇运动。戊戌政变后,邱菽园还接待康有为寓居新加坡避难。在他富传奇性的一生中,他创作了超过一千首诗。自号“星洲寓公”的邱菽园曾大力推广“星洲”这个名称,使其被广泛接受为新加坡的别称。罕见的展品包括邱菽园的手迹、维新运动发起人康有为的亲笔信、印有清朝光绪皇帝玉玺的对联等。康有为到新加坡设立保皇会,还立邱菽园为会长。邱菽园并向保皇会捐25万叻币。至今邱菽园后人仍保存康有为函札,这次展览也展示康有为写给邱菽园的部分信函,包括一封读来像是康有为首次来函的信件,康有为在信中提及邱菽园在南方(指东南亚)的作为,并赞扬他在戊戌变法失败后,仍致力于救中国及参与改革,并感谢邱菽园千两银子捐款。通过这个展览,公众可以从未展出的文物了解邱菽园的人生,以及新加坡的早期历史。

(3)《家书抵万金——新加坡侨批文化展》

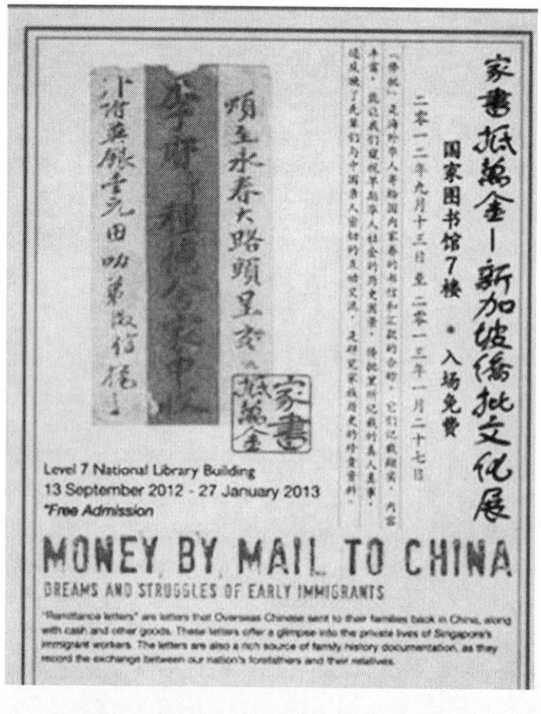

这个展览也是由福建省泉州市档案馆与新加坡国家图书馆、新加坡宗乡会馆联合总会携手联办。

展览将通过48件书信、文件与文物图片、现场讲解与座谈等，追溯早期新加坡华人的生活足迹、汇兑信局的运作方式及侨批的传递路线等，呈现早期新加坡华侨的生活面貌以及与家乡亲人的联系与互动。让人身临其境体验早期移民的人生经历。向全世界展示闽南侨批的独特风采与文化内涵。

"侨批"是海外华人寄给国内家眷的书信和汇款合称。其记载丰富，是研究海外华人社会史的珍贵文献资料。新加坡因其地理位置关系，及华侨华工对汇款和通信的需求，一度曾经是东南亚地区的侨批中心。

《家书抵万金——新加坡侨批文化展》加深新加坡华人对一段珍贵历史的了解，增强海外华人对中国乡土的认同感。

(4)"根:追溯家族历史"

新加坡国家图书馆也于2013年中推出"根:追溯家族历史"的英文展览，盼引起国人寻根兴趣。

家庭是我们社会的基础。他们发挥在我们成长的岁月里一个培育和支撑作用，在塑造我们已成为今天的个人。当我们形成我们自己的家庭，我们将增加新的章节来继续我们家的历史。了解我们的根和家族史，可以帮助我们了解我们是谁，我们有多远来和灌输归属感和身份有更深刻的意义。

国家图书馆通过这种展览，将激励我们更多地了解我们的根。

"根:追溯家族历史"展览展出超过250件来自本地17个族群各异的家庭个人资料和家藏物品以及由国家图书馆、国家档案局和其他政府机构所提供的官方记录。

本地不同的族群都有保存家族传统和遗产的方式，"根:追溯家族历史"展览就探讨本地族群如何记录和保存家族历史和传统，希望能从而引起更多国人对自己的家族和祖先的兴趣。

一些值得留意的展品包括由新加坡族谱学会会员王春旭(71岁)的《王氏家谱》以及其他文物收藏人士借出的织绣莊老字号"翁展发"的祭坛织锦图案设计本、一张1890年代的出生证书和七份来自不同族群的家谱。其中，《王氏家谱》是王春旭在1995年到海南乡下探亲时用约100元新币买下的。这份全套共有21册，属于1992年版本的《王氏家谱》，其家族成员可追溯至1368年。家谱对现代社会有什么意义？"家谱能让一个家庭和族群更有凝聚力。这些家庭已经研究并发现他们祖先的故事。这些故事多也形成了我们民族的集体认同和历史的一部分。"在全球化的大趋势下，许多人到处移动，大家反而开始想寻回一种根深蒂固的感觉。此外，如今更多人开始对文化遗产产生兴趣，而自己家族的历史也自然是他们最想先了解的。

3. 结语

通过我们的日常服务、专题节目、新加坡内容展览和本土数据库资源，读者可以获取更多的知识，年轻一代有机会通过数字平台和本土数据库资源了解国家历史，图书馆实现了人与人、人与知识、人与国家的联系。

在强调技术、重视服务的今天，新加坡国家图书馆将自己的定位于关注新加坡及本地区的文献资源的收藏及提供利用。

图书馆重组是为适应社会文化环境的变化而作出的选择,知识发现、知识获取、知识共享、知识利用和知识创新五项连续的知识活动建立适合自己的业务和服务模式,研究和实施图书馆重组在新的形势下保持持久的活力,可持续发展,具有现实意义。

参考文献

[1] Singapore. National Library Board. 2005. *Library 2010: Libraries for life, Knowledge for success*. Singapore: National Library Board.

[2] Singapore. National Library Board. 2007. *Re-inventing library services, continuity with change: Case study on the National Library Board*. Singapore : National Library Board.

[3] Singapore. National Library Board. 2005. *Knowledge, imagination, possibility : Singapore's transformative library*.Singapore: National Library Board.

[4] "From Books to Bytes: The Story of the National Library", http://exhibitions.nlb.gov.sg/bookstobytes/zone4/index.html.

数字空间模式下的图书馆多元化服务初探

陈　斌

（杭州图书馆）

摘要　图书馆数字化的建设与发展是现代图书馆发展进程中的现实要求。图书馆馆员与读者之间的服务与合作也呈现出可实施性的模式。多元化的服务内容与服务效果推动了数字化图书馆建设的新标准与新动力。其实现方式是技术的支撑和创新意识的增强。

关键词　数字　空间结构技术　媒体与语言　服务形式

Explore the Library Diversified Services of the Digital Space Mode

Chen Bin

(Hangzhou Library, China)

Abstract　Library construction and development is digital library development process of modern practical requirements. Services and cooperation between librarians and readers also exhibit patterns can be implemented. Service content and the effect of diversification promoted the new standard of the construction of Digital Library and the new impetus. Its implementation is a technology and innovation to support awareness.

Keywords　Digital　Space Structure Technology　Media and E-language　Form of Services

数字时代已成为当前图书馆事业发展的重要时代。信息资源的保存和利用不能再局限于摘录、传抄等机械的运作与管理，而是应上升到更高层次的空间。利用空间分布，媒体语言、人机交互式操作与对话等先进技术和个性化的创新手段，为读者提供多元的体验式服务。E-science(英国 2000)环境下的信息工作是协作式的交互服务，对跨媒体服务、资源推送的分布式空间等均有充分的揭示。

1　大空间信息资源的制作媒介诠释

在当今大空间环境下，信息资源的有效利用包括对信息的加工与组织和信息制作后的传播和使用。涉及两层含义：开放存取与信息整合。开放存取是信息的行为过程；信息整合是信息本身的制作过程。它是图书馆时代转型所面临的主要问题。

1.1　开放存取的技术分析

开放存取先导计划(Budapest Open Access Initiative, BOAT)首先由布达佩斯提出，这是开放存取的气候成因。信息的利用方式是用户对所有内容的阅读、下载、复制、传送(Transmit)、转化信息形式(Transformation information form, TIF)、编辑等。信息路径是超文本链接(HTL)，展现平台为 Internet Web。由于开放存取可向公众免费或有偿获取(成本收费 Cost Charges, 2C)，那么意义就是自由地传播和放大(Amplification)，只要合理使用或符合许可协议，任何人都可以平等使用科学成果。开放存取明确反对获利收费，从而转向成本收费。学术机构和各级学会组织同行评审，信息制作作者为自己的作品付费，目的是确保用户可免费使用信息作品。

开发存取的内容主要包括知识库、信息库、学术库和数据库等。图书馆员既是工作人员又是科研人员，对于信息的 OA 模式，现代图书馆员的责任和义务就是如何把握 OA 的实质精神，扮演好传播与分享的媒介角色。由知识查找的信息检索员的一、二次服务，成为信息制作者三次服务层次的一种全新转变。

Arxiv 为美国洛斯·阿拉莫斯国家实验室建设项目，启动年为 1991 年。我国的镜像站点为中科院理论物理研究所(arxiv. org)。它的相关访问流程为：提交者的认证与审核—注册地址—认证人关系—提交作品，通过电子邮件、网络界面或图书馆 OPAC 系统深层次揭示开放存取资源的相关内容。在主页上提供 OA 链接服务。如何有效利用开放资源取决于馆员对 OA 的认知程度和操作的熟练程度，把用户的信息引导性技能切实提到首要位置,在OA撤销性(Revocation characteristics)和期望值变量控制上的把握尤为重要。

1.2 信息整合是实现信息交流的前提和基础

信息整合是信息资源合理配置的根本手段,基于对信息整合的一系列串联关系,如何使碎片化的信息在特定的时间、空间和数量上产生最大的效益,是信息整合的目标任务,也是实现信息传递和交流的首要条件。信息资源制作的内容来源包括传统纸本文献和数字资源两种,纸本文献的入藏价值是馆藏资源在文化平衡结构上的物化坐标(Materialized coordinates)体现。文献的保障策略仅是藏书需要,而真正实现馆藏资源的交流和使用是通过数字资源的加工制作。

把原有藏书翻阅查找中的传统文献实体文本复制成电子文献,在读者对象和用户之间设计好信息资源体系,消解薄弱环节,提高读者需求程度。第一,系统性是建设信息整合的宏观把握。信息碎片(Information fragmentation)中多层次语义环境很难找准其信息交流靶向目标,信息内部元素之间的相互影响因子就会增大。系统性要求我们规范研究信息文本之间的整体关联,综合考察事物,把握实质性发展规律,尤其注意对交叉信息内容的整合方法。第二,复检性是规范落实信息整合的一种有效制度,是信息资源加工后的一种存在状态和责任行为。在庞大数据中,通过对信息片段的有机组合,按数字资源逻辑关系,对信息进行无缝集成优化,实现不同文献资源之间的沟通和利用,定向定题复检,确保知识体系的完整性,从而达到顺利交流的目的。

信息整合强调数据的跨库挖掘,对异构数据(Heterogeneous Data)对象内容进行重点整合突破。信息整合是用户服务窗口的中枢,体现了深层加工和科学处理数据的价值地位和开展信息传输和信息利用的物质内容。不但需要完善馆员自身建设的横向整合系(Horizontal collection),也要加快数据库整合的纵向整合系(Longitudinal collection)的建设步伐。保护文化遗产数据和信息数字制作均是图书馆社会责任担当的服务体现。信息整合是多元语言群体和用户信息服务的基础。

2 跨媒体提问法的应用

跨媒体提问法(SIMA-Media advance technique)源于跨语言信息检索技术和网络环境下的信息服务模式,是用户请求和自助信息服务的升级。跨媒体提问实现了检索和标注对齐、文本与图像匹配、数据拖尾(Data smearing)等重大空间情景下的信息获取,是数字时代图书馆转型期内的个性化探索服务。

2.1 跨媒体信息服务的人本定位与规划

跨媒体首先跨过的是语言障碍,然后对跨语言文本信息进行语言识别。用户获取信息方式是自行检索,自行检索相对于语言描述是从单语言向多语言对应的过程。图书馆作为信息的传播场所,之所以有别于信息网络界面系统的搜索引擎,是因为它对信息进行加工制作,以一种特有的检索技术呈现出信息有序的可视化效果。跨媒体的跨度是找寻不同媒介之间的共性,由共性催生出有别于单语言信息的新数据。读者在体验跨库检索或翻译检索时,真正达到视听融合的意境。

SMAT服务依托:语料库对齐方式和双料转换的联结;图文混合解码库对列阵深浅分谱识别、分层次翻译和提问构造(Advance constructor)资源库对较深层的活跃标注进行拖尾覆盖和聚合产生新的语义资源三项。总之,跨媒体信息服务是在以人为本的社会快速移动节奏大环境下提出的现实要求。

当然,跨媒体信息服务目前尚处于起步阶段,虽然服务的对象是广大用户,但其实质是为各类信息描述提供回应解答服务。当用户无法自行读出文献信息或得不到满意的知识内容时,就需要馆员对信息进行转换与挖掘,包括建立嵌入式馆员(Embedded Librarians)的服务计划和数据开发的成果实践。没有查询能力或无法获知检索公式能力的用户,他们的信息获取过程是通过领航服务(Guide services)统一部署完成。

2.2 馆员研究型和资源共享型数据的可操作性实践

馆员研究型数据是嵌入式馆员研究信息咨询的制作成果,直接服务于跨媒体提问咨询,主要对复合构造、元匹配(meta mate)、同源异构词之间的权重进行升降排序。在语言、文本、图像等艺术媒介中,抽离出最具本质和规范的新数据。

大空间下,"如何做"是馆员角色的巨大挑战,是从劳作服务型到智慧服务型服务的转变;从信息对人"能带来什么"到人对信息"应该是什么"的转变。随着web 2.0的技术完善,用户模型驱动系统(Model-Driven)已深入到试用阶段。在信息整合和开源状态下的数据实体,采用LOD语义标记生成近似于查询返回的结果,这有利于数据在图书馆落床,成为该馆的共享数据。LOD关联开放数据支撑结构改变,扩大目标源,提问链接等技术。

图书馆馆员与读者之间的服务与合作呈现出可实施性的模式。公共文化服务体系的根本是“公共性”，既包括社会信息全民共享，又包括信息的适时公开，对应于图书馆的传播功能来说，这里同时涉及传播的广度和深度。图书馆要对社会信息进行合理整合，处理好信息公开传播和信息安全之间的关系，为公众设置信息接收议程。馆员是未来数字资源的开发者和管理者，受母体机构的委托运营图书馆的信息开发，资源数据可操作性的前提是数据开放，即数据关联互通。

3 人机交互与群体交流相结合的立体信息服务

馆员对读者提供参考咨询数字化服务，主要是在对信息资源、馆藏资源优化整合和以互联网、遥感信号为交流平台进行的信息服务新方式。其中包括服务理念、服务要求、跨界服务技术三大版块。

3.1 参考咨询的数字化服务理念和服务要求

进入数字时代，网络的普及应用为我们提供了界面可视听化的体验。馆员在“以人为本”的最大宗旨下，应熟谙信息管理法规与条例、信息及用户隐私权的法律观念并尊重用户的人格尊严和维护好服务设备。以人为本讲究每位读者在利用图书及信息资源时的平等获取原则。馆员在满足用户需求的同时，也要展开以读者为中心的个性化服务。

参考咨询(Reference and Consultation Service)从传统的馆员与读者的实体对话，扩大到馆员与用户之间的网络时空对话。对话方式以数字化媒介为传播途径，是一种无线状态下的 E-intime(即时交流)咨询方式。馆员从“首问回答制”跨入到“一站式服务”，是体现“以人为本”理念在业务水平上提出的新要求。只有在以保障读者最大权益和节省读者不必要花费时间的前提下，满足用户潜在需求与现实要求，以人为本的理念才会持续保持生机的活力，并得以延续。

几乎大多数图书馆把重心和服务力度限制在用户或读者对方，这仅涉及用户，然而非用户(Non-User)或非读者(Non-readers)，也是图书馆的用户。这类群体是未来图书馆主要的潜水用户(Diving Users)，非用户信息咨询服务的功能开发，是对比用户与非用户差异化和研究期待值的策略。人机界面的磨合和反向服务思维的方法，使数字化的临境(Pro-border)概念提升到一个模糊对话目标中。参考咨询的交互设计以判断用户行为，改变静态的用户需求，优化视觉心里感应技术(传感)的多元用户互动空间，从而建立用户建模的交流架构。

目前，参考咨询数字化服务是面向广大用户的信息需求而提出的信息资源描述和答疑的一项全新服务。服务主体是馆员，服务的对象是广大用户。馆员的服务质量体现出对用户的服务要求，就是馆员对信息资源的利用程度和与用户之间视阈的协调能力。馆员调度馆藏资源与站点资源(Site Resources)，利用高度的信息组织和语法加工(Syntax Processing)，通过互联网对信息用户进行打包式(Unpack)的解答与咨询。

在文本与图像的发送中，合理利用信息的版权归属和细节标注、数据库的打开与下载等该如何避开侵权风险等。在对用户服务时，要平衡好第一作者与复述者之间的差别关系。在网络环境下，语言的变通和语境的假设，是提高一次完整参考咨询服务的先决条件。信息资源的“保有量”，亦是对用户进行解答时的科学依据。

3.2 第五文化空间服务内容的层次和标准

第五文化空间(The fifth Culture Space)源自于第三文化空间的实体概念。从关系包含着以图书馆为首的第三文化空间原点的图书馆、博物馆、文化馆三馆共建公共文化服务体系的三维坐标轴突破四维垂直面，进入到本体以外的空间范式下，成立和规范对管理模式和发布模式技术服务的标准化制定。

多元化的服务内容与服务效果推动了数字化图书馆建设的新标准与新动力。从一线的窗口(External windows)到二线的幕后，图书馆的总体空间(Overall Space)发生了根本性的变化。利用好场所资源，增强实用价值，把人与资源和环境汇合起来；解放现有的讲座空间、互动空间、民生休闲空间等半封闭(Semi-closed)闭合空间样式；以户外寰宇虚拟感受为突破点，转变服务策略等是目前图书馆对未来转型发展亟待解决的一项课题。

即时共享(Immediate sharing)和虚拟临境空间(Virtualization Immersive Space)代表了第五文化空间的两种表现形式。前者是移动行走的动态状态，后者为空间体验的静态状态，两者的动、静改变了图书馆的服务方式和交流方式。

即时共享是移动电子信息服务在公共流通领域中的运用。虚拟临境空间的理论支撑源自于目前美国脸书(face book)收购沉浸式虚拟现实技术公司 Oculus VR。Rift 已有 Unity3D、Source 引擎、虚幻 4 引擎支持,包括各种新的组件和硬件。头戴式显示器可以把用户带入到拥有宏大视觉和令人眩晕的实体 3D 游戏之中。

Palmer Luckey 认为,那些像 Reddit 这样的基于互联网的异步通信论坛和其他讨论版论坛是一件非常好的事情,它们有可能产生协作发明。柴阿峰(2014)觉得扎克伯格正在试图证明,把奥克勒斯打造成提供其他多种体验的平台,尤其注重将虚拟现实技术拓展到游戏以外的业务上。视觉上可能会给人一种全新的立体效果,还有运算能力,能够通过各种传感器,感知你的身体动作,包括眼睛的转动,所以它带来的实际上是一种全新的交互体现。Rift 为追求一种更加真实、更好的用户信息传递平台做好了准备。

此项技术可应用于代理、调度、访问、隐私处理,成为新社区交流市场平台的工具。不出门户地进行社会活动和各项交易,是未来 30 年社群交流的基本模式,是突破实际空间、压缩时间,处理信息事件的基本途径。

图书馆要利用好这次科技契机,开拓以联合各个社区为点,以城际互通为线,以洲际跨界服务为面的点、线、面立体全息层次。相对于接触性的文本形态,第五文化空间的数字形态是非接触(Contactless)性的。信息共享空间是提供学习和使用信息技术的场所,使用和检索信息的场所,在新的学术环境中测试软件和硬件的场所,促进学术发展和创造合作机会的场所以及支持交叉学科研究的场所。多元是一种生存状态。第五文化空间是服务的空间,从图书服务转变到研究人的目标服务,是图书馆保持住应有地位的唯一途径。人机交互控制,使人的认知和情感上升到视觉心理学,目的是为了改进城市关系,消除不协调因素,是全面的、可持续的延伸服务体系。

4 回转菜单式滚动推送技术服务

回转菜单式滚动推送服务(Rotary menu-scrolling push service)是文献文本向知识链接界面的转变,实现由个位单元低层次服务向以知识智能加工的高层次服务。回转是图书馆与读者之间交流的时间差率。菜单式滚动是指各类用户请求行为方式的双极传递模式变化和处理问题的递进性。推送服务是网络资源环境下的信息共享化和服务主动化针对用户的物化过程。

4.1 从单向信息推送延伸至多角度数字安全服务

信息推送是以人为对象的数字化服务,来源于社会网络答题服务,据用户的交流动机和行为特征,由馆员的被动服务,转向主动服务。如脸谱(face)应用程式可统计对象元数据中的数值。包含标记语言、查询语言和描述语言,是数字对社区网站技术的发展。

多角度是用户驱动开放社会的行为。从单径(Single Path)的频道点播、客户代理、主动询问等演化延伸至解码获取、用户情感分析、视觉化心理提示等。其用户身份都是不涉密的,因为用户在采集最佳信息时,可能会生成这些数据的危害成分。因此跟踪追查,建立用户身份档案是为数字安全考虑的一个重要方面。

如果数字图书馆想要“赢得用户”的使用、满意和支持,则需要扩大的不只是用户参与,而是用户在数字图书馆中所拥有的控制权利,把这些权利从图书馆解放到终端用户的手中去。读者在图书馆的活动是体验式,打破时空限制,不受约束体验获取知识的服务。简言之,只有在图书馆或图书馆提供的 in-time(IT)空间内,公民才可享受到平滑接口与版本相匹配的感官信息体验,建立起用户与图书馆之间“不作恶”的沟通桥梁,享受国家和全球文化资源的基本权利。

4.2 回转上升式菜单——循环信息推送的理论建模

信息推送是用户选择技术实践的服务目标,以往的标准化机械运作功能和技术应用都应回归至对用户行为的特征建模上。包括对用户心理和行为的捕捉、描述、计算、映射,其目的是挖掘用户潜在意识流,有效加快图书馆信息推送的重构和设计,以此开辟更为先进的用户空间技术(Space technology)。在改变原有资源结构方面的同时,应更靠近于精准信息推荐模式。

RMPS 建模限定过滤,隐藏了检索公式,信息采集在元数据语法中,沿数字解析进入对应轨道,计算出动态信息,此时安全墙开启。经过壁垒时反射信号码,解析码率,进入浮点和点阵相似的文本序列。弹出数据标准格式,按指令发送数据元,发布后的信息投影退回到数据库储存器,再次进入网格(Grid)动态循环,其他相关字节列阵排队等待。指令则在文本序列映射交替后的位置进入对应轨道,原轨道由新生成的指令占据。

多线映射时，文本不受单个请求所限制(如图1)。RMPS是数字时代永不消失的电波。

目标文本：$m1 + m2 + m3 + \infty + mn^{n'}$，其中n为点阵识别符射频次。

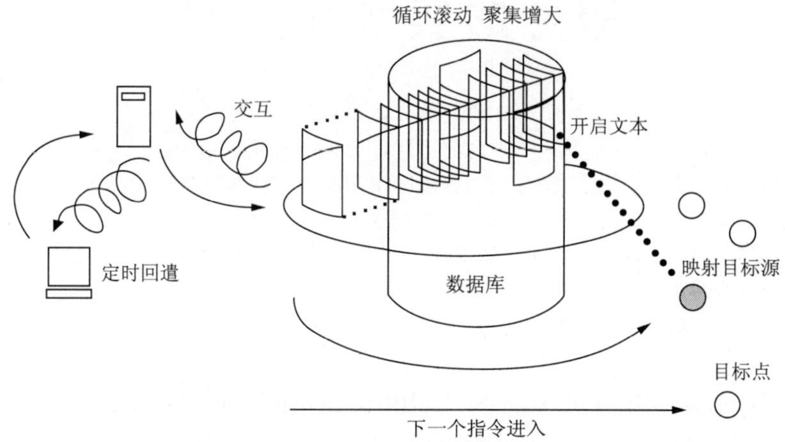

图1　回转上升式菜单——循环信息推送理论建模示意图

支持RMPS的开源软件应具备交互管理低层抽取和最后定义任务流等系统功能。交流与共享是图书馆永恒的服务内容，应做好顶层设计(Top-level Design)，控制住虚拟与现实之间的伦理边缘，服务于社会各界。时代变化是机遇也是挑战，从全国各地出现的如深圳一卡通、杭州一证通、天津一码通等大同小异的图书馆联盟资源合作共建中设想，能否实现一键通。一键通(PTH)即全球联网和信息共享。把信息利用的"主动权"交给读者，由读者能动地来获取信息资源，是RMPS在推送领域的新思路。

5　结语

在开放模式下的信息交流时代，图书馆的核心母体是不容改变的。图书馆的核心价值始终是以人为本。围绕信息服务在数字化图书馆转型期内的空间大变革问题，展开人与人、人与物的对话，是建设后现代(Postmodern)意义上的复合型、集约型、学习型、和智慧服务型图书馆的新型战略方针。

广大读者用户是图书馆立业之基石。从硬技术到软技术，数字时代的驱动力使图书馆转型已悄然起步，但步途甚远。把握好数字与人文的关系，把功力用在刀刃上，提高馆员素质，实现全民共享的最佳服务，应是图书馆的责任所在和生存之本。

图书馆的馆舍内涵结构发生了变化，但服务广大读者的本质不变。因此，形式是手段，效果才是目的。如果从一开始，图书馆就呈现出自由、博弈、开放、纵长的精神面貌，现代人也就不必去怀疑当代图书馆的生存方式。图书馆的发展与传统无关，和继承有关，一切都是意料之内的变化，也是虚拟之中的最佳诠释。

参考文献

[1] 柯平.社会公共服务体系中图书馆的发展趋势、定位与服务研究.[M].北京:国家图书馆出版社,2011:22.

[2] 吴建中.转型与超越,无所不在的图书馆.[M].上海:上海大学出版社,2012:123.

[3] 顾立平.数字图书馆发展——个性化、开放化、社群化.[M].北京:科学技术文献出版社,2013:100.

区域性公共图书馆多元文化服务的实践与探索

郭敏芬
（上海市长宁区图书馆）

摘要 概述多元文化和多元文化服务，指出图书馆多元文化服务要做到真正意义上的"多元"。以上海市长宁区图书馆为例，介绍了区域性图书馆在多元文化服务上的一些具体举措。长宁作为国际城区，有着鲜明的地域特色，长宁区图书馆的主题馆——中国之窗·上海阅览中心为此在项目建设、品牌建设、体系建设上做了许多探索。

关键词 公共图书馆 多元文化服务 多元文化系列活动

Practice and Exploration of Diverse Cultural Services of District Public Libraries

Guo Minfeng
(Changning Library, China)

Abstract Provides an overview of multiculturalism and diverse cultural services, and discusses diverse cultural services provided by libraries must be truly multicultural. This essay describes the series of measures taken by Shanghai Changning Library to facilitate diverse cultural services. Changning District is an international town with unique regional characteristics. As one of the major features of Changning District Library, Window to China, Shanghai Reading Center has developed a number of projects, promoted its brand, and improved its system to meet the needs of international readers.

Keywords Public Library Diverse Cultural Services Multicultural Activities

1 多元文化服务

1.1 多元文化

早期的文化呈现显然是单一性的，族群的语言文字是随人口居住的地域相对集中而统一。伴随着征战、掠夺以及逃难，人口的迁徙将外来的文化、生产技术等渗入到本土，逐渐使地域文化显现出多样化。各个国家（地区）都历经了政治变革、工业革命、文化沿袭，随着政治经济、信息技术迅猛发展，"世界一统"、"地球村"的概念不断强化，不同的族群、多样化的文化在相互交叉融合，进而形成多元文化。

多元文化（Multicultural）一词，最早由加拿大于1922年提出。20世纪70年代，加拿大再度提出此词，目的是强调移民丰富了加拿大本地的文化内涵，并给世界各地文化带来的影响。多元文化是近几十年在国际上流行的文化概念，而且已经成为许多国家的一种民族文化政策，许多国家、地区以及团体还专门制定了与多元文化相关的法律、政策和措施，并以此作为它们发展的核心价值观。

1.2 多元文化服务

城市是多元文化的载体，多元文化的碰撞推动了城市政治经济的发展。图书馆是一个城市记忆与文明的承载所在，理应首当其冲地接受"多元文化"的概念，并在服务模式中予以体现。

图书馆多元文化服务，主要指图书馆为适应多元文化社会的需要，向不同民族、语言和文化的群体所提供的服务，它既包括为所有类型的用户提供多元文化的信息服务，也包括为传统服务中较少涉及的少数群体提供的服务。这里的少数群体是指那些在民族、语言、文化上与本地居民有差异的人群，包括外国移民、难民及国内的少数民族、外来务工人员等。每个图书馆人都清楚联合国教科文组织颁布的《公共图书馆宣言》中指出：每一个人都有平等享受公共图书馆服务的权利，而不受年龄、种族、性别、宗教信仰、国籍、语言或社会地位的限制。因此图书馆多元文化服务属于图书馆的常规服务，是所有图书馆在服务中不可缺少的。

在维普网站上，笔者查阅了20多篇有着关键词“图书馆＋多元文化服务”的论文，发现研究者更多的是在关注如何服务于那些有着明显的外貌特征差异、语言文化差异的外来人口。其实即便是同一性质的文化在同一社会的不同区域、不同社会阶层、不同年龄段、不同的价值取向等因素下，也会表现出一定的差异性。所谓“多元文化服务”就应该是真正意义上的“多元”。以下将从多元文化服务的角度，来交流区域性（地级市）公共图书馆所进行的实践与探索。

2 以长宁区图书馆为例，看区域性图书馆的多元文化服务

长宁区位于上海市中心城区的西部，区域内有虹桥开发区、古北新区以及虹桥交通枢纽。依托政府的高度重视与投入，2007年4月，长宁区图书馆新馆落成开放。6年来，长宁图书馆坚持以人为本、开拓服务创新理念，以合理的布局、完备的功能以及科学发展的定位理念，体现了长宁的国际城区和智慧高地的特点，成为区域内重要文化标志。

长宁有着独特的文化地理和人文积淀，文化资源丰富。区域里的居民构成多元化、文化需求多样化，这就给我们长宁区图书馆提出了如何顺应社会的发展来满足受众的多元文化需求的课题，以努力实现《公共图书馆宣言》中的“每个人都有平等享受公共图书馆服务的权利”。

2.1 馆内指引系统及图书自助借还系统

当读者第一次走进图书馆，清晰明确的指引系统会让来者克服陌生；采用汉英双语对照，更能让外籍人士克服语言不通的障碍。长宁图书馆内指示标牌、电梯等待厅及电梯轿厢内的楼层分布指示都采用汉英对照；一些宣传介绍资料，如读者指南、各阅览区域的服务功能介绍、每月的活动信息等小单片宣传单也采用汉英对照。

更值得一提的是，2008年5月，长宁图书馆在华东地区率先实行了RFID智能化图书自助借还服务。读者能在一个形似ATM机的图书借还机上轻松快速地完成借书、还书、续借、查询的动作，简化了读者图书借阅流程，让读者享受借阅过程的个人私密性，感受高科技带来的方便快捷的服务体验，开创了图书馆管理模式与服务模式的新跨越。

我国图书馆图书都采用《中图法》分类编目、按照索书号排架，但国外公共图书馆是依照“方便读者”的原则分类上架，非常“个性化”。如果不对外籍人士进行用户教育，那他获取信息的途径将会大大受阻。运用RFID自助借还系统，即便老外读者是第一次来长宁图书馆借书，通过书目查询获得一张寻书路线图，就能按图索骥找到所需文献。该系统充分体现了人性化及以人为本的服务创新理念。

2.2 多元文化馆藏

建设多元文化馆藏是实施多元文化服务的物质基础。长宁区图书馆八楼的中国之窗·上海阅览中心就提供了13个语种的图书资料，共计1万2千余册。二楼报刊阅览部专辟外文期刊报纸阅览区域，每年订购17种外文期刊（英语15份、德语2份）、7种外文报纸，以便外籍人士及时了解国外媒体对时事的报道评论。七楼多媒体阅览室，采购了文字（图书、期刊、报纸）、音频、视频等多种类的电子资源，还采购了“环球英语”、“口语伙伴”、“新东方”等学习数据库，帮助外来人口学习英语、法语、俄语、德语、日语、韩语、西班牙语，便于在上海这个国际大都市中找到更好的工作岗位。

图书馆还与长宁区残疾人联合会联手开设残疾人阅览室，根据其特殊要求将其设立在区残联本部。在残疾人阅览室内共设置图书和报纸杂志1 200册次，图书每半年更新、报纸杂志每月更新，盲文图书已增至300余册，并在阅览室配备了8台专属电脑，全部安装了阳光软件，通过语音控制电脑，盲人读者可以获得与正常读者一样的数字信息资源。

2.3 多元文化活动

长宁图书馆依托区域文化积淀与多元化的文化资源，引领阅读，营造“书香长宁”的良好氛围，力求把握文化活动的多元化、服务对象的多元化，以满足广大读者多元文化需求。

为使读者受益面最大化，图书馆还把公益讲座辐射至政府机关、社区、学校、商务楼、部队、监狱等社会各领域，进一步完善长图讲座品牌的服务功效。我们还在八楼的中国之窗·上海阅览中心开展涉外双语沙龙活动，积极打造高品位的中外文化的交流平台。

多元文化活动内容涉及文学、历史、时政、民俗、绘画、军事、科普养生、音乐欣赏、收藏鉴赏等等；形式包括沙龙讲座、读书会、民俗活动、看展览、到全国文化信息工程播放教室看纪录片、走出图书馆参加“City

Walk”(城市漫步)活动等等。

多元文化活动以其独特的魅力成为读者免费享用公共文化的载体,成为实现平等服务、优质服务,提升图书馆核心业务的重要抓手。

2.4　馆员服务

以上海市公共图书馆行业服务承诺“一视同仁、耐心细致、及时快捷、想方设法”为宗旨,长宁图书馆竭诚为广大读者提供多元文化服务。图书馆各楼层工作柜台内就有外语服务人员联系方式,以保证在需要某种语言服务时能找到相对应的外语人员,用以完善“首问责任制”;一楼总服务台为外来人士准备了区域内各种服务设施的信息汇总表;图书馆定期为残疾人组织免费信息咨询服务、专题讲座,信息检索技能培训班,提高他们的信息获取能力;联合长宁区教育局组织部分民工子弟到图书馆参观,介绍楼层分布、图书分类、排架规则等,暑假又组织他们参加“图书馆体验日”活动,学做小小图书馆员,在服务与被服务中,感受快乐。

多年来,长宁图书馆从人文关怀、人性良知和社会公平的角度出发服务读者,充分利用公共图书馆的无偿平等的特性为大家求知求乐提供便利,实现了普遍均等、全民共享的公共图书馆服务目标。

2.5　营造人文阅读环境

长宁图书馆根据现有的条件突破公共图书馆相对传统、相对标准化的阅览室布局,把人性化及新颖创新的理念融入到图书馆的不同空间形态。强化实用性与舒适度的兼顾,以书墙将书桌、图书、人连成一道安静阅读的风景线。

图书馆一楼、八楼都设有休息区,一楼的西南角更有读者誉为“将书香与咖啡完美结合”的书吧,这种集“阅读与交流”为一体的布局,营造自由的讨论交流空间。四楼阅览区相对独立的阅读空间,配上一盏绿色灯罩的复古台灯,成为每天九点开馆读者争相抢位的第一首选。八楼中国之窗 · 上海阅览中心正逐步形成其特有的休闲式、个性化形态,家庭式的温馨氛围与定期举办的涉外文化沙龙活动形成动静相宜的格局。同时图书馆在各阅览室实现了无线上网供读者使用。

据《2040 年的图书馆》报告预测,未来公共图书馆的模式为:书架周围是电脑、阅览室、网吧、剧场等,书架周围提供有各式各样的会议室和休闲室,比如有 800 个围绕书架的全玻璃隔断的学习单间。现代的图书馆空间正在不断地转型、变革中,日益成为民众学习、交流、互动、休闲的综合性场所。

3　“中国之窗 · 上海阅览中心”多元文化服务实践与探索

长宁区作为国际城区,呈现出独特的人文环境。这里居住着来自 150 个国家和地区的境外常住人口 6 万多人,港澳台地区和国外流动人口达到 69.4 万人次,各国驻沪领事馆有 21 家,外商投资机构和办事处有 3 000 多家,还有不少涉外教育的学校。

为满足这些人群的文化需求和顺应国家文化宣传方向,2008 年 12 月 6 日,长宁区图书馆在国务院新闻办和市府新闻办的指导下,在长宁区委区府等各级领导的重视和关注下,尤其是上海图书馆国际交流处的大力支持和悉心辅导下,创建了国内第一个面向境外人士的图书阅览中心——“中国之窗 · 上海阅览中心”。这是长宁图书馆的特色主题馆建设项目,是别具一格的“馆中馆”。

五年来,中国之窗 · 上海阅览中心积极为境外人士提供中国的精品书籍和信息服务,组织开展多元文化交流活动,产生了良好社会影响,成为展示国际风貌的一张名片。今年年初,国务院新闻办专门致信,感谢中国之窗 · 上海阅览中心在圆满完成目标任务的同时,创新思维,组织开展一系列的国际文化交流活动,积极探索公共图书馆跨国界的文化共建新模式,为项目建设、品牌建设、体系建设做出了重要贡献。

3.1　中国之窗 · 上海阅览中心基本情况

“中国之窗 · 上海阅览中心”设在长宁区图书馆的八楼,其间收藏了英、法、德、西班牙、阿拉伯、日、韩、俄等十多个语种的图书资料,共计 1 万 2 千余册。

“中国之窗”中除了由国务院新闻办向我中心配送的多语种文献外,还有上海图书馆国际交流处配送的“上海之窗”文献。“中国之窗”、“上海之窗”都是“中国图书对外推广计划”(CBI)的组成部分,通过向境外图书馆及藏书机构捐赠由国内出版的图书,全方位地向境外读者介绍中国历史和文化,宣传弘扬中国悠久文明与文化以及改革开放以来的新进展。以上两种来源的书籍均为赠予方主动向阅览中心分批、不定时配送(中心每年接受约 900 册赠书),我方在核对清单、录入登记后,在阅览中心内分区域集中展示,并示以相应的指示标志;区域内还有市府新闻办、长宁区委宣传部配送的外宣品。此外还有通过国际文化交流,由国外图书馆赠送的书籍。我馆在兼顾读者需求与引领阅读的基础上，每年还调拨一部分购书经费(占总购书经费的1.18%)，采购外文书籍，充实馆藏。这些外文书籍均由上海图书馆进行西文编目。

中国之窗·上海阅览中心还与上海市文献资源共享协作网签订了协议，为外籍读者提供馆际互借服务，为外籍人士提供了以外文图书为主的数字化、一站式的图书查询、借阅和购买服务。

自"中国之窗·上海阅览中心"成立伊始，我们就从保障优质外文文献资源的增长与更新、探索文化服务新模式、寻求文化互通新模式等方面开展工作。

3.2 多元文化服务的实践与探索

(1) 以文化自觉性发展多语言文化馆藏

中国之窗·上海阅览中心内的多语种文献大多为国务院新闻办、上海市府新闻办及上海图书馆赠予的对外宣传品，除图书馆自行采购的进口书籍外，当下国外主流文化、具文学鉴赏性、具民族特色的外文图书数量并不多。既然是一个"窗口"，国内读者当然也想通过这个窗口了解"窗"外的世界。长宁图书馆立足现在，面向未来，积极与外国驻沪总领馆开展合作，和一些国家的图书馆、学校、文化机构建立联系，就相互间加强图书与文化交流达成合作意向，签订文化合作共建协议，互赠外文原版图书资料，中心相继设立了"俄罗斯之窗"、"韩国之窗"、"荷兰海牙之窗"、"泰国之窗"等。

2013 年 3 月土耳其图书资料专架在中心设立了，这是由土耳其驻上海总领事馆牵头，土耳其驻上海民间团体捐赠。同时土耳其驻上海总领事馆还向中国之窗·上海阅览中心赠送了该国当代著名雕塑家乔邦勒斯制作的陶瓷雕塑"大卫凳"。今年中心又增设了"法国里昂之窗"及"伊朗之窗"。

近来，中心还与捷克、以色列等国驻沪领事馆开展文化合作交流与对话，谋求更广范围、更深层次的合作。中国之窗·上海阅览中心本着主动服务的意识，努力扩充多元文化馆藏，不仅能让居住在上海的外籍人士看到自己国家的文字而解乡愁，又能为各国间互增了解架起友谊桥梁。

(2) 延伸服务，扩大窗口效应

我们全力依托国家图书馆、上海图书馆、中国社科院图书馆和北京大学图书馆"四个支柱"，全面敞开中国之窗·上海阅览中心这"一个窗口"，充分发挥"四个支柱一个窗口"的独特地位和作用。2012 年，我们将 7 千余册国务院新闻办、上海市府新闻办的图书资料发送到区域内的涉外宾馆、街道、居委会。2013 年 4 月份，"中国之窗"的 280 本图书进入上海航空公司品牌航班的商务舱，标志着双方共建的"蓝天书屋"正式启动。我们特别设计了一份宣传"中国之窗"的折页，一并送入商务舱。当乘客特别喜欢"蓝天书屋"里的外文图书，只要留下片语的爱书箴言，即可将书带走，方便的话，希望能将印有"中国之窗"Logo 的书送到任何一个"中国之窗"海外阅览点或所在地域的图书馆，让"中国之窗"的书漂流到想了解中国的人士手中。9 月，200 本"中国之窗"的图书资料又入驻长宁高端涉外小区内的古北市民中心"天空书苑"。这些举措可以说是在"中国之窗"这扇大窗口下又增设了许多的小窗口，吸引更多的外籍读者关注"中国之窗"、关注中国的过去、现在与将来。

中国之窗·上海阅览中心将继续加大外文图书和对外宣传资料的推送和漂流的力度，扩大服务的外延与范围，拓展了中外文化交流的形式与内涵，让更多的外籍人士能更多、更近、更深地阅读、了解、喜欢中国。

(3) 加强员工培训，提高服务水平

我们常说"事在人为"，同样图书馆多元文化服务的成功很大程度上也取决于提供服务的图书馆员。《公共图书馆宣言》也提到"图书馆员是图书馆用户和馆藏资源之间的能动的中间人。图书馆员的专业培训和继续教育对保证服务质量非常重要"。

长宁图书馆每年组织开展内容丰富的培训教育活动，将组织培训作为管理长效机制，邀请业内专家学者来馆授课讲学，以此提升馆员的业务技术和综合素养，促进工作能力的创新培育和发展。

图书馆对中国之窗·上海阅览中心的工作人员更是提出了高标准，倡导对读者实行"Convenience 便捷"、"Comfortable 舒适"、"Cheerful 愉悦"、"Communication 沟通"的"4C 服务"。要求在服务中忽略对象的人种肤色、文化背景，做到落落大方、不卑不亢；培养多元文化服务意识、注重语言能力的锻炼学习；倡导在做中学、学中做，了解各国的礼仪风俗及禁忌，尊重与认同他国文化。在策划沙龙活动方案时，注意避开涉及政治、宗教等敏感主题。主讲嘉宾通常选择中外两名嘉宾(另有一名翻译)进行对话，沙龙主题及各环节都事先进行细致沟通。中心的两位馆员都能熟练地进行双语服务，在完成常规服务、外事接待、举办讲座、业务扩展等工作中表现出较为全面的技能及良好的职业素养。

(4) 招募志愿者，补充人员的不足

后世博时代，带给中国人最重要的一种精神便是"志愿者精神"，我们顺势而上，与长宁区志愿者协会合作,于 2011 年 5 月,正式成立了"中国之窗"小语种外籍志愿队。目前,该志愿服务队网上注册人数已达 134 人,队伍中有驻沪外国领馆工作人员、外文杂志主编、外企高管、外国留学生、小语种专业的学生,他们弥补了多语种专业人才的不足,为"中国之窗"提供多语种图书的内容概括、甄别、新书推荐,参加并协助开展涉外文化交流活动。值得一提的是,还有更多的外籍读者虽然并没有在网上注册,但仍热心地参与"身边公益"、"随手公益",成为中心的编外工作人员。

作为"中国之窗"的直接受用者,志愿者们为我们提供第一手的文化需求,并且发挥了"中国之窗"与更多外籍读者的桥梁作用,让"中国之窗"朝着读者自主参与、反馈,甚至于自助定位与管理的新型涉外文化服务模式发展。

(5) 整合资源,开展多元文化系列活动

"中国之窗 · 上海阅览中心"作为中国政府出版物的托存馆,它的职责,说得通俗点就是把图书收藏好、保管好、展示好。如果仅仅这么做,提供的文化服务将是单一死板的。我们从茫然等待转为努力营造,也经历过迅速腾飞、突然转入低谷、继而又奋起的发展波动,但我们始终在积极探索学习、努力开拓创新。可以说,多元文化系列活动是图书馆多元文化服务中最具有灵活性、最有说服力、最有活力、最为复杂的高层次服务,也是未来图书馆多元文化服务的重点。

a. 沙龙讲座活动

2010 年 3 月,"中国之窗 · 上海阅览中心"举办了首场"涉外文化沙龙活动",受到中外读者的热烈欢迎,迄今所举办的近 40 场高品质的文化学术沙龙活动,将众多的中外文学爱好者吸引过来。我们邀请来自海内外的知名学者与作家,围绕着"文化与交流"的主旨,在文学、历史、人文、科学等领域展开交流、对话,通过高水平、深层次的探讨,促进文化的跨国界对话。我们邀请到 2008 年诺贝尔文学奖得主法国作家勒克莱齐奥、布克奖提名作家科尔姆 · 托宾、"爱尔兰短篇小说女王"克莱尔 · 吉根、世界经济学大师黄有光、《幸福》作者德国作家威廉 · 施密德等一大批当代外国学者以及苏童、李天纲、王安忆、陈子善等国内享有知名度的作家、学者与文学爱好者面对面接触。2012 年 5 月,中心与上海翻译家协会签约,成立上海译家谈"译家一读者文学沙龙",沙龙两月一次举办翻译类专题讲座和专项活动,构建起一个世界文学交流的窗户与沪上翻译文化的新地标。

配合土耳其中国文化年活动,2013 年 3 月,我们和土耳其驻上海领事馆合作,将土耳其现代最著名的奇幻小说家巴里希 · 穆斯特贾布奥洛(《佩格传奇》四部曲作者)介绍给广大中国读者,并展开了一场与《霍比特人》的中文译者吴刚教授的精彩讨论:《当我们谈论奇幻小说时我们在谈论什么》。

2014 年恰逢中法建交 50 周年,中心携手上海翻译家协会、法中基金会举办"法国经典文学朗诵会"。来自法国的剧作家、演员 Sigal 女士和国家一级导演、配音艺术家俞洛生先生分别用法、中两种语言朗诵了维克多雨果《九三年》的片段,让读者感受原汁原味的法国文学。在互动环节,Sigal 女士对中国读者对于法国浪漫主义作家的了解和喜爱表示极大的惊喜。

与此同时,涉外文化沙龙作为中外文化交流的沟通平台,也十分注重文化交流的互通性,围绕"中国文化"、"海派文化",邀请金宇澄、林华、淳子、今波等作家、学者、媒体人举办沙龙讲座,弘扬中华优秀文化,让更多外国友人通过"中国之窗"了解中国,热爱中国文化。2013 年 3 月,中心与中欧校友国学会联手创办两月一次的国学讲堂,接下来我们将拟请到国外讲学的交流学者用英语向清一色的老外读者传授儒家哲学,让外籍人士来了解这贯穿中华民族历史的主流价值观为何在今日依然主导并决定着中国人的道德信念与家庭伦理。

在这几年中,"中国之窗"整合自身的文化资源优势,与社会文化组织、众多出版社及各国驻沪领事馆共同携手,用心地搭建读者与中外文化名家沟通交流的平台,打造经典、精致的文化沙龙特色,已经形成了一定的品牌效应,拥有了一批铁杆粉丝,并得到了沙龙嘉宾、参与读者以及各合作单位的很好口碑。

b. 读书会活动

阅读交流,有助于不同职业、不同背景的人彼此相互了解和理解,换个角度看待问题,分享他人的理念和经验,促进包容。交流和分享可以帮助人们构建互相理解的理念,建造真正的和谐。而这些,现代人在工作和日常生活中都是比较缺乏机会得到的。

2010 年 4 月,"你的外语图书漂流的港湾"——"中国之窗 · 上海阅览中心"读书会正式成立,每个月的第一个周六举行活动,已经成功地举办了 50 次。这是一个自由开放的读书交流平台,中心馆员作为活动的组织者,提前两周的时间在豆瓣网上发布活动信息,主题围绕指定的一本图书(外文原版),畅谈见解及感悟。每次都有 10 位左右的中外读者来参加活动,中心的大圆桌就是活动的固定点。大家以读书会为平台,交高朋,寻益友,慕贤师。去年年底,读书会还邀请沪上著名学者也加入这个“圆桌会议”,讲述《CHINA 3.0》。

达尔文说,“真正的人文素养并不是表象知识的获得,而是更深一层的人文思考。”读书会的精髓就在于相互讨论引发的智慧火花,继而内化成生命的深层思考。

c. 民俗节庆活动

中心内“泰国之窗”落成时,中国之窗·上海阅览中心举办了一次以推介泰国文化为主题的“泰国文化日”活动,阅读泰国小说、观看泰国电影、欣赏泰式歌舞表演、体验泰式手工艺制作、品尝泰国美食……吸引了众多市民的参与。受活动成功的启发,中心又先后举办了圣诞迎新、腊八迎春等中外节庆活动,给大家“提供接触各种表演艺术文化展示的机会,促进不同文化之间的对话,支持文化多样性的发挥”。

2014 年 6 月,“小语种志愿服务”二周年活动适逢中国传统节日端午节,中心专门邀请了民间艺人为外籍人士和志愿者进行中国传统手工艺展示,包括做香囊、屈原“点雄黄”、皮影戏、捏糖人等。参加活动的有来自 15 个国家的近 20 位外籍友人和近 20 位白领志愿者。通过活动,不仅让外籍人士了解了中国端午节的传统民俗文化,帮助他们更好地融入长宁、融入上海,也让志愿者们在轻松的氛围中互动交流,分享志愿感悟。

d. 外籍人士参加征文、演讲活动

中国之窗·上海阅览中心还与上海图书馆联合,成功举办了两届“相聚在上海”外籍人士读书征文活动。征文活动得到了外籍读者的积极响应,他们通过阅读“中国之窗”和“上海之窗”的书籍,结合对中国、对上海的所见所闻,或描绘自己在中国的有趣经历,与中国人民的友好情谊;或畅谈对中国文化的感知,认识了解中国的体会,多篇征文以反映对中华文化渊源和城市美好生活的期盼与渴求获奖。今年的第三届“相聚在上海”征集活动业已开始,我们配合上海图书馆努力扩大活动宣传的辐射面,向外籍人士发放活动宣传单或发邮件,在《长宁时报》外文版上刊登征文启事,相信今年会有更多的优秀作品获奖。

在“我的都市　我的梦”新上海人演讲比赛决赛中,由中心选派的老外读者和一位小语种志愿者都获得了三等奖,虽然中文表达能力还欠佳,但他们所表达的对上海的感情是很真实自然的,给评委老师及听众留下深刻印象。

e. 展览展示活动

2013 年年底,与伊朗伊斯兰共和国驻上海总领事馆合作的项目——伊朗摄影作品展在我馆三楼展厅展出;另一个和捷克领事馆合作的“捷克城堡图片展”也在今年 2 月举行。这是中国之窗·上海阅览中心开展多元文化活动的又一突破:将阵地延伸到三楼展厅,同时超越了图书的概念范畴。通过摄影家的独特第三只眼,用图片来阐释异域风情及悠久文化,让观展者“读”出更直观、更感性的认识。

(6) 引导阅读,活动参与者年轻化、精英化

中国自古就有“耕读传家”的古训,而在今天,越来越多的人忙于立命而耕,却忽略了立德而读。特别是快餐文化席卷而来,移动工具更新换代之时,读书仿佛真的要与这个时代格格不入了。这真的让图书馆人堪忧。我们更深刻地认识到,引领阅读任重道远。

我们以适合青年人兴趣的多元化阅读模式,营造全民阅读的书香氛围,让更多的年轻人走进图书馆;我们充分发挥自身优势和资源,与区域内的近 40 家企事业单位签订文化共建协议,通过多形式的组织与推送帮助建设学习型组织,与此同时,我们与各学习组织的年轻人也形成紧密的联系;我们积极借助媒体,特别是豆瓣、微博、微信等网络资讯平台,将活动讯息有效推送给年轻人。

中国之窗·上海阅览中心的涉外文化系列活动,形式多样、品质高端、主题新颖时尚、讲座嘉宾重量级,越来越多的“文学青年”、“文艺青年”呼朋唤友地来参加中心组织的多元文化系列活动。尤其是涉外双语沙龙活动,参与者中 20～44 岁青年已超 90%。

走进沙龙讲座现场,大家忘记周围浮躁的一切,与作者、嘉宾一起在文学的世界里快乐、悲伤、愤怒、平和。青年人在场下的呼应、互动环节中具深层次的提问以及与外国作家的流利沟通都给活动增添了许多亮点,给活动带来活力与热情。

(7) 自我推销,扩大中心的文化影响力

中国之窗·上海阅览中心广泛依托社会各种传播媒体,拓展文化传播面,以此增强了中国之窗·上海阅览中心的文化影响力。我们通过平面媒体(如《解放日报》、《文汇报》、《新民晚报》、《新闻晨报》、《China Daily》、《中国文化报》和《长宁时报》等)、电视网络媒体(如新华网、解放牛网、搜狐、新浪、腾讯、豆瓣网;艺术人文、新青年、星尚、长宁有线电视等频道;各级政府、上海市文化广播影视管理局、上海市中心图书馆等门户

网站)借力传播“中国之窗”举办的各类多元化的涉外主题活动。

如今,网络日益成为当下社会重要社会交往手段,长宁图书馆也适时在拓展宣传服务上利用了微博手段,发布“中国之窗”各种多元文化活动信息。2012 年底正式开通了新浪微博的“长宁图书馆”官方账号,现已经拥有粉丝 2 117 人,通过微博平台,读者不仅能够及时了解各项活动的具体开展情况,还可以通过“微直播”中的图片及文字,与组织者、主讲嘉宾及其他读者互动交流,有效提升图书馆的知晓度和美誉度。2013 年 9 月开通的微信平台使信息传播速度更快,范围更广,参与者索取入场凭证更便捷。

有效的自我推销是扩大图书馆服务效应的强有力手段。中国之窗 · 上海阅览中心多元文化服务的见报率、曝光率、信息流转率提高,在一定程度上影响着民众的心理,并形成良性循环,吸引更多的用户来参与文化活动。

4 结语

上海市长宁区图书馆作为区域性图书馆,在多元文化服务方面学习他馆先进理念,积极创新服务模式,在摸索中,做出了一些有效的实践与探索。我们还在不断地总结、反思,以便更多更好地为所有的读者提供更优质的文化服务。

4.1 完善多元文化服务馆藏体系

在中山大学图书馆朱美华、王月娥《国外图书馆针对少数族群的多元文化服务——以美国和加拿大图书馆为例》的专题报告中写到,据调查显示,加拿大魁北克国家图书馆的非英语和法语文献馆藏仅达到总馆藏的 0.55%,因为他们认为移民语言文献会抑制移民融入当地社会的进程。如果以《蒙特利尔市》文件中要求公共图书馆的移民语言文献占总馆藏的 1.55%为参照,魁北克国家图书馆的馆藏现状都没有正确反映该市文化的多样性,但图书馆向用户展示了一种理念,就是承认他们保存自身语言和文化传统的自由。

我们可否通过这个实例接收这样一个信息,多元文化馆藏(外文图书)并不用一味地以数量来说明问题,只要能保持一定的增长与更新,适时地进行剔旧处理即可。在资源体系上,除了图书、期刊外,可增加一些电子资源、网络资源、原版视听资料等。我们可以向有合作意向的领事馆、外事机构以及“中国之窗”、“上海之窗”的赠书机构提出此类需求,以完善多元文化馆藏体系。

4.2 增设多语言咨询服务

多语言咨询服务是图书馆开展的深层次的、延伸型的咨询服务,其特征是以少数族群语言提供服务。具体形式除了馆员以多样性语言提供咨询服务外,还有网站呈现的语言多样化;图书馆标识系统语言多元化;书目检索系统支持多样性文字等。像美国科罗拉多州博尔德公共图书馆(Boulder Public Library)制作有西班牙文的网页,并支持西班牙文检索。美国加利福尼亚州圣他克拉拉县立图书馆(Santaclara County Library)有中文网页面,支持汉语拼音检索,并提供其他语种的咨询服务。

根据长宁外籍人士的人口结构来看,居住在长宁的外籍人口占前三位的为欧美人、日本人、韩国人。长宁区图书馆(特别是中国之窗 · 上海阅览中心)可以在标识系统及一些宣传资料上采用英语、日语、韩语这三种语言;如果在计划预算得到政府批准的情况下,长宁图书馆网站可增加英文支持。针对受众的人口特点,进行相应的服务,才是更有效的多元文化服务。

区域性图书馆是城市文化的重要组成部分,承担着多元文化服务的义务与责任。长宁区图书馆因“地”制宜实施多元文化服务,既能充分体现城市海纳百川的宽广胸怀,又彰显和提升了区域文化的品位,对提高区域综合竞争力、推动可持续发展起到重要作用。图书馆多元文化服务的开展还有很长的路要走,我们将不断前行,去努力获得更多用户的认可。

参考文献

[1] 李应中,赵国忠.高校图书馆多元文化服务研究[J].图书馆学研究,2012(2):66—70.

[2] Defining “multiculturalism”. http://www. ifla. org/v ll/s32/Pub/multiculturalism-en.pdf,2011-08-08.

[3] 陈时见.全球化视域下多元文化教育的时代使命[J].比较教育研究,2005(12):37—41.

[4] 吴建中. 2040 年中国图书馆展望[J]. 国家图书馆学刊,2009(3):26—29.

[5] 李高峰,陈永平,王岚霞. 国外图书馆多元文化服务: 理念、实践与模式[J].图书馆建设,2009(11):69—72.

[6] 束漫.多元理念与美国公共图书馆多元文化服务[J]. 图书情报工作,2012(3):84—88.

[7] http://www. ifla. org/VII/s8/unesco/eng.htm.

历史文献的视觉档案——以“近代上海城市文化”系列文献纪录片制作为中心的探讨

黄 薇
（上海图书馆）
刘丽婷
（上海广播电视台）

摘要 随着全媒体时代的到来，作为信息资源和各种文献集散地的图书馆，传统的资源管理和服务模式正逐渐向一种更为开放和互动的模式转变。包括历史文献资源在内的多种文献信息，通过文字、声音、影像、动画、网页等多种媒体表现手段，整合广播、电视、音像、网站、出版物等不同媒介形态，向更为广大的读者群体传播。本文以全国文化信息资源共享工程地方资源建设项目——“近代上海城市文化”专题片的拍摄制作为例，探讨如何通过文献纪录片的方式，对图书馆藏历史文献资源进行再揭示。图书馆作为一个特殊的投放场所，其目标收视群有其自身的特点，不同于传统电视纪录片的制作，文献纪录片在力求文献精准的同时更需兼顾视觉的美感，是一种全新的挑战。

关键词 全媒体 历史文献 文献纪录片

Visual Archives of Historical Documents: Discussion Centered on the Production of *Urban Culture in Modern Shanghai* Docudrama Series

Huang Wei
(Shanghai Library, China)
Liu Liting
(Shanghai Media Group, China)

Abstract With the coming of omnimedia ages, the traditional libraries require a new model of information resources management and client service. A rage of documents resource including historical documents transmits through broadcast, audio, video, internet and publication to expand coverage. This paper focuses on the production of *Urban Culture in Modern Shanghai* Docudrama Series to explore a new way of revealing the historical documents. As a special broadcasting place, the target audience group of library has its own features. Since the way of docudrama production is different from the traditional documentary, it should be a well balance between historical memory and aesthetic accentuations.

Keywords Omnimedia Historical Documents Docudrama

全媒体的概念来自传媒的应用实践领域，而非大众传播领域，所以从一开始就与人们的日常生活密切相关。①十多年来，伴随着科技发展的日新月异，传播手段的层出不穷，全媒体也经历了从多媒体、跨媒体到融合媒体的演化和更新过程，在实践中不断丰富着它的内涵。全媒体可以将文字、图片、动画、声音和视频等各种媒体表现手段进行跨媒介的融合，形成一种新的传播形态，以此来满足受众多元化的需求。近年来，作为

① 郜书锴：《全媒体：概念解析与理论重构》，杭州：浙江传媒学院学报，2012年8月。

传统的信息资源和各种文献集散地的图书馆受到了来自各方的巨大挑战,甚至有人断言其终将在未来"消亡"。实际上,根据IMLS(Institute of Museum and Library Services)等权威机构的调研,图书馆和博物馆依然是公众值得信赖的信息源,亲自到馆和远程利用同样具有意义。如今,我们更应该思考的是如何借助全媒体融合之势,进行图书馆资源的全面整合,强化其作为知识平台的功能,提升图书馆在全媒体时代的社会认同感。①

1 多管齐下:全媒体时代下的资源整合实践

全媒体极大的丰富了媒体形态,也改变了传媒格局,纸媒、广播、电视、互联网、手机等移动新媒体共存融合在一起,图书馆对于这一潮流的回应也经历了一个发展的过程,复合型图书馆、信息共享空间等理念和实践正在逐步导入公共图书馆的管理和服务之中。②以上海图书馆为例,自2000年至今的10余年间,逐步推出了一卡通服务、网上联合知识导航站、文献提供服务、手机图书馆服务以及面上图讲座、上图展览的网络展示平台、电子报栏、多重触控显示屏、手持阅读器借阅服务等,不仅增添了公共图书馆的服务新内容,也在时代新形势下不断为公共图书馆的发展寻找新的机遇。全媒体时代对于公共图书馆的挑战是全方位的,从文献典藏的多元性到图书馆服务的多样性以及文献信息获取的个性化和便利性等等。诚如上海图书馆馆长吴建中在《世博启示录》中所指出的那样:"范式转换指的是一种革命性的变化,不是单纯的相加或减少。今天图书馆正处在范式转换过程中,正在从一个纸质媒体时代进入一个全媒体时代。这两种模式的图书馆之间不只是量的差异,而是质的根本变化。"③

近年来,尤其是在2008年以后,越来越多的业内人士将自己的研究置于全媒体的大背景之下,以"全媒体时代的图书馆"为题的论文大量涌现出来。其中,除了对全媒体时代图书馆的定位和未来发展作整体性概论的文章外,④从具体层面看这些研究主要集中在三个方面:第一,探索全媒体时代图书馆的创新服务模式,包括服务理念、途径、方法等问题;⑤第二,全媒体时代宣传推广和营销策略等涉及图书馆发展本身的议题;⑥第三,部分公共图书馆、高校图书馆进行数字阅读、展览服务等全媒体创新实践的实例研究。⑦诚然,研究者们都注意到了全媒体时代所带来的便利,也开始着意于调整原有的服务模式和发展策略。但就国内现有的研究情况来看,总体性的论述依然多于个案的研究,在创新服务的途径上更多地聚焦于如何采用现代信

---

① 刘宝瑞,陶佳:《全媒体时代图书馆的知识功能与定位研究》,《图书馆学研究》(应用版),2011年8月。

② 王世伟:《全媒体时代的公共图书馆服务及其对图请教育的启事》,《图书情报工作》,2010年11月。

③ 吴建中:《世博启示录》,上海:上海大学出版社,2010年。

④ 参见:傅燕芳,蔡凤:《"全媒体"时代图书馆该如何顺势而为》,《农业图书情报学刊》,2013年6月;蒲叶:《新媒体时代给传统图书馆带来的影响与对策探析》,《科技传播》,2013年24期;张一涵,邵波:《全媒体时代图书馆联盟只是服务的障碍与应对策略研究》,《图书馆学研究》,2013年20期;张芳宁,陈鹰:《图书馆全媒体融合服务的路径和动因》,《图书与情报》,2012年第3期;陈志兴:《全媒体时代图书馆的应对策略》,《图书馆学研究》,2012年第9期;张霞敏:《全媒体时代的公共图书馆发展探索》,《图书馆杂志》,2012年第12期;刘宝瑞,陶佳:《全媒体时代图书馆的知识功能与定位研究》,《图书馆学研究》(应用版),2011年8月;张芳宁:《"全媒体"视野下图书馆服务的未来》,《情报资料工作》,2011年第4期等。

⑤ 参见:曾娟:《论全媒体时代数字图书馆读者服务优化》,《图书馆界》,2014年第1期;刘雪平:《全媒体时代图书馆服务的模式创新与探索》,河南图书馆学刊,2013年5月;曹媛媛,张芳宁:《全媒体影响图书馆服务之多维分析》,四川图书馆学报,2012年第5期;李晓岩:《全媒体时代图书馆创新服务途径研究》,《图书与情报》,2011年第5期;;王世伟:《全媒体时代的公共图书馆服务及其对图请教育的启事》,《图书情报工作》,2010年11月等。

⑥ 参见:刘兰:《全媒体时代高校图书馆的营销策略研究》,《图书馆建设》,2013年第2期;高灵溪:《基于社会化媒体的图书馆阅读推广研究》,2013年东北师范大学,硕士论文;吴青松:《浅析基于全媒体时代的图书馆社会阅读发展》,《农业图书情报学刊》,2013年第8期;蔡朝晖:《全媒体时代高职图书馆阅读的推广与创新》,《南通纺织职业技术学院》,2013年23期;葛贤,赵秀君:《全媒体时代图书馆宣传推广策略探析》,《农业图书馆情报学刊》,2012年第5期等。

⑦ 参见:蒋德凤:《论全媒体语境下区域图书馆信息集群的模式与路径选择——以广西图书馆信息集群构建为例》,《河南图书馆学刊》,2013年第4期;乔南,于飞,曾爱娥:《全媒体时代高校图书馆的参考咨询服务模式——以武汉大学图书馆为例》,《图书馆学刊》,2012年第9期;吕长英:《基于SWO的图书馆移动阅读服务探析》,《科技创业月刊》,2013年11期;许江涛:《城市社区图书馆建设现状与公众个需求研究——基于天津滨海新区的调查分析》,《河南图书馆学刊》,2013年第12期等;项琳:《全媒体时代市级公共图书馆核心价值与能力研究——以秦皇岛图书馆为例》,《河北科技图苑》,2013年第4期;刘晓景:《全媒体环境下的视障读者服务研究——以重庆图书馆视障服务为例》,《图书馆学刊》,2012年第7期等。

息技术或先进的移动终端设备去改变现有的服务模式，而忽略了要真正实现服务的跨越式发展，还有一个更为重要的核心问题：图书馆资源建设。日趋成熟的网络技术、数字化技术、媒体技术固然丰富了知识提供的方式和途径，但在信息爆棚的现代社会真正的挑战来自于：怎样使读者更有效的获得所需要的信息或者说如何缩短读者需求和源数据之间的距离。①我们应该认识到再先进的技术和设备都是为满足读者信息需求而存在的，或者说这只是前提和基础，只有当基本的资源信息经过有效地揭示和整合，并最终通过媒体平台为读者进行信息服务时，才能算得上是真正意义的全媒体时代的图书馆服务。本文即以上海图书馆"上海年华"项目组多年来的工作实践，尤其是2013年度参与的全国文化信息资源共享工程地方资源建设项目——"近代上海城市文化"专题片的拍摄制作为例，探讨如何在全媒体时代，通过电子数据库、实体和网络展览、纸质出版物、文献纪录片等多种方式结合，对图书馆藏历史文献资源进行再揭示。

2 上海年华：凸显馆藏优势，树立文献资源品牌

"一个公司不仅要创造优质的商品，它还应当把产品的优点告诉顾客，认真地在顾客的心目中树立起产品的形象。"这是素有"现代营销学之父"之称的菲利普·科特勒的经典论断。②这条金律不仅对于企业，对于公共图书馆也同样适用。根据2008年OCLC一项对普通人通过网络获得信息习惯的调查表明，84%的人采用GOOGLE这样的搜索引擎获取信息，仅有2%的人会通过图书馆的网页查找需要的资料。怎样才能在人们对图书馆"千馆一面"的固有思维中"突围"，除了更新服务理念，改变服务模式外，最重要的仍然是建立起具有鲜明馆藏特色的服务产品。简单说，就是"差异化竞争，唯一性生存"。其中，依托馆藏资源，利用地方优势，建设好特种历史文献资源库，就是一个十分便捷也非常可行的方式。这一理念相信已成为多数研究者和实践者的共识，然而在进行具体操作时，怎样选择合适的切入点，又通过什么方式来呈现是解决问题的关键。由于历史文献的特殊性，尤其是一些特种非书文献的收集、整理、展示和利用，对传统图书馆来说是一项新的挑战。

2005年3月上海图书馆即以"上海年华"为名，开始了对历史文献资源建设的全新尝试。该项目组在成立之初将自己定位为一个数字图书馆项目，确立了建设目标：以上海开埠以来的地方史精华为主题、将政治史和经济史为背景、社会史和文化史为主脉，以多媒体数字化为表现形式、以馆藏文献为基础。第一轮的建设包含了"电影记忆"和"图片上海"（http://memoire.digilib.sh.cn/SHNH/tpsh_index.htm）两个子数据库，其中"电影记忆"子数据库包含了"电影全目书志"和"中国电影明星录"两个板块（http://memoire.digilib.sh.cn/SHNH/）。以其中的"中国电影明星录"为例，依托上海图书馆丰富的电影期刊资源以及网络技术，通过图书馆员的编辑整理，在网络平台上实现了图片、文字、声音和视频资料的有机融合，综合为读者提供服务。2007年，在"图片上海"子数据库的整理基础上，"上海年华"开展了对馆藏历史原照的整理、标引、著录工作，并且在

① Hanene Maghrebi, *Open system for indexing and retrieving multimedia information*. Actes du36e congres annuel de l'Association canadienne des sciences de l'information(ACSI), University of British Columbia, Vancouver, 5 au 7 juin 2008.

② 于丹：《形象品牌竞争力——电视包装实战攻略》，中国广播电视出版社，2006年2月。

此基础上举办了“上海图书馆藏历史原照精品展”,并出版了配套图录,举办面对公众的免费讲座,深入浅出的解读历史文献。同时,也通过日报、周报、月刊、广播、电视新闻、专题片等传统媒体进行不同层面的立体式宣传,这其中不仅有一般意义上的新闻通讯报道,也有迎合普通市民口味的“夜光杯”连载,更有具备学术意义的长篇深度专栏。作为尝鲜者,当时该展览还采取了手机推送有奖问答和辨认历史原照的网络推广活动。先进的技术手段和多样化的媒体传播途径相结合,真真实实的改变了人们对于历史文献陈旧、高深不可触碰的印象,在短短 10 天的时间内超过 3 万人次走进图书馆参观展览,并由此对“历史文献精品展”和“上海年华”品牌产生了持续的关注。这次展览也是“上海年华”项目真正意义上通过融合媒体进行实践的具体案例之一。

2010 年世博会期间,“上海年华”项目又开始了一项新的尝试,推出了《上海:融入世博的精彩历史》的多媒体网络展览项目。在内容方面与传统的展览分别不大,主要分为图片专题与文字专题两部分。图片专题“世博记忆”以有中国参与或与中国有关的历届世博会为轴,上起 1851 年英国伦敦世博会,下讫 1933—1934 年美国芝加哥世博会,汇聚呈现一批世博会场、各国尤其是中国的展馆和展品的照片及相关文献书影。文字专题“参展珍闻”则以文本内容为主,分篇讲述中国在世博会历史上值得一书的人物、事件及事物。每一篇章的篇幅皆不长,但言简意赅,并附有背景知识链接与相关图片,短小精悍,雅俗共赏。此次展览主要的突破和创新在于,展示的手段突破了物理空间的限制,首次采用了所谓“大中小”结合的模式呈现给读者:其中“大”指放置于世博会展区和图书馆大厅内的多媒体大触摸屏,以十分绚丽的效果展示展览内容,读者可以通过互动触摸的形式,自由选择需要的主题;“中”指通过互联网在电脑屏幕前浏览(网站 http://expo.library.sh.cn/),展览以全动态的 Flash 形式呈现世博历史;而“小”则指的是手机屏(手机图书馆 http://m.library.sh.cn/)和 e-book 电子书阅读器,展览改由电子书的形态出现,可以在上图的电子书平台上在线浏览,也可以将这些电子书下载至手机客户端进行阅读。虽然展示的内容不尽相同,但由于展示平台的不同性质,这项工作绝非简单的剪切或叠加,而要求图书馆员必须根据每个平台受众的不同,重新加工原材料进行整合。此后,“上海年华”还持续推出《辛亥革命在上海》、《明星电影公司成立九十周年》等网络展览。

2011年起,“上海年华”项目组启动了升级版的“上海文化年谱”项目,除了延续项目组以往对于地方文献的编辑整理的优势之外,还开始着手对“上海年华”原有各子库和历史文化大事年谱作有机整合。目前已接近完成的上海历史文化大事年谱将成为这一平台的时间纬度,在此基础上关联数十个已完成开发的文献专题、专栏资源,使其成为一个文字、图片、音频、视频的综合展示平台,其中不仅包括提供检索的近代文献数据库,题录库、图片库等原始文献数据库,还包括通过二次甚至三次加工而成的专题数据库(如前述的“电影全目书志”和“中国电影明星录”)以及专题展览资源(如前述的“上海:融入世博的精彩历史”和历史文献中心阅览典藏部推出的季度展)。经过将近十年的开发和整合,“上海年华”项目组也伴随着时代的发展不断的调整资源建设的方向。在过去9年的实践中,项目组对历史文献特别是非书文献的揭示,经历了从传统的纸质媒介到数据库建设、网络媒体的展示,从单一向度的工作到多媒体融合发展,在不断尝试中积极探索图书馆资源建设的新模式。2013年,这项尝试又有了突破性的进展,那就是“近代上海城市文化”历史文献纪录片的投拍,使得“上海年华”从本质上突破了文字加图片的基本工作模式,变被动为主动,更加积极的推进全媒体时代下的历史文献资源建设工作。

3 视觉档案:平衡文献精准与视觉美感

传统的图书馆留给大部分人的印象,就是一个巨大的书库,当读者有需求的时候才会走进来,而图书馆员的职责似乎就是提供一张清晰的目录,帮助人们找到需要的书本。换言之,图书馆的服务是被动的,等待着有需要的人到来。网络技术的出现,大大拓宽了人们获得信息的渠道,图书馆的一部分功用也被取代。尤其是,网络资源的专业化信息提供推动着受众分众化趋势日益明显,公共图书馆如果依旧坚持“大而全”的资源建设理念,恐怕难以对特定受众群体造成定向吸引。也就是说,今天走进图书馆的人,可能目标会更明确要求也更高,这就需要我们越来越注重如何为读者提供个性化、多样化的服务,甚至有时候需要主动出击。对于历史文献这样的特殊资源,读者的需求其实是两极化的:专家学者希望图书馆能够更原汁原味地呈现,更方便的检索和查询;普通民众,则希望能通过专家的深度解读来了解相关的知识,获得教益。对于前者,图书馆的职责还是在基本的整理、编目等工作上,只需尽可能利用先进的技术手段,完成诸如对图书档案的数字化并实现全文数据库检索等工作,甚至能为读者提供远程利用的便利。而对于后者,目前主要还是通过周期性的展览、讲座以及网络多媒体展示的方式来实现,影响有限。图书馆与媒体的合作,也往往比较被动,提供咨询多,主动利用其平台发布信息少。2013年,上海图书馆参与的全国文化信息资源共享工程地方资源建设项目——“近代上海城市文化”专题片的拍摄,则不失为一种全新的尝试。

历史文献纪录片是一种特定的纪录片类型,不仅传承了纪录片的作用,更重要的是展现了珍贵文献的价值性,所以传统意义上的文献纪录片都是现有影像资料、文本资料、当事人口述等方式对事件进行全方位的

纪录、演绎和剖析,从而达到纪录历史、反映历史、还原历史的目的。①法国《电影辞典》这样定义纪录片:“具有文献资料性质的、以文献资料为基础制作的影片。”这种广义的文献纪录片概念赋予了所有纪录影像以文献价值。在一般的文献纪录片制作流程中,图书馆、档案馆总是承担着资料提供方的角色,很少参与到具体的策划、拍摄过程中。但是,“近代上海城市文化”专题片的拍摄,则反其道而行之,图书馆作为主体全程参与了拍摄主题的确定、资料筛选,文字剧本撰写,采访对象的联系等实际工作,依托上海广播电视台纪实频道丰富的实践经验,技术优势以及后期制作的能力,双方共同完成这项工作。

这一次的专题系列片定位在“城市文化”的主题上,第一期分别选择了上海旅游、上海老电影院、小校场年画和石印四个拍摄主题,总共制作四部八集共计 240 分钟的纪录片,并分为全国文化共享工程播出版和电视媒体播出版两个版本。此次文献纪录片主题的确定,一方面基于上海图书馆丰富的特色地方文献资源馆藏,一方面也基于“上海年华”项目多年来整理和研究的成果,因而使得专题片的拍摄更注重原始资料甚至是珍贵文献的运用,问题的提出也具有学术前瞻性,在大众普及和学术价值上更加平衡。以《传统年画的绝响——小校场年画》为例,以往的纪录片制作往往从民俗角度来解读这一主题,这一方面限于小校场年画存世量稀少,拍摄不易,另一方面也由于相关研究成果甚少,资料查询不便。但在这一次的拍摄中,则完全无需顾虑,一则参与拍摄的图书馆员本身就是小校场年画研究的专家,先后撰写过多本专著和论文。②同时,上海图书馆又是国内小校场年画重要的收藏机构,能够为拍摄提供各种便利条件。最终,呈现出来的成片才能打破了固有思维,真正围绕小校场年画本身的形成、发展、消亡的历史主线展开,兼及年画的制作流程、主要的小校场年画创作者背景以及上海年画铺的相关信息等内容,在回顾历史的同时,也就小校场年画的现状和研究成果做出总结。因此,最终完成的文献纪录片,不同于电视纪录片的深入浅出、浅尝辄止,而是具有了学术的严谨和观点,是一部经得起反复观看的历史文献的视觉档案。它的细致、全面,超越了大部分读者所能完成的纸质文献的查阅权限,也经得起历史学者们的审阅和参考。

同样,《石头谱写的文明——近代上海石印》的拍摄则更具特殊意义。通常历史文献纪录片的拍摄对象集中在重大历史事件或人物身上,较少出现以一种类型的文献作为拍摄主题,尤其又是研究者较容易忽略的石印印刷。在中国,雕版印刷是最早出现的印刷形式,一直以来在传统文化中占据主导地位,直到清末才逐

① 张洁琼:《浅析文献纪录片的价值性及其体现方式》,《大众文艺》,2011 年第 13 期。

② “上海年华”的成员参与编辑和撰写的专著、论文有:张伟:《中国木版年画集成(上海小校场卷)》,中华书局,2011 年;《清末年画汇萃》编委会:《清末年画(上海图书馆馆藏精选)》,人民美术出版社,2000 年 5 月;张伟、严洁琼:《小校场年画中的方言嬗变》,《年画研究》,2012 年 10 月;张伟、严洁琼:《图像刻绘的民俗——以小校场年画“打连厢”和“荡湖船”为例》,《年画研究》,2011 年 11 月;张伟:《近代海派画家与年画的关系及影响》,东方早报,2012 年 1 月 16 日;张伟:《一百年前的都市风景——近代上海年画特色漫话》,《上海工艺美术》,2010 年第 2 期等。

渐被西方传入的铅印、石印替代而退居次要地位。在近百年的时间里,石印与铅印相互竞争,此消彼长。到19世纪末,石印甚至迎来了长达30年的辉煌时期,但最终被铅印取代,逐步淡出了人们的视线。作为中国传统雕版到机械印刷的关键过渡,石印在印刷史上占有重要的地位,时至今日依然有机构和企业采用石印的方式来复制和翻印古籍。但是,对研究者来说,要集中查阅石印文献却不是一件容易的事情,一般的公藏机构较少专门标注印刷形式,大部分人接触到的石印印刷品多为晚清私营书局翻印的小说、鼓词、唱本等,难免留下粗制滥造的印象。即便是在国内收藏、整理、保存石印印刷品最多的机构——上海图书馆,因为石印文献根据装帧、年代、内容等分属不同库房收藏,要想集中调阅也绝非易事。例如,1878年出版的土山湾印书馆的早期石印精品《中国溺婴记》,中法文合璧,图文精美,当时也只印刷了200本,现在收藏在徐家汇藏书楼;以逼真的石印人体解剖图闻名于世的1851年广东惠爱医馆出版的《全体新论》,闻着甚众,真正得窥全貌者极少,现在收藏在上海图书馆的航头书库之中;民国时期陶湘彩色石印的精品《汪氏鉴古斋墨薮》则收藏于上海图书馆古籍书库之中。由于石印作为一种印刷方式已经退出了主流的印刷领域,今天要想实地看到石印生产并不容易,大部分的研究论著往往也是从文献、图片出发,缺乏形象的认识。这一次通过拍摄《石头谱写的文明——近代上海石印》专题纪录片,使得图书馆能有机会从印刷方式的角度重新梳理馆藏,对这一类型的文献进行再揭示,重新审视其历史地位与价值。在拍摄过程中,摄制组走访了曾经参与石印工作的老工人,现在依然在进行石印印刷的工厂企业,竭尽所能将珍贵文献采录下来,并将纸质文献、活动影像、传人口述等集中体现于一部纪录片中,这使得文献纪录片在揭示和表现历史文献上,比传统的多媒体数字资源更具优势。

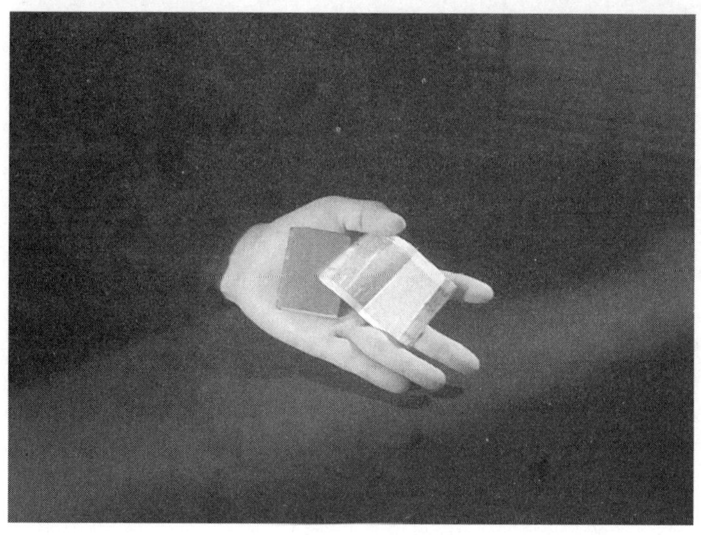

此次文献纪录片的拍摄分为在图书馆网络平台播出的文化共享工程版和在上海电视台纪实频道播出的电视媒体版本。以《石头谱写的文明——近代上海石印》为例,其图书馆网络平台播出的文化共享工程版总长为60分钟,分上下两集,各30分钟。上集梳理了近代上海石印短暂而辉煌的发展历程,从石印术的发明,到石印率先进入南洋及广州,从最早在上海使用石印技术的墨海书馆,到将之发扬光大的徐家汇土山湾印书馆,再到鼎盛时期的点石斋,直至逐步走向没落,随着技术的革新而逐步退出历史舞台。下集则以石印的印刷特点为主要内容,即照相制版技术运用,保持书法之美,缩放自如;图形大量采用,使得阅读活泼;制版迅速,价格低廉,引发石印狂潮;以彩色石印为代表的完美谢幕,采用小专题的方式对近代上海石印术进行了技术和历史的双重分析。而电视播出版的《石头谱写的文明——近代上海石印》其片长和内容都有很大的不同,它以点石斋画报为抓手,勾连其石印的历史和特点,片长浓缩为25分钟。全国文化共享工程播出版和电视媒体播出版两个版本特色各有不同,前者厚重,后者轻快,前者细致严谨,后者深入浅出。充分体现了不同投放媒介对于不同类型视频内容的需要。图书馆内的受众多为对此专题感兴趣的读者和想要相关研究的学者,它的收看是“点播式”,需要的是深入、细致,看完上集感兴趣后,还可以点播下集观看,作更深入的了解。因此这个版本的视频,画面运动和剪辑节奏都更加缓慢、沉稳。而电视播出版针对的是普通的电视观众,他

们大多并不了解上海近代石印,至多是对文化题材比较感兴趣,他们需要的是生动鲜活,他们的收看是“伴随式”的,随时可以停止观看。因此这个版本的视频,画面运动和剪辑节奏都更加明快、现代。在文献的精准和视觉的美感双重要求之下,在不同投放场所的观众面前,“近代上海城市文化”专题片探索出了一种探寻严肃而有趣的表达。

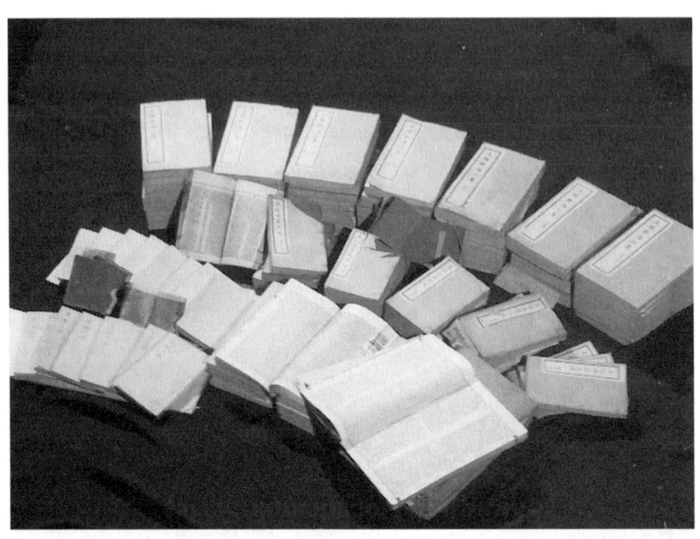

当前,无论是“近代上海城市文化”专题片的拍摄,还是“上海文化年谱”数据平台的建设都还处于探索阶段,无论在技术和规模上都与纽约公共图书馆数字画廊、英国利兹图书馆的照片档案、美国国会图书馆的印品与照片部等发达国家图书馆所主持的网络文献资源平台库存在相当大的差距。但参与纪录片的拍摄,从资料提供方转为内容提供方,依然是具有重要意义的一步。当今社会,专业化分工越来越细,强强联手,各自发挥所长是各行各业前进的趋势。在这一次的合作中,我们也更深地意识到,随着时代的变迁,为读者服务不再是坐在图书馆中等待,而是可以主动出击,通过各种媒体传播途径努力实现自我突破,从等待读者到培养读者,改变传统图书馆呆板的形象,真正树立起属于自己的服务品牌。全媒体时代给我们提供了多样化的传播途径,这意味着绝非仅仅是一盘原料炒多盘菜的简单重复,每一种媒体都有其自身的特点,更需要我们量体裁衣,甚至有时候需要推倒重来,这对图书馆员来说,也将是一个巨大的挑战。在未来,除了继续在基础文献的整理上投入更多的人力物力,积极开展文献研究业务外,还需要我们紧跟时代潮流,不断完善和提高自己,才能为有需求的读者提供更专业的服务,不辱使命。

尼日利亚公共图书馆对社会福利的信息管理与服务的政策框架：推动可持续发展

Jamilu Abdullahi
（尼日利亚 Abubakar Tafawa Balewa 大学）

摘要 本文试图探索公共图书馆和信息服务在满足尼日利亚社会福利计划需要中所发挥的作用。尼日利亚正努力在2020年之前跻身世界前20大经济体，针对于此，本文通过引入相关的信息管理和服务政策。建议作为社区发展主角的尼日利亚公共图书馆，应当为推动社会福利部门的发展提供资源和服务。这些战略性政策应当包括：辨识各类用户群体、分配专门的信息专业人士、提供足够的财政资源、进行社会福利信息资源发展规划、提供高效的信息服务推送系统、合作安排以及采用信息与通信技术。一旦这些举措能够得到合理规划并有效执行，将成为公共图书馆推动尼日利亚社会福利部门可持续发展的标杆。

关键词 信息服务　尼日利亚公共图书馆　社会福利　弱势群体

Policy Framework on Social Welfare Information Management and Services for Nigerian Public Libraries: Promoting Sustainable Development

Jamilu Abdullahi
(Abubakar Tafawa Balewa University, Bauchi, Nigeria)

Abstract This paper attempts to explore the role of public library and information services for the satisfaction of the demand of social welfare initiatives in Nigeria. Looking at the present Nigeria's quest to become one of the top twenty(20) economies of the world by the year 2020, the paper proposes that Nigerian public libraries, as key players in community development, should provide resources and services for the promotion of social welfare sector of the country by introducing relevant key information management and service policies. These strategic policies should include identification of various user groups, deployment of specialized information professionals, provision of adequate financial resources, social welfare information resource development planning, effective information service delivery system, partnership arrangements and adaptation of information and communication technology. These activities, if properly formulated and executed, will serve as a public library benchmark for the promotion of social welfare sector of the country for sustainable development.

Keywords information service　Nigerian public libraries　social welfare　vulnerable group.

1 Introduction

Public library and information workers in Nigeria are dealing with various categories of patrons among which are social welfare administrators and vulnerable group of the society. There are various reasons of using public library and information centers in Nigeria: Some patrons consider the public libraries as suitable education centers where they can read books and other materials for self development or professional / career advancement; others view these centers as places for information(especially in Newspapers), recreation and leisure. The fundamental role of these types of community information centers towards satisfying the educational and informational needs of the citizens through effective service delivery is enormous.

Looking at the structure within which the Nigerian public libraries are operating, they can categorically be perceived as strategic partners for the country's social development and change. During the 2013 National conference of the Nigerian Library Association(NLA) held in calabar, Nigeria, Oduagwu, Ndukaku and Oduagwu stated that "the importance of public libraries can be measured by the effect for good they have on society". Nigerian public libraries, therefore, are primarily established to support the education and information processes thereby promoting the well being of the Nigerian citizens. This has evidently confirmed the assertion of Hamilton(2013) who maintains that "Public library can offer something for everyone in the community—the children and youth, women and girls, the vulnerable and marginalized, the entrepreneur and established businessman, the inventor, or the health worker". The idea of providing social welfare information services by Nigerian Public Libraries should go along way with the IFLA/ UNESCO public library manifesto(1994) that considers "the public library as a living force for education, culture and information and as an essential agent for the fostering of peace and spiritual welfare through the minds of men and women". The manifesto states further that "specific services and materials must be provided for those who cannot, for whatever reason, use the regular services and materials, for example: linguistic minorities, people with disabilities or people in hospital or prison".

Public Libraries in Nigeria, according to Saliu(1999), "are part of national infrastructural institutions which are established to facilitate national development". However, Diso(2005), when describing different types of libraries in Nigeria, asserts that "Public library services are fairly widely distributed, with each of the states having a constituted library board with a network of branches in several local government areas of each state". Nigeria is situated in the West African sub region and has a total number of 36 states, a Federal Capital Territory and a total of 774 Local Governments(Wikipedia 2014). The country is a member of the Economic Community of West African States(ECOWAS) and Africa Union(AU). Its population is calculated at 173.6 million, according to Population Reference Bureau (2013). Nigeria has both urban and rural settlements. It is one of the largest democracies and economies in Africa and it underwent both military and civilian administrations. But presently, it is under a civilian administration.

2 Vulnerable Group and Social Welfare Service Worker Defined

The vulnerable group of the society is the less privileged or people who are weak without adequate resources to cater for their basic needs. Bolin and Stanford(1998), quoted by We ADAPT(2011), refer the most vulnerable as "typically those with the fewest choices, those whose lives are constrained, for example, by discrimination, political powerless, physical disability, lack of education and employment, illness, the absence of legal rights, and other historically grounded practices of domination and marginalization". The vulnerable is therefore he or she who is socially, economically, mentally and physically disadvantaged. On the other hand, the social welfare service worker refers to an organization or an individual providing basic support and assistance to improve the well being of the vulnerable.

The Nigeria's Federal Ministry of Women Affairs and Social Development was established among others to function as a promoter of the general welfare of women; the potentials of the Nigerian child; development of the variety of persons with disabilities; care for the elderly class; rehabilitation of the alcoholics, drug addicts, cult members and school drop outs etc. Part of its essential functions is to strategize mechanism for the collection, collation, analysis, storage and dissemination of research data on women affairs and social development(Federal Ministry of Women Affairs 2013). Various state governments have either ministries of youth and social development, women affairs and social development or youth, sports and social development. Nigeria has National Emergency Management Authority(NEMA) whose mission and vision is to "coordinate resource towards efficient and effective disaster prevention, preparation, mitigation and response as well as building a culture of preparedness, prevention, response and community resilience to disaster in Nigeria" (NEMA Nig 2013). It is worth mentioning here that, both the vulnerable group and social welfare service workers are part of the Nigerian public libraries user community and are assumed to work together to ensure effective social development and change.

3 The Need for Social Welfare Information Service

There is continuous rising concerns about the current situation of the country's socio-economic problems and challenges. Recently, the country director of the World Bank during the bank's Country Programme Portfolio Review in Enugu South-East Nigeria, as reported by the media, puts the number of people living in destitution at 100 million or 8.33 per cent out of One billion two hundred thousand people living in destitution all over the world(World Bank 2013). This figure was exceedingly disputed by the Nigerian government in a statement describing it as "spurious claim". It argues that during the visit of the bank's Vice President for Africa, Makhtar Diop, in May 2013, he declared that poverty has fallen under the current dispensation from 48 per cent to 46 per cent(Federal Government 2013).

Nigeria, however, is making an attempt through its development agenda called vision 20: 2020 to occupy strategic position within the top 20 economies of the world by the year 2020. For this reason therefore, there is need for Nigerian Public libraries to be involved fully in supportive services through organizing information and other literacy programmes to promote the social welfare sector of the country for the achievement of such development objectives.

This paper believes that the provision of public library services for societal development is equally the provision of literacy for societal advancement. Ampene (1980), cited by Indabawa (2000), opines that "literacy is vital as a means of empowering people to overcome poverty, diseases, societal immobility, helplessness, malnutrition, the prevalence of preventable diseases and lack of productivity". Igiamoh and Ogunwemimo(2013), when highlighting the importance of public libraries stress that the public libraries "ensure social inclusion and cohesion by providing access to information and knowledge to all women, men and children". The authors continue to maintain that "this critical access when used by the disadvantaged—such as the poor, the elderly, the disabled, and the unemployed—forms the foundation of poverty reduction, since information poverty is often the root cause of economic poverty". Abubakar(2013) who discusses the role of public libraries in poverty alleviation planning in Nigeria suggests that "...public libraries in Nigeria should develop innovative library-based programmes aimed at addressing, informing, and supporting the poverty eradication programmes in the nation, particularly the current National Poverty Eradication Programme(NAPEP)." In view of this therefore, it is the responsibility of the Nigerian public librarians to consider social welfare information service as one of the fundamental aspect of their present services if the libraries are to be relevant to the contemporary social situation. The libraries being stakeholders in the society should serve as advocates for social justice, welfare right, enhancing human dignity and other human services for sustainable development.

4 Social Welfare Information Service Policy: A Model

The Nigerian public libraries, being a nonprofit organizations and whose chief mission is to benefit community members, are specially qualified to support social welfare activities by introducing relevant policy framework on social welfare information management and services. The idea of the policy framework is to have a coherent guidelines and principles that will promote the library's effort in social welfare information issues. Essential to this paper however, is to take into account the importance and relevancy of policies, strategies and procedures of information management and services to Nigerian public libraries. This will help in the process of tackling a variety of social problems. Dempsey(2013) agrees that "libraries serve a vital social service by helping bridge the gap between the haves and have nots", as such the importance of information should not be ignored when dealing with key social issues. Nyali(2009) posits that "relevant and up-to date information is very important in dealing with various challenges in health, food security, population, democracy, education, family planning, youth empowerment, gender equality and economic development".

Nigerian public libraries should be seen as places for all; and participants in community activities must therefore provide relevant data and information to social welfare workers for effective policy/decision making. It is also important that the libraries should help in the identification of areas of welfare that require urgent attention or thorough investigation, examination and analysis. The 2012 flood disaster according to, reports, ravaged several states in the country leading to the killing, injury and displacement of many(NEMA 2012). The need for data collection and dissemination of information about the courses of the disaster and preventive measures is therefore necessary. For example, Zach and McKnight(2013) who contributed a text titled "Special Services in Special Times: Responding to changed Information Needs During and After Community-Based Disasters" in the United States pointed out that:

> During and after a disaster, both the information needs of the users and the users themselves may be different from those the library served before the disaster. Disaster situations often involve evacuations, so librarians outside of the disaster zone may suddenly find themselves trying to meet the information needs of displaced members of a community looking for news about family and friends, trying to deal with personal business, and generally using the library as a resource and a place to go for support.

In order to efficiently serve the need of social welfare activities, public libraries in Nigeria should set up guidelines and procedures as part of their mission statement for effective management of social welfare information and services. The policy framework should give consideration to the following points:

(1) Identifying user group

In the first instance, determining the appropriate target user group is significantly viable. In social welfare and development information environment, the user group consists of both producers and consumers of information. The service community in Nigeria should include vulnerable children and orphans; rural areas; the poor or people exposed to socioeconomic hardships; unemployed and underemployed persons; the physically challenged; Prisons; victims of natural disasters and violence; hospitals and other health centers.

User analysis should also focus on agencies such as Non Governmental Organizations; Nigeria's National Planning Commission; Federal and State Ministries of Women and Social Development; Youth Organizations; Volunteer Group and Societies; Disaster Management Authorities and so on.

(2) Human resource or expertise

It is very important to consider the work force, that is, subject specialists with a defined roles and responsibilities. The public librarian in charge of social welfare collections and information services should relevantly have skill specification or perhaps a research interest in social work and community development. This would enable him/her to address any needs efficiently. The professional staff should be utilized as a great assistant towards the library's performance and success in the promotion of social welfare initiatives.

(3) Financial resources

The Nigerian Public Libraries depend largely on government for funding. Financial planning for social welfare information service requires the fact that, part of the library budget should be allocated for the development of social welfare collections and services. The libraries should, strongly speaking, initiate diversified ways of rising fund via soliciting assistance from both government and community development agencies, at both national and international levels. The libraries should also help in the awareness campaign for rising fund, relief materials and other items for social welfare projects.

(4) Information resources development and management

This involves proper selection, acquisition, organization and access to local, national and global social welfare information resources in print and electronic format. The libraries should maintain collection of resources on empowerment, health, child abuse and neglect, social security, brielle literacy, reports of natural disasters such as famine, drought, flood, earthquake etc. This process should also involve access to online resources hosted by social welfare service agencies and news media reports on social welfare. During a 2-day Stakeholders' Meeting on Professionalization of Social Work in Nigeria, Idyorough(2013) suggests the need for monthly, quarterly and annual reports to be made on the condition of social welfare services. He further explains that if proper records regarding(handling) individual cases and monthly/annual reports are maintained, it would be useful in the assessment and evaluation of the impact of social work services while proffering solution to any social problems.

(5) Information service delivery

The Nigerian public libraries should consider the methods through which the services will be delivered. Both electronic and print materials and tools are needed for the creation of social welfare databases and system networks. The social welfare data to be delivered should be timely, comprehensive, accurate, relevant, and genuine. The data should be presented in a descriptive, analytical, critical, informative or statistical format based on welfare information need at hand. The service delivery direction should similarly be in form of Current Awareness Service(CAS) or Selective Dissemination of Information(SDI) to the members of the public and social welfare administrators.

(6) Partnership and collaboration

The participation of all stakeholders, such as the Nigerian Public libraries, Citizens, Government and Non Governmental Organizations(NGOs), to promote the social welfare system through information services is needed. The libraries are coordinating and networking bodies that would invite participants and sponsors for the achievement of a common goal. Partner organizations and agencies in Nigeria should include the Nigerian Library Association, Federal Ministry of Women Affairs and Social Development, State Social Welfare Ministries, National Emergency Management Agency, Rehabilitation Centers, The Media, Academics, Prisons, Youth and Women Organizations, Hospitals, Human Right Organizations and Advocacy Groups etc. The libraries should create atmosphere to facilitate the activities and participation of any relevant volunteer work force in social welfare programme.

5 The Role of Information and Communication Technology(ICT)

According to Nwabueze and Ozioko(2011), "the potential benefits of ICT to sustainable development in Nigeria have been accepted as an imperative paradigm". The Country's ICT policy clearly states the mission of government to use ICT for "Education, Wealth Creation, Poverty Eradication, Job Creation and Global Competitiveness"(Posu 2006). There are certain numbers of ICT problems and challenges being experienced by Nigerian Public Libraries. For example, in a discussion of the recent trend of these libraries by Omotosho and Okki(2012), the authors observe that most public libraries have not been able to computerize their collections, let alone use computers to provide services.

Despite the problem of poor and inadequate ICT facilities, the ICT infrastructure including the Internet will significantly enhance the social welfare information service process in these libraries, if fully adopted. The libraries should bridge the gap between the ICT and Society. They should also use the ICT to reaching out new discoveries in social welfare programmes and services as well as establishing links and networks with social welfare service agencies. Also very important here is that, the libraries should support community awareness programmes on local radio stations or local television channels to compliment the collection of materials in the library.

6 Conclusion

This paper has explored and recognized the importance of information management and services for the social welfare sector in Nigeria. The paper proposes that, Public Libraries in Nigeria should be involved in social welfare and development activities through information services. More importantly however, the libraries should engage the services of qualified personnel to handle the social welfare information services. Financial provision should be considered through adequate budgeting for social welfare information. The libraries should also develop Information Resource Management policies and effective Delivery Systems, just as it should establish partnership opportunities and linkages at both national and international levels as well as improve adaptation of Information and Communication Technology (ICT) in promoting social welfare information management and services for sustainable development in Nigeria.

References

[1] Abubakar, B. M(2013) Poverty Alleviation through Strategic Public Library Services in Nigeria in the 21st Century: A Model Retrieved 22/01/2014 from http//www.ifla.org/files/assets/hq/publications/ifla-Journal-39-1_2013.pdf.

[2] Ampene, E.K(1980) The Fruits of Literacy. In Indabawa S.A(2000) Overcoming Destitution through Literacy: A case of the Disabled Persons' Literacy Programme in Kano State, Nigeria. Journal of Social Development In Africa. 15,1, 15—25 Retrieved 04/02/2014 from http://archive.lib.msu.edu/DMC/African%20Journals/pdfs/social%20development/vol15no1/jsda015001003.pdf.

[3] Bolin, R and Stanford, L(1998) in We ADAPT(2011) Vulnerability. Retrieved 11/07/2013 from www.weadapt.org/knowledge-base/vulnerability/vulnerability-definitions.

[4] Demsey, K.(2013) Why are Libraries Essential? Retrieved 11/07/2013 from www.librariesareessentials.com/why-are-libraries-essential/.

[5] Diso, L.I(2005) Information Production, Transfer, and Delivery: Mass Information Work and Television Journalist' dilemma in Nigeria. The International information & Library Review. 37. 285—294.

[6] Federal Government(2013)We don't have 100 million destitute in Nigeria. Daily Post Online Newspaper. November 18, 2013 Retrieved 12/03/2014 fromhttp://dailypost.ng/2013/11/18/we-dont-have-100-million-destitute-in nigeria-fg-faults-world-banks-claims/.

[7] Federal Ministry of Women Affairs and Social Development(2013) Brief History of the Ministry. Retrieved22/01/2014 fromwww.womenaffairs.gov.ng/index.php/component/content/article/84-persons/124-the-minister.

[8] Hamilton, S(2013) Stamping out poverty as well as books? How libraries can support development. The Guardian. Retrieved 11/02/ 2014 from http://www.theguardian.com/global-development-professionals-network/2013/mar/12/libraries-power-global-development.

[9] Idyorough, A. E(2013) Social Work Administration in Nigeria, Challenges and Prospects: A Keynote Address Delivered During a 2-day Stakeholders' Meeting on Professionalization of Social Work in Nigeria organized by Nigeria Association of Social Workers(NASOW). Abuja. Retrieved 04/08/2013 from www.gongnews.net/social-work-administration-in-Nigeria-challenges-and prospects/.

[10] IFLA/UNESCO(1994) Public Library Manifesto. Retrieve 27/12/2013 from http://www.ifla.org/publications/iflaunesco-public-library-manifesto-1994.

[11] Ogiamoh, V. E and Ogunwemimo, O.A(2013) Re-Positioning Public Libraries in Nigeria for Social Inclusion Services. Retrieved 03/02/2014 from www.worlib.org/vol20no2/igia_v20n2.shtml.

[12] NEMA(2012) Nigeria floods kill 363 people, displace 2.1mln. Reuters Retrieved 21/01/2014 from http://in.reuters.com/article/2012/11/05/nigeria-floods-idINDEE8A40EH20121105.

[13] NEMA Nigeria(2013) Mission and Vision. Retrieved 09/03/2014 fromhttp://nemanigeria.com/2131-2/.

[14] Nwabueze, A.U and Ozioko, R.E(2011) Information and Communication Technology for Sustainable Development in Nigeria. Library Philosophy and Practice. Retrieved 22/02/2014. From www.webpages.uidaho.edu/~mbolin/nwabueze-ozioko.htm.

[15] Nyali, G. L(2009) Role of National Library Service in Social-Economic Development. Retrieved 23/01/2014 From http://community.eldis.org/?233@@.59cfe801! enclosure=.59d0109a&ad=1.

[16] Oduagwu, E.A, Ndukaku F.C and Oduagwu, M.C(2013) Lobbying and Advocacy for Improved Public Library and Information Services in Nigeria. Paper Presented at the National Conference of the Nigerian Library Association. Calabar, Cross Rivers State, Nigeria.

[17] Omotosho A.M and Okiki O.C(2012) Challenges of Public Libraries Patrons in the Use of Information Services for Attainment of Health Millennium Development Goals. Library Philosophy and Practice Retrieved 10/03/2014 from http://www.webpages.uidaho.edu/~mbolin/omotosho-okiki.pdf.

[18] Population Reference Bureau(2013) World Population Data Sheet. Washington DC.

[19] Posu, S M. A.(2006) Information and Communication Technologies in the Nigerian Economy. International Conference on Human and Economic Resources, Izmir. Retrieved 22/02/2014 from www.eco.ieu.tr/wp-content/proceedings/2006/0626.pdf.

[20] Saliu, U. A.(1999) The Development and Roles Of Public Libraries In Nigeria. Retrieved 19/02/2014 www.unilorin.edu.ng/journals/education/ije/june1999/THEDEVELOPMENTANDROLESOFPUBLICLIBRARIESINNIGERIA.pdf.

[21] Wikipedia(2014) Local Government Areas of Nigeria. Retrieved 03/02/2014 from http://www.en.wikipedia.org/wiki/Local_government_areas_of_Nigeria.

[22] World Bank(2013) 100 Million Nigerians Live in Destitution. Punch Newspaper. November 12, 2013 Retrieved 12/03/2014 from http://www.punchng.com/news/100-million-nigerians-live-in-destitution-world-bank/.

[23] Zach, L and Mcknight, M(2013) Special Services in Special Times: Responding to Changed Information Needs During and After Community-Based Disasters. Public Libraries Online. Retrieved 11/02/2014 From http://publiclibrariesonline.org/2013/05/special-services-in-special-times-responding-to-changed-Information-needs-during-and-after-community-based-disasters/.

美国对中国崛起的认知
——着重于文献学的探讨

Jiaxun Wu(吴嘉勋)
(美国芝加哥大学)

摘要 从20世纪90年代开始,随着中国的迅速发展,以美国为首的西方世界重视和研究"中国崛起"的问题。与中国崛起这一中性词相伴随的,有些论著使用"中国威胁"这一政治色彩的用语。本文重点论述美国学界对中国崛起的研究,着重于文献学的探讨。

本文主要分三个部分。第一部分,重点论述美国研究中国崛起的各种不同观点以及它的发展过程。第二部分,对部分论著作了摘要论述。第三部分,提供了第二部分没有包括的相关的论著目录。目前,中国崛起已经成为热门的课题。本文仅希望为学者和智库提供基础的文献学资料,期待他们能为中美两国找到建立和平与建设性的关系的最佳战略。

关键词 中国崛起 中国威胁 思想体系 政治制度 民族主义 和睦政策 遏制政策

The American's Recognition on China's Rise
—with Special Attention on Bibliographic Study

Jiaxun Wu
(University of Chicago, USA)

Abstract Since the 1990s, with the rapid development of China, the U.S. -led Western world started to pay special attention to the issue of "China's Rise". Along with the neutral term China's Rise, some scholars use a term "China Threat" which has a more political overtone. This paper mainly studies the American scholarship on China's rise, with the special attention on bibliographic approach.

The paper is divided into three parts: First, it discusses various views on China's rise and its course of development with the emphasis on American scholarship. Second, it provides annotated bibliographies on selected articles and books. Third, it provides a list of articles and monographs on this topic in addition to the second part. These days, China's rise has become a hot topic. The paper hopes to provide basic bibliographic data for scholars and think tanks who could find the best strategies for a peaceful and constructive relationship between the United States and China.

Keywords China's Rise China Threat Ideology Political System Nationalism Engagement Containment

1 Introduction

One issue truly worthy of attention from academic circles relating to U.S.-China relations is that of China's rapid development in the last 20 years, which is sometimes identified as "China's Rise". Along with the neutral term China's Rise, some scholars use a term "China Threat" which has a more political overtone. Due to the broadness of the topic, and richness of American scholarship on this topic, this paper mainly focuses on the American scholarship. This topic is considered so important because China is a major regional power and the United States is a major global power; China is one of the world's fastest developing countries and the

United States is the largest developed country of the world. Furthermore, the study on China's rise and threat is directly related to the relations between the U.S. and China, as well as the peace and prosperity of the world in the 21st century.

The paper is divided into three parts: First, it discusses various views on China's rise and its course of development with the emphasis on American scholarship. Second, it provides annotated bibliographies on selected articles and books. Third, it provides a list of articles and monographs on this topic in addition to the second part. The paper provides a list of total 142 articles and 47 books. In the past 20 years or so, China's rise has become a hot topic. The publications in the bibliographic list discuss the issues from different perspectives, by various political standards and diplomatic theories. The paper hopes to collect basic bibliographic data, so that scholars and think tanks could find it easier to access and better understand the previous scholarship, and could find the best strategies to foster further constructive relations between the U.S. and China, develop engagement and partnership between China and the outside world, and enhance world cooperation and peace.

I have mainly used databases Article Plus, Academic Search Complete, Political Science Complete, First Search, Proquest, and JSTOR. A number of search terms have been used such as China's rise, China threat, China containment, and China engagement. Since the terms can't cover all related records, I also reviewed some references of articles and books, but it is far from perfect. As not all articles in the bibliography have been reviewed, thus there might be some articles irrelevant to the topic.

The China's rise and threat issue can be roughly divided into three stages based on the relationship between China and the United States, and related discussions. The first period is from 1992 to 1999. In 1992, the Cold War was just over, and the United States became the only superpower in the world. The academic circle of the United States, as well as the rest of the Western world, started to consider the future model of the world. In the meantime, China had started rapid economic development. Thus, scholars started to consider China's rise which became a hot topic in the ensuing years. In the fall of 1992, Ross Munro published an article "Awakening China." In this article, Munro discussed the challenges from China in its explosive economic growth, military assertiveness and communist ideology. The author also used the phrase "China threat": China will pose a growing threat to vital interests of the United States(Munro p.11). The author warned that once the Chinese dragon awoke, the world would shake. Since then the studies and discussions on China's rise and threat gradually increased. Generally speaking, during this period, many topics have been covered, many articles had been published, but not many monographs have been published on this topic until near the end of this period.

The second period is from 1999 to 2005. In May 1999, during NATO's bombing of Yugoslavia, five U.S. bombs hit the embassy of the People's Republic of China in Belgrade. Chinese people were outraged by the incident, and protested U.S. bombing in Beijing as well as other cities. In April 2001, a collision between a United States Navy EP-3E reconnaissance plane and a China's fighter jet off the coast of Hainan, resulted in an international dispute between the two countries. With these two major incidents plus some other issues, the alleviated relations turned to tension again. Before that, Jiang Zemin visited Russia and enhanced the partnership of the two countries. Since 2001, the Bush administration's foreign policies were very different from those in Clinton's period. The China threat was further discussed. The scholarship paid special attention on the nationalism and anti-Western ideology as well as on other topics relating to China threat. The hostility increased in some study.

The third period is from 2005 to the present. In March 2005, Secretary of State Rice made a remark in Japan. Rice declared that the United States welcomes the rise of a confident, peaceful and prosperous China. We want China as a global partner, able and willing to match its growing capabilities to its international responsibilities(Rice). During the third period, the responsibility matching with its capabilities has become a major tone on the U.S. policy on China. In the meantime, studies on containment and engagement are still going on.①In the middle of this period, China became the second largest country after the United States as far as GDP is concerned.

This paper focuses on the publications from 1992 to 2005. Since the paper includes a bibliographic list, it would be too long if it covered up to the present period. Among these publications, the bibliographic list lays special emphasis on academic journals and books, and not includes the publications in newspapers.②

Since introducing the previous scholarship with the bibliographic study is a main function of this article, the author tries to hold a position to describe the views of both sides as what they are and avoid judgment and criticism.

2 Does China threat exist? A General Overview

China'srise along with China threat have been discussed in length by Western world since 1992. Besides the rapid economic growth in 1990s and 2000s, there are at least five major reasons for this. First, China is one of the largest countries of the world with the largest population. Second, China was a superpower in ancient time in the Asia-Pacific region and it most likely will restore this superpower status again in the 21st century. Third, the leadership's ideological system and political system are different from those of the Western world. Fourth, China's nationalism has displayed an anti-American or anti-Western tendency. Fifth, China's military budget has increased significantly.

Generally speaking, the China threat theorists believe that the rise of China will inevitably affect the interests of the United States, and will challenge the global leadership of the United States. After the collapse of the Soviet Union, China has become the main competitor to the United States. Regarding the severity of the threat, threat theorists have different views. Some believe it is the most serious problem for the United States in 21st century. It is more important than anti-terrorism. Some argue that anti-terrorism and dealing with China threat are both important for the United States in the 21st century.

Some threat advocators believe China is a potential threat because of China's internal social problems. China's social fabric is fraying. Crimes, drug use, smuggling, prostitution, and other vices are increasing. Divorce rate rose nearly by 100 percent between 1984 and 1994. "Money worship" pervades society and there is a crisis of morality. Politically, the legitimacy of the Chinese Communist Party has seriously been weakened (Shambaugh, "Containment or Engagement of China?" 193). China, as a fragile country, will be characterized by both rapid growth and instability(Shambaugh, "China's Fragile Future" 45). Thus his way of thinking is that economic development causes more social problems and instability, which will in turn increase the threat to the Untied States and the world.

Someone discusses China's problem in an extreme way.Chang claims that the People's Republic, as a communist country, cannot solve the problem of the succession, the transfer of the power is not governed by law, but by ambition. After listing all internal problems, social instabilities, he predicted in 2001 that the People's Republic of China will last no more than 10 years.

Some non-threat theorists argue that though China is rising, it will be a competitor, adversary, sometime partner and sometime challenger, but not a threat to the United States. The territorial expansion and invasion were never a main part of Chinese culture in the history. In contemporary times, China has made efforts to solve the territorial disputes through diplomatic negotiations. Even China becomes a superpower in the 21st century, the United States and China still can cooperate in international affairs.

Some scholars believe China is more an ambitious nation than a threatening country. China may become

---

① This period can be further divided based on the policy of the United States on China and related issues.

② Y. Yang and X. Liu studied China threat issue in the five major newspapers from 1992 to 2006, and found 376 articles. See, The "China Threat" through the Lens of US Print Media: 1992—2006. Journal of Contemporary China, 2012 21(76), July 695—711.

No. 1 country in the 21st century. Along with the rise of China, it will seek more power and want to resolve old quarrels in its own way. To better understand China's foreign policy, the Western world needs to understand its history. Western hostility toward China encourages the paranoia and strengthens the domestic political position of the paranoiacs. Consequently, such hostility is counterproductive, as well as wrong. The Western world should try to understand China and should maintain dialogues with China, and regard China as a alternatingly partner and adversary(Kristof).

Gries applies social identity theory(SIT) to analyze China's rise and China threat. Gries emphasizes, the social psychology of intergroup relations can help explain whether China will choose cooperation or conflict in a given situation. Sino-American relations in the 21st century, therefore, will not inevitably be confrontational. By suggesting which conditions promote intergroup conflict and which diffuse it, social identity theory can help both Chinese and American to prevent conflict, learn to coexist in peace.

Some scholars believe China threat does not exist, because China is only a "second-rank middle power." Segal argues that China has been consistently overrated as an economy and a world power. In fact, economically, China is a relatively unimportant small market; militarily, it is less a global rival like the Soviet Union; and politically, its influence is puny. The Middle Kingdom is a middle power. China matters far less than most of the West think(Segal).

3 China Threat: Main Perspectives and Debate

The following section will mainly study the debate on China threat from the perspective of ideological and political system, anti-American nationalism, and military growth.

3.1 Chinese Communist ideology and its political system

Some scholars argue that in the post-Cold War world, the dominant source of international conflicts will be between cultures, civilizations and ideologies. With the demise of the Soviet Union, China has been seen as the new ideological leader of communism. Thus, by the nature of the East-West rivalry, China is an ideological competitor of the United States. Some see China's ultimate goal of restoration as the spread of its brand of rule as it conquers the Western ideals of freedom and democracy. China threat theorists argue that Chinese communism violates the human rights of Chinese people in the country. "If the Communist Chinese can gun down thousands of innocent civilians in order to ensure the regime's survival, it is only a matter of time before they turn their guns on the rest of the world to satisfy their territorial ambitions"(Timperlake and Triplett 42). Roy summarizes the China threat views on value and ideology: It is often claimed that norms such as political liberalization, democratization, increased human rights, the free flow of information, multilateralism, the peaceful resolution of disputes, respect for international law, and responsible global citizenship are on the increase while authoritarianism, state sovereignty, nationalism, unilateralism, indifference to world public opinion, and the use of force to settle disputes or change the political status quo are on the wane. If so, China often appears to be swimming against the tide. Beijing has long generated bad feeling among many outside nations with its poor human rights record, its resistance to multilateral discussion of expansive Chinese claims in the South China Sea, and its persistent threats to use force against Taiwan (Roy 760).

The China non-threat theorists argue that China's communism is very different to that of the Soviets and communist ideology no longer poses a real threat to the United States. The Cold War is over and in China the lines have blurred between Marxism and capitalism. Its embrace of the market system has set it apart from the Soviet communism that once sought to battle the U.S. on ideological grounds(Broomfield 268). Some scholars point out, China doesn't want to export communism. China is looking for a peaceful relationship with Western world and Asian neighbors.

3.2 China's nationalism

The China Threat theorists emphasize the rising nationalism and anti-America propaganda as evidence of the threat to the United States and the rest of the world. The Chinese people demonstrated the anti-Western nationalism after the NATO's bombing of China's embassy in Belgrade, and the September 11th attacks. The government relies on patriotism and nationalism to retain legitimacy while communism as an ideology faces problems in China(Bernstein and Munro). Some ideas in Western democracy have been classified as "spiritual pollution." This nationalism is military oriented and will be used in support of territorial expansion in the region.

Among the discussion on China's nationalism, the history of China's nationalism and the cause for anti-Western sentiments have been studied. The four reasons have been pointed out in some studies: official promoting as the first cause. Besides that, China's economic expansion, Western's hard stance on China and Chinese intellectuals promoting nationalism are other three reasons(Xu).

Some arguments characterize current Chinese posturing as "defensive nationalism." It is assertive in form, but reactive in essence. It appears self-confident, but really reflects a sense of insecurity. It affirms China's glorious past but emphasizes transgressions against its weaknesses. Defensive nationalism reflects basic sense of insecurity about China's society and its place in the world. The Chinese nationalism affects China's foreign policy significantly in dealing with various issues and in virtually all realms. It is usually uncompromising, so China threat is an important issue to the United States.

The non-threat arguments point out that the rise of this nationalism in 1990s needs to be studied from American policy of containment on China. In 1989, Chinese wanted to follow the model of the United States, but this attitude has changed after a few years. In their arguments, the changes are closely related to U.S. policy toward mainland China and Taiwan. Chinese people view U.S. policy as an effort to contain and weaken China. To deal with anti-American nationalism, Washington needs to change the policy and make great efforts to let Chinese people know that the U.S. is on the side of Chinese people and supports their freedom and dignity(Ma).

3.3 Military and economy threat

As Broomfield points out, from China threat advocators' view, by far the most serious threat China supposedly poses to the U.S. is a military and strategic one: China wishes to replace the U.S. as the dominant power in the region and has embarked on a program of military modernization to reach its goal. These authors claim that the U.S. and China have divergent interests on global and regional security such as Taiwan, the South China Sea, Japan, etc. Along with the rapid development of economy, China's military power has increased significantly. In some scholars' view, China's defense budget has two different figures. One is the official figure announced by the government, another is the real expense. China's defense budget increased by 159% between 1986 and 1994. When adjusted for inflation, the real increase is not serious. In fact, however, China's actual defense budget is much higher.

It is obvious that China's military power still lags far behind that of the United States. The China threat advocators know this. But they made arguments: China's military grows fast, they learn very fast. China uses various means to gain military secrets and technology from the West. China's defense doctrine is based on limited war with high-technology. Although China is not ready to challenge the United States globally but it could challenge the United States and its allies in the Pacific region. Taiwan Straits is considered as a dangerous area.

Besides the military conflict, China threat advocators are concerned about the electronic weapons and information warfare. They claim that the political, military, social system information of the United States are not well protected while facing the China's information warfare(Timperlake and Triplet 125). China's weapon sales to Pakistan and other countries are also considered as an evidence of China threat to the United States.

The China threat scholars used the world history to support their views. In the history of mankind, all superpowers, Britain in 19th century, Germany and Japan in World War II, the United States in the 20th century all used their power to establish some form of hegemony to protect and expand their interests. China will be a superpower in the 21st century. There is no obvious reason to believe that China will not follow this pattern.

The Non-threat scholars made the arguments: It is important to consider two factors. First, it is not to confuse the existence of a military power with the intent to use that power against other nations. Second, China still spends far less per capita on its military budget than the U.S. Furthermore, China has a lot of catching up to do before its military capabilities come near to those of the United States(Broomfield 278). China wants to have a peaceful environment to continue its economic development and political reform. The military expansion in the region is not the choice of Chinese leaders. To have a war with the United States is the last thing the Chinese government would want to do. Some authors discussed the history of China regarding China threat. From the perspective of its history, territorial expansionism or imperialism as is known in the West was never an active part of the Chinese civilization(Chen 194).

The China threat theorists argue that the propaganda from the China's leadership labels the United States as a hegemonic power that seeks to contain and weaken China. From Beijing's perspective, the United States is arming Japan, China's primary regional opponent; it is challenging China's unification efforts in the way of selling weapons to Taiwan; it is actively involved in China's internal affairs, including supporting intellectual and political dissidents, and it supports minorities in ethnic disputes. As a result of this view, China's strategy of military modernization aims at the United States.

Some scholars consider China's rapid economic development is a threat to the economy of the United States. The World Bank and the International Monetary Fund(IMF) reported that from 1979 to 1997, China's gross domestic product(GDP) grew at an average rate of 9.8 percent per year. The rise of China's economy increased the trade deficits of many developed countries. In mid 1980s, the trade between the United States and China was roughly in balance, but in 1999, the U.S. trade deficit with China increased to $6.9 billion. The China threat theorists emphasize this hurts the economy of the United States. There are more frictions and problems. Some scholars criticize China for taking the advantage from the trading status of MFN, that China controls the RMB exchange rate, which negatively impacts the economy and employment market of the United States.

4 Containment or Engagement

In American scholarship, there is a discussion of containment or engagement towards China. The containment policy is usually proposed by the Right wing. The containment policy aims at preventing China from becoming a powerful country. The containment advocators suggest to isolate China, to develop good relations with the neighbors of China, including Japan, South Korea, Vietnam, and India.

Kaplan, a journalist, argues that China's rise and threat has started a second Cold War, more serious than the previous one with the Soviet Union. Kaplan believes that the American military contest with China in the Pacific will define the 21st century. China will be a more formidable adversary than Russia ever was. How should the United States prepare to respond to challenges in the Pacific? Kaplan emphasizes that the U.S. Pacific Command could play a key role in the Pacific and serve the functional substitute for NATO at Pacific. The author suggests that the United States will form an alliance in the Pacific Rim to fight China and to develop the relations with major allies such as Japan, South Korea, Thailand, Singapore, Australia, New Zealand, and India.

Some far Right wing adherents claim that China's "communist rulers" regard the United States as their main enemy and the primary obstacle to China's goal of achieving Pacific domination(Gertz XIV). The China's "communist rulers" "want to achieve virtual Chinese hegemony in Asia." The reason Americans should take the threat from China so seriously is that it puts at risk the very national existence of the United States. Gertz made five points of his strategy plan to deal with China threat: 1) Launch a major intelligence "blitz" against China. 2) Develop a strategic plan and formulate strategic policies. It must begin with a solution that includes a democratic alternative. 3) Strengthen alliances in Asia. 4) Bolster American military forces. 5) Create a pro-democracy Pacific community(Gertz 199—203).

Some researchers believe containment should not be the goal which would cause the distrust and hostility between the two countries. To reduce or prevent China threat, the goal of the United States is not to contain and weaken China, but to support a stable and democratic China. It relies on a balanced power in Asia, to encourage China to be a responsible country in the region, and also encourage China to respect human rights, and become a more democratic country(Bernstein and Munro 205).①

Howle suggests the "Engaged Containment" policy to deal with China's rise: U.S. should diplomatically encourage and assist, if asked, in the process of reunification between China and Taiwan. This would eliminate a major barrier between the United States and China, and it will likely occur with or without our participation. U.S. should economically lead the way for the adoption of China as a member of the World Trade Organization; as well as in other major fields. U.S. should ensure that appropriate military force is positioned forward which would be a significant deterrent.

Some scholars study China's rise and threat from an economic perspective. Li believes that if the Chinese government has high expectations for trade, China will be less likely to use force to deal with disputes with other neighboring countries. Thus, Li argues that the outside world should seek to integrate China into the international community(Li).

Osius argues, the United States should make efforts to integrate China into international security, economic, and environmental institutions. The more integrated China became, the more leverage the United States would have to hold China accountable to acceptable standards of conduct. The China policy should include: Complete the process of bringing China into the WTO, seek Chinese cooperation in global affairs, discourage Taipei from declaring independence.

In the next section, 17 articles and three books have been selected. The criteria of the selection are the consideration to observe the issue from different angles, and a number of articles have been selected due to this reason. Due to the great number of publications with limited selection, it is far away from the satisfaction of this goal. The additional bibliography in the third section should make up for this problem.

Annotated Bibliography

1 Articles

Bernstein, Richard, and Ross H. Munro. "The Coming Conflict with America." *Foreign Affairs* 76.2(1997): 18—32.

The authors believe that since the late 1980s, Beijing has come to see the United States not as a strategic partner but as the chief obstacle to its own regional and global ambitions. China has worked to reduce American influence in Asia, to prevent Japan and the United States from creating a "contain China" front.

In the first decade of the 21st century, China and the United States will be adversaries in the major global rivalry, and the competition between them will force other countries to take sides. As a consequence of its growing economic and military power, China has in fact become more aggressive, enhanced its authoritarianism at home, and expanded its power and prestige abroad. The author admitted that currently China poses little direct military threat to the United States. But China will soon become the only country capable to challenging American power in East Asia. The authors believe China will remain a dictatorship and they don't think China will become democratic in the near future. The author further studies China threat from its history. In China's long history, it has never developed the concept of limited government, protection

① Some scholars' views on China have been changed through the time. Munro is an example. This article does not study individual's changing scholarship.

of individual rights, independence for the judiciary and the media. The authors argue that China is beset with a lot of internal problems and conflicts. The leaders of China, facing the prospect of social uprisings, will stress patriotic solidarity and unquestioned leadership. They can't be counted on to relinquish their monopolistic hold on power. The authors claim that the most likely form for China to assume is a kind of corporatist, militarized nationalist state, one with some similarity to the fascist states of Mussolini or Francisco Franco. The article also mentions that the Chinese value system is different from the Western value system. They believe sovereignty, national unification, and preserving the regime have always been higher than peace. The authors conclude that the primary American objective in Asia must be to prevent China's size, power and ambition from making it a 21st century regional hegemon, which includes the United States' presences in Asia, and the U.S. support of a strong Japan.

Broomfield, Emma V. "Perceptions of Danger: The China Threat Theory." *Journal of Contemporary China* 12.35(2003):265—284.

The People's Republic of China witnessed unprecedented growth at the end of the 20th century and the manner in which it will choose to use its consequent power in the 21st century has become a hotly debated topic in foreign policy circles. Some have chosen to interpret China's emergence as an economic and aspiring military superpower as a threat to the national interests of the United States and to the Asian-Pacific security. This threat has been categorized as ideological, economic and military. This essay explores the China threat theory through an in-depth analysis of the arguments of "anti-China hands" as outlined in a variety of right wing publications.

The author disputes the China threat theory. Regarding ideological threat, the author points out that China's communism is very different to that of the Soviets and is between Marxism and capitalism. Furthermore, China has not sought to expand ideology beyond its borders. The military threat is a major concern of the threat theorists. The PLA's budget rose dramatically between the late 1980s to the late 1990s. The author argues that China still spends far less per capita on its military budget than the U. S.. Furthermore, China has a lot of catching up to do before its military capabilities come near to those of the United States. Broomfield concludes that China will inevitably rise to a superpower status. To label China as a threat will push China away from the ideals and goals of the United States. If managed correctly through a policy engagement, the two powers will likely co-exist in peace and work together in the 21st century.

Chai, Winberg. "The Taiwan Factor in U.S.-China Relations: An Interpretation." *Asian Affairs: An American Review* 29.3(2002):131—147.

After September 11 terrorist attacks, U.S.-China relations seemed to be warming and Taiwan factor was less important than ever. Chai reviews and discusses historical circumstances that shaped the relationship of the United States to Taiwan and the mainland. He further analyzes the changing attitudes of U.S. presidents toward China, from viewing it as an oppressive Communist state to viewing it as an economic competitor and future superpower; the Taiwan lobby's efforts in the United States; and the shape of post-Cold War alliances in the 21st century in light of the war on terrorism. The author points out that continuing developments in Bush administration policy in Asia seem to point to a renewed effort to "contain China". The Bush administration continues to support the rearmament of Japan, to seek closer ties to India, and to form new allies in eight republics in Central Asia. Finally the author indicates that he has no answer to the question of whether the current Bush administration's policies will lead to war in China, although it is obvious that they have led to increased political and military tensions. Nevertheless, there is hope that the Taiwan issue can be resolved peacefully.

Christensen, Thomas J. "Posing Problems without Catching Up: China's Rise and Challenges for U.S. Security Policy." *International Security* 25.4(2001):5—40.

Christensen reflects on whether China will present a security threat to the United States and its East Asian allies in the next several decades. Christensen argues that simple realist notions about the importance of power in international politics have limited utility in assessing this threat. China needs not catch up with the United States "by an overall measure of national military power or technology" to pose a significant challenge to U.S. interests in the region. The author concludes that China will not be able to sustain major competition against the U. S., but points out that Chinese strategists constantly strive to find ways to improve their military prowess.

China does not appear poised to become a peer competitor of the United States, but still there might be a possibility of war between the United States and China. The article reviews various reasons why stronger powers have failed to deter weaker ones in history. The rest of the article mainly focuses on the relations between mainland China, Taiwan and the United States. The author discusses why China might use force against Taiwan and perhaps American forces in the region. In his view, preventing war across the Taiwan Strait and between the United States and China is very important but also difficult. With this understanding, a number of suggestions have been made for the strategies and policies of the United States towards China and Taiwan.

Deng, Yong. "Chinese Perceptions of U.S. Power and Strategy." *Asian Affairs: An American Review* 28.3(2001):150—155.

The article reviews the U. S. foreign policy towards China, Chinese researchers' and government's perceptions of U.S. power and strategy towards China. Deng points out, Chinese perceptions of U.S. power after the Cold War underwent several major changes. From 1989 to 1992, the United States emerged as the winner of the Cold War and the world's sole superpower. In about 1993, Chinese analysts reassessed the international situation and characterized the world power configuration as one superpowerandseveral great powers. By the late 1990s, however, it became clear that the United States had made significant gains in both absolute and relative power. Indeed, Chinese analysts have conceded that multipolarization will be a long and tortuous historical process.

Deng argues that in China, belief in the growth of U.S. power and neo-imperialist strategy of hegemonic expansion coincided with a growing perception that the United States was trying to contain China and spread the idea of China threat: The increased arms sales and political support to Taiwan; the U.S. developed an alliance structure along China's border, deployed a robust forward military presence, started to develop national and theater missile defense, maintained human rights pressure on China, insisted on imposing politically destabilizing and commercially harmful market access stipulations on China.

Gries, Peter Hays. "Social Psychology and the Identity-Conflict Debate: Is a 'China Threat' Inevitable?" *European Journal of International Relations* 11.2(2005):235—265.

After reviewing previous scholarship, Gries argues that international identity dynamics do not inexorably lead to competition, let alone conflict. Drawing on social identity theory (SIT), it argues that intergroup conflict is a highly contingent outcome, and that social psychology provides insights into when the realists are right, and when the liberals are. Utilizing examples from Sino-American relations, the paper also seeks to contribute to the stalemated debate in the China field between optimists and pessimists over the existence of a "China threat."

Gries emphasizes that nations do not act, individuals act. Like all peoples, Chinese are neither innately pacifist nor hardwired for conflict. Instead, history and culture shape how individual Chinese will construe the events of world politics. The social psychology of intergroup relations can then help explain whether they will choose cooperation or conflict in a given situation. Sino-American relations in the 21st century, therefore, will not inevitably be conflictual. Individual agency plays a vital role. It is the actions of individual Chinese and Americans—both in the street and in the corridors of power—that will determine whether our need to view our nations positively will lead to a Sino-American conflict. By suggesting which conditions promote intergroup conflict and which diffuse it, social identity theory (SIT) can help us learn to live together in peace.

Howle, Jr., Roy C. "An Evitable War: Engaged Containment and the US-China Balance." *Parameters: U.S. Army War College* 31.3(2001):92—104.

Howle argues that facing the changing world and the role of China, the problem lies not with U.S. interpreted intentions, U. S. ability to redefine and communicate its vital interests in a rapidly changing environment and with the credibility of its possible use to deter potential antagonists.

Howle reviews the development of military power and points out that the new doctrine of China's military planners is to develop the ability to deal with the limited war with high-technology. He further describes China's military power in the next 10 to 15 years. Facing the changes, the U.S. should maintain a military and political deterrent capability to influence China's policies in the region. The author made four suggestions as the application of the "Engaged Containment" policy: One, the U.S. should diplomatically encourage and assist, if asked, in the process of reunification between China and Taiwan, with Taiwan becoming a Special Autonomous Region similar to Hong Kong and Macao. This would eliminate a major barrier between the United States and China, and will likely occur with or without our participation. Two, economically lead the way for the adoption of China as a member of the World Trade Organization; as well as in other major fields. Three, realize that China is changing. Thus, be less critical and more patient with the speed of China's social reforms. Four, ensure that appropriate military forces(U.S. and allied) are positioned forward so that they automatically become committed should China use force. A carrier battle group presence in the South China Sea region would be a significant deterrent.

Huntington, Samuel P. "The Clash of Civilizations?"*Foreign Affairs* 72.3(1993):22—49.

Huntington argues that in the post-Cold War world, the dominant source of international conflict will be between cultures. The need for the U. S. to forge alliances with similar cultures and spread its values is discussed, as is the notion that all civilizations will eventually have to learn to tolerate each other. World politics is entering a new phase in which the great divisions among humankind and the dominating source of conflict will be cultural. Civilizations, the highest cultural groupings of people, are differentiated from each other by religion, history, language and tradition. These divisions are deep and increasing in importance. From Yugoslavia to the Middle East to Central Asia, the fault lines of civilizations are the battle lines of the future. In this emerging era of cultural conflict, the U.S. must forge alliances with similar cultures and spread its values wherever possible. With alien civilizations, the West must be accommodating if possible, but confrontational if necessary. In the final analysis, however, all civilizations will have to learn to tolerate each other.

Kaplan, Robert. D. "How We Would Fight China." *Atlantic Monthly*, 295.5(2005):49—51, 54—5, 58, 60, 62, 64.

Kaplan, an American journalist, believes that the American military contest with China in the Pacific will define the 21st century. The Middle East is just a blip. China will be a more formidable adversary than Russia ever was. Here, Kaplan explores how China constitutes the principal conventional threat to America's liberal emporium and how should the U.S. prepare to respond to challenges in the Pacific.

Kaplan points out that in any naval encounter China will have distinct advantages over the United States even if it lags in technological military prowess. How should the United States prepare to respond to challenges in the Pacific? Kaplan paid special attention to NATO and Atlantic alliance. The first thing to understand is that the alliance system of the latter half of the 20th century is dead. Warfare by committee, as practiced by NATO, has simply become too cumbersome in an age that requires light and lethal strikes. The second thing to understand is that the functional substitute for a NATO of the Pacific already exists, and is indeed up and running. It is the U.S. Pacific Command. The third thing to understand is that, ironically, the vitality of NATO itself, the Atlantic alliance, could be revived by the Cold War in the Pacific—and indeed the re-emergence of NATO as an indispensable war-fighting instrument should be America's unswerving aim. Based on these understandings, the author suggests that the United States will look to Europe and NATO for help, and to form an alliance in the Pacific Rim to fight China.

On the one hand, The author emphasizes the rapid development of China. China will spend more and more money on its military in the coming decades. On the other hand, China's navy and air force will not be able to match those of the United States for some decades. The threat is over the horizon. In sum, in a Cold War mentality, he emphasizes this is a second Cold War, a more serious one.

Kristof, Nicholas D. "The Rise of China." *Foreign Affairs* 72.5(1993):59—74.

Kristof points out that China may become the number one economy in the world in the future. Along with the rise of China, it will seek more power and want to resolve old quarrels in its own way. China also has a long history. China is proud for its history, its nation and culture, but this giant had been battered and cheated by the rest of the world in the recent 100 years or more. China lost chunks of territory and it has never enjoyed the international respect that it craves. Kristof further argues that the rise of China may be the most important trend in the world for the next century. China is the fastest growing economy in the world with what may be the fastest growing military budget. China may displace the United States in the first half of the next century and become the number one economy in the world. Western hostility toward China encourages the paranoia and strengthens the domestic political position of the paranoiacs. Consequently, such hostility is counterproductive as well as wrong. We should be skeptical of Chinese intentions without falling into hostility. In sum, China is not a renegade country, but rather an ambitious nation. We should understand the history and the view of China, but not blame China. We should maintain a dialogue with China. We should regard China as an alternating partner and adversary.

Li, Rex. "The China Challenge: Theoretical Perspectives and Policy Implications." *Journal of Contemporary China* 8.22(1999):443—476.

In these years, there has been a debate in the West over the potential challenge of an increasingly strong and assertive China to the Asia-Pacific region and to the world in general. Li offers a theoretic analysis of the debate on China's emerging role in the international system and its security implications from the theoretical perspectives of realism and liberalism. While both international relations theories have provided valuable insights, neither of them alone is able to unravel the puzzle of whether a prosperous and powerful China will be a major force of stability or a threat to international peace. Drawing on the theory of trade expectations, this article shows the conditions under which high interdependence between China and its trading partners will lead to pacific or belligerent Chinese behavior. In the author's view, if Chinese leaders' expectations for future trade are high, they will be less likely to use force to deal with unresolved disputes with neighboring countries. If, however, they have a negative view of their future trading environment, they will be likely to take measures, including military actions, to remove any obstacles that might forestall the pursuit of a great-power status. For the moment, China's expectations for future trade are by and large optimistic, but there is evidence of growing Chinese suspicion of a Western "conspiracy" to contain China which may alter Beijing's future perceptions. How to ensure that the rise of China will not cause regional and global instability? Li suggests that the outside world should seek to integrate China into the international community by pursuing policies that will have a positive influence on China's expected value of trade. In the meantime, some elements of the balance of power strategy need to be introduced in order to curtail China's expected value of war.

The author believes that communication is important. He emphasizes that the outside world should try to convince Chinese leaders that it has no intention of hindering China's economic development, impairing its political cohesion, and thwarting its attempts to achieve a great-power status. China should also be reassured that its sovereignty and territorial integrity are recognized and respected, provided that Beijing does not take any provocative or aggressive actions against its neighbors when dealing with territorial disputes.

Ma, Ying. "China's America Problem."*Policy Review* 111(2002):43—56.

Ma examines the Anti-American sentiments from 1989 to 2002 and the reasons for the changing attitudes toward U.S. Ma points out that besides a number of incidents between the U.S. and China, Washington's China policy in general, and its policy toward Taiwan, in particular, have appeared to the Chinese as an effort to weaken their nation. Fundamental to the modern Chinese worldview and identity is the belief that Taiwan, which split from the mainland as a result of an unfinished civil war, should be returned to China rather than exist as a separate, independent entity. In the aftermath of the terrorist attacks on the U.S. on Sept. 11, numerous Chinese web users gloated in chat rooms over America's national tragedy. It is difficult for Americans to understand Chinese hostility toward them. It was less than 13 years ago that students and workers piled into Beijing's Tiananmen Square demanding a free and liberal society modeled after the United States.

With the economic development of China, the intellectual and ideological changes also can be seen from different perspectives. The author discusses the nationalism and freedom vs. food. An examination of anti-Americanism in China provides a sobering reminder of the limits of the U.S. influence on Chinese views. The author suggests that China's future ultimately depends on her people. The Chinese people could become masters of their own country, Americans and the U.S. government should continue to let the Chinese people know that the U.S. are on their side in the fight for freedom and dignity.

Osius, Ted. "Legacy of the Clinton-Gore Administration's China Policy." *Asian Affairs: An American Review* 28.3(2001):125—134.

Osius reviews two major different views regarding a changing and developing China. Some in the United States believe China is foreordained to be America's next great enemy or, more charitably, its great competitor. The Blue Team prescribes a Cold War-era policy of containing and isolating China in an attempt to weaken it, so that in a future conflict the United States will prevail. The Clinton-Gore administration, on the other hand, maintained that the United States could have a significant, if not decisive, impact on the choices China makes by integrating China into international security, economic, and environmental institutions. The more integrated China became, the more leverage the United States would have to hold China accountable to acceptable standards of conduct.

The author further discusses the important policies towards China: To further integrate China into international economic institutions, the Bush administration must complete the process of bringing China into the WTO. To further integrate China into regional and international security institutions, the Bush administration must aggressively pursue nonproliferation goals and obtain Chinese cooperation in preventive diplomacy and peacekeeping operations. Regarding the policy on Taiwan Strait, the United States must maintain a strategic framework that discourages Taipei from declaring independence and Beijing from forcibly attempting to unite Taiwan with the Mainland. The Bush administration should encourage official and unofficial cross-strait dialogues.

Roy, Denny. "The 'China Threat' Issue: Major Arguments."*Asian Survey* 36.8(1996):758—771.

Roy examines China Threat issues from both sides: the arguments for viewing China as a threat and the view against it. The author made efforts to provide issues and arguments without taking a clear position on either side. Roy further addresses the issue how the rest of the Asia-Pacific region should respond to China's expected emergence as a great power, and what is China's intention as a great power.

Stuart-Fox, Martin. "Southeast Asia and China: The Role of History and Culture in Shaping Future Relations."*Contemporary Southeast Asia* 26.1(2004):116—139.

Stuart-Fox, an Australian scholar, believes that as Chinese power grows, the projection of Chinese influence will be felt most acutely in Southeast Asia. Whether to accommodate, contain or resist China will depend on future developments that none can foresee, including Chinese ambitions, the policies of other international players(the U.S., Japan), and the cohesion or fragility of the Association of Southeast Asia Nations(ASEAN). The author argues that in deciding how best to deal with China, two factors that will influence the countries of Southeast Asia are their own long histories of bilateral relations with China and their own differing conceptions of how foreign relations should be conducted. Only by taking history and culture into account will analysts be in a position to predict how the mainland and maritime states of Southeast Asia are likely to respond to a more powerful, confident and assertive China.

The author asks: How are the states of Southeast Asia likely to respond to the rising power of China in the face of U.S. determination to maintain its unchallenged position of the world? If the United States sought to contain a more bellicose China through constructing a de facto balance-of-power alliance, ASEAN would break apart. Under certain circumstances, ASEAN would be unlikely to hold together. Facing the ensuing crisis, some southeastern countries would side with China. This would not just be because of geography, but also because history and culture predispose the countries of Southeast Asia to draw on their own experience of the benefits of due deference to status in working out their relations with China.

Tien, Charles, and James A. Nathan. "American Ambivalence Toward China." *Public Opinion Quarterly* 65.1(2001):124—138.

Tien and Nathan point out that American foreign policy toward China appears ambivalent and a review of U.S. public opinion toward China managed by the authors also reflects ambivalence. Ambivalence is apparent when looking at the Clinton administration's actions in late 1999 and early 2000. While being attracted to China's huge potential market, America is simultaneously repulsed by China's human rights record, and American foreign policy toward China also reflects this repulsion. Ambivalence was also apparent in the U.S. Congress' vote on China's Permanent Normal Trade Relations(PNTR) status.

The article discusses the public opinions with the comments on China threat, China's human rights, and U.S. trade with China. The authors found out that regarding the biggest foreign policy problems facing the United States today, China did not make the list of the top 11 most common responses. Regarding future threats for U.S., China threats are not on the top list. In essence, China may be seen as a threat to current and future American interests, but not as a major threat. The authors conclude that China does pose a potential threat and is also a potential market. American public opinion and policy reflect the complexity. It is not very clear in what direction China will change. The balance between China's promise and its menace, even for those immersed in China, is, at best, a guess.

The U.S. public continues to view China through a Tiananmen Square massacre filter. Taiwan is another issue that hinders Sino-U. S. relations. Many more U. S. citizens see Taiwan as a closer ally, and approximately 40 percent from survey have answered that U. S. should use military forces to help defend Taiwan from a Chinese attack.

Xu, Guangqiu. "Anti-Western Nationalism in China, 1989—99." *World Affairs* 163. 4 (2001): 151—162.

Xu studies Anti-Western nationalism in China with the emphasis on the 1990s, which is an essential political and ideological issue closely related to the China's rise and threat. The author reviews the history of China's nationalism and Anti-Western sentiment in China reached a high in May 1999. Protesters went to the streets in major cities to protest NATO's bombing of China's embassy in Belgrade. The author studies the causes of anti-western nationalism in China and places official promotion as the first cause. After the Tiananmen crisis, the Chinese government preached patriotism—love of and loyalty to one's country and the reasons that the Chinese leadership exploited patriotism. Besides that, China's economic expansion, Western countries' hard stance on China and Chinese intellectuals' work on nationalism are three other reasons.

2 Books

Chang, Gordon G. *The Coming Collapse of China*. New York: Random House, 2001.

The author argued in the book that in 10 years, the Chinese Communist Party and the People's Republic would fall. First, the author emphasizes that the accession to the World Trade Organization would cause the fall of China. Based on the perceived inefficiency of state-run enterprises and the inability of the Communist Party of China to build an open democratic society, the hidden non-performing loans of the "Big Four" Chinese State banks would likely bring down China's financial system. China faces many social problems, such as unemployment and resentful peasants. No government can withstand the will of all of its people. The corruption in China caused major problems for the country. The People's Republic, as a communist country, could not solve the problem of the succession, the transfer of the power is not governed by law, but by ambition. The author also studies the history of China. He argued all dynasties and Guomindang fell. The People's Republic would fall, just like its predecessors.

10 years has passed and the author's prediction didn't come true. China continues to develop fast, and the power has been transferred peacefully. Chang made an explanation recently.

Gertz, Bill. *The China Threat: How the People's Republic Targets America*. Washington, DC: Regnery Pub., 2 000.

Gertz argues that P.R.C. is the most serious national security threat to the United States and will remain so into the future. The central question, the author claims, is whether the Beijing regime could be reformed by exposure to the civilizing influence of the West. Clinton and his administration believe it could, but the author argues it could not. The "communist rulers" regard the United States as their main enemy and the primary obstacle to China's goal of achieving world status and Pacific domination. The author criticizes the view that the free trade would not only help China evolve peacefully but would even undermine the communist system. In author's view, the solution is not trade but democracy. China's modernization does not include the democratic reform.

The author also discusses China's military development, including satellite surveillance and missile technology. The author claims that China even could take the risk of a nuclear war. In the book, the author seriously criticizes the Clinton-Gore administration which misled Washington's China policy.

In the conclusion, the author points out that U.S. leaders must first understand China's threat, then develop and implement a strategic plan.Gertz made five points in his strategic plan to deal with China threat: 1) Launch a major intelligence "blitz" against China. 2) Develop a strategic plan and formulate strategic policies. It must begin with a solution that includes a democratic alternative. 3) Strengthen Alliances in Aisa. 4) Bolster American military forces. 5) Create a pro-democracy Pacific community.

Goodman, David, and Gerald Segal, eds. *China Rising: Nationalism and Interdependence*. London; New York: Routledge, 1997. Print.

This is an early publication to discuss the nature and implications of a rising China in the last century. Most of the contributors worked in England or Australia. As Goodman and Segal point out, we need to think "strategically about China." The articles focus on the theme raised by the editors: "How much was China's rise shaped by its own agenda and how much was it constrained by interdependence with the outside world?" The book includes 10 articles on various topics such as the Chinese society, PLA role on foreign policy, economic growth and trade of China, China's role in the WTO and APEC, and China in Southeast Asia. The editors very well summarize the issues of the book in the introduction. There are four policy clusters. First, the evident need to make space for China in the international system. At that time, there were still some uncertainty for China's rise. Will China follow the international rules is a major concern for the scholars. The world would feel more confident for granting such space if China could play by the rules. Second, it concerns the extent of engagement with China. It is true there was a debate between engagement and containment. Third, it concerns the extent to which China is kept to international rules. A hot debate was about China's entry into the World Trade Organization at that time. Fourth, it concerns the degree to which China's unwanted actions should be constrained. A main question is if China plans to use force against Taiwan, what should world respond to such a plan or action. The editors believe that these four clusters are the framework to manage a rising China.

The views in the book are different. Some authors are optimistic on a rising China, and some authors are somewhat pessimistic. But "none of the writers comes up with a formal advocacy of containment of China" (Mackerras 304).

References

[1] Bernstein, Richard, and Ross Munro. *The Coming Conflict with China*. 1st ed. New York: A.A. Knopf, 1997.

[2] Broomfield, Emma V. "Perceptions of Danger: The China Threat Theory." *Journal of Contemporary China* 12.35 (2003): 265—284.

[3] Chen, Jian. "Will China's Development Threaten Asia-Pacific Security? A Rejoinder." *Security Dialogue* 24.2(1993): 193—196.

[4] Gertz, Bill. *The China Threat: How the People's Republic Targets America / Bill Gertz*. Washington, DC: Regnery Pub., 2000.

[5] Kristof, Nicholas D. "The Rise of China." *Foreign Affairs* 72.5(1993):59—74.

[6] Li, Rex. "The China Challenge: Theoretical Perspectives and Policy Implications." *Journal of Contemporary China* 8.22(1999):443—476.

[7] Ma, Ying. "China's America Problem." *Policy Review* 111(2002):43—56.

[8] Mackerras, Colin. Rev. of *China rising, nationalism and interdependence*. *Australian Journal of Political Science* 33.2(1998):303—304.

[9] Munro, Ross H. "Awakening Dragon." *Policy Review* 62(1992):10—16.

[10] Rice, Condoleezza. "Remarks at Sophia University, Tokyo." 19 Mar. 2005. Web. Retrieved January 11, 2014 from http://2001—2009.state.gov/secretary/rm/2005/43655.htm.

[11] Roy, Denny. "The 'China Threat' Issue: Major Arguments." *Asian Survey* 8(1996):758—771.

[12] Segal, Gerald. "Does China Matter?" *Foreign Affairs* 78.5(1999):24—36.

[13] Shambaugh, David. "China's Fragile Future." *World Policy Journal* 3(1994):41—45.

[14] ——. "Containment or Engagement of China?" *International Security* 21.2(1996):180.

[15] Timperlake, Edward, and William C. Triplett. *Red Dragon Rising: Communist China's Military Threat to America*. Washington, D.C.: Regnery Pub, 1999.

[16] Xu, Guangqiu. "Anti-Western Nationalism in China, 1989—99." *World Affairs* 163.4(2001):151—162.

[17] Yang, Yi Edward, and Xinsheng Liu. "The 'China Threat' through the Lens of US Print Media: 1992—2006." *Journal of Contemporary China* 21.76(2012):695—711.

Additional Selected Bibliography

1. Articles:

[1] Anselmo, Joseph C. "U.S. Eyes China Missile Threat." *Aviation Week & Space Technology* 21 Oct. 1996.

[2] Banlaoi, Rommel C. "Southeast Asian Perspectives on the Rise of China: Regional Security after 9/11." *Parameters* 33.2(2003).

[3] Bleek, Philip C. "China's Nuclear Posture at the Crossroads: Credible Minimum Versus Limited Deterrence and Implications for Engagement." *Kennedy School Review* 5(2004).

[4] Brecher, Richard. "Comprehensive Engagement: Clinton's New China Policy." *China Business Review* 21.1(1994).

[5] Brzezinski, Zbigniew. "Make Money, Not War." *Foreign Policy* 146(2005).

[6] Calleo, David P. "The United States and the Great Powers." *World Policy Journal* 16.3(1999).

[7] Chambers, Michael R. "Rising China: A Threat to Its Neighbors?" *Hampton Roads International Security Quarterly* (2002).

[8] Chan, Steve. "Is There a Power Transition between the U.S. and China? The Different Faces of National Power." *Asian Survey* 45.5(2005).

[9] Chellaney, Brahma. "Dragon's Rise: Implications of China's Military Build-Up." *Pacific World* 0.33(1994).

[10] Chen, Jian. "Will China's Development Threaten Asia-Pacific Security? A Rejoinder." *Security Dialogue* 24.2(1993).

[11] Christensen, Thomas J. "China, the U.S.-Japan Alliance, and the Security Dilemma in East Asia." *International Security* 23.4(1999).

[12] Chu, Shulong. "The Russian-U.S. Military Balance in the Post-Cold War Asia-Pacific Region and the 'China Threat'." *Journal of Northeast Asian Studies* 13.1(1994).

[13] Cox, Christopher. "China's Real Threat." *Insight on the News* 13 Sept. 1999.

[14] Cronin, Audrey Kurth, and Patrick M. Cronin. "The Realistic Engagement of China." *The Washington Quarterly* 19. 1(1996).

[15] Dittmer, Lowell. "Chinese Human Rights and American Foreign Policy: A Realist Approach." *Review of Politics* 63. 3(2001).

[16] Economy, Elizabeth. "China's Rise in Southeast Asia: Implications for the United States." *Journal of Contem porary China* 14.44(2005).

[17] ——. "Don't Break the Engagement."*Foreign Affairs* 83.3(2004).

[18] Eikenberry, Karl W. "Does China Threaten Asia-Pacific Regional Stability?" *Parameters* 25.1(1995).

[19] Evans, Paul M. "The New Multilateralism in the Asia-Pacific and the Conditional Engagement of China." *Weaving the Net: Conditional Engagement with China*. Ed. James Shinn. New York: Council on Foreign Relations Press, 1996.

[20] Friedberg, Aaron L. "The Future of U.S.-China Relations: Is Conflict Inevitable?" *International Security* 30.2 (2005).

[21] Friedman, Edward. "America's 2000 Presidential Election and China's Threat to Taiwan." *American Asian Review* 19.2(2001).

[22] ——. "Chinese Nationalism, Taiwan Autonomy and the Prospects of a Larger War" *Journal of Contemporary China* 6.14(1997).

[23] Gallagher, Michael G. "China's Illusory Threat to the South China Sea." *International Security* 1(1994).

[24] Gertz, Bill. "The Year of the Dragon: Waking up to the Reality of the China Threat." *Soldier of Fortune* 26.7(2001).

[25] Gilboy, George, and Eric Heginbotham. "China's Coming Transformation." *Foreign Affairs* 80.4(2001).

[26] Gill, Bates. "Limited Engagement." *Foreign Affairs* 78.4(1999).

[27] Gregor, A. James. "Qualified Engagement." *Naval War College Review* 52.2(1999).

[28] ——. "Qualified Engagement: U.S. China Policy and Security Concerns." *Naval War College Review* 52.2(1999).

[29] Gries, Peter H. "A China Threat? Power and Passion in Chinese Face Nationalism." *World Affairs* 162.2(1999).

[30] ——. "Chinese Nationalism: Challenging the State?" *Current History* 104.683(2005).

[31] ——. "Tears of Rage: Chinese Nationalist Reactions to the Belgrade Embassy Bombing." *The China Journal* 46 (2001).

[32] Gurtov, Melvin. "The Future of China's Rise." *Asian Perspective* 18.1(1994).

[33] Hanson, Christopher. "Terms of Engagement." *Columbia Journalism Review* 5 June 2001.

[34] Horner, Charles. "China on the Rise." *Commentary* Dec. 1992.

[35] Hsiung, James C. "The U.S. 'All—Out Engagement' China Policy and Its Implications for Beijing and Taipei." *Asian Affairs: An American Review* 26.1(1999).

[36] Huang, Yasheng. "Why China Will Not Collapse." *Foreign Policy* 99(1995).

[37] Hughes, James H. "China's Ballistic Missile Threat." *Journal of Social, Political and Economic Studies* 27.1 (2002).

[38] Jia, Qingguo. "Disrespect and Distrust: The External Origins of Contemporary Chinese Nationalism." *Journal of Contemporary China* 14.42(2005):11—21. *EBSCOhost*. Web. 9 Mar. 2014.

[39] Jia, Qingguo. "Frustrations and Hopes: Chinese Perceptions of the Engagement Policy Debate in the United States." *Journal of Contemporary China* 10.27(2001).

[40] Johnson, Chalmers. "Breaching the Great Wall: China's Protectionism May Not Be a Problem for the U.S.-Based Companies That Do Business There, but It Is a Threat to American Economic Interests." *American Prospect*(1997).

[41] Johnston, Alastair Iain. "Is China a Status Quo Power?" *International Security* 27.4(2003).

[42] Keith, Ronald C. "'Strategic Ambiguity' and the New Bush Administration's 'China Threat.'" *Review of International Affairs* 1.2(2001).

[43] Kelly, Michael. "Clinton's China Policy: Defining Engagement down." *National Journal* 13 June 1998.

[44] Krauthammer, Charles. "Why We Must Contain China." *Time* 31 July 1995.

[45] Larry M.Wortzel. "China and Strategy: China Pursues Traditional Great-Power Status." *Orbis* 38.

[46] Larus, Elizabeth Freund. "China's New Security Concept and Peaceful Rise: Trustful Cooperation or Deceptive Diplomacy?" *American Journal of Chinese Studies* 12.2(2005).

[47] Lee, Jae-Hyung. "China's Expanding Maritime Ambitions in the Western Pacific and the Indian Ocean." *Contemporary Southeast Asia* 24.3(2002).

[48] Lemke, Douglas, and Ronald L. Tammen. "Power Transition Theory and the Rise of China." *International Interactions* 29.4(2003).

[49] Li, Minqi. "The Rise of China and the Demise of the Capitalist World-Economy: Exploring Historical Possibilities in the 21st Century." *Science & Society* 69.3(2005).

[50] Li, Rex. "China in Transition: Nationalism, Regionalism and Transnationalism." *Contemporary Politics* 3.4(1997).

[51] Li, Yitan, and A. Cooper Drury. "Threatening Sanctions When Engagement Would Be More Effective: Attaining Better Human Rights in China." *International Studies Perspectives* 5.4(2004).

[52] Lieberthal, Kenneth. "A New China Strategy." *Foreign Affairs* 74.6(1995).

[53] Liew, Leong H. "China's Engagement with Neo-Liberalism: Path Dependency, Geography and Party Self-Reinvention." *Journal of Development Studies* 41.2(2005).

[54] Mahbubani, Kishore. "Understanding China." *Foreign Affairs* 84.5(2005).

[55] Mandelbaum, Michael. "Westernizing Russia and China." *Foreign Affairs* 76.3(1997).

[56] Metzger, Thomas A., and Ramon H. Myers. "Chinese Nationalism and American Policy." *Orbis* 42.1(1998).

[57] Miles, J. "Chinese Nationalism, U.S. Policy and Asian Security." *Survival* 42.4(2000).

[58] Mrozinski, Lawrence G., and others. "Countering China's Threat to the Western Hemisphere." *International Journal of Intelligence and Counterintelligence* 15.2(2002).

[59] Munro, Ross H. "Awakening Dragon." *Policy Review* 62(1992).

[60] Nathan, James A., and Charles Tien. "The 'China Threat', National Missile Defense and American Public Opinion." *Defense & Security Analysis* 19.1(2003).

[61] Nolan, Peter. "China's Rise, Russia's Fall." *The Journal of Peasant Studies* 24.1—2(1996).

[62] Overholt, William H. "The Rise of China's Economy." *Business Economics* 29.2(1994)

[63] Pan, Chengxin. "The 'China Threat' in American Self-Imagination: The Discursive Construction of Other as Power Politics." *Alternatives: Global, Local, Political* 29.3(2004).

[64] Papayoanou, Paul A., and Scott L. Kastner. "Sleeping with the(Potential) Enemy: Assessing the U.S. Policy of Engagement with China." *Security Studies* 9.1—2(2000).

[65] Pastor, Robert A. "Is China a Threat or a Partner? The Logic of the Downward Spiral." *Brown Journal of World Affairs* 6.2(1999).

[66] Pei, Minxin. "'Creeping Democratization' in China." *Journal of Democracy* 6.4(1995).

[67] Pocha, Jehangir. "China's Might: Deterrent or Threat?" *NPQ: New Perspectives Quarterly* 21.1(2004).

[68] Rice, Condoleezza. "Remarks at Sophia University, Tokyo." 19 Mar. 2005. Web. Retrieved January 11, 2014 from http://2001—2009.state.gov/secretary/rm/2005/43655.htm.

[69] Ross, Robert S. "Assessing the China Threat." *National Interest* Fall 2005.

[70] ——. "Beijing as a Conservative Power." *Foreign Affairs* 76.2(1997).

[71] ——. "The U.S.-China Peace: Great Power Politics, Spheres of Influence, and the Peace of East Asia." *Journal of East Asian Studies* 3.3(2003).

[72] Rousseau, David. "American and Japanese Perceptions of the Rise of China." *Conference Papers—American Political Science Association*. American Political Science Association, 2002.

[73] Rousseau, David L. "The Rise of China through Realist, Liberal, and Constructivist Lenses." *Conference Papers—American Political Science Association*, 2003.

[74] Roy, Denny. "Hegemon on the Horizon?: China's Threat to East Asian Security." *International Security* 1(1994).

[75] Santoli, A. "China's Rapid Military Rise Threatens U.S." *Insight on the News* 11.16(1995).

[76] Saunders, Phillip C. "Long-Term Trends in China-Taiwan Relations: Implications for U.S. Taiwan Policy." *Asian Survey* 45.6(2005).

[77] Schulz, John J. "China as a Strategic Threat: Myths and Verities." *Strategic Review* 26(1998).

[78] Schwarz, Benjamin. "Managing China's Rise." *Atlantic Monthly(10727825)* June 2005.

[79] Seckington, Ian. "Nationalism, Ideology and China's 'Fourth Generation' Leadership." *Journal of Contemporary China* 14.42(2005).

[80] Segal, Gerald. "China's Changing Shape." *Foreign Affairs* 73.3(1994).

[81] ——. "Does China Matter?" *Foreign Affairs* 78.5(1999).

[82] ——. "East Asia and the 'constrainment' of China." *International Security* 20.4(1996).

[83] ——. "The Coming Confrontation between China and Japan?" *World Policy Journal* 10.2(1993).
[84] Shambaugh, David. "China's Fragile Future." *World Policy Journal* 3(1994).
[85] ——. "China's Military: Real or Paper Tiger?" *WASHINGTON QUARTERLY* 19.2(1996).
[86] ——. "Containment or Engagement of China?: Calculating Beijing's Responses." *International Security* 21.2(1996).
[87] ——. "Facing Reality in China Policy." *Foreign Affairs* 80.1(2001).
[88] ——. "Introduction: Imagining Demons: The Rise of Negative Imagery in U.S.-China Relations." *Journal of Contemporary China* 12.35(2003).
[89] ——. "Sino-American Strategic Relations: From Partners to Competitors." *SURVIVAL* 42.1(2000).
[90] ——. "The New Strategic Triangle: U.S. and European Reactions to China's Rise." *The Washington Quarterly* 28.3 (2005).
[91] Shen, Dingli. "Can Alliances Combat Contemporary Threats?" *Washington Quarterly* 27.2(2004).
[92] Shen, Simon. "Nationalism or Nationalist Foreign Policy? Contemporary Chinese Nationalism and Its Role in Shaping Chinese Foreign Policy in Response to the Belgrade Embassy Bombing." *Politics* 24.2(2004).
[93] Sheng, Lijun. "China and the United States: Asymmetrical Strategic Partners." Washington Quarterly 22.3(1999).
[94] ——. "China's View of the War Threat and Its Foreign Policy." Journal of Northeast Asian Studies 11.3(1992).
[95] Sheng Yen Lee. "The Threat of China or the Threat to China?" *Chinese American Forum* May 1997.
[96] Shinn, James. "Conditional Engagement with China." *Weaving the Net: Conditional Engagement with China*. Ed. James Shinn. New York: Council on Foreign Relations Press, 1996.
[97] Soeya, Yoshihide. "The China Factor in the U.S.-Japan Alliance: The Myth of a China Threat." *Journal of East Asian Studies* 2.2(2002).
[98] Steinberg, James B. "Dual Engagement: U.S. Policy toward Russia and China." *U.S. Department of State Dispatch* 8 May 1995.
[99] Sutter, Robert. "Asia in the Balance: America and China's 'Peaceful Rise.'" *Current History* 103.674(2004).
[100] ——. "China's Rise in Asia: Are US Interests in Jeopardy?" *American Asian Review* 21.2(2003).
[101] ——. "Why Does China Matter?" *Washington Quarterly* 27.1(2004).
[102] Timmerman, Kenneth R. "Dumbing down Missile Defense: China, Iran, and North Korea Already Have Us in Their Sights, yet President Clinton Denies That There Is Any Threat; It's No Surprise That the Same People Who Once Caved in to the Soviets on Missile Defense Now Do the Same for the Chinese." *American Spectator* 32.1(1999).
[103] Tsang, Eric W.K. "Threats and Opportunities Faced by Private Businesses in China." *Journal of Business Venturing* 9.6(1994).
[104] Vogel, Ezra. "The Rise of China and the Changing Face of East Asia." *Asia-Pacific Review* 11.1(2004).
[105] Waldron, Arthur. "Deterring China." *Commentary* Oct. 1995.
[106] ——. "The Rise of China: Military and Political Implications." *Review of International Studies* 31.4(2005).
[107] ——. "War and the Rise of Nationalism in Twentieth-Century China." *The Journal of Military History* 57.5(1993).
[108] Wall, David. "China as a Trade Partner: Threat or Opportunity for the OECD?" *International Affairs* 72.2(1996).
[109] Waller, J. Michael. "New Reports Detail The China Threat." *Insight on the News* 19 Aug. 2002.
[110] Wanandi, Jusuf. "ASEAN's China Strategy: Towards Deeper Engagement." *Survival* 38.3(1996).
[111] Wang, Enbao. "Engagement or Containment? Americans' Views on China and Sino-U.S. Relations." *Journal of Contemporary China* 11.31(2002).
[112] Wang, Jianwei. "Coping with China as a Rising Power." *Weaving the Net: Conditional Engagement with China*. Ed. James Shinn. New York: Council on Foreign Relations Press, 1996.
[113] Wang, Jisi. "China's Search for Stability with America." *Foreign Affairs* 84.5(2005).
[114] Whiting, Allen S. "Assertive Nationalism in Chinese Foreign Policy." *Asian Survey* 23.8(1983).
[115] ——. "The PLA and China's Threat Perceptions." *The China Quarterly* 146(1996).
[116] Xiang, Lanxin. "Washington's Misguided China Policy." *Survival* 43.3(2001).
[117] Zhang, Wei-wei. "The Implication of the Rise of China." *Foresight: the Journal of Futures Studies, Strategic Thinking and Policy* 6.4(2004).
[118] Zhao, Dingxin. "An Angle on Nationalism in China Today: Attitudes among Beijing Students after Belgrade 1999." *The China Quarterly* 172(2002).
[119] ——. "Nationalism and Authoritarianism: Student-Government Conflicts During the 1999 Beijing Student Protests."

Asian Perspective 27.1(2003).

[120] ——. "Student Nationalism in China." *Problems of Post-Communism* 49.6(2002).

[121] Zhao, Quansheng. "America's Response to the Rise of China and Sino-US Relations." *Asian Journal of Political Science* 13.2(2005).

[122] Zhao, Suisheng. "Chinese Nationalism and Its International Orientations." *Political Science Quarterly* 115.1(2000).

[123] Zhou, Qi. "Conflicts over Human Rights between China and the US." *Human Rights Quarterly* 27.1(2005).

[124] Zhu, Muqun. "Chinese Nationalism in Post-Deng Era." *China strategic review* 2.2(1997).

[125] Zoellick, Robert B. "China: What Engagement Should Mean." *National Interest* Winter 96/97(1996).

2. Books:

[1] Bedford, John C., and Army War College(U.S.). *Peoples Republic of China: U.S. Trade Partner or Threat to Our National Interests*. Carlisle Barracks, PA: U.S. Army War College, 1996.

[2] Bernstein, Richard, and Ross Munro. *The Coming Conflict with China*. New York: A.A. Knopf, 1997.

[3] Buzan, Barry. *The United States and the Great Powers: World Politics in the Twenty—First Century*. Cambridge; Malden, MA: Polity, 2004.

[4] Carpenter, Ted Galen, and James A Dorn. *China's Future: Constructive Partner or Emerging Threat?* Washington, D.C.: Cato Institute, 2000.

[5] Cox, Christopher, and United States. Congress. House. Select Committee on U.S. National Security and Military/Commercial Concerns with the People's Republic of China. *U.S. National Security and Military/commercial Concerns with the People's Republic of China*. Washington: U.S. G.P.O., 1999.

[6] Cronin, William R., and Army War College(U.S.). *Coordinated Engagement: A Shift in the Focus of U.S. Policy towards China*. Carlisle Barracks, PA: U.S. Army War College, 2001.

[7] De Blij, Harm J. *Why Geography Matters*: New York, N.Y.: Oxford University Press, 2005.

[8] Deng, Yong, and Fei-Ling Wang. *China Rising: Power and Motivation in Chinese Foreign Policy*. Lanham: Rowman & Littlefield Publishers, 2005.

[9] Economy, Elizabeth, and Michel Oksenberg. *China Joins the World: Progress and Prospects*. New York: Council on Foreign Relations Press, 1999.

[10] Fishman, Ted C. *China, Inc.: How the Rise of the next Superpower Challenges America and the World*. New York: Scribner, 2005.

[11] Friedman, Edward, and Barrett L. McCormick. *What If China Doesn't Democratize?: Implications for War and Peace*. Armonk, N.Y.: M.E. Sharpe, 2000.

[12] Gertz, Bill. *Betrayal: How the Clinton Administration Undermined American Security*. Washington, DC: Regnery Pub.; Lanham, MD: National Book Network, 1999.

[13] Goldstein, Avery. *Rising to the Challenge: China's Grand Strategy and International Security*. Stanford, Calif.: Stanford University Press, 2005.

[14] Howle, Roy C., and Army War College(U.S.). *An Inevitable War: Engaged Containment and Defining Moments in the U.S.-China Relationship*. Carlisle Barracks, PA: U.S. Army War College, 2001.

[15] Intelligence International Ltd. *China and the Threat of War in East Asia*. Brimpsfield, Gloucester, UK: Intelligence International, 1996.

[16] Johnston, Alastair I., and Robert S Ross. *Engaging China: The Management of an Emerging Power*. London; New York: Routledge, 1999.

[17] Kennedy, Scott. *China Cross Talk*: Lanham, Md.: Rowman & Littlefield, 2003.

[18] Kristof, Nicholas D., and Sheryl WuDunn. *China Wakes: The Struggle for the Soul of a Rising Power*. New York: Times Books, 1994.

[19] Lampton, David M. *Same Bed, Different Dreams: Managing U.S.-China Relations, 1989—2000*. Berkeley: University of California Press, 2001.

[20] Marti, Michael E. *China: Making the Case for Realistic Engagement*. [Washington, D.C.]: Institute for National Strategic Studies, National Defense University, 2001.

[21] Mearsheimer, John J. *The Tragedy of Great Power Politics*. New York: Norton, 2001.

[22] Mellman, Tod D., and Army War College(U.S.). *China: The Threat to the United States and Asia*. Carlisle Barracks, Pa.: U.S. Army War College, 2004.

[23] Mills, John D., and Army War College(U.S.). *China: Engagement or Containment*. Carlisle Barracks, Pa.: U.S. Army War College, 1997.

[24] Perry, William James. and Ashton B. Carter. *The Content of U.S. Engagement with China*. Stanford, CA: Stanford University; Cambridge, MA: Harvard University, 1998.

[25] Pillsbury, Michael, and National Defense University Press. *China Debates the Future Security Environment*. Washington, D.C.: National Defense University Press, 2000.

[26] Pumphrey, Carolyn W. et al. *The Rise of China in Asia: Security Implications*. [Carlisle Barracks, Pa.]: Strategic Studies Institute, U.S. Army War College, 2002.

[27] Puska, Susan M., Army War College(U.S.), and Strategic Studies Institute. *People's Liberation Army after next*. Carlisle, PA: Strategic Studies Institute, U.S. Army War College, 2000.

[28] Richelson, Jeffrey, National Security Archive(U.S.), and Chadwyck-Healey, Inc. *China and the United States from Hostility to Engagement, 1960—1998*. Alexandria, Va.: Chadwyck-Healey, 1999.

[29] Rosecrance, Richard N. *The New Great Power Coalition: Toward a World Concert of Nations*. Lanham, Md.: Rowman & Littlefield, 2001.

[30] Self, Benjamin L., and Jeffrey W. Thompson. *An Alliance for Engagement: Building Cooperation in Security Relations with China*. Washington, D.C.: Henry L. Stimson Center, 2002.

[31] Shambaugh, David L., and Richard Yang. *China's Military in Transition*. New York: Oxford University Press, 1997.

[32] Shenkar, Oded. *The Chinese Century: The Rising Chinese Economy and Its Impact on the Global Economy, the Balance of Power, and Your Job*. Upper Saddle River, N.J.: Wharton School Pub., 2005.

[33] Shinn, James. *Weaving the Net: Conditional Engagement with China*. New York: Council on Foreign Relations Press, 1996.

[34] Stokes, Mark A. *China's Strategic Modernization Implications for the United States*. Carlisle, PA: Strategic Studies Institute, U.S. Army War College, 1999.

[35] Sutter, Robert, Shirley Kan and Kerry Dumbaugh. *China in Transition Changing Conditions and Implications for U. S. Interests*. [Washington, D.C.]: Congressional Research Service, Library of Congress, 1993.

[36] Sutter, Robert G., and Peter Mitchener. *China's Rising Power: Alternative U.S. National Security Strategies: Findings of a Seminar*. [Washington, D.C.]: Congressional Research Service, the Library of Congress, 1996.

[37] Terrill, Ross. *The New Chinese Empire, and What It Means for the United States*. New York, N.Y.: Basic Books, 2003.

[38] Timperlake, Edward, and William C Triplett. *Red Dragon Rising: Communist China's Military Threat to America*. Washington, D.C.: Regnery Pub., 1999.

[39] ——. *Year of the Rat: How Bill Clinton and Al Gore Compromised U.S. Security for Chinese Cash*. Washington, DC: Regenery Pub., 2000.

[40] United States, and Congress, Joint Economic Committee. *China's Economic Future: Challenges to U.S. Policy*. Armonk, N.Y.: M.E. Sharpe, 1997.

[41] United States. Congress. House. Committee on International Relations. Subcommittee on International Operations and Human Rights. *U.S./China Relations and Human Rights: Is Constructive Engagement Working?: Hearing before the Subcom mittee on International Operations and Human Rights of the Committee on International Relations, House of Representatives, One Hundred Fifth Congress, First Session, October* 28, 1997. Darby, Pa.: Diane Pub Co, 1999.

[42] Vogel, Ezra F., ed. *Living with China: U.S./China Relations in the Twenty-First Century*. New York: W.W. Norton, 1997.

[43] Yang, Lynn I., Justin Hastings and Aleksandra M Szezepanowska. *China's Environmental Security: Implications for US Interests and Opportunities for Military-to-Military Engagement*. Alexandria, Va.: Institute for Defense Analyses, 1999.

[44] Yee, Herbert S., and Ian Storey. *The China Threat: Perceptions, Myths and Reality*. New York: Routledge, 2002.

面向外籍人士的公共图书馆多元文化服务实践与思考——以上海市长宁区图书馆“中国之窗”·上海阅览中心为例

刘　建

（上海市长宁图书馆）

摘要　本文以上海市长宁区图书馆“中国之窗”·上海阅览中心作为具体案例，从构建服务于外籍人士的阅读和信息平台、开展多元文化活动、组织外籍读者参与图书馆管理等方面，阐述了公共图书馆面向外籍人士多元文化服务的实践经验，并就公共图书馆如何更有效开展面向外籍人士的多元文化服务提出几点思考。

关键词　公共图书馆　多元文化服务　外籍人士

The Multicultural Service Practice and Thinking for the Foreigners in the Public Library—Takes Shanghai Changning Library “Window to China” —Shanghai Reading Center as a Specific Case

Liu Jian

(Changning library, China)

Abstract　This paper takes Shanghai Changning District library “window to China” —Shanghai reading center as a specific case to expounds the experiences which the public library gives to foreigners about multicultural service in building reading and information platform that serves to foreigners, carrying out multicultural activities, organizing foreign readers to participate in library management etc. We also make a few thoughts about the public library how to provide the more efficient multicultural services for the foreigners.

Keywords　Public Library　Multicultural Activities　Foreigners

1　面向外籍人士多元文化服务背景和研究现状

图书馆多元文化服务主要是指图书馆为适应多元文化社会的需要，向不同民族、语言和文化的群体所提供的服务。随着全球化进程的深入，不同国家、地区以及民族之间的交流日趋频繁，由此而产生的各国、各民族多元文化的碰撞与交流，较之以往显得尤为突出。在图书馆中开展多元文化服务，能有效促进不同文化间的理解、认同、交流与融合。国际文化大都市的图书馆，肩负多元文化服务的使命。

1.1　背景

根据国际图联 2006 年发布的《多元文化图书馆宣言》中的阐述，图书馆多元文化服务的对象是：①外籍人士。主要是移民、难民、外来劳工、留学生等。②少数民族。主要指区别于主流文化的当地土著居民、少数民族等。由于国内图书馆多元文化服务处于起步阶段，针对外籍人士的多元文化服务十分薄弱，许多图书馆没有把多元文化服务作为一项重要工作来开展。实际上，《IFLA 多元文化图书馆宣言》已经阐明：图书馆为不同语言文化群体提供信息服务是一项重要工作，不是“孤立的”和“附加的”，而且其服务目标须符合本地的需要。

据公安部出入境管理局统计，2013 年，外国人入出境共 5 250.91 万人次，其中入境 2 629.02 万人次。入境外国人中，观光休闲 1 012.30 万人次，访问 438.72 万人次，交通运输工具服务员工 319.53 万人次，会议商务 180.68 万人次，就业 108.67 万人次，学习 21.58 万人次，探亲访友 19.91 万人次，定居 4.63 万人次，其他入境目的 523.01 万人次。随着来华居住、服务和就业的外籍人士日趋增多，国内图书馆界面临的外籍读者服务问题更加突出。

"多元文化背景下图书馆服务的理论研究与实践应用"（该课题系 2009 年国家社会科学基金资助项目）课题组成员在北京、上海、广州等 11 个代表城市开展调查，并以外籍教师、留学生和外资企业的外籍人士为主要调研对象，结果显示，58.3%的外籍人士希望各级各类图书馆增加具有多元文化服务功能和项目；40.1%的外籍人士希望针对多元文化服务对象建立专门的外国人图书馆；39%的外籍人士希望为保护、收藏和研究各个族群的特色文化资源而建立专题图书馆。

因此，国内图书馆应该把多元文化服务提到议事日程，开展用户需求的调研，根据本地区外籍人士的构成情况，确定合适的服务策略、方式、内容等。

1.2 研究现状

目前，国外发达国家的图书馆多元文化服务理念和实践十分完善，并积累了许多成功的经验。与之比较，国内图书馆界是在 2000 年《图书馆杂志》上刊登、由鲍延明编译的《图书馆多元文化服务的目标和策略——从〈澳大利亚规则〉到 IFLA〈多元文化社会：图书馆服务指导方针〉（1998 年）》一文时，才开始关注多元文化服务。之后，陆续有国内学者撰文介绍、分析、探讨国内外图书馆多元文化服务中的政策、方针、观点、理念和实践探索等。赵云利在中国知网（CNKI）和维普数据库的专业检索面以"图书馆＋多元文化服务"为关键词检索到国内期刊刊登的、研究图书馆多元文化服务的文章有 25 篇（截止到 2011 年 6 月）。笔者也以同样的关键词，以 2011 年 7 月—2012 年为时间段，在赵云利所选的数据库中检索到讨论图书馆多元文化服务的文章有 7 篇，其中，2012 年就有 6 篇。可见，2011 年前，图书馆多元文化服务并不是一个热门话题，10 年里年均发文仅 2.5 篇。但是，近几年，多元文化服务开始引起国内图书馆界研究者的特别关注。经文献分析，目前国内关于图书馆多元文化服务研究的主要内容有以下几方面：①国外图书馆多元文化服务研究和实践情况的介绍；②图书馆多元文化服务的价值、意义；③图书馆多元文化服务的对象、内容与措施；④国内图书馆多元文化服务的实践探索；⑤图书馆多元文化信息资源建设的主要策略；⑥图书馆多元文化服务项目设计的原则、步骤、调查、方案和评估；⑦调研分析外籍读者的信息使用和需求情况，提出图书馆针对外籍读者开展多元文化服务的具体举措。

与国外从 20 世纪 60、70 年代就开始关注，80 年代已真正深入、系统地研究图书馆多元文化服务相比较，国内的理论研究比较薄弱。赵润娣认为，目前国内有关图书馆服务的专著、教材及工具书中，尚没有涉及图书馆多元文化服务的相关内容；也还没有将"多元文化"作为图书馆学学术会议的讨论议题。由此可见，国内图书馆界缺乏对多元文化服务系统、全面的研究，尤其是对多元文化服务方针及制度以及馆藏资源配置方面的研究。理论的基础是实践，国内理论研究薄弱的一个重要原因是，缺乏广泛和深入的实践经验总结，图书馆多元文化服务的实践也滞后于外籍读者的增长速度，从已经发表的论文内容看，对实践经验进行阐述分析的文章仅有吴建中的《多元文化与城市发展——以上海图书馆为例》和沈艺红的《公共图书馆多元文化服务探微——以广州图书馆为例》两篇。仅占已发表论文 8%，比率很低，而全面阐述面向外籍人士的多元文化服务实践经验的案例基本处于空白。

鉴于上述背景和研究现状，本文把面向外籍人士的多元文化服务实践作为研究重点，以上海市长宁区图书馆"中国之窗"·上海阅览中心作为具体案例，从构建服务于外籍人士的阅读和信息平台、开展多元文化活动、外籍读者参与图书馆的建设、管理和服务等方面进行阐述分析，并就公共图书馆如何更有效开展面向外籍人士的多元文化服务提出几点思考。

2 面向外籍人士的多元文化服务实践

世界各国和地区的图书馆团体都十分重视多元文化服务的研究，制定了相关政策和措施，并在实践中进行有益的探索，取得了较好的效果。国内一些图书馆也在进行积极的尝试，上海长宁区图书馆经过多年实践，逐渐形成了符合本区域外籍人士构成情况实际的多元文化服务特色。

长宁区位于上海的西部，是上海国际化程度最高的城区之一。区域内入驻有日本、韩国、荷兰、阿根廷、古巴、比利时、丹麦等 21 国驻沪领事馆，占上海市外国领事馆总数的 35.6%，50%的外交官的官邸落户长宁区。区域内拥有 1 600 多幢高级别墅和十余处成熟的涉外居住小区，114 个国家和地区的约 3.5 万名外籍人士长住。仅古北新区就聚居有32个国家和地区的3 000多户近10 000名外籍人士,成为上海市外籍人士居住最为集中的区域,也形成了上海独一无二的地球村景观。在这个“地球村”里,多元文化互相交融,越来越多的“洋居民”融入和参与到社区生活中。长宁区图书馆针对区域人口结构呈现国际化趋势突出、外籍人士以及高层次人群增多的特点,在管理和服务上与国际接轨,开展多元文化服务实践。

2.1 构建服务于外籍人士的阅读和信息平台

2008年,长宁区图书馆在国务院新闻办和上海市政府新闻办具体指导下,创建了国内第一个为外籍人士提供阅览和信息服务的机构——“中国之窗”· 上海阅览中心。集中展示中央和地方对外宣传的图书、期刊等信息资料,全方位为外籍人士提供了解上海和中国的信息,给居住在上海、生活在长宁的外籍人士提供一个温馨的阅读环境与交流平台。近两年,接待读者4万余人次,其中外籍读者4千余人次。目前主要开展以下几项服务:

一是开设外文原版图书专架。“中国之窗”· 上海阅览中心的图书资料除由国务院和上海市政府新闻办赠送外,与俄罗斯国家图书馆、荷兰海牙图书馆、韩国中央国立图书馆和仁川广域市北区图书馆等6个国家的公共图书馆签订了书刊交流协议,开设了“俄罗斯之窗”、“韩国之窗”、“泰国之窗”和“海牙之窗”等外文原版图书专架,收藏了英、法、德、日、韩、俄、西班牙、阿拉伯等11种语言的图书资料,接受泰国著名作家捐赠的文学作品图书等,馆藏文献资源达到15 000册,图书资料定期调整更换,基本满足了外籍读者的阅读需求。

二是提供个性化的信息服务。针对外籍读者的工作与生活情况,开辟了外文图书检索、借阅、购买、配送等服务功能,向外籍人士提供以外文图书为特色的数字化、一站式的信息服务;开通“点书”服务,为外籍人士送书上门。如通过上海中心图书馆图书借阅查询系统,当查找到想要借阅的外文书籍时,可通过馆际互借,在一周内借到书;依托上海中心图书馆的数字化服务平台,为外籍人士提供网上信息资源与西文数据库检索阅览服务等,外籍读者足不出户就能详细获取外文文献资源信息。

2.2 举办丰富的多元文化讲座活动

作为长宁与世界联系的跨文化交流平台,“中国之窗”· 上海阅览中心着眼于“沟通”和“文化交融”服务理念,举办丰富的多元文化讲座活动。

一是举办“世界眼”系列多元文化讲座。“中国之窗”· 上海阅览中心与挪威、德国、美国等国家的驻沪总领事馆文化处合作,邀请来自海外和中国的知名学者、作家作为嘉宾,在文学、经济、历史、社会科学等各个领域展开跨文化、跨国际对话。到目前为止,已经邀请了爱尔兰作家科尔姆 · 托宾与苏童围绕“在故乡与异乡之间”的主题对话;邀请挪威卑尔根大学哲学系副教授拉斯 · 史文德森和复旦大学中文系教授陆扬,举办“时尚的哲学:消费社会中的身体、语言与艺术”主题讲座;邀请泰国著名女作家塔玛音迪与国内海派女作家孙未开展“中泰文化对话”;邀请英国新锐短篇小说家西蒙 · 范 · 布伊与上海青年作家周嘉宁畅谈小说创作中关于“爱的主题”;举办“战地女作家在上海”挪威女作家奥斯娜 · 塞厄斯塔与读者见面暨文学交流会、爱尔兰短篇小说女王克莱尔吉根与读者交流互动会等30多项活动。这些多元文化交流活动受到了中外文化爱好者的热烈欢迎,他们积极参与,真正体现了国际文化大都市的公共图书馆在多元文化服务中的应有作用。

二是创办上海译家谈“译家-读者文学沙龙”。“沙龙”邀请国内外著名翻译家针对文学作品翻译、外国文坛热点话题等与读者开展交流、对话。创办以来,已经有德国著名哲学家、作家威廉 · 施密德先生与广大文学爱好者围绕“幸福”主题,开展有益的互动交流。著名翻译家黄杲炘、黄福海、魏育青与高校的翻译爱好者围绕“译诗的魅力”展开交流。加拿大摇滚乐界明星莱昂纳德 · 科恩的诗集代表作《渴望之书》的译者孔亚雷先生,著名作家、翻译家黄昱宁女士与文学爱好者共同“畅游”文学的海洋。以查尔斯 · 狄更斯、罗伯特 · 勃朗宁和理查德 · 李尔等三位作家诞辰200周年为主题,邀请沪上著名翻译家和资深编辑,同文学爱好者一起纵览维多利亚时期的英国经典文学。特邀资深德语翻译家袁志英先生主讲《智谋——漫谈德国文学与三十六计》。

2.3 组织外籍读者开展志愿服务

长宁区图书馆针对外籍读者的阅读需求、专业技能、志愿工作参与兴趣度等方面内容进行了调研,通过征询外籍专家意见,走访区内涉外学校中的外籍教师和学生,涉外社区中的居民代表,确定了“奉献、交流、共享,进步”为外籍志愿者服务理念。通过让外籍读者参加志愿者工作,参与到图书馆的建设、管理和服务之中。

一是组建外籍读者志愿服务队。“中国之窗”· 上海阅览中心开放后,慕名而来的外籍读者络绎不绝,在短短几个月中，形成了一批高素质、多语种、多专业的外籍读者群体，恰逢“上海迎世博500天”，长宁区图书馆因势利导，组建了外籍读者志愿服务队。服务队主要由居住在长宁区的“洋居民”组成，包括图书馆的青年员工和具有一定外语水平的热心读者。

首先，志愿服务队依托图书馆的平台和资源优势，成立“双语沙龙”，搭建让“每个人都开口说”的平台。“洋居民”和社区英语学习者在图书馆优雅的“第三空间”环境中用英语交流彼此的兴趣爱好，在交流中增强了不同文化的沟通。

其次，志愿服务队积极开展英语助学活动，走出图书馆为社区居民讲授“实用英语”课程，开展外来务工子弟英语助学活动，培训辅导外来建设者岗位专业英语等；在社区文化活动中心设置“埃及角”、“美国角”、“澳大利亚角”，形象介绍各国民俗风情。在世博年，举办“和谐世博一家亲”中外读者新春联欢会，让每个不同文化背景的参与者都能感受到在“同一屋檐下”大家庭里生活的快乐。

二是建立“小语种志愿者服务岗”。为了让更多生活、学习和工作在长宁的外籍人士关注并参与志愿者服务，长宁区青年志愿者协会和长宁区图书馆联合发起成立“小语种志愿者服务岗”。招募信息在网上公布后，一个月内有50多位中外读者积极响应，在报名参加志愿者服务的外籍读者中有日本作家、德国企业高级外籍主管、外国领事馆的工作人员和各高校的外国留学生等。2011年6月，首批30多位志愿者上岗，其中包括美、英、法、德、塞尔维亚、印度、以色列、日、韩等国的外籍读者和东华大学、上海外国语大学的留学生。小语种志愿者经常放弃休息时间来到图书馆开展志愿活动，协助“中国之窗”·上海阅览中心完成不同语种图书的内容概括和甄别工作。志愿者们承担了很多具体的管理和服务工作，从整理书目和撰写内容概要，定期推荐新书，搜集读者信息需求，引导读者有选择的阅读，及时提供各国图书出版、文化热点信息，到协助筹备图书馆的多元文化交流活动，挑选适合交流的外文图书，活动结束后书评的征集、交流意见的分析等。两年来，“小语种志愿者服务岗”增加到近50位志愿者，其中近一半为外籍人士。

3 实践中的思考

“中国之窗”·上海阅览中心面向外籍人士的多元文化服务经过多年实践，形成了特色，产生了良好的社会效果，国务院新闻办也发来感谢信，但与国外发达国家图书馆相比，还有可以提升和拓展的空间。对此，笔者提出几点思考。

3.1 形式多样地向外籍人士宣传中华文化

图书馆除了要为外籍人士提供其祖国语言文字的资料外，还应该形式多样地向外籍人士宣传内涵丰富的中华文化。利用图书馆的设施条件和人才的综合优势，举办融展览、讲座、影视片播放、互动阅读等多种形式于一体的专题活动。例如，以“中华名胜”、“中华美食”、“京剧艺术”、“民族舞蹈”为专题，以“观展览、听讲座、看影视、享互动”的方式，通过文字、图片、实物和直接生动的演示，全方位、多层次地展示，让外籍人士体验内涵丰富的中华文化。不同的专题由不同的项目组成，遵循从无声到有声、从平面到立体、从静止到动态的理念。此外，还可以通过优秀读者的评选，激发外籍读者参与图书馆多元文化活动的热情。

3.2 增强外籍人士主动利用图书馆意识

“多元文化背景下图书馆服务的理论研究与实践应用”课题组的调研结果显示，经常使用中国图书馆的外籍人士占总人数的23.8%，偶尔、很少及从不去图书馆的要占76.2%。其原因是，36%的人不了解图书馆提供哪些服务，32.2%的人没有利用图书馆的需要。而如何获得图书馆相关信息的调研结果表明，主要途径是从图书馆网站和直接到图书馆走走分别占66.5%和59.5%，这从一个侧面说明很大一部分外籍人士利用图书馆的意愿很强烈。

《IFLA多元文化图书馆宣言》中指出，多元文化图书馆的核心作用之一是开拓市场，提供开放的多媒体及语言资料，吸引读者到图书馆。

由此可见，图书馆应该运用适当的媒介和语言，采取各种手段积极地宣传营销多元文化服务，增强外籍人士主动利用图书馆的意识。长宁区图书馆通过开展“外语图书漂流”、“相聚在上海”外籍人士读书征文等活动，吸引了一大批外籍人士来到“中国之窗”·上海阅览中心体验中外文化交流的乐趣。还把多元文化服务延伸到社区，在各街道、镇设立流动的外语志愿服务岗，根据社区居民的不同阅读爱好和需求，开展形式多样的志愿服务，一方面让外籍志愿者进一步融入中国社区，另一方面也扩大了图书馆多元文化服务在外籍人士中的影响力。根据外籍人士主要从图书馆网站获得信息的特点，图书馆应开发多语种的网站，为外籍人士了解、利用图书馆提供方便。

3.3 外籍少年儿童也应纳入服务范围

外籍少年儿童也是图书馆进行多元文化服务的对象,外籍少年儿童来到新的环境中,仍然需要接受本民族的文化教育,通过阅读加强本民族语言的学习,所以,图书馆应尽量采集适合于外籍少年儿童阅读的图书、画册、期刊、视频资料等,为他们提供与其本国历史、文化、艺术有关的馆藏资源。同时,还需要建设专门的少儿活动空间,如"少儿专区",营造一个温馨和轻松的阅读环境。少儿活动空间还需要划分出图书展览区、聚会区、休息区、互助学习区等,开展一些如图书推荐、阅读分享、故事朗诵等方面的活动,丰富活动空间内容,提高外籍少年儿童参与积极性。

参考文献

[1] 陈一梅.美国图书馆多元文化服务的现状分析及启示[J].农业图书情报学刊,2012(6):201.
[2] 赵润娣.国内图书馆多元文化服务的问题与对策研究[J].情报理论与实践,2010(4):68.
[3] 刘学燕.解读《IFLA 多元文化图书馆宣言》[J].山东图书馆学刊,2010(1):30.
[4] 肖爱斌,许萍.多元文化背景下图书馆外籍读者信息使用和需求调研分析[J].图书馆建设,2011(5):38、43、44.
[5] 赵云利.城市发展的内在诉求:图书馆多元文化服务[J].图书馆工作与研究,2011(10):9.
[6] 赵润娣.国内外图书馆多元文化服务研究综述[J].图书情报工作,2010(3):91.
[7] 赵国忠.图书馆多元文化信息资源建设的策略研究[J].图书馆建设,2010(6):13.
[8] 陆为国,赵蓉,韩志敏,张继忠,许萍.当前环境下图书馆多元文化服务活动的设计[J].图书与情报,2012(2):112.
[9] 肖爱斌,许萍.多元文化背景下图书馆外籍读者信息使用和需求调研分析[J].图书馆建设,2011(5):37.
[10] 漆俐红.图书馆外籍读者多元文化服务现状与对策[J].图书馆论坛,2012(3):109.
[11] 赵润娣.国内图书馆多元文化服务的问题与对策研究[J].情报理论与实践,2010(4):69.

增强图书馆在全媒体时代的竞争力
——竞争、竞争力与竞争优势理论在班斯卡比斯特理察州科学图书馆的应用

Martin Kassa

(斯洛伐克班斯卡比斯特理察州科学图书馆)

摘要 数字化信息的开发、传播和分享已导致对图书馆服务的需求在逐步减少。如果我们把图书馆作为一个以盈利为目标的机构来考虑,需要在竞争激烈的商业环境中取得成功,我们就可以把竞争、竞争力和竞争优势的理论应用于图书馆活动。

班斯卡比斯特里察州科学图书馆每年都会针对专业馆员就图书馆当前面临的问题举办研讨班和会议。2013 年 4 月会议重点围绕着全媒体时代图书馆的竞争力,来自斯洛伐克、捷克、德国、波兰和俄罗斯专家所呈现的知识和经验,成为评估科学图书馆竞争力的有用背景。

图书馆的竞争力,在一般情况下,可以视为在信息共享领域进行持续创新与发展的能力。竞争力甚至可以认为是对可支配的人力和财力资源进行优化的能力。在讨论特定图书馆某项服务的竞争力时,可以将之与其他信息服务提供者进行比较。

图书馆的竞争力在很大程度上取决于其在提供图书馆服务的过程中,应用新的信息技术与通信技术的能力。

关于图书馆在当下和未来的竞争力,如果需要提供成功的服务,一个不可或缺的要素就是图书馆可持续的竞争优势。根据经济学的理论,竞争优势为现代管理提供了基本的战略。

关键词 图书馆 竞争 竞争力 竞争优势

Strengthening Competitiveness of Libraries in the Omni-media Age—application of the Theoretical Principles of Competition, Competitiveness and Competitive Advantage in the State Scientific Library in Banská Bystrica

Martin Kassa

(State Scientific Library in Banska Bystrica, Slovak Republic)

Abstract Development of digital information, spreading and sharing information has led to gradually decreasing demand for library services. If we take library as a regular profit making subject into consideration, which has to succeed in the competitive business environment, we can apply theoretical principles of the competition, competitiveness and competitive advantage to the library activities.

State Scientific Library in Banská Bystrica(SSL BB) organizes every year scientific seminars and conferences for professional librarians aimed at the current library issues. In April 2013, it was focused on competitiveness of the libraries in the Omni-media age. Presented knowledge and experience from Slovak experts, completed by presentations from Czech, German, Polish and Russian professionals have become a useful background source for evaluation of competitive ability of the SSLBB.

The competitiveness of libraries, in general, can be considered as their ability to sustain, or multiply, their involvement in sharing information and information resources. Competitiveness can even refer to optimization of using disponsible human and financial resources. We can speak about the competitiveness of a particular library service, as well as about competitiveness of libraries compared with other information service providers.

Competitive ability of a library strongly depends on its ability to apply new information and communication technologies in providing library services.

Relating to today's and future competitiveness, an inevitable element to succeed in providing library services is sustainable competitive advantage of libraries. According to economic theories, the competitive advantage provides baseline for modern management strategies.

Keywords Library Competition Competitiveness Competitive Advantage

1 Introduction

Competition is a process in which various market subjects encounter their differentiated concerns and goals. Each subject aims to achieve certain substantive advantage. Competitive relations between market subjects are preconditions for market mechanism to appear as effectively working system.

State Scientific Library in Banská Bystrica (SSL) organizes every year specialized conferences and seminars on current library issues. In April 2013, there was held a conference on competitiveness of libraries in the Omni-media age. Information and experience presented by the speakers from Slovakia, the Czech Republic, Poland and Russia has become appropriate basis for analysis of competitiveness of SSL.

Competitiveness of the libraries depends on the library's mission, and it means its ability to compete. It represents capability to use its own resources, knowledge and relations, to understand and see things around in a new innovative way, to motivate and to be motivated.

One of the conditions for competitiveness is a competitive advantage, given or created. A competitive advantage of the libraries is one of their characteristics or ability which has been developed in time, influenced by the competitors, trends and environment in which a particular library exists. It is a specific, unique or extraordinary attribute that brings relevant advantage for a library, favors a library in the market and guarantees a better position for a library, compared with other competitive subjects.

Competitive advantage of a library could be based on its information resources(internal or external). Incomparable information resources help to create a unique market position. A source of a competitive advantage can be:

— an offer differentiated from other competitors;

— better or cheaper satisfaction of patrons' needs;

— specialization in target group.

Besides other libraries, one of the main rivals for libraries are publishers and bookshops providing their customers with books and periodicals in digital form(e-books), which means that people can use and read them without visiting a mediator, in this case a library. Competitiveness of a library in such a strengthening competitive environment could be gained by using various strategies targeted on creating or sustaining a competitive advantage:

— differentiation strategy;

— low cost strategy;

— specialization strategy.

Basis of the differentiation strategy is to satisfy customers' differentiated needs. Fundamental criteria for differentiation from the competitors are:

— importance—offer differentiation significantly increases offer beneficiality for the customers;

— profitability—implementing differentiation means increased interest in library services and growth in number of customers, thus income as well;

— uniqueness—competitors do not provide the same (or similarly interesting) offer, the offer is representative, or unique, for a particular library;

— flawlessness—differentiation represents the best way how to gain benefits for the customers, it is better than the other options and alternatives through which the customers can get the same advantage;

— inimitableness—differentiation cannot be easily copied by the competitors;

— availability—customers are able to pay for differentiation;

— clearness—customers perceive differentiation very clearly;

— meaningfulness—differentiation is very important for customers, it constitutes a higher value than the competitors can offer.

Differentiation strategy is implemented through the offer of library services (and its innovations), composed of library services, prices, staff, availability, environment, and marketing communication.

In terms of services provided by a library, it is possible to distinguish from the other providers through such services that are not available at the competitors, their quality or implementing some additional, or unconventional, services. Innovation and investing into new trends that can guarantee competitiveness for the libraries are crucial.

The Slovak Chemistry Library in Bratislava is a good example. Based on the demands of its patrons, the library provides several new services:

— eStudy—digital library;

— eDesktop and studyCloud;

— Print on Demand;

— Publishing services;

— studyComfort.

2 eDesktop and StudyCloud

The service eDesktop provides each registered library user with the access to their own desktop irrespective of the use of computer technology that best suits individually: laptop, PC, or tablet. The service studyCloud allows users to save their own documents on safe library's storage web site and subsequently access them, using either user's desktop, Internet browser, tablet or a mobile phone. The documents can be shared with other service users as well. This service enables to connect some external file storages, such as Google Drive, Dropbox and others.

3 Print on Demand

The users are provided with the service of printing from any PC in the library, or after installing relevant drivers, from their home PCs. The documents are printed after scanning the library card by any of the print machines(or kiosks) in the library within 24 hours from submitting a printing task. Fee for printing materials is immediately deducted from the user's e-wallet.

4 Publishing Services

Library's publishing house issues university textbooks solely in digital form and makes them available to all registered users only through digital library. The users are provided with all the option offered by the digital library.

5 Study Comfort

Users are provided with a study room for individual or group study. They can borrow a laptop or a pad and can study in comfortable armchairs or bean bags. In the library main study room, there are big TV screens where visitors can watch the news or documentary TV channels.

Even though some of them are paid, there has been an increase of three hundred per cent in the number of visitors after launching these new services, since the users inevitably need them while studying.

Besides five language study rooms (Window of Shanghai among them), study room of patents and standards and other study rooms providing common library services, there are other specialized centers in the SSL:

— Information and scientific center for SMEs;

— Attic Gallery;

— Theatre D44;

— Literary and Music Museum with two permanent exhibitions;

— Puppet Salon.

Last year we have started a pilot project of digitizing library collections, with regard to historical prints. The digitized documents are available to the public through the portal ebrary.

With respect to the price, libraries can distinguish themselves from the competitors by using differentiated prices for different types of customers, or for different services.

Besides free library services, the added value for every member of SSL is the possibility to visit manifold cultural and specialized events, organized by the library's departments for various age and interest groups, for free. Visiting the Attic gallery is free of charge as well.

From the point of differentiation strategy, management and library staff are represented by people who are the most significant source for differentiation. Their creativity, activity and professionalism are preconditions for product/price/availability/environment and marketing communication differentiation.

The SSL pays a big attention to further education of its staff, either in the form of internal or external trainings. The regular internal trainings are to become the employees familiar with the activities of particular library departments. In the framework of the external trainings, selected employees participate in short-term internships in our sister libraries in the Czech Republic, Poland, Russia, Ukraine and Belarus, or attend professional seminars and conferences for librarians. The SSL organizes a specialized annual international conference for librarians on current library issues as well. This year, its 14th edition took place and its topic was "Acquisition, creating, availability and preservation of e-collections—e-books in e-repositories".

Differentiation based on availability means that a library is accessible not only from the point of its location in a town or city but also from the point of the opening hours, or on-line services. It is essential to provide services in time and space when and where the users expects to get them.

Current trends in library science include development and implementation of applications that enable library to provide services via mobile Internet. Especially services adopted for mobile devices are implemented either through authentic apps(e.g. German *Onleihe*) or through mobile web pages, as the occasional research is usually shot and targeted using a smart phone or a pad. When creating a mobile web page, there are two options for their implementation, i.e. development of a unique mobile web page with adjusted content, or viewing already existing web content adjusted for any device using Cascading Style Sheets. However, even libraries that do not have enough financial resources to develop their own web pages optimized for mobile devices can make a step further and be closer to their users—by changing their old web page into a "mobile-friendly" web page.

QR (or quick response) codes are two-dimensional machine-readable barcodes that can be decoded and transmitted by free software downloaded into a mobile device. QR codes can be used for targeted and effective spreading of contextual information or the Internet addresses.

Use of QR codes in libraries:

— acquisition;

— conversion of a printed version into a digital one;
— searching books;
— loading contact information or opening hours;
— advertising purposes.

QR codes can be embedded into the library catalogues and serve as a notepad for digital documents which are freely accessible in the library's premises.

Library environment is considered as distinctive, depending on customers and their expectations. The internal or external library environment can differentiate a library from its competitors as well. Welcoming and tidy environment is being taken for granted. Based on the library's target group, the environment can be renewed or kept preserved as a traditional library environment. To distinguish a library from its competitors for example by providing relaxation zones, cafes or wi-fi zones should be borne in our minds.

The State Scientific Library has its seat in the former County House. It perfectly uses wide range of premises and their equipment—from historical premises(where old and rare prints are deposited) to modern equipped premises of the Universal study room and attic where classrooms can be found. Depending on the available premises, specific events can be organized.

To be different from the competitors, libraries can use appealing marketing communication with progressive forms of channels and tools (such as promotion or direct mail), or supporting forms of advertisement, such as personal offer, contests, book signings, discussions, PR, controlled events etc.

Low cost strategy in a library specializes in reducing costs for the users by:
— price for standard and above standard services;
— advantages and motivations leading to reduce user's costs;
— costs in the sense of time saving;
— costs in the sense of space saving(purchase of books, services, equipment).

6 Specialization Strategy

Specialization strategy is aimed at satisfaction of needs of:
— certain users group;
— particular segment;
— market niches(users' needs that are not satisfied in the market).

Specialization of a library means to create such an offer that would satisfy the needs of particular groups in better way than competitors or other subjects do. This strategy consists in monitoring specific needs, creativity and implementation of innovations.

According to M.E.Porter, achieving higher economic prosperity of certain economic subjects could be explained by factors affecting competitive advantage.

Library's potential is inevitable presumption of competitiveness and its most essential part is formed by human resources. Taking their importance into account, it is crucial to pay detailed attention to them, mainly to the quality, skills and abilities of human potential, working hours, business ethics, job placement, level of migration of educated employees etc.

When creating competitive advantage of a library, an irreplaceable and key role is played by innovative potential—knowledge and understanding, scientific and technical potential etc. Besides quality of potential, the accessibility of a library(its location, opening hours, on-line services etc.), fees for library services, capital resources, management and marketing communication create competitive advantage as well.

The second factor that has an immense impact on competitive advantage of a library is type of demand. This factor depends on the structure of demand, i.e. qualities of customers' needs since the competitive advantages are mainly influenced by combination and types of users' needs, size and model of growth of demand, or possibly internationalization of demand. While identifying competitive advantages, we could say that quality of demand could, under certain conditions, be of greater importance than the quantity of demand.

Another factor that influences library's competitive advantage is type of development strategy. Strategy of development is intertwined with management quality. It is supposed that all information will be in digital form until 2020. Content that is not in digital form yet will be converted into digital version in digitization centers. And afterwards it would matter how the content will be brought to its users. Technologies will have been developing. Documents, devices and even users change and will change. Libraries will have at their disposal more and more information from different resources. And it means more problems and tasks that will have to be solved by spending lesser amount of money.

Rivalry between competitors is one of the preconditions for creating competitive advantage. Competition plays an important role in the process of offer innovation. Presence of competition supports intensity of development and stimulates innovation's implementation. A library should be able to guess who, and in which area, is its real competitor. Based on variety of libraries and their services, it is not possible to set a list of recommendations. What suits one library does not have to be good for another one. In the field of providing information, common denominator should be clear and simple on-line library with uncomplicated searching system and availability of the full texts.

Investments, and in these days information as well, are considered as another important factor of competitive advantage. The lack of information means stagnation. With the redundancy of information, selection and the right choice of relevant information are fundamental. Substantial information is important from the point of planning and investing. Investments of own or foreign resources are needed for further development of libraries, mostly for their modernization.

More and more people see libraries as modern sources of information and they expect that library services would be fast, up-to-date and accurate. Not only modern equipment is essential, but the services have to be adapted to constantly changing expectations from the side of social environment and requirements of knowledge-based society. Future trends point out that benefits for library users should be of our biggest concern because competition does not avoid libraries any more. Fight for survival has become tougher and satisfaction of users and library partners is becoming more and more important for libraries if they want to survive. Particularly in current competitive environment we are realizing how important is to praise the libraries, to target on their promotion and satisfying needs of their users.

References

[1] DOKTOROVÁ, O.Čo robit', ked' knižnica prestáva byt' „ in "? = What to do when a library is no more „ in "? In: *Konkurencieschopnost' knižníc v omnimediálnom veku = Competitiveness of the libraries in the Omni-media age*, Štátna vedecká knižnica v Banskej Bystrici, 2013, pp.71—75.

[2] DZIVÁK, J.Nové služby ako nástroj na prežitie akademickej knižnice? = New services as survival tools for academic libraries? In: *Konkurencieschopnost' knižníc v omnimediálnom veku = Competitiveness of the libraries in the Omni-media age*, Štátna vedecká knižnica v Banskej Bystrici, 2013, pp.67—70.

[3] LENHARD-BRUCH, S.O mobilných aplikáciách, webových stránkach a QR kódoch-knižnice na ceste do mobilného internetu = Mobile applications, web sites and QR codes—libraries on their way into mobile Internet, In: *Konkurencieschopnost' knižníc v omnimediálnom veku = Competitiveness of the libraries in the Omni-media age*, Štátna vedecká knižnica v Banskej Bystrici, 2013, pp.9—18.

[4] PORTER, M.E. *Konkurenční strategie*, Praha, Victoria Publishing, 1994.

[5] PORTER, M.E. *Konkurenční výhoda*, Praha, Victoria Publishing, 1992.

[6] VAŇOVÁ, A. Konkurencia, konkurenčná výhoda a konkurencieschopnost' knižníc = Competition, competitive advantage and competitiveness of the libraries, In: *Konkurencieschopnost' knižníc v omnimediálnom veku = Competitiveness of the libraries in the Omni-media age*, Štátna vedecká knižnica v Banskej Bystrici, 2013, pp. 29—42.

关于图书馆服务创新路径的思考

倪道敏　俞国琴

（上海图书馆）

摘要　从全球图书馆服务业来看，我国图书馆服务创新仍处于相当劣势的地位；图书馆服务整体效率不高，服务质量欠佳，创新能力和可持续发展能力不强等。为此，服务创新成为摆在图书馆面前急需解决的问题。本文将探索图书馆服务的四条创新路径：体制创新，即创新图书馆服务的体制、机制和模式；技术创新，实施服务创新平台；融合创新，在图书馆服务和用户之间建立深层次，高融合的互动关系；服务方式创新，以用户价值为中心，以四维度模型为基础，结合图书馆的特点进行服务方式创新研究。改变图书馆服务模式，满足用户的新需求，提供更加完善、优质的服务，需要图书馆结合具体情况，因地制宜地将四条创新路径结合起来进行改革和创新，不断提高图书馆服务水平。

关键词　图书馆服务　服务创新　创新路径

Research on the Path of Library Service Innovation

Ni Daomin & Yu Guoqin

(Shainghai Library, China)

Abstract　From the global library services, library service innovation in China is still disadvantage; the overall efficiency of library service is not high, the low quality of service, innovation ability and sustainable development ability is not strong. Therefore, the service innovation in the library become solve problems requiring urgent. The four innovation of this paper will explore the library service: system innovation about system innovation, mechanism and mode of library services; technical innovation about service innovation platform; integration and innovation is to establish deep between library service and user interaction, high integration; service mode innovation is on the basis of user value, four dimension model, combined with the characteristics of innovation of service mode. Changing the library service mode, meet the new demands of users, provide more perfect, high quality service to library.

Keywords　Library Service　Service Innovation　Innovation Path

1　引言

根据用户需求，提供服务，是图书馆的基本职责。随着经济、社会的发展，用户对图书馆服务的需求不断增加，对图书馆的要求也越来越高。如何适应这种趋势，推进图书馆服务创新，为用户提供更快捷、更有质量的服务，正成为当今图书馆面临的问题。

近年来，图书馆服务有了很大的发展，这种发展态势一方面适应了社会发展的需要，推进了地方现代化的进程；另一方面，众多图书馆也面临着服务社会价值取向以及具体途径选择的问题。为适应图书馆社会发展以及结构优化升级的需要，必须树立服务型的办馆理念，构建服务型的创新体系，按市场需求进行定位、主动面向社会需求，不断促进其专业结构、层次结构、能级结构等结构优化。

随着图书馆对社会服务职能的认识的不断提高，大部分图书馆对开展社会服务有了一定的认同，图书馆社会服务体现在其利用自身优势，以满足社会直接的、现实的需要为目的，在相对短时期内有目的、有计划地直接参与社会各方面的发展和解决现实问题。

然而在发挥社会职能方面，图书馆仍存在一些问题。首先，传统思想观念和管理方式根深蒂固，缺乏改革创新意识；其次，企业和科研单位仍缺乏对图书馆的信任和了解，虽然逐渐成为合作的重要对象，合作的意识也有所增强,但总体上看,动力不足、需求不旺;再则,信息技术带来了图书馆服务的局部改进,但创新不足和创新无效问题依然严重。计划用最新的技术、最好的设备,实现最全面的功能,结果或是受限于内部人员的态度和必需的技能,或是受限于用户的文化水平和传统习惯,造成信息服务建设本身进退维谷,更谈不上图书馆服务的提升与创新。综上不利因素在很大程度上制约了图书馆社会服务的迅速发展和纵深发展。

图书馆服务受什么因素驱动进行创新?对图书馆服务创新路径进行分析,可以有助于总结创新模式和创新体系,并能与服务创新系统的结构特征关联起来,因为服务创新的路径是图书馆服务形成创新模式的基础,是创新过程的决定性因素。对服务创新路径的正确识别和把握,是研究图书馆服务创新模式的基础。

2 图书馆服务创新体制研究

从体制分析的角度,体制所处的背景或结构要素十分重要,无论是内嵌于制度的某种成分,还是外在于制度的特定因素,在一定程度上均会成为影响制度生成、维系与变迁的关键变量。对于图书馆而言,服务总是与相应的体制紧密联系在一起的。图书馆在提供服务方面必然要通过相关的制度活动来实现。从根本上说,对图书馆发挥重要实际作用的无疑是体制因素。因此,图书馆体制直接决定着其服务的性质、方式和质量。一般来说,有什么样的体制,就会有什么样的服务。因此,图书馆在服务的过程中,必须对自己的服务体制不断进行改革与创新,以使其更好地履行在图书馆领域的公共服务使命。

2.1 协同体制建设

就图书馆服务的多元协同供给来看,其至少在两个方面具有比较优势。一方面,在需求的角度上,只有当多元主体共同参与图书馆服务体系建设,图书馆服务才不至于偏离用户的需求。另一方面,多元主题参与建设,能起到保证图书馆服务质量和供给水平,提高图书馆文化服务体系效率的作用。

(1) 管理者

为有效实施创新战略、管理者必须通过组织管理,有效组织创新活动的开展,管理新服务产品开发和传递过程有序创新,促进服务创新的顺利实施。

(2) 员工

服务创新是图书馆员工和读者间一系列的交互作用过程,员工在服务创新过程中具有独特的关键作用,他们与读者的接触中能及时捕捉读者需求的变化,最直接的发现读者需求,并及时反馈给相关部门,而且员工还能根据自身的知识和创新经验提供有价值的创新思想。因此员工是重要的内部驱动力之一。

(3) 用户

在创新过程中要抓住用户的暂时性,通过创新方法使不稳定的关系尽量稳定化。同时,参与服务创新的用户组合体呈现出不均衡性,这种不均衡性在增加创新难度的同时也会给图书馆带来创新资源。在这个过程中,图书馆需要通过对读者参与的方式进行调整以增强图书馆与读者的互动,使这种参与满足共同的需求,提高服务创新的有效性。

2.2 结构体制建设

结构是图书馆组织的基本属性,组织的性质和效率取决于它的构成要素和结构方式。图书馆服务效能的提升关键是要建立科学合理的组织结构,而科学合理的组织结构应该是一个符合现代化管理要求、结构合理、运转协调、灵活有效的组织体系。这种新的组织结构应该具备:

(1) 形态结构趋于网络型

在构建服务创新的过程中,在组织结构上,图书馆应向扁平化方向调整,同时应该努力构建一个网络型结构。网络型结构具有灵活性和动态性的特点,根据组织任务的需要以及成员知识结构和能力的不同而组成不同的团队,这样更有利于提高图书馆的开放性,使图书馆更多的创新主体能有对外交流的机会,网络结构可以以更灵活、更开放的方式适应图书馆服务创新的开展。

(2) 运行结构富有弹性

弹性是指组织有能力根据环境的变化相应地对政策进行调整,而不是用固定的方式回应新的挑战。组织系统能否适应环境,并且具有弹性,是衡量组织结构是否合理的一个重要标准。现实中的各类事务纷繁复杂,新情况、新问题层出不穷,组织必须在计划、组织、执行、控制等环节灵活处置,图书馆服务型理念下的行政组织结构应该兼顾稳定性与灵活性,因此建立弹性运行机制十分重要。

(3) 学习结构更开放

由于组织在公务活动中对各类信息的依赖程度不断提高,一个组织就是学习结构中的一个信息点,每一个信息点都是一个相对独立的信息单元,图书馆组织之间联动体制和快速反应机制可以促进行政部门之间相互联系,各行政部门及其成员还应善于利用各种途径收集、分析、处理、反馈和利用信息,建立联系,通过收集相关信息来对决策进行调整。部门和成员之间通过学习建立起一个自由、开放、便于信息交流和知识传播的共享学习成果的系统,这个系统应具有自我调整、自我完善的能力,以使组织加深对管理对象及外部环境的了解,形成从用户到图书馆再到用户的开放性服务网络。

2.3 监督体制建设

创新图书馆服务动态监督机制是指强化监督和管理责任,充分运用间接管理、动态管理和事后监督管理等管理手段以及行政规划、行政指导等管理方式,逐步建立统一、开放、公平、公正的现代图书馆服务监管体制。改变完全依靠内部监督服务供给的传统做法,逐步建立内部监督与外部监测机制,强化事前、事中监督。

- 建立图书馆服务动态监督制度,确保对图书馆服务管理和运行的监督持续、规范进行,并成为绩效评价的重要参考。
- 为监督机制的有效运行提供配套支持,包括:以相关政策、规划及供给目标为依据,确定监督内容、重点、方法及监督指标。
- 建立相关信息平台,提高信息透明度。为适应服务供给职能的要求,从封闭型的行政体制向公开、透明的行政体制转变,注重用户参与,使用户能够有效地监督图书馆服务供给行为。
- 建立和完善相关的法律制度,通过有效的监督和健全的法律,使图书馆服务的供给始终在有效监管下进行,保证图书馆服务供给的及时和有效。

2.4 评价体制建设

图书馆服务评价机制作为一项重要的激励机制,对图书馆组织的行为起着约束、引导的作用。在图书馆服务评价体系中,必须有相应的制度框架和配套措施,才能保证评价机制发挥实际功效。

(1) 完善的绩效评价机制

一是选择适当的评价策略,包括选择评价的时机、评价的影响力等。二是选择评价工具,包括选择评价方式、评价说明、成本效率研究、绩效监控等。三是重视评价结果的公布,运用具有影响力的评价结果来提高图书馆服务的绩效。

(2) 多元化的参与评价机制

引入多元化的评价机制,坚持透明性、供给性的原则,以用户为中心,以满意为尺度,积极引入外部评价机制,建立多元化的绩效评价体系。

(3) 结果运用的反馈机制

目前,图书馆服务的提供是一种典型的自上而下的供给方式,即提供什么样的服务,何时提供服务等问题在很大程度上取决于图书馆的偏好。服务的种类和数量由图书馆决定,不能满足不同地域用户的差异化需求。建立有效的评价反馈机制,使评价对象了解到自身能力与水平,从而不断改进;同时通过反馈程序使评价对象对评价结果的认知,从而明确努力方向。

3 图书馆服务创新平台研究

3.1 服务创新平台的定义

服务创新平台是图书馆利用自身核心能力,充分利用图书馆内、外部的资源,开发出具有满足读者需求和可扩展性的服务平台。服务创新平台在此基础上持续性地进行改进,不断推出新的衍生服务,缩短服务的创新周期,降低成本,并站在较高的视点上,为具有重大竞争力的新一代服务平台的导入作好战略准备;还能不断地满足读者需求,提升服务质量,占领细分市场。服务创新平台作为创新过程中资源和信息整合的平台,是一个超组织的网链结构,平台的边界具有模糊性和可渗透性,各个节点具有活性和相对独立性,借助信息流的运动,可以超越时间、空间和节点界限,为服务创新平台适应环境提供保证。服务创新平台是服务平台创新、管理平台创新、信息平台创新等的集成,作为创新过程中资源和信息整合的平台,在整个创新过程中发挥着重要作用。

3.2 服务创新平台的功能

一是资源整合与优化功能。服务创新过程是一个资源整合的过程,这个过程为图书馆发展提供了根本性的资源整合机会。创新平台将有效地促进主体间创新资源的共享,可以通过平台互通有无,高效利用创新资源,从而优化创新资源的配置。二是管理服务功能。创新平台除为图书馆发展提供资源外,还会为各个创新主体提供保障合作性的创新活动得以顺利进行的其他硬件环境和软件环境。通过该功能平台来实现对创新信息管理、创新资源管理、创新主体管理。三是市场对接服务功能。创新平台在实施服务创新活动过程中,要实现创新与市场对接服务功能,使设计出来的服务更能满足图书馆领域的需求,降低服务创新的不确定性。四是支持服务功能。服务创新平台除了要完成资源和信息整合、管理以及市场对接功能外,最重要的是要实现为创新活动提供支持的功能,包括信息服务、技术服务、人员配备服务等一系列支持服务的功能。

服务创新平台的功能,如图1所示

创新资源整合与优化功能	创新项目管理服务功能	创新与社会对接服务功能	创新支持服务功能

图1 图书馆服务创新平台功能

3.3 服务创新平台实现模式

(1) 衍生服务开发模式

衍生服务开发是在原有基础上的派生,是对服务进行拓展的一种方式,它具有以下三个特点:一是渐进性。在服务创新程度上,是一个渐进性的模式,没有突发的创新产生,创新产生是一个逐渐深入的过程。二是局部性。在提供所有服务中进行局部的创新,读者可挑选余地大,信息来源广,需求层次提高和技术进步,通过不断改进现有服务产品,可获得相乘效应。三是长期性。由于用户的意识更趋理性化,只有为用户提供更多的服务才能获得读者青睐。所以只要为用户提供服务,衍生开发模式就存在。

(2) 顺轨升级服务模式

顺轨升级服务是图书馆在制定中、长期发展目标下,分阶段服务的目标和措施应运而生,服务转换升级也在其指导下顺利进行。顺轨升级服务的重点在于把握更新升级的时机,所以它具有延续性、时效性和机会性。延续是在原本的服务的轨道上产生的;时效具有一定的偶然性,甚至可能是突发的想象,时机的选择对顺轨升级服务而言是至关重要的,它必须考虑多方面的因素,如用户的接受度、服务改进难度、市场的成长性等,同时还必须对自身的条件和实力做出正确的评估。机会是要密切关注读者的需求和市场的变化,图书馆可以把它作为开始升级的信号,即把握服务创新的机会。

4 图书馆服务融合创新研究

4.1 融合服务的定义

未来融合创新服务将成为图书馆服务的核心价值,是顺应图书馆服务化和面向全业务流程的服务体系化趋势,针对特定用户提供定制化、高度业务匹配的服务,优化服务流程,从单一服务转变为用户建立持续合作关系,从聚焦于对用户的争取和满足转变为聚焦于用户的忠诚与持久。融合创新服务愿景是图书馆与用户之间建立深层次、高融合的互动关系,促进融合系统更好地支持用户业务和战略发展。

4.2 融合服务演变过程

如图2所示,图书馆在服务过程中经历了5个发展阶段:传统服务、网络服务、信息服务、互动综合服务和融合服务。5个发展阶段具有时间的连续性,每个发展阶段均是在上个阶段发展成熟时为应对新的问题提出的。五种服务类型不是相互排斥的,而是共存的,只是在每个阶段的侧重点有所不同。

(1) 传统服务

传统意义上的图书馆是各自为政,封闭式发展。其服务模式是利用馆藏直接为读者服务,服务手段一般是单一性和原始化的。

(2) 网络服务

此类服务主要针对网络发展早期,用户首先关心的是能否享受网络服务,而对服务的质量要求偏低;图书馆每个重大的网络升级阶段都表现出以网络为核心的服务类型。

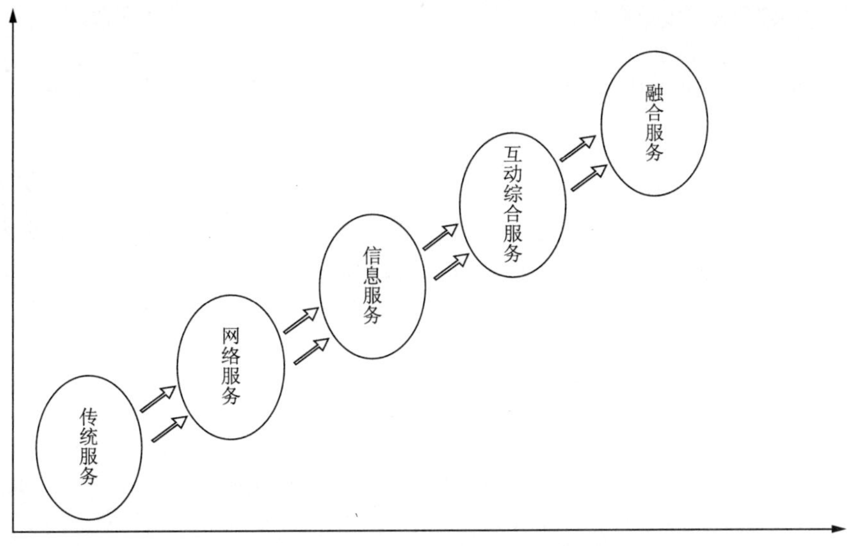

图 2 图书馆服务演变过程

(3) 信息服务

将信息传递功能扩展为信息服务，增加新业务，深度挖掘信息用户需求。此类服务虽强调以用户为核心，但仅能针对部分用户，受众面有限。

(4) 互动综合服务

此类服务将图书馆与用户放到同等的地位，通过服务系统向用户提供一站式的综合服务。同时，用户通过服务系统向图书馆传递需求。两者相互作用，最终实现动态均衡。

(5) 融合服务

融合服务是互动综合服务的高级阶段，它可以彻底实现以用户为中心的网络融合，业务融合和用户服务融合：一是融合服务的整套体系是自上而下，全程全网的综合服务体系；二是统一用户服务界面，实现用户的有效管理和个性化服务；三是合理调度、组合图书馆内部资源，面向用户提供各种业务和服务。

4.3 融合服务的思想

融合服务从用户角度创新服务体系，再造服务流程，改进服务方式与服务方法，实现信息服务和用户服务需求的互动均衡。用户期望的提升将使得图书馆服务不断深入发展，同时也将使用户与图书馆之间进一步互动，促进图书馆与用户之间的关系和谐、互动、积极的发展。

5 图书馆服务方式创新研究

Bilderbeek、Hertog、Marklund、Miles(1998)提出了一个有关服务创新的整合概念模型，其中包含了四个关键维度，四个维度分别是“新服务概念”、“新顾客界面”、“新传递系统”以及“技术”，不同维度间存在关联和相互作用。“四维度模型”虽然只是一个概念模型，但能较为全面地描绘服务创新并指导实际的创新活动。

从图书馆的角度，围绕用户价值建立高效的服务传递系统与服务管理对于用户价值的满足及用户忠诚有着关键的作用。所以图书馆服务方式创新必须基于用户价值和提高用户忠诚。在这样的前提下，根据四维度模型的构成要素，本文提出基于用户价值的图书馆服务方式创新路径。

5.1 锁定方式

包括①用户与图书馆沟通平台与方式的创新。通过高效个性化服务交互界面进一步改善对用户的态度和行为忠诚。②服务传递系统创新。通过服务流程创新建立新的管理和组织模式，提高员工的服务效率。③技术创新。以技术改变原有的服务流程，与用户之间形成牢固的结构化关系，强化远期服务能力。

5.2 沟通方式

包括①技术创新。通过技术提高原有的服务传递流程，减少用户利失。②沟通平台与方式创新。通过公共关系传播,向用户传递图书馆服务理念和承担的社会责任,加强与用户客沟通强度。

5.3 激励方式

包括①技术创新。通过技术给予用户更多服务或更长期的服务。②服务传递系统创新。通过服务流程创新建立新的管理和组织模式。

5.4 整合方式

包括①服务概念创新。根据用户需求调查、服务要素、员工建议等获得创新服务概念。②技术创新。以技术方式创新增加用户的功能价值。③服务传递系统创新。对用户进行引导,从而使其转变为图书馆的忠诚用户。④用户与图书馆沟通方式与沟通平台创新。通过新技术的运用、服务方式和服务传递系统的更新,创建新型沟通平台与方式,并在服务接触中与用户建立互动的学习关系,实现用户满意,提升用户对图书馆的依赖。

6 结语

创新源于竞争的环境,这加强了创新作为图书馆服务本质的维度。要明确创新在图书馆服务中的挑战,就必须明确创新在图书馆服务中的作用以及在系统性创新中服务所扮演的角色。服务是自我革新者,服务中的创新涵盖了许多维度,在图书馆服务领域中努力尝试创新已成为一个明显的趋势,因为创新可以提高服务的成本效率及质量,并形成新的服务理念。

参考文献

[1] Shugan S.M. Explanations for the Growth of Services: In: Rust R.T., Oliver R.L., editors. Service Quality: New Directions in Theory and Practice. Thousand Oaks, CA: Sage Publications, 1994:72—94.

[2] Rob Bilderbeek, Pim Den Hertog, Goran Markltmd, Ian Miles, Service Innovation: Knowledge Intensive Business As Co—producers of Innovation, the result of SI4S synthesis paper 3, 1998.

[3] Gadrey, J., F.Gallouj, O. Weinstein, New modes of innovation.How services benefit industry, International Journal of Service Industry Management, 1995, 6(3), 4～16.

[4] Pavitt,K., Sectoral patterns of technological change: Towards a taxonomy and a theory, Research Policy, vol.13, 1984, 343～373.

[5] Barras, R., Tmoards a theory of innovation in services, Research Policy, vol.15, 1986, 161～173.

图书馆多元服务与核心竞争力
——以大连图书馆多元服务实践工作为例

于晓凌　宋文静
（大连图书馆）

摘要　公共图书馆多元服务是图书馆今后发展的使命，也是图书馆核心竞争力的关键之一。论文以大连图书馆多元服务为例，理论联系实践，将多元服务的使命与拓展实践融合在一起，强调公共图书馆既是多元服务的探索者，又是实践工作的实践者。图书馆人要以创新思维驱动图书馆改变原有的服务格局、模式、理念，将图书馆打造成新时期多方位、多功能、多元化、多层次的公众文化信息平台，全心全意为读者服务。

关键词　公共图书馆　多元服务　核心竞争力

The Diversified Service of Library and Core Competitiveness
—The Practices of Dalian Library Diversified Service as an Example

Yu Xiaoling & Song Wenjing
(Dalian library, China)

Abstract　The diversified service of public library is the mission of the development of library in the future, and also one of the key factors of library core cometitiveness. The paper takes the diversified service of Dalian library for an example, linking theory with practices combine, coalesce the mission of diversified service and extended practice, emphasize that publice library is not only the exploiter of diversified service but also the practioner of practical works. The librarian should drive library with innovative thinking, changing the old service pattern, model and idea, make library to be the public culture and information platform with multi-direction, multi-function, multielement and multilevel in the new period, serve the readers wholeheartedly.

Keywords　Public Llibrary　Diversified Service　Core Competitiveness

1　引言

美国著名图书馆学家谢拉曾经说过“服务是图书馆的基本宗旨”。随着现代计算机和网络通讯技术的发展，传统服务方式已不能满足社会各类读者的需求，同时，数字化阅读、云服务突飞猛进，给我们图书馆的服务工作提出新的挑战。这就要求我们在新阅读时代服务工作创新模式、开拓进取，更好地发挥图书馆的服务作用，以人为本、读者至上、全心全意为读者服务。

国家图书馆馆长周和平在接受《中国文化报》专访时指出：“加强图书馆服务工作，不能满足阵地服务，传统服务，而是要充分利用图书馆的设施，馆藏文献和现代化信息网络技术，为广大读者服务。”“未来的公共图书馆应当是百姓身边随时可以访问的，可信赖的信息与知识中心，是百姓身边轻松愉快的文化交流空间。要实现这个目标，就需要图书馆加大公益性服务力度，建立覆盖城乡的公共图书馆服务体系；拓展图书馆的社会教育职能，广泛开展讲座、培训、阅读推广等丰富多彩的文化活动；大力开展数字图书馆服务，利用新媒体技术手段，真正使图书馆服务走进千家万户，走到普通百姓身边。”“进一步拓展免费服务，推动建设覆盖城乡的公共图书馆服务体系。进一步扩大公益性服务范围，未来将通过资源服务等各方面的共建、共享，努力推动覆盖城乡、实用、高效的公共图书馆服务体系，围绕少年儿童，残疾人，农民与特殊人群的需求开展针对性的资源建设。进一步探索面向不同群体服务新模式和新途径。”“专访”是对近年来图书馆延伸服务的概括和总结,也为今后公共图书馆的服务工作指明了创新延伸服务的方向和工作准则。

2 多元服务是公共图书馆新时期发展的使命与定位

随着时代及网络日新月异的发展,读者需求的多样化、复杂化、专业化也让公共图书馆面临前所未有的挑战,服务多元化成为公共图书馆新时期发展的必然趋势。公共图书馆应当具有创新驱动的思维,开阔的视野和超前的眼光,拓展自身角色定位,以便更好地服务公众,以多元化服务满足公众多元化需求。正如法兰克福市立图书馆总馆馆长贝吉特·洛兹所说:"图书馆为所有人服务,是我们的服务宗旨。"

2.1 重新定义图书馆的使命与定位,做公共服务的探索者

从图书馆业务工作的发展趋势来看,"融合趋势"或是"综合发展趋势"(Development of Metropolitan Libraries)是今后图书馆发展主流。目前学界已达成共识,而且已被实践所验证的,通俗的解释,就是今后的图书馆不可能再按照老模式运作,满足于每日借借还还,看摊守点,必须全方位、多元化地开展工作,必须要做那些不是图书馆的事情,做那些似乎是其他部门做的事情。我们既是图书馆,又是信息资源集散地(ICP),还是学校、展览馆、博物馆、音乐厅、文化讲坛、影视观摩厅、新书推介中心、学术交流场所、新技术体验中心等等。只有这样,才能丰富和拓展图书馆的服务内容,提升和强化图书馆的服务品质,创新和延伸图书馆的服务定位,增强和扩大图书馆的服务影响。

大连图书馆在服务功能上,改变"图书馆→读者"的单向格局,重视读者与读者、馆员与读者之间的互动。通过阅读引导、读者培训、特殊人群协助与多元服务的多方面结合,以公众喜闻乐见的学术沙龙、读者活动、系列讲座、展览等形式拓展服务载体,扩大服务的受众面,增强图书馆的粘合度,让图书馆成为读者社会交往学习的平台和"市民大书屋"、城市第三空间。

2.2 "云"技术的应用,做"大数据"的分析者

公共图书馆服务的多元化,反映在云数据上,便是海量、庞杂、动态的图书馆数据,这使得图书馆数据上升"云"的层次。虽然目前图书馆自动化管理程度很高,值得注意的是,关于读者的信息、借阅情况、审美爱好等"大数据"一直没有得到充分利用,而这些"大数据"无论对图书馆的服务,还是对于图书出版、社会调查、学术研究等都有很高的价值。

图书馆既是这些"大数据"的拥有者,又是"大数据"的分析者,有着得天独厚的优势,只有深入分析这些大数据,才能挖掘其背后蕴涵的价值,进而为读者群提供类型化、个性化的服务方案,为出版商提供更契合市场需求的内容参考,为社会调查、学术研究提供更为及时可靠的策略支持,最终寻求新的增值点。

2.3 开拓信息空间,做海量信息的驾驭者

科学技术的发展使得文献信息的载体和形式不断变化、扩充,信息量也以不可计数的量级迅速暴增,纸质的媒介仅仅是其中一小部分,开发并拓展新的信息空间成为驾驭海量信息的必然要求和必需条件。

大连图书馆每年购买大量各种类型数据库,如CNKI中文期刊全文数据库、超星电子书、国研网、博看网、名家论坛、库克数字音乐图书馆、非书资源数据库等20余种数据库;并进行馆藏资源数字化及网络资源馆藏化,自建数据库30余种,并不断增加新的项目,如大连旧影新貌数据库、生活百计数据库、媒体上的大连、大连地方法律法规数据库、电路图目录数据库、地方文献数据库、文史大连数据库等。

3 公共图书馆多元服务的探索及拓展实践

公共图书馆进行多元服务的探索及实践也是图书馆提高核心竞争力的关键之一。公共图书馆在服务方面要与时俱进、不断创新,进行技术上的更新、设备上的升级、服务项目的增多等,提高服务水准和质量,借此使更多人关注图书馆、使用图书馆,让公共图书馆成为"没有围墙的大学"、继续教育的大书房。

3.1 信息渠道及阅读方式的多元化实践

近年来,随着无线网络快速发展,智能手机、平板电脑的大众化,现代工作生活学习方式随之改变,人们获取信息、进行阅读的渠道和方式开始超出原本赋予的形态,呈现出网络化、多元化的变化趋势。手机阅读、电子阅读器阅读等移动终端阅读逐渐成为众多读者,尤其是年轻读者首选阅读方式。"青灯相伴,茗茶品读"这样的传统阅读场景,被"公交车上掏出手机点一点"式新兴场景逐渐取代。

为了适应"云"技术的发展,满足网络时代读者阅读的需求,大连图书馆开通免费无线网络,同时"大连图

书馆手机图书馆”于 2013 年 5 月 4 日正式上线。读者只需通过手机、平板电脑等手持移动终端设备，登陆“大连图书馆手机图书馆”网站，就可以免费享受到数字书刊阅读、纸质书刊检索、借阅(预约)信息查询、定制信息推送、文献传递等一站式数字图书馆服务，访问上百万种电子图书、7 800 多万篇报纸全文以及 1 万多本有声读物。

2014 年元旦，大连图书馆又推出“超星”数字阅读自助机，只要读者在手机、iPad 等手持移动终端设备上安装“歌德电子书”软件，在阅读机上选定图书，通过“扫一扫”图书上相应的二维码或“摇一摇”即完成图书借阅，实现了在移动终端上阅读全本图书的愿望。该阅读自助机的电子书架共 3 000 种新出版图书的电子书，并每月更新一百本。

为延伸服务多元化，我馆还利用数字化手段，搭建了大连图书馆——区市县图书馆——乡镇图书室——村(社区)图书室四级服务网络平台，为城乡群众提供文献借阅、数字资源远程访问，多媒体欣赏等公共图书馆“一站式”服务。利用数字电视交互功能，将数字图书馆与数字电视连接起来，开通了“大连数字图书馆”电视频道，3 万多用户可以通过高清数字机顶盒浏览大连图书馆提供的数字资源，使大连图书馆提前进入“云”时代。

3.2 读者活动的多元化实践

从图书馆历史，尤其是公共图书馆的历史看，读者活动的出现与普及，是图书馆服务发展到一定层次、一定水平的产物。当前全国图书馆界开展的读者活动可称得上“百花齐放”，包括讲座、展览、读书会、报告会、主题论坛、影视观摩、学术研讨、科普教育、读者培训等等。

(1) 阵地活动系列化

大连图书馆在读者活动方面以“读者参与，读者满意，读者受益”为原则，精心策划，组织了内容丰富多彩，形式生动活泼的读者活动，且使这些活动成系列、具有持续性、全部免费对读者开放。

大连图书馆各读者服务部门抓住寒暑假和六·一儿童节、五·四青年节、图书馆宣传服务周暨“4.23 世界读书日”期间，读者人数众多、最集中的时间段，根据不同年龄特征、不同需求的读者，依托各自阵地资源，组织各具特色的读者活动。例如青少部组织的寒假读书系列沙龙：之一《随小红帽走进童话世界》、之二《阅读积累，厚积薄发》、之三《在游戏中体验人生》、之四《学好数理的灵感》、假期剪纸系列活动等；白云书院组织“开卷”系列读书讲座，长年举办“少儿免费国学班”；读者服务中心每周六举办英语角活动、每年搞“我与图书馆”征文活动、“读者喜爱的图书评选”系列活动；信息网络中心长期举办“馆藏数字资源推介”等系列读者培训活动、共享工程电影播放活动等等。

(2) 优质活动品牌化

大连图书馆白云书院“以传统文化教育为主导”，从 2000 年成立至今历经 14 个春秋，已成长为一个响亮的文化品牌，在全国享有盛誉。白云系列活动现已成为大连人的文化院落，2013 年年末，大连图书馆“白云系列”活动获文化部社会文化最高奖——“群星奖”；白云书院院长孙海鹏获得中宣部授予的全国书香家庭。

每年一个主题，开展阅读主题年活动。先后以“传统文化系列讲座”、“开卷”主题系列读书讲座、“开卷市民读书会”、关注市民心理健康系列讲座、“阳春白云”系列音乐讲座、摄影爱好者系列讲座、“寻找大连的记忆”文化系列讲座为主题，开展阅读推广活动，走出一条独具特色的阅读推广之路。

每周六在图书馆报告厅举办讲座，邀请国内外知名专家学者，就社会及文化研究等方面的热点、焦点问题进行深刻阐述，深受广大市民的欢迎和追捧。大连图书馆“白云论坛”系列讲座在引领成年读者继续学习方面，可谓走在全国的前列。

免费开办“国学义塾”，引领少年儿童进行中华传统经典诵读及古诗词吟唱，把传统文化的种子从小植根在孩子们心中，每次招生都得到家长及学生的热烈响应，名额爆满。

每年元宵节举办“书春大赛”。该活动不仅在本市儿童书法爱好者中有强烈反响，还吸引了众多外籍学子，如日本、韩国、美国、俄罗斯儿童也都穿起了唐装，拿起了毛笔，书写中国的方块字。

3.3 信息服务的多元化实践

为党政机关提供信息服务一直是大连图书馆整个信息服务的重头戏，十多年来，大连图书馆紧跟时代发展，依托现代化的网络服务手段，不断挖掘更深层次的信息资源、创新服务内容，实现服务方式多样化，进行常态化、专题化、个性化、多元化信息服务的探索和实践，并取得了丰硕的成果。

(1) 为党政机关提供信息编制服务

从 2001 年起,大连图书馆与中共大连市委办公厅信息处联合编辑供市委常委领导参阅的《网上大连》(新闻)、《网论大连》(评论)二种内参(均为周刊),进行信息搜集、组织、整理及传递工作,这是一项连续、系统的信息服务,年提供信息量约在 18 000 件左右。

在工作转型后,依据这两项信息建立了"网视大连数据库"和"网论大连数据库",另建"媒体上的大连专题数据库"。至今为止,数据库已持续 14 年,日录入更新 200 余条,从不同侧重点展现大连各方面的发展变化、风物面貌,成为了解大连的一个翔实、系统、完整的信息窗口。《网上大连》获 2001—2003 年度辽宁省公共图书馆服务成果二等奖。

(2) 接受党政机关调研课题,提供参考咨询服务

与党政机关所属的信息处、政策研究室沟通,接受调研课题,依托丰富多样的馆藏资源,针对不同课题特点,各阶段不同需求,积极交流、探求反馈,调整工作策略、途径和方法,提供具有政策性、宏观性、广泛性、权威性的领导决策信息,尤其注重经验性、借鉴性、建议性、舆情分析性信息。

比如在大连市加油站规划、服务经济、邮轮经济、渔业工业化、离岸金融中心建设、绿色经济、新能源汽车、节能减排、休闲农业等重大课题中,提供了科学化、本土化的强有力的决策信息支持,获得用户的信任、支持和好评。《为党政机关提供信息服务》获 2004—2006 年度辽宁省公共图书馆服务成果二等奖;《市领导决策提供信息服务》获 2007—2009 年度辽宁省公共图书馆服务成果二等奖。

(3) 立足"两会",为人大代表和政协委员提供信息服务

为"两会"提供信息咨询服务,是公共图书馆不断拓宽服务领域的一项创新和探索。作为一种新的服务方式,它不仅是丰富重大政务活动服务内容的需要,同时也是社会文化事业深化改革,加快发展的需要,更是公共图书馆创新服务理念,延伸服务领域,丰富服务形式,进行自我发展和完善的迫切需要。

近年来,大连图书馆一直持续为大连"两会"的人大代表和政协委员提供信息服务。2012 年构建"大连图书馆两会信息服务平台",建立专题信息数据库,编制《文献信息参考》。通过与人大及政协相关部门多次积极的沟通和调研,紧扣国民经济和社会发展热点、焦点问题,设定服务平台的专题类目,选编整理出有针对性和预见性的专题资料,为两会代表和委员提供全面、可靠的深度文献信息支持和保障。全部信息均录入平台上的专题数据库中,提供查阅。同时按年度编订《文献信息参考》(大连人大/大连政协版),以 PDF 电子书格式在平台上提供下载或在线阅读,方便委员和代表们查询阅览。

服务平台上另设有"讲座信息"、"展览信息"以及"畅销书推荐"栏目,并提供在线咨询、数字资源远程访问、图书查询等简洁快速的信息获取渠道。

在"两会"召开前夕,向大连市人大、政协发送服务宣传材料和信息资料,提供文献信息支持并宣传大连图书馆的馆藏资源。在两会召开期间,通过电话、网络等方式收到来自代表、委员的诸多信息服务需求,圆满完成了两会期间的信息服务。大连图书馆在服务过程中,取得了丰硕的成果,《为市人大、政协提供两会信息服务》获 2010—2012 年度辽宁省公共图书馆服务成果二等奖。

同时针对城市特点,开发本土特色信息,以提供更具地方特色和针对性的信息。例如 2013 年制作"城市生活指南"《一日大连　终生为梦》,主要介绍大连城市文化艺术、演出、展览、医药、教育等方面的实用信息,为两会代表及委员提供全面掌握城市脉搏的信息资源。均可在线阅读或以 PDF 电子书和 SWF 格式下载。

4　结语

大连图书馆在多元化服务实践工作中,许多新形式的服务可以说改变了以往图书馆工作的整个流程,比如电子阅读终端外借服务、数字资源采购、流动图书车、市区乡镇图书证"一卡通"等,无异于使图书馆的工作内容更多、更细、更复杂,这也要求图书馆员们必须具有更高更强的业务操作水平,而这些恰恰是对图书馆服务能力的一个巨大考验。

从大连图书馆推出的细节创新与服务,使我们看到公共图书馆在延伸服务理念的转变与服务措施的不断创新,让公共图书馆与读者及用户更贴近,这就需要图书馆俯身为读者服务,在服务中成就自身价值。公共图书馆的未来将不再归自己来规划和决定,读者需要的才是它未来的样子,也许这就是图书馆未来的发展方向。

参考文献

[1] 焦雯.文化建设,图书馆要发挥更大作用——访国家图书馆馆长周和平[N].中国文化报第8版,2012-3-28.
[2] 吴晞.阅读推广:图书馆的天职与使命[N].图书馆报,2013-8-9.
[3] 吴敏.阅读形态多样化与图书馆拓展定位[J].江苏图书馆之窗,2013(5).
[4] 辛敏娟.大连成为首批国家公共文化服务体系示范区城市[N].半岛晨报,2013-11-7.
[5] 王学思.多元服务让城市图书馆魅力四射[N].中国文化报,2013-7-5.
[6] 王军辉.大连图书馆坦然应对新兴阅读方式的冲击——用这个时代喜闻乐见的方式让传统文化阵地释放亲和力[N].新商报,2013-12-7(A08).

微信在图书馆推广中的应用

原丽娜
（上海大学图书情报档案系）
陆　铭
（上海大学图书馆）

摘要　通过了解微信、微信公众平台以及图书馆微信的开通情况，分析了微信在图书馆推广中的优势，指出图书馆推广可以通过微信进行书目推荐、图书馆动态、借阅信息、新闻公告、专题活动等方式来进行。

关键词　微信　图书馆　推广

WeChat Used in Library Promotion

Yuan Lina
(Shanghai University, China)
Lu Ming
(Shanghai University Libraries, China)

Abstract　Though understanding the WeChat, WeChat public platform and the situation about the opening of the library's WeChat accounts, this paper analyses the superiority of WeChat in library extension. Then, the paper proposes that the library promotion can be carried out through WeChat to recommend books and provide the information of library's dynamic, loan, news bulletins and thematic activities.

Keywords　WeChat　Library　Promote

在现代信息技术高速发展的背景下，新型信息服务模式不断涌现，一方面冲击了传统的图书馆信息服务，另一方面又为图书馆利用各种新信息技术延伸、拓展和创新服务提供了契机。因此，图书馆界需要与时俱进，积极利用移动信息技术开展移动信息服务。以微信为载体的移动信息技术，使信息交流、互动和分享打破了时间空间的界限，也使图书馆可以及时地把信息推送到用户手中，进行精准的服务。由此，图书馆界开始研究如何利用微信来拓展服务范围、增加服务手段、使用户及时获得图书馆的信息服务以及如何与用户进行沟通；一部分图书馆已经是实践先行者。本文以案例研究的方法重点分析目前已经开通微信公共账号的图书馆开展服务的现状，为广大图书馆更好的应用微信提出了一些建议。

1　微信及图书馆微信

1.1　微信及微信公共平台

微信是腾讯公司于 2011 年 1 月 21 日推出的一款通过网络快速发送语音短信、视频、图片和文字，支持多人群聊、1 000 米以内的微信用户搜索以及摇一摇及漂流瓶等交友功能的手机聊天软件。微信软件本身完全免费，使用任何功能都不会收取费用，微信时产生的上网流量费由网络运营商收取。微信推出后，迅速得到人们的热烈追捧，截止到 2013 年 5 月底，微信的用户已经突破 4 亿，国外用户超过 7 000 万，而这过程仅仅只用了不到 3 年时间。IT 评论员曾评价，“微信可能是迄今为止增速最快的在线通信工具”。

微信公众平台是腾讯在 2012 年 8 月 18 日针对企业、媒体、明星等团体用户推出的一项微信用户订阅服务，与微信一脉相承。目前利用微信公众平台，用户可以享受到二维码订阅、消息推送、品牌传播等个性化服务。据腾讯官方数据显示，目前微信已有 100 万公众账号，4 万多的账号认证，其中 70% 是企业用户。微信公共号主要分为服务号和订阅号，二者的主要区别是：第一，服务号可以申请自定义菜单，订阅号不可以申请自定义菜单。第二，服务号每月只能群发一条信息，订阅号可以每天群发一条消息。第三，服务号群发的消息有消息提醒，订阅号群发的消息没有，并直接放入订阅号文件夹当中。

1.2 图书馆微信现状

笔者于2014年4月10日对开通微信公共号的图书馆进行了统计，通过在“通讯录——添加朋友——查找公共号”里输入“图书馆”进行搜索，共有170个搜过结果。其中高校图书馆有37个，占所有开通数的21.8%；公共图书馆有58个，占总数的34.1%；其他类型图书馆共75个，所占比例为44.1%。其中服务号57个，订阅号共有113个。但开通微信的图书馆在我国图书馆总数中还只是占极小的比例。如：截止到2003年年底，我国公共图书馆就已达到2 709家，然而尽管在所有开通微信账号的图书馆中公共图书馆所占比例最高，但也只有58个；而在2012年统计得出的2 138所高校中只有37个高校图书馆开通微信账号。此外，在目前已经开通微信账号的图书馆中多数开通订阅号，根据订阅号和服务号的区别可以看出，目前图书馆开通微信订阅号可能是因为订阅号每天可以向用户群发一条消息，而服务号一个月才能群发一条消息。为了使用户更好地了解图书馆的服务，选择订阅号将更有利信息的推送。因此，文章将对微信的在图书馆中的信息推广做出研究。

2 微信在图书馆推广中的优势

2.1 操作方便

众所周知，微信不仅可以进行信息交流还可以发送即时语音信息，将短信和电话的功能集于一身。而微信朋友圈又像是微博和QQ空间，为大家提供交流的平台。此外，微信还将很多媒介平台进行了融合。尽管如此，微信的操作过程并不复杂，比如用户在语音对讲时只要轻轻按住手机屏幕，将自己想要说的话说出去就可以了，在特殊情况下还可以撤销将要发送的语音。难怪在腾讯微信官网上，一句“跨平台沟通，免费互发信息和图片；极速、新奇、方便，带给你拇指沟通新体验”吸引了众人的目光。微信推出网页版后，用户可以使用手机扫描二维码登录的方式进行登录，而不是使用传统的用户名密码登录方式，这实现了手机与电脑的交互与融合。图书馆进行信息推广服务时，可以方便地在手机微信和电脑微信之间进行交互使用，十分便捷。

2.2 用户基础广泛

微信背靠腾讯公司这一强大后台，是名副其实的“富二代”。腾讯经过十多年的发展，积累了全球范围内十多亿用户资源，旗下产品涵盖了电子邮箱、网络游戏、腾讯拍拍、QQ空间、QQ农场和QQ校友等各类平台，利用这些平台进行图书馆推广服务工作，将起到事半功倍的效果。首先腾讯已经拥有10亿多用户，而微信作为旗下一子产品必定受到关注，就目前的状况来看，微信用户在不断的增加，这为图书馆的推广奠定了广泛的用户基础。

2.3 多样性和即时性

微信作为现代多种社交平台的创新，其界面支持语音短信、视频、图片(包括表情)和文字的即时传播，而其独特的“摇一摇”、“漂流瓶”、附近的人以及实时对讲机等功能更加丰富了用户的社交体验。微信不仅摆脱了只能发信息的限制，增加了即时语音的功能；还挣脱了微博140字的束缚，使得用户可以尽情地表达自己的想法，也为图书馆的推广提供可能。此外，微信提供视频、图片等功能，使得图书馆推广内容更加多样化。而实时对讲和语音通话则保证了消息的即时性，图书馆员可以通过微信将图书馆的通知、活动、讲座、竞赛等及时的、以多种不同的形式发送给用户。

2.4 低成本服务

从微信的名称，很容易让人联想到另一个即时通讯软件——飞信。飞信在用户传播信息、信息传播方式方面和微信大同小异，可是飞信最大的一个劣势，虽然宣称免费，但是在实际操作过程中却并非如此。用户没有登录客户端的情况下回复信息，是以正常资费收费，登录手机客户端也需要一定的流量费。这使得飞信的用户群极为不稳定。而微信则表现出更加低廉的特性，用户只需要下载注册腾讯微信，就完全可以跨运营商和跨手机操作平台进行互发“免费”短信，虽然微信的使用会产生GPRS流量，但根据有关人士计算，1 M的流量能够发上千条文本消息，10多张图片，30 M流量可以发上千条语音。而微信软件本身完全免费，使用任何功能都不会收取费用，其低成本成为其推广的一大优势，更为图书馆微信推广铺平了道路。也正因为如此，微信才能在短时期内成为年轻人的新宠。图书馆如果使用微信公众平台将会吸引更多的年轻人，通过这些年轻人则可以进行"滚雪球"式的推广。

2.5 亲和度高

随着智能手机的不断更新换代,大家对其依赖程度大大增加。很大一部分人几乎 24 小时放在身边,与其他媒介相比手机与用户的接触最多,因此用户与微信接触频率也很高,与其亲和度相对就高。此外,最重要的原因是,在微信上所有对话都是私密性的对话。除对话双方之外其他人看不到对话的内容。即使在朋友圈,除非大家都是朋友,否则别人的回复或者留言是看不到的。这种对话模式拉近了彼此双方的距离,具有更强的亲密性。最后,微信所有信息接收端一般都是 3 至 5 寸的屏幕,这与大屏幕的 PC 显示屏具有很不一样的亲密感。前者给人密友促膝长谈的感觉,而后者更像是很多人在会议室开会。

2.6 精确和私密的信息推送

在互联网时代,人们早已习惯根据自己的兴趣和需求来获取信息。基于微信本身可能就以一个个性化的信息发布平台、个性化表达方式、个性化需求从而吸引感兴趣的订阅者。公众平台可根据订阅者的地域等特征来分组推送信息,还可设置关键字自动回复功能让订阅者获取图文信息,满足个性化需求。这对于信息推送者和订阅者都是件大好事。推送者可以找到目标受众,而接收者可以订阅自己喜爱的东西。这也给图书馆信息推广和服务带来便利。图书馆员可以做到向目标受众准确的推送其所需信息,如高校图书馆可以向学生精准投递书目信息或者图书馆活动信息。

3 图书馆的微信推广

在以前,图书馆的推广活动主要有以下几种方式,如宣传单、宣传活动、宣传讲座、图书馆网站等。在新媒介出现后,图书馆员逐渐开始尝试用新的宣传推广方式来提高图书馆的影响力,比如开通图书馆微博。在微信公众平台推出之后,图书馆员也开始尝试通过该平台来对图书馆进行推广。通过对已经开通微信公共账号的图书馆进行调查发现,图书馆利用微信进行推广方面主要有以下几种途径。

3.1 书目推荐

图书馆微信公共账号开通后发布的主要内容之一为书目或者文章的推荐。其中书目推荐包括:新书推荐、热书推荐、经典书目推荐等。此外,也有一些图书馆微信会发布主要以书评为内容的文章,起到书目推荐的作用。通过调研发现,目前书目推荐做的最为典型的是深圳图书馆微信平台。该图书馆于 2013 年 3 月 20 日开通微信订阅号,目前已经得到官方认证。根据查看深圳图书馆微信历史消息可知,其中主要一栏"深图微书架",就是用来为订阅者推荐书目的,主要包括"新书推荐、域外书讯、港台图书馆推荐、少儿图书馆推荐"等。通过不定期地向读者推荐书目,扩大对图书馆的推广。

利用微信进行书目推荐,能及时把新书、热书信息发送到用户手中,满足用户对图书的渴求。由于微信具有信息及时提醒功能,用户可以在第一时间内获取新书通报信息。而且,微信具有个性化信息预定功能,用户向图书馆定制自己喜欢的图书类型,当图书馆新购用户定制的书日到馆后,通过微信将书目信息发送给用户,使用户能及时到馆借阅。图书馆利用微信发布书目信息,激发了用户参与微信书目预定的热情,使阅读书目推荐的用户数量不断地增长,从而提高图书利用率和周转率。从而达到图书馆推广的目的,提高图书馆的影响力。

3.2 图书馆动态

随着图书馆服务方式的改变和图书馆服务内容的多样化,越来越多的活动、讲座、展览、竞赛等在馆员的努力下开始举办。这些图书馆动态自身对图书馆的推广起到积极的作用,但是由于图书馆人力、财力等资源有限,无法吸引大家关注,导致大部分的活动仅仅有极少数业内人士参与。因此,为了使图书馆活动被更多的人知晓,馆员们需要采取新的媒介进行推广。在微信公众平台开通后,图书馆可以利用该平台将图书馆的活动信息推送到用户手中。此外,利用微信订阅号每天可以向订阅者推送一条信息的条件,将图书馆近期的动态以此方式发布,不仅不会花费太多经费,还会达到吸引用户参与、推广活动、推广图书馆的效果。深圳图书馆"深图动态"主要内容就包括"最新公告、业界动态、文化信息资源共享工程影视节目展播、深图展览、南书房"等。

3.3 借阅信息

图书馆是为用户提供书籍以及资料的地方,用户到图书馆大部分是希望能够借阅自己感兴趣的图书文献资料。因此,个人借阅信息也是用户最为关注的信息,因为它记录着用户的借还书、预约、罚款等信息。在以前，用户若要了解个人借阅情况，必须通过图书馆借还书系统查找才能获得。这种方式虽然方便，但不能实现实时的信息推送。为了满足用户了解自己借还图书信息的需求，图书馆利用微信向用户推送借还书信息，包括到期图书催还、预约图书到达通知、借书证到期等信息的提醒以及图书预约和续借、借书证挂失等服务。由于当前智能手机的普及应用，图书馆利用微信开展用户借还信息推送服务是一种切实可行的服务方式。上海交通大学图书馆微信公众平台就为用户开通了该项服务，用户可以通过“我”这一功能实时获得“我的借阅信息”、“我的馆员助手”、“我的荐书信息”等具体信息，这不仅使用户能按时还书或及时到馆办理借书等相关业务，还使得用户可以向馆员进行实时咨询。

3.4 专题活动

通过专题活动进行图书馆推广，是指图书馆通过微信向用户推送专题活动的信息。专题信息推送服务是一种便捷、实时的个性化信息服务。长沙图书馆微信平台就为用户提供了该项服务，在重大节日、纪念日的时候会向读者推荐专题信息，如“国庆节特辑”“母亲节特辑”“中秋节特辑”“劳动节特辑”等等。其推送的主要信息有节日的由来、节日的习俗、节日的特色等。由于图书馆拥有大量的资源，通过微信将订阅者所不了解的节日信息推送给他们，不仅有利于读者增长知识、开阔视野，同时也帮助读者意识到图书馆作为巨大的资源宝库的重要性，从而达到推广图书馆的目的。

3.5 新闻公告

“图书馆新闻公告是图书馆对外发布公告、宣传新服务的窗口。”目前许多图书馆拥有自己的网站，在主页上设置新闻公告栏目，用户可以通过互联网浏览新闻公告栏目可以了解图书馆最新公告。目前图书馆主要发布的新闻公告包括“馆情通报”、“讲座培训信息”、“数据库试用和使用信息”等。由于这些消息具有时效性，图书馆希望用户能在有效时间内获得信息，但是传统的信息推送方式不能满足新闻时效性要求，图书馆网站也没有信息自动提醒和自动推送功能，使有些用户未能及时获取相关信息而错过参与的机会。图书馆利用微信推送新闻或公告，既满足了新闻时效性的要求，又使用户方便、快捷地获取到相关信息，使用户提前安排时间参与图书馆的各项活动。

4 结语

微信作为一种新兴的移动信息技术，正以它的方式改变着人们的生活；正如它的广告语“微信，是一种生活方式”。虽然图书馆在应用其为自身服务方面才刚刚起步，但它却为图书馆创新服务方式提供了可能，同时开通图书馆微信账号成为图书馆推广的主要途径之一。图书馆应该充分利用微信的巨大优势和潜能，如通过微信为用户推送图书馆的馆藏信息、活动讲座信息等，从而进一步提升服务质量与水平，进一步推广图书馆，使其发展迈向新的阶段。

参考文献

[1] 李瀛寰.微信5.0，张小龙的宏观调控[J].21世纪商业评论，2013(14):42—46.
[2] 白浩，郝晶晶.微信公众平台在高校教育领域中的应用研究[J].中国教育信息化，2013(4):80—83.
[3] 周蕾.微信广告传播力研究[J].东南传播，2012(1):28—30.
[4] 李南.微信环境下的媒介融合[J].新闻世界，2013(4):165—166.
[5] 何煜雪.微信传播[J].快乐阅读，2012(15):131—132.
[6] 阿依很·胡那西别克.探寻微信传播中的伦理问题[J].中国报业，2012(22):30—31.
[7] 陈方正.微信自媒体的传播特性与盈利模式分析[J].华中人文论丛，2013(2):239—241.
[8] 黄浩波，何卫华，叶青.微信及其在图书馆信息服务中的应用[J].图书馆学刊，2013(1):66—68.
[9] 陈锦波.基于微信的图书馆信息资源推送研究[J].四川图书馆学报，2013(4):9—12.

信息设计在图书馆多元化服务中的应用与分析——以上海图书馆为例

郑海燕

（上海图书馆）

摘要 面临转型发展的现代城市图书馆，其服务内容日趋多元化、服务理念日趋创新。信息设计作为一种创新技术手段在上海图书馆各方面的运用与管理也随之成熟，其运作方式也逐渐系统化，尤其在优化读者阅读空间、上图服务品牌宣传推广、读者活动、专题展览及统计数据可视化分析等各方面发挥着越来越重要的作用。

本文以信息设计相关概念作为理论依据，上图有关具体实践案例作为事实依据，分析并总结出信息设计手段在图书馆运用与管理的积极意义。

关键词 信息设计 信息可视化 多元化服务 上海图书馆

Application and Analysis of Information Design in the Diversified Services Rendered by Library — A Case Study of Shanghai Library

Zheng Haiyan

(Shanghai Library, China)

Abstract Modern city libraries facing transformation provide more diversified services with increasingly innovative service philosophy. As an innovative technology, Information Design has been well applied and managed in Shanghai Library with gradually systematic operation methods. It is playing an increasingly important role in reading space optimization, Shanghai Library service brand promotion, reader activities, special exhibitions, visualized analysis of service data, etc.

Taking relevant Information Design concepts as theoretical basis and Shanghai library's specific practice case as factual basis, this paper analyzes the application and management of Information Design in Shanghai Library and summarizes the positive meaning.

Keywords Information Design Information Visualization Diversified Services Shanghai Library

1 引言

随着现代社会的进步，对通用、易懂的知识的需求也变得越来越大。身处当今这个信息化和全球化的社会，信息的杂乱无章，无效的信息传达频繁，不恰当信息给沟通带来了巨大的障碍。政府、公司、教育机构以及个人都在努力的寻求更好的交流方式，将信息进行有效的整合梳理。传达核心的内容和价值成为现代社会的一大需求，信息设计在这个趋势中顺应时代的发展应运而生。信息设计帮助我们在复杂的世界里解决问题，减少使用中的困难，指导我们针对不同的受众理性的安排信息，对生活中已有的信息进行加工改良，提高沟通的效率，改善沟通的效果。

公共图书馆作为重要的信息服务机构，其服务内容日趋多元化，信息设计作为一项重要的技术手段也日趋发展成熟，作为一名在图书馆工作多年的信息设计师，笔者结合自身工作，以上海图书馆相关信息设计为实例，分析总结了信息设计在图书馆多元化服务工作中的重要意义。

2 信息设计的相关理论

2.1 信息设计的定义

信息设计译于英文单词“Information Design”，也可称为信息可视化(Information Visualization)。信息设计是一门跨学科的交叉性边缘学科。它涵盖多种专业的内容，在我们生活中出现的频率越来越高。信息设计初期作为平面设计的一个子集，经常被穿插在平面设计的课程当中。在 20 世纪 70 年代，英国伦敦的平面设计师特格拉姆第一次使用了“信息设计”这一术语。当时使用该术语的目的仅为区别于传统的平面设计以及产品设计等平行设计专业。从那时起，信息设计就真正地从平面设计中脱离出来。信息设计的主旨是“进行有效能的信息传递”，与提倡“精美的艺术表现”的平面设计确立了不同的发展方向。

信息设计在百度百科中的解释是“人们对信息进行处理的技巧和实践，通过信息设计可以提高人们应用信息的效能。”简单来说信息设计就是用设计的方法整理信息，有效地传递信息。信息设计也称为信息可视化，泛指有效的传递信息的行为都可以称为信息设计。设计是信息设计的基础，信息设计是感性与理性结合，是在理性分析素材资料后，感性的去感受受众的心理需求等情感因素来做出适合受众接收的信息。

2.2 信息设计的形式

信息设计可以使用多样的形式来传达信息，包括视觉听觉触觉味觉嗅觉等形式。视觉是人类接收外部信息的主要途径，大约 75%的外部信息从视觉进入大脑，信息视觉化是其传达的一种主要形式。信息设计师会根据最终受众的需求，使用各种视觉形式，其中包括：图标和符号、实体和虚拟界面、图表和趋势图、故事板和示意图、科技插图和地图、手册和使用说明、展示展览与环境、网页、动画和互动媒体等。总体来说是分为三种，静态信息，动态信息和交互信息。不同媒介间的交流，没有绝对的界限，静态信息可以转化为动态信息，随着的社会的发展和科技的进步，信息的承载方式和类型也在不断的丰富。

2.3 信息设计的历史与发展

早期的信息设计历史可以延伸到史前时代的记录方式、图形绘制和地图，后来逐渐发展到专题制图和统计图形等等。从史前人们使用结绳记事和岩画记录着特定时代的信息到进入到文字时代使用文字有效地传递信息，再到将信息归纳发展到地图，然后从地图到数据图形，将枯燥的数据变得更生动形象易于理解，使用图形化的设计方法表达数据并将其用于科学研究以及发展到现代的综合发展时代，为了应对现代社会中产生的大量信息，都说明社会需求引导着信息设计的发展。信息设计并不是一个新生事物，它的概念早已存在，从古代皇室对特定信息的专权，官员按等级着装到现代城市的交通标识系统无不存在信息设计，其实信息设计一直存在，只是我们现在开始把它归为一个学科去探究它。

图 1 约翰 · 斯诺绘制的霍乱疫情图

虽然信息设计总是与计算机科学和信息技术联系在一起，但就信息设计本身也尤其历史根源可循，早期的信息设计请看下面给出的例子：

18 世纪 50 年代，伦敦爆发霍乱，10 天内夺取了 500 多人的生命，约翰 · 斯诺(John Snow)医师绘制的一张位置图(见图 1)，图中标示出了得霍乱疫情的人的所在位置，并通过该图找到了霍乱疫情源头所在。

1861 年，法国工程师 Charles Joseph Minard 绘制了 1812 年拿破仑发动的那场注定会失败的征俄战役图(见图 2)。该图为图解诸如特定空间与时段下人与物资流量这样的统计数据制定了卓绝的标准。这张图被爱德华 · 塔夫特(Edward Tufte)誉为是迄今为止最好的统计图表，他识别出该图所包含的六个独立变量：军队规模、军队移动所到之处的经纬度、军队移动的大方向、军队在某些特定日期的所在地点、撤退途中的温度变化。如此流畅并令人信服地描述了这么多信息，这张令人倍感惊艳的信息设计图，也许真的是前无古人后无来者。

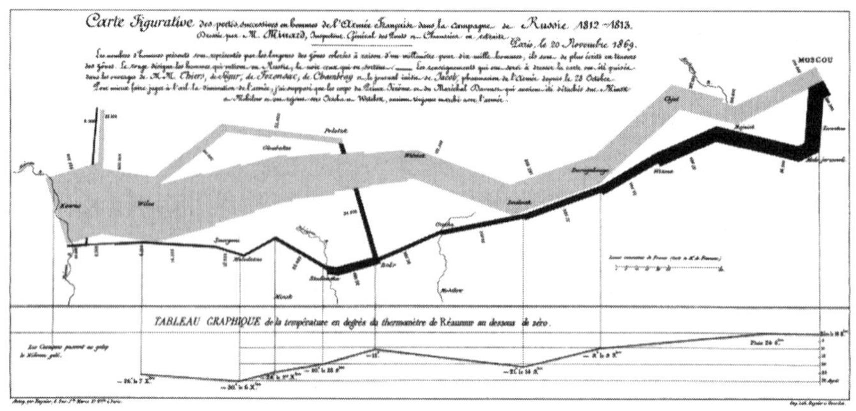

图 2　Charles Joseph Minard 绘制的拿破仑东征图

20 世纪 70 年代,已有不少平面设计师开始使用“信息设计”这一术语,并自 1979 年《Information Design Journal》杂志创刊后,就更确定了“信息设计”一词在学术界的地位。1982 年,信息设计方面的先驱人物,美国的统计学家和设计师爱德华 · 塔夫特(Edward Tufte)出版了第一本信息设计专业书籍《The Visual Display of Quantitative Information》,引起了非常大的轰动,业内充满了对这本中内容的肯定,书中提出的对非专业人士的关注以及信息设计对演说表达的重要性,使得那些专注于统计图表和量化信息领域的人也开始使用信息设计这一词汇。

3　图书馆利用信息设计优化服务

图书馆在信息可视化领域中,开发了诸如检索引擎的可视化表现、专利地图等应用,如今,在信息设计领域,也应当探索如何将其提供的独特的可视化信息模式,促进信息的发现,揭示隐藏的概念等,为图书馆寻找新亮点,在全媒体时代体现图书馆的核心价值与能力。

2010 年,OCLC 发布了一个简短的报告,《How Libraries Stack Up: 2010》,介绍了公共图书馆在帮助就业、中小企业发展、家庭生活各方面的作用,反映美国经济、社会和文化对图书馆的影响。在这一主题下,报告使用了 OCLC 自己前期研究的数据、ALA 的研究报告、纽约时报和华尔街日报在线版的各种来源的数据,其中 OCLC 自己前期研究的数据是针对这个话题对 23 个州的 719 位图书馆馆员调查的数据,ALA 的数据偏向于补充、完善图书馆服务的信息,其他来源的数据则是为了与图书馆服务情况做对比,几乎相当的数字显示了图书馆服务的价值。短短两页的报告完全运用了信息可视化设计的技术手段,吸引眼球,在推广图书馆服务上的作用巨大(见图 3)。

图 3　OCLC 报告中的两个信息设计图

4 信息设计在上海图书馆多元化服务中的系统应用

上海图书馆自1996年新馆建成开放以来，公开征集机构标识，之后几年时间里不断完善视觉识别系统（VI），传递和强化组织文化和组织理念，这就是今后一系列信息设计形式的基础和原则。一直以来上图也非常重视信息设计的系统应用及人才队伍的培养，笔者自2002年进入上图工作以来就一直从事和研究相关信息设计应用工作，以下所举出的实例均为笔者本人及团队原创规划设计实施。

4.1 导引导读系统

导引系统是结合环境与人之间的关系的综合信息界面系统。很多情况下，它体现为标识的个体导引造型，在被广泛应用在现代商业场所，公共设施，城市交通，社区等公共空间中时，导引不再是孤立的单体设计或简单的标牌，而是整合品牌形象，建筑景观，交通节点，信息功能甚至媒体界面的系统化信息设计，不仅具有引导功能还起到整体环境布局的作用，是用视觉阐述信息，把抽象的事物变得具体、形象、容易理解，减少抽象领域由于理解不同造成的差异。

当我们涉及导引系统的设计时，不论它的内涵和内容多么丰富，首先，需要做到的就是传递信息功能，作为信息交流的重要手段，导引标识最重要的功能就是传递信息，是否能准确、及时、有效地传递信息是评判其设计优劣的首要标准。其次导引系统，作为一种文化或文化的一部分，它不但有着引导、说明、指示等功能，它也是环境布局的重要环节，也是营造风格、塑造文化的重要组成部分，从某种程度上说它不仅仅是简单的传递某种信息，还蕴合和体现着一种更广泛的文化性。

上图从VI系统衍生出的导引导读系统从1996年新馆开馆以来一直不断更新完善，2004年2月针对调整一新的阅览区域，整体全新的导引导读系统正式启动。设计方案紧紧围绕信息传递基本原则和上图核心理念展开规划设计，本着以读者为本的精神，同时传达上图文化理念，根据其不同的指示信息进行分析归纳，最终采取了分级系统，分别是：

(1) 一级导引

户外导引，进行大方向的指引，包含周边区域地图的指示内容有：阅览区、会议展览区、周边地图、户外公共设施等；用稳重的米色大理石材和深蓝色板材传递出厚重的文化底蕴的信息（见图4）。

图4 户外导引标识

(2) 二级导引

楼层导引/公共区域导引等，进行楼层范围及室内公共设施的区域指引；如图5的楼层导引，在统一标识系统色彩的原则上选用比一级导引略浅的蓝，视觉上提示导引级别的变化，信息内容进一步细化，指示清晰明确。

(3) 三级导引

阅览室标识/服务窗口标识/公共设施导引与标识等，指引的范围进一步缩小，为读者提供精确定位；

如图 6 的服务窗口标识,色彩上选用比二级导引更浅层次的蓝色,传递给人统一又层层递进的信息要素,材质上采用半透明和不透明相结合的方式,使之悬挂于服务窗口上方也不会给人造成压抑感。而上图经典的馆藏篆刻图章的视觉要素运用更是在简洁的设计中透露出历史的沉淀,细节处表达上图文化品位。

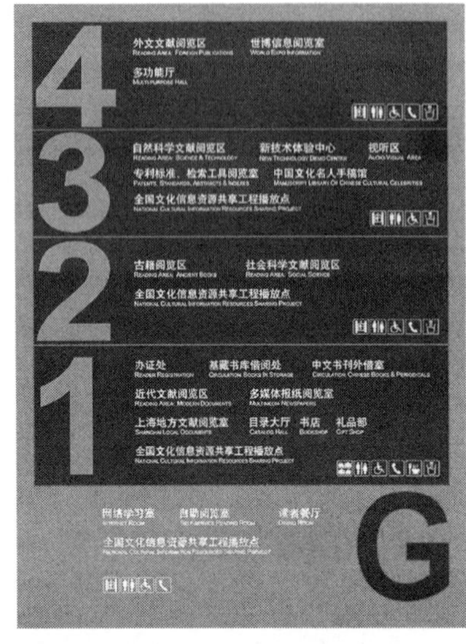

图 5 楼层导引标识

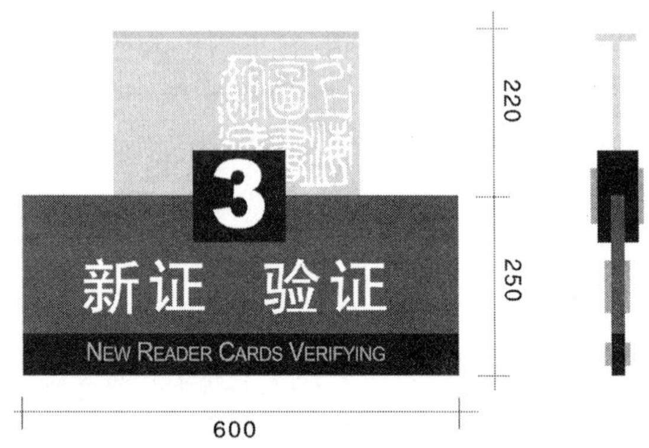

图 6 服务窗口标识

(4) 四级导引

阅览室室内标识/书刊分类导引/读者提示信息等,主要是指特定范围内的针对性提示信息;相对于上述三个层次的导引,四级导引要展现的就是个性化信息指示,针对图书馆各阅览室的专业性,上图为每个阅览室都量身定做了特有的导读标识,如图 7 的外借室中图分类法指示标识,在色彩上仍然沿用标识系统的专色蓝,有所不同的是,在特殊信息的传达上,有用意的把中图法一级类目用醒目的明黄色标识出来,类目编排上也尽可能遵循读者习惯的阅读习惯进行设计,既美观又醒目,细节处展示出对读者的贴心服务。

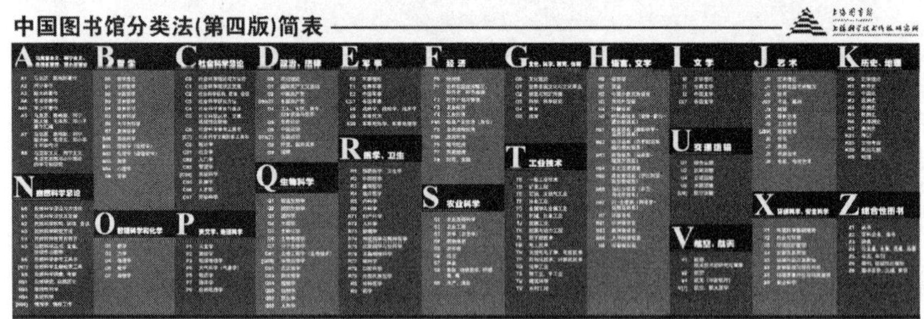

图 7 外借室中图分类法指示标识

从上述几个层次的导引及环境标识可以看出,从户外大区域方向性指示到室内某个阅览室针对性的提示信息标识设计,这种分级导引带领读者逐步深入,具有很强的条理性和针对性。上图日趋完善的导引导读系统以其清晰专业的信息指示,艺术化的表现形式,受到读者和业界内外的广泛好评。

4.2 专题展示展览

与平面信息设计不同,展示设计是以空间视觉为主要表现形式,结合多种设计元素,吸收建筑学原理,利用互动软件手段通过清晰的空间关系秩序,表达设计的内容并诠释传递的信息,是以传播为主要任务的设计活动。首先,展示设计是对信息策划、传播与接受反馈的全过程的传播活动,它把展览活动的过程作为信息传播的手段之一，是标准意义上的四维设计；其次，展示活动吸引大众参与，具有双向互动性，所有设计手段均围绕着这些特点来选择与组合的。所以，对于信息策划和传播是否有力、准确、完整、独特地传达出其所承载的意义并能够达成观众的认知和积极的反馈是展示设计的基本价值所在。

积淀文化，致力于卓越的知识服务是上图核心组织理念。作为上图旗下二次文献服务品牌的《全国报刊索引》，也一直秉承拓源与传承的知识服务理念，在中图学会年会专题展示的规划设计中，《全国报刊索引》从空间、色彩、平面、互动等多维信息设计中传递出见证历史、专注服务的品牌理念。展示信息的精准规划设计，造型色彩的大胆运用都给参观者留下深刻的记忆，最终在大会中荣获展示类二等奖，大大增强了品影响力，为推广图书馆知识服务的起到积极作用(见图 8)。

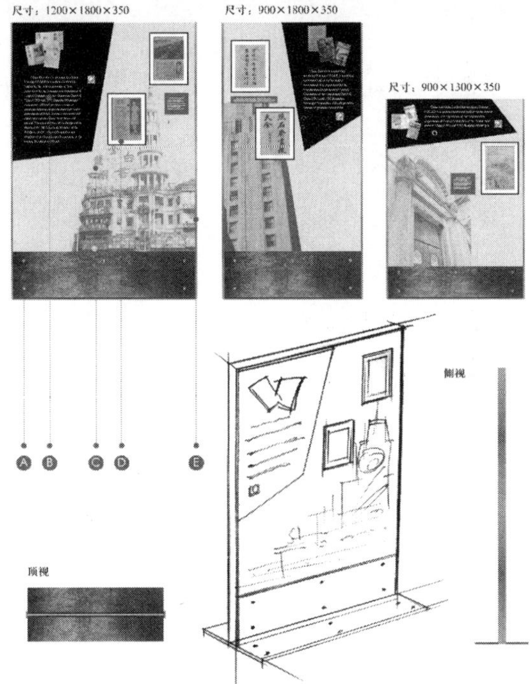

图 8　中图学会年会《全国报刊索引》展位及设计稿

4.3　统计数据可视化

图书馆的日常运营产生了海量的数据，一般的办公自动化系统仅能将其制成表格，绘制单一曲线缺乏联系。经过信息设计师设计过的可视化数据图能比简单的统计表格表达更多，通常最能有效描述、总结大数据集的就是关数字的图形，同时，精心设计的信息图也是分析、交流统计信息的最简单也是最有力的工具，可以帮助展示信息、吸引关注，提供良好的用户体验。利用数据可视化来展现图书馆相关情况的发展变化，揭示隐藏的、不清晰、不明显的信息以及其中表现出的趋势，并可据此作出一段时间后的预测情况。

上图于 2013 年初第一次推出个人阅读账单及年度阅读报告，以数据可视化的形式直观且美观的表现了年度内个人读者使用上图阅读资源的情况和上海市中心图书馆的综合服务数据。对个人用户来说，是用心服务的体现；对图书馆本身来说，这些数据的可视化设计更容易引起管理和决策层面的重视，以此帮助图书馆作出正确的分析和决策(见图 9)。

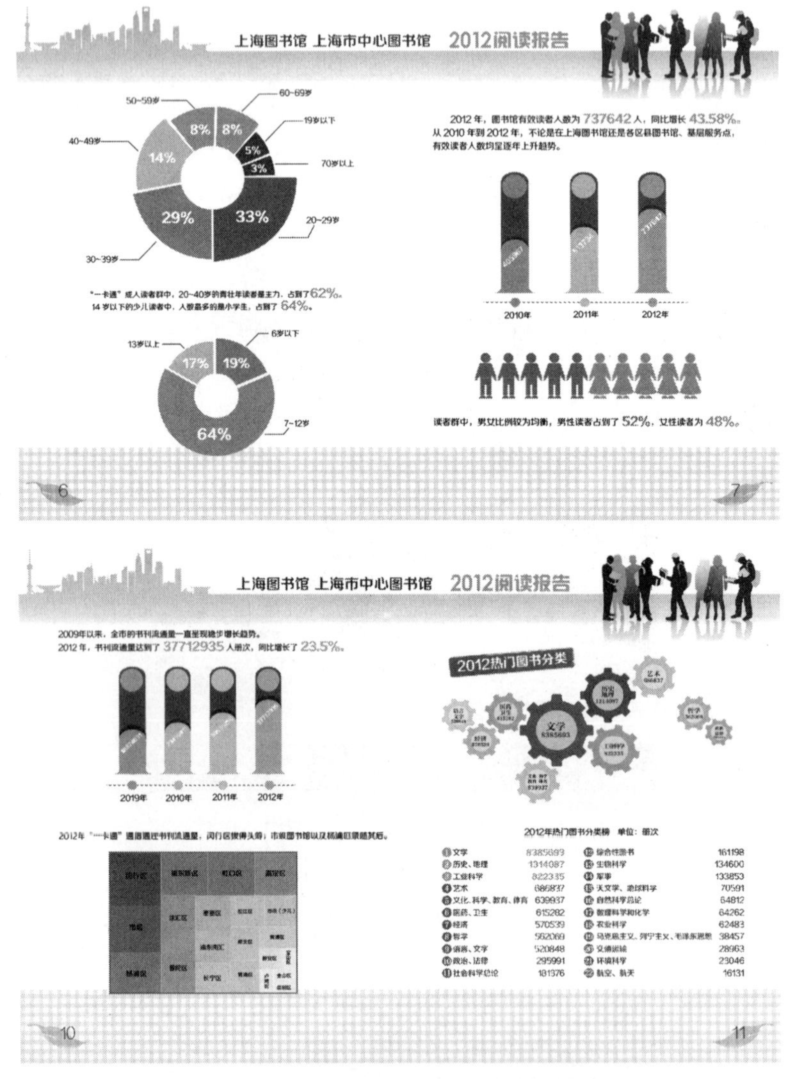

图 9　2012 年阅读报告中的数据可视化信息图

4.4　其他相关信息设计

随着，图书馆多元化服务的发展，信息设计的形式也从传统上的实体静态传递向数字化、动态化发展，我们经常接触的另一个信息设计就是界面，其中包括手机、平板电脑用户界面。除了上图官方网站之外，数字图书馆、手机图书馆以及微博上图信使都成为连接图书馆和读者用户之间重要的纽带，所有这些交互系统及其相关视觉设计都成为用户最直接的沟通手段。

以上海图书馆市民数字阅读推广宣传短片《阅读无处不在》为例，短短 2 分多钟的宣传短片以手绘卡通及剪纸为主要设计元素，将推广计划需要传达的主要信息进行提炼加工，用最直观和简洁的方式表现出来，配合轻快的音乐及旁白营造出轻松愉悦的气氛，传递出上图数字阅读的方便快捷以及给读者带来精神享受的一系列信息构成(见图 10)。

图 10 市民数字阅读推广计划宣传短片截图

5 结语

信息设计从它诞生之日起就不是一个单一的设计艺术类学科或者计算机类的学科，在未来它涉及的范围将更加广泛，它的应用也将深入到生活的各个角落，随着科技的进步，信息设计也会不断地发展。信息设计与美学之间的互动在过去的几年里显著增长，与此同时，人们越来越理解大数据的价值，服务理念正在改变，不断适应新技术和工具，形成有效路径，获得开放的信息源，对抗信息高墙。未来信息设计的形式会更加个性化和私人化，其表现也将更注重整合的交互式体验，无论信息设计怎样服务于我们的未来，它都将是理解和改变世界的一个可靠的工具。作为一门偏重于信息传播的跨学科技术手段，其真正发挥作用不能光靠在学术殿堂上的探讨，而是要在每一个行业、社区、传播媒体中的一个个实在应用。

从笔者自身的调研和实践运用中可见信息设计对于提升图书馆的管理实效，丰富图书馆教育的手段，尤其是在多元化服务模式与营销推广方面具有不可估量的作用与意义。信息设计使传统图书馆改变刻板保守的组织形象，跟上信息时代前进的步伐，同时也能以新的形式与内容加强与公众的交流互动，不仅如此，目前，不同行业和单位也都意识到信息设计的重要性。笔者希望图书馆界的同仁们能充分重视信息设计，有意识地培养和引进信息设计相关的技术人才，在业内注重推进信息设计的发展，使之能在图书馆事业中发挥出更大的作用。

参考文献

[1] Tufte, Edward R.Envisioning information[M]. Cheshire: Graphics Press, 1990.

[2] 拉克什米巴斯卡兰著 何积惠译，大容量信息整合设计[M].上海：上海人民美术出版社，2006.

[3] 卫德尼，戚尔伯施拉姆.传播学概论[M].北京：北京大学出版社，2007.

[4] O'Grady.J.V.信息设计[M].江苏：译林出版社，2009.

[5] 周宁一."信息可视化及应用"专题序[J/OL].现代图书情报技术，2010(7/8).

[6] 利普顿著.王毅，刘小麓译.信息设计实用指南[M].上海：上海人民美术出版社，2010.

[7] 孙皓琼.图形对话—什么是信息设计[M].北京：清华大学出版社，2011.

[8] 邱志茹.信息可视化设计探议[J/OL].美术教育研究，2011(7).

[9] 陈超.智慧城市，"智慧来自大数据"[N].文汇报，2012-5-9(5).

[10] 李瑶.我们身边的信息设计[J].设计(理论刊)，2013(6).

[11] 维基百科编者. Information graphics[G/OL]. Wikipedia, the free encyclopedia, http://en.wikipedia.org/wiki/Information_graphics.[2014-04-07].

[12] 智库百科.信息可视化[G/OL].http://wiki.mbalib.com/wiki/信息可视化[2014-04-10].

[13] 百度百科.信息设计[G/OL].http://baike.baidu.com/link?url=oajifMIRneNyXZNOaxI49y55hOF0eW4lIm7XT2ci3pRERp3yp5brBwrhj3nkGKsVciuRGwfel2VRlyOkA_NEyq [2014-04-10].

多元文化服务实践——“上海之窗”的魅力

周　卿
（上海图书馆）

摘要　纵观古今，文化多样性是人类社会发展中的一种典型特征。如何满足日益增长的多文化，多语言背景人群的需求，这是大都市公共图书馆所面临的严峻挑战。根据国际图联《多元文化图书馆宣言》，上海图书馆尽力为境内外的读者提供优质公平的多元信息服务。本文通过阐述上海图书馆“上海之窗”项目的服务模式及现状，诠释上海图书馆在探索和实施国际化战略中，推动多元文化服务与提高核心竞争力的重要性。

关键词　国际化　多元文化　上海之窗　核心竞争力

“Window of Shanghai”: A Practice of Multicultural Service

Zhou Qing
(Shanghai Library, China)

Abstract　Cultural diversity has been characteristic of mankind society. It thus becomes a serious challenge facing metropolitan public library how to meet the ever-increasing demands of audience from diverse cultural and linguistic backgrounds. In line with IFLA's *Multicultural Library Manifesto*, the Shanghai Library endeavors to provide multicultural service for readers at home and abroad. This paper introduces the service model of "Window of Shanghai" initiative and underscores the importance of multicultural services for the Shanghai Library during its fulfillment of internationalization strategy and its improvement of core competencies.

Keywords　Internationalization　Multiculturalism　Window of Shanghai　Core Competencies

The rapid development of China in recent decades has ignited global enthusiasm towards Chinese language and culture. The centuries' history, spectacular natural scenery, unique customs and habits as well as rapid changes are attracting more and more foreign friends. Yet Chinese books published in mainland China in simplified Chinese used to be rarely available abroad. Most of the existing Chinese collection in overseas libraries was old in content, failing to present a new China to local readers and hindering the exchanges between China and the rest of the world.

To meet the trend of global exchanges and cooperation and to address the aforementioned issue, the Shanghai Library initiated "Window of Shanghai" program in 2002. As an important part of the "China Book International", a signature project of State Council Information Office, "Window of Shanghai" caters to a large number of overseas readers who are interested in and eager to learn Chinese language and culture by means of the latest publications from China.

1　To Connect Cultures Via Multilingual Books

"Window of Shanghai" is an agreement-based cooperation that usually lasts for three years. The first donation consists of 500 titles of publications, with an annual addition of 100 titles. The publications cover a variety of subjects such as literature, arts, folklore, history, architecture, economics and traditional Chinese medicine, where as the languages include Chinese, English, French, German, Russian, Spanish, Portuguese, Japanese, Korean, and Chinese-English. These informative, comprehensive, and exquisite publications have paved a solid foundation for further exchanges and cooperation between nations, enabling readers in different countries and regions of the world to learn Chinese and learn about Chinese history. As of November 2013, the Shanghai Library had set up "Window of Shanghai" in 109 overseas institutions in 61 countries and regions, with the cumulative donation of up to 65 thousand copies. "Window of Shanghai" donation can be either displayed in special reading room, or integrated into general collections on open shelves but with proper signage.

"Window of Shanghai" has brought enormous benefits in return for the Shanghai Library. Colleagues from Libraries of Montreal(Canada), Bibliotheca Alexandrina(Egypt), The Argentine Library "Dr. Juan Álvarez"(Argentina), Cork City Libraries(Irland), The Hague Library(the Netherlands), Osaka Prefectural Central Library(Japan), Haifa University Library(Israel), Academy of Romanian Scientists and Far East Society(Serbia) have travelled thousands of miles for visit; Hamburg Public Libraries (Germany) and Helsinki City Library(Finland) have given valuable donations in return; Taipei Public Library has furthered active collaborations, etc. The rich donations from our global counterparts have set off a positive interaction in multiple languages, which not only enrich the library collection but also deepen friendships. In other words, "Window of Shanghai" is not only a one-way show of Chinese culture, but a two-way channel for communication and exchanges. The books and information thus gained are expected to push forward the reform, opening up and modernization of Shanghai and even China.

2 To Showcase the Unique Chinese Culture Via Network

In 2007, "Shanghai Window" launched its bilingual website, providing a platform for information exchange. In 2011, the website underwent modifications and optimization that added access to digital resources such as e-books, online lectures and interlibrary loans. In the meanwhile, the program opened a Weibo (micro blogging) account to release updates and address audience's concerns, which further intensifies its role as a professional information platform.

As the digital reading is being promoted worldwide, the Shanghai Library launched http://www.apabi.com/wos/ in 2012, a quick, convenient and highly efficient e-book service that was universally well-received by the participating libraries of "Window of Shanghai". Currently, 1,280 titles of e-books are now available, which are published by Intercontinental Press, Penguin, and so forth. The topics range from China's and Shanghai's contemporary history, economy, people, philosophy, literature, culture and folk traditions, to natural and cultural landscape, culinary arts, traditional Chinese medicine, and architecture. The primary languages used include Chinese, English, and Chinese-English, where as a few versions are in French, Russian, Japanese, Arabic, German, Kirgiz, Kyrgyz, Spanish, Italian, and Indonesian, to accommodate the needs of different readers. As of November 2013, "Window of Shanghai" e-book service had been provided for 15 partner libraries.

Based on the annual usage analysis, as well as users' feedbacks, the e-book service will be constantly improved to reach the goal of providing access to 10,000 titles for 25 partner libraries by this year. By further collaborating with e-book publishers, "Window of Shanghai" is planning to set up its own e-book reading platform, to enrich the content and to diversify services to embrace-book downloading, BYOD, and e-book loans, all of which constitute the library's efforts to promote digital reading and to serve over seas readers.

The partner libraries under "Window of Shanghai" not only welcome the e-book service but also contribute to it in different ways. For instance, the Zagreb City Library offers Shanghai Library the "Digitized Zagreb Heritage", an information website with links to the rare books on Zagreb cultures and sciences as collected by the library.

3 To Energize the Promotion of Chinese Culture Via New Collaborations

The Shanghai Library has always adhered to the principle of "complementarities and mutual benefits". The participating organizations would, therefore, avail themselves of the program to strategize interactions with local patrons. For instance, the Far East Society has, by means of "Window of Shanghai" in Belgrade

University Cultural Center, extends Chinese learning from schools to communities. It organizes activities concerning the language and folk customs (such as Chinese Spring Festival celebrations and pictorial exhibitions on Chinese folk culture) at regular intervals, and invites general public and students to attend for free. Mr. Goran Vasiljević, president of Far East Society, acknowledged the "Window of Shanghai" as the key to their success of popularizing Chinese studies. Likewise, State Scientific Library in Banská Bystrica, Slovakia sets up a special room for "Window of Shanghai" collection and designates staff to manage the books and to design events such as pictorial exhibitions, historical lectures and lectures on traditional Chinese medicine, all of which were well received by the local readers. Partners like The Joseph Conrad-Korzeniowski's Voivodship and Municipal Public Library of Gdańsk(Poland) and Public Library of Haidari (Greece) are also active users of "Window of Shanghai" to inspire and energize local interests in Chinese cultures.

Via the platform of "Window of Shanghai", the Shanghai Library has also taken *Enjoying Reading* Photographic Exhibition and Jinshan Peasants' Pictures Exhibition abroad, as another attempt to spread Chinese culture. In 2013, the Library sent peasant's artistic works to Confucius Institute at Catholic University of Peru and "China Week" in Montreal, Canada. In the meanwhile, it co-sponsoredthe Uzbekistan Oil Painting Exhibition and the Photo Exhibition of Slovak Folk Musical Instruments respectively with Shanghai People's Association for Friendship with Foreign Countries, Consulate General of the Republic of Uzbekistan and State Scientific Library in Banská Bystrica, Slovakia this year.

By availing the opportunity of 2010 Shanghai World Expo, the Shanghai Library joined State Council Information Office and other governmental organizations to host the first "Get-together in Shanghai" Writing Contest, receiving 45 articles from 14 countries and regions. The second Contest in 2012 attracted sponsorship from Shanghai Municipal Tourism Bureau, Shanghai International Culture Association, and Shanghai People's Association for Friendship with Foreign Countries, and received 230 stories(131 in English and 99 in Chinese) from readers in 50 countries and regions. Each story documents the interesting experience in Shanghai, understanding of the Chinese culture, and friendly encounter with Chinese people on the part of the contributors.

The forthcoming third contest to be held in the second half of 2014 will continue with the global influence of "Window of Shanghai" and utilize the Internet as channel to call for papers and to present papers, further enhancing the impact of Chinese culture and books in the international community.

To sum up, the Shanghai Library has gone beyond book donation to incorporate other library business such as interlibrary loan, document exchange, and joint cataloging as well as public lectures, exhibitions and librarian exchanges into "Window of Shanghai" to fulfill the purpose of realizing resource sharing, enhancing librarianship, and providing equal information service for expatriates in Shanghai.

4 To highlight the Charm of Cultural Interactions Via Committed Dissemination of Chinese Culture

To satisfy the overseas readers' demand to understand China and Chinese culture, the Shanghai Library staff has carefully learned about the local reading needs and habits before setting up each "Window of Shanghai". The booklists, from which the donations are selected, are well-designed and updated at regular intervals. Each volume of book has thus conveyed the goodwill and efforts of "Window of Shanghai" staff, who wish to showcase the unique Shanghai culture and metropolitan charms to their global friends.

Within ten years, "Window of Shanghai" has developed at an impressive pace. These "windows" have not only helped Shanghai to present the profound connotation of Chinese culture and magnificent new look of China but also enabled the world to experience the Chinese wisdom and witness the diligence of Chinese people.

"Window of Shanghai" provides access to the rich collection of the Shanghai Library for overseas

Chinese. More importantly, it furthers the understanding of the latter regarding the changed China by means of the latest publications, playing an active role to publicize the progresses of Chinese modernization.

5 To enhance the Core Competence of Library and Information Science Industry Via Sustainable Development

To achieve a sustainable development, "Window of Shanghai" program started an annual questionnaire in 2008, which studies problems arising in the process of program implementation for more efficient operation. By way of surveys and on-site visits, the staff is able to discover how much attention the local partners have paid to the collection and how efficient the collection is being managed. While stopping further donation to poor functioning partners, the Library is standardizing the procedures and operation for donation, as well as improving the incorporation of other library business, such as librarian exchange, closely into the program.

Today, "Window of Shanghai" has become an important platform for Shanghai to conduct cultural exchanges with foreign countries, being included and highlighted in 18 sister city celebrations by far. Fully recognized for its coverage and influence, the program was incorporated into "China Book International" by the State Council Information Office in 2004. When the Shanghai Public Diplomacy Association was set up officially in February 2011, it also invited the Shanghai Library as its member organization. Later, the association made a case study of "Window of Shanghai" in its publication *Practices of Shanghai's Public Diplomacy*. Foreign media acknowledged the program as the "bridge of friendship", "nourishment for the soul" and "not only spreading the knowledge and ideas, but also embodying the friendship and affection".

After a decade's effort, "Window of Shanghai" has found home in over 80 public libraries, university libraries, Confucius Institutes and other research institutes in 61 countries and regions, with an accumulated donation of 40,000 books and electronic publications.

In the future, the Shanghai Library plans to focus on the 70 sister cities of Shanghai over the 52 countries, to publicize "Window of Shanghai" and give full play to its role among the professional circle such as IFLA, to further collaboration with overseas partners to enrich the branding, and to improve the cooperative model of mutual benefits in line with the library's own multicultural services.

References:

[1] WU JIANZHONG, Transition and Transcendence: The Ubiquitous Library.
[2] IFLA, Multicultural Communities: Guidelines for Library Services, 3rd edition.
[3] IFLA, The IFLA/UNESCO Multicultural Library Manifesto.
[4] 王世伟.国际大都市图书馆服务体系述略.
[5]《文化部简报》(第 173 期),"上海图书馆打开传播中华文化之窗".
[6] 上海公共外交协会,"上海之窗向世界打开"《魅力上海——上海公共外交实践》.
[7] 吴建中."'上海之窗'——公共外交的成功案例"(《上海文化》2013 年 8 月号).

学科资源建设与学科服务一体化发展模式的构建与实践——以上海海事大学图书馆为例

周文平　梁伟波　高　娟　黄崇韧

（上海海事大学图书馆）

摘要　在分析当前高校图书馆资源建设与学科服务发展存在的问题基础上，本文以上海海事大学图书馆为例，介绍其构建学科资源建设与学科服务一体化发展模式的组织结构和管理方式，以及一体化发展模式下开展优化学科资源建设和创新型学科服务的实践探索，以期为高校图书馆的学科资源建设与学科服务提供一定的参考与借鉴。

关键词　学科资源建设　学科服务　学科馆员　一体化发展　高校图书馆

Structure and Practice the Integrated Development Model of Subject Collection Development and Subject Service — Based on Shanghai Maritime University Experiences

Zhou Wenping, Liang Weibo, Gao Juan & Huang Chongren

(Shanghai Maritime University Library, China)

Abstract　On the basis of analyzing the current problems exiting in the development of collection development and subject service in university libraries, In the case of Shanghai Maritime University Library, introduce organization structure and management model under the integrated development model of subject collection development and subject service. Besides, the article makes an important introduction on the practice and exploration of optimizing the subject collection development as well as innovative subject service under the integrated development model, anticipating that other university libraries can get some learning and reference for the subject collection development and subject service.

Keywords　Subject Collection Development　Subject Service　Subject Librarian　Integrated Development　Academic Library

1　引言

高校图书馆是为教学科研提供文献保障的机构，高品质的学科文献资源是建设高水平学科的基本条件。近几年来，学科馆员和学科服务是高校图书馆实践与研究的热点，这表明图书馆界对学科化服务的关注度高，期望值大，也反映出主动化、知识化、专业化和个性化作为图书馆信息服务的发展方向已成为共识。然而有调研结果显示，学科馆员的工作效果并不理想，目前国内实施学科馆员制度的图书馆，大部分的学科馆员侧重于学科院系联络和参考咨询服务，学科服务还仅停留在表面，实践有待突破和创新是普遍存在的事实。与此同时，图书馆的资源建设则存在着与学科需求脱节的问题，各类资源的采访馆员不能与学科馆员进行有效沟通与协作，导致资源建设与学科服务的割裂，影响了学科馆员作用的有效发挥。整合资源建设与学科服务的两类人员，构建资源建设与学科服务一体化发展模式是学科化服务创新的突破点。

2　图书馆资源建设与学科服务发展存在的问题

2.1　图书馆资源建设存在的问题

传统图书馆资源建设均以文献类型为基础进行资源采访，文献采访工作主要由专职采访馆员按照资源类型进行分工完成。笔者所在的上海海事大学图书馆(以下简称“我馆”)文献资源建设部共有4名采访馆员,分别负责中文图书采访、外文图书采访、中外文纸本期刊采访、电子资源采访。因此每位采访馆员面对的都是全校各个学科的文献资源选择,而无法专注于某一个或几个自身相对熟悉的学科,于是也就不能真正发挥学科馆员的作用。同时,随着科学研究向不断细化和综合化趋势发展,学术研究的专业性越来越强,每个学科的分支也越来越多,采访人员受到自身所学专业以及个人精力和时间的限制,不可能对每个学科、每个专业都十分通晓,很难对这些专业文献进行全面的把握和遴选。因此,采访馆员在文献资源建设过程中就不可避免地存在盲目性、随意性和个人的主观性,导致资源选择出现偏差,从而降低图书馆文献资源建设的质量。如我馆中文图书采访馆员每年需独自完成4～5万种中文图书采访,电子资源采访馆员一个人需负责超过40个中外文数字资源的订购,在此过程中常常需要对涉及全校各个学科专业的资源进行选择、评估和决策。这对其所具备的学科专业知识和素养提出了极大的挑战,也使其无法在某一学科专业领域进行深入的挖掘和探索,而只能流于各学科大类的表面,大大降低了其专业针对性和学科化水平,致使所购资源的学科专业符合度也大打折扣。

此外,图书馆资源建设过程中还广泛存在资源“重引进,轻评估”的问题。由于采访馆员不直接参与读者服务,无法准确及时地获知读者和学科发展的需求,在文献采访过程中更多关注的是文献资源的价格、图书馆资源经费预算及规定完成的采访量,造成图书馆大量图书借阅率低下,部分图书到馆长期无人借阅,电子资源使用率不高等问题,而读者真正需要的文献资源又得不到满足。

2.2 图书馆学科服务存在的问题

在国内,学科馆员制度是由清华大学图书馆在1998年首先引进的,之后学科馆员岗位在全国许多高校图书馆相继设立。我馆也在2005年推出学科服务,由信息咨询部馆员兼任学科馆员,已由最初的2名兼职学科馆员,发展到现在近10名馆员参与学科服务。国内学科馆员制度实施之初,学科馆员主要设在参考咨询部门,主要工作职责为院系联络、学科咨询和读者培训等,学科馆员从无到有,在开创图书馆与院系的沟通渠道、改变传统图书馆被动等待的服务形象、主动推出图书馆资源与服务方面取得了一定的进展。而学科馆员在资源建设中主要是起到负责学科的联络和读者需求信息传递的作用,将读者资源需求信息传递给采访部门,本身不参与资源采访工作,造成学科馆员在图书馆资源建设中缺乏话语权,使得学科服务很难广泛深入开展。如我馆开展学科服务之初,要求每位兼职学科馆员结合其专业学科背景负责3～5个图书馆订购的电子资源平台的读者咨询和用户培训等工作,并在图书馆网站公布每个电子资源平台对应责任馆员的邮箱、办公电话等联系方式,方便读者咨询,提高我馆学科咨询服务水平。而实际工作中,由于学科馆员未参与其负责咨询电子资源的采访订购工作,对具体数据库的订购内容、使用权限和资源变动等信息并不熟悉,因此很难较好地解答用户咨询,影响了读者对学科馆员的信任和依赖。而在用户培训方面,学科馆员深入院系举办讲座,主要侧重的是资源的介绍和利用,而在用户关心的学科资源选定及资源推荐等方面内容,学科馆员却没有主导权,影响了学科馆员与院系建立信任和沟通,阻碍了学科服务在院系学科的开展和推广。

总之,在国内学科馆员制度的实践中,采访馆员不参与读者服务,学科咨询馆员不负责资源建设,两类角色独立发展、没有实质性关联,致使学科资源建设与学科服务无法得到有效融合与贯通发展,随着工作的逐步深入和用户需求水平的提高,二者脱节的管理方式已成为学科化服务进一步深化的瓶颈。因此,学科化服务创新的突破点在于打通两者的关联,开展学科资源建设与学科服务一体化发展的实践探索。

3 学科资源建设与学科服务一体化发展模式的构建

随着电子资源在资源建设中的比重逐年增大,电子资源用户的快速增长,原先由采访部门一位采访馆员独揽全馆电子资源建设,信息咨询部学科咨询馆员分工负责数据库咨询和用户培训的模式已无法适应读者对图书馆资源和服务发展的需求。为解决资源建设与学科服务两者割裂的状态,推进学科服务深入发展,笔者认为应以电子资源建设为突破口,对全馆电子资源建设工作进行学科化改造,整合原有的资源采访馆员与学科咨询馆员,组建学科资源建设与咨询馆员团队,全面负责图书馆所有电子资源的建设,参与部分学科期刊、外文学科图书的调研、评价和选订工作;同时开展学科咨询、读者培训、文献传递、院系联络等学科服务,从而实现学科资源建设与学科服务一体化发展的模式。

3.1 学科资源建设与学科服务一体化发展的组织结构

从国外图书馆的实践来看,美国大学图书馆学科馆员的职责贯穿对口学科从资源建设到利用的全过程,属于典型的学科资源建设与学科服务一体化发展模式,但由于其学科馆员设置众多、学科细分及管理虚拟化,其组织结构和管理模式不能照搬到我国图书馆。我馆围绕学校重点学科和办学特色,遵循学科馆员设置按学科、联络分院系的原则,采取粗分学科领域,组建由“综合型学科馆员+服务型学科馆员”构成的学科馆员团队的模式,创立“文献建设与创新咨询工作站”(以下简称“文创站”),开展学科文献资源建设与服务工作,以实现资源建设与读者服务的学科化整合与贯通。具体的组织结构如图1所示。

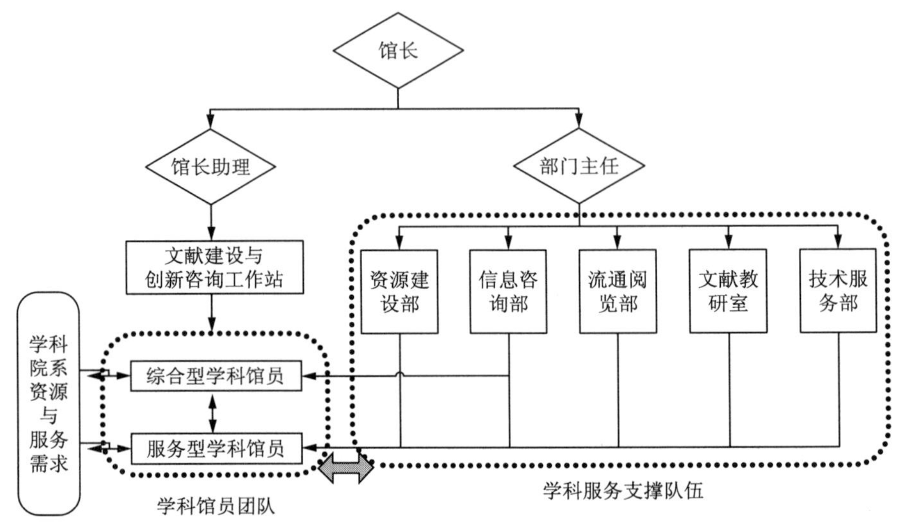

图1 上海海事大学图书馆学科资源建设与学科服务一体化发展组织结构

“文创站”的服务地点设立在图书馆服务大厅内,采取开放式服务空间,由来自文献资源建设部和信息咨询部的4名综合型学科馆员专职提供服务。根据学校的重点学科和办学特色,选拔3名相关学科背景的咨询馆员与原先专门负责电子资源采访的馆员共同组建综合型学科馆员团队,直接负责对口学科数字资源的建设和学科服务一体化工作,并尝试参与部分学科期刊和外文学科图书的调研、评价与选订工作;同时全面开展直接面向用户的学科咨询、读者培训、文献传递、科技查新等学科服务,并创造性地创办学科信息内部刊物《学科信息导报》,动态搜集、提炼和整理各类与学科发展相关的学术信息和科技前沿新闻,以定期推送及订阅等多种服务方式及时报道,协助全校教师及科研人员掌握前沿信息,拓展研究视野,促进学科发展。综合性学科馆员团队学科资源建设与学科服务分工如表1所示。

表1 综合性学科馆员学科资源建设与学科服务分工

学科馆员	学科资源建设	对口数字资源建设	院系联络	学科服务
A	轮机工程,船舶与海洋工程,交通运输规划与管理,载运工具运用工程	海事海洋特色资源(Drewry, BIMCO, Lloyd's List, MaritimeData. com, Ports Online 等), ICE, ScienceDirect, CNKI,中国航贸网等	商船学院,交通运输学院,海洋科学与工程学院	1. 读者培训 2. 学科咨询 3. 文献检索 4. 文献传递 5. 馆际互借 6. 信息推送 7. 查收查引 8. 科技查新
B	电力电子与电力传动,物流工程,电气工程,机械设计及理论	IEL, Web of Science (SCI + CPCI), EI, ASME, SLCC, ProQuest 学位论文全文库,万方数据库,Apabi 电子图书等	物流工程学院,信息工程学院	
C	产业经济学,管理科学与工程,国际法学(海商法)	EBSCO, Emerald, WorldBank, CSSCI,国研网,中经网, Westlaw, HeinOnline, Lloyd's Law Reports,北大法意等	经济管理学院,法学院	
D	基础学科(数学,物理,思政等),语言学(英语,日语)	Springer 电子图书, OCLC FirstSearch, CAMIO,维普期刊,龙源期刊网,金图英语库,超星电子图书,方正报纸库等	外国语学院,文理学院	

服务型学科馆员主要来自流通阅览、信息咨询和文献资源建设等部门，与“文创站”综合型学科馆员组合形成学科馆员团队。对于某一学科院系的资源建设与服务，可由二类学科馆员组合成学科工作团队负责。例如，我馆负责 ScienceDirect 数据库订购的综合型学科馆员从学科发展需求的角度，与负责纸本期刊的采访馆员从馆藏特色及资源费用的角度，共同完成挑选订购 ScienceDirect 数据库要求捆绑的外文纸本期刊，既保证了期刊品质，又不浪费资源经费。

此外，各职能部门(包括信息咨询、流通阅览、技术支持等)以及常规业务团队(包括一般性参考咨询、教学培训、科技查新等)整体为学科馆员团队提供资源、服务和技术支持等学科支撑服务，与学科馆员团队协同运作。

总之，我馆“文创站”的创立，是将由采访馆员按文献类型开展文献采访的工作流程，重组为由较强专业学科知识背景和文献采访能力的专业学科馆员按学科需求主导资源建设和服务的发展，实现学科馆藏资源建设主导权从采访馆员到学科馆员的有效转移，建立起学科馆员之间及其与学科服务支撑团队之间的协同关系，进而构建资源建设与学科服务的一体化组织模式。

3.2 学科资源建设与学科服务一体化发展的管理方式

由于学科资源建设与学科服务一体化发展是一种全新的探索与尝试，因而其在管理方式上也具有一定的创新性和特殊性，具体表现在如下几个方面。

(1) 集中统筹协调与部门分散管理相结合

“文创站”(学科馆员团队)实行集中统筹与职能部门分散管理相结合的管理模式。“文创站”成员由我馆分管资源与技术的馆长助理与学科馆员所属业务部门主任共同协调管理，馆长助理总体规划“文创站”的工作内容、业务进展、服务拓展与创新，并协调职能部门促进全馆学科服务支撑队伍协同运作，职能部门主任负责本部门加入“文创站”学科馆员管理、评价及工作考核。

(2) 注重团队协作，深化业务互动与信息共享

学科化服务是一项协同性很强的全局性工作，一体化管理机制需要强化学科馆员团队及其与学科服务支撑队伍的协同运作，合理解决学科馆员的精力、动力和能力问题。在“文创站”创立之初，为合理有序地引导和分流读者咨询，“文创站”与流通阅览部之间进行双向培训，让彼此更加熟悉对方的工作职责和服务内容，使得二个直接面向读者的服务窗口业务深入互动和服务有效分工。另外，我馆每学期定期举办 1—2 次全馆信息交流共享大会，由本学期外出参会或培训学习的学科馆员向全馆人员分享其学习心得和体会，技术部还配合开发了学科馆员网络交流与信息共享平台——“图情港湾”，使学科馆员能够方便地获取、分享知识与创新思想。

(3) 采取综合绩效评价和激励机制

我馆已初步建立了学科服务工作奖励制度，由学科馆员详细记录自己从事的主要学科资源建设与学科服务工作，如资源采选、用户培训、院系联络、学科情报分析，以及其他可量化的工作，如学科咨询、科技查新，文献传递等完成量，按投入时间数转为量化测评，并结合学科馆员承担的部门业务职责按季度进行双重绩效考核，评价其服务效益，并从图书馆学科服务专项经费中对学科馆员超量工作进行一定的奖励，激活学科馆员的创新动力，不断提升学科馆员团队的服务水平和能力。

4 学科资源建设与学科服务一体化发展实践

自我馆“文创站”成立 2 年以来，依托相关职能部门的学科化改造和业务重组，通过业务内容、流程的重新规划与设计，实现了资源建设与学科服务的有效整合和贯通。我馆在学科资源建设与学科服务一体化发展模式下开展了一系列的探索与实践。

4.1 学科馆员主导学科资源建设，优化学科资源配置

(1) 制定学科资源建设政策，建立一套行之有效的资源建设方法

根据学校的学科发展和政策规划，我馆主管馆员与资源建设部会制定一个 5 年总体资源建设长期规划，每个自然年制定相应的目标和任务，再具体到每个学期。“文创站”学科馆员需协调资源建设部在图书馆总体资源建设政策基础上，制定各学科资源建设政策，内容涉及学科资源的保障级别、经费配置、复本数量等。还需与负责院系联络沟通，广泛征求意见，形成学科资源建设的指导性文件，并且要求定期优化和评估。而对“文创站”负责的电子资源建设，根据我馆的馆藏资源特色制定了详细的《电子资源建设规范》，对电子资源

试用、咨询、培训、费用支付等都进行统一规范说明，分工明确，形成一套规范化、操作性强的资源建设程序和方法。

(2) 充分调动师生参与，合理发挥其荐购作用

我校设有 13 个一级学科，57 个二级学科，而目前我馆仅有"文创站"4 位专职学科馆员负责联络全校院系，平均一个学科馆员需负责 2～3 个学院，包括好几个系，涉及不同研究领域。即使我馆"文创站"学科馆员均有相关的学科背景，也很难熟悉每个学科的研究领域、学科背景及未来发展趋势等。所以我们的策略是充分调动师生参与资源建设，有效发挥专业读者资源荐购作用。我馆在图书馆主页资源访问栏目下设立"资源推荐"链接，并细分"书刊荐购"与"数据库荐购"，读者可以直接访问在线提交。而对读者提交的资源荐购，"文创站"与资源建设部优先处理，并将处理结果通过邮件及时反馈给读者。

另外，我馆每年不定期地举办"你选书，我买单"外文原版图书选购活动，安排几家优秀外文书商或出版社在图书馆举办现场书展，由读者直接参与挑选需要的外文图书，"文创站"学科馆员对推荐清单进行馆藏查重和汇总，提出采选建议，协助采访部门完成外文图书选订工作。该活动充分构建了学科馆员与读者的互动关系，并有效提高了我馆外文图书馆藏质量。最近我馆"文创站"还开通新浪和腾讯官方微博，读者可实时在线与学科馆员互动，随时向图书馆荐购所需的文献资源。

(3) 定期进行资源评估，优化学科资源配置

图书馆资源建设学科化的一个必要环节就是要定期进行馆藏资源的评估，这是完善图书馆资源建设，提高图书馆资源建设水准的需要。我馆要求"文创站"学科馆员团队在年终对我馆订购的所有电子资源进行当年的基本情况评价(包括产品内容、数据库商服务、访问性能、价格因素等)及使用统计分析(包括下载/浏览量、单次使用成本等)，并协助资源建设部完成当年文献资源建设工作总结及来年文献资源建设方案，提交校图书情报工作委员会审核。而为缓解近两年图书馆资源购置经费缩减的压力，学科馆员配合外文期刊采访馆员对我馆订购的外文期刊在电子资源中进行查重，并广泛征求院系意见，停订近 50 种有电子全文或无人借阅的外文期刊，节约资源经费 40 余万元，实现了资源的优化配置。

4.2 个性化、专业化、深层次的协同创新式学科服务有序开展

(1) 开展面向学科院系的个性化、专业化学科服务

面向院系的学科服务主要是从学科角度出发的，具有学科专业化的特点。如我馆每学期与法学院合作举办的"Westlaw, HeinOnline 外文法律数据库专场培训讲座"以及面向经济管理学院、交通运输学院师生举办的"Emerald, EBSCO 数据库培训讲座"，通过"文创站"学科馆员与院系联络沟通，直接将资源使用培训送至院系，得到师生的积极参与和好评。

另外自 2011 年起每年由图书馆与我校研究生教育学院联合举办"研究生创新技能——信息检索与利用培训班"，面向不同学科院系的研究生打造深层次信息素养培养机制，强调将信息素养教育与专业学科知识相结合，针对学科特点与研究的不同阶段，由学科馆员团队制定培训教程进行系统化的教学，培训内容覆盖从信息检索、资源利用到情报分析所需的各类技巧和工具。培训班讲座内容丰富，贴近实际，针对性强，深受研究生们的好评。这种面向不同读者需求的个性化学科服务通过与院系的合作更能得到读者的支持，并取得更好的效果。同时多方联合开展学科服务的模式更进一步扩大了学科服务的影响力和覆盖面，图书馆在学校的整体地位有了进一步提升。

(2) 开展面向科研团队的深层次学科服务

在面向科研团队的专业化深层次服务过程中，如何得到团队的认可，实现与团队的良好互动对学科馆员来说最具有挑战，这需要学科馆员的"情感嵌入"，与用户的日常活动融为一体，进行无障碍的交流，从而顺畅地融入用户的科研过程中。我馆在面向科研团队的学科服务中，一直支持并鼓励学科馆员参与科研项目或协助科研团队的学术活动，并依托图书馆的文献资源，开展面向学科科研团队的信息能力培训。如我馆自 2011 年起每年举办的"学科团队科技创新情报技能高级研修班"，注重满足科研团队关心的学校科研评价指标、奖励措施以及其自身研究具体阶段的需求，要求学科馆员在培训内容上与科研团队的研究领域相结合，在培训效果上容易引起团队的共鸣，以达到更好的效果。如在《科研项目基金申请与基金成果检索》专场培训中，学科馆员会主动以参加培训团队的实际科研项目基金为案例进行操作展示，使培训更具针对性，现实意义更强。

(3) 协同科研管理部门深化学科服务内涵

而在与学校科研管理部门合作深化学科服务内涵方面，我馆也有实践探索。2011 年我馆学科馆员团队

依靠与学校科技处建立起的良好合作关系向其推荐相关资源，并协商获得资源订购经费的资助，由科技处出资引进了 Thomson Data Analyzer(TDA)专利分析软件和 ESI 科研评估工具。学科馆员团队利用国家知识产权局专利信息检索平台、Derwent Innovations Index(DII)专利检索数据库和 TDA 专利分析工具，对本校专利的总体情况，包括专利发明人、年度、专利申请与授权、技术领域、院系分布、专利转让等进行统计分析，利用 Web of Science 数据库、ESI 评估体系等分析我校相关优势学科，为科技处制定我校科研工作和学科发展的战略决策提供参考和依据。

5 结语

我馆通过创建“文创站”，整合了资源建设与学科服务的两类人员，打通了二者的关系，发挥了学科馆员及其团队在学科资源建设与服务中的主导作用，实现了学科资源优化配置和“馆员走进院系，提供主动、多层次、专业化学科服务”的目标。“文创站”在我校已经成为图书馆的优质服务品牌，大大提升了图书馆在教学科研中的地位。

我馆构建的学科资源建设与学科服务一体化发展模式，是图书馆以“服务为主导”理念重构资源建设模式的具体体现，旨在促使资源建设更好地适应学科化服务的需要，提高图书馆资源建设质量和学科服务水平。

学科资源建设与学科服务一体化发展模式，是保障学科资源建设更加科学合理、学科服务水平更加高效顺畅的有效模式，是学科馆员制度发展的战略方向。图书馆应积极探索和建立学科资源建设与学科服务一体化发展的保障机制，合理规划，突破改革瓶颈，实现管理创新，全面推进资源建设学科化进程，有效推进学科化服务向广度和深度发展，为学校学科发展构筑强有力的学科文献资源与服务保障。

参考文献

[1] 刘素清，郭晶.高校图书馆学科服务突破瓶颈的理论思考[J].图书馆杂志，2010(4):35—37.

[2] 李大林.高校图书馆学科馆员参与文献采访工作[J].中华医学图书情报杂志，2010(4):40—43.

[3] 钟建法，韩丽风.学科资源建设与学科服务一体化发展模式研究[J].大学图书馆学报，2012(2):56—60.

[4] 韩丽风，钟建法.图书馆资源建设学科化的组织模式与保障机制研究[J].图书情报工作，2011(15):72—76.

[5] 刘琼.中美大学学科馆员的初步比较研究[J].大学图书馆学报，2005(4):13—16.

[6] 张宇娥，李泰峰，嵇灵.协同创新“大科研”模式下学科服务嵌入路径研究——电子科技大学图书馆学科服务实践与创新[J].图书情报工作，2013(22):77—80.

[7] 初景利.学科馆员对嵌入式学科服务的认知与解析[J].图书情报研究，2012(3):1—8，33.

[8] 韩丽风，张秋.图书馆资源建设学科化的实践与思考——以清华大学图书馆为例[J].图书情报工作，2011(7):63—67.

全媒体时代图书馆员技能要求和职业愿景

Skill Requirements and Career Vision of Librarians in the Omni-media Age

提供学科内容服务的图书馆馆员技能要求
——以 HistorySG 平台为案例研究

Ang Seow Leng(洪小玲)

(新加坡国家图书馆管理局)

摘要 近年来随着互联网成为我们日常生活中不可或缺的一部分,图书馆馆员的传统角色已经发生了变化。他们不再只限于提供参考柜台服务,汇编参考书目和学科资料指南。以互联网将读者信息需求而创造的信息产品推出的服务模式已经成为常态。

在某种程度上,这种做法鼓励馆员积极增加学科内容知识,并将原本隐埋在其他信息当中的资料,利用互联网呈现给读者。这为读者们带来了全新的体验,并同时培养及增强馆员对他所感兴趣的学科领域的专业知识,其中包括有关学科的重要资源,研究发展趋势和重点。

HistorySG 平台是国家图书馆管理局推出的一项最新的信息包装服务。它的目标是成为一个在线资源以及可以通过互联网或手机提供研究新加坡历史的一个平台。学科馆员负责编写一篇篇发生在新加坡的事件的短文。然后搜寻伴随着短文的相关图片,音频和视频剪辑。有兴趣的研究者可以通过短文列出主要来自新加坡国家档案馆的资源和国家图书馆的在线资源,如新加坡旧报网(NewspaperSG),新加坡电子书(BookSG),新加坡图片网(PictureSG)等。通过这个案例,我将讨论这组学科馆员们所面对的与以往不同的技能要求。

Skills Requirements for Providing Content Services—HistorySG as a Case Study

Ang Seow Leng

(National Library Board, Singapore)

Abstract The traditional roles of librarians have undergone rapid changes in recent years with the onset of the internet becoming an integral part of our daily lives. It challenges the librarians to act beyond their roles as information counter service providers or compilers of bibliographies and resource guides. Increasingly, information products are created and pushed out through the internet to provide the users with nuggets of content for their information needs.

In a way it encourages librarians to actively build content knowledge, and to attract users to the collection which could otherwise be ‘hidden’ amongst other titles. This creates a new experience for users and at the same time, help develop the librarians’ expertise in identified subject areas in terms of the resources available, research trends and focus.

HistorySG is a new initiative by the National Library Board. It aims to be an online resource and guide on researching Singapore history, accessible via the web or through mobile phones. Subject librarians are involved in producing a short article on an event. The article will also be accompanied by relevant images, audio and video clips, or newspaper articles which are selected by the librarians. Interested researchers can explore the topic further through following all the resources which are mainly from the National Archives of Singapore and the library’s own resources like NewspaperSG, BookSG, PictureSG, Infopedia and published materials. Through this case study, I will discuss the changing emphasis on skills requirements for this group of subject librarians.

The digital age has become integrated with our daily life and it has transformed the information seeking behaviour of individuals. The sheer volume of content that is available on the internet is also beyond comprehension. According to the IFLA Trend Report, *Riding the waves or caught in the tide? Navigating the evolving information environment*, it was reported that the amount of new digital content created in 2011 is equivalent to several million times of all the books ever written, and OECD figures show that internet traffic has achieved an exponential increase of 13,000% in the past decade with more digital information being created between the years 2008—2011 than compared to all previous recorded history.①

It is now a prevalent practise among students and general public to turn to search engines for instant answers to their questions. How much of the information found will be factually accurate and reliable when these search engines are developed and owned by private corporations whose main aim is to generate advertising revenue? This forces the role of the library to become one from being a passive repository of information resources to one that emphasizes more on user education and pushing curated content online for the users.

Libraries now have to deal with the reality that the internet is currently the largest depositor of digital content and resources. Within a time frame of slightly more than a decade, the National Library of Singapore has progressively offered digitised materials and curated content on the internet.

This paper introduces the National library's digital content services and one of its latest web products, HistorySG. It also surveys the changing skills requirements for librarians in the digital age, using HistorySG as a case study.

1 A sample of digitised materials and curated content by librarians and archivists

1.1 The Singapore pages

The Singapore Pages was launched in 2003 as the National library's gateway to online and print resources on Singapore. Over the years, multi-format items of documentary heritage have been digitised and made accessible online for discovery and reference. Today, users can access digitised content from the library's collection. In IFLA's ex-President's Dr Ingrid Parent's words, "We must continue to develop our digital collections and safeguard the knowledge legacies of the past while ensuring accessibility for the future".②

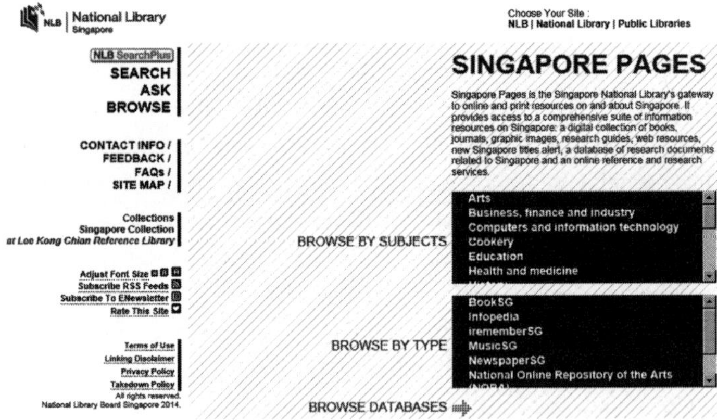

Figure 1 Singapore Pages

Below is a list of some of the digitised content that has been put up on the internet.

(1) BookSG(http://eresources.nlb.gov.sg/printheritage/index.htm)

It is an online collection of digitised books and other printed materials held at the National

① IFLA.(2014, March 31). *Riding the waves or caught in the tide? Navigating the evolving information environment*, p.2. Retrieved April 7, 2014, from IFLA Trend Report website. http://trends.ifla.org/files/trends/assets/insights-from-the-ifla-trend-report_v3.pdf.

② Parent, Ingrid.(Jul-Sept 2013). Libraries: a force to transform society. BiblioAsia, 9(2), p.11.

Library of Singapore, selected items from the British library's Oriental & India Office Collection and works published in Singapore. There are a few titles that date back to the 1600s, with most of the titles dating back to the 1800s.

(2) MusicSG(http://music.nl.sg/index.aspx)

This database provides access to all forms of published Singapore musical works. Music recordings, articles on topics related to Singapore music, biographies, lyrics and scores are digitised and made available for reference.

(3) NewspaperSG(http://eresources.nlb.gov.sg/newspapers/)

This online resource is a digital archive of historic Singapore and Malaya newspapers published between the years 1831 and 2009. It enjoys the highest number of page views among the National library's other digital databases, and is very popular among students and researchers.

(4) National Online Repository of the Arts (NORA) (http://nora.nl.sg/web/common/Homepage.aspx)

NORA was first launched in 2005 with over 150 digitised literary art works in English by Singaporean writers. It serves as a database of digitised works about the literary, performing and visual arts. In 2008, NORA adopted a new look with additional resources, which includes digitised works in the various art forms, resource guides and interviews with some of the artists. It was officially launched in 2009.

(5) PictureSG(http://pictures.nl.sg/)

It presents a collection of pictures, either in the form of photographs or artworks on Singapore, from the National library's collection and our donors' collection, as well as those contributed by our partners.

These databases cover all aspects of social sciences and humanities, arts and culture topics on Singapore. The librarians in charge of the content for these databases have the responsibility to select key publications and resources in order to make it meaningful for the users in their search for relevant resources available and to ensure that they can access the full text resources effectively. For these databases, the librarians need to rely on their subject knowledge in order to make relevant selection of content to be included in the databases. It is one way for the library to stay relevant by ensuring its presence in the digital world through providing digitised pages from the library's collections. The library still plays the role of a gateway of discovery and learning through a different medium.

1.2 Archives Online

In 2012, the National Archives of Singapore joined the National Library Board, which oversees both the National Library of Singapore and the country's public library system. The archives houses over 200 years of the nation's official records. In the short history of Singapore, the archives has collected, preserved and managed more than 6.8 million photographs; 240,000 building plans; 123,000 audio-visual and sound recording; 44,000 press releases and speeches; 10,000 maps and 6,000 posters; as well as over 20,000 hours of oral history interviews. It also has handwritten volumes of the Straits Settlements records and government files since the 1950s till the present day.①

At the National Archives website, the following content are available for browsing or for reference onsite:

- Audiovisual and sound recordings
- Government records
- Maps and building plans

① Oon, C.(2013, July 23). Home to local history. *The Straits Times*. Retrieved April 7, 2014, from Factiva database.

- Oral history interviews
- Photographs
- Posters

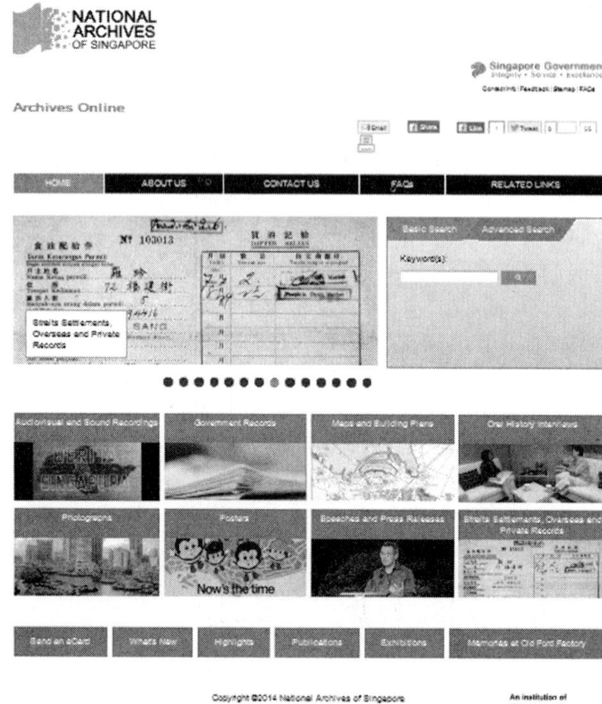

Figure 2 Archives Online

- Speeches and press releases
- Straits Settlements, overseas and private records

Through consolidating the National Archives of Singapore collection and the National library's collection, there is greater synergy and economies of scale in terms of preserving Singapore's documentary records and making them conveniently accessible for the users on the internet. To the users, they enjoy an improvement in access to resources and services.

With all the rapid development in the ways library can provide content services and the challenge of selecting authoritative resources available on the web, as well as maintaining the library's presence on the web, what will be the skills requirements from librarians in order to cope with making content available to its users in a faster and more convenient way, and whether the varied content can be further utilised to create more curated content for the users?

2 Skills Requirements from Librarians

During the 2013 IFLA keynote address, Ambassador Chan Heng Chee pointed out that by 2020, libraries will be expected to serve a mix of 5 generations of people who have different levels of information and technology literacy:

- The Traditionalists(born pre-1946)
- The Baby Boomers(born 1946—1964)
- Gen Xers(born 1965—1976)
- The Millenials/Gen Ys(born 1977—1997)
- The Gen Cs(the digitally connected)①

The forms and types of training for librarians have been varied in order to cope with the demands from all these users. Twenty years ago, a reference librarian's role is mainly to answer enquiries from the users and to collate resources guides, bibliographies and catalogues, and to put up book displays to create awareness of the library's collection. Today, a reference librarian's role is more complex. Apart from doing the above, he or she also has to curate exhibitions, produce information products in the printed and digital formats, as well as be actively involved in digital projects to publish the library's content online. The librarians are expected to be

---

① Chan, H. C. (2013) *Are libraries ready for the big change?* Paper presented at IFLA World Library and Information Congress, 17—23 August 2013, Singapore, p.4. Retrieved April 9, 2014 from IFLA Library website. http://library.ifla.org/272/1/072-chee-en.pdf.

able to perform their roles effectively in both the physical and online world.

At present, there is only one educational institution in Singapore that provides a postgraduate education in library science. The Nanyang Technological University of Singapore(NTU) offers a Masters in Information Studies course for both part-time as well as full-time students since 1993.

A comparison of the courses offered then and now reflects a shift in emphasis on librarianship training with more than twice the number of courses available.

Courses offered in 1993①	Courses offered in 2014②
Core subjects • The Information Society • Applications of Information Technology • Management of Information Agencies • Organisation of Information • Service of Users • Research Methods in Information Studies • Information Retrieval Electives • Media Resources and Services • Information Systems Design • Information Sources and Systems in Special Subjects • Information Resources and Services for Special Groups • Abstracting, Indexing and Thesaurus Construction	Compulsory course • Research in Information Studies Foundation courses • Perspectives on Information Studies • Information Sources and Searching • Information Representation and Retrieval • Information Organisation • Information Management • Internet and Web Technologies Electives • Collection Development & Management • Cataloguing & Classification • Business & Management Sources and Services • Children & Young Adults Sources and Services • Advanced Reference Services • Management of Information Organisations • Information Behaviour • Archival Management • Organisational Records Management • Digital Libraries • Database Management Systems • Human-Computer Interaction • Social Computing • (Special Topic): Social Sciences & Humanities Sources and Services • (Special Topic): Science & Technology Sources and Services • (Special Topic): Art and Music Sources and Services • (Special Topic): Heritage Informatics New Courses • Text and Web Mining • Social Media Analytics • Information Mining & Analysis • Information Visualization

① Nanyang Technological University.(1993). *Prospectus for postgraduate programmes 1993—1994*. Singapore: The University, p.51.

② Nanyang Technological University.(2014). MSc in Information Studies Programme Structure. Rerieved on April 10, 2014, from Nanyang Technological University, Wee Kim Wee School of Communication and Information website. http://www.wkwsci.ntu.edu.sg/ProspectiveStudents/Graduate/MasterofScienceinInformationStudies/Pages/ProgrammeStructure.aspx

Within a period of 20 years, the courses offered for postgraduate studies in 1993 and 2014 has seen a major increase, especially for those related to the internet: the way it works, how information are organised in it, analysis of social media, information analysis and digital libraries. There has also been a wider range of computer science courses offered.

2.1 Additional competencies required of librarians

In an article to discuss whether traditional librarian core competencies are still relevant, Ms Ngian Lek Choh and Mr Chan Ping Wah from the National Library Board explained that in the internet world, there are multiple content formats and the delivery channels is conveniently positioned in a single platform. They proposed having three user-centred service development directions:

(1) Build services where there are users

Through making the National Library of Singapore services available as part of the lifestyle of users whereby they are able to access the library's content and services at their convenience, using their preferred mobile devices.

(2) Build capability to influence the spaces, and not be influenced by these space

The library's role of user education comes in to guide the users on fact validation processes. Through our services in answering users' enquiries, the librarians also play the role of educating the users on where to get information from reliable sources.

(3) Build services to connect people to knowledge

The library can assist the users to seek out what is relevant and useful to them, and having the library as a partner in the user's learning and discovery journey.①

For BookSG, NewspaperSG and PictureSG mentioned earlier, these are mainly format driven databases whereby pages from books, newspapers, and images are directly scanned and put online. However, for MusicSG and NORA, the librarians in charge have to do more than just selecting and digitising the relevant items in the database. They also need to have a very good grasp of the trends and interests by the specific users on music and our local literary scene. All these knowledge will be beyond what is being taught at library science or library studies courses.

In providing access to the digital formats, the main competencies that are required from the librarians in charge are mostly on the organisation of information skills as they were trained for this. However, in order to build services which help connect people to knowledge, the librarians will need to be aware of the content available on the subject, which are the ones that give key information, who are the main personalities in the fields, the research trends and significant publications related to the topic. Unless the librarians have a basic degree in the field, it takes time to build such competencies.

At the National Library of Singapore, librarians from the Singapore and Southeast Asian subject group are expected to do research writing, in the form of contributing articles through our quarterly publication, BiblioAsia, and previously, the Singapore Infopedia.

Listed below are the online resources in which the librarians are actively involved in the creation of articles.

(1) Singapore Infopedia

Singapore Infopedia has its origin from the 1980s when the reference librarians indexed the more frequently asked enquiries they received about Singapore into index cards, categorised by subjects. These cards gave a list of printed resources that can be found with regards to a particular enquiry. It greatly saved the time for the next librarian who might encounter the same enquiry.

---

① Chan, P.W. and Ngian, L.C.(2008). Back to the future: augmenting competencies for Library 2.0. *Singapore Journal of Library & Information Management*, 37:4.

In 1996, the information were transferred into an electronic database for ease of staff use and the entries were in the form of a question and answer format, furnished with list of resources for further reading. It is a very useful resource especially for the new librarians to understand the type of enquiries on Singapore that are frequently asked by library users.

In 1998, the content was enhanced and uploaded into dedicated stations to provide a remote reference service, branded as InfoXpress. Onsite library users were able to access 1,000 frequently asked questions on Singapore's history and culture, which also guided them on where more printed information resources on the topic can be found.

In 2003, InfoXpress was re-launched as a web-based encyclopaedia called Singapore Infopedia, and its topics of focus are on Singapore's history, culture, people and events, written for the general readers. The entries are now presented as long articles that are accessible on the internet. But the principle remains the same, in which printed resources are highlighted as useful reference resources. It is nowa popular site for verifying facts, getting to know more about certain topics on Singapore. It is often quoted in publications and cited as one of the sources used for research.

(2) BiblioAsia

BiblioAsia is a news journal that aims to promote collection services and programmes of the National Library. It was first published in 2005. Librarians also contributed research articles to this journal, apart from just write-ups introducing the library's collections and services.

Through the varied articles written, the librarians have an opportunity to study the collection while conducting a literature review for the topic of their research. It is a great way to build knowledge and understanding of a particular topic, including the authors, most useful publications, and trends.

Although librarians can expand their subject knowledge from assisting the library users in their enquiries, or compile resource guides and bibliographies, and through the process, get to know more about the topic, they also need to attend courses pertaining to the subject in order to gain a deeper understanding and to network with the people who are active in a particular field.

Librarians also have to attend in-house courses that are structured such that apart from on-the-job training, there are also introductory courses available for librarians' professional and personal development.

Some of the courses librarians at the National Library of Singapore get to attend include:

Examples of subject related courses

New Insights into Singapore History-Perspectives of Emerging Scholars	Organised by Department of History, National University of Singapore and the National Library Board, Singapore
The Japanese Occupation: 60 years after the end of the Asia-Pacific War conference	Organised by the National Institute of Education, Singapore
China's Internet and Chinese Cultures: The Fourth Annual Chinese Internet Research Conference 2006	Organised by the Singapore Internet Research Centre(SIRC) and the Wee Kim Wee School of Communication and Information, Nanyang Technological University, Singapore
Tongmenghui, Sun Yat Sen and the Chinese in Southeast Asia: A Revisit with Sun Yat Sen Nanyang Memorial Hall	Organised by the Chinese Heritage Centre and Sun Yat Sen Nanyang Memorial Hall
Peranakan Chinese in Globalising Southeast Asia: The Cases of Singapore, Malaysia and Indonesia	Organised by NUS Museum and Chinese Heritage Centre

Examples of skills improvement courses
Discover blogs and blogging
Discover wikis and its uses
Discover news aggregators and RSS
Discover pod and vodcasting
Introduction to metadata and Dublin Core

Examples of writing skills courses
Feature writing workshop
Publishing and writing skills: understanding the research and scholarly communication process
In-depth editing skills

Armed with these skills, the librarians are equipped with the necessary know-how to offer services that can reach out to the users, influence the usage and connecting the users to where the relevant sources are.

In summary, the databases created have progressed from just selection and organisation of content and resources, to one that requires the librarians to possess subject knowledge, writing skills and greater awareness of how the internet works in order to fulfil their goals of presenting curated content to the users who are looking for them.

3 New Content Portal: HistorySG

HistorySG is the latest portal created by librarians from the National Library of Singapore. The genesis of this portal comes from an initiative to create a website that offers authoritative information on the history of Singapore.

The librarians scoped the project as an interactive website that provides a timeline or chronology of events in Singapore's history from 1299 to the present. Through the short articles that are events based, the librarians hope to offer context and connections between the events or the cause and effects of these events to Singapore.

In determining the themes to place the events, librarians worked with a subject committee comprising of historians and a senior staff from the Ministry of Education to validate the proposal. It was then decided after much deliberation that the following themes should be adopted:

- Politics and Government
- Economy
- Society
- Arts and Culture
- External Relations

And the following timeline to be followed:

- Classical Emporium(1299—1599)
- Maritime Rivalry(1600—1818)
- Colonial Port City(1819—1945)
- Political Change(1946—1964)
- Nation and Global City(1965—present)

The librarians involved in this project then compiled a list of key events that should be included in the themes in order to have a balanced representation of articles for each theme. Making the resources directly available to the users at the click of the button was also one of the top most considerations when selecting the relevant newspaper articles, photographs, and audio-visual clips. Librarians identified the photographs from the National Archives collection and worked with the staff there to get a digitised copy, and liaised with the technical staff to ensure that they are readily accessible.

The users can search for articles on the events according to the various themes or timeline as shown below:

Figure 3 Search by themes

Figure 4 Search by timeline

The users are also encouraged to email, share, like on Facebook, or tweet about the article if they find it useful. This gives the article a potential to be read by a wider audience and hopefully, connecting it to the users who are interested in the topic.

Figure 5　A sample page of the article

When preparing for the short article on an event, the librarian is expected to be equipped with research skills to ensure that all the key resources are referred to and listed, then the librarian is tested on her writing skills in summarizing all the key facts into a readable short article that gives a balanced representation of the event. Next, the librarian is tested on her knowledge of using the online resources and professional judgement based on subject familiarity and experience, to look for the best photograph, audio and video clips to enhance the content and to allow multiple format representation of the event featured.

During the later stage of the project before the launch, focus groups were formed to test on the user interface: features of the website, ease of use, navigation and interactivity of the website; and also to test on content: breadth of thematic timeline, accessibility of articles and resources. During the focus group sessions, positive feedback was received from the participants who felt that the articles are very useful for those who just wish to have a quick grasp of the event. The rich resources featured, extensive use of primary resources and verification of facts, as well as the provision of relevant newspaper articles, photographs and audio-visuals that are just a click away, were also appreciated by them.

In this hyper-connected world, offering such an information product like HistorySG means that the users can access the information anytime, anywhere and be provided with a list of relevant resources with the bonus of full text newspaper articles, selected audio and video clips made available for reference. It is a constant challenge of trying to stay visible and relevant as we compete for attention in the virtual space.

For the librarians, it allows them to develop a breadth of skills related to setting up a website, organising focus group sessions and grow their depth of content knowledge on Singapore, truly making them the library users' partner in learning about Singapore history.

4　Conclusion

While the information seeking behaviours of individuals have shown a wide spectrum of preferences which range from visiting the libraries to refer to books and seeking help from a librarian, to turning to the internet for an answer, the role of the library remains unchanged. It is there as a gateway of discovery and learning, and carries the responsibility of preserving the nation's documentary heritage.

For the librarians, they experience a shift in the skills and competencies that are required of them in the past decades. With technology becoming a part of every aspects of library service, there are lots of catch up all the time. Besides receiving training in collection management, understanding the information needs of different users and research methodologies, just to name a few, there is an increasing emphasis on training on understanding the online world: how information is being organised, how does social media works, how to extract information from the web, and managing of online databases.

The National Library of Singapore adopted the strategy of offering its digitised collection for users according to format and subjects, andas a value-add, has made use of the online platform to showcase the subject librarians' research work. It is in keeping with Ms Ngian and Mr Chan's advocacy of building services where there will be users who require them, building capability to influence the space and building services to connect people to knowledge.

The library's web presence gives the users an overview of what is available at the library, and also to know more about the librarians' strength in various subjects. This is an augmentation of services that is more than just about the provision of onsite and online reference enquiry services, as well as information literacy programmes, and the collation of resource guides like bibliographies and catalogues.

For the case of HistorySG portal, it relies on the subject knowledge and writing skills of the librarians to create a one-stop authoritative national portal which documents the official history of Singapore. The librarians were also involved at the early stages in the user interface requirements, wireframes creation, designing of the webpage and at the later stages, conducting user acceptance tests to ensure that the portal is robust. All these rely on non-traditional skill sets from the librarians.

It is a continuous learning journey and a fulfilling one for librarians to provide content knowledge, validate facts and educate users in the virtual space.

References

[1] IFLA.(2014, March 31). *Riding the waves or caught in the tide? Navigating the evolving information environment*, p.2. Retrieved April 7, 2014, from IFLA Trend Report website. http://trends.ifla.org/files/trends/assets/insights-from-the-ifla-trend-report_v3.pdf.

[2] Parent, Ingrid.(Jul-Sept 2013). Libraries: a force to transform society. *BiblioAsia*, 9(2), p.11.

[3] Oon, C.(2013, July 23). Home to local history. *The Straits Times*. Retrieved April 7, 2014, from Factiva database.

[4] Chan, H.C.(2013) *Are libraries ready for the big change?* Paper presented at IFLA World Library and Information Congress, 17—23 August 2013, Singapore, p.4. Retrieved April 9, 2014 from IFLA Library website. http://library.ifla.org/272/1/072-chee-en.pdf.

[5] Nanyang Technological University.(1993). *Prospectus for postgraduate programmes 1993—1994*. Singapore: The University, p.51.

[6] Nanyang Technological University.(2014). MSc in Information Studies Programme Structure. Rerieved on April 10, 2014, from Nanyang Technological University, Wee Kim Wee School of Communication and Information website. http://www.wkwsci.ntu.edu.sg/ProspectiveStudents/Graduate/MasterofScienceinInformationStudies/Pages/ProgrammeStructure.aspx.

[7] Chan, P.W. and Ngian, L.C.(2008). Back to the future: augmenting competencies for Library 2.0. *Singapore Journal of Library & Information Management*, 37:4.

数字时代高校图书馆的领导力

Binh P.Le

（美国宾夕法尼亚州州立大学艾宾顿分校）

摘要 本文是对数字时代高校图书馆领导力的一项定性研究。目的用于阐明：1.高校图书馆领导力所面临的五项最主要的挑战；2.高效的高校图书馆领导力所需的五项最重要的领导技能；3.开发上述领导力的五种最佳方式。针对美国境内高校图书馆的资深领导层进行调查，调查结果如下：五项最主要的挑战分别是图书馆价值、筹资、设施、馆藏发展和人力资源；五项最基本的领导力技能分别是愿景、管理技能、正直、协作以及沟通技巧；获得上述领导力的五种最佳方式分别是导师指导、职业发展、跟随学习、领导角色以及自我意识。上述结果并非依据重要性排列。

Academic Library Leadership in the Digital Age

Binh P.Le

(The Pennsylvania State University, Abington College, USA)

Abstract This is a qualitative study on academic library leadership in the digital age. The goals were to identify ① the top five major challenges facing academic library leadership; ② the top five most important leadership skills required for effective academic library leadership; and ③ the top five best ways to develop these academic leadership skills. A survey was conducted to elicit responses from individuals who hold senior library leadership positions in American academic libraries throughout the United States. The results of the survey are as follows. The top five major challenges are: library value, funding, facility, collection development, and staffing. The top five essential academic library leadership skills are: vision, management skills, integrity, collaboration, and communication skills. The top five best ways to acquire or develop these academic library leadership skills are: mentorship, professional development, apprenticeship, leadership roles, and self-awareness. The results are not arranged in any order of importance.

1 Introduction

"In the 21st century, the digital revolution shows no signs of slowing. To remain relevant, any institution, including one as established as libraries, must evaluate its place in a world increasingly lived online," wrote Jennifer C.Hendrix, in her work, *Checking Out the Future: Perspectives from the Library Community on Information Technology and 21st Century Libraries*, published by the ALA Office for Information Technology Policy(2010, p.3). The author went on to discuss the following key themes: technology changes traditional information forms; digitalization changes the landscape of information access and use; new information processes are changing libraries, library services, and librarians; and the future is collaboration. Surprisingly, the roles of and challenges for library leaders were not included in the discussion. Hendrix is not alone in neglecting the roles of and challenges for library leaders in the digital revolution. David J.Staley and Kara J.Malenfant, in their work, *Future Thinking for Academic Libraries: Higher Education in 2025*, published by the Association of College and Research Libraries, contained 26 possible scenarios based on an implication assessment of current trends, however, none of which addressed the challenges facing academic library leaders in the digital age(2010, p.7).

This study provides the results of a research survey on American academic library leadership in the digital age. The main goals are to find out the perspectives concerning the major challenges facing American academic library leadership; the academic library leadership skills needed to meet these challenges successfully; and the best ways to develop these academic library leadership skills. It is hoped that this study will provide, besides contributing the academic library leadership literature which has severely been understudied, current and future academic library leaders worldwide with insightful leadership lessons needed to lead academic libraries successfully in this transformational era. Unquestionably, higher education systems around the world are different. For example, most of the Asian higher education systems are highly centralized, where the national governments set educational policies including personnel and curricular polices. In contrast, the American higher education system is highly decentralized. In fact, American higher education institutions are self-governing entities. However, with the advent of the digital revolution higher education institutions, including academic libraries, in United States and around the world faced similar challenges such as the continued shrinking of library budget, the transition from print to digital collections, the relevancy of the library—the very existence of the library—in the digital environment in which information seems or appears to be freely available on the Internet, the coming shortage of capable academic libraries, and the roles of librarians and library leaders in a highly networked, digitized, and rapidly changing higher education landscape.

2 Review of Literature

The literature on library leadership in general and libraryleadership in the digital age is particularly scarce. In fact, writing on the lack of interest on the topic of library leadership Riggs(2001) pointed out that, "Why are we not giving greater attention to, writing more about, and talking more about library leadership? This question deserves an answer now!" (p. 16). Despite Riggs' concerns, Ammons-Stephens, Cole, Jenkins-Gibbs, and Riehle & Weare(2009), writing on the same topic nearly a decade later stated that,

> Although a vast amount of literature addressing leadership competencies is available for many professions, and numerous professional organizations have developed lists of competencies for practitioners in their respective fields, there is little in the library literature addressing competencies for library leaders(p.63).

As recently as 2012, Joseph Branin, the Editor of *College & Research Libraries*, wrote that, "At *College & Research Libraries* we do not get many articles on the topic of academic leadership. I wonder why, because I think this is one of the most important and enduring topics in our profession." Branin further stated that, "Over the last two years, we have published only two articles on this key topic ..."(p.113).

Before discussing the library leadership literature in detail, it is worthwhile to take a look at how leadership has been defined in the leadership literature. Leadership means different things to different people. James McGregor Burns (1979), in his masterpiece and frequently cited work, *Leadership*, wrote that, "A recent study turned up 130 definitions of the word"(p.3). Burns(1979) went on to define leadership as follows, "I define leadership as leaders inducing followers to act for certain goals that represent the values and the motivations—the wants and needs, the aspirations and expectations—*of both leaders and followers*" (p.19). Similarly, Hellriegel & Slocum(1992) defined leadership as "The ability to influence, motivate, and direct others in order to attain desired objectives"(p.467.) According to Kouzes & Posner(2002), leadership "is a performing art—a collection of practices and behaviors—not a position ... thus we define leadership as the art of mobilizing others to want to struggle for shared aspirations" (p. 30). For Maxwell (1999), leadership "is influence—nothing more, nothing less"(p.17). Last but not least, according to Covey(2004), leadership "is communicating to the people their worth and potential so clearly that they come to see it in themselves"(p.122).

But what exactly are the essential attributes, characteristics, competencies, qualities, skills, or traits (these terms will be used interchangeably) of successful, effective leadership. Bennis & Nanus(1997) wrote that, "There is no simple formula, no rigorous science, no cookbook that leads inexorably to successful leaders"(p.223). In the field of librarianship, Mason & Wetherbee(2004) pointed out that, "There is no common vocabulary among library educators or professionals about what constitutes the core body of leadership skills"(p.192). However, Mason and Wetherbee(2004) stated that, "Leadership research does agree that certain personal traits and characteristics are especially important for leaders and for the exercise of leadership"(p.188).

2.1 General leadership skills

Since the library leadership skills to be discussed seem to be similar to leadership skills in other areas, e.g., business, politics, it is therefore worthwhile to take a brief look at some of the leadership traits that are commonly found inthe leadership literature. Burns(1979) provided an interdisciplinary and general theory on leadership, emphasizing on "moral leadership" or what he termed as *modal values* and *end-values*(p.429). Specifically, according to Burns, leadership is collective, dissensual, causative, morally purposeful, and elevating(1979, pp.451—57). Kouzes & Posner(2007), in their work, *The Leadership Challenge*, stated that, "When getting extraordinary things done in organizations, leaders engage in these Five Practices of Exemplary Leadership: Model the Way, Inspire a Shared Vision, Challenge the Process, Enable to Act, and Encourage the Heart"(p.14). Bennis & Nanus(1997), in their work, *Leaders: The Strategies for Taking Charge*, identified the four "kernels of truth" or strategies, or human handling skills that all the leaders seemed to possess: ① attention through vision, ② meaning through communication, ③ trust through positioning, and ④ positive self-regard(as cited in Sheldon, 1992, p.393).

2.2 Academic library leadership skills

In a study of ARL(Association of Research Libraries) university library directors concerning the important leadership qualities required for ARL library leaders today and the decades ahead, conducted by Hernon, Young & Powell(2003), revealed the following: ① Managerial Qualities: (a) Managing, e.g., is results oriented, communicates effectively with staff; (b) Leading, e.g., build a shared vision for the library, manages and shapes change; (c) Planning, e.g., set priorities, responds to needs of various constituencies; ② Personal Characteristics: dealing with others, e.g., is even-handed, is self-confident; individual traits (general), is able to handle stress, is committed to a set of values(integrity); individual traits(leadership), e.g., is focused on change, exercises good judgment; ③ General Areas of Knowledge, e.g., scholarly communication, knowledge of financial management(pp.37—9). In another study, Hernon, Young & Powell (2003) found that the highly ranked leadership qualities of ACRL(Association of College and Research Libraries) university library directors are as follows: In the areas of managerial attributes: communication skills, setting the strategic agenda, and collegiality. In the areas of personal attributes: integrity, interpersonal skills, and communication competencies. In the areas of knowledge: familiarity with technology, library operations, and planning/evaluation(p.77). Another study, also conducted by Young, Hernon & Powell(2006) on the desired leadership traits expected by some Gen-Xers, found that, "the new attributes identified by the Gen-Xers suggests some differences between those attributes and those that academic library directors identified"(p.496). According to the authors, "the most highly rated attributes in this study of Gen-Xers included building partnerships, teamwork, work/life balance, staff development, strong listening skills, fairness, and initiative"(p.500).

Ammons-Stephens, Cole, Jenkins-Gibbs & Riehle & Weare (2009) provided a core leadership competency model or the four central leadership competencies or meta-competencies: cognitive ability (problem-solving, decision making, reflective thinking), vision (global thinking, creative/innovative, forward thinking), interpersonal effectiveness (culturally competent, accountability, team building, development, inspirational/motivational, communication skills), and managerial effectiveness (manage change, resource management, strategic planning, collaboration, flexibility/adaptability)(pp.68—70). In addition, they also included personal attributes(principled/ethical, honest, humble, gracious, teachable) (pp.70—71). Schreiber and Shannon(2001) identified six critical leadership traits: self-awareness, embracing change, customer focus, a shared vision to pull the organization into the future, collaborative spirit and bias for courageous action(pp.46—53). Last but not least, Stueart & Sullivan, in their work, *Developing Library Leaders*, provided a comprehensive list of "Core Competencies for Leaders," which included the 21 following qualities: supervising, developing employees, planning and organizing, motivating, mentoring, leading, resolving conflict, affirming diversity in the workplace, evaluating, delegating, service orientation, judgment, commitment, teamwork, flexibility, initiative, technical skills, communication skills, organization skills, accountability and problem solving(2010, p.17).

Riggs(2001) focused on the leadership qualities that are often found in great business/corporate and political leaders. Riggs' expected qualities of effective leaders include vision, dreams, creativity, and innovation and entrepreneurship, planning, courage, getting the truth, values, passion for one's work, caring for colleagues(followers), communication, transforming, and inspirational/motivation(2001, pp.11—15). Riggs(1998) emphasized particularly on the role of vision in leaders. Riggs stated that, "The challenge is to become skilled in the 'art of seeing' and in the 'art of reading' the future of libraries. Dreams, ideas, and even metaphors may be helpful in developing the mental, model of 21st century library"(1998, p.60). Riggs (2001) asserted that, "Vision is certainly one of the cornerstones of leadership. Without a compelling, achievable vision, there will be not much leadership"(p.11). Similarly, de Boer, Bothma & Olwagen(2002) also emphasized on the role of vision by stating that, "The ability to be visionary, to embrace change and to anticipate future information technologies, thereby providing strategic direction for their libraries and the ability to motivate their colleagues to share the vision, will empower library leaders for the digital demands of the 21st century"(de Boer, Bothma & Olwagen, 2002, p.90).

3 Methodology

This is a qualitative study. The main goals are to elicit responses from individuals who hold senior positions in American academic libraries to the major challenges they face; the leadership skills needed to successfully respond to these challenges; and the best ways to acquire or develop these academic leadership skills. The participants in this study included senior level academic library administrators such as deans/directors/heads/university librarians; associate deans/associate directors/associate university librarians; assistant deans/assistant directors/assistant university librarians. The participants were identified through several means: the websites of ALA and its divisions(e.g., ACRL, LITA, and LLAMA); the websites of American universities; referrals; and the author's professional contacts. To simplify the survey research process, electronic emails including the survey research questions(below) were sent to potential participants. In all, thirty-eight invitations($n = 38$) were sent out to large and medium-size academic libraries throughout the United States. No two-year and for profit institutions were included in the survey. Instead of using other survey instruments such as Likert-type scales, Delphi technique, this open-ended question type survey enabled the participants to respond to the questions more freely and more deeply.

4 Research Questions

- What are the top five major challenges facing academic library leaders in the digital age?
- What are the top five most important leadership skills that academic library leaders must possess in order to meet these challenges?
- What are the top five best ways to develop these academic leadership skills?

5 Results of the Survey

Over 36.8 percent ($n = 14$) of the participants returned the survey. The participants represented a wide spectrum of libraries; most of which, however, were large and medium-size academic libraries. Over 70% of the institutions were doctoral granting institutions. Similarly, the majority of the institutions are public.

Geographically, the participants were from the various regions of the United States. The majority of the participants held academic library leadership positions including deans / directors and associate deans / associate directors of large American academic libraries. In addition, some of the participants also hold or had held leadership positions in professional organizations including the American Library Association and the Association of College and Research Libraries. The responses to each question were tabulated and categorized under the headings such as vision, mentorship, and professional development. Under each heading, the five most often mentioned factors are provided. Except for minor editing, the responses provided below are presented as responded by the participants. Finally, the responses were not ranked in order of importance.

5.1 Research question 1

What are the top five major challenges facing academic library leaders in the digital age?

(1) Library value

- Conveying to the university administration the changing yet important role the library and librarians have in advancing learning and research at the university
- Demonstrating the library's contributions to students' learning outcomes and faculty's research productivity
- Positioning the library in a campus leadership role to shift the institutional culture in areas such as scholarly communications, learning, etc.
- Working with other academic administrators to position the institution for a more competitive higher education landscape
- Creating an organizational culture that embraces continuous changes

(2) Funding

- Libraries are expensive to run and funding has not kept pace
- Budgets-State funding is shrinking every year. The lack of salary increase has made it a challenge to retain good staff and to recruit new staff. Operating budgets are tight as well
- Changes in curriculum necessitate different resources, but no funding available so the resources get stretched
- Incorporate new digital resources, services, and equipment with static or shrinking budgets
- Rising journal cost has become one of the challenges for many years. The Open access journals have not yet solved any problems

(3) Facility

- Outdated facilities—Many are out-of-date and do not facilitate the use of newer technologies
- Repurpose facilities from warehouses from print collections with seating to spaces that support and enhance the learning process with minimal print materials
- The user's behavior in using the library and its resources has greatly changed due to changes in technology, accessibility, and generational changes that require a different type of environment in order to attract more students to come to the library and use the space
- Space—How do we re-imagine our library space when our physical collection use is dropping
- As a medium sized academic library we are considering getting rid of our print collections. This opens pace but for what and for whom?

(4) Collection development

- Advancing digital initiatives while stewarding the legacy print collections
- Determining the right balance between print and digital content in terms of collection development [e.g., Do we keep our print collections—or how much do we keep, how much do we store, how many copies to be retained within an ILL(interlibrary loan) group?]
- Building virtual resources and services that are user-centered

- Demonstrating the continuing need for increases to the library's acquisitions budget in an environment where so much information appears to be free, and explaining changes in collection philosophy(just-in-time versus just-in-case)
- Transitioning from publishers in charge of the research dissemination to the research academy taking back that role through open access

(5) Staffing

- Re-thinking staff positions from traditional roles to new ones that better fit the evolving library environment
- Identifying librarians and staff who are ready to accept new roles within the field and within the university library, both through staff development and hiring
- Keeping librarians and staff trained and current with new technology. Technology is changing the way we do almost all of our core tasks and take full advantage of opportunities, the academic library staff need to keep up to date with the various potential tools
- Evolving role of academic librarian. The focus is on "What is the librarian's role?" Do we take on more of a teaching role, try to work more closely with faculty in providing library instruction and information literacy? Do we try to offer more credit instruction? Are we becoming more a provider of services and less a provider of materials than we were in the past?
- Succession—A lot of administrators will be retiring soon and the pool of those capable taking over may not be adequate

5.2 Research question 2

What are the top five most important leadership skills that academic library leaders must possess in order to meet these challenges?

(1) Vision

- Be a visionary
- Be a person of vision—that means constantly scanning the environment, analyzing and interpreting it and developing a vision that sets a clear direction for the library
- Strategic action(as oppose to planning)
- Understanding of the library and university environment and ability to articulate a vision based on them
- Persuading and guiding others to a strategic vision and the goals and objectives to work toward that vision

(2) Management skills

- Management—The library is a diverse organization that needs good management skills (personnel management, budgeting, time management, planning, etc.), something lacking in a lot of library "leaders"
- Grasp business concepts and practices and know how to use the most successful techniques to improve the library experience
- Make difficult decisions on core mission and priorities within the library even those decisions may be perceived to affect in a negative way, and possibly, at first, what library stands for as an organization
- Presence—Being the person who is the face of the library on campus. Also the person who shares this role with other library staff. This also means being a presence within the library; management by walking around is still very effective
- Monitor the trends and predict impact on the library

(3) Integrity

- Honesty—Including the willingness to share information, transparency
- Trust—People need to know that you are treating people fairly and that they can count on you

- Being a thought-leader with staff, colleagues, and patrons
- Integrity / honesty / trustworthiness / authenticity—people within the library and externally have to know they can trust and rely on what the leader says and does
- Remember the fiduciary responsibility the library leader has to the university for the stewardship of financial, human, and tangible(facilities and collections) resources

(4) Collaboration

- Collaboration
- Understand how to build collaborative relationships to leverage institutional resources to advance the library
- Ability to seek out partners and to collaborate
- Team building—internal and external collaboration
- A consultative approach, including the ability to work well with others

(5) Communication skills

- Communication skills(oral and written)
- Be a good listener
- Listen more and talk less
- Good listener and willing to accept criticism
- Good negotiation skills

5.3 Research question 3

What are the top five best ways to develop these leadership skills?

(1) Mentorship

- Being mentored by other leaders
- Find a mentor who has the skills you seek
- Talk to other leaders, engage in discussion and learn from them
- Observe leaders who you feel are particularly effective, either in the library or elsewhere
- Identify what characteristics make this person an effective leader and assess yourself for those characteristics

(2) Professional development

- Focus on learning how to be a better leader—does not assume he or she already knows all there is but seeks to constantly improve
- Participate in leadership development programs(UCLA, ACRL / Harvard, EDUCAUSE, etc.)
- Pursue other advanced degrees(M.B.A, ED.D, PH.D)
- Webinars, conference sessions, etc.,—learn about a variety of techniques and pick those that work best for you
- Be a student of the leadership literature—always be seeking out new ideas and practices for better leadership

(3) Apprenticeship

- Experience—I think experience as a librarian is useful to those who are inclined to be leaders. Working in more than one institution(and more than one type of institution—college versus university) can help broaden one vision and perspective
- Experimenting—This is something not done enough; we prefer studies instead of just jumping in sometimes
- Practice "mindful leadership" by being focused and thoughtful—avoid rushed solutions as much as possible, is consultative and seek to empower staff(focus on building trust, self-awareness, emotional intelligence, etc.)

- Get out of your comfort zone
- Practice—The more I have tò deal with difficult questions involving human resources, budget, strategic planning, etc., the better I think I'm getting. It's a never-ending process, through

(4) Leadership roles

- Seek leadership roles, especially on campus
- Be active in professional organizations
- Pursue leadership roles within the library for internal projects or initiatives while still in relative junior position within the organization. Always commit full attention to the project and complete it as best you can. It will be a great learning experience and will bring recognition for your leadership skills
- Look for opportunities to lead in professional organizations
- Service to the college in form of committee work or assisting student group can provide experience and different perspective

(5) Self-awareness

- Develop a personal mission and value statement as well as a clear sense of WHY
- Self-awareness and reflection
- Share your thoughts with colleagues and supervisors, assess how those ideas and thoughts are received, and determine if you need to modify or change your manner of presenting yourself
- Consult experts(e.g., management coach)
- Submit to a 360 leadership evaluation to get honest feedback from staff on the quality of leadership

6 Analyses

In responding to question 1, the top five major challenges facing academic library leadership in the digital age, according to the majority of the participants, were the need ① to prove the relevancy of the library to the university community ② to operate the library efficiently under tight or shrinking library budget, ③ to keep librarians trained and staff current with communication technologies, ④ to strike a balance between developing digital resources while stewarding print materials, and ⑤ to repurpose outdated library physical facilities to accommodate new library digital resources and services. These are formidable challenges. However, among these five major challenges, the two most often mentioned challenges were the decline of budget and the changing and potentially diminishing roles of academic libraries. On the library funding issue, for example, one participant stated that, "Money—Nothing new here but as costs keep rising my budget remains flat." According to the majority of the participants, there is a multiplicity of factors contributing to this phenomenon including decrease in state funding, costs of new digital resources and services (e. g., databases, on-line reference, patron-driven acquisitions, information infrastructures), and salaries and benefits. In fact, it is not unusual that salaries and benefits occupy a lion share of the library budget.

The other major challenge is centered on the changing roles of academic libraries in this environment. In fact, many participants wondered about the new and evolving roles of academic libraries. One participant stated,

> How do we proceed (from here)? What should our priorities be? Do we keep our print collections, or how much do we keep, how much do we store, how many copies need to be retained within an ILL(interlibrary loan) group? How do we provide instruction services—do we go with the "embedded" model, and if so, how will we provide funding for that? Do we still need librarians at the reference desk, or can we eliminate that traditional model?

The same participant continued,

> What's the librarian's role? Do we take on more of a teaching role, try to work more closely

with faculty in providing library instruction and information literacy? Do we try to offer credit instruction? Are we becoming more a provider of services and less a provider of materials than we were in the past? Many questions, no clear path.

Others participants believed that academic libraries need to radically reinvent themselves by embracing new roles and responsibilities. For centuries, the library was viewed as the "heart" of the university; today, it seems, the library is wherever and whenever the Internet is or is available. To prove the need for its existence academic library leaders must convey, as one participant put it, "to the university administration the changing yet important role the library and librarians have in advancing learning and research at the university." First and foremost, the library must demonstrate to the campus community the linkage between the library and the students' learning outcomes and faculty's research productivity and teaching. Furthermore, according to another participant, academic library leaders must "work with academic administrators to position the institution for a more competitive higher education landscape." In particular, according to the same participant, academic library leaders must "position the library in a campus leadership role to shift the institutional culture in areas such as scholarly communications, learning, etc." The areas where academic library leadership can play important and influential roles include data repository, digital publishing("libraries as publishers"), open access, copyrights, inter-institutional collaborative partnerships, rapid dissemination of new knowledge, etc. In particular, many of these participants also believed that academic libraries must form closer working relationships with faculty in the production and dissemination of new knowledge. While some academic library leaders embraced the library's new roles; many other academic library leaders found the library's changing roles incredibly challenging. For example, one participant pointed out that one of the top five challenges facing academic library leadership in the digital age is to create "an organization that embraces continuous change." It is a major challenge because many people simply do not like change. As Riggs(2001) pointed out that, "Human nature appears to resist change and prefers to continue functioning in established patterns"(p.9).

In responding to question 2, the top five most important leadership attributes needed for leading academic libraries in the digital age are as follows: vision, integrity / honesty, collaboration, management skills, and communication skills. Among these, the two most often mentioned leadership attributes were vision and integrity, as they have been regularly discussed as essential leadership attributes in the leadership literature(e.g., Bennis, 1989; Nanus, 1992; Riggs, 1998). One participant, for example, responded to this question by simply stated, "Be a visionary." Similarly, another participant stated that, "Be a person of vision—that means constantly scanning the environment, analyzing and interpreting it and develop a vision that sets a clear direction for the library." On the integrity attribute, one participant stated that, "Integrity/ honesty / trustworthiness / authenticity—people within the library and externally have to know they can trust and rely on what the leader says and does." In particular, one participant stated, "Remember the fiduciary responsibility the library leader has to the university for the stewardship of financial, human, and tangible (facilities and collections) resources." It is worthwhile to point out that moral leadership is nothing new. Burns(1979) wrote that, "Long before today's call for moral leadership and 'profiles in courage,' Confucian thinkers were examining the concept of leadership in moral teaching and by example"(Burns, 1979, p.3).

Participants also pointed out the importance of excellent communication skills and collaborative skills, as often mentioned as important leadership attributes in the leadership literature(e.g., Riggs, 1998). However, what is quite interesting is that the participants particularly emphasized the importance of management skills as one major aspect of leadership. It is because, according to one participant that, "The library is diverse organization that needs good management skills, something lacking in a lot of library 'leaders'." Specifically, academic library leaders, according to another participant, should "grasp business concepts and practices and know how to use the most successful techniques to improve the library experience." Similarly, another participant discussed another important management attribute by stating that,

> Presence—Being the person who is the face of the library on campus ... Also the person who shares this role with other library staff. This also means being present within the library; management by walking around is still very effective.

Management skills include staff development, personnel management, budgeting skill, team building, time management skill, etc. Interestingly, in the leadership literature one rarely finds any discussion on management skills. It is because management and leadership are different(Bennis & Goldsmith, 2003). According to the results of this study, to be an effective academic library leader one must possess both excellent leadership and management skills.

In responding to question 3, the top five best ways to develop these academic leadership skills are as follows: attending leadership development programs, seeking mentors, utilizing self-assessment (self-awareness), taking on leadership roles in professional organizations, and gaining practical academic library leadership experience. The majority of the participants mentioned mentorship and self-assessment(knowing your strengths and weaknesses) are essential leadership attributes, but they did not delve these two attributes in great depth. Perhaps, these two attributes have been amply explored in great depth in the leadership literature(e.g., Arnold, Nickel & Williams, 2008; Kirkland, 1997; Sheldon, 1992). For example, on the mentorship attribute, Sheldon(1992) stated that, "It is significant that all but two of the sixty leaders had mentors and/role models to help shape their careers"(p.400). The participants, however, provided greater details in the following leadership attributes: attending leadership development programs, taking on leadership roles in professional organizations, and gaining practical academic library leadership experience. In the area of attending professional leadership development programs, the majority of the participants believed that attending library leadership institutes such as ACRL Harvard Leadership Institute for Academic Librarians, ALA Emerging Leaders Program, ARL Leadership Fellows Program, ARL Leadership & Career Development Program, Leading Change Institute(formerly Frye Leadership Institute), UCLA Senior Fellows Program, and EDUCAUSE is one of the best ways to acquire academic library leadership skills. In addition, many participants also suggested that aspiring and new academic library leaders should also attend leadership development programs either in person or on-line(webinars) provided by organizations such as ALA, SLA, LLAMA, or by academic institutions. One participant, for example, pointed out that, "Webinars, conference sessions, etc., —learn about a variety of techniques and pick those that work best for you." Many of the participants also pointed out that reading the leadership literature is another important aspect for furthering leadership skills. One participant stated that, "Being a student of leadership literature—always be seeking out new ideas and practices for better leadership."

Unsurprisingly, many of the participants mentioned that one of the skills needed for academic library leadership is practical academic library leadership experience. Besides attending professional library leadership development programs and earning advanced degrees(e.g., M.B.A, Ph. D), aspiring academic library leaders must gain practical academic library leadership skills. One participant stated that, "Experimenting—This is something not done enough; we prefer studies instead of jumping in sometimes." Another participant stated, "Practice—The more I have to deal with difficult questions involving human resources, budget, strategic planning, etc., the better I think I'm getting at. It is a never-ending process, though." The participants suggested that in order to gain practical academic library leadership experience aspiring academic leaders may begin by seeking leadership roles with limited responsibilities and/or in small units. One participant stated,

> Assume leadership roles within the library for internal projects or initiatives while still in relative junior position within the organization. Always commit full attention to the project and

compete as best you can. It will be a great learning experience and will bring recognition for your leadership skills.

Similarly, another participant stated that, "Service to the college in form of committee work or assisting student group can provide experience and difference perspective." Gradually, they should seek leadership positions and/or assignments with greater responsibilities or challenges, and ultimately in larger units. In addition, the participants also mentioned that that aspiring academic library leaders need to acquire diverse leadership experience. Besides working in different types of libraries and institutions, the participants also suggested that aspiring academic library leaders need to gain leadership experience from outside the library field(e.g., business, sales, technology). As one participant stated that "libraries are diverse organizations" and in order to manage them effectively library leaders must possess diverse leadership and management experience.

Another way of acquiring leadership experience is to be active in professional organizations. Specifically, as one participant pointed out that aspiring academic library leaders should "look for opportunities to lead in professional organizations." The participants pointed out that organizations such as ALA, ACRL, and LLAMA provide ample opportunities for aspiring as well as new library leaders to acquire leadership experience by taking on leadership roles such as committee chair, task force chair, section chair, and division chair.

7 Conclusion

The academic library world is at a critical juncture. In fact, it is facing an existential crisis. Its very existence is being threatened a multiplicity of challenges such as shrinking budget, public disdain for higher education, outdated physical library facilitates, high costs of material resources (e. g., databases, communication technologies) and staffing, etc. Furthermore, a large number of academic library leaders(baby boomers) will retire over a short period of time, whose experience and knowledge will be lost. At the same time, "the pool of those capable taking over may not be adequate." Above all, it is the digital revolution which has, on the one hand, brought incredible benefits to humankind, on the other hand, also taken away and/or significantly altered many of the essential roles of academic libraries. To boldly shape, redefine, reinvent, and offer alternative roles for academic libraries extraordinary academic library leaders—the people who possess vision, high sense of purpose, honesty and integrity, collaborative spirit, communication skills, and management skills—need to be developed. And despite what James MacGregor Burns had written that, "There is, in short, no school of leadership, intellectual or practical"(1979, p.2), many of these leadership attributes can be developed or acquired though professional development, advanced studies, mentorship, self-awareness and reflection, taking on leadership roles in learned and professional societies, and apprenticeship.

References

[1] Ammon-Stephens, S., Cole, H., Jenkins-Gibbs, K., Riehe, C. F., & Weare, W. H. (2009). Developing core leadership competencies for the library profession. *Library Leadership & Management* 23(2), pp.63—74.

[2] Arnold, J., Nickel, T. J., & Williams, L. (2008). Creating the next generation of library leaders. *New Library World*, 109(9/10), pp.444—456.

[3] Bennis, W. (1989). *On becoming a leader*. Boston, MA: Addison Wesley.

[4] Bennis, W., & Goldsmith, J. (2003). *Learning to lead: A workbook on becoming a leader*. New York, NY: Basic Books.

[5] Bennis, W., & Nanus, B. (1997). *Leaders: The strategies for taking charge*. New York, NY: Harper & Row.

[6] Branin, J. (2012). Library leadership. *College and Research Libraries*, 73(2), pp.113—114.

[7] Burns, M. J. (1979). *Leadership*. New York, NY: Harper & Row.

[8] Covey, S.R. (2004). *The 8th habit: From effectiveness to greatness*. New York, NY: Free Press.

[9] De Boer, A., Bothma, J. D. T., & Olwagen, J. (2012). Library leadership: Innovative option for designing training

programs to build leadership competencies in the digital age. *South African Journal of Library and Information Science*, 78(2), pp.88—101.

[10] Euster, J. R.(1988). *The Academic library director: Management activities and effectiveness*. New York, NY: Greenwood.

[11] Goleman, D.(2004). What makes a leader? *Harvard Business Review*, 82, pp.82—91.

[12] Hellriegel, D., & Slocum, J.W.(1992). *Management*(6th ed.) Reading, MA: Addison-Wesley.

[13] Hendrix, J. C.(2010). *Checking out the future: Perspectives from the library community on information technology and 21st-century libraries*. Washington, DC: American Library Association, The Office for Information Technology Policy.

[14] Hernon, P., & Rossier, N.(2006). Emotional intelligence: Which traits are most prized? *College & Research Libraries*, 260—275.

[15] Hernon, P., Powell, R. R., & Young, A. P.(2003). *The Next library leadership: Attributes of academic and public library directors*. Westport, CT: Libraries Unlimited.

[16] Hernon, P., Powell, R.R., & Young, A.P.(2001). University library directors in the Association of Research Libraries: The next generation(part 1). *College and Research Libraries*, pp.116—45.

[17] Hernon, P., Powell, R. R., & Young, A. P.(2001). University library directors in the Association of Research Libraries: The next generation(part 2). *College and Research Libraries*, pp.73—90.

[18] Kirkland, J.(1997). The missing women library directors: Deprivation versus mentoring. *College & Research Libraries*, 58(4), pp.376—384.

[19] Kouzes, J.M., & Posner, B. Z.(2007). *The leadership challenge*. San Francisco, CA: Josey-Bass.

[20] Kouzes, J.M., & Posner, B.Z.(2003). *The five practices of exemplary leadership*. New York, NY: Josey-Bass.

[21] Maxwell, J.C.(1999). *The 21 indispensible qualities of a leader: Becoming the person that people will want to follow*. Nashville, TN: Thomas Nelson Publisher.

[22] Mason, F.M., & Wetherbee, L.V.(2004). Learning to lead: An analysis of current training programs for library leadership. *Library Trends*, 53(1), pp.187—217.

[23] Mech, T.F., & McCabe, G.B.(1998). *Leadership and academic librarians*. Westport, CT: Greenwood.

[24] Nanus, B.(1992). *Visionary leadership: Creating a compelling sense of direction for your organization*. San Francisco, CA: Josey-Bass.

[25] Riggs, R.D.(1998). Visionary leadership. In T.F. Mech & McCabe, G.B.(Eds.). *Leadership and academic librarians* (pp.55—65). Westport, CT: Greenwood.

[26] Riggs, R. D.(1998). *Library communication: The language of leadership*. Chicago, IL: American Library Association.

[27] Riggs, D.E.(2001). *The crisis and opportunities in library leadership. In Winston, M.D.(Ed.). Leadership in the library and information science profession: Theories and practice*(pp.5—17). New York, NY: Haworth.

[28] Rosen, R., Digh, P., Singer, M., & Phillips, C.(2000). *Global literacies: Lessons on business leadership and national cultures*. New York, NY: Simon & Schuster.

[29] Schreiber, B., & Shannom, J.(2001). Developing library leaders for the 21st Century. *Journof Library Administration*, 32(3/4), pp.35—57.

[30] Sheldon, B. E.(1991). *Leaders in libraries: Styles and strategies for success*. Chicago, IL: American Library Association.

[31] Sheldon, B. E.(1992). Library leaders: Attributes compared to corporate leaders. *Library Trends*, 40(8), pp.391—401.

[32] Staley, D.F., &Malenfant.(2010). *Futures thinking for academic librarians: Higher education in 2025*. Chicago, IL: Association of College and Research Libraries.

[33] Stueart, R.D., & Sullivan, M.(2010). *Developing library leaders: A how-to-do-it manual for coaching, team building and mentoring library staff*. New York, NY: Neal-Schuman Publishers, Inc.

[34] Young, A.P., Hernon, P., & Powell, R.R.(2006). Attributes of academic library leadership: An exploratory study of some gen-xers. *Journal of Academic Librarianship*, 32(5) pp.489—502.

引入循证理念的研究生文献检索课学术素养培养研究方法探讨

李仁德　王细荣

（上海理工大学图书馆）

摘要　以学术研究为主要任务的研究生(尤其是学术型研究生)读者而言,在当今新型研究方式不断涌现、学术研究普遍E化的时代,文献检索课仅仅局限于信息素养教育是远不够的,还必须注重对他们进行学术素养的培养。通过引入循证实践的理念,将可获得的最佳证据、研究生的需要和教师的经验有机地结合起来,借鉴循证研究的基本框架,对文检课与研究生学术素养的研究方式提出了重构。探索文献检索课促进研究生学术素养培养的新思路。

关键词　循证　文献检索课　学术素养

Evidence-Based Method for Cultivating Postgraduate Academic Literacy in Literature Retrieval Course

Li Rende & Wang Xirong

(Library, University of Shanghai for Science and Technology, China)

Abstract　To postgraduate students, The main task is academic research. Besides the training of information literacy which is normally provided by literature retrieval course, it also must focus on academic literacy training. By introducing the concept of evidence-based practice, new method is proposed for cultivating postgraduate academic literacy in literature retrieval course which contain the best evidence, needs of undergraduate students and teachers' experience.

Keywords　Evidence-based　Literature Retrieval Course　Academic Literacy

1　引言

文献信息检索课(简称"文检课")是教育部要求图书馆承担的唯一课程,是《普通高等学校图书馆规程(修订)》(教高〔2002〕3号)规定图书馆教学职能的重要体现,其目的主要是对读者廾展信息素质教育,培养读者的信息意识和获取、利用文献主动服务型大学图书馆的构建信息的能力。然而,对以学术研究为主要任务的研究生(尤其是学术型研究生)读者而言,在当今新型研究方式不断涌现、学术研究普遍E化的时代,文检课仅仅局限于信息素养教育是远不够的,还必须注重对他们进行学术素养的培养。

根据笔者的调查分析,目前国外对学术素养教育的研究与实践比较多,不过关注点大都在大研究生的读写和思维能力,专门针对研究生学术素养的培育不多。如,2006年Lea和Street提出一种学术素养模型由三个重叠的理论观点:学习技巧、学术社会化、学术素养;美国研究型大学图书馆推出的"图书馆本科生科研奖"项目(如杜克大学为本科生开展科研提供专门的培训服务),在促进大研究生信息素养的同时,也提升了本科生的学术研究能力。

国内对学术素养教育研究有所涉猎,但针对文检课的学术素养教育和研究生的学术素养教育的文献不多。研究的内容以世界观为主,倡导树立远大的共产主义理想和坚定的社会主义信念,树立马克思主义的历史唯物主义立场,实事求是、勇于揭开事物的本来面目,探求现象隐藏下的本质,不断探求真理;挖掘研究生学术培养的内涵,如无畏的精神、独立的意识、批判的思维、热爱的情感,通过"内修"(勤学、好问、善思、多写、常改),外养(编辑、导师、读者、网络系统、社会风气)等因素培养文科研究生的学术素养。批判研究生学术失范问题,从学术规范体系和评估机制、基本学术规范教育严重缺失、学术论文指导功能弱化、研究生学术自律和规范意识淡薄等角度,分析和提出研究生素养培养迫切需要提高的地方。从规范基本的学术论文撰写规范、投稿中存在的问题等角度,提出改善的策略。

以上的研究都是从定性的角度出发,探讨学术素养的重要性以及提高的方法,而在教育实践的过程中,这些方法究竟起到了怎样的作用?效果的大小如何?是否显著地提高了研究生的学术水平?是否规范了研究生论文的写作?诸如这些问题,都是文献检索课程需要关注和对比的问题。笔者经检索后,仅见黎莉等在医学研究生学术素养及学术规范情况调查中,看到了量化的评价研究,对研究生学术道德意识状况、学术规范知晓情况、学术道德和规范的主体认知与评价等指标进行考察,找出影响研究生优良学风养成以及学术道德缺失的主要影响因素。

2 循证理念的引入

对学术素养培养的规范性研究,学者们已经提出了很多切实的观点。但是,作为社会科学和教育科学,需要有一套科学的方法来对这些观点进行评估,通过量化的方法,更有效地对研究生的学术素养提高,进行有效的评估。目前,大多数研究思辨性较强,而支持数据较少,比如通过某种教学方法,可以对研究生的投稿命中率提高多少个百分点;经过课程学习,学术不端行为是否会减少;采用上机实验,对研究生数据库检索效率提高了多少;文件课程中对研究生帮助最大的部分是什么……虽然过去的研究有一定的理论指导作用,但是实践的角度,对文检课的效果进行评价较少,测量课程的内容是否对学术素养究竟对学术素养有多大的帮助,是一项急需解决的问题。这里我们将引入循证医学的方法论,对这一问题进行探讨,以期未来能够将这种新的研究模式,借鉴到文检课的研究中来。

循证理念(evidence-based philosophy)源自为适应医疗、卫生、保健领域变革而于 20 世纪 90 年代兴起的循证医学(Evidence-Based Medicine),特指遵循科学客观研究证据的观念。其核心是基于证据的决策思想,即循证决策,并强调循证决策对实际工作的指导意义。循证决策是将最好的、可获得的证据与最迫切的、最实际的需求结合起来为用户提供科学、有效的决策服务。它包括三个基本要素:最佳的研究证据(the best research evidence)、临床专业技能(the clinical expertise)、患者的价值(the patient values)。最佳证据,主要指来自临床、基础的研究,尤其是以患者为中。心的临床研究,包括三个方面:准确的诊断性临床试验研究(包括临床检查),预后指标的力度研究,治疗、康复、预防措施的有效性和安全性研究。临床研究获得的更准确、更有效和更安全的新证据随时可以更新。临床专业技能是指临床医生应用临床技能和经验,迅速鉴定患者特殊状况的诊断、测试能力。它要求临床医生能够综合考虑患者的个体特点、各种检查结果和对潜在治疗措施的影响,结合患者的价值和期望来制定治疗方案。患者的价值主要是指临床医生为患者服务时,必须在其临床决策中考虑每个患者求医过程中的特殊要求和期望。综合以上三个基本要素,才能制定出一个较为理想的循证决策。

在文检课的研究中,循证理念的应用应当表现在:科学证据源于学者对学术素养培养的基本方式和方法,但是,由于缺乏定量的数据,目前仅能获得一些典型的案例;专业人员即授课教师,就有必要在课程实践中,收集相关证据,结合教学经验,实施有针对性的教学内容,评价其效果;用户参与则需要研究生的互动与配合,将教学结合研究生现实需要。如何将三者有机的融合,是循证研究需要解决的问题。目前对授课教师以及研究生需求的研究较为普遍,而对科学证据的收集、评估与应用相对较少。

3 基于循证理念的文检课评价研究思路

在循证医学中,循证证据的定义为:"慎重、准确和明智地应用目前可获取的最佳研究证据,同时结合临床医师个人的专业技能和长期临床经验,考虑患者的价值观和意愿,完美地将三者结合在一起,制定出具体的治疗方案"。科研结果是一个重要的证据,将这个结论与医生的临床经验以及病人的需求相结合,制定出个性化的决策方案,选择有效的治疗措施,才能对病人实施高质量的治疗。最佳证据主要来源于设计合理、方法严谨的临床随机对照试验(RCT)研究,及对这些研究所做的荟萃分析(Meta analysis)和系统评价(Systematic review)。应用这些证据指导临床医疗实践,将会取得更好的临床效果。

目前,就文检课而言,缺乏相关的研究证据,尤其量化研究较少,问卷调查也数量不多,较难采集到历史数据进行对比,这也是本文希望引入的一个内容,即研究者应当更多采用循证、实证、实验等手段,对课程的效果、研究生学习的效果、教学后文献利用的效果等内容进行对照分析,尤其引入新的教学方法后,是否研究生在某些学术素养方面有了一定或显著的提高,用数据说话。积累一定的循证案例,以促进未来的研究。

循证的研究可以借鉴循证医学结合临床经验与最好证据对患者进行处理的过程,一般过程包括有提出问题、收集证据、评价证据、应用最佳证据指导决策以及在实践中不断提高等5个步骤。

(1) 提出问题

医学循证的第一步,首先是提出问题。检索证据的前提是提出问题,从病人存在的问题提出临床要解决的问题,弄清问题的疑难、重要、发展和提高等方面的属性。一个理想的临床问题应包括下列几个要素:患者或人群、干预措施或暴露因素、结局与对比。应用到循证图书馆的研究中,实践者根据实践对象的表现,通过观察、问卷、量表、访谈等技术手段尽可能全面地收集信息,追寻问题的最终根源,认清问题的本质,并以简洁的"疑问句"形式提出来。

文检课的循证研究,也必须提出具体问题:针对学术素养培养的某个方面,提出改善的方案。通过文献检索,了解已有的教学方法,从已有的经验中,找到适合研究生教学的方法。临床医学要求的是治愈病人,文检课的教学要是是教会研究生,教学的基本环节同循证医学一样,也需要熟悉研究生对文献信息的需要以及在学术过程上存在的问题。针对过去研究中发现的问题,结合搜集到的教学方法以及教师的个人经验,才能便于在后续的教学实践中验证已有的方法或提出新的方案。

(2) 收集证据

通过期刊检索系统和电子检索系统等方式来获得有关证据,也就是收集有关问题的资料。收集研究证据是循证医学实践一个不可缺少的重要组成部分,其目的是通过系统检索最全面地得到证据,为循证医学实践搜寻获取最佳证据。目前有大量可供医学研究证据查询的来源,包括各种数据库以及公开发表的资料。从这些文献中找出与拟弄清的临床问题关系密切的资料,作分析评价用循证医学的证据来源主要是随机对照试验或一些流行病学调查研究以及综合性分析的结果等。

根据对已有文献的检索,我们发现,对文检课的研究方法目前主要是已经验为主,循证医学中随机对照试验方法鲜有使用,社会统计方法也使用较少,对于不同教学方法的研究,没有进行相关的对照,使得后继的研究者很难评价其具体的实践效果。如果能够加入量化的对比实验,可以更有效的评估收集到的证据,更科学的对教学成果进行评价。

(3) 评价证据

即评价这些资料的真实性(Validity)、可靠性(Reliability)和实用性(Applicability)。循证医学对证据评价的要求是:在明确研究对象的纳入条件和排除条件的前提下,要求有大样本(足够的样本),随机化分组,齐同条件下对照,遵循盲法原则进行研究的结果。评价文章时主要从①研究结果是否正确? ②结果是什么? ③这些结果对应用有帮助吗? 在评价文章时首先要确立问题,再评定该证据的质量,如果质量好的或者可以认为是最佳证据的,那么就是考虑测定其结果作用范围,是否符合当前面临的问题,最后考虑干预措施可能的结果或不良反应等。

循证医学对于证据的评估可以分为:研究方法的评估、文献综述和系统评价、成本效益评价和证据分级等几个方面。①研究方法的评估。结果是否可靠,研究方法起到很大作用,不同设计的研究方法其存在的偏倚差别不一,直接影响到它们对干预效果的评价。目前认为,严格的随机对照研究可以减少偏倚并增加可比性,使得结果差异更加可靠。如果加以对病人、研究者和结果评估人员采取盲法原则,研究结果的可靠性更高。②文献综述和系统评价。文献综述和系统评价均是对原始文献的分析总结和评价,文献综述常常涉及某一问题的多方面如病因、诊断方法及预防、治疗、康复措施等,有助于了解某一疾病的全貌,但对原始文献的评价方法不统计,多采用定性的方法;而系统评价则常集中在研究某一具体临床问题的某一方面,如治疗或康复,具有相当的深度,有助于某一具体疾病的诊治,对原始文献有严格的评价方法,多采用定量方法。③成本效益评价。治疗的成本及其对生存和生活质量的影响不同,每种治疗或干预措施需要各自的界限值。当有可靠的资料(证据)时,界限值可以以成本效益比的形式来表达,确定每一单位或个体获得效益所需的最大成本,NNT(number need to treat)低于该值就认为可以值得常规应用。④按照循证医学对证据要求和评价的不同,可以把证据可靠性、实用性的不同,从高到低可以分为五个等级:一级,大样本特定病种的系统随机对照试验;二级,足够样本单项随机对照试验;三级,非随机对照的临床观察;四级,无对照病例系列观察;五级,专家个人经验。目前对已有的文献检索课的学术素养培养研究,仅能建立四级和五级证据。

(4) 应用最佳证据指导临床决策

找到了科学证据,实践者可以按照证据所提供的解决方案进行实践。在实践过程中,实践者要时刻紧盯所要解决的问题,监控实践过程的进展,并依据实际情况随时调整、修正自己的实践计划。可以通过自评(self-reflection)、同行评议(peer assessment)、评审(audit)等方式监测临床证据的实施效果。

文检课的教学中,学术素养的培养并不是像临床医学这样能够看到显著的疗效,因此更需要对教学方法进行评价,将能够指导实践的证据应用到教学环节,根据研究生的反馈信息,完善有效的方法,修正低效的方法,在实践中检验真知。文检课中要考虑到研究生的年级、性别、年龄、信息素养、教育经历等方面的差别,再根据循证的证据,因材施教,结合文检课教师的实践检验以及研究生的实际意愿,制定学术素养培养的可行方案。这里,我们强调应该在教学前对研究生的需求和教学后的效果评价信息进行收集反馈,可以通过焦点小组访谈、观察法、实验法、问卷调查等手段,对结合最佳证据后应用的教学方法量化评价。

(5) 在实践中不断提高

评价结果为最好证据则可结合临床经验与患者个体情况进行应用,作出临床治疗决策,并对应用效果进行评估。如评价结果不理想,则应进行再检索。通过实践,提高临床学术水平和医疗质量:通过第四步实践,对成功或不成功的经验和教训,临床医生应进行具体分析和评价,达到提高认识,促进学术水平和医疗质量的提高,此为自身进行继续教育的过程。

教学相长——教学是教与学的交往、互动,师生双方相互交流、相互沟通、相互启发、相互补充,在这个过程中教师与研究生彼此间进行情感交流,从而达到共识、共享、共进,实现教学相长与共同发展。循证的最佳证据是结合了前人的经验,教学老师的个人经验以及研究生的学习效果的一项综合证据。这些证据如何通过科学的检验,为更多的研究者所用,需要对研究生的学术素养跟踪评价,这是一个社会化的实验,是一个长期循环往复的过程,这就要求教师既要在教学过程中了解研究生的需要,又要在教学结束后评估过去的教学方法和跟踪研究生的学术素养规范,取其精华、去其糟粕,才能有所提高。

4 探讨

循证方法的引入,注重科学的研究方法,在研究生学术培养的进程中,文检课的授课应当结合量化的循证研究,在教学中注重互动与反馈,形成一套有效的教学体系。

(1) 充实循证实践的案例库,建立可靠性、实用性更高的循证研究证据

结合教师的经验、课程基本理论与方法,研究生的学术素养需要,三者结合得到最佳的教学效果才能得到最好的循证证据。目前的研究主要来自于无对照的系列观察以及专家个人经验,大样本系统随机对照试验、足够样本单项随机对照试验以及非随机的对照观察研究数量较少。对研究生需求和教学评价,采用的一般是一个时点的截面数据,考察相对孤立。循证实践要求以发展的眼光评价证据,用实践来检验教学的效果,因此,需要采用更可靠、更科学的证据,来支持教学方法的改进与提高。

(2) 采用随机对照试验(RCT)对文检课学术素养培养的效果进行研究

随机对照试验的基本方法是,将研究对象随机分组,对不同组实施不同的干预,以对照效果的不同,通过完全随机设计、随机区组设计、协变量自适应随机等方法,对干预的效果进行评价。在 RCT 中,由实验可操纵改变的因素或条件,即实验的研究因素,作为自变量,研究实验中由自变量的变化而引起的实验结果和变化,即因变量的变化,避免了各实验组中的结果差异是由无关变量引起的干扰。随机对照试验是目前评估医学干预措施效果最严谨、最可靠的科学方法,也是本文希望提倡应用到文检课教学评价中的一种量化研究方法。通过 RCT 研究,能够更精细化研究学术素养培养过程中的教学手段效果、研究生学习效果及对比。

(3) 对研究生的学术素养进行跟踪评价

循证研究的对象是研究生,所有证据的采集、实践应用、评价反馈都是落实在如何提高研究生的学术素养,即要关注事前、事中、事后研究生的学习效果。比如,学者研究关注于研究生学术不端行为的预防和发生,这也是文检课学术素养教育亟须解决的一个问题,除了在课上引导和规范研究生的学术行为,在注重事前防范的基础上,也要关注事后的学术行为动向,以评估教学方式是否有效的改善的研究生的学术行为,从而在日后的教学中,有的放矢地改进教学方法。

循证研究是一个循环的过程,在研究的过程中,不断完善文检课的教学体系,使其更适合研究生学术素养的培养需要。在这一过程中,应当采用科学的方法和实践的评价,是从具体问题出发,以实践为主,通过整

合证据,把多种研究证据纳入实践视野,再结合实践者个人经验与相关理论,整合成一次可操作的框架体系。因此,可以将循证研究所为研究生文献检索课学术素养培养研究的有效方法。

参考文献

[1] 刘国荣.文科研究生学术素养养成的基本途径[J]. 延安大学学报(社会科学版),2009, 02:113—116.

[2] 王琳博.文科研究生学术素养的内涵、要素及培养[J].长春大学学报,2013, 06:741—743.

[3] 常凌翀.研究生学术失范与防范研究[J]. 教育探究,2008, 01:53—56.

[4] 王清刚.培育良好的学术价值观,撰写规范的学术论文——兼论学术型硕士研究生科研素养的提升[J].中南财经政法大学研究生学报,2013, 04:8—12.

[5] 张京梅.浅谈研究生学术素养——从研究生投稿存在的问题说起[J]. 西北民族大学学报(哲学社会科学版),2008, 04:128—130.

[6] 黎莉,何沐蓉,谭晓雪,王婉君,邢方敏,李小燕. 医学研究生学术素养及学术规范情况调查[J]. 中国高等医学教育,2013, 04:45—46.

[7] 英俊岐,胡大一.循证心脏病问答[M].北京市:化学工业出版社, 2005.03.

[8] 谢丽娟,贺达仁,陈焕文等."比较治疗学"与"循证医学"之比较[J].医学与哲学,2006, 27(20):19—21, 24.

本文系 2014 年度上海市教委科研创新人文社科类重点项目:基于循证理念的图书馆用户教育研究——以研究生文检课学术素养培养为中心(14ZS121);浦东新区图书馆学会 2013 年立项课题:以图书馆文献检索课程建设为中心的高校研究生学术素养培养研究(2013CSTX15)研究成果之一。

对一所英国教学医院临床/管理馆员服务影响的评估

Michael Reid

（英国国家医疗服务系统基金会布莱克浦教学医院）

摘要 对临床馆员服务评估问题进行了系统的回顾。至今为止对临床馆员服务影响评估的研究非常有限，由此引发了对布莱克普尔教学医院临床馆员服务影响的评估研究。作者对临床馆员的服务进行了严格的多方法评估，由此也可以了解管理岗位的馆员是如何参与服务的。作者采用了关键事件法，通过问卷和半结构化的访谈进行了数据收集，向每一位利用过临床馆员服务的用户在其接受服务 6 个月后发送在线问卷，6 个月的时间间隔可以将真实的效果与用户预期的效果相区别。针对每一次服务都发送了问卷，6 周之后在 204 个问卷中收到了 84 个答复。在 84 个答复人中随机选取了 5 人进行了半结构化的访谈，此外还对 3 位涉及管理工作的馆员进行了访谈。结果发现临床馆员的服务在 CPD、决策和循证实践方面的影响最为显著，其次是服务开发、病人为中心的护理、高效筹资和风险管控等方面的影响。证据清晰地表明，临床馆员通过对医院广泛目标的贡献而产生显著的影响。这些领域不仅涉及与传统服务相关的 CPD 领域、还包括服务开发、高效筹资与风险管控等方面。关键事件法不仅可以区分实际效果与预期效果，还可以区分与特定结果相关的影响。访谈则揭示了影响评估的复杂性以及每个案例所产生影响的广度和宽度。本文还着重提到了调查问卷与访谈模板的改进。管理馆员在服务过程中也发挥了重要的作用。

Evaluating the Impact of Clinical/Management Librarian Service in a UK Teaching Hospital

Michael Reid

(Blackpool Teaching Hospitals NHS Foundation Trust, UK)

Abstract

Background A systematic review on the evaluation of clinical librarian services concluded there was limited evidence on the impact of clinical librarians (Brettle et al, 2011). This led to an organisational evaluation study assessing the impact of clinical librarian services at Blackpool Teaching Hospital.

Objectives To undertake a rigorous multi-method evaluation study on the impact of a CL service, with a secondary aim of how the management librarian work was evolving

Methods Data collection was by questionnaire and semi-structured interview based on the Critical Incident Technique. A questionnaire was sent to each person who used the CL service via an online survey 6 weeks post use, for a 6 month period. Questionnaire sought to separate actual from perceived impact for specific organisational outcomes. Semi-structured interviews were conducted to triangulate the data received from the questionnaires by independent neighbouring clinical librarian.

Results Survey sent for each incident—after 6 weeks 84/204(usable response rate of 41.2%). Five interviews conducted randomly from the 84 respondents and three further interviews with reference to the management librarian work. Highest impacts found on CPD, decision making and evidence-based practice related outcomes. Less but still significant impact also found for service development, patient centred care, efficiency finance and risk related outcomes.

Conclusions There is clear evidence that a clinical librarian makes an impact by contributing to a wide range of organisational objectives. They include areas traditionally associated with librarian services, e.g. CPD, but impacts were also found in service development and efficiency, finance and risk. Critical Incident Technique was able to distinguish between actual and potential impact as well as specific outcome related impacts. Interviews illustrated the complexities involved in measuring impact, and the wide and varied range of impacts for each case. Improvements to the questionnaire and interview template were also highlighted. The management librarian service aspect has also had a major impact.

1 Background and Introduction

Clinical Librarians(CL) are present in many NHS hospitals and "provide quality assured information to health professionals at the point of need to support clinical decision making"(Hill, 2008), and in the UK tend to follow an outreach model which delivers literature searching and information skils training across hospital Trusts(Brettle et al., 2011). There have been several systematic reviews that have examined the effectiveness of CL(Weightman et al, 2008; Winning & Beverley, 2003) but have found them lacking. There is little evidence to demonstrate the impact the work they do have on patient care(Brettle et al, 2011).

Therefore as part of my performance appraisal and professional development; I undertook a service evaluation of the CL service and the management librarian work I had inherited from a prematurely ended Management Librarian project that only completed 8 of the 18 months it was meant to run; due to the incumbent taking another post in the organisation. This allowed the author to examine the role evidence played in patient care and how the CL service contributed to this.

2 Methods and Objectives

The aim was to undertake a rigorous multi-method evaluation study on the impact of a CL service, with a secondary aim of how the management librarian work was evolving. The objectives were 3 fold:

- To use a framework that ensures consistent and robust data is collected, providing a body of evidence
- To test the use of the Making Alignment a Priority(MAP) Toolkit, to ensure that evaluations meet organisational objectives
- To build an improvement capacity to facilitate CL services

The services provided by a CL are considered a complex intervention made up of a number of elements and wide ranging potential outcomes which are affected by other factors within the organisation. An experimental design to ascertain their effectiveness and impact is inappropriate and would be compromised by a wide range of confounding variables. This study is therefore based on the premise that a CL contributes to a range of outcomes and organisational objectives. A critical incident technique was therefore used to understand and collect data on these contributions and their impact.

A questionnaire survey linked to organisational outcomes was used to collect data on all uses of the CL service over a 6 month period. This was followed by structured interviews with service users from the subsequent 6 month period to triangulate, illustrate, and illuminate the questionnaire findings. In the case of the management librarian work, several case studies evolved from feedback and interviewing managers on what impact the CL work had contributed to their respective needs.

3 Results

There were 204 questionnaires over a 6 month period(all users of the service in this time). Then 5 interviews were conducted with a purposive sample which covered a range of professionals who had used the service in the subsequent 6 month period. Several critical incidents were collected which demonstrated that the CL contributed to a wide range of outcomes. The outcomes were separated into six categories which reflect NHS priorities and objectives:

- Decision-making and evidence based practice
- Patient centred care and health outcomes
- Quality of care
- Service development
- Continuing professional development(CPD)
- Efficiency, financial or risk management

Within each of these categories, data on more specific outcomes were collected. In addition, 3 further interviews were taken with outcomes from management librarian work with the Director of Public Health and the Directorate Manager of Unscheduled Care.

Of the 204 questionnaires sent out in the study, 84 were completed representing a 41.2% return (Figure 1). A breakdown of the respondents to the survey and their profession by percentage is shown(Figure 2).

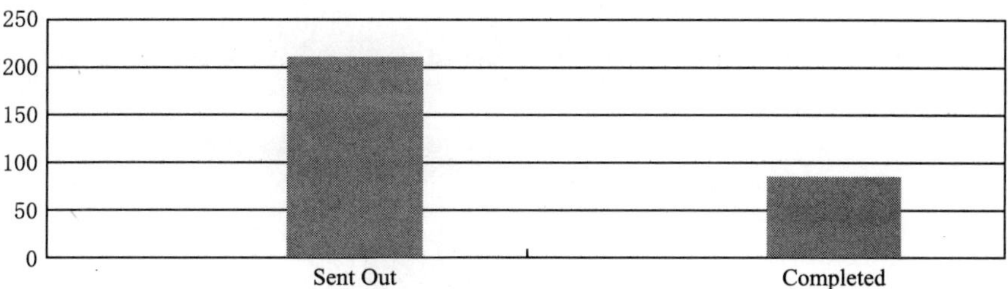

Figure 1 Questionnaire sent out

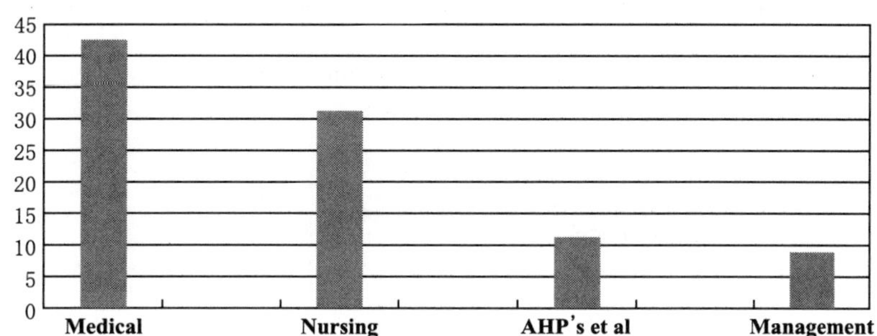

Figure 2 Respondents by percentage

The majority of those surveyed indicated that the information delivered was relevant, useful and saved them time(Figures 3 and 4)

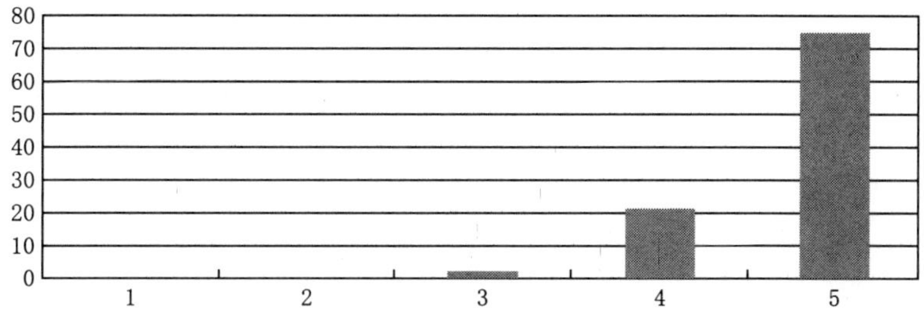

Figure 3 Rate the Information received to relevance to request 1=low 5=very high

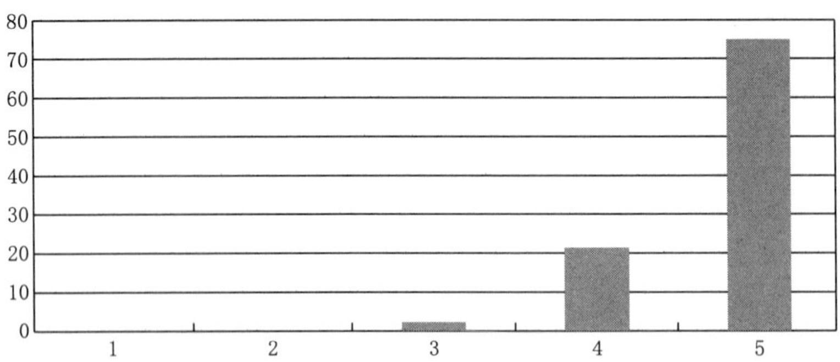

Figure 4 Rate the service for time saved 1=low 5=very high

The 3 most reported impacts with reference to the first outcome of the six categories mentioned earlier, reported as contributing or may contribute in the future can be seen(Figure 5)

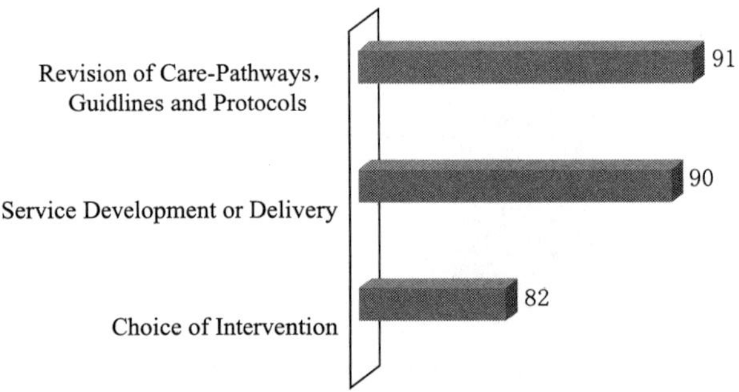

Figure 5 Did the information contribute or may contribute to decision making and evidence based practice by %

The 3 most reported impacts with reference to the fifth outcome of the six categories mentioned earlier, reported as contributing or may contribute in the future can be seen(Figure 6)

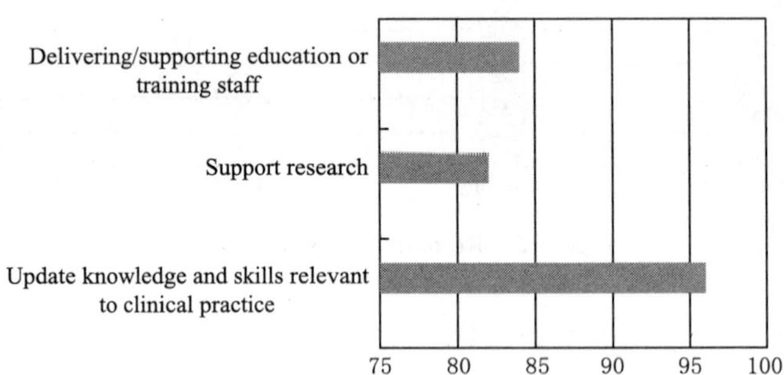

Figure 6 Did the information contribute or may contribute to continuing professional development by %

In line with traditional services provided by NHS library services the majority of which fall within the Continuing Professional Development and the Decision Making and Evidence Based Practice categories of outcomes(Figures 5 and 6). However it is of significant note that based on responses to the question "Did the service provided contribute to ...":

- 41% incidents demonstrated that the CL contribute directly to patient outcomes such as diagnosis and choice of intervention or test
- 32% incidents demonstrated that CLs contribute directly to improvements in quality of life, increased patient involvement in decision making and improved access to patient information

- 32% incidents demonstrated that CLs contribute to cost savings and risk management and more specifically 25% in avoiding tests, referrals and readmissions and 21% in reducing length of stay.

The questionnaires also provided evidence on what outcomes the CL "may contribute to in the future" and the responses to these were even higher, with the interviews suggesting that the reason for this is that much of the information provided will contribute to outcomes over the longer term, e.g.guideline development and clinical pathways and service development(Figure 7).

Figure 7 Did the information contribute or may contribute to service development by %

The interviews from the management librarian aspect of the study showed how the impact of information can be made directly with management projects. The improvement was with projects in Unscheduled Care through the Directorate Manager in 2 areas:—employing Physician Assistants in A & E and AMU and the initiation of the setting up of a Sobering Man Centre(Drunk Tank) in Blackpool with Blackpool Public Health, a £75,000 grant was awarded based on the evidence provided by the CL service. In addition the CL service with Blackpool Public Health; provided the evidence base to the Director of Public Health to initiate the debate on a "Soft Drinks Tax" in the UK. This fed into a regional piece of work that led to the creation of a regional movement by the NW Directors of Public Health to advocate 3 policy changes at National level. This has led to the North West Directors lobbying Parliament and in particular Baroness Parminter in introducing a "soft drinks tax" in the UK. At present it is still with the Minister at DEFRA.

4 Conclusions

The presence of a CL can help to raise the awareness of the importance and value of evidence-based practice in both clinical and management information contributing to improvements. The survey showed a CL contributes to a wide range of outcomes including those which affect direct patient care and make financial savings within a NHS organisation.

There is clear evidence to suggest that a CL makes an impact by contributing to a wide range of organisational objectives beyond their usual remit, in areas such as efficiency, finance and risk. The critical incident technique was able to distinguish between actual and potential impact as well as specific outcome related impacts.

The interviews illustrated the complexity of the incidents and the wide range of outcomes to which the CL contributes from one incident. As well, the interviews illuminated how these contributions are made. The questionnaire proved to be a useful tool for collecting outcome data, but feedback from participants and data from the interviews demonstrated that some refinements needed to be made.

The multi-method approach was successful in aligning CL contributions to organisational outcomes, and providing more detail about the CL contribution than previous studies.

5 Discussion

This project undoubtedly raised the profile of the Clinical/Management Librarian Service with Public Health and Unscheduled Care and led to the initiation of a Service Level Agreement with Blackpool Public Health in Summer 2013 with the Library Service when they transferred from NHS to Local Government, as they realised the value of the service to their continued work, projects and promotions. The Directorate Manager and Divisional Director have continued to involve the service in new initiatives in the Trust looking at a Trust project aimed at reducing "readmissions" and the use of "Spot purchase beds" in acute trusts.

A further outcome has been the growth in requested literature search requests and requests from managers, which in 2013-14 was the largest group overtaking medical, which has traditionally been the largest group. See Table below.

Literature Requests	2012-13	2013-14
Total	390	431
Management	114	133
Medical	121	98
Nursing & Midwifery	114	126

It will be interesting in the coming year 2014-15 to see how the service continues to develop, given the organisational challenges the organisation faces.

References

[1] Hill P. *Report of a national review of NHS health library services in England: From knowledge to health in the 21st Century*. NHS Institute for Innovation and Improvement. 2008, 9.

[2] Brettle, A. Maden-Jenkins, M. Anderson, L. et al. Evaluating clinical librarian services: a systematic review. *Health Information and Libraries Journal*, 2011, 28(1), 3—22.

[3] Pratchett, T. Anderson, L. Edwards, E. Gray, H. Kirk, V. Maden-Jenkins M. & Owen, T. Alignment Project NW. Available at: http://alignmentprojectnwlibrarians.pbworks.com/; Accessed March 22nd, 2014.

[4] Weightman, A. Urquhart, C. Spink, S. et al. The value and impact of information provided through library services for patient care: developing guidance for best practice. *Health Information and Libraries Journal* 2008, 26, 63—71.

[5] Winning, M. & Beverley, C. Clinical librarianship: a systematic review of the literature. *Health Information and Libraries Journal* 2003, 20(Suppl. 1), 10—21.

全媒体时代公共图书馆员数字技能的嬗变

莫　彬

（广西壮族自治区桂林图书馆）

摘要　当今，全媒体时代的到来，给人们的阅读带来多种途径选择的同时，也给图书馆带来巨大的挑战和提出诸多新的要求，如何借助全媒体之势，用现代技术满足读者的需求，提供更好的服务，需要图书馆员在数字技能方面有巨大的嬗变。本文以全媒体为时代背景，阐述了全媒体的内涵以及对公共图书馆的影响；对一线馆员、网络咨询馆员、网络管理员以及高中层管理者的数字技能提出新的要求，并对图书馆员在数字导航、移动参考咨询、数字资源收集、加工、整合、数字管理、网络安全管理、创新能力等方面技能以及培训方式进行了探讨。

关键词　全媒体　公共图书馆　数字技能

The Evolution of Digital Skills of Public Librarians in Toto Vision Times

Mo Bin

(Guilin Library of Guangxi Zhuang Autonomous Region, China)

Abstract　Nowadays, the coming of Toto vision times brings about many choices for personal reading, also brings about large challenge and puts forward many new requirements for libraries. How to utilize the advantages of Toto vision to meet the demand of readers and to provide with better service requires librarians to have great evolution in digital skills. This paper expatiates on the connotation of Toto vision and its influences to public libraries in Toto vision times. That puts forward new requirements for the digital skills of librarians at the front line, network consultation librarians, network administrators, and senior level managers. This paper also has discussions on the skills and training modes of librarians in digital navigation, mobile reference service, the collection, processing, and integration of digital resources, digital management, network security management, and innovation ability.

Keywords　Toto Vision　Public Library　Digital Skills

1　全媒体对公共图书馆的影响

全媒体是在新媒体和传统媒体之上采用多种媒介形态（纸媒、广播、电视、手机、网络等）的融合，通过广电、电信、互联网三网融合技术，实现用户终端（电视、手机、计算机）三屏合一的融合接收，达到内涵丰富新颖的传播形式。

中国互联网络信息中心发布报告显示：截至 2013 年 12 月，中国互联网普及率为 45.8%，网民达 6.18 亿，其中，手机网民达 5 亿，均居世界首位，微博用户规模为 2.81 亿，手机上网数量首次超越电脑，移动阅读成为全国阅读的新风尚。中国新闻出版研究院发布了第十次全国国民阅读调查结果数据显示：2012 年，数字化阅读方式（网络在线阅读、手机阅读、电子阅读器阅读、光盘阅读、PDA／MP4／MP5 阅读等）的接触率为 40.3%，我国国民人均纸质图书阅读量为 4.39 本，国民人均阅读电子书已达 2.35 本，比 2011 年增幅达 65.5%，九成读者表示阅读过电子书后就不会再购买此书的纸质版。据预测，2020 年我国数字出版销售额将占到整个出版产业的 50%，2030 年，90%的图书都将出版网络版本。人们之所以接受数字阅读，最大的原因是“三网融合”，创造了全媒体环境，网民可以不受地点限制，全天候地获取文字、图片、视频等信息，深受广大读者的喜爱。

目前大多数公共图书馆传播模式单一，而全媒体环境下带给读者海量的信息、阅读效果，是传统阅读方式所不及的。全媒体的出现，图书馆面临着被边缘化、失去核心竞争力的危险。

公共图书馆该怎么办?图书馆人应看清形势,借助全媒体之势,用现代技术拓展图书馆应对读者的需求,图书馆员必须在全媒体数字技能方面有巨大的嬗变。

2 全媒体时代对图书馆员数字技能提出新的要求

2.1 一线馆员

目前,清华大学图书馆、山东大学威海分校进行OPAC显示馆藏平面图的改进,实现了定位导航。国内已有提出借助3G手机开发图书馆移动定位导航系统的构思与设计,当读者步入图书馆某个位置,定位导航系统自动向读者的手机发出信息,在手机上即可显示图形化馆藏位置和内容,方便读者快速找到自己所需的信息,特别适用于初到图书馆的读者,定位导航系统缩短了读者查找资料的时间。

但是,在全媒体环境的今天,靠图书馆自动定位导航系统和一线馆员传统的导读方式,远远满足不了读者的需求,一线馆员需调整角色,从单一的导读转向全媒体信息导航,成为知识导航员。

图书馆的全媒体时代,我们可以理解为图书馆通过"三网融合"图书馆公共平台的移动设备(手机、平板电脑等)、电视、网络等多种途径实现文字、声音、图像的传输,为全民的移动阅读提供绿色、安全信息资源的时代。

一线馆员直接面对读者,要成为知识导航员,首先,必须具有以下基础技能:(1)熟练掌握移动终端设备(手机、平板、笔记本电脑)阅览器的安装和使用,如UC、QQ、Android等浏览器;Flipboard、ZAKER、苹果、Android等阅读器以及电子书阅读器等;(2)熟练掌握智能电视上的操作系统(Android操作系统、Linux系统的OMI操作系统、HITV-OS操作系统、windows的操作系统)的运用与安装;(3)熟练掌握txt、pdf、caj、ACDsee等网络阅读器的安装和使用。只有熟练这些技能,才能指导读者如何选择和安装软件,满足不同读者的需求;其次,在基于图书馆传统服务的基础上,例如:熟悉印刷、缩微、声像、电子等馆藏的文献和具有一定的计算机操作技能,还会使用不同终端,如电脑、电视、移动设备开展书目查询、电子书刊阅读、音视频观赏、图书预约续借等服务,引导读者搜索查找图书馆数字资源和网上资源,收看精彩视频、图片、影星等资源。最后,一线馆员还需潜心学习全媒体技术,提高跨媒体查阅文献能力和解决实际问题的能力,结合图书馆主页的数字导航为读者提供推荐阅读等服务,实现读者的无缝数字阅读。

2.2 网络参考咨询员

网络参考咨询是指计算机网络基础上的图书馆员以馆藏数字化资源和网络虚拟资源为基础,面对虚拟用户提出各种咨询问题进行实时咨询服务的过程,是一种在线咨询方式。网络参考咨询员一般由资深馆员来担任。

全媒体环境下,移动参考咨询服务是一种新兴服务模式,特别之处是可视化视频,与读者"面对面"沟通,具有亲和力;网络参考咨询员可以随时随地利用移动设备微博、短信、微信、飞信、QQ方式进行交互式数字参考咨询服务,解答读者的问题。由此,精通上述方式的使用技能是参考咨询员所必须的,而且还会利用集成系统把多种咨询(在线咨询、E-mail咨询、语音视频、推送)整合为综合业务平台,让书目推送、信息传递、网络咨询变得简单与方便,帮助读者多角度、全方位准确获取所需的信息资源。

此外,公共图书馆提供文字、图像、声音、动画等多媒体形式的信息极少,这需要网络参考咨询员根据主要读者群的特点和类型,收集、加工符合网络、移动设备和电视等各类的电子资源,提炼元数据,对图书馆多样化载体的资源和网上资源按统一格式和标准进行整合,建立"一站式"的检索入口,方便读者获取。在内容上精心挑选,及时更新,让更多的读者阅读到质好量大的文献信息,丰富人们的知识。

2.3 网络管理员

网络管理员的日常工作是网络管理和维护,除了熟练掌握图书馆各种系统和设备的配置、操作和维护技术外,在全媒体时代,数据管理、网络安全管理尤其重要。

我们知道,当今全媒体环境下,公共图书馆数据资源存储是海量的,数据安全至关重要,一旦发生数据丢失的情况,其后果无可估量。这就要求网络管理员必须能够对数据统一管理,实时安全监测;同时对重要的数据进行加密,保证数据安全;精通符合国际标准的信息存储、网络设备、修复软件的技术性能,对数字图书馆存储进行本地备份、网络备份,数据一旦遭到破坏后及时还原,否则损失无法弥补。

服务器是图书馆的心脏,服务器全天候工作,由此安装自动检测服务器或网站状态监测软件非常必要,当服务器出现异常时,软件自动报警,并通过智能手机系统发出信息,短信告之管理者,使管理者第一时间进行相关处理，保证服务器正常运转。

任何网络软件的设计不可能做到十全十美，会存在缺陷，黑客和不法分子利用这些缺陷来进行攻击而使网络、系统瘫痪，因此，网络管理员在数据传输、存储等几个方面必须进行数据加密保护；采用入侵检测防御入侵者的恶意、病毒、间谍软件、VOIP 等攻击；在内外网之间用防火墙物理隔离；在网关安装防毒软件；静态数据设置只读权限；进行多层的主动防御，以保证网络、系统的安全。

移动设备自身的防御能力相对较弱，越来越多的不法分子瞄准这些漏洞。如何提高移动环境下的手机接入安全，管理员对用户（或读者）的身份验证和数据的加密；在网络层中从用户（或读者）身份认证、传输安全和接入控制三个角度来保证用户和手机图书馆之间的数据安全，防止手机病毒及系统漏洞等，如用户（或读者）需要 IP、身份认证才能获取授权；WPKI 来保证传输安全；把所有用户（或读者）划分为不同等级的组来配置接入控制；根据不同的手机向用户（或读者）推荐不同的杀毒软件，供用户（或读者）参考，如：金山手机卫士、金山手机毒霸、手机卫士、腾讯手机管家、QQ 安全中心、网秦安全、百度安全管家等，指导用户（或读者）在手机终端上如何安装杀毒软件，定期扫描查杀手机病毒，防止手机病毒传入。

2.4 高中层管理者

高层管理者，是决策层，是以馆长为首的馆领导班子，行使决策权，其职责主要是掌握政策、把握方向、制定方针和发展规划。中层管理者，是执行层，是指各部、室主任和分馆馆长，他们是图书馆的中坚力量，担任着实现领导决策、目标落实以及操作层和决策层的协调沟通等任务。

全媒体时代的到来，给人们的阅读带来多途径选择的同时，也给图书馆的文献资源建设、管理和服务等工作提出了更高更新的要求。高层管理者是决策者，除了具有管理职责、岗位职责以外，首先，必须掌握图书馆学专业知识、计算机技术以及图书馆计算机管理的应用基础技能。其次，要了解掌握全媒体环境下图书馆集成技术、一体化管理技术；掌握国内外全媒体环境下图书馆的动态与发展趋势，开拓视野，从单一到多元阅读模式的转型，创新服务方式，如利用公共图书馆特色馆藏资源，建立更多特色的数字图书馆和移动图书馆，吸引更多读者来浏览、查阅，使图书馆在面对各类竞争时能够保持优势，重新赢得读者的关注和信赖。

中层干部是管理的中坚力量，也是普通馆员的直接管理者，即是决策者又是执行者，不仅要有基层馆员（一线馆员、参考咨询员、网络管理员等）所具备的娴熟的业务技能，而且还要在业务技能方面上有所创新，协助馆长完成全媒体环境下公共图书馆角色的转型。

3 培训方式

针对一线馆员、网络参考咨询员、网络管理员、高中层管理员所需的技能、水平以及年龄的差异性，结合实际工作的需要，可采取多种培训方式。

一线馆员的培训。对全媒体技术比较薄弱的馆员，在上机操作过程中，培训员要主动进行指导，以全媒体的基础知识以及设备操作为主，循序渐进。对基础处于中等的馆员，重点培训跨媒体查询文献技术和图书馆管理的应用；基础较好的馆员，侧重点在于学习全媒体软件的安装使用和查找文献能力的提高，使之达到熟练运用程度，能够解决实际遇到的技术问题，再由他们“传帮带”，使基础参差不齐的一线馆员，最终达到工作岗位的技能要求，更好地承担起图书馆导航的作用。

参考咨询员的培训。参考咨询员不仅具有良好的专业知识，而且要熟悉信息的来源及检索方法以及在全媒体的方式下进行参考咨询，这部分馆员知识与技能的高低，直接影响图书馆咨询服务的质量。

网络管理员的培训。网络管理员一般从事着与计算机密切相关的工作，在计算机方面比较精通，对这部分馆员应进行针对性指导培训，着重提高他们在全媒体环境下网络安全管理技术以及解决实际问题的能力，确保图书馆的网络正常运行。

除了加强全媒体技术培训外，还应鼓励一线馆员、参考咨询员、网络管理员参加馆外的培训班以及双学历、高学历的教育，更新知识结构，适应当今全媒体时代潮流的发展。

高中层管理者培训：高中层管理者的技术培训同样重要，高中层管理者除了参加全媒体技术基础培训外，还要参加国内针对高中层管理者举办全媒体环境下图书馆的技术与发展的相关培训班，了解掌握前沿最新的动向，提高技术的挖掘能力，把握好图书馆的决策与命脉。

4 结语

全媒体时代，读者已不能满足于简单的借阅和咨询需求，需要图书馆深化传统的功能，完善信息服务模式,不仅需要一线馆员、参考咨询馆员、网络管理员、高中层管理者提高数字技能,而且还需要全体馆员嬗变思想,全面提高素质和数字技能,满足读者层出不穷的新需求,提高图书馆的竞争力。

参考文献

[1] 曹媛媛,张芳宁.全媒体影响图书馆服务之多维分析[J]. 四川图书馆学报,2012(5):26—29.

[2] 新华网.CNNIC 发布第 33 次《中国互联网络发展状况统计报告》[EB/OL]. http://news.xinhuanet.com/tech/2014-01/16/c_126015636.htm,2014-01-16.

[3] 晓杜.未来人们如何阅读[N].人民日报海外版, 2013 年 05 月 13 日,第 05 版.

[4] 人民网.预测称:今年中国电子书销量将占全球市场 20%[EB/OL]. http://media.people.com.cn/BIG5/22114/205105/205106/12930119.html,2010-03-25.

[5] 阚洪海,宋云龙.OPAC 查询结果中图形化显示馆藏位置的研究[J].现代图书情报技术,2008(5):81—84.

[6] 袁红军,吴起立.图书馆数字参考咨询服务理论与实践[M].北京市:海洋出版社,2011:2.

[7] 郭小梅.提升高校图书馆中层管理者的执行力分析[J].图书馆论坛.2008,(3): 31—33, 74.

数字时代图书情报专业人员对新技能需求的研究

S.S.Pawar　Monika Sharma
（印度旁遮普大学）

摘要　21世纪以来，全球的图书馆与信息服务领域正经历着一场前所未有的范式转换。信息与通讯技术正影响着人类生活的方方面面，对于图书馆与信息服务也不例外。本文首先将讨论获得核心竞争力以及新技能以管理现代图书馆的需求，接着将通过文献调研展示在数字时代图情专业人员在工作中所需掌握的技能和知识，最后将描述本项研究的方法论以及新一代图情专业人员在技术驱动的环境下管理现代化图书馆所需掌握的关键技能，这些技能可以被分为通用类、管理类和专业类三类。本文强调，掌握新的技能是图情专业人员在当下技术环境中生存的关键。

关键词　高校图书馆　核心竞争力　信息技术　传统技能　新技能　图书情报专业人员

Need of New Skills for LIS Professionals in Digital Era: A Study

S.S.Pawar & Monika Sharma
(Institute of Engineering & Technology, UIET, Punjab University, India)

Abstract　The 21st century has witnessed an unprecedented paradigm shift in rendering of library and information services worldwide. The ripple effect of the influence of Information and Communication Technology(ICT) on every aspect of human endeavor remains colossal, and its impact on library and information services has not been exclusive. In this paper we discuss the need for acquiring core competencies and new skills to manage the modern day libraries. Secondly, it presents a review of literature on skills and knowledge of LIS professionals working in a digital era and related researches. Finally, it describes methodology of this study and key skills and competencies of a new generation of LIS professionals which can be classified as (generic, managerial and professional skills) required by LIS professionals to manage the contemporary change brought up by technology accelerated environment. The article emphasizes that acquisition of new sets of skills has become essential to survive in this technology-based environment.

Keywords　Academic Libraries　Core Competencies　Information Technology　Traditional Skills New Skills　LIS Professionals

1　Introduction

The information environment around the world is changing every minute and growing at an enormous speed due to the emergence of the web based Information and Communication Technologies(ICT), globalization of networks and Internet. Hence ensuring and organizing access to educational materials in the electronic environment is an important factor in determining realistic requests for development and advancement of education. The information revolution on the Web has posed new challenges to the traditional library professional ethics. Acquiring and providing access to electronic knowledge resources require library professional to change their role from a traditional librarian to an information scientist by learning and applying new skills to understand the evolving technologies to manage and provide quality on-line information service to the patrons of the knowledge society. Since, almost all the educational institutions, organizations, universities, and academic associations have created their own websites with the digital repositories on Internet; the global networked environment has paved the way and opportunity to e-Learning. The impact of web based e-learning and teaching environment has influenced very much on every facet of library and information services in Academic Libraries and providing new opportunities and challenges to the library professional.

2 Objectives

The objectives of this study are:

- The primary objective of this study is to analyze and explore the changing vision and the roles of future academic library professionals in the changing IT environment.
- To define and explain the need of New Skill in the digital learning environment in academic institutions.
- To discuss about the various skills needed for the library professional to meet the present online and digital needs of the user.

3 Literature Review

Most of the efforts done by researchers and librarians in identifying the core-technology-competencies for librarians focus on the regular reference and technical service librarians or the IT department staff. The lists of competencies presented by Bin Hashim and Mokhtar(2012); Abels et al.,(2003); Nonthacumjane(2011); Soderdahl and Hirst(2009); Childers(2003); and Soo-Guan Khoo(2007) are mainly divided into Professional Skills, Personal Skills and Knowledge specific Skills that are applicable to anyone working in the information business.

Bin Hashem and Mokhtar (2012) divided the skills required for librarians to work efficiently and successfully in a digital era into two main categories: professional and personal.

The professional skills include content knowledge, and ability to evaluate and filter based on appropriateness; ability to develop accessible cost effective information services; ability to design information technology services based on needs and value; ability to organize and disseminate information for users; assess and evaluate the outcomes of information use and improve services accordingly. The personal skills include a range of competencies that are mainly present in any customer service environment and another set of skills that are referred to as survival skills. Those skills include flexibility, effective communication skills, positive attitude, teamwork, leadership, desire to seek opportunities for ongoing learning and values professional networking. The survival skills include items such as creative thinking, making quick decisions, self assessment and confidence.

Soo-Guan Khoo(2007) divided the competencies needed for librarians within a Singaporean context into traditional skills, value-added skills, IT, computer literacy, personal attitudes and traits, and Subject knowledge. Those skills encompass competencies such as communication, cataloguing, user education and training, administrative and managerial skills, networking skills, and intellectual curiosity.

Nonthacumjane(2011) reviewed the roles and skills of digital librarians that were listed by some LIS researchers. These skills were categorized into three different requirements for the technology competency: personal, generic and discipline specific knowledge skills. The personal skills include being analytical, reflective, flexible, creative, adaptable, enthusiastic; self motivated and has the ability to deal with different users. The generic skills which are the general skills required in any discipline include information literacy, communication skills, critical thinking, teamwork, ethics and social responsibility, problems solving and leadership. The discipline specific knowledge is the knowledge that is specific to the LIS field and is taught in the LIS courses. These skills include knowledge of metadata, database development, digital archiving and preservation, collection development and content management system.

4 Academic Libraries & it's Changing Role

"LIBRARY IS A HEART OF THE INSTITUTION"

—Sarvepalli Radhakrishnan

Academic library is treated as a nerve center of university, as this is responsible for supporting teaching, research, and other academic programs of the university. Now these libraries are passing through a great transition phase being influenced by social, political, economic, and technological developments that are taking place in the society. Now Academic Libraries have to act as the knowledge navigators and change facilitators to fulfill the clientele's specialized needs. For this, it has become essential to use cutting edge technology tools and techniques. The re-engineering of the teaching and learning framework is under way in the progressive universities worldwide.

Today's environmental pressures are forcing libraries to focus on accelerating technology, innovation, technical complexities, social and legal issues, cost, risk, competence, skills of staff and technology itself. Therefore, the library professionals have to act in proactive manner to support the twenty-first century educational change.

5 Change and Services: (Vision of the Future Academic Library Professional)

Technology will continue to change, and libraries and librarians have to use the changing technology to provide the best access and service to their patrons. Electronic information creates challenges for the library community at its very foundation, moving it away from the traditional .paper-and-print format to an ethereal world of circuits and connectivity. The library is no longer defined simply as a building or a physical repository that houses information. So the essential future vision of the academic library professional to achieve the necessary information transformation and to face the digital information needs of the user should concentrate on the following:

- The vision of the future academic library professional must be to create a World Class Networked Global Library and Information Centre to provide web based quality information service to the user in time in the e-learning environment.
- The librarians must change the library environment as pathways to high quality information in a variety of electronic media and information sources.
- Library professional must assert their evolving roles in more pro-active ways, both in the context of their academic institutions and in the context of increasing competitive markets forinformation dissemination and retrieval.
- The vision for the 21st Century librarians must offer electronic teaching and learning both to guide and beckon the library profession as education leaders. They should shape the libraryprogram and serve as a tool for library media specialists to use for shaping the learning of students.

6 Need some Changesin LIS Curriculum for Improving Competence among Library Professionals

Libraries in the 21st Century are facing serious transition(Raina, 211—216) on account of the following three main reasons:

- The transition from paper to electronic media as the dominant form of information storage retrieval and dissemination. Convergence of different media, such as text, graphics, and sound, into multimedia.
- Increasing attention on accountability, with focus on quality customer services, performance measurement, bench marking and continuous improvement. In addition, shrinking financial resources have direct bearing on this shift.
- New forms of work organization such as end-user computing, work-teams, downsizing, reengineering, outsourcing, etc.

The Present IT based environment has demanded new job requirements, new roles, adequate competence, and different kinds of skills from the Professionals which would help them to develop new product and services in response to new developments. For this the existing staff must be trained continually to sustain in the global competition market. Skills and competencies once acquired cannot guarantee lifetime survival in this constantly changing electronic environment. These need to update regularly through continuing professional development programs. LIS professionals with appropriate competence, skills, and proactive attitude can excel in their new role for information based society.

As part of the School of Library and Information Science Studies, the LIS program provides thorough grounding in the knowledge, skills, and values of librarianship. In the context of an interdisciplinary faculty, the LIS program draws on faculty expertise in such areas as library science, information science, strategic management of information resources, communications, business, education, psychology, public administration, and computer science.

At the level of the Master of Library and Information Science coursework stresses both the theory and practice of library science. It includes educational opportunities beyond formal coursework through one-on-one interaction with the faculty; hands-on learning in libraries and information centers; exposure to leaders in the profession; and direct participation in research projects. The program is offered in both campus and distance learning formats and can be completed on a full-time or part-time basis.

The need for well-prepared librarians will continue to grow as individuals, organizations, communities, and society as a whole cope with the complexity of the information explosion and the implications of the networked digital information environment.

7 Learning Outcomes

By the time students complete the M.L.I.S. program, they will be able to demonstrate knowledge of:

(1) Philosophy, principles, and ethics of librarianship

Students are well grounded in the philosophy, principles, knowledge, character, and ethics of librarianship and understand the value of teaching, service, and research to the advancement of the field.

(2) Information resources

Students understand the variety of information resources and the systems and technologies that facilitate their management and use.

(3) Information services

Students understand the role of rapidly changing library and information services and technologies in a multicultural, multiethnic, multilingual global society, including the role of serving the needs of underserved groups.

(4) Librarianship in a broader information society

Students understand the importance of contributions of library and information studies to other fields of knowledge and the importance of contributions of other fields of knowledge to library and information studies.

(5) Professional communication and leadership skills

Students understand the principles, norms, and practices governing professional communication in the field through informal structures and professional organizations. Students can assume team member, management, and leadership roles in their workplace and their profession specialties.

8 Internship

The Master of Library and Information Science(LIS) program must be designed to prepare students for three months Internship Program. There are two ways to approach a decision about this most important part of the program. The first is to choose an internship that will directly match career goals and provide an excellent source of work experience and recommendations from practitioners who have had an opportunity to see your work firsthand. The second approach, for those undecided about career goals, even toward the end of the program, is to try something new. Using this approach, the internship is a way of "testing the water" to see if you like a particular environment.

9 New Skills and Library Professional

In present day environment, professionals owe much greater responsibility to be effective information professional. Closer look at the existing skills of the professionals reveals that for facing the challenges of today and tomorrow, they not only need to acquire wider range of skills but also need to keep themselves up-to-date. Biddiscombe(166) stressed on the need of maintaining and preserving those essential skills that have always made librarians respected in their flexible working skills, their openness to new ideas and their personal attention and caring approach to user needs.

- Fast incoming technological changes;
- Emerging structural changes;
- To prepare staff for changes coming in the work culture of the parent organization or to give Transferable skills to make the staff more employable anywhere;
- One may not have all the skills to do the job he currently holds, or because the job itself is changing(Lawes 29).

With the increase of pressure on information professionals to keep up-to-date, and to maintain and improve productivity, attending skill development courses is required from time to time(Ramaiah and Moorthy, 25). Regular LIS courses must focus on training on IT applications in libraries (Gulati, 347—348).

In the 21st century the expectations from upcoming library Professionals is quite high and complex. In broad terms new LIS professionals are expected to have requisite level and depth of IT knowledge and skills for perform in the modern e-world. The knowledge part of it is not only multidisciplinary with knowledge of management and IT but also of both theoretical and practical. It should not be construed that new professionals have to become specialists in the field of IT and management but they cannot be ignorant of important aspects in the respective fields.

10 Basic Technology Skills for New Library Professional

(1) Computer operating system

- Downloading and installing programs

- Connecting an auxiliary device to a computer such as a printer, scanner, etc.
- Understanding the system settings

(2) How to troubleshoot anything

- Knowing what to ask a library user who reports a technology-related problem whether it's a hardware or software issue
- Knowing how to replicate a problem
- Knowing how to research a solution on the Web

(3) How electronic resources work

- Understanding what a persistent URL is and being able to tell a URL is persistent or not
- Knowing what authentication and proxy means in the library setting
- Understanding how an electronic resource is set up for access from a trial to the link placed in different library systems such as OPAC(Open Public Access Catalog), ERMS(Electronic Resources Management System), Open URL Link Resolver, and the library web site
- Knowing how to troubleshoot remote access issues to electronic resources

(4) Systems

- Knowing what different library systems do and how they work together to provide users with access to information resources.(e.g. Integrated Library System(ILS), OPAC, discovery service, Open URL link resolver, ERMS, digital repository system, content management system, proxy server, etc.)

(5) Web

- Proficiency in research tools available on the Web
- Knowing how to properly use the WYSWYG editor in a blog or any content management system
- Understanding the difference between HTML and MS Word document
- Understanding what a web browser does
- Knowing how to make screen casts(video tutorials) and podcasts
- Knowing how to create and edit images and video for the Web
- Knowing what usability is and how it applies to a library
- Knowing how to write for the Web
- Knowing how to utilize social media such as Face book and Twitter
- Understanding the mobile devices and related technology that are applicable to a library

11 Categories of Skills Required

Though various skills are required but the skill needs depend on role and context of the parent organization. As all skills do not relate to everyone, a summarized set of skills under three broad categories of skills, i.e. generic, managerial and professional skills have been listed below in Table 1.1(Fisher 2004).(Fouire 62—74) (Oldroyd 30:45—49:69:78:99; Sridhar 141—149); TFPL Skill Set:

12 Conclusion & Suggestion

The paper is based on the assumption that the need and impact of the new ICT skill for the library professional is intact, as IT itself is changing at a fast rate, any prediction of skills required by LIS professionals beyond a few years is difficult and become absurd. The three groups of skills discussed above are quite inter-related and overlapping. It is difficult to even priorities them and suggest the appropriate mix. The right combination of professional, IT and managerial skills vary depending on the task. What is presented in this paper is a brief mention of various areas and respective skills likely to be of significant importance to LIS professionals in the e-world.

Table 1 Skills Required for Electronic Environment

Generic skills	Managerial skills	Professional skills
1. Communication skill	1. Local and global thinking	1. Information technology skills
2. Flexibility	2. Planning and organizational skills	a. Hardware/ software and networking Skills
3. Adaptability	3. Finance management skills	b. MS-Office suite
4. Assertiveness	a. Fund raising	c. Presentation software's e. g. power point etc.
5. Self-confidence	b. Skillful use of financial resources	d. Library automation
6. Creativity	c. Accounting and auditing skills	e. Database creation
7. Innovation	4. Managing change	f. Internet e.g. E-Mail management, Intricacies of Internet search tools
8. Analytical skills	5. Team building	g. Intranet skill
9. Problem solving	6. Decision making	h. Scanning techniques
10. Decision making	7. Leadership	i. Networking skills
11. Service attitude	8. Negotiation skills	i.) On-line search engines
12. Customer relationship	9. Consumer management skills	ii.) On-line databases search
13. Improving one's learning and experience	a. User need analysis	j. Desktop publishing
14. Presentation skills	b. Information seeking	k. Content development
15. Stress management	c. Behavior analysis	l. Digitization
16. Time management	10. Project management	m. Web based services
17. Interpersonal skills	11. People management	n. Virtual learning
18. Group skills	12. Stress management	2. Information literacy
19. Working with difficult people	13. Time management	3. Technical professional skills
	14. Resource management	a. Information resource management
		b. E-serial management
		c. Metadata standards e. g. Dublin core, MARC, TEI2, XML3, etc.
		d. Standards e.g. Z39.504
		e. System development
		4. Knowledge management
		5. Traditional Skills

1. Metadata is the data that describe the content and attributes of any particular item in a digital library. This is data about data or a catalogue to web document as catalogue card is to print documents.

2. Text Encoding Initiative(TEI) is an international effort, the goal of which is to define a set of generic guidelines for the textual material in electronic form. It is basically concerned with two things: one is what textual feature should be encoded in electronic environment to make it more explicit and second is to, how encoding should be represented for loss-free, platform independent interchange.

3. Extensible markup languages, which allow designers to customize formatting(tags), to greater definition, achieve transmission, validation, and interpretation of data between applications and organizations.

4. Z 39.50 is a standard developed by National Information Standard Organization(NISO) for information retrieval that allows any library using a Z 39.50 compatible automated library system to access remote library Collection. It specifies a response protocol between client and server.

5. Knowledge management is managing organizational knowledge to solve the organizational problems. It includes managing tacit as well as explicit knowledge.

The followings are some suggestions for improving practical IT skills in LIS education in India:

- LIS schools / departments may be provided with IT laboratories fully equipped with the latest hardware and software including Internet connectivity, networking and library management software.
- Syllabus should be revised from time to time with the advent of the information Technology changes.
- The syllabi in the LIS departments should view the developments taking place in Information technology, information resources, information access and their impact on libraries and library profession.

- There is a need for strong networking of libraries for resource sharing.
- More practical orientation courses and refresher courses should be conducted for the LIS professionals and teachers.
- The LIS students may have training in libraries, which should have IT environment for gaining practical experience.

References

[1] Bundy, "A Window of Higher Opportunities: Libraries in Higher Education" Library Management 24.8/ 9(2003): 393—400.Emerald. Delhi University Library, Delhi, IN. 15 July 2009 http://www.emeraldinsight.com.

[2] Biddiscombe, R. "The Development of Information Professionals' Needs For Internet and IT Skills: Experiences at the University of Birmingham." Program 35(2)157—66.

[3] Clarkson, Developing IT Staff: A Practical Approach. Britain: Springer, 2001. 25 October 2006 http://books.google.co.in.

[4] Fisher. "Workforce Skills Development: The Professional Imperative for Information Services in the United Kingdom." Australian Library and Information Association 2004 Biennial Conference. Sydney, 19 June 2004. 14 April, 2007 http://conferences.alia.org.au/alia2004/pdfs/ fisher.b.paper.pdf.

[5] Fourie, "Librarian and the Claiming of New Roles: How Can We Try to Make a Difference?" Aslib proceedings 56.1 (2004):62—74. Emerald. Delhi U Lib., Delhi, IN. 12 August 2006 www.emeraldinsight.com.

[6] Gulati, "Use of Information and Communication Technology in Libraries and Information Centres: an Indian Scenario." The Electronic Library 22.4(2004):335—350. Delhi U Lib., Delhi, IN. 28, August 2006 http://www.emeraldinsight.com.

[7] Lukasiewicz, "Exploring the role of digital academic libraries." Library Review 56(2007):821—27. Emerald. Delhi University Library, Delhi, IN. 20 July 2009 < http: //www. emeraldinsight. com />. Keyword: Change Management.

[8] Maness. "Library 2.0 Theory: Web 2.0 and Its Implications for Libraries" Webology 3.2(Jun. 2006). 20 July 2009 http://www.webology.ir/2006/v3n2/a25.html.

[9] Odini, "Training and Development of Skills in a Changing Information Environment." Library Management 20.2 (1999):100—104. Delhi U Lib., Delhi,IN. 28 August 2006 http://www.emeraldinsight.com.

[10] Raina, "Competency Development among Librarians and Information Professionals." XIX IASLIC Seminar, Bhopal, 2000. 211—216.

[11] Ramaiah, Chennnupati K. and Moorthy, Lakshman A. "The Impact of Education Programmes on Library and Information Science Professionals." Library Review 51.1(2002):24—31. Delhi U Lib., Delhi, IN. 28 August 2006 http://www.emeraldinsight.com.

[12] Sridhar, "Skill Requirements of LIS Professionals in the New E-World". Library Science with a Slant to Documentation and Information Studies 36.3(Sept. 2000):141—149. 30 November 2006 http://eprints.rclis.org/archive/00009637/01/J42_itskills.pdf.

[13] TFPL Skills Set: Knowledge and Information Management Skills Toolkit. 16 August 2006 http://skillstoolkit.tfpl.com.

[14] Ashcroft, L., & Watts, C.(2005). ICT Skills for Information Professionals in Developing Countries: perspectives from a study of the electronic information environment in Nigeria IFLA Journal 31(1):6—11.

[15] Babu, B.R., Vinayagamoorthy, P., & Gopalakrishnan, S.(2007). DESIDOC Bulletin of Information Technology 27 (6):55—64.

[16] Kavulya, J.M.(2007). Training of library and information science(LIS) professionals in Kenya: A needs assessment. Library Review 56(3):208—223. DOI: 10. 1108/00242530710735993.

[17] Mahmood, K., & Khan, M. A.(2007). ICT training for LIS professionals in Pakistan: A needs assessment. Program: Electronic Library and Information Systems 41(4): 418—427. DOI: 10. 1108/00330330710831611.

[18] Joint, N.(2003). Staff development and training in the digital library environment. Library Review 52(9):417—421. DOI:10. 1108/00242530310501428.

[19] Heckman, R. "Planning to solve the 'skill problem' in the virtual information management organization". International Journal of Information Management, 1998, 18(1),3—16.

[20] Johnson, Peggy. "Technological change in Librarians". In: Encyclopeadia of Library and Information Science. Vol.53, Ed. by Allen Kent. New York: Marcel Dekker, 1994, 182—202.

[21] Klobas, Janes E. "Managing technological change in Library and Information Science", The Electronic Library, 1990, 8(5), 344—349.

[22] Lidtke, Doris K. "Educating the next generation of information specialist in collaboration with industry". In: Technology-based Re-engineering Engineering Education: Proceedings of Frontiers in Education (FIE'96), 26th Annual Conference, Nov. 6—9, 1996. Salt lake city, Utah. Ed. by Magdy Islander, et.al. New Jersey: IEEE, 1996, 126—129.

[23] Malwad, N.M. et. al. eds. Towards the new information society of tomorrow: Innovations, challenges and impact: Papers presented at the 49th FID conference and congress, New Delhi, 11—17 October 1998. New Delhi: INSDOC, 1998.FID Publication No.719.

[24] Prager, K.P. "Assessing career goals & skills". Information System Management, Spring 1998, 15(2), 73—82.

[25] Prem Singh. "Managing technological change in libraries". Skill requirements of LIS professionals in the new e-world Library Science with a Slant to Documentation and Information Studies, 1991, 28(4).

[26] Lancaster, F.W. Libraries and Librarians in the age of Electronics. Artington Information Research Press, 1982. p.177.

[27] Kawatra, P.S., & Singh, N.K.(2006). E-learning in LIS education in India. In C.Khoo, D. Singh & A.S. Chaudhury (Eds.), Proceedings of the Asia-Pacific Conference on Library & Information Education & Practice 2006 (ALIEP 2006), Singapore, 3—6 April 2006 (pp.605—611). Singapore: School of Communication & Information, Nanyang Technological University. Website: http://dlist.sir.arizona.edu/1441/01/85.P_S_Kawatra_pp605—611_.pdf.

国内外健康科学图书馆员角色变化和启示

张轶群
（同济大学图书馆）

摘要 分析和总结我国健康科学图书馆员的角色变化和服务内容，并与国外健康科学图书馆员的新角色和新的活动内容相比较，发现在服务理念和服务手段上与国外差距不大，已开展诸如系统综述图书馆员、转化研究图书馆员的实践工作和一定程度的社区延伸服务项目。但在服务水平和服务深度上差距悬殊。提出细化工作岗位、用户层次和服务内容，加强馆员新技术新知识的学习、提高自身素质，走出图书馆、走近用户、主动参与临床、教学、科研和社区服务，拓展服务空间和服务范围等建议，实现服务模式由被动向主动的转移，服务内容由信息向知识的深化。以用户为中心，充分满足用户个性化需求，成为“用户问题的解决专家”是健康科学图书馆发展的必然趋势，也是健康科学图书馆员生存和发展的必由之路。

Literature Review on Changing Roles of Health Sciences Librarians and Its Implications

Zhang Yiqun
(Tongji University Library, China)

Abstract The paper identifies and documents new health sciences librarians roles and activities at home. Embedded librarian, systematic review librarian, emerging technologies librarian, and translational research librarian were identified. Compared with foreign health sciences librarians, larger gap in service concept and service means are not represented, service disparities in level and depth are revealed, however. To refine post settings and different users, to provide the learning opportunities for librarians to improve their quality and ability, to extend information services outside the physical library, to participate actively in health care, teaching and community services are recommended. The main purposes are to archive transformation service model from passive to active and service content from information to knowledge for completely meeting individualized information needs. This is not only the inevitable developing trend of health sciences librarianship, but also the only way to survive and develop to health sciences librarians.

1938年梅奥临床的参考咨询馆员 Keys 列出医学图书馆员的两大职责：保存图书和期刊；对这些图书和期刊中的知识进行分配，包括编目、标引和利用资料的培训。随着信息技术的发展，新的计算机检索技术和检索系统的出现，医学图书馆的工作环境和条件发生巨大的变化。原有的繁杂的手工检索工具被计算机检索工具代替，检索方法和途径也从繁到简，由难到易，医学图书馆员从繁忙的工作中解放出来，开始了工作内容和方法的新的尝试。进入21世纪，网络技术催生了新的环境，用户对图书馆和图书馆员的依赖逐渐降低，用户甚至无需进入到实体图书馆或通过图书馆员即可以随时随地获取自己所需的信息。面对前所未有的挑战，健康科学图书馆员（医学院校图书馆员或医院图书馆员）已开拓出不断适应环境发展的新的角色和新的服务内容。

1 国外健康科学图书馆员的新角色及特点

美国国家健康研究院研究服务办公室和图书馆的信息专家搜集5个数据库（MEDLINE，Library and information abstracts，Library literature，Scopus，and Web of science）和 the Medical Library Association 网站的职位公告中关于“医学图书馆员角色”的文献和资料，进行系统综述，总结出1990年至2012年间出现的具有实例的医学图书馆员的新的角色和新的工作内容。10个新出现的角色分别是嵌入式图书馆员，包括联络人和信息专家、系统综述图书馆员、新兴技术图书馆员、继续医学教育图书馆员、基金发展图书馆员、数据管理图书馆员、元数据图书馆员、数字图书馆员、学术沟通图书馆员和转化研究图书馆员。临床医学图书馆员、指导图书馆员、延伸服务图书馆员和用户健康图书馆员这4个传统角色中，又增加了与新技术相结合的新的工作内容和职责。

1.1 嵌入式图书馆员(Embedded librarian)

嵌入式学科服务是图书馆的一种工作模式，主要以学科为单元，以用户为中心，提供集约化、系统化和个性化的信息服务。工作地点不再局限在图书馆，而是延伸到图书馆以外，如用户的办公室、实验室或家里，体现出一种更主动、积极的服务态度。最具代表性的两个工作角色是联络图书馆员和信息专家。

(1) 联络图书馆员(Liaison librarian)

联络图书馆员被定义为图书馆与一个或多个院系或管理机构之间的联系人。主要目的是促进用户和图书馆间知识的传递、提高馆藏质量和服务、提升图书馆的形象。工作内容主要侧重在参考咨询、利用指导和馆藏建设。后期又参与课程计划、软件支持和计算机设备支持。美国最早开展联络图书馆员服务项目的是The Houston Academy of Medicine-Texas Medical Center Library。该馆指定一名医学图书馆员作为联络人与30英里外的Baylor College of Medicine的生物技术中心联系，加强科研人员与图书馆的联系。该项目始于1989年，历时一年。联络馆员最初的职责是论文复印、处理馆际互借需求、图书出借和归还。随着项目的进行，各种深层次服务逐渐开展。馆藏资源订购需求、参观图书馆和实验室需求、两馆之外的资源借阅、引文查证、参考咨询、联机数据库检索、终端用户检索指导、化学结构检索等。对馆员的要求也相应提高。除需要有医学知识背景外，还要求馆员掌握最新的遗传学技术和生物技术信息资源。为此，馆员需旁听生物、化学、医学、药学等相关的课程，花费150小时熟悉各种数据库或在线系统，并参加会议或讨论。该项目取得良好的效果。

(2) 信息专家(Informationist)

信息专家这一名词最早由Davidoff于2000年的一篇社论中提出。他认为作为一种健康信息职业，信息专家应是临床小组的成员之一，在促进现有的信息检索系统利用，发现临床医生、患者和家庭什么时候、需要什么信息、最有用的信息形式，并为此创建新的信息检索系统并在此发挥重要作用。信息专家必须具有扎实的信息科学知识和最基本的临床基础知识。主要任务是通过阅读密切相关的全文文献回答临床问题、确定和抽取相关信息、编写简单的摘要、并将信息产品发送给用户。相比普通的学科馆员，信息专家的服务更深入和精深。

信息专家从临床信息专家(Clinical informationist)开始，现在已扩展到生物信息专家(Bioinformationist)、公共卫生信息专家(Public health informationist)和灾难信息专家(Disaster information specialist)。尽管名称不同，工作对象不同，但工作职责是一致的。

1.2 系统综述图书馆员(Systematic review librarian)

系统综述图书馆员是随着循证医学的发展而产生的一种新的角色。系统综述是循证医学的一种证据，具有严格的制作过程和评价评估体系。图书馆员在参与系统综述制作的过程中不仅发挥了传统图书馆员的作用，如文献检索、参考文献管理、文献提供，同时还承担起项目领导和管理、严格评价、数据提取、数据合成、报告撰写和传播等一系列的积极的任务。随着循证实践的普及，越来越多的图书馆员参与到系统综述的制作中。或独立完成或与临床工作者合作完成，为临床提供更科学、更有价值的信息服务。

1.3 新兴技术图书馆员(Emerging technologies librarian)

新兴技术图书馆员主要利用新的技术为用户传递信息和服务。网络技术的普及、信息手段的多样性和先进性催生了多个与信息技术有关的名词：信息建造师、系统分析师、数据库设计师、应用工程师、网络应用发展员等。在这些角色中，图书馆员负责图书馆网页的设计、维护和管理。并结合流行的网页应用软件、社交媒体和移动终端更直接和有效地为用户提供直观的信息服务。

1.4 继续医学教育图书馆员(Continuing medical education librarian)

医学图书馆员作为继续医学教育评价调查小组和委员会的成员之一，参与医院图书馆的质量评价体系的制定，在为医院图书馆申请人员、空间和经费的支持中发挥了积极的、不可或缺的作用。

1.5　**基金发展图书馆员**(Grants development librarian)

随着基金申请项目的增多，许多医生、研究人员和管理人员并没有意识到这种额外的机会，也不知道如何安全有效的使用这些经费。健康科学图书馆员在基金申请信息的提供，甚至在基金写作指导上都是一个非常理想和合适的角色。

1.6　**数据管理图书馆员**(Data management librarian)

美国国家科学基金会 2011 年宣布今后所有的基金项目计划中都需要增加数据管理计划。该计划要求每个项目开始前研究人员都需制定一个数据管理计划，并将该计划贯穿于整个项目的研究周期。目的是确保研究数据的有效使用、维护和获取。许多联邦机构和其他基金会也正考虑增加该项规定。图书馆员可以在数据管理计划的制定、管理、管护、归档和共享中发挥作用。

1.7　**数字图书馆员**(Digital librarian)

数字图书馆员是近 5 年出现的一个新的岗位。具体职责包括数字图书馆项目中计划的管理和监督，数字图书馆的实施标准和实践的制定等。在数字图书馆领域发挥领导和专家的作用。

1.8　**元数据图书馆员**(Metadata librarian)

元数据图书馆员这一名词出现在 20 世纪 90 年代末，反映了资源由纸本向数字转变过程中在数据跟踪、组织和获取中面临的新的挑战。其主要任务是创设和维护数字和硬拷贝文献的分类、受控词表的持久使用等。

1.9　**学术沟通图书馆员**(Scholarly communications librarian)

狭义的学术沟通或交流被定义为一种通过期刊论文传播学术著作的模式。而今广义的学术沟通已扩展到知识的创新、转化、传播和保护这一完整的学术交流过程。图书馆员的主要任务是促进数字资源库或机构库的建立和发展；发现新的出版物，包括公开获取形式；协助作者与编辑或出版商接触或联络；发现新的出版渠道，为师生员工提供公开获取资料等。

1.10　**转化研究图书馆员**(Translational research librarian)

转化研究是指发现将基础研究的成果应用到临床诊疗的方法和线索，促进基础医学向临床的转化和应用。华盛顿大学医学院 Becker 医学图书馆为转化医学研究所提供专业知识、定制项目服务及信息服务，支持转化医学的研究。该馆专门设定 2 个生物信息学家(bioinformaticists)负责生物信息学和生物医学研究的信息服务，提供相关的信息咨询、课程指导、专业软件和数据库的使用等服务内容。1 个学术沟通馆员(Scholarly publishing librarian)提供出版信息、出版政策咨询服务，解决研究人员在科研过程中遇到的科研信息的传播、存储等问题。1 个用户健康信息馆员(consumer health librarian)为用户、患者和社区人群提供健康信息服务，提高公众的健康信息素养；与院系或社区人员共同开发健康信息拓展项目等。

随着技术的创新、服务项目的增加，新的职责和工作内容在不断改变。许多传统的角色在原有的工作内容上又增加了与技术和形势相适应的新的工作内容。如临床医学馆员(Clinical medical librarian)已向临床信息专家发展。其服务内容不再局限于为临床医生或团队寻找资料、复印文献，作为一个附属品存在，而是作为具有特殊专业经验的一分子参与整个团队的工作，并在临床诊治过程中发挥重要作用。指导图书馆员(Instruction librarian)的服务内容不再只简单介绍图书馆的目录、纸质文摘、索引和图书馆资源的使用。指导包括 pubmed 等网络数据库的终端用户在校内外使用、文献参考管理软件的使用等，也是目前指导馆员常规的服务内容。随着公众对健康关注度的提高，用户健康图书馆员增加为公众提供健康信息和管理自己病史等服务内容。通过发放小册子或召开社区会议，甚至利用网络互动媒体解答疾病信息、康复信息和预防保健知识。服务范围已从个体向社区转移。

纵观国外健康科学或医学图书馆员角色 20 多年的变化，呈现出以下几个特点：

(1) 服务内容不断扩展

医学图书馆员最初的服务内容包括指导用户使用图书馆目录、索引等参考工具书查找图书或期刊文献。光盘、数据库、网络等载体的出现改变了信息的存储方式，同时也增加了图书馆员的工作内容。从纸本资源到数字资源，从资源本身扩展到一切与资源有关的内容，如数据库的制作、网页的制作和维护、数据管理等，都成为医学图书馆员的常规服务内容。

(2) 服务手段不断改进

印刷型信息资源是计算机时代发展前图书馆的主要馆藏形式。图书馆员通过馆藏目录、索引目录、检索工具书为用户提供图书、期刊文献查找、借阅信息。数字媒体的出现改变了这种服务手段。图书馆的馆藏信息可以通过书目查询系统完成,期刊文献可以通过数据库或网络资源获取。图书馆员可以通过 email、博客、QQ 等新媒体完成与读者的互动交流。

(3) 服务层次不断深入

联络馆员的任务最初为院系教师或医生提供图书、期刊借阅等信息。信息专家则要求馆员一定具有医学专业知识,为用户提供更深层次的全文翻译、文献摘抄等信息服务。而系统综述图书馆员则要求在具备专业知识的前提下,馆员利用统计学方法对医学文献进行深度的评价和总结。转化研究图书馆员则要求馆员对相关文献进行可视化分析,为用户提供基础成果向临床应用转化的线索,促进转化医学的发展。随着角色的转变,馆员的服务层次在不断深入,力求以用户为中心,满足各种信息需求。

(4) 服务空间和服务对象不断延伸

早期的读者对实体图书馆和图书馆员的依赖远远高于现在。图书馆员的服务都在图书馆内完成。同时服务的对象局限在校内的教师、学生和所属医院的医生。联络馆员或信息专家的设置,极大拓展了服务的空间,使得信息服务延伸到用户的空间。服务对象面向广大的公众,为患者个人、家庭及社区开展有针对性的健康信息服务。

2 我国健康科学图书馆员的新角色及特点

为了解我国健康科学图书馆员的角色变化,反映我国医学图书馆或医院图书馆的服务现状和发展前景,检索中国生物医学文献数据库、中国知网和维普科技期刊数据库,利用“医学图书馆、健康科学图书馆、医院图书馆、医院图书室、馆员、角色、服务”等检索词,经多次组合,获得近 600 篇文献。逐篇浏览后,保留已有操作实例的文献作为本次调研的证据。健康科学图书馆员角色变化其实质是医学院校图书馆或医院图书馆服务的发展和变化,体现在日常的工作实践中。

2.1 学科馆员

目前我国医学图书馆的服务主要以学科化服务为主,学科馆员是学科化服务的主力军和实施者。我国学科馆员建设始于 1998 年。清华大学图书馆设立了国内第一个学科馆员职位。据对 18 所国内医学图书馆网站的学科馆员服务内容所做的调查得出,医学图书馆开展的学科服务内容主要是通过电话、email、当面咨询等方式及时解答用户问题,利用参考咨询系统提供在线学科咨询服务,包括学科知识的问答、图书馆书目信息、数据库的检索和使用等,通过开展参考咨询服务为用户提供交互式的学科信息服务。解放军医学图书馆于 2011 年 3 月全面开展学科化服务。包括对学科方向调研,了解科研人员的研究方向、常用的资源及需要的信息服务,基本掌握各研究室的主要研究方向;有效推介资源,提高资源建设水平;开展信息素养教育;为课题组提供知识服务;构建信息服务平台等。编写突发事件应急卫生信息报告,为地震、传染病等公共卫生事件提供信息指导。中国医科大学图书馆开展分层次的读者学科化服务。不同的读者服务方式和服务内容都有所不同。如对有科研需求的读者提供深层次信息服务,包括编制学科索引,对该学科网络资源进行搜集整理和链接,制作学科资源指南等工具,评价新的学科文献资源,编写文献综述,建立重点学科资源导航系统,开发特色数据库,如教参信息库等。

2.2 临床医学图书馆员

1971 年 Gertrude Lamb 首次提出临床医学馆员的概念。并指出临床医学馆员的主要工作是经常与临床医师一起查房巡视,参加讨论,获取相关知识,了解、分析临床医疗过程中遇到的各种问题,从而能够有的放矢地为临床医师提供有关疾病的高质量信息。我国临床医学图书馆员主要以医院图书馆的馆员为主,近年来同样强调嵌入式的学科化服务模式。北京大学第三医院图书馆的临床医学图书馆员实施主动服务,每周定期参加医疗护理大查房和科内疑难病例讨论,并根据临床上需要解决的问题,及时提供与疾病诊断、治疗相关的文献信息。围绕医院每年申请到的国家、省市级科研课题,搜集与课题相关的中、外文期刊信息,以专题的形式提供给负责人。广州医学院附属医院发挥临床医学图书馆员的作用,在医学临床教学上进行大胆尝试,主动为临床带教老师提供课前备课信息、数据库检索培训等服务。大连医科大学附属第一医院图书馆围绕医院重点学科建设,开展多种形式的信息服务。如参与学科文献资源建设、建立学科用户信息库、整合、筛选网络医学信息资源、构建学科基础上的信息共享空间等特色服务。随着循证医学模式的逐渐发展和深入,与循证医学有关的信息资源的提供也成为医学图书馆员的服务内容。为了向临床医生提供循证医学的证据、随机对照试验样本、临床指南等循证医学信息,特别对相关馆员进行交叉学科基础知识的半脱产培训,以适应循证医学环境下的信息服务。

2.3 系统综述图书馆员

制作系统综述是循证医学环境下最高级的信息服务内容。通过两个系统综述的实例证明,医院图书馆员可以进行医学文献分析和评价,参与或独立制作系统综述,提高信息服务的深度。但需克服医学知识、医学英语水平和循证医学评价技能水平低等困难。

2.4 转化研究图书馆员

转化医学是近十年来国际医学领域出现的新概念。主要目的是架起基础医学与临床医学沟通的桥梁,通过跨学科交叉合作,加速基础医学科研成果向临床实践转化的进程,提高人类健康水平。北京大学医学图书馆在神经外科领域开展转化医学学科服务,结合临床中遇到的实际问题,成功提供将超声波骨刀器械应用到神经外科的椎板复位术的成果转移的转化医学信息服务。

2.5 数字图书馆员

现代信息技术的迅猛发展为图书馆员带来新的机会和挑战。在网络信息平台的设计、专题医学数据库的研制、虚拟参考咨询系统的制作中发挥重要作用。如解放军医学图书馆学科化服务综合平台建设的构想、结合研制器官移植导航库的实践,对医学专题导航库建立的有关问题进行探讨等。

2.6 延伸服务图书馆员

越来越多的健康科学图书馆员考虑发挥医院图书馆的社会功能,走出图书馆、走出医院,走近用户群体,向患者开放。国内部分医院图书馆对患者提供图书期刊阅览服务,并利用互联网资源和数据库为患者解答常见的健康信息。医院图书馆通过参与“病友会”、“健康促进会”等社团组织的活动,为社区居民开展健康信息服务。

我国健康科学图书馆同样随着互联网服务技术的出现,随着临床医学模式的转变表现出多元、主动,追求创新,积极与国际医学信息服务模式和内容接轨的特点。如开发出针对循证医学和转化医学环境下的信息服务的新的模式,以应对不同读者群的个性化需求。与国外相比,我国健康科学图书馆员在服务理念和服务手段上差距不大,但工作模式单一、服务内容单调,服务水平低,缺少服务深度,尤其表现在临床医学信息服务。嵌入式学科化服务尚处在表面化的初级阶段,理论性探讨比较多,实证研究较少。如学科服务改善医患关系、以学科馆员为基础设立医院兼职临床馆员、医学图书馆基于学科馆员制度的一条龙服务模式、数字知识环境下医学图书馆员开展健康信息素养教育和健康信息服务等。

3 启示与思考

国外健康科学图书馆员的学科服务已有近30年的发展历史,在内容和模式上都相对成熟和完善。如何提高我国健康科学图书馆员的服务水平,国外有许多可借鉴之处。①细化馆员的工作岗位、用户层次和学科服务内容,根据馆员的实际水平和能力,分层次设定。做到人尽其才,物尽其用,最大程度的发挥每个馆员的学识和才干。②争取每个馆员都有自己的专业背景和专业优势,并给予馆员充足的时间和精力进行某个专项内容研究。据统计,制作一个完整的系统综述通常需要花费半年到一年的时间。③积极开展新知识、新技术的培训,提高馆员个人的服务能力和服务水平,不断开拓新的服务内容和项目。争取在诸如基因诊断、个性化医疗等医学未来发展中发挥重要作用。④主动参与社区活动,为社区居民和院外患者提供医学信息,普及医学常识。健康科学图书馆员应成为医生和科研人员的学术合作伙伴、新技术的普及者和倡导者、教学和科研的支撑者、大众医学知识的普及者,在服务中体现自身价值。

走出图书馆,走近用户,走向社区,直接参与到医疗、教学、科研、社区服务中去,实现由被动服务向主动服务的转移,充分满足用户个性化需求,成为“用户问题的解决专家”是健康科学图书馆发展的必然趋势,也是健康科学图书馆员生存和发展的必由之路。

4 研究的局限

文章在参考国外作者对20多年健康科学图书馆员角色变化系统综述的基础上,利用相关检索词,检索国内3个数据库,对获得的公开发表的文献进行系统分析和总结写成。没有考虑博客、招聘网站中的职位公告、电子邮件或未公开发表的文献中有关健康科学图书馆员的职位描述。有可能会遗漏已经存在或已经开展的新的角色或新的服务。对角色的定位带有一定的主观性。

参考文献

[1] Cooper, D.,Crum, J. New activities and changing roles of health sciences librarians: a systematic review,1990—2012[J]. Journal of Medical Library Association, 2013, 101(4):268—277.

[2] Pratt, GF. Liaison services for a remotely located biotechnology research center[J]. Bulletin of the Medical Library Association, 1991, 79(4):394.

[3] Davidoff, F., Valerie F. The informationist: a new health profession? [J]. Annals of internal medicine, 2000, 12:996—998.

[4] Beverley, C. A., Booth, A., & Bath, P.A. The role of the information specialist in the systematic review process: a health information case study[J]. Health Information & Libraries Journal, 2003, 20(2):65—74.

[5] Gluck, J.C., Hassig, R.A. Raising the bar: the importance of hospital library standards in the continuing medical education accreditation process[J].Bulletin of the Medical Library Association, 2001, 89(3):272.

[6] Blobaum, P. The hospital grantsmanship center: a new role for hospital librarians. Journal of Hospital Librarianship, 2007,7(1):29—41.

[7] Translational Research Support. [2014-3-25]. https://becker.wustl.edu/about/departments/translational-research-support.

[8] 刘娜,等. 医学图书馆学科馆员网上服务[J].中华医学图书情报杂志, 2012, 21(10):43—45.

[9] 陈锐,程瑾. 解放军医学图书馆学科化服务实践与体会[J].图书情报工作, 2012,56(17):5—9.

[10] 何玮,陈锐.医学图书馆在突发事件卫生信息服务中的角色定位及措施探讨[J].医学信息学杂志, 2009,(2):12—15.

[11] 刘春丽,等.医学院校学科馆员服务实施方法研究——以中国医科大学图书馆为例[J].医学信息学杂志,2009,(7):64—67.

[12] 郝继英,刘铭,张利,等.从临床医学馆员到信息专家:医学学科馆员的发展与启示[J].中华医学图书情报杂志,2010,05:24—27.

[13] 于丽华,张晶,尚越建.临床医学图书馆员如何为医疗、教学和科研服务[J].中华医学图书情报杂志, 2003, 12(3):21—22.

[14] 谢红卫,等.临床医学图书馆员模式在医学带教实践中的应用[J]. 医学情报工作,2001, 22(6):50—51.

[15] 迟明.医院图书馆学科馆员在医院学科建设中的职能作用[J].中华医学图书情报杂志, 2012,21(7):13—15.

[16] 乐扬.医院图书馆临床信息咨询服务实践[J].科技情报开发与经济,2008, 18(36):25—26.

[17] 张艳芬,等.医院图书馆员提供循证医学证据检索和评价服务的调查[J].中华医学科研管理杂志,2009,(5):299—300.

[18] 李维.转化医学下的学科服务实证研究——以神经外科为例[J].图书情报工作,2013,(S1):175—177.

[19] 肖健,张玉,王宇光,等.解放军医学图书馆学科化服务综合平台建设的构想[J].中华医学图书情报杂志.2013,1:21—24.

[20] 张士靖,蔡辉,安建福.网络资源医学专题导航库建设探析——华中科技大学同济医学院器官移植导航库[J].医学情报工作,2004, 02:110—112.

[21] 池云芳.国内肿瘤医院图书馆为癌症患者提供文献服务的调查分析[J].中华医学图书情报杂志,2012, 21(1):20—21.

[22] 武咏斐,陈小忠.我院图书馆为患者服务的实践研究[J].中国医院,2011, 15(5):77—79.

[23] 杨卫民.三级综合医院图书馆面向本地区延伸服务的探讨[J].中华医学图书情报杂志,2013,(3); 41—42.

[24] 杨晓茹,张群.医学图书馆学科服务改善医患关系的可行性分析及对策建议[J].现代情报,2013, 33(12):91—94.

[25] 张艳芬,蔡力民,王普清.以学科馆员为基础设立医院兼职临床馆员[J].中华医学图书情报杂志,2011,20(1):28—30.

[26] 杨艳荣,祝业.医学图书馆基于“学科馆员”制度的“一条龙”服务模式[J].中华医学图书情报杂志,2005,14(5):24—26.

[27] 张士靖,刘小利.数字知识环境下的健康信息素养教育和健康信息服务——医学图书馆员的新使命[J].数字图书馆论坛,2011,(2):7—11.

基于个人图书馆员制度的入馆教育研究

郑春汛

（上海大学图书馆）

摘要　传统入馆教育存在短时低效的缺陷，耶鲁医学院的个人图书馆员制度则贯穿新生的整个大学生涯，一对一的个性化服务有助于学生获得终身学习的技能，值得我们借鉴。

关键词　入馆教育　个人图书馆员　信息素质教育

Research of Library Preliminary Education based on Personal Librarian System

Zheng Chunxun

(Shanghai University Library, China)

Abstract　The defects of traditional library preliminary education is short term and inefficient, the personal librarian system of the Yale University School of Medicine are run through the freshman's university career. One-on-one personalized service can help students to gain life-long learning skills. It is worthy of learning from them.

Keywords　Library Preliminary Education　Personal Librarian　Information Literacy Instruction

1　传统入馆教育作用及其缺陷

1.1　开展入馆教育的必要性

新生入馆教育指高校图书馆在每年的新生入学季，针对新生（主要是本科生）所做的认知、使用图书馆的基础培训。由于地区间的经济发展不平衡，不同生源的“图书馆认知”存在一定差异。根据刘时蓉在湖南人文科技学院抽取400名新生所做的调查①，80%的新生从未接触过图书馆；来自省级以上城市的新生则全部利用过图书馆。根据陈靖在安阳师范学院中抽取823名新生所作的问卷调查②，97.2%的人表示在进入大学前没有去过任何类型的图书馆；其中超过50%的人表示进大学前对于图书馆完全没有形象认识。以上两个调查样本均来自省属地方院校，生源以地市州和农村为主，表明来自省级以下城市的新生“图书馆认知”十分薄弱，亟须培训。此外，高校图书馆作为“为教学和科学研究服务的学术性机构”③，其定位与作为“公益性公共文化与社会教育设施”④的公共图书馆，和“为教学和教育科学研究服务的机构”⑤的中小学图书馆，其资源建设与服务模式均有一定差距，因此，即使是在中学阶段有过图书馆使用经历的学生，进入大学后仍需参加培训。

通过入馆教育，新生不仅可以了解图书馆的资源与服务，学会在今后的学习生活中合理有效地利用图书馆，同时可以培养他们建立自主学习、自觉遵守规则、尊重馆员劳动等意识。其次，入馆教育可以减少新生因为环境陌生而产生的焦虑。相关研究表明，初次使用图书馆的大学生75%～85%在搜集信息时会出现迷失、恐惧、压迫、无助、迷惑甚至害怕等焦虑症状⑥。入馆教育可以帮助新生从环境到内涵全面了解、熟悉图书馆，树立自信心，从而克服“图书馆焦虑”。第三，可以提高图书馆电子资源的利用效率。各高校图书馆每年用于购置电子书、数据库和网络资源的经费少则几十万，多则近千万，由于宣传力度、渠道、读者习惯等因素，有些资源的

---

① 刘时蓉.大一新生图书馆认知水平调查[J].图书馆，2011(6)：89—91.

② 陈靖，郑宏.普通高校新生入馆教育方法新探[J].图书情报工作，2009(12)：95—98.

③ 高校图书馆规程2002修订版 http://lib.chzu.edu.cn/s/30/t/636/53/66/info21350.htm.

④ 公共图书馆服务规范. http://www.hilib.com/whxc/ShowArticle.asp?ArticleID=1352.

⑤ 中小学图书馆规程 http://baike.baidu.com/link?url=eO8c9ThzDdDC-kz7PVnVPT28yieKC2JjYqXMB2YjJUu2Xqn5ibt66XUI1k2suqSTFl4aNJWjrRSJ7gfZ8Rj9TK.

⑥ 史全胜，马惠霞.天津地区部分大学生图书馆焦虑的现状调查与对策研究[J].图书馆工作与研究，2010(7)：35—38.

利用率较低,但其中可能含有大量他们迫切需要的信息,包括最新最重要的信息。入馆教育可以培养学生的电子资源使用意识,提高电子资源的利用效率。

1.2 传统入馆教育模式及缺陷

由于入馆教育是开展大学生信息素养教育的方式之一,各高校图书馆普遍比较重视,在教育形式上也是八仙过海各显神通。多年来形成的常见的教育形式有举办讲座、观看视频、观看 PPT、组织参观等;近年来也有些高校结合年轻人青睐的网络,探索应用了一些新的教育形式,如采用网络教育平台、博客、动漫、QQ、DV 剧等等,青春气息深厚,拉近了与新生距离。但不论什么形式,热热闹闹一阵子,一两个月过后,讲座、参观、导览等活动偃旗息鼓,网页上五彩缤纷的"新生专栏"也悄悄撤下了,现时我们对入馆教育的理解显然只是短期行为。图书馆利用是一门科学,通过短期的入馆教育难以让学生获得终身学习的技能,入馆教育结束之后,新生在图书馆使用中还会遇到层出不穷的问题,虽然他们可以通过参考咨询等渠道寻求解决,但图书馆被动地等待读者上门被教育,既不符合高校图书馆"读者第一、服务育人"的宗旨①,也缺乏作为服务机构应有的主动性。而且现行入馆教育有如"大锅饭",几千名新生被灌输同一种信息,每个学生的接受能力和喜好不同,教育效果难以保证。在"后入馆教育"问题上,如何让入馆教育具有延续性,让信息素质教育落到实处,耶鲁大学医学院图书馆的"个人图书馆员"制度非常值得我们借鉴。

2 关于个人图书馆员制度

个人图书馆员(personal Librarian)制度是 1996 年耶鲁大学医学院的惠特尼医学图书馆为本科新生开展的一项服务,该项服务为每一名新录取的学生配备一名图书馆员,此图书馆员与此新生在耶鲁的整个学习生涯中保持联系,负责此学生在学期间所有信息咨询和服务,旨在协助学生更好地利用图书馆,发展成为具有终生学习技能的人。一般是每个个人图书馆员每年负责 10～20 个新生,因此 4 个年级的学生年加在一起,每个个人图书馆员实际负责 80～100 个左右的学生②。个人图书馆员向学生提供"一对一"的图书馆服务,一切与图书馆相关的事物如馆藏、学习空间、服务等,甚至不是特定图书馆的问题也可获得帮助。如果个人图书馆员不知道答案,他们会尽力找出谁可以解决学生的问题。个人图书馆员全年将多次与学生联系,推送新资源或服务。学生平常在学习或图书馆使用中遇到的任何疑问都可以和个人图书馆员联系。以什么样的频率和方式利用自己的个人图书馆员,完全取决于学生,当学生不知道从哪里开始,或想不出下一步该怎么做的时候,都可以联系个人图书馆员。个人图书馆员具体可以为学生提供的服务,耶鲁图书馆在主页上描述为以下 4 个方面③:

(1) 通告

定期用电子邮件向你推送有针对性的新资源和新项目;每月一次的医学图书馆通讯电子版;公告和友情提示(如医生执照考试学习期间,图书馆延长开放时间的通知)。

(2) 常规咨询

解答你有关图书馆服务(如文件传递或流通,谁可以为你做什么);政策;常规做法;协助你寻找研究相关(临床或其他课业论文、参考书等)线索。

(3) 科研支持

帮助你阐明一个良好的科研或临床问题;确定参考文献最佳来源;制定搜索策略和技巧;利用书目管理软件(EndNote\RefWorks 等)创建个人图书馆。

(4) 远程资源获取

帮助查找与顺利获取耶鲁图书馆系统之外的期刊文献、书籍;当你不在图书馆附近(休假或在国外做研究)的支持;帮你解决使用 VPN 链接到耶鲁大学遇到的问题;当你不在电脑旁边时可以联系你的个人图书馆员帮助你获得需要的资料。

个人图书馆员的服务看似面面俱到,但是耶鲁同时规定了个人图书馆员不予提供复印、设置个人计算机、代写论文等服务。类似这些他们不能提供的服务,如果学生有需求,他们会帮助学生找出谁能做,比如对

---

① 高校图书馆规程 2002 修订版 http://lib.chzu.edu.cn/s/30/t/636/53/66/info21350.htm.

② 初景利,许平.等.在变革的环境中寻求图书馆的创新变革[J].图书情报工作,2011(5):10—16.

③ What is the Personal Librarian Program?http://www.library.yale.edu/pl/.

于论文不知道怎样开始的学生,个人图书馆员会安排他和写作中心或写作导师联系。个人图书馆员是一切与图书馆相关事物的“中间人”,贯穿学生的整个大学生涯,当学生拥有“一对一”的个人图书馆员,在知识的汪洋大海中仿佛有了一盏指路明灯,学生无论是处于初识图书馆的新生期,还是处于学海泛舟的探索期,都能获得个性化的帮助。高校图书馆有开展信息素质教育的职责,而现阶段我国高校除了开设《文献检索》课和入馆教育外,鲜见其他信息素质教育的方式,前者课程持续一个学期,后者活动期最多两个月,对读者的影响力有限。如果国内高校在新生入馆教育中能增加类似个人图书馆员的个性化“一对一”服务,并贯穿整个大学时期,有助于学生获得终身学习技能,能很好弥补现行入馆教育乃至信息素质教育的不足。

3 个人图书馆员制度在我国实施的可行性分析

3.1 人力资源短缺的现实矛盾与解决方案

耶鲁医学院图书馆的个人图书馆员制度实际是学科馆员的一种,由个人图书馆员负责本科生的入门级学科服务业务,若学生学业成熟,有了更高的科研需求或者成为研究生,将由更高级别的专职学科馆员一对一的嵌入到学生的科研和论文写作过程。耶鲁成熟完善的学科馆员制度满足了学生各个阶段的信息需求,也侧面反映了耶鲁医学院图书馆人力资源的充足。限制我国高校图书馆实施个人图书馆员制度的最大问题恰恰是人员严重不足,我国高校扩招迅速,教师和教辅人员的增长远远跟不上扩招速度,而且事业单位编制控制严格也限制了图书馆人力资源扩张。倘若耶鲁医学院的个人图书馆员每人负责 80～100 个学生是一个能保证服务质量的合理标准,那么假设我国高校图书馆每个员工都可以担任个人图书馆员,高校的本科招生人数与图书馆员工人数的“师生比”必须小于 100 才能达到这个标准。作者对 112 所“211”高校图书馆及学校主页进行了访问,获取到了其中 70 所高校图书馆员工与本科生数量比值的第一手资料(另外 52 所无法获取公开数据),详见表 1。

备注:学校排序以师生比从小到大排列;选取“211”高校为调查样本是因为资料显示,“211”高校图书馆员工本科以上学历人数占比普遍在 80%～90%以上,而从事学科服务需馆员具备相关学历,这样得到的调查结果与假设每个馆员都可以担任个人图书馆员为前提的“师生比”数值结论更为接近实际。

表 1

高校名称	图书馆职工数量	全日制在校本科生数量	人均负责学生数(师生比)	学校类型备注
中央音乐学院	38	1 441	37	
清华大学	243	13 794	56	985
北京师范大学	123	8 900	72	985
复旦大学	193	14 100	73	985
中国人民大学	150	11 577	77.18	985
北京大学	169	14 465	85	985
南开大学	135	12 749	94	985
上海大学	240	24 711	102	
华东师范大学	136	14 000	102	985
吉林大学	386	40 628	105	985
北京中医药大学	38	6 108	106	
西北工业大学	134	14 395	107	985
中国农业大学	116	12 510	107	985
南京大学	130	14 400	110	985
东南大学	134	15 000	111	985
浙江大学	187	22 929	122	985
北京林业大学	108	13 218	122	
上海财经大学	60	7 838	130	
宁夏大学	123	16 000	130	
哈尔滨工程大学	105	14 350	136	
湖南大学	143	20 600	144	985
南京农业大学	118	17 000	144	
天津大学	106	15 618	147	985
苏州大学	165	25 312	153	

续 表

高 校 名 称	图书馆职工数量	全日制在校本科生数量	人均负责学生数（师生比）	学校类型备注
广西大学	146	22 723	155	
中央民族大学	72	11 261	156	985
青海大学	75	11 936	159	
山东大学	259	41 437	160	985
西北农林科技大学	136	21 914	161	985
中南财经政法大学	120	20 000	166	
北京航空航天大学	85	14 428	169	
大连理工大学	114	19 481	177	985
中南大学	186	33 000	177	985
北京交通大学	78	14 003	179	
辽宁大学	111	20 000	180	
新疆大学	107	19 400	181	
西北大学	99	18 000	181	
安徽大学	118	21 496	182	
华南理工大学	134	24 906	185	985
太原理工大学	116	21 590	186	
东北林业大学	100	18 796	187	
大连海事大学	91	16 800	184	
长安大学	115	22 000	191	
福州大学	113	22 000	194	
西藏大学	50	9 924	198	
华中师范大学	101	20 000	198	
兰州大学	99	20 083	202	985
南京航天航空大学	83	17 000	204	
北京理工大学	74	15 309	206	985
北京工业大学	60	12 800	213	
重庆大学	140	30 000	214	985
武汉理工大学	170	36 700	215	
江南大学	95	20 000	217	
内蒙古大学	83	18 475	222	
中国地质大学武汉	80	18 540	231	
合肥工业大学	120	28 140	234	
电子科技大学	83	20 000	240	985
河北工业大学	61	15 000	245	
北京体育大学	31	8 000	258	
中国矿业大学(徐州)	94	25 800	274	
东北大学	89	25 793	289	985
华中农业大学	63	18 400	292	
贵州大学	150	45 000	300	
西南大学	131	40 000	305	
东北农业大学	68	21 293	313	
石河子大学	74	23 596	318	
华北电力大学保定	58	20 000	344	
中国石油大学	52	20 000	384	
华北电力大学	45	20 000	444	
南昌大学	163	73 400	450	

表1所示,70所211高校中,图书馆师生比在100以下的只有7所高校,占样本的10%,介于101—200之间的有39所,占56%,在200以上的为24所,占34%,即90%的211高校图书馆师生比在100以上。因此,我国高校目前还没有条件大范围推广个人图书馆员制度。对7所有条件的高校进行分析,发现,除中央音乐学院为艺术专门院校,招生人数极少,具有特殊性外,其中6所均为研究型综合高校,在985名单之内。这6所研究型高校的特点是以研究生教育为主,在校本科生人数少于或等于研究生人数,只扩招了研究生而未扩招本科生。而其他60多所"211"高校因参与了本科生扩招,普遍存在员工增长速度跟不上本科生增长速度的现象,导致了较高的师生比。我国共有高校2 000多所,除了"211"高校,还有大量以教学为主的教学研究型高校、一般本科院校,他们都是以本科生教育为主,每年大量扩招,图书馆师生比失衡的现象则更加明显。高校图书馆显然也感到了扩招带来的压力,5年前,以清华大学为首的高校采取招聘高素质非事业编制员工来突破国家编制在人力资源扩张上的限制,目前清华大学图书馆正式员工与非事业编制员工人数接近1∶1,大大缓解了人力资源压力。近年来,山东大学、西北工业大学、西北大学、福州大学等数十所高校图书馆也聘用了一定数量的编外馆员。如果编外人员的招聘力度都能增加到1∶1以上,那么相当一部分图书馆师生比在200以下的高校都可以降到100以下,个人图书馆员制度才有推广的可能性。

3.2 亟待转变的服务模式与管理体系

个人图书馆员制度的实行,除了要有充足的人力资源,还要有完善的管理体系做保障。比如耶鲁的个人图书馆员一旦和新生匹配,要根据读者身份、年级、专业及时主动的提供信息服务。从提供基础信息帮助新生熟悉馆藏开始,随着学习的深入,不仅要学生推荐最新专业书籍,要还利用自身具备搜索、分析、综合信息的专业优势,提炼出动态学科前沿资讯推送给学生。对于即将毕业的学生,从论文选题到资料搜集、数据库的选择使用以及写作技巧,都要主动给予指导甚至面对面地沟通。由于一对一的服务,个人图书馆员了解每一个学生的实际情况,提供的信息具有针对性和连续性。此外,耶鲁医学院图书馆为了方便学生准确的找到自己的个人图书馆员,专门建立了网络数据库,每学年更新以掌握跟踪学生和图书馆的匹配情况。这种长期建立的个人关系使图书馆能收集及时、重要的反馈,如对图书馆网站可用性、PDA软件特色服务和资源的意见,并使部分学生毕业后,仍联系他们获得帮助。良好的服务模式与管理体系保证了个人图书馆员与学生之间动态交互式的良性发展。

对我国高校图书馆而言,个人图书馆员还是新生事物,这种主动的、连续的、全面的站在用户立场的服务,与以往图书馆员被动坐等读者上门完全不同,必须从传统的以图书馆资源为中心转变为以用户需求为中心的服务,馆员首先需要彻底转变传统服务观念与服务模式。此外,对个人图书馆员的服务内容、考核、评价也需要重建新的标准体系,要以用户评价和效果评价代替传统人事管理上的过程评价和自我评价。个人图书馆员制度实质是学科化服务的一种,这些服务理念和管理模式的根本性转变,与学科化服务在我国的整体发展有关。我国的学科化服务自1998年清华大学从国外引进,至今已有15年历史,过去受国情及图书馆传统服务观念等限制,学科化服务只在极少数科研机构或大学图书馆开展的比较好,近年来学科化服务逐渐受到重视有在国内推广的趋势。以用户为中心的服务理论与用户评价的人事管理体系等,这些对传统体系的颠覆既是我国高校图书馆面临的挑战,同时也是机遇。随着未来图书馆转型,学科化服务发展成熟,以用户需求为中心的服务理念和服务模式被广泛接受,个人图书馆员制度拥有了合适的土壤和温度也能在我国图书馆界生根发芽。

参考文献

[1] 初景利,许平,等.在变革的环境中寻求图书馆的创新变革[J].图书情报工作,2011(5):10—16.
[2] 汪莉莉,钟永恒.耶鲁大学图书馆学科馆员服务研究.2011(3):76—79.
[3] 宋亦兵,周津慧.耶鲁大学图书馆考察报告[J].数字图书馆论坛,2011(11):23—30.
[4] 李金芳.美国高校图书馆嵌入式学科服务的典型案例研究[J].图书馆杂志,2012(11):73—77.
[5] 马晓敏.图书馆学科服务组织设计:耶鲁大学医学院范例研究[J].图书情报工作,2012(3):21—25.

全民阅读(数字阅读推广)与图书馆

Reading for All(Digital Reading Promotion) and Libraries

利用公共图书馆推进数字阅读：新加坡公共图书馆经验的分享

Felix Ser　Sharon Ong
（新加坡公共图书馆）

摘要　新加坡在电子设备方面，如智能手机和平板电脑，是全亚洲普及率最高的国家。移动技术的普及也对全国人民的生活产生着直接的影响。许多新加坡人拥有一个以上的手机，尤其是年轻人，正迅速适应将数字和移动技术融合到他们的生活和工作中去。然而，也有部分成年人，较难适应新技术的变革，并需要更多的帮助以提升他们的信息技术水平。随着新技术的兴起，访问和使用数字阅读资源已经成为人们获取新知所必备的技能。认识到数字时代促进阅读的必要性，新加坡国家图书馆管理局(NLB)采用了不同的方法以促进数字阅读。先期项目包括为学龄前儿童提供数字交互式信息亭服务、电子阅读器借阅服务、在新加坡航空公司航班上策划的数字音频阅读项目等。这些举措也积极地为新加坡充满活力的老龄人口提供了合适的服务。这些先期举措是我们更大公众阅读计划的一部分，因此公众可以从我们的阅读服务中获得全面的体验。本文从推动数字阅读的背后意图开始，勾勒并讨论这些先期举措所取得的效果，并强调一些值得我们学习的经验。本文的结论部分将关注公共图书馆在未来的数字化世界中所面临的各种可能性。

Promoting Digital Reading through Public Libraries: Sharing the Singapore Public Libraries' Experience

Felix Ser & Sharon Ong
(National Library Board Singapore, Singapore)

Abstract　Singapore has one of Asia's highest penetration rates in terms of ownership of eDevices such as smartphone and tablets. The pervasiveness of mobile technology has a direct impact on the lives of the country's population. Many Singaporeans own more than one mobile phone, especially among the young who are fast adapting their lives to have digital and mobile inclusions to the way they live and work. However at the other end of the spectrum, some adults have also shown themselves to be less adaptable to new technological changes and require more help to level up their experience with infocomm technology. With the rise of newer technologies, the ability to access and use digital-reading materials is a necessary skill for people to stay updated, relevant and empowered.

Cognizant of the need to promote reading in this digital age, the National Library Board(NLB) of Singapore has come up with different approaches to promote digital reading. Initiatives to do this includes the provision of digital interactive kiosks for pre-schoolers, eReader loan services, curated electronic audio reads in Singapore Airline flights and more.

The initiatives actively engage the different user segments of Singapore's vibrant ageing population with appropriate services and approaches. These digital reading initiatives are positioned as part of our larger reading programmes for the public, so that the public gets to appreciate the holistic experience of our reading services.

This paper begins with the intent behind the promotion of digital reading. The paper will be developed to outline and discuss the reach of these initiatives, and goes on to highlight some of our learning points. The paper concludes by future gazing the possibilities that public libraries might face in the digital world of tomorrow.

1 Introduction

Singapore has one of Asia's highest penetration rates for ownership of eDevices such as smartphones and tablets. Many Singaporeans, especially among the younger generations, are fast adapting their lives to have digital and mobile inclusions to the way they live and work.

The Singapore Infocomm Development Authority(IDA, 2013) revealed that the majority of children to early adults aged 7 to 25 years old(over 98%) in Singapore use the internet mostly for social networking purposes. In a survey, conducted by the Singapore Ministry of Education(MOE, 2013) with parents, 74% said they were exposing their children to digital technology in order to prepare them early for a lifestyle where digital literacy has become must-have lifeskills. To this end, the Singapore schools have also begun to introduce the use of infocomm technology(IT) skills into the education curriculum for students as young as 7 years old(MOE, 2013).

IDA(2013) also indicates mobile phone penetration for Singapore stands at 156%(i.e. Singaporeans on average own more than one mobile phone) while a Nielsen Report(2013) reveals smartphone penetration for Singapore at 87%. Our public libraries likewise are seeing this latest digital wave reflected in our loan trends. An article published in AsiaOne(2013) shows that ebook loans increased more than 25% from 3.9 million in 2011 to 4.9 million in 2012.

Meanwhile a huge contrast is seen in the use of technology by the older adult population. IDA(2013) revealed that in 2012, less than half of the population aged 50 to 59 used the computer in the last 12 months. This number dropped for people above 60 years with only 16% having used the computer in the previous year. Thus it is appreciated that in Singapore while the younger generation are generally considered to be more IT-savvy, there remains a significant number of older adults who will require more help to level up their IT knowledge, use and experience.

Public libraries have long been seen as public institutions that enable social leveling in society, In this new digital wave powered by the proliferation of mobile technologies, it therefore becomes critical for public libraries to also be similarly be engaged in leveling up the public's digital literacy especially in the area of digital reading. This applies to both exposing the public to newer technologies that are emerging as well as helping relevant sectors of society to level up in the use of IT. With this understanding, NLB has similarly embarked on its own exploration to bring about digital reading initiatives.

2 Considerations Behind NLB's Digital Reading Initiatives

Besides the above trends, there are other considerations in the formulation of NLB's key strategies in promoting digital reading. As part of the understanding on how we could deliver relevant digital reading initiatives, NLB took these factors into account. A good understanding of these environmental factors thereafter allowed us to construct relevant strategic plans to advance digital reading amongst the public.

2.1 Rising importance of digital literacy

There has been a growing emphasis on digital literacy as a core skill for people to stay updated, relevant and empowered in this digital age. The University of Illinois(2008) defines "digital literacy" as "the ability to use digital technology, communication tools or networks to locate, evaluate, use and create information".

It is appreciated from this definition that there are two components to the attainment of digital literacy. The first is the need to have physical access to and be able to use electronic devices to find information. The second is the need to cultivate an ability to understand and evaluate the information found and thereafter be able to create new content.

2.2 Bridging the digital divide-providing physical access to digital devices

Many studies validate the importance of reading for seniors. Uchida & Kawashima (2008) studied 120 community dwelling seniors aged between 70 and 86 years showed that seniors who read daily improved their cognitive ability and are mentally more agile compared to the control group. Similarly, The Reader Organisation(2011) showed that after six months of weekly reading and sharing stories together, 87% of seniors were able to concentrate better, while 86% reported an improvement to their general moods and sense of well-being.

Studies such as these validate the necessity of helping seniors keep mentally agile through reading. In keeping with the times where the medium of books have changed from print to digital, the rationale for reading still holds true for seniors even if the reading experience becomes digitally inclined. Moreover, digital reading has a big potential to help seniors stay actively connected to the increasingly digital world and enhance their quality of living. However, the issue for seniors lies more in helping them to become more familiar with digital devices, having access to digital information or understanding how they are able to conduct electronic transactions for activities such as online shopping(IDA, 2013).

A multidisciplinary literature review on computer use by older adults by Wagner et. al(2010) cited factors such as affordability, level of difficulty and fear of technology becoming obsolete being some barriers faced by seniors when adopting new digital technology.

2.3 Parental involvement for young children

Some studies like Wolf's(2012) have cautioned the wisdom of exposing very young children below the ages of two years to the use of digital devices. These arguments have been backed up by paediatricians who have voiced objections to parents introducing their children to not just digital devices, but also to screen time from television and videos.(American Academy of Pediatricians, 2014) One approach to parents who may still wish to provide some form of digital exposure to their children would be to have parents be the mediator between the child and the digital world. An Australian study on the effects of digital media and children up to 8 years old, showed that parents' participation in their children's media use is key to children having the proper exposure and healthy understanding of how digital media ought to be used. What is therefore critical in pushing out any form of digital literacy to children was to "enable children to navigate virtual media deftly as we teach them how to think deeply about what they read"(Wolf, 2012). One positive benefit to engaging parents in this journey is that they will also be able to bond with their children through this engagement process.

2.4 Higher level information literacy skills required for youth and adults

While the young and adult users are usually more proficient in using digital gadgets to access digital reading materials, it does not necessarily mean they will naturally develop higher levels of information literacy. For example, Foo et. al(2013) showed evidence that information literacy levels of tertiary students studying in Singapore were not skilled in identifying authoritative information sources, differentiating what were considered to be a fact, a view or an opinion, as well as having an awareness of and concern about copyright issues. This shows the need for digital reading to also incorporate information processing skills.

3 NLB's Technological Initiatives

In keeping with the world to improve efficiencies with IT, NLB has, over the years, pushed out many technological solutions and innovations aimed also at improving the users' experience of the public libraries and their facilities. Our journey started with being the first library system in the world to use Radio Frequency Identification tags which has now become the de facto standard to track library materials. The expansion of IT related services have included the provision of self-service checkout machines, automated book-drops, electronic service kiosks and multimedia stations accessing digital resources and the internet. All these have now become must-haves in NLB's suite of IT services offered by its network of public libraries.

Much of the early years' of NLB's growth in its digital service had focused on the infrastructural aspects. However in the past two years, under its Readers for Life initiative, NLB has chosen to refocus its attention onto levelling up digital literacy. These initiatives actively engage the different user segments of Singapore's vibrant population with appropriate services and approaches. Being strategically positioned as part of our larger reading programmes for the public, the public will therefore get to appreciate digital reading as part of the holistic experience of our reading services.

4 Digital Reading Initiatives

To push out digital reading initiatives, NLB did this in two broad ways:

a. Access to the digital world:

In this series of initiatives, NLB makes a conscious effort to provide the relevant infrastructures, including loans of devices, to allow its readers to the digital world of eReading

b. Navigating digital reading & learning:

Under this broad initiative, NLB organises relevant programmes and services aimed at equipping people with the "how-tos" of digital reading

4.1 Access to digital world

(1) E-Devices loan services

In 2012, NLB launched the new e-Devices loan service. Library users can borrow iPads, TumbleBooks, Playaways and Kindles at one of its public libraries e-Devices. The e-Devices were donated by corporate sponsors. This service was further extended to five other public libraries over the next year as well.

This initiative hopes to provide alternative modes of learning and reading to library members, and to benefit those who do not own such eDevices nor have any experience using one, to have the opportunity to borrow them from the library.

Users can borrow the eDevices for three weeks. With the devices such as iPads and eReaders, users can access NLB's electronic resources(eResources) and choose from over millions of eBooks as well as magazines and newspapers from around the world. They can also look up information in the eDatabases including Factiva, which has content from over 35,000 online news and information sources.

Overall the loans of these devices have been well-received by the public, especially seniors. It is observed from the take-up of this services is usually done by seniors living within the vicinity of the public libraries.

(2) Silver infocomm hotspots for seniors aged 50 and above

To encourage more seniors to use the computer and internet and to make visiting the libraries part of their life routines, NLB offers seniors a one hour free use of its multimedia stations, which are designated and branded as Silver Infocomm Hotspots in the libraries, across its entire network of public libraries. These hotspots are used by the seniors to access the internet as well as use the eResources of the libraries.

This service has been very well received since its introduction because currently, around 8000 senior users regularly travel to the libraries to use the Silver Infocomm Hotspots every month. A significant number of users are new users to the library.

(3) Digital interactive storytelling kiosks for pre-schoolers up to 6 years of age

The digital interactive storytelling kiosks are located in the children's section of the libraries. These kiosks are placed in a total of five libraries including three regional libraries. These kiosks are preloaded with a selected collection of eBooks suitable for children up to six years old. As of April 2014, this digital storytelling kiosks has achieved over 300 000 hits on the titles offered at the kiosks, or an average of more than 30,000 hits per month.

(4) DiscoverReads: a online reading portal for students

DiscoverReads is a customised online reading platform started by NLB for students. Leveraging on the popular use of social networking, students are encouraged to connect with one another over reading. This closed-access portal allows only students and teachers to share their opinions about the books that they love (or dislike). More than this, they can also share their own creative works inspired by these books with the public librarians. Through discoveReads.sg, students can now even share about books during their leisure time. Through this platform, we hope to encourage the growth of an online student community of booklovers. At the same time, reluctant readers can also develop the habit of reading because of positive peer influence arising from using the social networking features in the website.

(5) Mobile access to eReading

Our foray into the arena of mobile apps started in 2009 with the "Library In Your Pocket"(LiYP) initiative. Essentially a webpage customised to load efficiently onto a mobile phone capable of internet access. The application allowed users to search the online catalogue, view new titles arriving at the libraries, find events and read eBooks as well as conduct transactions on their loan accounts. Besides this, NLB also has a 'Mobile READ' app that showcases recommended reads under its Read! Singapore initiatives. This is an initiative that is largely responsible for fuelling the proliferation of reading communities, and is inspired by the "One City, One Book" project in project first started in 1998 by Seattle Public Library. Through its Mobile READ App, a variety of reads in Singapore's four official languages of English, Malay, Chinese and Tamil are showcased. Titles ranging from short fiction works to poetry, as well as excerpts of longer works translated into different languages, encourage fiction reading.

(6) Curated electronic audio Reads in Singapore Airline flights

NLB collaborated with Singapore Airlines to launch an in-flight audio books entertainment service in 2012. Passengers onboard Singapore Airline flights can access the narration of reads from a broad selection of audio books from Singapore Airline's KrisWorld entertainment system, which includes all-time favourite fiction and classics tales. The list of audio book titles is recommended and refreshed on a monthly basis to offer a variety of good reads for busy travellers to explore some good reads during their flights. The audio reads has since garnered about 1850 total hits out of 174 album titles since the launch.

4.2 Navigating digital reading

(1) Silver infocomm junction for seniors aged 50 and above

A special computer laboratory was set up in one of NLB's regional library with the primary purpose of being a learning place for seniors to pick up IT skills. Known as the Silver Infocomm Junction(SIJ), this collaboration between NLB and the Infocomm Development Authority(IDA) offers seniors an enriching learning space of their own where they can pick up IT skills such as using the internet and NLB's eBooks and eNewspapers, social networking and photo or video editing. It is currently equipped with ten laptops, modular furniture for flexible use of space for activities to seniors who are 50 years old and above. Since opening in Nov 2012, centre has attracted close to 800 senior participants to very good reviews.

(2) E-Device workshops for borrowers of eDevices

To ensure that the library users who borrow eDevices from the library understand the basic features of these devices, borrowers are required to attend a one-hour introductory workshop on how they can use the devices as well as use the apps that were pre-loaded to access NLB's eResources.

5 Learning lessons

Pushing out these series of digital reading initiatives have not been without many learning points. These learning lessons are detailed below:

(1) User-centricity

A commitment to be user-centricity throughout the conceptualising, trial and implementation process of the various initiatives has been helpful. For example, considerable effort was put into in conducting focus groups interviews to understand library users' routines and expectation of digital reading services. Doing this has resulted in initiatives such as the Silver Infocomm Junction computer workshops for seniors being better able to serve the learning needs of its target audience. This was because during the planning stage when seniors' feedback for this intended service was done, it was learnt that most seniors preferred to come for classes on weekday afternoons. Many seniors had in their routines to occupy their mornings and evenings with cooking, housework, and the caring for grandchildren while weekends were reserved for family time. Therefore for most seniors, their available free time would be in the afternoons when the young grandchildren were in schools and their adult children, at work. Planning library IT courses around the seniors' routine went a long way to help-ensure higher senior participation rates.

(2) The need to level up library staff's digital literacy competencies

With the plethora of digital devices available for accessing the libraries' e-resources, the general competency levels of all library staff needed to be improved. Efforts are being put into setting in place a "Train-the-trainers" concept where librarians and library managers, who are already familiar with the use of various eDevices and in accessing the digital resources, would assist the other library staff learn how they can promote digital reading better. This is done through a structured training platform where those who know will share with those who are learning to navigate digital reading better. The intention is that through sharing of knowledge and skills on e-Devices and mobile apps for library programmes, all librarians and library staff will become increasingly conversant as digital reading navigators. With their learnt skills, they will grow to become more confident in handling enquiries related to digital access and reading, and even to use the eDevices during programmes such as storytelling.

6 Conclusion: Future Trends for Promotion of Digital Reading

With already this many number of initiatives towards the promotion of digital reading, it is easy to sit back and consider our job done. However NLB is ever-mindful that it needs to keep up with the new demands from our users when it comes to digital access, reading and learning.

Looking at trend reports from groups such as the New Media Consortium(NMC) Horizon Report(2014) the future will see people making even greater use of social media for collaborative learning. Statistics show that 2.7 billion people, or 40% of the world's population is said to be using social media regularly, with the top 25 social media platforms sharing 6.3 billion social media accounts between them(Horizon Report, 2014). Public libraries may want to capitalise on this phenomenon to see how we could better promote digital reading and learning. At the same time, the explosion of data in the digital world has also started many to ask how Big Data can be used to understand our readers and users better.

As technology continues to develop for people to capture, store and retrieve information in different formats (e.g. Google Glass) as well as produce physical artefacts with ease(e.g. 3D printers), library users are just as likely to be information consumers as they are information creators. Thus we see that it would be in the interest of public libraries to consider how this trend will impact their services and programme delivery to the public.

Regardless of how technology may evolve it is a certainty that digital reading is here to stay. While the platforms used for access of digital content may change over time, libraries can and should take advantage of these new access points to reach out to more users. In doing so, public libraries will continue to be a reader's treasured partner for providing convenient, timely and quality reading materials regardless of their forms.

References

[1] American Academy of Pediatrics.(2014). Media and children. Retrieved April 17, 2014 from http://www.aap.org/en-us/advocacy-and-policy/aap-health-initiatives/pages/media-and-children.aspx.

[2] AsiaOne Singapore.(2013, July 12). Us embassy donates 400 ereaders to NLB. Retrieved April 15, 2014 from http://news.asiaone.com/News/Latest+News/Singapore/Story/A1Story20130712-436706.html.

[3] Bittman, M. et. al.(2011). Digital natives? New and old media and children's outcomes. Australian Journal of Education, 55(2).

[4] Infocomm Development Authority of Singapore.(2013, December 13). Infocomm usage-households and individuals. Retrieved March 28, 2014 from http://www.ida.gov.sg/Infocomm-Landscape/Facts-and-Figures/Infocomm-Usage-Households-and-Individuals.

[5] Johnson, L., Adams Becker, S., Estrada, V., Freeman, A.(2014). NMC Horizon Report: 2014 Higher Education Edition. Austin, Texas: The New Media Consortium.

[6] Lee, A.(2012, October 8). Strong response to iPad loan programme at public library. Today Singapore, p.6.

[7] Ministry of Education Singapore.(2013). Two future schools to push learning boundaries with next generation solutions. In MOE-Ministry of Education, Singapore. Retrieved March 28, 2014.

[8] The Nielsen Company.(2013, September 17). The Asian mobile consumer decoded.Retrieved March 28, 2014 from http://www.nielsen.com/sg/en/insights/news/2013/the-asian-mobile-consumer-decoded0.html.

[9] National Library Board.(2012, December 19). Bukit Merah Public Library turns 30 with launch of new initiatives. Retrieved April 15, 2014 from http://www.nlb.gov.sg/Corporate.portal;jsessionid=k01JQRnTbn1yv9GgwzWDcv6Yqn2p8gw2cfJDJ1h8kfcfk1STF2Mn! 1176947033? _nfpb=true& _windowLabel=PRHandler_1&PRHandler_1_actionOverride=/IBMS/corpHomePR/corpPRHandler/detail&PRHandler_1detailId=636&PRHandler_1mediaType=1&_pageLabel=Corporate_page_ne_pressreleases.

[10] National Library Board.(2011, April 23). New library at Clementi to offer two new reading services. Retrieved March 28, 2014 from http://www.nlb.gov.sg/Corporate.portal;jsessionid=ZJbkNN0CHFLbcrGTvLxJKQzbxvtylY6gY9nLJnNVpfP6LT1h9Gh3! 387867513?_nfpb=true&_windowLabel=PRHandler_1&PRHandler_1_actionOverride=/IBMS/corpHomePR/corpPRHandler/detail&PRHandler_1detailId=587&PRHandler_1mediaType=1&_pageLabel=Corporate_page_ne_pressreleases.

[11] Singapore Airlines.(2012, May 2). Listen to books on Singapore Airlines flights. Retrieved April 15, 2014 from https://www.singaporeair.com/jsp/cms/en_UK/press_release_news/ne120502.jsp.

[12] The Reader Organisation.(2011). Get into reading pilot project evaluation. Retrieved March 30, 2014 from http://www.thereader.org.uk/media/67059/tro_bupa_pilot_project_evaluation.pdf.

[13] Uchida, S., & Kawashima, R.(2008). Reading and solving arithmetic problems improves cognitive functions of normal aged people: a randomized controlled study. Age, 30(1), 21—9. Retrieved September 1, 2011, from ABI/INFORM Global.(2408250251).

[14] University of Illinois at Urbana-Champaign.(2008, October 15). Digital literacy definition and resources. Retrieved March 28, 2014 from http://www.library.illinois.edu/diglit/definition.html.

[15] Wagner, N., Hassanein, K., & Head, M.(2010). Computer use by older adults: A multi-disciplinary review. Computers in Human Behavior, 26.

[16] Wolf, M., Ullman-Shade, C., & Gottwald, S.(2012). The emerging, evolving reading brain in a digital culture: implications for new readers, children with reading difficulties, and children without schools. Journal of Cognitive Education and Psychology, 11(3).

少数民族地区公共图书馆阅读推广探讨
——以广西为例

蒋 丽

（广西桂林图书馆）

摘要 以广西壮族自治区为例，从馆舍、设施设备、资源购置费、工作人员及服务人群等方面分析了少数民族地区公共图书馆存在的发展困境，但政府对中西部公共图书馆的投入，尤其是免费开放经费为阅读推广服务提供了经费保障。免费开放后，基层读者的阅读行为发生了部分转变，从营造服务环境、加强资源建设、关注老人、青少年、残障人士等弱势群体、培养读者的信息素养、开展多样性的全民阅读及加强制度建设等多方面对少数民族地区公共图书馆阅读服务对策进行了探讨。

关键词 阅读服务 阅读推广 少数民族地区 公共图书馆

Discussions on Reading Promotion of Public Library in Ethnic Minority Areas: A Case Study of Guangxi

Jiang Li

(Guilin Library of Guangxi, China)

Abstract Taking Guangxi Zhuang Autonomous Region as an example, from the houses, facilities, resource acquisition costs, staff, serviced groups etc, analyzes the development problems of public libraries existing in ethnic minority areas, but the investment of government to the public libraries in the Midwest area, especially free open funds provides fund guarantee for the reading promotion service. After free open policy, the reading behaviors of readers at the basic level changed partly from building service environment, strengthening resource construction, paying attention to the elderly, young people, the disabled and other vulnerable groups, cultivating the information literacy of the readers, developing various nationwide reading, and strengthening the construction of system etc, this paper discusses the reading service policies of public libraries in ethnic minority areas.

Keywords Reading Services Reading Promotion Ethnic Minority Areas Public Library

阅读推广，旨在促进全民阅读，保障公民的基本文化权利，丰富人民群众的精神文化生活，提高人民群众的思想道德素质和科学文化素质，振兴民族文化，增强全民族文化创造活力。图书馆是公益性文化服务机构，历来被人们公认为阅读中心，在阅读推广活动中扮演着重要角色，少数民族地区图书馆应当因地制宜地开展阅读推广活动，培养公众的阅读兴趣，向公众传授阅读方法，努力促进全民阅读。

1 少数民族地区公共图书馆发展现状

近年来，中央和各地政府越来越重视公共文化服务体系建设，逐步加大了对各级公共图书馆的投入，少数民族地区公共图书馆也得到了一定的发展，但民族地区大多处于边远山区，与东部发达地区相比，公共文化事业仍然发展缓慢。以广西壮族自治区为例，截止 2013 年年底，我区已基本建成省、市、县、乡、村五级公共文化服务体系，共有自治区、市、县级公共图书馆 110 家，其中省级图书馆 2 家，市级图书馆 15 家，县级图书馆 93 家，乡镇（街道）文化站 1 166 个，村级公共服务中心 2 500 个，社区公共服务中心 204 个。从文化部第五次公共图书馆评估定级统计数据（2009 至 2012 年）和 2013 年度广西县以上公共图书馆运行数据来看，广西公共图书馆发展现状呈现以下特点：

1.1 部分图书馆馆舍不足,设施陈旧

各级公共图书馆的办馆条件得到了显著改善,但仍有不少图书馆建筑面积不足,内部设施不尽如人意,有个别县图书馆仍没有独立馆舍,少儿、老年人、残疾人等特殊人群的服务空间不足,这使读者工作难以拓展和延伸,极大影响了图书馆功能的充分发挥。

1.2 资源购置费较少,资源总量偏低,种类单一

图书馆购书经费较少,有些馆购书经费未纳入财政预算,无法保障每年新书刊的正常采购,导致新书入藏量偏低。购书经费最多的县馆达 20 万元/年,最少的只有 2 万元/年。据统计,2013 年整个广西自治区、市、县公共图书馆购书经费合计 3 200 万元(其中广西图书馆就占了 1 100 万元),远不及发达地区一个省馆的全年购书经费。由于购书费不足,只能先采购图书(新书入藏量是评估定级的必备条件)导致报刊入藏量、电子文献入藏量和视听文献入藏量偏低或没有,资源种类单一。

1.3 人员问题制约工作开展

人员编制少,且存在不满编现象,同时各级公共图书馆还普遍存在人员老化,学历、职称偏低,知识结构单一,掌握新技术应用的人才很少,因此图书馆应用新媒体新技术的工作开展受限。大多数负责阅读推广服务的馆员没有接受过系统的阅读推广培训。

1.4 受经济条件制约,服务人群素质偏低

相对东部发达地区而言,西部民族地区大多地处边远山区,经济相对落后,人们受教育程度比较低,文化生活较单一,造成该区域人群阅读力较低,尤其是边远山区更为明显。稍年轻的农民一般受过初中教育,但青年农民都外出打工,这样使较高文化程度的人群外流,乡镇和村屯只有一部分妇女、老人、儿童留守。

1.5 免费服务经费到位,为阅读推广服务提供经费保障

少数民族地区基本上属于西部地区,免费开放经费大部分由国家财政拨付,到位情况良好,从评估检查的情况来看,地方配套经费也落实较好,为开展阅读推广活动提供了经费保障。

2 少数民族地区读者阅读行为分析

2.1 到馆读者以休闲阅读为主

读者阅读以休闲、保健、娱乐为主,以广西桂林图书馆为例,根据借阅数据档案和借阅统计分析,借阅量最大的图书分别是:文学、历史、医药卫生和经济类(如炒股、投资等)。读者上网阅读主要是看新闻、发邮件、看视频、炒股、玩游戏,利用电子资源的读者较少,从网站统计的数字资源浏览量和下载量偏低。

2.2 免费开放后电子阅览室读者较多

据调研,各级公共电子阅览室少儿读者、成人读者普遍较多,说明西部地区由于经济欠发达,不具备家庭电子阅读的条件读者还占有较多,读者有较强烈的电子阅览需求,利用群体存在一定比例。

2.3 基层读者阅读方式相对传统

少数民族偏远地区,尤其是乡镇、村屯等最基层读者对数字阅读的知识和技能掌握不足,以纸质书刊为主要的阅读方式,老龄读者以报刊阅读为主。

导致以上阅读行为的原因如下:一是资源供给不足,导致图书馆无法满足读者休闲以外的阅读需求;二是阅读引导、资源展示等阅读推广活动开展不足,读者对图书馆的资源不了解;三是缺乏对读者信息素养的培养,部分读者存在数字阅读障碍。

3 少数民族地区公共图书馆阅读服务对策探讨

3.1 改善办馆条件,营造服务环境

少数民族地区各级公共图书馆要抓住当前文化大发展大繁荣的文化发展机遇,以公共图书馆免费开放、图书馆评估、公共文化服务示范区建设等为契机,通过实施文化信息共享工程、数字图书馆推广工程、公共电子阅览室建设等重点文化工程,改善公共图书馆基础设施和人员经费不足状况,丰富文献资源,提升服务质量。

在第五次评估中笔者了解到,广西 15 家市级图书馆中,一半以上馆在新建或改扩建,还有一些馆进行局部改造,贵港市图书馆建了新馆,总建筑面积是旧馆的 6 倍;还有不少县馆新馆正在立项或规划。图书馆办馆的硬件条件和设施环境的改善将提升图书馆的服务能力,强化图书馆“社会阅读中心”的职能,满足读者多

方面的阅读需求。

3.2 以读者需求为中心,加强文献资源建设

图书馆应充分用好有限的购书经费,有效共享和利用文化共享工程、数字图书馆推广工程等重大文化工程带来的资源共享效益,有效规划和建设好本馆文献资源。通过读者荐购、读者调查、借阅分析等方式,满足读者的个性化阅读需求。纸质文献中合理界定图书、报刊的比例,特别是在县级图书馆和乡镇综合文化站,加大报刊的入藏比例,满足群众看书、读报的基本需求。

3.3 关注特殊群体,提供良好服务

除开展常规读者服务外,创造条件开辟老人、青少年、残障人士等服务空间,在制定服务政策时向特殊群体倾斜,关注他们的特殊需求。以开展青少年阅读推广活动为例,可以采取以下措施:

(1) 丰富少儿阅读资源

包括纸质资源、电子资源、网络资源。资源的选择要尽可能争取少儿心理专家、中小学教师、家长、少儿的参与。

(2) 精心打造少儿喜爱的阅读空间

创造一个典雅、静谧、活泼、童趣、自由、科幻的阅读空间。

(3) 丰富阅读形式,激发少儿阅读兴趣

积极研究和把握少儿的阅读心理特征,有针对性地开展他们感兴趣的故事会、书话会、读书交流会、诗歌朗诵会、表演会、作文比赛、小手工制作、动漫放映、科幻片放映、小科技制作等少儿阅读活动。

(4) 开展阅读教育,提高少儿阅读效果

针对教育对象年龄层次和接受能力的差异,可以开展少儿与家长同时参加的阅读方法教育指导。桂林兴安县图书馆在未成年人阅读推广服务中找到了较好的着力点,即馆校合作。他们和少儿正规教育机构(幼儿园、小学、中学)建立紧密的教育联盟关系,借助学校的力量、老师的参与支持,开辟图书馆少儿课外阅读基地,积极开展阅读推广活动,在中国图书馆学会举办的首届未成年人阅读推广服务优秀案例评选中,荣获二等奖。

3.4 采取多种方式培养读者的信息素养

信息素养应包括三个层面:(知识层面)文化素养、(意识层面)信息意识以及(技术层面)信息技能。简单的定义来自 1989 年美国图书馆学会(American Library Association, ALA),它包括:能够判断什么时候需要信息,并且懂得如何去获取信息,如何去评价和有效利用所需的信息。图书馆可以通过开展培训、讲座、体验等活动提高读者的信息素养,在实践中应向老年读者倾斜。

老年读者是信息的弱势群体,图书馆要注重对他们信息素养的培养,消除新兴科技与老年生活的数字鸿沟,使老年人更好地融入信息社会。图书馆应挖掘自身优势,根据老年人的生理和心理特点、接受能力及知识层次,积极开展老年读者网络知识培训。在培训方式上,可采取分层次的集中培训和个别辅导相结合的方式进行,并把提升老年读者网络使用技术与其日常需求结合起来,使他们能够利用学到的技术解决生活中遇到的实际问题,激发老年读者学习信息技术的积极性,提高他们获取、分析和利用信息的能力。

3.5 建立阅读推广活动的保障机制和长效机制

图书馆的资源建设、基本服务、日常管理、教育培训等工作都是阅读推广长效机制的组成部分,公共图书馆必须建立和完善相应制度体系,将阅读推广制度化和规范化,并纳入图书馆年度工作安排,从制度层面保证阅读推广工作的规范性和连续性,确保阅读推广活动持续有效的开展。另外,图书馆一定要使用好免费服务经费,保障阅读推广活动的顺利开展。图书馆还必须加强员工教育培训,提高馆员素质。图书馆员在加强现代化技术学习的同时更应注重提高自身的阅读能力,特别是人文方面的修养。只有图书馆员的阅读素质提高了,才能从思想上提高认识,提高服务水平,才具备帮助读者阅读的能力。

3.6 开展多样性的全民阅读活动

(1) 挑选好图书

结合西部民族地区经济文化建设的需要,针对不同的读者对象、不同的领域、不同的阅读目标,通过好书推荐、专题书展、书评鉴赏、同读一本书等方式,分享阅读的乐趣。对于少数民族农民,免费发放科技资料,并定期送农业科技书上门服务。

加强民族地域文化图书阅读。由于少数民族都有自己的“民族情结”,以全民阅读与地域文化结合为切

入点,阅读本民族地区的历史、传记、文学、艺术等方面的知识,可促进西部民族地区阅读效果的提升,能够深入、透彻地探析、了解民族地域文化,认识民族传统文化资源的潜在发展价值,激发读者的阅读兴趣。如桂林图书馆组织的"走读桂林文化"等活动就吸引了很多读者参加。

(2) 阅读指导

不同民族不同收入的群体对阅读的要求是不同的。因此,阅读技术指导要了解少数民族地区群众的阅读状况,包含阅读习惯、个性化需求、阅读倾向、阅读心理、阅读方式,并结合不同的需要加以分类指导。阅读辅导工作不仅要指导读者读什么书、怎样读、更重要的是要提高读者的鉴赏能力。

(3) 打造阅读服务品牌

积极参加各地由政府主办的全民阅读活动,充分发挥图书馆在阅读推广中的骨干作用,重点打造一批有内涵、有影响、有需求的阅读活动品牌。各类讲座和沙龙是组织读书学习经常采用的重要形式,如:广西区图书馆的"八桂讲坛",桂林图书馆"桂林百姓文化大讲坛",柳州市图书馆"书香龙城 · 文化柳州"全民阅读活动,南宁市少儿图书馆"蒲公英讲坛"系列活动,北海市少儿图书馆"小海螺故事会"等,以品牌服务推动阅读活动的开展,以阅读推广促进图书馆的推广。

3.7 充分发挥志愿者在阅读推广中的作用

阅读推广是公共图书馆服务的重要内容,有一定专长的志愿者可以搭建图书馆与读者双向沟通的桥梁,提升阅读推广的服务质量,在图书馆阅读推广中发挥重要的作用。以桂林图书馆为例,该馆 2005 年开始策划组织由专家学者、教师、家长和学生等志愿者参与的"桂林英语角"英语主题阅读交流活动,7 年来,参与服务的中外志愿者累计人数达 8 千余人,服务人群 12 万多人。2012 年,"桂林英语角"荣获文化部"全国基础文化志愿服务优秀项目"。

3.8 注重媒体宣传,扩大社会阅读影响

媒体宣传是宣扬全民阅读,宣传读书活动的重要渠道。公共图书馆要重视社会宣传,抓住"世界读书日"、"读书月"、图书馆服务宣传周、"三下乡"等一切机会宣传图书馆,并引入微博、微信等新媒体,全方位推广图书馆的读书活动。媒体的宣传报道,多方面多角度地宣传了图书馆,提高了大众对图书馆读书活动的认识程度,吸引公众走进图书馆、了解图书馆、利用图书馆,推动全社会形成浓厚的阅读氛围。

图书馆组织与开展阅读推广活动,是建设公共文化服务体系的需要,是丰富人民精神文化生活的需要,是保障人民公平文化权益的需要,是体现图书馆社会功能,服务群众、服务社会的重要形式。在推进全民阅读的实践中,我们少数民族地区图书馆,更要认真履行图书馆的社会职能,持之以恒地开展和推行阅读活动,积累实践经验,不断探讨适合本地区的阅读推广策略,创造条件,为普及科学文化知识,提升公民素质,做出我们的积极努力。

参考文献

[1] 杨敏文,朱晴,沈莉莉.老年读者信息需求特点及个性化服务策略研究[J].图书馆界,2013.(1):46—49.

[2] 蒋丽.青少年阅读推广与志愿者服务[J].图书馆学刊,2014(1):73—75.

新媒体时代大众阅读模式的转变与图书馆的应对

刘　磊

（山东省图书馆）

摘要　新媒体是相对于传统媒体而言，是报刊、广播、电视等传统媒体以后发展起来的新的媒体形态。新媒体阅读的互动性使读者既是信息资源的创作者，又是其使用者。信息资源的双向性，克服了单一的信息传播。这些特点都深刻的影响了公众的阅读行为，对图书馆服务带来挑战。面对挑战，图书馆只有不断吸纳先进技术，调整服务方式，适应变化，才能更好地为社会服务。

Respond to the New Era of Mass Media and the Changing Pattern of Reading Library

Liu Lei

(The library of Shandong Province, China)

Abstract　New Media is an emerging term referring to those novel media type other than newspaper, radio, television and etc. The interactivity inherited in new media enables its readers to be both the creator and the reader simultaneously. The bidirectional information transmission overcomes the shortcomings lied in one-way dissemination. These characteristics of the new media are having profound impacts on the public's reading behavior and bringing about many challenges for library services. The library should continue to utilize advanced technologies, adjust its services and adapt to the changes in order to better serve the public.

1　新媒体时代的阅读分析

1.1　什么是新媒体

对于新媒体的界定，学者们可谓众说纷纭，至今没有定论。有学者认为，新媒体是“以数字媒体为核的新媒体”——通过数字化交互性的固定或移动的多媒体终端向用户提供信息和服务的传播形态；有人提出新媒体是所有人向大众实时交互地传递个性化数字复合信息的传播介质；还有专家认为，当今的新媒体主要是指在计算机信息处理技术的基础上产生和影响的媒体形态，包括在线的网络媒体和离线的数字媒体形式、以网络为主体的传播平台。

从这些学者对新媒体概念的论述分析可知，新媒体是以现代信息技术为支撑的，具有高度互动性非线性传播特质，能传输多元复合信息的大众传播介质。主要包括网络媒体、移动数字媒体和数字广播电视媒体。从信息传播的角度分析，新媒体具有以下特征：(1)信息传播方式的非线性。传统媒体信息传播都是单向、线性的。是一种“一点对多点”的信息传播方式。而新媒体如网络媒体，受众不仅可以浏览精彩网页的内容、检索所需的信息，而且还可以在网上发布信息，撰写读书心得与其他受众共享。(2)信息传播行为的交互性。交互性是新媒体信息的最显著特征。如数字广播新媒体实现了听众与广播主持人的互动，听众可以通过数字广播平台任意选择自己需要的节目。(3)信息传播手段的快捷性。如通过手机新媒体，人们可以即时与他人沟通。(4)信息传播内容的多样化。新媒体如网络媒体信息剧增，信息内容包括新闻、娱乐、科技、广告等，信息存储几乎没有容量限制，可充分满足用户的需求。(5)信息传播方式的个性化。在新媒体时代，读者不仅是阅读的主体，而且还是信息传播的参与者，如读者可通过博客、微客等自媒体，表达自己的观点、传播自己的观点。

简言之,新媒体是相对于传统媒体而言,是报刊、广播、电视等传统媒体以后发展起来的新的媒体形态,是利用数字技术、网络技术、移动技术,通过互联网、无线通信网、有线网络等渠道以及电脑、移动终端、数字电视机等终端,向用户提供信息和娱乐的传播形态和媒体形态。新媒体的特征具有交互性与即时性,海量性与共享性,多媒体与超文本,个性化与社群化。

1.2 新媒体时代大众阅读行为的分析

(1) 新媒体时代大众阅读行为的变化

根据全国第十次国民阅读调查的数据显示,2012 年我国 18 至 70 周岁国民图书阅读率为 54.9%,比 2011 年的 53.9%上升了 1.0 个百分点;报纸的阅读率为 58.2%,比 2011 年下降了 4.9 个百分点;期刊阅读率为 45.2%,比 2011 年的 41.3%上升了 3.9 个百分点;数字化阅读方式(网络在线阅读、手机阅读、电子阅读器阅读、光盘阅读、PDA/MP4/MP5 阅读等)的接触率为 40.3%,比 2011 年的 38.6%上升了 1.7 个百分点。综合各媒介阅读率为 76.3%,比 2011 年下降了 1.3 个百分点。此外,0 至 17 周岁未成年人图书阅读率为 77.0%,比 2011 年的 78.6%下降了 1.6 个百分点。从对国民阅读量的考察看,2012 年我国 18 至 70 周岁国民人均纸质图书阅读量为 4.39 本,2011 年则为 4.35 本。电子书阅读量增幅较为明显,人均阅读电子书 2.35 本,比 2011 年增长了 0.93 本,增幅达 65.5%。通过这个调查可以发现,全民综合媒介阅读率在不断提升,而对阅读率提升起最大作用的正是基于新媒体的阅读。

(2) 新媒体时代大众阅读的特点

阅读是读者对视觉输入的语言文字材料进行解码从而获取信息提取意义的心理过程。在新媒体时代,阅读载体集文字、图片、图像、声音、语言、动画等一切可以运用的符号于一体,使得读者获得了前所未有的视听美感和审美通感,读者的阅读方式发生了深刻的变化。

如网络阅读。网络阅读即读者借助计算机、网络技术来获取包括文本在内的多媒体合成信息和知识,包括实时在线阅读、下载离线阅读两种类型。从阅读对象上看,主要是以下内容:A.网络图书。网络图书是以网络为媒介手段,实现浏览借阅下载与管理网络一体化的电子图书。如出版社、书商、图书馆以网站形成提供的网络图书。B.网络报刊。目前,各大报刊媒体为了满足读者阅读方式的变化,纷纷通过建立独立的网站,将纸质报刊的内容原封不动搬上网络,供读者在线阅读。网络报刊以其时效性强、信息容量大、双向互动性、立体传播效果、便于检索和复制等特征,成为读者获取信息的重要来源。C.网站、论坛所提供的内容。包括博客、微博、微信等自媒体内容。自媒体的盛行也恰恰反映了读者阅读习惯的转变。

再如手机阅读。手机阅读是手机移动终端通过多样化的阅读形式向用户提供各类电子书、有声读物等内容,以在线浏览和下载为主要阅读方式。随着通信和互联网的发展,尤其是 3G 业务的发展及拥有较大存储容量的智能终端的普及,借助手机、平板电脑进行阅读已成为现代人一种崭新的阅读方式。移动终端阅读内容十分丰富,短信小说、手机报、手机杂志、手机电子书等是目前手机阅读的主要对象。新媒体阅读之所以大行其道,主要是由于技术上的革新、形式上的革新、资源的极大丰富,使读者的阅读形式发生了根本的改变。新媒体时代公众所需要的信息随处可见、随处可得,任何一个时间段,只要有一款数码终端就能得到所需的信息。新媒体阅读的互动性使读者既是信息资源的创作者,又是其使用者。信息资源的双向性,克服了单一的信息传播。这些特点都深刻的影响了公众的阅读行为。

1.3 新媒体时代阅读对传统图书馆的影响

(1) 影响图书馆提供的阅读方式

传统阅读是单向传播而网络不仅单向传播,还包括双向沟通。网络阅读、手机阅读、荧屏阅读等新媒体阅读形式多样、类型丰富,获取信息便利,可以即时互动、在线搜索,便于查找相关信息;相对于传统文本纯文本的形式,新媒体可以提供包括文字、声音、图片、影像等在内的多样的阅读内容。这使得人们在选择阅读场所时变得灵活多变,阅读可以无处不在。另外多样性的数字阅读终端会给用户带来全新的阅读体验,使阅读变得更加轻松与活泼。改变过去仅提供纸质阅读的方式,增加数字阅读的方式,为用户提供更丰富的阅读选择,对于图书馆来说势在必行。

(2) 跨业态竞争的影响

新媒体时代,用户在获取信息时不再局限于传统的三大媒体,而是更多地通过网络、移动终端等新媒体获取信息。传统的媒介阅读与基于新媒体的阅读之间,虽不存在竞争,甚至在提升全民阅读水平这个角度看还互有补益。但从目前出现的实际情况看,如大量实体书店的消失等说明,新媒体对传统媒体的冲击是相当大的。也造成了图书馆部分读者的流失。

(3) 对图书馆服务的影响

在信息与传播科技飞速发展的环境下,用户对信息获取的要求是方便、快捷,图书馆传统的借阅、参考服务方式已经不能满足用户快速获取知识和信息的需要,使图书馆低层次的被动服务方式受到了影响。

2 公共图书馆应如何适应新媒体时代的阅读特点

2.1 完善服务功能,营造阅读氛围

纸质文献仍是国民阅读的重要资源,也是公众最普遍接受的阅读媒介。而图书馆是以纸质文献收藏为基础的文化机构,是纸质文献阅读的重要门户。近几年随着国家对文化建设的投入增加,图书馆逐渐全面免费开放,馆藏图书阅读率呈逐渐上升的趋势。图书馆应充分把握这一有利机会,为读者营造优雅、舒适、周到、现代的借阅环境。包括阅读空间、阅读资源、阅读设备等硬环境;也包括读者服务、阅读指导等软环境。

2.2 构建共享式数字文献资源体系

充分利用纸质文献资源和数字资源的优势,科学配置馆藏资源,有针对性的进行个性化、特色馆藏文献资源建设;建设联盟图书馆知识共享服务平台,如目前已建立的全国参考咨询联盟等以整合各联盟图书馆的特色资源,为更大范围的读者提供服务。

2.3 借力自媒体,开展信息推送服务

随着微博、微信等自媒体的广泛应用,自媒体成为图书馆信息推送的最好选择。可以实现的服务有新书推荐、图书评论、图书馆新闻发布、讲座培训宣传、到期提醒、网络新闻推送、资源导航、参考咨询等,这些都会以最快、最有效的方式传递给用户,使图书馆读者了解第一手的信息情报。图书馆在开展微博服务的过程中要做到服务定位准确、更新及时、服务全面、善用标签和管理到位。但目前图书馆对自媒体的运用还未真正的重视起来,放弃了这一重要宣传服务工具。

2.4 开展移动阅读服务

随着移动互联网的迅速发展,移动阅读正成为阅读的新潮流。作为传统的信息服务机构,图书馆也必须为读者提供移动阅读服务,开设移动数字图书馆。将图书管理系统延伸到移动终端上,使读者可以及时查询,如书目信息、借阅信息,以及预约、续借等;其次将图书馆数字资源延伸到移动终端上,使读者可以随时随地利用移动终端阅读书刊。

2.5 丰富阅读形式,举办阅读活动

近年来,随着国家对公共文化建设的重视,全面阅读活动也受到从国家到地方的高度重视,中宣部、教育部、文化部和国家图书馆都在“世界读书日”前后,组织相关活动,掀起了全民读书的热潮。借此契机,图书馆要继续开展图书展览会、读书节、读书月、主题读书等活动,推动全民阅读活动深入开展,进一步形成热爱读书的良好舆论氛围和社会风尚。随着网络数字资源爆炸性的增长,数字阅读必将更快速的发展。面对挑战,图书馆只有不断吸纳先进技术,调整服务方式,适应变化,才能更好地为社会服务。

让阅读无处不在——对公共图书馆阅读推广的思考

牛　波
（云南省图书馆）

摘要： 阅读推广是图书馆义不容辞的社会责任，如何提高国民的阅读率，本文从精选推荐的图书、利用各种媒介推广图书、营造适宜的阅读空间和便捷的数字阅读平台、引导民众的阅读行为、举办各种阅读活动、加强与各种机构协会组织的合作、阅读活动的宣传、建立专门的阅读推广机构和培养专业阅读推广人员八个方面对公共图书馆阅读推广活动进行探索并提出建议。

关键词： 公共图书馆　阅读推广

Make Reading Everywhere—The Thinking of Reading Promotion in Public Library

Niu Bo
(Yunnan Provincial Library, China)

Abstract Reading promotion is the social responsibility of the library, how to improve the national reading rate, this article from the selection of recommended books, using a variety of media promotion of book, creating the appropriate reading space, guiding people's reading behavior, holding various reading activities, strengthen the organization and association of various agencies, reading campaigns, reading promotion mechanism establishment propaganda specialized and professional training of reading promotion activities to explore and put forward suggestions on eight aspects of public library reading promotion staff.

Keywords Public Library　Reading Promotion

阅读是教育、学习、信息传播、文化传承的重要手段和途径。在科技高速发展的今天，互联网和数字大潮深刻地改变了人们的阅读习惯。浅阅读、碎片化阅读使人们变得浮躁，各国的国民阅读率都有所下降，举办阅读推广活动，提升国民文化素养，已成为全世界的共识。尽管我国拥有悠久的文明历史，深厚的文化底蕴，但根据 2013 年中国新闻出版研究院发布的“第十次全国国民阅读调查”，2012 年我国 18—70 周岁国民人均纸质图书的阅读量仅为 4.39 本，远远低于韩国的 11 本、法国的 20 本、日本的 40 本、犹太人的 64 本。《图书馆服务宣言》明确提出：图书馆以促进全民阅读，为公民终身学习提供保障为职业目标和社会责任。阅读推广是图书馆义不容辞的社会责任。

信息时代背景下，正确阅读行为的引导和推广，能有力地促进公民的阅读水平，探索行之有效的阅读推广模式，是公共图书馆亟待解决的课题。

1　精选推荐阅读的图书

面对浩如烟海的图书，很多读者非常茫然，不知该从哪本书开始阅读，因此需要有一定的、适度的引导，这就是阅读推广的必要性和意义。推荐图书是图书馆阅读推广的第一步也是最核心的环节。

1.1　精心挑选推荐图书

当今社会推荐书目多如牛毛，但很多书目沾染了商业化气息、功利性色彩，公共图书馆的公益性决定了其推荐书目不会带有商业营销的气息，所以推荐书目应该成为图书馆阅读推广的品牌。然而很多图书馆没有认识到这一点，只是简单地将销售排行榜、读者借阅排行榜发布出来，或是对新到馆图书作一个简单的推荐。"究竟该把哪些书推荐给读者",图书馆应不断学习与创新,建立严谨的选书荐书标准体系,并聘请不同专业领域的人员担任特约荐书员;或是选择经过多位读者认真品读后推荐的图书,将真正切合社会、读者需求的书做成推荐书目。尽量尽力地对各个品种的读物进行导读和推送,使一切图书资源尽可能多和快地实现阅读接受,这样,既可让更多的好书被读者认识,推动相关及延伸图书的阅读,也能增进读者对图书馆荐书的信任度。

1.2 根据阅读对象有针对性地推荐图书

每一本书都有它的读者,每一位读者也有自己特定的阅读需求,不同性别、年龄、职业、民族的读者阅读需求不同,图书馆推荐阅读的图书也应有所区别。不同的社会发展阶段,人们关注的热点不同,这时阅读推广就要结合社会热点来进行。例如美国在针对华人社区开展的"大阅读"活动中,就在推荐书单中特别增加了华裔作家谭恩美的《喜福会》,以此来适应美国民族、种族多样性的特点。

1.3 重视对电子图书的推荐

虽然传统意义上的阅读一般限于纸质图书的阅读,但社会的进步和高新技术的发展,已经使阅读载体发生了翻天覆地的变化,人们可以通过电脑、手机、电子阅读器、PAD/MP4/MP5等阅读数字资源。"第十次全国国民阅读调查"显示,2012年我国18—70周岁国民人均阅读电子书2.35本,比2011年的1.42本增长了0.93本。阅读最重要的不是通过什么载体来读,关键在于读什么、怎么读。图书馆阅读推广的内容不应将电子书排除在外,而是要引导有数字化阅读习惯的读者阅读优秀的电子图书。例如,2013年香港公共图书馆举办的"儿童及青少年阅读计划",就结合网络信息社会的发展,阅读书籍由原来的纸本书籍拓展到优秀的电子书籍,并借助高效快捷的网络平台鼓励小读者之间共享阅读内容及阅读心得。

1.4 丰富图书馆的OPAC系统信息和互动功能

如果读者能清楚、便捷地了解图书及相关信息,就可以根据自己的阅读喜好,选择图书阅读。图书馆应该进一步完善和丰富图书馆的书目查询OPAC信息,可以借鉴Amazon、当当、淘宝等网站,增加OPAC系统推荐和互动功能。读者通过书目查询可以直接获取图书封面、目录、内容简介、作者简介、其他读者阅读评论信息、图书的借阅或购买指引信息等;同时,通过使用大数据技术对读者个人信息和行为的累积和有效判断,图书馆OPAC系统还可根据读者的查询记录、借阅记录、检索记录依据一定的算法准确地将读者所喜欢的图书进行个性化推荐。上海交大图书馆已经在这方面做了很多尝试,为习惯于在网络阅读中互动交流、便利获取信息的读者阅读图书、利用图书馆提供了便捷的途径。

2 利用各种媒介推荐图书

2.1 利用传统媒介推荐图书

图书馆除了利用海报、宣传栏、宣传小册子等方式向读者推荐图书外,还可以自办报纸、刊物,或者利用广播电视等在图书与读者之间架起导读的桥梁。报纸和刊物的内容可包括新书、热门书、书评、书目等栏目,内容范围可宽可窄、要富有创意,具有一定深度,能体现图书馆的独具视角。例如重庆大学图书馆自办的报纸《书苑》,内容固定为精品书推荐,包括书目、简介、经典语录、书评、馆藏地等信息,每期一个主题,内容涉及文学艺术、各专业前沿、人物传记、经济哲学等多个方面,还创办刊物《砚溪》,用书情、书评、作家人物分析、图书推荐等内容与读者的思想进行沟通。又如美国的"欧普拉读书俱乐部"(Oprah's Book Club)的欧普拉·温弗莉通过电视传媒推广读书心得,向读者介绍新书目。俄罗斯开展的"阅读好书吧!"活动,把经典书目制作成录像短片、音乐电视短片在俄罗斯联邦各电视台、电台播放。

2.2 利用新媒体推荐图书

近年来,随着互联网和新媒体技术的发展,图书推荐已经逐渐走向电子化、网络化。网络荐书已经逐渐成为图书馆图书推荐的主要形式之一。

社交网络服务的发展为具有相同兴趣与活动的人之间的信息交流与分享提供了新的途径,如聊天、电子邮件、影音、文件分享、博客、讨论组群等。知名的社交服务网站有Google+、Myspace、Twitter、人人网、QQ空间、百度贴吧、新浪微博等。这些社交网络的服务方式非常适合应用于图书馆的阅读推广,不仅可以加强图书馆的宣传和与读者的沟通,而且是图书推荐的有效渠道。如上海图书馆通过全媒体、微载体等形式推出"微讲座",让读者以最快的速度、最少的时间走近名家大师。还通过"微载体"开展微书评征集等读书活动。另据报道,辽宁省大连市西岗区开展的"书香西岗阅读工程百日漂"活动发起的13个网络阅读游戏,通过新浪微博"文化大连"、新浪微博"大连市西岗区图书馆"形成了一股强大的阅读流,获得50余万阅读量,让爱读书的人通过网络发现知音、分享阅读。实践证明图书馆如果善于利用新媒体,能有效地引导读者多读书、读好书。

3 提供适宜的阅读环境和便捷的数字阅读平台

3.1 营造适宜阅读的图书馆空间

图书馆应该重视营造和谐舒适、温馨高雅的阅读环境,通过家具布置、色彩装饰、空间布局等各种不同形式,用心营造出一个充满人文关怀,充分尊重读者人格的、平等自由的空间,努力展现一个能衬托阅读之美的环境,让读者能安心地亲近书,感受阅读的乐趣。值得注意的是重视与规划空间环境不是要豪华与攀比,关键看是否以服务读者为出发点,图书馆无论大小都可从大处着眼,小处着手。

以香港的儿童图书馆为例,为启发更多学龄前的"小小朋友"从小喜欢图书馆、爱上阅读,香港马鞍山公共图书馆的儿童图书馆,把马鞍山起伏的地形嵌入书架及座位中,大屿山的东涌儿童图书馆,则以"动物世界"作主题,小朋友在阅读同时"顺便"认识地区特色,不知不觉地就上了一堂生动的地理课。在环境和服务上都花了不少心思。

3.2 构建便捷的数字阅读服务平台

在新媒体时代背景下,阅读正处在一个分化和变化的阶段,传统纸质阅读与数字阅读将长期共存互补。阅读推广应采取多元化服务手段,既要注意传统媒体阅读服务,又要加强新媒体阅读的服务。

图书馆应该充分利用网络指导读者阅读,开展数字阅读推广。图书馆的数字阅读平台是图书馆网站,图书馆网站设计应充分考虑网站的开放性和读者对阅读的共享性、参与性和互动性的需求,可设立身份认证、用户评论和推荐、读书沙龙等模块,实现用户跨地区登录阅读,跨平台使用,PC机、笔记本、手机以及各类移动终端都可以访问,兴趣相同的读者之间随时随地阅读、分享与互动,以实现图书馆数字资源阅读效果最佳化。例如,上海图书馆于2014年春节推出的"市民数字阅读计划",持证读者只要登录后就可在PAD、手机、电子书阅读器等移动终端上下载海量的数字资源阅读。

4 引导民众的阅读行为

阅读是一种生活方式,阅读可以改变一个人的命运,阅读推广有必要对民众的阅读行为进行引导。首先要倡导"全民阅读"的社会阅读风气,其次要倡导"终身阅读",对于个人来说,阅读应是一种贯穿人生全过程的行为。

4.1 养成良好的阅读习惯

读书是个体活动,也是一种社会氛围,推广阅读要培养社会民众特别是儿童的阅读习惯与阅读能力,要分层次为广大读者提供阅读指导。帮助少儿读者从小养成良好的阅读习惯,引导成年读者对经典名著、学科基础著述和杰出人物传记的阅读及深度阅读。在澳大利亚图书馆除了在显著位置陈列新书与推荐好书外,每周设有固定的"故事时间"、"阅读时间",邀请父母带孩子到图书馆参加活动,跟着馆员阅读、讨论、做游戏;图书馆也常散发手册,教读者如何培养阅读习惯,鼓励家长跟孩子一起阅读,家庭应该有位置放书,还要有全家人一起阅读的地方等。这些做法,都有利于在去社会养成阅读的习惯。

4.2 学会科学的阅读方法

图书馆阅读推广应该注重人性化的阅读服务,针对不同人群设计不同的阅读指导方案,开展独具特色的阅读活动吸引读者参加。适时向读者介绍良好的阅读方法,了解什么样的书应该品味性的精读,什么样的书可以浏览性的泛读,什么时候采用探求性的速读,以提高阅读效率,特别是要让少儿读者学会这些阅读方法。

4.3 选择合适的阅读内容

作为阅读推广机构,图书馆应该通过举办读书会,组织读者评书、品书等活动告诉读者怎样选择好书,帮助读者用自己的眼睛发现好书,选择适合自己阅读的内容。

5 举办各种读书活动

通过开展丰富多彩的活动吸引更多的人读书,为读书人提供交流互动的平台,是图书馆推广阅读的重要手段。分析总结香港公共图书馆及国外一些图书馆举办的阅读推广活动,可以发现比较成功的图书馆阅读推广活动都有以下特点值得国内图书馆借鉴。

5.1 活动形式丰富有趣

为了推广阅读,各国图书馆每年都会举办各种形式的活动,主要有以下三种类型。①举办读书会达到延伸阅读,深化思考,扩张领域,探索观点的效果;②邀请各领域的专业人员开列书单,举办与读书有关的活动,如电影放映、文艺表演、展览等,透过讲谈读、观看影片、看表演等,来阐述书中的理论或观点,让读者有多种阅读体验;③结合不同的主题和一年四季的节庆举办各种创意活动,配以主题书展并设计出引人入胜的宣传海报,朗朗上口的宣传口号,让更多的人参与读书。这些定期或不定期,正式或非正式的、官方或非官方的、精神奖励的或物质奖励的活动会吸引不同层次的读者参加,为阅读推广提供了广阔的舞台。例如香港公共图书馆暑期的"阅读缤纷月"活动,设计了许多非常有趣的游戏,各种演艺节目和亲子工作坊都按照儿童的兴趣编排,连展厅和图书馆都布置得像游乐场一样,而且活动十分强调亲子共读,让父母与孩子一起留下丰厚的阅读记忆,参与活动的人数年年上升,带动越来越多的儿童和青少年加入暑期阅读。

5.2 阅读推广活动持续时间长久

一种活动持续的时间越长,产生的影响就越大,正面的、积极向上的活动产生的社会效益也就越大。例如美国传统的"暑期阅读计划"已经连续举办了一百多年。另据报道,美国德克萨斯公共图书馆读书活动也已连续举办了 50 多年,共吸引了全美国超过 130 万的儿童加入了该馆的读书会,使之形成了全美规模最大的儿童读书会群,所取得的阅读推广效果可见一斑。

5.3 阅读推广活动设计要与日俱进

阅读推广活动是图书馆的传统活动,但随着社会发展,时代不断前进,合理利用新的载体形式可以赋予传统的阅读活动新的内涵,引领人类文明素养不断提高。阅读推广活动应该尽量照顾到每一位读者的需求,活动的规模可以不大,但在形式上内容上要让参加的读者满意。如香港公共图书馆常设"家庭读书会",4～8 岁小朋友与爸爸或妈妈一同参与,读书会的形式就像是定期聚会,阅读材料不限,15 个家庭在阅读完成之后可以到"网上讨论区"分享及交流意见,介绍亲子共读的体会,这样的活动形式就将传统的阅读活动赋予了新的载体形式,较好地满足了读者的需求。

5.4 阅读推广活动要有一定的精神或物质激励措施

在美国,一些学校图书馆推出阅读奖励计划,将图书馆的图书按难易程度分级计点(越难的书,点数越高),随书附有一份电脑卡,学生看完书后,只要回答卡上所列的问题,通过电脑检测后,就可获得一定点数,学生用点数可以换取奖品(T 恤或者当地企业捐赠的奖品),这种激励措施大大提高了学生的图书阅读率。又如香港公共图书馆自 1984 年开始举办的"儿童及青少年阅读计划",阅读书籍最多的会得到公开表彰。这些小小的激励措施花费不多,取得的阅读推广效果却非常显著。

6 与各种机构协会组织合作推广阅读

阅读推广是一项社会工程,在我国现行体制下,公共图书馆仅靠一己之力很难将推广工作做好,应积极寻求与政府、媒体、出版商、学校、医院、家庭、企业等机构建立多元合作关系,整合多方资源,制定整体规划,共同策划和举办阅读推广活动,才能达到最佳效果,吸引更多民众加入阅读行列,同时也能有效地解决活动资金问题。此外,阅读推广活动必须立足于书籍,需要作者的鼎力支持,图书馆应加强与作者的合作。

例如日本全国的图书馆和教育委员会合作举办面向孩子的朗读会、旧书交换、阅读讨论等各种阅读推广活动,此活动最初由日本图书馆协会在 1924 年创办,战争期间一度中断,到 1947 年,图书馆协会与书店、媒体等 30 多个团体合作,成立"读书周实行委员会",推出全新面貌的"读书周",活动引起巨大反响,第二年就扩展到全国,成为一种国民活动。可见,多方合作是阅读推广取得最佳效果的有效途径。

7 阅读推广活动的宣传

一项开展得好的活动离不开宣传,甚至需要投放广告。美国、英国、日本的图书馆阅读推广活动不仅创意十足,而且口号鲜明,宣传范围广,所以收到了良好效果、影响深远。让读者了解并积极参加图书馆的阅读推广活动,就要对策划好的活动进行大力宣传,比较有效的渠道一是网络推广,即通过在网站上发布宣传图片、利用电子邮件向注册读者介绍阅读推广活动计划,或者在网站上发布一些与图书内容相关的阅读游戏吸引读者;二是通过投放活动广告推广,可以通过广播、电视、报刊、宣传海报、车厢广告等方式提高民众对阅读推广活动的知晓度;三是使用一些特殊手段推广,设计与活动配套的图标、旗帜、宣传画还有口号等。比较典型的例子如澳门的民政总署图书馆设计了五位卡通化的图书馆大使宣传阅读推广计划各项活动;又如美国国会图书馆和美国广告协会联合推出的一系列阅读公益广告,以美国家喻户晓的"好奇的乔治"为主角,鼓励家长和孩子积极参与读书活动。

8 建立专门的阅读推广机构和培养专业阅读推广人员

图书馆要做好阅读推广工作就必须建立负责阅读推广的常设机构并培养一批专业的阅读推广人。设立专门机构有利于将阅读推广活动纳入图书馆的正常业务来开展,有利于积累经验、提高效率、开展研究,更有利于阅读推广活动举办的衔接和连续性,同时可以培养出一批图书馆自己的阅读学专家和阅读推广活动策划专家,这些是阅读推广活动可持续发展的重要保障。香港公共图书馆之所以在香港的阅读推广中有着特殊的地位,原因之一就是有一套完整高效的阅读推广机制,阅读推广活动由三个专门的部门密切配合进行。首先是"推广活动部",负责阅读推广的策划、宣传和实施;接着是"阅读推广工作委员会",负责审议、决策活动部的推广方案;之后还有"议会"的参与和监督。这样的工作机制责任明确,目的性强,宣传到位,保证了推广活动的顺利实施。

直面阅读危机,2013 年我国已将全民阅读立法列入国家立法工作计划,意在为公民阅读营造氛围,创造条件。对于公共图书馆来说,让阅读无处不在不是一件容易的事,需要图书馆人不断探索、总结、创新及经年累月的辛勤工作。

参考文献

[1] 息慧娇."第十次全国国民阅读调查"成果发布.[2013-10-30][EB/OL].http://www.chuban.cc/yw/201304/t20130419_140027.html.

[2] 莫启仪.国外城市公共阅读服务实践及启示[J].图书情报工作,2013(7):60—64.

[3] 闫伟东.国外政府及图书馆的多元化推动阅读策略及模式[J].图书与情报,2013(1):58—64.

[4] 安建梅.大连西岗通过微博推广阅读.[2013-10-30].[EB/OL]. http://www.ccdy.cn/wenhuabao/qb/201310/t20131009_772751.htm.

[5] 郎杰斌,吴蜀红.美国国会图书馆阅读推广活动考察分析[J].图书与情报,2011(5):40—45.

[6] 李宝燕.香港公共图书馆系统工作特色及其启示[J].图书馆论坛,2007(4):171.

[7] 王翠萍,刘通.中美阅读推广比较研究[J].情报资料工作,2012(5):96—101.

大数据时代高校图书馆用户参与阅读平台的现状分析

徐彩霞
（镇江高等专科学校图书馆）
魏启宇
（暨南大学新闻与传播学院）

摘要 大数据时代下用户参与阅读平台的发展是图书馆未来信息组织成长的核心趋势之一。本文以国内高校图书馆为对象展开调查，得出在高校图书馆利用数字技术逐渐丰富用户参与的阅读平台，渠道的多样化使得用户参与程度得到提高，为未来图书馆信息互流创造基础；但也存在高校图书馆缺乏对于高端技术的普及化宣传、用户参与平台的使用浅层化、阅读推广质量把控措施单一等问题。对此，文章认为高校图书馆应充分利用师生双头资源加强用户奖励机制以及重视电子阅读的质量监督从而实现大数据背景下高校图书馆用户参与阅读平台优质化。

关键词 高校图书馆　用户参与　阅读平台

Era of Big Data Users to Participate in University Library Reading Platforms Analysis

Xu Caixia
(Zhenjiang College, Zhenjiang, China)
Wei Qiyu
(Jinan University, Guangzhou, China)

Abstract Era of big data platform for users to participate in the development of the library to read is the future growth of information organization's core trends. In this paper, the domestic investigation targeting university libraries, university libraries come in the use of digital technology is increasingly rich platform for users to participate in reading, channel diversification allows the user participation is improved interoperability information flow for the future creation of a library foundation; but there are also high-end technology for the university library's lack of popularity of publicity, user participation in the use of shallow platform of reading to promote quality control measures such as a single issue. In this regard, the article that teachers and university libraries should make full use of resources to enhance the user double incentive mechanisms and an emphasis on electronic reading quality supervision in order to achieve the cloud era of user participation in university library reading platform high quality.

Keywords University Library　User Participation　Reading Platform

大数据时代下，伴随着新思想、新技术地不断涌现，对于数据的重视和分析蜂拥而至，加之近年来云计算的迅猛发展，信息的收集、转化、二次加工、传播的方式正在发生悄然地变化，对于高校图书馆来说，最为明显便是各大图书馆网站愈发常态化的 Web 2.0 技术运用，尽管这仅仅是大数据背景下，信息组织和传播的入门方式，但这毫无疑问地使得图书馆的各类服务面貌全然一新。在国内外研究者探讨云计算以及大数据对于高校图书馆信息系统运用的同时，一些研究者着重分析了基于云计算图书馆面临的机遇与挑战，提出了全媒体时代下图书馆的服务模式应更加重视用户参与与读者体验。毫无疑问，加强用户参与与阅读体验固然重要，但是对于图书馆本身如何丰富用户参与的阅读平台，怎样充分挖掘各类阅读渠道从而让读者互动率提高的研究则更加关键。因此,文章通过文献分析、网络数据挖掘和问卷调查等方法对高校图书馆用户参与的各类阅读平台的使用现状进行系统呈现,从而对未来高校图书馆的信息推广和完善提供实证数据支持。

1 调查对象与调查方法

本文通过网络数据挖掘,针对中国国内"985 大学"的图书馆网站以及相关移动类图书馆应用进行用户参与的阅读平台情况的全面分析。具体实施步骤如下:

1.1 选取调查样本和调查对象

为了全面展示中国国内高校图书馆的综合水平,本次研究选取中国 985 工程高校的图书馆作为研究对象并且分析了这 39 所高校图书馆在互联网、微博、微信等多角度的涉及用户参与的各类平台上的表现,制作成调查表格。

1.2 分析高校图书馆网站、微博、微信阅读平台现状

对各种方式进行浏览整合。网站主要关注"图书馆简介"、"图书馆最新资讯"和"图书馆特色服务"等板块;微博主要关注其信息发布的板块设置、粉丝互动方式、粉丝之间交流情况等;微信主要关注是否开通微信、微信关注后的首条推送信息内容形式风格、微信特色活动开展、微信个性签名介绍等。

1.3 总结 39 所高校图书馆的分析将其共性和特色

文章将其共同存在的优点和不足以及某些高校图书馆独特的信息处理优势加以分析,并从中得出结论。

此次调查主要目的是为了展现中国大陆地区较高水准的 985 高校的图书馆目前普遍的运用已有设备和技术呈现出的用户参与阅读平台现状,验证高校图书馆利用数字技术逐渐丰富用户参与的阅读平台,渠道的多样化使得用户参与程度得到提高,为未来图书馆信息互流创造基础,并为现在存在的不足和缺陷提出实际的建议。数据采集时间为 2013 年 7 月 10 日—2013 年 8 月 15 日。

2 大陆地区 985 高校图书馆用户参与阅读平台现状调查

文章中所选取的研究对象均为中华人民共和国教育部最新公布"985 工程"(包含一期和二期),共计 39 所高校。

2.1 高校图书馆用户参与阅读平台总体情况

文章通过整合这 39 所高校图书馆利用现有技术后所呈现的充分调动用户参与阅读平台的媒介形式——门户网站、图书馆独立微博、图书馆独立微信公众平台。通过表 1 的呈现,我们可以发现,由于 PC 电脑的普及和互联网的常态化,门户网站的设置已成为各个高校的普遍利用的媒介形式,全部的 39 所高校均设立的独立的图书馆独立主页,并且设置普遍化的如"馆内数字资源"、"本馆介绍"、"特色服务"、"图书馆新闻"、"我的图书馆"等板块设定。除去常态化的门户网站之外,伴随着社交媒体的渐趋普及,这让大部分高校关注到跳出本馆宣传,寻求更大平台提供更优质用户体验的重要性,于是高校图书馆官方独立微博便应运而生,通过数据分析可以发现,39 所高校图书馆中一共有 31 所高校均开通了独立微博(以新浪微博为参考对象),普及率达到了 79.5%,而在开通微博的 31 所高校图书馆中,有 22 所高校的图书馆所开通的微博为加注了蓝色"V"的官方认证微博,认证率达到了 71.0%。社交媒体的浪潮还在继续的同时另一块媒体的迅速发展也为高校图书馆的发展提供的思考方向,这就是移动媒体的云速度前进,2012 年 3 月底,微信用户破 1 亿,耗时 433 天,2012 年 9 月 17 日,微信用户破 2 亿,耗时缩短至不到 6 个月。截至 2013 年 1 月 24 日,微信用户达 3 亿,时间进一步缩短至 5 个月以内,而且仍在加速普及中。不过高校图书馆对于微信利用却远没有达到设想的水准,数据显示,39 所高校图书馆开通微信公众平台账号的仅有 12 所,仅占 30.1%,至于加"V"官方认证的公众微信仅有一所,认证率更是低至 8.3%。

表 1 高校图书馆利用的媒介形式分析

图　书　馆	是否有图书馆独立门户网站	是否有图书馆独立微博	是否有图书馆独立微信
清华大学	是	是	是
北京大学	是	是	是
中国科技大学	是	是	是

续　表

图　书　馆	是否有图书馆独立门户网站	是否有图书馆独立微博	是否有图书馆独立微信
南京大学	是	是	是(并且加“V”)
复旦大学	是	是	否
上海交通大学	是	是	是
西安交通大学	是	是	是
浙江大学	是	是	否
哈尔滨工业大学	是	是	否
南开大学	是	是	是
天津大学	是	否	否
东南大学	是	是	否
华中科技大学	是	否	否
武汉大学	是	是	是
厦门大学	是	是	否
山东大学	是	否	否
湖南大学	是	是	否
中国海洋大学	是	否	否
中南大学	是	是(未加“V”)	是
吉林大学	是	否	否
北京理工大学	是	是	否
大连理工大学	是	是(未加“V”)	否
北京航空航天大学	是	是	否
重庆大学	是	是	否
电子科技大学	是	是(未加“V”)	否
四川大学	是	是(未加“V”)	是
华南理工大学	是	是(未加“V”)	否
中山大学	是	是(未加“V”)	否
兰州大学	是	是	否
东北大学	是	是(未加“V”)	否
西北工业大学	是	是	否
同济大学	是	是	否
北京师范大学	是	是(未加“V”)	是
中国人民大学	是	是	是
中国农业大学	是	否	否
国防科技大学	是	否	否
中央民族大学	是	否	否
西北农林科技大学	是	是	否
华东师范大学	是	是	否

2.2 高校图书馆门户网站的阅读平台利用机械化

通过调查发现,尽管高校图书馆的互联网主页的设计与宣传已经进入到稳步发展的阶段,但是对于新型Web 2.0技术利用仅仅停留在设想阶段,并没有付出具体的实践。通过对39所高校图书馆的独立网站首页和子页面的分析,可以看出图书馆在使用OPAC查询系统的过程中主要使用的能够实现用户参与的板块设置千篇一律,主要集中在"书籍星级评分"、"阅读评论"、"本馆借阅排行榜"、"豆瓣互动"(见表2)。鲜有用户书籍推荐、用户心目书籍榜单、用户之间书籍分享、系统个性推荐等个性板块的设定。由于互联网的本身具有移动性缺乏、搜索为主分享为辅、信息庞杂冗长等弊端,因此高校图书馆的互联网首页普遍具有的缺陷主要在于过于机械化严肃化、信息更新缓慢、用户参与感缺失等问题。

表2 高校图书馆门户网站阅读平台形式分析

网站页面推广手段 / 图书馆名称	书籍星级评分	阅读评论	豆瓣互动	本馆借阅排行榜	其　　他
清华大学	是	是	否	否	
北京大学	是	是	否	否	
中国科技大学	是	是	否	是	
南京大学	是	是	否	否	
复旦大学	是	是	是	是	Wiki的使用
上海交通大学	是	否	否	否	
西安交通大学	是	是	否	否	
浙江大学	是	是	是	否	
哈尔滨工业大学	是	是	否	是	
南开大学	是	否	否	否	
天津大学	是	否	否	否	
东南大学	是	是	是	是	
华中科技大学	是	是	否	否	
武汉大学	是	是	是	否	
厦门大学	是	是	是	是	
山东大学	是	是	是	是	
湖南大学	是	否	否	否	
中国海洋大学	是	是	是	是	
中南大学	是	是	是	否	
吉林大学	是	否	否	否	
北京理工大学	是	是	否	是	
大连理工大学	是	是	是	是	
北京航空航天大学	是	是	是	是	
重庆大学	是	是	是	否	
电子科技大学	是	是	是	否	
四川大学	是	是	是	否	
华南理工大学	是	否	否	是	
中山大学	是	否	否	否	

续 表

图书馆名称 \ 网站页面推广手段	书籍星级评分	阅读评论	豆瓣互动	本馆借阅排行榜	其　他
兰州大学	是	否	否	否	
东北大学	是	否	否	否	
西北工业大学	是	是	是	是	
同济大学	是	是	是	是	
北京师范大学	是	是	是	是	
中国人民大学	是	否	否	否	
中国农业大学	是	否	否	否	
国防科技大学	是	否	否	否	
中央民族大学	是	否	否	否	
西北农林科技大学	是	否	否	否	
华东师范大学	是	是	是	否	
总计	39 个是	25 个是 14 个否	17 个是 22 个否	14 个是 25 个否	

2.3 高校图书馆官方微博使用水平参差不齐

微博，即微博客(MicroBlog)的简称，是一个基于用户关系信息分享、传播以及获取平台，用户可以通过WEB、WAP 等各种客户端组建个人社区，以 140 字左右的文字更新信息，并实现即时分享。最早也是最著名的微博是美国 twitter。2009 年 8 月中国门户网站新浪推出“新浪微博”内测版，成为门户网站中第一家提供微博服务的网站，微博正式进入中文上网主流人群视野。2013 年 6 月 16 日互联网实验室、中国新闻社浙江分社、浙江传媒学院互联网与社会研究中心共同发布了《2012—2013 年微博发展研究报告》，据《报告》调查研究表明，2013 年上半年，新浪微博注册用户达到 5.36 亿，2012 年第三季度腾讯微博注册用户达到5.07亿，微博成为中国网民上网的主要活动之一。

随着时间和观念的进步，高校图书馆对于微博的利用也更加专业和常态。调查发现，39 所高校图书馆中一共有 31 所高校均开通了独立微博(以新浪微博为参考对象)，普及率达到了 79.5%，而在开通微博的 31 所高校图书馆中，有 22 所高校的图书馆所开通的微博为加注了蓝色“V”的官方认证微博，认证率达到了 71.0%。从普及率和认证率上看，微博作为高校图书馆提升用户参与加强用户体验感的阅读推广模式的重要手段，并且微博也成为高校图书馆跳出站内宣传走向大平台多角度数据聚合的重要一步。文章对高校图书馆所开通的这 31 个官方微博进行的内容与形式的分析，内容板块主要选取了高校所普遍涉及的信息组织方式如“馆内新书速递”、“好书分享会”、“馆内特色活动”、“有奖互动”、“失物招领”、“图书趣事”等；微博形式主要包括“是否认证”、“平均微博数”、“粉丝数量”、“博文数量”、“均转发量”、“均评论量”、“多媒体使用”、“互动率”和“原创率”等。

(1) 微博推广形式均有涉及但效果差距明显

文章将开通微博的 31 所高校图书馆的官方微博通过“微博风云”软件的数据分析之后，得到了可以呈现各个微博如何展现、宣传、提升图书馆形象、信息、资源的结果。数据显示，无论是加“V”认证的微博还是未加“V”认证的微博，在微博形式选择上均注意到多媒体的利用从而来实现各自图书馆内部信息的推广，其中常态化利用文字、图片、视频、表格、GIF 动图、自制长微博的高校图书馆微博达到了 28 个，普及率达到了 90.3%，认证的 22 个官方微博全部利用多媒体来进行信息组织的阅读推广。值得注意的是，尽管绝大部分的微博均重视媒介呈现方式的多样性从而实现微博影响力的提升，但是实际收到的效果却差距明显。数据发现，31 个高校图书馆微博中，平均日微博数最高的达到了 6.3 条/天，但最低也低至了 0.0 条/天，其中日发微博数不足一条的微博有 18 个，占 58.1%。由于部分微博缺少日常的系统性维护，对于粉丝提出的疑问没有进行及时的回复，并且无法将馆内的最新资讯利用微博进行发布，这在很大程度上会影响用户的参与感和互动感，从而造成粉丝数量下滑以及均评论量和均转发量的递减。数据无法得到更好的利用，数据的更新速度慢是部分微博无法保证质量的主要原因。

(2) 微博呈现人性化互动率有望提升

高校图书馆在微博的使用上从最初的硬新闻如“闭馆开馆通知”、“讲座时间”、“新书速递”等发布到后来软新闻的结合如“馆内小贴士”、“你眼中的图书馆”、“失物寻找主人”等,图书馆的微博加入了更多人性化的部分,这也是微博不同于网站页面进行信息传播的最大的不同,由于微博是由独立的具有个性的人来维护,这也更加需要图书馆官微能够更加个性化。数据显示个性化十足的微博更加能够提升微博的影响力也更加能够提升用户的参与度,最终从长远看更有效地提升图书馆的最终影响。以清华大学图书馆微博为例,其微博无论从粉丝数量、博文数量、均转发量、均评论量以及互动率上来看都是所有微博中数值最高的微博(见表3)。首先,微博的系统维护是其保持影响力的根本。截至 2013 年 8 月 11 日,此微博注册 972 天,共发布6 078条微博,微博风格为“以软为主,软硬兼施,事件发表态度,互动至上”。其次,微博面对紧急事件后的信息传播以及态度表达是微博瞬间提升影响力的关键。清华大学图书馆最高转发和评论的微博为 2013 年7月5日早8点33分所发送的关于清华大学图书馆猫被虐死事件——“猫,是被人烫死的。猫、人,各少了一个;混蛋,多了一个。”本条微博转发量达到了 4 344 次,评论量达到了 1 316 次,引起极高传播力的重要原因在于,事件发布及时、态度表达明确、语言简洁铿锵、事件本身关注度高。小事件背后图书馆官微能够及时表达自己的立场准确的发布信息,这是清华大学图书馆微博能够短时间内提升影响力的关键。第三,微博的互动率是建立微博与用户强关系的核心。互动率是指每天给此微博发评论和转发的总数占此微博全部粉丝数的比例。清华大学图书馆的微博尽管原创率仅为 5.0%,但其极度关注微博与粉丝之间的互动,每日 6.3 条的微博中有一半以上均为转发评论用户的微博为主,这样在一方面可以增加微博内容的丰富感,免去了每日思考原创微博所消耗的人力物力,另一方面也能够增加用户对于此微博的使用黏度,从而使得微博的影响力呈现裂变性的提升。通过此微博也揭示了未来图书馆的官方微博需要着力的重点,第一,在于平稳丰富的更新每日的微博信息,使得传播的数据更加多样更加准确;第二,需要保持微博的个性化与专业度,在发布硬新闻的同时也不应忽略有关图书馆内外信息的软新闻的传播从而让微博更具有个性感和亲和力;第三,在重大事件发生后应当第一事件通过微博发布最为准确的信息和表达最为明确的态度使得微博能够在短时间内呈现出最大的影响力;第四,与粉丝的互动是提升用户参与感,满足用户使用微博的幸福感,加深图书馆信息推广和提升用户进入本馆进行阅读的最为重要的因素。

表 3 高校图书馆微博形式分析

微博的形式分析	是否认证	平均微博数	粉丝数量	博文数量	均转发量	均评论量	多媒体使用	互动率	原创率
清华大学	是	6.3 条/天	4 万	6 078	126.0	38.0	图文视频均有	2.5%	5.0%
武汉大学	是	3.0 条/天	1 万	1 865	23.0	4.0	图文视频均有	0.39%	10.0%
厦门大学	是	0.8 条/天	1 万	1 085	36.0	8.8	图文视频均有	0.02%	70.0%
复旦大学	是	1.4 条/天	1 万	1 189	7.8	1.6	图文视频均有	0.09%	75.0%
重庆大学	是	1.1 条/天	9 965	1 428	2.6	1.8	图文视频均有	0.13%	65.0%
南京大学	是	1.2 条/天	8 765	1 027	2.1	0.3	图文视频均有	0.06%	15.0%
华东师范大学	是	1.3 条/天	8 322	1 048	5.6	5.0	图文视频均有	0.17%	60.0%
同济大学	是	2.8 条/天	7 988	2 377	1.8	1.6	图文视频均有	0.11%	50.0%
北京航空航天大学	是	1.0 条/天	5 433	895	2.6	1.0	图文视频均有	0.07%	100.0%
东南大学	是	1.3 条/天	5 420	1 132	2.7	0.9	图文视频均有	0.07%	35.0%
西安交通大学	是	0.3 条/天	3 960	164	1.6	0.7	图文视频均有	0.03%	80.0%
上海交通大学	是	0.8 条/天	3 410	755	1.0	0.2	图文视频均有	0.17%	95.0%
南开大学	是	0.8 条/天	2 535	626	1.8	1.7	图文视频均有	0.16%	50.0%
西北工业大学	是	0.2 条/天	1 891	108	3.3	1.3	图文视频均有	0.06%	100.0%

续 表

微博的形式分析	是否认证	平均微博数	粉丝数量	博文数量	均转发量	均评论量	多媒体使用	互动率	原创率
湖南大学	是	1.6 条/天	1 854	653	2.7	2.0	图文视频均有	0.40%	51.0%
中国科技大学	是	0.6 条/天	1 356	294	15.0	2.2	图文视频均有	0.77%	21.0%
中国人民大学	是	1.9 条/天	1 356	294	4.5	2.7	图文视频均有	1.00%	24.0%
北京大学	是	1.7 条/天	1 254	181	2.2	0.5	图文视频均有	0.37%	20.0%
北京理工大学	是	0.4 条/天	1 052	177	1.2	0.8	图文视频均有	0.07%	46.0%
兰州大学	是	1.5 条/天	246	123	2.0	0.3	图文视频均有	1.3%	18.0%
哈尔滨工业大学	是	0 条/天	128	27	1.5	0.3	图文视频均有	0.06%	85.0%
西北农林科技大学	是	0.2 条/天	104	37	1.9	0.7	图文视频均有	0.57%	43.0%
四川大学	是(未加“V”)	3.7 条/天	5 707	3 423	5.8	1.3	图文视频均有	0.42%	35.0%
大连理工大学	是(未加“V”)	0.6 条/天	1 980	488	2.8	1.4	图文视频均有	0.13%	40.0%
华南理工大学	是(未加“V”)	0.6 条/天	1 637	394	3.9	1.3	图文视频均有	0.20%	64.0%
浙江大学	是(未加“V”)	0.6 条/天	1 143	340	1.4	0.4	图文视频均有	0.09%	87.0%
电子科技大学	是(未加“V”)	0.2 条/天	523	133	0.7	0.6	图文视频均有	0.05%	85.0%
中山大学	是(未加“V”)	0.0 条/天	281	7	1.9	1.3	超链接	0.01%	57.0%
北京师范大学	是(未加“V”)	0.0 条/天	68	1	14	4	纯文字	0.05%	100.0%
东北大学	是(未加“V”)	0.0 条/天	27	0	0.0	0.0	无微博	0.00%	0.0%
中南大学	是(未加“V”)	0.1 条/天	25	5	2.4	2.0	图文视频均有	2.40%	40.0%

(3) 微博内容原创性各异互动方式缺创意

通过表 3 的高校图书馆微博形式分析中一组数据可以发现,图书馆对于微博原创性的态度各有不同,其中原创度最低的认证微博为清华大学图书馆微博,仅为 5.0%,而原创度最高的认证微博为北京航空航天大学图书馆微博以及西北工业大学图书馆微博,均达到 100.0%。通过对于原创微博的分析可以得出,除去有感而发或对于社会热点事件的表态以外,高校图书馆对于所发微博的内容选择主要呈现出以下几个部分:“馆内新书速递”、“好书分享会”、“馆内特色活动”、“有奖互动”、“失物招领”、“图书趣事”等。表 4 分析了 31 所开设微博的高校图书馆所涉及的板块情况。数据可以发现 31 所高校图书馆中有 30 所图书馆的微博在原创微博上均涉及“馆内新书速递”这样类别的基本信息微博,具体呈现方式各有不同,有微博如中国人民大学图书馆微博选择使用图文的方式呈现,南京大学图书馆微博则选择利用超链接的方式供粉丝站内细节阅读,而厦门大学会选择使用图表或者视频的方式来呈现,尽管方式不同,但从内容来看,图书馆的官微均不约而同意识到最新图书馆资讯在提高用户关注度、增加用户使用粘度、加强用户参与上有着最为基本的作用。其次,有 24 所高校图书馆会在保证新资讯的同时加上“好书分享会”的部分,这是因社交媒体的互动性所重点关注的部分,清华大学图书馆微博会将不同读者针对同一本书的书评或感受利用转发的方式来实现点对面的传播从而加强自身的影响力同时也为图书馆馆内的借阅提供软性宣传。再者,有 19 所图书馆重视对于馆内特色活动的宣传,阅读并不是图书馆进行推广的全部,让读者身心行的全部参与其中才是图书馆最大化进行推广的良策,因此在满足粉丝基本信息需求的同时,高校图书馆也极尽可能的将本馆的特色活动进行最大化的宣传,如武大的购书你做主活动,上海交大的图书馆征文活动等,这些活动的特色感正与微博的风格相符,转发量自是不低。第四,在硬新闻发布的同时,微博也要展现出人性的一面,分别有 12 所和 28 所高校图书馆的微博会发布关于“失物招领”和“图书趣闻”的微博,这一类别的信息由于具有可读性和趣味性甚至具有恶搞感和人情味,转发量和评论量比其一般的信息高出许多,备受高校学生甚至是老师喜爱,因为这类传播正能量的信息在小小的微博中反而能够展现出该图书馆背后的人性和个性。最后,值得注意的,仅有 11

所高校图书馆在微博宣传上会使用“有奖互动”这一方式，因为高校图书馆本为公益性和开放性的机构，开设有奖活动不易过于商业化，但是如果想更进一步加强本馆的推广，从而提升读者参与度带来阅读数量、质量的发展，有奖机制不失为可取之法，现高校图书馆所开展的有奖互动多为针对本校师生的活动，如 DV 拍摄、猜书名、看电影馆内互动等，但这些活动大多为线下的实体互动，未来微博可以开设更多简单针对更为广泛的群体所开展的有奖互动，奖品并不需要很昂贵，但是却可以利用性价比高的小物来实现粉丝对于本微博的兴趣，加深对于该高校图书馆的了解。

表 4　高校图书馆微博内容分析

微博的内容分析	馆内新书速递	好书分享会	馆内特色活动	有奖互动	失物招领	图书趣事
清华大学	✓	✓	✓	✓	✓	✓
北京大学	✓	✓			✓	
中国科技大学	✓	✓			✓	
南京大学	✓	✓	✓	✓	✓	✓
复旦大学	✓	✓	✓	✓	✓	✓
上海交通大学	✓		✓		✓	
西安交通大学	✓	✓	✓			✓
浙江大学	✓				✓	✓
哈尔滨工业大学	✓	✓	✓		✓	✓
南开大学	✓	✓	✓		✓	✓
东南大学	✓		✓	✓		✓
武汉大学	✓	✓	✓	✓	✓	✓
厦门大学	✓	✓	✓	✓		✓
湖南大学	✓	✓		✓		✓
北京理工大学	✓		✓			✓
北京航空航天大学	✓	✓	✓	✓	✓	✓
重庆大学	✓		✓			✓
兰州大学	✓		✓		✓	
西北工业大学	✓	✓				
同济大学	✓	✓	✓			
中国人民大学	✓	✓	✓		✓	
西北农林科技大学	✓	✓				
华东师范大学	✓	✓	✓	✓		✓
中南大学	✓					
大连理工大学	✓	✓				
电子科技大学	✓	✓		✓		
四川大学	✓	✓	✓	✓		✓
华南理工大学	✓	✓	✓			✓
中山大学	✓	✓				
东北大学						
北京师范大学	✓	✓				✓
总计	30	24	19	11	12	28

2.4 高校图书馆官方微信鲜有亮点

由于微信是基于手机用户,故文章利用手机登录微信并在"公众账号"来进行统计(统计时间截止为2013年8月12日9时)。数据调查以输入"高校名(或高校名简称)+图书馆"为检索关键词,当研究的高校图书馆开通微信不止一个时,所有该高校图书馆的分支以及本图书馆的非正式组织以及读者或者本图书馆员所开设的相关微信均不在数据分析的范围之内。另外当该高校图书馆的微信有且只有一个时,如果此微信并没有被官方认证但关注度较高,本文也将此列入讨论范围之内。本次调查中对于高校图书馆的公众平台的数据分析只选取关注量最大的一个微信分析,以此来保证信息不出现重复。

前文的表1中的数据显示已经表明,39所高校图书馆开通微信公众平台账号的仅有12所,仅占30.1%,至于加"V"官方认证的公众微信仅有一所,认证率更是低至8.3%。微信的普及率和认证率均远远低于微博,这一方面是由于微信乃诞生时间较短的移动社交媒体,另一方面也因为高校图书馆的工作人员所熟知微信公众平台后台操作的技术人员有限。表5则分别对开通微信的这12所高校的图书馆进行了内容和形式的分析。数据表明:第一,微信开设的内容设置较为单一,仅有4所高校图书馆的微信内容包含了"资源分享"、"活动宣传"、"读者互动"、"服务延伸"、"馆讯速递"等丰富信息,有7所高校图书馆的微信内容全无互动服务,在关注这7所高校图书馆所开设的微信后,其中无一微信具有详细的文字、数字或字母解读微信功能的菜单推送,仅有6所高校图书馆有文字版的打招呼推送信息,更有一所高校图书馆在关注其官方微信后全无推送内容;第二,微信互动方式缺乏,在4所完备具有各类微信内容分类的高校图书馆微信中,无一家微信通过推送音频、视频、搞笑文字段子、特色图片等方式加强与关注粉丝的互动感,4所高校图书馆的微信服务仅为菜单中所机械设置几个数字、字母热键回复,关注用户在输入字母、数字后所得到的回复往往为又一条字母、数字的进一步回复说明,微信的互动感缺乏新意和真情实感的互动;第三,特色服务有亮点但惊喜较少,在12所高校的图书馆官方微信中仅有武汉大学的微信具有特色服务,即第三方书评式分享服务,这类方式主要是和"豆瓣"相互打通,用户在"关注"这一微信账号后,只要输入想要的书籍名称,即可得到微信账号的智能回复,这一回复的主要内容是以豆瓣的第三方书评的图文方式呈现的。通过这种客观的书评模式来推荐图书,这一分享模式具有极强的亲切感和生动性。例如武汉大学图书馆的官方微信"武大图书馆助手"所推荐的《大数据——互联网大规模数据挖掘与分布式处理》。高校图书馆对于微信缺乏足够的重视以及不具有专业知识人才进行维护是微信缺少特色的主要原因。

表5 高校图书馆微信整合分析

图书馆	是否有图书馆独立微信	微信内容包含板块	个人信息备注是否完善	关注后头条推送内容一览
清华大学	是	资源分享、活动宣传、读者互动、服务延伸和馆讯速递	是	详细文字、数字解读微信功能
北京大学	是	无互动内容	是	仅文字做打招呼
中国科技大学	是	无互动内容	是	无推送内容
南京大学	是(并且加"V")	资源分享、活动宣传、读者互动、服务延伸和馆讯速递	是(并具备有用信息如告知讲座信息)	详细文字、字母解读微信功能
上海交通大学	是	无互动内容	是	无推送内容
西安交通大学	是	资源分享、活动宣传、读者互动、服务延伸和馆讯速递	是	详细文字、数字解读微信功能
南开大学	是	无互动内容	是	仅文字做打招呼
武汉大学	是	资源分享、活动宣传、读者互动、服务延伸和馆讯速递	是	详细文字、数字解读微信功能
中南大学	是	有互动但是互动语言单一	是	仅文字做打招呼
四川大学	是	无互动内容	是	仅文字做打招呼
北京师范大学	是	无互动内容	是	仅文字做打招呼
中国人民大学	是	无互动内容	是(加入微博地址的介绍)	仅文字做打招呼

3　高校图书馆用户参与阅读平台发展的可行性建议

3.1　高校图书馆利用现有技术的水平差距明显

首先,大数据时代数字技术越发向移动化、智能化、多媒体化转变,但通过数据可以看出,全部的39所高校均设立的独立的图书馆独立主页,普及率达到100%,但更加能够调动用户参与感的微博、微信的普及率却分别为79.5%和30.1%。其次,在具体技术的使用上,高校图书馆的技术使用更加偏向傻瓜化缺少有力的创新。高校图书馆在网站推广方面主要热衷的方式为"书籍星级评分"、"阅读评论"、"本馆借阅排行榜"、"豆瓣互动",鲜有用户书籍推荐、用户心目书籍榜单、用户之间书籍分享、系统个性推荐等个性板块的设定。可见,高校图书馆对用户参与阅读平台选择上比例不均。

3.2　缺少对核心及潜在用户的奖励刺激

调查发现,尽管大多数高校图书馆均开设不同类别的具有用户参与的阅读平台,但实际的用户参与程度却远低于预期设想。如高校图书馆的网页中均提供星级书评的技术,但大部分图书馆的打分系统却少有人评分,难以真正起到原本预期的用户分享作用。再如微博的好书分享转发模式,的确可以在某一个时段内对于某几本书进行有力的分享,但是过了这一时段,微博热度过去后,大部分用户仍无法获取更多符合自身需求的价值信息。无法有效提升用户参与感,一方面是因为高校图书馆对各类特色服务的宣传和推广没有做到位,读者并没有足够了解现有的技术自然无法娴熟地使用现有的技术和服务,另一方面通过对于微博的分析可以看出,高校图书馆本身缺乏对于核心以及潜在读者的奖励机制引导,因而无法完整调动读者参与感和兴趣度。如何最大限度地调动用户的积极性才是未来图书馆实现阅读平台优质化发展的关键。

3.3　高校图书馆的数据处理技术不够娴熟

调查可以发现,不少高校图书馆在具体刺激用户实现行为参与的技术使用并不熟练。以12所开设高校图书馆微信为例,12所中无一所高校的图书馆能够系统严密的将用户回复技术做到精致化,用户在输入两次甚至三次信息后往往收不到官方微信所回复的有用信息,因而这便会提高用户取消对于这类微信的关注,这极端化地降低了用户的参与感和使用黏度。因此,高校图书馆必须组织专人进行相关技术的培训将这类技术学习到一个完备的水准,从而再去完善现有的数据处理质量,这样才能够更好、更快地提升用户的参与感。

4　高校图书馆用户参与阅读平台完善的改进措施

4.1　充分利用用户去生产制造内容

大数据环境下,一方面,信息的生产、加工、重组、聚合、传播的过程不再是传者受者明显的单向传播,而愈发的向传者受者模糊概念的双向传播转变,而且在未来这种传播模式必将会向传者受者不停转换的多层次传播转变,因此充分调动用户作为传者受者传播链上的重要因子成为了当下高校图书馆升级自身阅读平台的核心之道;另一方面来说,伴随着数字技术的成熟和普及,用户参与甚至是用户为主的观念必将渗透到高校图书馆服务的方方面面高校图书馆如果不能够主动求新求变去适应这一趋势,必将会被其它的商业类阅读平台所取代其位置。

4.2　开设多层次的用户奖励刺激机制

通过调查我们可以发现,当下的高校图书馆对于用户的奖励方式呈现出读者馆内闭合化、奖励宣传单一化、奖励内容机械化、奖励频度贫乏化等状况。针对此情况,文章认为,首先高校图书馆可以打开用户奖励的平台,把对于用户的奖励放宽到不仅仅为本校内的师生,这样的变化便可脱离高校的帽子去寻求更广的推广发展,这种奖励宣传的推广主要是依附微博和微信这样公开化的社交媒体;其次,高校图书馆的奖励机制可以首先上升到精神层面,因为大学图书馆毕竟是读者获取知识的场所,其功利性更弱,高校图书馆只需要为每一位与图书馆有关联的读者提供一张会员卡或者借阅卡,只要其为本馆提供了实质性的建议或者参与了本馆所举行的任何活动,将获得一定的积分或者表彰,这在很大程度上可以提升读者的依附感和使命感;第三,将举办活动的次数和宣传的力度加大,让用户自身去利用现有的技术去自主传播,并且对于这类的主动传播用户进行实物的奖励,从而更加刺激传播的力度、速度和广度,小礼物从而实现大收获。

4.3　为用户和技术人员提供相互交流的线下平台

文章通过调查发现,现有的技术如若可以充分的利用将足以满足如今的数据处理需要,从而带来用户参与感的提升。但是研究结果却表明:当下的高校图书馆对于技术的使用普遍出现技术摆在那里,用户甚至是日常维护的技术人员无法自如使用的尴尬局面。这就需要在未来的短时间内,高校图书馆可以在日常的时间内开设相关的关于移动媒体、互联网技术、微博营销、微信宣传等相关讲座,让更多熟悉此技术的人才能够在课堂上得以充分的交流和学习,一方面可以调动用户的学习积极性,熟悉掌握此技术后,用户便会开始学习并且利用高校图书馆所使用的技术,从而让用户二次传播更多地潜在用户,这种裂变式的传播能够达到的效果是无法估量的;另一方面,日常维护本馆相关平台的技术人员也可以在讲座中与相关熟悉此技术的同学、老师一起去粗取精,从而让高校图书馆的技术更完备,数据处理更妥帖。

参考文献

[1] 苑桂萍,杜慰纯,冯花朴,惠瑶.基于云计算图书馆面临的挑战与服务创新[A].图书馆联盟建设与发展[C], 2012:7.

[2] 邢文明.Web 2.0 环境下用户参与的图书馆信息组织模式实证分析——基于参与方式的调查[EB/OL].[2013-07-29].http://www.dlf.net.cn.

[3] 百度百科.微博[EB/OL].[2013-08-01].http://baike.baidu.com/view/1567099.htm.

[4] 中新网.中国微博携知名娱乐节目开启商业化求索征程[EB/OL].[2013-08-01].http://www.chinanews.com/sh/2013/06-16/4931823.shtml.

奉贤阅读节阅读推广工作简析

徐之敬

（上海市奉贤区图书馆）

摘要 举办阅读节是公共图书馆开展全民阅读活动的重要形式，本文以上海市奉贤区图书馆举办的三届阅读节为例，分析了公共图书馆开展阅读推广活动的意义和作用，并对公共图书馆进一步开展阅读推广工作提出了建议。

关键词 公共图书馆 阅读节 阅读推广

The Brief Analysis of Fengxian Reading Festival Reading Promotion

Xu Zhijing

(Shanghai Fengxian District Library, China)

Abstract Holding the reading festival in public libraries is an important form of nationwide reading activities. The Shanghai Fengxian District library has held three reading festivals in recent years. This paper, taking these reading activities as an example, analyses the meaning and function of developing the reading promotion of public libraries, and offers proposals for the further work of it.

Keywords Public Library Reading Fstival Reading Promotion

举办阅读节已经成为公共图书馆界的一种时尚，这是改革开放良好的社会环境给图书馆人创造的舞台和机遇。“开展全民阅读活动”作为扎实推进社会主义文化强国建设的重要任务，写进了党的十八大政治报告，引起全民关注，无疑对公共图书馆提出了更高的要求，也是图书馆从业者面临的巨大挑战。

阅读节，顾名思义是以阅读为中心组织开展的一系列文化活动。客观地说，目前各地各级公共图书馆组织的阅读节或读书月活动对推动全民阅读的开展确实起到了积极的作用，让更多的好书进入市民的视野，让更多的市民走进了图书馆。但毋庸讳言，因为缺乏评价机制，活动的实际效果还有待客观的分析和评估。本文结合奉贤图书馆从 2011 年起，连续三年举办阅读节的实践，谈谈自己对公共图书馆开展阅读推广工作的若干思考。

1 举办阅读节让读书活动成为社会新闻，成为城市重要的文化节日，为丰富城市文化生活注入图书馆的因素

一个城市的公共图书馆应该在城市文化品质的塑造上，市民文明素养的培育方面发挥不可替代的作用。而要担此重任，公共图书馆必须主动出击，寻找有效的载体，组织相应的活动，改变图书馆在城市文化生活中默默无闻的既定印象。

举办阅读节不光是制造新闻热点，还要契合城市发展的需要，激发市民参与城市文化建设的热情。2011 年是“十二五”的开局之年，又是奉贤撤县建区 10 周年，在这个时间节点上，我们推出了以“同享书香 共建贤城”为主题的奉贤区首届阅读节，时间从 4 月 23 日世界读书日起为时一个月，设计了“知名作家学者走进奉贤”——言子讲坛系列讲座，“聆听经典 品味文韵”名家诗歌朗诵会，“悦读悦美——寻找贤城最美丽的阅读瞬间”摄影大赛，“阅读生活 博客随行”奉贤区最受关注十大博客大赛，“麦田和湿地的守望者”——奉贤本土作家汤朔梅作品研讨会，“我爱经典我来赛”经典阅读知识大奖赛，“阅读让生活更美好——我最喜欢的一本书”有奖明信片征集活动，“十大书香企业”评选，“悦读 · 悦心 · 悦生活”培训班等九大系列活动。2012 和 2013 年分别以“享受阅读 感受生活”、“乐享阅读 启智生活”为主题，开展多项活动。

阅读节活动一般有几大板块组成：开幕式，“言子讲坛”讲座系列，各专项活动（论坛、展览、竞赛等），各乡镇图书馆活动，书目推介，总结颁奖。每年的阅读节开幕式是我们精心打造的重点活动，我们坚持高起点，高

品质,让他成为值得读者和市民期待的文化节日。

三届阅读节的开幕式,以不同形式,围绕阅读做文章。首届阅读节开幕式与上海少儿读物促进会、上海少年儿童图书馆共同举办。以原创童书片段情景朗诵表演的形式揭晓获奖优秀原创童书,小朋友以图书馆大厅楼梯台阶为舞台演绎获奖作品内容,给秦文君等著名少儿作家惊喜连连。第二届与上海图书馆共同举办。以课本剧展演的形式表达青少年对作品的理解,8 家上海兄弟区县图书馆推荐的学校代表队参加了课本剧的表演。第三届与上海书店、上图书店共同举办。请音乐史学家洛秦、美术评论家谢春彦、著名出版人梅雪林三位作者来开新书发布会,讲述自己的研究成果。形式多样的开幕活动丰富了图书馆开展读书活动的内容,改变了图书馆活动沉闷刻板的形象,给读者和市民耳目一新的感觉。

阅读节每个时间节点上的特意安排也很重要。活动预告要提前在媒体上和自己的网站上对外发布,推介的新书上架后让工作人员接受记者采访,为阅读节造势,有些活动要安排街拍采访,扩大市民的知晓率。第二届阅读节闭幕后,奉贤电视台专门制作了一期新闻访谈节目来回顾阅读节活动,请主办方向社会公众解读为什么要举办阅读节。阅读节各项活动电视台都有报道,《奉贤报》刊专版宣传活动情况,上海《新闻晨报》、《文汇读书周报》等市级平面媒体和上海政务网、东方网、人民网、凤凰网、中国文明网、东莞时间网、中安在线等新媒体对奉贤阅读节也有相关报道。

2　举办阅读节让社会各界广泛参与,利用社会资源为公共图书馆推广阅读活动助力

阅读节的举办,让公共图书馆自觉地站在主办方的立场,独立自主地开展活动的策划,组织,联络,协调,全方位地与各行各业打交道,寻求合作者与参与者。

活动项目酝酿、策划的过程,其实就是寻求合作者和参与者的过程。因为活动的目的,就是利用合作者的社会资源与公共图书馆推广阅读活动的愿望与目的相结合,用合适的活动形式,来丰富、活跃某一阶层或某一系统人群的文化生活。

连续三届持续开展的"我爱经典我来赛"经典阅读知识大奖赛就从第一届的合作者共青团奉贤区委员会,到第二届加入奉贤区总工会,让工厂企业一线工人参与进来,到第三届把区内高等院校学生吸引进来。作为主办方,我们在筹划这一主要针对年轻一族对经典读物的理解、阅读的活动时,设计多项展示年轻人风采的时尚竞赛形式,充分考虑到趣味性,并且把区广播电视台作为主办方,请他们的领导出谋划策,请当家主持人精彩亮相,把"我爱经典我来赛"经典阅读知识大奖赛活动办成贤城青年人展示阅读风貌的一道风景线。我们到街头采访路人,到民工子弟学校向学生征求答案,有效地调动了社会各阶层阅读经典的兴趣和参与活动的兴致。

阅读节的举办,让社会各界对图书馆的资源和举办活动的能力刮目相看。首届阅读节,成功举办的"悦读悦美——寻找贤城最美丽的阅读瞬间"摄影大赛,发挥了区摄影协会的重要作用,优秀作品展览后获得广泛好评。这让主办方增强了动员社会力量传递正能量的愿望和信心。第二届我们继续与区摄影协会合作,推出"寻找贤城的文明瞬间"摄影大赛,区文明办作为指导地位,对活动十分重视,领导亲临现场剪彩并力邀市摄影协会专家为作品评奖。

奉城是我区东部重镇,一向重视文化工作,主动要求与区图书馆共同承办"为青春喝彩"诗歌朗诵会,我区朗诵爱好者积极参与,演出的节目得到刘安古、过传忠等本市朗诵界专家的高度赞赏。

区史志办主任丁惠义,心系地方志资源建设,奉贤地方志的编辑、出版工作中走在全国前列。他主动提议与区图书馆联合创建"奉贤方志馆",将多年收藏的上千册各地和上海、奉贤的地方志资料集中到图书馆阅览室供广大读者使用。他还延请原上海市地方志办公室副主任、《奉贤县志》主编姚金祥先生作为"言子讲坛"主讲嘉宾,向史志专业人员和奉贤中学新疆班的学生"说说古代的奉贤"。

区总工会组织企业职工参加阅读节活动以后,充分认识到区图书馆的资源对推动企业职工的文化建设具有可持续性和可操作性。2013 年新年伊始就主动上门商讨对具备一定条件的企业建立集体书刊借阅关系,并传授基层职工书屋开展读书活动的方式方法。

3　举办阅读节让图书馆工作人员得到成长锻炼,把阅读推广工作进一步引向深入

举办阅读节是对公共图书馆组织开展各项读书活动综合能力的严峻考验。阅读节活动,要与图书馆原来活动有所区别,活动规模和质量都要有较大的提升,作为主办方,应该利用这个平台,打造有品质的文化活

动,让工作人员在活动中锻炼自己的才干,把公共图书馆的服务推上一个更高的台阶。

首届阅读节举办的"麦田与湿地的守望者"——奉贤本土作家汤朔梅作品研讨会,是一次成功的尝试。电视台资深专家制作了汤朔梅专题片,上海多位有影响的专家、学者和奉贤老资格的作家杨淼对汤朔梅的作品进行了深入细致的解读,在推介奉贤本土作家作品方面开启了崭新的篇章。这固然与本土作家汤朔梅具有良好的社会资源有关,他当年在大学读书时的好友大多在高校或相关研究机构担任要职,但找准他作品的精髓并成功吸引众多专家前来,确实也体现了组织者的眼光与能力。

第二届阅读节举办的百姓故事大荟萃——奉贤本土方言大比拼活动,从策划者的指导思想上是想通过这项活动,推动保护和传承上海本土方言,让奉贤为数众多的业余文艺表演团队也加入到阅读节活动中来。这一则是奉贤本土方言具有极其鲜明的地方特色,东西两地泾渭分明,相邻十里有差别;一则是80后年轻人说当地方言的熟练程度已远逊于普通话,区域文化特质在迅速流失。这样概念化的要求,硬是让工作人员使出浑身解数,从本土方言专家评委的聘请到竞赛题目的选定,从竞赛规则的制订到比赛形式的规范,一环一环,层层推进。汇报演出时一台别具风韵、乡土气息浓郁的节目吸引了整场观众,出人意料的演出效果,笑翻了全场,专家、评委不失时机简洁精到的讲评更无疑是本土方言言简意赅、内涵丰富精妙之处的现场展示,让参与者真正感受奉贤本土方言的独特魅力。

第三届阅读节,紧扣全民阅读的主题,以阅读名人、阅读名著、阅读感悟、阅读成长为四大主线,设计相应的活动。"让孩子恋上阅读"论坛的推出以及茅盾文学奖获奖作品系列活动成为本届阅读节的亮点。

要改变国民阅读数量远低于发达国家水平的现状,致力于青少年阅读习惯的养成无疑是重中之重,通过青少年阅读量的提升来有效提高全民阅读量的增长。奉贤图书馆十分重视青少年阅读,开展的"阅读之星"评选和"523故事会"活动卓有成效,成为青少年思想品德教育的成功案例。举办"让孩子恋上阅读"论坛更是为青少年阅读习惯的培育创造良好的家庭和社会氛围。

围绕茅盾文学奖获奖作品的推介,阅读节期间在展览大厅布置了获奖作品展览,在外借部推出茅盾文学奖作品专架,在电子信息部推出线上茅盾文学奖作品数字阅读体验,在报告厅举办茅盾文学奖作品改编的电影专场。这样集中展示推介主要是为了加深读者对这些作品的了解和阅读。

2012年,第二届阅读节闭幕后,南桥新城公司宣传部门领导主动找上门来,要求出资冠名"南桥新城杯"暑期青少年读书节活动,具体的活动策划安排全权委托我馆办理。如果没有阅读节活动的举办,多方面锻炼了工作人员的才干,这样的好事恐怕是与图书馆无缘的。

4 关于公共图书馆开展全民阅读活动的若干思考

2012年4月,"同享书香　共建贤成"奉贤区(首届)阅读节,被上海市振兴中华读书指导委员会、市总工会、市文明办评为上海市振兴中华读书活动30周年"十佳读书活动项目题名奖"。2012年12月,"享受阅读　感受生活"奉贤区第二届阅读节被评为上海市振兴中华读书活动"优秀项目奖"。

三年的实践让我们感觉到,阅读节的成功举办,使图书馆焕发了青春活力,提高了社会关注度,提升了城市文化的品位,丰富了人民群众的精神文化生活。同时,增强了我们开展全民阅读推广工作的能力和信心,调动了图书馆工作人员的积极性,促进公共图书馆的服务向广度和深度进军。

举办阅读节,是开展阅读推广工作的有益尝试,但阅读节不能涵盖阅读推广的方方面面。开展全民阅读活动,是全社会的任务。阅读节的举办,让我们更清晰地意识到公共图书馆的社会职能和社会责任,对公共图书馆促进全民阅读工作有了全新的认识。

4.1 公共图书馆开展阅读推广工作的形式和方法完全可以是多种多样、丰富多彩的,不要被任何条条框框限制,更不要自设禁区

公共图书馆的社会职能赋予它开展本地区阅读推广工作的权利和义务,广义上说,图书馆的所有业务活动都可以归结到阅读推广的范畴。全国各地的阅读节或读书月活动启示我们,公共图书馆开展阅读推广工作的形式和方法完全可以是多种多样、丰富多彩的,不要被任何条条框框限制,更不要自设禁区。一切活动形式,只要有利于阅读,对阅读推广有成效,都不妨加以借鉴。其他行业的活动模式,只要你图书馆没使用过,不妨依样画葫芦,对你图书馆的工作来说也是创新,也能吸引读者和市民。只要我们的思想是解放的,思路是开放的,我们不要拒绝任何可借鉴的好东西,好形式。杭州图书馆开展的众多的阅读推广活动,突破了樊篱,让人大开眼界。

公共图书馆开展阅读推广工作要坚持主体地位,民间立场。所谓主体地位,就是阅读推广工作以我为主,是我要办,我主动办,而不是谁要我办。所谓民间立场,就是尽量减少活动的官办色彩,少一些繁文缛节,让参与者少些羁绊。

公共图书馆应该建立阅读推广工作部门,关注各地各界阅读推广工作的经验与做法,制定符合本地区实际的阅读推广规划,培训阅读推广指导员队伍,展示、交流阅读体验和成果,评估阅读推广工作取得的成效。

4.2 公共图书馆应该更加关注读者的个性化的阅读需求,提升服务与应变的能力

阅读推广工作要卓有成效,必须在研究读者的阅读需求上作文章。在设计活动方面除了应对大众化的需求外,恐怕在小众化、个性化的活动项目设计、策划方面要更加着力。阅读其实是非常私人化的事情,阅读对个人的工作学习生活产生的影响也是因人而异的。通过对读者阅读情况的分析,了解不同人群的阅读爱好和倾向,组织相应的阅读活动,可以让公共图书馆的阅读推广工作更加深入而持续。小众化的活动,可以为有相同或相近阅读趣味的人提供交流和展示自己阅读心得、阅读成果的机会,可以把更多的读书爱好者集聚在图书馆周围。小众化的活动还可以少花钱或者不花钱。小众化活动的组织者可以是图书馆工作人员也可以是受众自己。

以小众化活动来应对读者个性化的阅读需求,对图书馆工作者来说,就要做有心人,一方面要交读者朋友,另一方面要熟悉各类别书刊在读者中的流通情况、受欢迎程度。对热门书要有大致的了解并能按你对读者的熟悉程度进行有的放矢的推介。“敏读会”是闵行区图书馆创办的公益读书会,它的宗旨是进行深度阅读推广和阅读品位的引导,自启动以来已举办近 30 场读书会。青浦区图书馆在阅读推广方面也有一个很好的做法,每个部门按照自己的能力和读者的需求,开展相应的阅读推广工作,发挥小、快、灵的特色,在不断的实践中积累人气和经验,营造图书馆服务发展的良性生态环境。

4.3 公共图书馆应该更加关注与社会力量在阅读推广工作方面的合作,不断开拓全民阅读的新境界

公共图书馆无疑是开展全民阅读的重要机构之一。随着改革开放的不断深入,文化活动的重要意义逐渐为人们所认识,文化的多元性也逐步显现,致力于文化建设的团队不断涌现,各种社会力量都希望自己在文化上有所作为。公共图书馆要大力开展阅读推广工作,借助社会优质资源,与社会力量在阅读推广工作方面寻求广泛的合作是必由之路。

公共图书馆有书刊、信息资源,人力资源,场所资源,读者资源。利用公共图书馆自身资源开展阅读推广活动责无旁贷。我们的活动可以从馆内走向馆外,从自己直接组织阅读推广活动走向帮助各行各业策划阅读推广活动,把公共图书馆作为一个地区管理阅读推广工作的大本营,作为一个展示本地区社会各界阅读成果的大舞台。我们可以与社会力量广泛合作共同开展有影响的阅读推广活动,我们也可以借鉴有关专业机构的阅读推广策划思路和营销策略,甚至购买专业机构的阅读推广专题服务,以此来不断丰富阅读推广工作的方式和手段,不断开拓全民阅读的新境界。在阅读推广活动的具体实践中锤炼、塑造活动的品牌,享受阅读推广活动给人民群众带来的快乐。

参考文献

[1] 中国图书馆学会阅读推广委员会 2013 年工作计划[J].苏州图书馆主办:今日阅读,2013(17), 84—85.

[2] 文颖:读书月,涌动深圳的文化大潮[N/OL].人民日报.[2013-12-13]. sz.people.com.cn/n/2013/1217/c202846-20166531.html.

[3] 方海燕:“青番茄”阅读推广营销策略探微[J].图书馆杂志,2013(12), 49—50.

[4] 李君娜:闵图“敏读会”推广深阅读[N/OL].解放日报[2014-1-22]. newspaper.jfdaily.com/jfrb/html2014-0122/content_1137252.html.

[5] 朱永新:文化中心、精神客厅、心灵牧场——我心目中理想的图书馆.[EB/OL].http://www.lsc.org.cn/c/cn/news/2013-11/12/news-6691.html.

[6] 褚树青:图书馆提供怎样的阅读推广[EB/OL]. http://www.lsc.org.cn/c/cn/news/2013-11/12/news-6709.html.

图书馆数字阅读服务探索与实践
——以上海图书馆市民数字阅读平台为例

张　磊　夏翠娟　朱雯晶
（上海图书馆）

摘要　上海图书馆从 2011 年开始启动市民数字阅读计划，市民数字阅读平台作为计划主体，已建设成一个面向数字阅读的资源整合平台。上海图书馆结合国内外的数字阅读服务经验，在平台定位、资源整合、用户体验方面进行了探索与实践，通过接口规范、深度整合等技术手段，在平台上实现单点登录、统一检索、一键直达等服务，在国内图书馆界尚属首创。

关键词　数字图书馆　数字阅读

Practices and Exploration in Digital Reading Services of Library
— The Citizens Digital Reading Platform of Shanghai Library

Zhang Lei, Xia Cuijuan & Zhu Wenjin
(Shanghai Library, China)

Abstract　The Digital Reading Program of Shanghai Library started in 2011. Till now, the Citizens Digital Reading Platform as the main part of the whole program has been built into a resources integration platform for digital reading. Shanghai Library combining with the experiences of digital reading service at home and abroad, has carried on the exploration and practice in many aspects, such as the goal and positioning of platform, resources integration, user experience, etc. Through the interface specifications and depth integration technologies, we have realized the single sign-on, unified retrieval, one-button service and so on. All of these are unprecedented in domestic libraries.

Keywords　Digital Library　Digital Reading

1　引言

近年来，人们的阅读行为已开始从传统的纸质媒介，逐渐转向手机、电子书阅读器、平板电脑等新型介质以及已存续多年的网络媒体等。与之相应的是，国内外的数字出版发展也是方兴未艾，发展速度迅猛。例如美国最大的网上书店亚马逊在 2011 年中，其所销售的电子书的数量已经超过传统书籍。而在国内，不仅在网络文学市场在国际上独树一帜、移动运营商的手机阅读产值在国际上数一数二，而且在传统电子书的出版销售方面也得以快速发展。几乎国内所有的大型网络书商与出版集团都推出了其电子书的销售服务。在这样的大背景下，传统图书馆如果不谋求转型发展，很难满足人们多样化多层次的精神文化需求，提供人们丰富多彩的文化产品和服务。上海图书馆在 2011 年底正式启动了市民数字阅读计划，期望以创新的理念和服务更好地满足读者的需求，并利用各种先进技术手段，尝试突破与创新，真正让图书馆所拥有的、极其丰富的文化信息资源为普通大众服务。市民数字阅读平台作为整个计划的主要组成部分，已建设成为一个面向数字阅读的资源整合平台，在国内图书馆界尚属首创。

2　国内外现有数字阅读平台的比较

图书馆数字阅读服务由来已久，国外图书馆界起步较早，发展较快，已形成了出版商、第三方服务提供商、图书馆、读者构成的成熟的产业链，图书馆在其中更多地承担着“购买者”的角色，向出版商购买资源，向第三方服务提供商如 OverDrive 和 3M 购买平台和服务,从而可以集中精力和智慧向用户提供数字阅读服务。其中 OverDrive 已有近 2 万家图书馆使用,与他们合作的出版商超过 1 000 家。他们的商业模式基本是由服务商来整合各资源厂商的内容,然后由服务商的数字阅读平台向图书馆提供服务,读者通过成为图书馆的用户,而直接使用平台进行数字阅读,如图 1 所示。

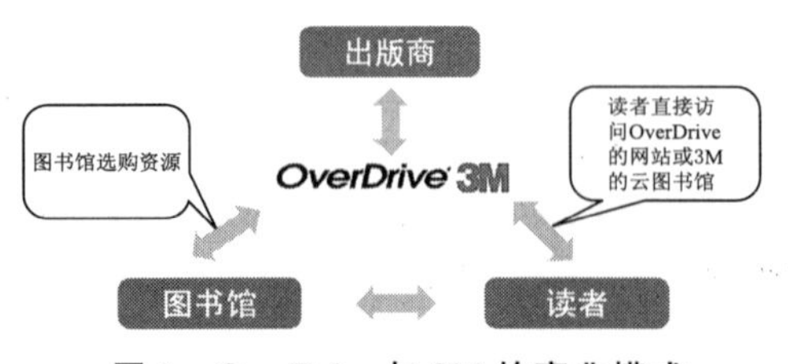

图 1 OverDrive 与 3M 的商业模式

OverDrive 与 3M 的数字阅读服务平台稍有不同,OverDrive 所采用的是响应式网站而 3M 使用的是 APPs 方式,响应式网站优势在于几乎支持所有终端,只需要使用浏览器就能访问平台,而 APPs 的方式对终端有一定要求并不是所有设备都支持,但 APPs 在用户交互体验方面则比网站更加灵活丰富。

相对于国内而言,OverDrive 与 3M 的数字阅读模式解决了知识产权的问题,并且提供了良好的平台与阅读终端的支持,使用户能有良好的体验,能够达到较好的服务效果。国内图书馆界虽然早有涉及数字阅读,但目前电子书产业链尚不成熟,数字阅读也主要以资源厂商各自提供的服务为主。对于图书馆而言没有一个能够整合各出版商资源的平台来使用,缺少类似 OverDrive 与 3M 这种较成熟的数字阅读模式。在这样的背景环境下,上海图书馆在内容、平台与终端这条完整电子书服务链中做出了自己有益的尝试,以自身实践来推动图书馆数字阅读的成熟发展。基于过去长久的服务经验,上海图书馆自主建设了一个的资源整合平台来向读者提供服务,这就是上海图书馆的市民数字阅读平台。

3 市民数字阅读平台

3.1 平台定位

在国内的数字阅读产业链还不够成熟、难以满足读者数字阅读需求的情况下,上海图书馆所建设的市民数字阅读平台承担了类似国外第三方提供商 OverDrive 与 3M 平台的某些职能,形成了一个集资源、平台、服务于一体的数字阅读平台,对于上游无缝链接了各不同资源厂商的内容及阅读平台,对于下游直接支持上海市中心图书馆一卡通范围内的所有读者阅读和服务,在模式上是一种尝试和创新。但与 OverDrive 与 3M 不同的是,上海图书馆的市民数字阅读平台只整合了各厂商资源的元数据,读者通过平台找到想要的资源,最终还是需要通过资源厂商的数字阅读平台来进行数字阅读。这也是市民数字阅读平台的定位,如图 2 所示。

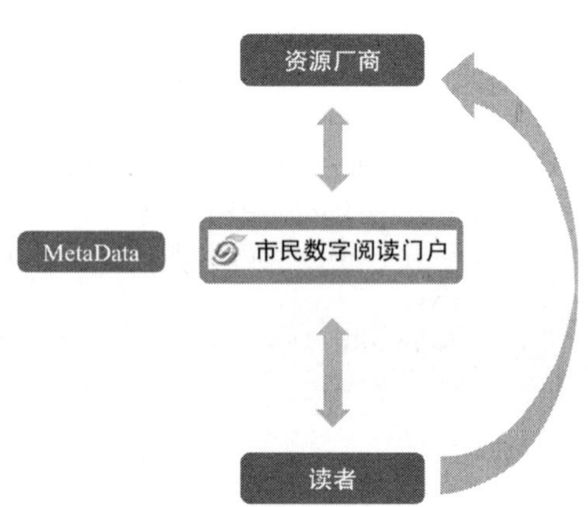

图 2 市民数字阅读平台定位

3.2 资源内容

市民数字阅读平台所选择整合的内容偏向大众阅读,以非专业学术类资源,通俗类书报刊为主。目前整合图书有近 30 万种,期刊 8 000 多种,报纸 60 余种。特别是与上海本地服务商新华 E 店的合作,整合 2 万多种 2 年内最新出版的图书,并以每季度甚至每月一次的频率更新,使读者第一时间就能够阅读到热门书籍。更有创新意义的是,内容不仅只限于纸质书数字化的内容,更是特别引进了盛大文学的网络小说。和盛大合作的内容不仅有传统出版意义上的完本小说,并且包括连载中的热门小说,使读者能够真正体验到网络文学的阅读乐趣。市民数字阅读平台包含盛大文学 1 万种完本小说以及 1 千种连载中的小说,无论是从品种还是数量上来说,都创了国内外图书馆界与网络文学产业界的先河。这一服务也受到特别是年轻读者的热捧。

3.3 资源整合

市民数字阅读平台是面向数字阅读的资源整合平台,它不同于普通的资源导航平台,而是深度整合各种资源的元数据,实现与不同资源之间的无缝链接,再利用网站、手机、Pad 等各种终端向读者服务。为了保证阅读平台的用户体验,上图对整合进来的资源有三个必需达到的条件,那就是必须预先获取基本的元数据,能够单点认证,能够支持一键直达。

对于元数据,平台对书刊报三种资源,分别制定了一个元数据标准,要求每个资源厂商按照标准提供我们已购买的资源的元数据,以图书的元数据标准为例,包含了基本的编目信息,特别重要的是要求有封面与图书的全文链接,这也是平台实现数据展示以及全文阅读的关键,通过封面可以在平台上直接展示资源,通过图书的全文链接就能够直接定位资源通过接口全文浏览。当获得了资源厂商提供的元数据后,平台使用了名为 solr 的开源搜索引擎,来实现统一检索,目前支持书:书名、作者、出版社、刊名、报名等字段。

对于单点登录,顾名思义只要在市民数字阅读平台上登录一次,即可访问到平台上所有已整合的资源,不需要在各个资源中多次登录。平台现已支持上海图书馆"一卡通"近 200 多万用户,只要拥有上图的读者卡就可以使用平台并浏览全文。

对于一键直达,既是在平台中找到了你所需要或是感兴趣的书后,只需点击这本书的封面,就可以直接进入该书的全文阅览界面,不需要多余的点击。在前面平台定位时已介绍过,平台只是做了元数据层面的整合,浏览全文还是需要连到厂商提供的平台上的,虽然全文内容不在平台本地,但通过接口规范,平台做到了与资源厂商平台的无缝连接,一键直达。为了不影响用户的体验,只有能够做到深度整合的资源才会被选择。

3.4 用户体验

平台专注于用户体验,资源的深度整合的效果最终都将体现到用户体验当中。平台在用户体验方面做到了多终端适配、浏览器阅读、瀑布流的展示。平台分为 PC/PAD 与手机两个版本,分别来支持 PC、PAD、智能手机三种类型的终端,并且在使用市民数字阅读网站时不需要任何插件,只需要浏览器即可浏览所有资源的全文。在内容展示方面,平台采用了当下流行的瀑布流的展示效果,页面可以无限制的往下拉深,理论上讲可以呈现出所有资源内容,并且在显示的内容中融入了豆瓣的内容以及微博等社区的分享,同时为了适应不同屏幕界面的大小以及使用习惯,平台提供了图、简、文三种显示方式,体现了紧随用户习惯与时代潮流的服务理念。在平台功能方面,基本服务包括在线阅读、元数据检索、全文在线阅读,部分内容支持下载阅读;个性化服务包括分享、首页内容定制、我的书架、建议留言等。平台自 2011 年 12 月第一版发布以来,经过不断的优化与改进,目前已升级到了第三版,并在不断的优化改进,相信随着网站的推广以及资源的越来越丰富,将吸引更多的读者使用市民数字阅读平台。

4 市民数字阅读平台的接口规范

在市民数字阅读平台上,图书馆的工作不仅仅是从厂商到读者的简单传递,而要提供统一的浏览、检索、阅读界面和一致的用户体验。而目前厂商提供的大部分全文是跟服务平台捆绑在一起的,所以市民数字阅读平台整合的不仅仅是格式和来源各异的内容,还有各种异构的阅读平台,如何在异构的内容和平台上提供一致的阅读服务,是市民数字阅读平台面临的最大困难。于是在平台的研发和实施过程中,经过与上游内容提供商和下游用户之间多次反复的交流和磨合,项目组最终采用了标准化、规范化的平台接口来解决问题。为此,项目组制定了基于内容整合和平台整合的各类接口规范。

内容接口规范主要包含元数据整合规范、资源分类整合规范、第三方内容接口规范。元数据整合规范包括元数据方案、各种元素的映射表、元数据更新方案等;资源分类整合规范则将不同的内容提供商的分类词整合成统一的标准,为读者检索和浏览提供方便;第三方内容接口规范主要用于获取第三方资源厂商的实时动态内容,例如封面及图书基本信息(题名、图书简介)获取的接口以及豆瓣书评的接口规范。

平台接口规范主要包含统一认证接口规范、厂商阅读平台接入规范、统计接口规范。统一认证接口规范保证了市民数字阅读平台接入上海市中心图书馆范围内的读者统一认证系统,支持读者用一套读者卡和密码的单点登录;厂商阅读平台接入规范则根据平台支持的终端版本分为 PC/PAD 版和手机版接入规范,主要用于实现资源全文浏览的一键直达;统计接口规范用于支持网站的各种访问和资源使用数据的统计功能,平台对各类统计功能的支持提出了细致的要求。目前支持当日、7 天、15 天、30 天的网站访问的浏览量(PV)、访客数(UV)、IP 数的统计,每月的访问量趋势及月度访问数据对比统计,还可根据文献类型(图书、报纸、期刊、网络文学)按日查询统计数据及月同期对比统计,还提供基于读者所用的终端的统计数据,这些统计功能的实现需要厂商根据双方制定的统计接口规范提供数据。

下面举例说明接入规范在平台运作中的具体作用,图 3 为平台通过接口规范,与资源厂商的全文阅读平台实现无缝连接,即单点登录与一键直达的示例。如图所示平台已整合了电子资源的元数据,读者通过平台就能浏览与检索资源,然而真正的电子资源全文还是在资源厂商的平台上的,通过平台之间互信的接口实现了两个系统之间的无缝连接。首先,对资源厂商的平台进行改造,提供接口接收来自市民数字阅读平台的信息,平台就会将读者的登录信息以及所选择的资源信息,传递给厂商平台;然后,厂商平台在接受信息之后,再利用市民数字阅读平台所提供的读者认证接口来认证读者的有效性,通过认证后即可直接定位到读者想要的资源;最终对于读者来说,只需要一次登录,即可进行全文浏览。

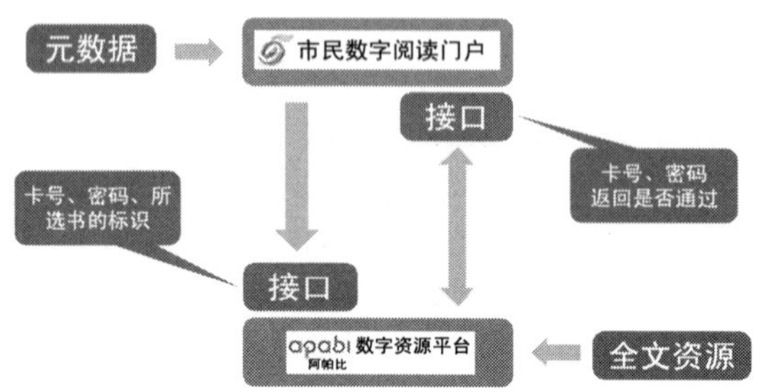

图 3　厂商阅读平台接入接口实例

5　结语

上海图书馆作为公共图书馆本不该自己开发和建设数字阅读平台,然而,当前图书馆的数字阅读才刚刚起步,但已经遭遇到了很多困难。首先,是相当数量的上游出版商疑虑重重,担心数字内容很容易遭到拷贝而得不到控制,版权利益无法得到有效保障;其次,同时基于网络的数字内容服务是没有地域限制的,如何计算成本、获取收益,也是一个需要探索的问题;第三,技术上多种格式、不同平台、各类设备,使众多厂商提供的电子书难以集成,无法进行统一发现和服务。这三个方面的问题汇聚起来,使得图书馆数字阅读服务难以在短期内形成标准的业务模式,从而不利于其向新的服务形态迅速转型。上海图书馆"市民数字阅读平台"的建立更多的意义在于促进上游内容提供商更加开放资源,在国内能尽快形成标准的业务模式,同时也为图书馆如何为下游用户进行数字阅读服务积累了大量可供分享的经验。期待不久将来,图书馆的数字阅读服务能够整合各种数字阅读资源,整合内容、平台与终端的服务链,通过创新的服务、优良的用户体验,带给读者完全不同于以往的图书馆感受。

参考文献

[1] Scholtz, Nina E.A pilot using OverDrive: e-lending in academic law libraries[J]. Source: AALL Spectrum, 2013.4, 17(6):21—24.

[2] Chiarizio, Matthew. An American Tragedy: E-Books, Licenses, and the End of Public Lending Libraries? anderbilt Law Review, 2013.3, 66(2):615—644.

[3] 吕淑丽.Overdrive 图书馆移动阅读平台的特点与借鉴[J].图书馆学刊.2013(9).

[4] 付跃安,黄晓斌.OverDrive 图书馆移动阅读解决方案及其特点[J].图书馆杂志,2012(2).

[5] solr[EB/OL].[2014-4-16]. http://lucene.apache.org/solr/.

摘 要 选 登

Abstracts of Other Papers

现代图书馆馆藏管理：挑战、问题与前景

Devendra Bhongade
（印度 JVM Thugaondeo 学院）
Anil W.Hirwade
（印度国家知识产权局图书馆）

Collection Management in Modern Libraries: Challenges, Problems and Prospects

Devendra Bhongade
(Principal, JVM Thugaondeo, Nagpur, India)
Anil W.Hirwade
(National Institute of Intellectual Property Management Library, Nagpur, India)

1 Introduction

Development in the 21st century has lead to copious changes within the nature of intellectual contributions, library services and user expectations. These changes have considerably influenced the ways in which library collections are procured and managed. A key development in collection management is collection building, its impact on policy and practice and the way collection development might evolve in the future. The development of the concept in literature and assesses the impact of information and communication technology on collection building in libraries.

2 Modern Libraries & Collection Management

The world has become a global village due to the development of IT especially computer technology. The rise of digital libraries has also brought phenomenal changes in the progress of collection, storage, preservation, retrieval and dissemination of information. A digital library or global virtual library is defined as library with all the information available in the digital form. The digital revolution in IT has changed the structure of library collection. In modern era library and information centres have been moved for acquiring, maintaining and providing resources in digital format. The digital document contains the information in electronic form and accessing the information in digital form at different places. It offers new levels of access to broader audience of users and new opportunities for library and information science field.

Electronic publication has some special problem of management as compared to printed document. They include infrastructure, accessibility, restrictions, readability, standardization, authentication, preservation, copyright, user interface etc. But still there are lots of opportunities for using the digital collection. Therefore the importance of digital documents has been recognized by all nations of the world.

3 Major Issues in Collection Management

With growing digitization of documents the issues before the profession are:

- Increasing scarcity of time with user communities.
- Declining reading habits and shifts from reading for pleasure to reading for a purpose.
- Busy user communities' shift from reading elaborate reports to consulting.
- Identification of what worthwhile information is available in the open access sources.
- Legal deposit of digital documents(Project Paradigm) and creation of mirror sites.
- Frame policies for what to digitize and retain.

- Collaboratively search, evaluate and quality filter the newly born information.
- Shift from procedure based to user based library policies.
- Develop state of the art schemes and knowledge management tools for organization of digitized information.
- Work on cost effective ways to acquire and access useful and need based digital collections through library consortia.
- Develop better user interfaces as technology advances.
- As far as possible facilitate free access to ICT infrastructure and encouraged free services to users.
- Explore the possibility of collaborative arrangements with other agencies in the best interest of digitized knowledge management and dissemination.
- Empower end users by organizing all possible need based information literacy training programs for users.

4 Challenges of Collection Development in Digital Era:

In the digital era these are the challenges in collection management

- Challenges in collection Development Electronically
- Challenges regarding Technological Up-gradation
- Challenges regarding Financial constraints for collection development
- Challenges regarding IT Skill Manpower
- Challenges of User Services

5 Problems of Collection Development in Digital Era:

Some of the major problems of collection management in digital era

- Selection and acquisition of material
- Collection Development Policy
- Budget Management
- Assessment and user needs
- Space Management

6 Prospects of Collection Development in Digital Era:

The prospects for modernization of libraries may be identified as below:

- Planning for the modernization of library services for the given area of library.
- There is independent scope and prospect to have proper planning for the modernizing and automation of library services in the area.
- The authority can have freedom to plan in a proper way for the modernization of library services in the area for which there is no need to depend on the State Government.
- There is immense prospect of creating awareness among the different sections of the people about the library services and it's importance through the directorate.
- Since Open Source Software for library automation are easily available in the present era, there is immense prospect of modernization and automation of library services in the area.
- There is scope of producing required trained manpower by introducing various courses in related field in the University, Institutes of the area.
- There is prospect of creating separate budget for modernization and automation of library services.

7 Conclusion

The ideas offered in this paper are intended to help us face the exciting and bewildering challenges in the networked era. This paper considers some of the major issues concerning collection management in libraries in a rapidly changing environment. Specifically, this paper reflects on core values, scholarly communication issues, acquisition activities, access and delivery issues, and innovation. The paper come up with ideas for incorporating shifts in these areas into a sustainable, forward-looking approach to collection management. Key traditional activities under this concept considered are selection and acquisition of materials, collection development policy, assessment of patron needs, budget management space management including storage, community outreach & liaison and resource-sharing arrangements.

References

[1] Abubakar, Bappah M, Digital Libraries in Nigeria in the Era of Global Change: A Perspective of the Major Challenges, Trends in Information Management, University of Jammu and Kashmir, 2010.

[2] Khandare Dhanishtha, "Collection Development Policy For Management Institute Libraries in the Changing Era" Indian Streams Research Journal Vol-3, Issue-10, 2013.

[3] Fabunmi, B.A.Challenges and prospects of virtual libraries in universities in Nigeria. European Journal of Scientific Research, 33(1), 2009.

[4] Fieldhouse, F., and Marshall, A. EditorsCollection development in the digital age. United Kingdom: Facet Publishing, 2012.

[5] Behera, and Singh, Problems and challenges of collection development of Indian Libraries in Digital Era-Journal of Arts Science & Commerce, Vol. -II, Issue 1, 2011.

大数据时代的图书馆服务与管理

杜晋萍
（鄞州高级中学）

Library Service and Management in Big Data Age

Du Jinping
(Yinzhou Senior High School)

大数据时代，对中小学教育领域产生了深远地影响，对图书馆领域也是如此。本文从大数据意识的建立，到大数据的建设，再到大数据的分析，通过实实在在地数据挖掘来说明图书馆服务与管理的信度和效度。通过三方面的拓展转型，图书馆转化为大数据时代的新型图书馆，读者拥有新空间、新服务、新体验。

1. 数据分析

1.1 大数据意识的建立

意识先行的主体有两个：一是行政层，要有数据战略意识；二是员工层，要有数据收集和数据建设意识。

1.2 大数据的建设

从馆藏数据建设、流通数据建设、读者数据建设以及数据档案建设需要认真严谨的科学态度去施行。

1.3 大数据的分析

本文用数据挖掘论证了图书馆管理的信度和效度。流通数据证实“无门”模式推动了学生的阅读、打破“男生不爱阅读”的世界难题等等。数据结果不仅发现规律性，还有趋向性。大数据之大，使得整个图书馆部门和运行流程都发生了改变。

2 拓展转型

2.1 新空间

(1) 无障碍开放

借阅数据对比结果，“无门”模式更能打动读者的心。正如我校一毕业生所言：“门没有，书都在，好像全是我的。”要开放，改革必须跟上，才能实现大数据时代的新转型。

(2) 校际联盟共享

跨校甚至跨区域建立中小学图书馆圈：相同的图书馆集成系统、采用最新科技成果、资源共享互借、实现统一管理，数据用于中小学生阅读研究。

2.2 新服务

新空间的产生，新流程的改变促进了新服务的提升。

(1) 个性化引导

通过数据分析，发现一些真正爱阅读的同学，对其进行个性化引导。

(2) 社团式引导

招募学生参与图书馆选修课程的学习。培养学生利用无门图书馆情境，学会自主获取并利用信息以及体验阅读后知识的转化和表达。

(3) 沙龙式平台

引进北京单向街的文化沙龙模式，让思想在交流中得到提升和共融。

(4) 访谈式平台

“无门”模式让毕业生对鄞高图书馆产生了深厚的感情。图书馆搭建了一个小平台，邀请他们把自己对阅读的理解和心得感悟跟学弟学妹们分享。

(5) 传承式平台

访谈嘉宾的人选培养是一个课题。我们希望把厚读的理念传承下去，学生能够从学长们身上看到自己的未来,把厚读的思想发扬光大。

(6) 转化式平台

学术型高中,图书馆要跟上教改形势,配合教育大方向作出自身的调整,诸如开设图书馆利用选修课等。

2.3 新管理

在大数据时代,数目化管理是管理的新模式:以事实为基础、以数据为核心的精确管理,建立精确管理体系。(1)第三方平台;(2)引进外援;(3)培养团队。

学科馆员与人才培养

高安宁
（中共陕西省委党校图书馆）

Subject Librarian and Cultivation of Talents

Gao Anning
(Library of Shaanxi Provincial Party School of THE CPC, China)

图书馆在现代社会发展中已成为一支不可忽视的力量，学科馆员在图书馆现代化管理和人才培养中有着重要作用。

1. 学科馆员本身就是一门学科的高级人才

图书馆收藏的图书门类复杂，学科很多，要完整准确地对一门学科进行资料收集整理，分析研究，就得需要学科馆员。只要图书馆都有各门类的专业高级学科馆员，图书馆的培养人才的功能将会大力提高，图书馆也将是人才培养的一大重要场所，为社会有志之士成才做贡献。

2. 图书馆学科馆员有更加促使自身成才的有利条件

学科馆员首先占有本学科最完整最详尽的资料，为自己成才准备好了一个完整的条件。图书馆学科馆员有更多的自由时间去从事本专业相关理论的研究工作。学科馆员都是图书馆内一个专业，基本上是一至两个人来担任，独立完成自己的专业研究，能互相帮助，很和谐团结，只要个人努力，一定会出成果，出成就的。

3. 学科馆员制度，要选拔一批优秀人才来担任，不能鱼目混珠

学科馆员要负责对本学科相关资料的收集整理，提供服务和科研工作，大学和公共图书馆学科馆员就需要本专业的大学本科以上学历的人员来担任，图书馆对人才的培养工作就要体现在学科馆员的科研和服务工作上，学科馆员能科学有效地提供相关学科的资料及其研究成果，就是为人才成才提供了重要支持。

4. 学科馆员的科学工作，能更有力的吸引读者，为读者服务，培养人才

人们在市场上买东西要选择便宜物美的东西，到图书馆去也是选择自己所急需的具有价值的知识的。一个图书馆收藏不具有科学性和有价值性，读者肯定是去的少。选择科学合理的资源，为自我成才服务。

5. 学科馆员应跟踪服务，为人才培养及成功努力

有不少教师教研人员从事于专门的科研活动和工作，学科馆员应上门与这些科研人员联系，为他们提供资料，学科馆员还可以跟本部门的班级进行综合服务，为教师，学生学习和科研提供帮助，还可以就某些研究热点问题进行深度分析讲评讲座，提高服务质量，为人才成才成功而服务。

6. 学科馆员制度，可以改变图书馆重藏轻用的观念，变被动为主动服务，为社会全面培养人才而努力。图书馆实行学科馆员制度，还可以有助于不断提高图书馆人的自我培养意识，有助于成功成才，有为才有位，图书馆学科馆员的作为提高了，整个图书馆人员的社会地位也会提高，为图书馆未来发展做贡献。

7. 学科馆员应具备高水平研究能力，才能更科学地提供服务，为人才成才做贡献

学科馆员是对某一些学科的资料，研究问题有一定的系统的了解研究，分析能力的人员，只有有研究能力，水平高，才能高屋建瓴，科学的提供相关学科的研究资料和成果，为专业人员的研究成功而服务。

8. 学科馆员要定期不定期就社会研究热点问题进行专题研究，为全社会人员成才服务

自我研究成果的主讲也是对社会热点问题的一种研究服务，对解决社会实际问题和专家领导研究工作都是有一定重要帮助，也为一定专业人员和广大热心研究的人员的成功而努力服务。

9. 未来图书馆更应加强学科馆员制度和工作的研究，为人才发展而服务

图书馆发展中有不少人只注重外部形象，内部也应更加优化，应把全部工作人员都努力培养成学科馆员，对内能提高收藏水平和科研能力，对外能更科学服务于他人，为人才的成才成功而努力服务。

大数据视野下的高校图书馆用户需求获取研究

桂罗敏

（上海大学图书馆）

Research on Access to User Needs of University Library under the View of Big Data

Gui Luomin

(Library of Shanghai University, China)

面对日新月异的信息技术环境，高校图书馆的立足根本是制定符合用户需要的策略，提供切实有效的服务，而这一切的必要前提是对用户需求的获取。

在目前有限的技术和能力下，高校图书馆获取用户需求的方法主要有几种：一、用户需求征询，由图书馆向用户征询意见，比如咨询岗、在线咨询等。优点是便捷低耗，缺点是数量有限；二、抽样调查，由图书馆对用户做问卷调查或抽样访谈。优点是能控制过程，不足是周期长成本高；三、嵌入式服务，由图书馆人员以虚拟或物理途径进入用户群体了解需求，制定和提供个性化服务策略。优点是对用户需求精细化研究，弊端是成本高收益小，服务面狭窄。

这些传统方式一直在图书馆用户需求获取方面发挥着重要作用，但其缺陷明显，效能低下，制约着图书馆的发展。大数据是信息社会发展到当下规模，基于云计算等现代技术而形成的新型思维和技术体系。其特质和能力可以拓展用户需求研究的思路，整合传统和现代，将图书馆学引领到新途径之上。本文尝试从理念和实践两方面，探讨大数据如何应用于用户需求的研究。

在理念方面，其一，由于未来任何行业都将主动或被动地纳入数据化进程，而且外部信息行业正以优质的个性化服务与高校图书馆争夺用户，高校图书馆需要认同并重视大数据的观念。其二，每所高校拥有独一无二的用户需求资源，数据量非常庞大，有着巨大的开发和利用价值，如能尽早地挖掘和利用这些数据资源，将大大提升高校图书馆的服务效能。其三，由于现代技术有能力提供足够大的样本以及分析大样本的工具，传统思维模式需转变为大数据思维模式。这些转变可概括为：从抽样到全体的转变；从低效到高效的转变；从因果到相关的转变；从主观性到客观性的转变。

在实践方面，为了实现用户需求获取研究的大数据化，其一是调整组织架构，图书馆应设立数据部。作为核心部门，数据部的根本职能是为各个业务管理层提供决策支持。主要业务是根据管理层的规划，直接参与或者监管各业务部门进行数据收集，建立各类数据库，并按照决策层或业务部门要求，建立各类数据模型；其二是建立具有本校特色的数据资源仓库。数据仓库是数据分析的前提之一，而基于本校用户资源的数据库是大数据化的优势所在；其三是从广度和深度上扩大数据采集来源。充分应用和开发物联网技术来采集数据，并提高挖掘意识，发现潜在的非显性的用户需求信息资源。

数字阅读对图书馆的影响及对策

李亚军
（65066部队图书馆）

The Effects of Digital Reading in the Library and the Countermeasures

Li Yajun
(The Library of Unit 65066, China)

1 数字阅读的定义

主要有两层含义：①阅读对象的数字化；②阅读方式的数字化。

2 数字阅读的特点

2.1 内容的丰富性

计算机强大的存储能力和网络的互通性使得不同领域、不同地区和国家的信息资源可以通过网络获取。而且网络信息形式多种多样，包括文字信息、图像信息、音频信息、视频信息等等。

2.2 环境的开放性

数字阅读突破了时空限制，人们可以随时运用手中的手机、MP4等数码产品，在任何地点进行阅读。

2.3 过程的互动性

数字阅读可以多对多、一对多或一对一的方式进行，读者不再是被动地接受信息，而是主动地发现、选择、处理信息，使读者享有前所未有的参与权。

2.4 目的的实用性

为完成特定任务和研究，人们往往借助网络强大的搜索引擎，搜到与其需求极其接近甚至完全吻合的内容。

3 数字阅读对图书馆的影响

3.1 影响提供阅读的方式

电子阅读器作为专用于数字阅读的产品给用户带来全新的阅读体验。图书馆改变过去单一提供纸本阅读的方式，增加数字阅读的方式，为用户提供越来越多的阅读选择。

3.2 影响服务的方式

随着信息技术的不断发展，图书馆的服务正突破物理空间，以网络为依托，通过电子书阅读器等新型移动设备提供信息服务，图书馆的服务将会变得更加“泛在”。

3.3 影响工作流程

图书馆在采购数字资源时，需要摸索新的采购模式，还面临制定收藏纸质与数字资源的比例，以及如何合理分配经费的问题。流通管理方面，传统的借阅是通过借书证来控制读者的借书权限，而数字资源的借阅是通过数字资源的访问权限来控制，并通过网络来完成。

3.4 影响藏书职能

数字化产品，它的保存与印刷型图书不一样，需要统筹规划、建立一个数字资源长期保存的技术平台。图书馆要同出版机构、软件开发商等多方协作，确保数字资源的永久存取。

4 以数字阅读为契机创新图书馆服务

4.1 提供合适介质信息资源

分析读者阅读需求，及时调整馆藏结构，将数字阅读与传统纸质阅读相结合，向读者提供最便捷、最符合阅读需求的信息资源。

4.2 提供电子阅读器外借服务

电子阅读器以其特有的阅读便利性受到了越来越多人的关注,图书馆开展电子阅读器的外借服务,使用户随时随地阅读想看的数字资源。

4.3 提供在线服务

对网络不同的数字资源进行整合,实现集中管理,跨平台、跨数据库检索。克服数据库因其检索界面、检索途径、文件阅读格式等诸多不同而带给读者的不便,实现多种数据资源的联合查询。

竞争力——向用户提供服务的能力

Raisa Samsonova　Tatiana Grekova　Elena Danilevskaya
（俄罗斯莫斯科涅克拉索夫中央综合科学图书馆）

Competitiveness—The Ability to Offer Services for Users

Raisa Samsonova, Tatiana Grekova & Elena Danilevskaya
(Moscow Central Universal Scientific Library after N.A.Nekrasov, Russia)

The Moscow Central Universal Scientific Library after N.A.Nekrasov, which we represent, is the main library of Moscow. It is a public library accessible by citizens and it is funded by the Department of Culture of Moscow. Being a social and cultural institution, its aim is to serve the general public's information needs or public interest. The Library is open to all and every citizen for free access to the collection.

Here are some statistics on public libraries of Moscow for January, 1, 2014:

- 453 public libraries serve 11 administrative units of the capital.
- The staff of Moscow city public libraries numbers over 3 thousand people; they are the main staff-librarians. But nowadays programmers, sociologists, economists, legal experts and so on are also employees of libraries.
- Collection-26 mln
- Users-2,5 mln
- Visits-over 18 mln a year
- References-over 2,8 mln

Here are some statistics on Moscow Central Universal Scientific Library after N.A. Nekrasov:

- Collection-1 909 808
- Users-40 350
- The main staff-178 people
- Visits-309 065
- References-143 582

Talking about the competitiveness of our library, it should be noted that over 1 200 libraries operate in Moscow. The Russian State Library—the largest library in Russia, the State Public Historical Library of Russia, Russian National Public Library for Science and Technology, the Library of the Russian Academy of Sciences, Medical Library, Art Library, libraries of different ministries and departments, libraries of higher education institutions, network of school libraries and others.

Moscow is a large center of cultural and educational institutions, publishing houses and information centers. We can speak about these institutions as rivals of city public libraries. The majority of our rivals suggest the same kinds of services as do the public libraries.

Book shops organize entertainment sessions for reading promotion. Cafes provide open access to book shelves with magazines and bestsellers. Parks and metro stations have WI-FI to let the citizens use their mobiles, i-phones, note-books wherever and whenever they like.

On the one hand these institutions are the rivals; on the other hand they are our partners in carrying out joint actions. In difficult competition libraries have to constantly "win" their users.

The activity of the libraries in Russian Federation is regulated by Federal and Regional Laws.

Moscow law on library & information services for Moscow citizens was adopted in 2009 and it regulates the relations in this sphere in order to provide open access to information. The Law is changing according to time requirements.

According to the law the list of free guaranteed library & information services for Moscow citizens are as follows:

- joining the library is free(no single-payment, no monthly or year fees);
- allow books and other materials to be taken home for temporary use except the rare books collection and provide computer and Internet access to databases, CD, DVD and digital documents including remote access;
- provide access to information search and help to work with electronic and traditional catalogues;
- provide quick reference services to users;
- provide information on libraries and development & research institutions of Moscow;
- provide access to book and virtual exhibitions based on Moscow city public libraries collections;
- demonstrate electronic resources;
- provide reservation of documents to use in library reading rooms.

These minimum is obligatory & guaranteed to all citizens. All public libraries of Moscow, subordinated the Department of Culture of Moscow, provide these services.

Talking about the competitiveness of public libraries we define this term as the ability to offer services or products that meet the quality standards of Moscow citizens.

For this reason Moscow city public libraries must develop library & information services in order to be demanded.

Moscow Government pays special attention to Library Science in the capital, creating all conditions for development.

Three main priorities are determined now as follows:

- create multifunctional information complexes on the base of Moscow city public libraries, including creation and development of media centers system;
- promote Moscow Department of Culture grants for realization of innovative public libraries projects and projects of social importance;
- create additional access areas to Moscow city public libraries information resources, organize mobile forms of services.

Perspectives of Moscow city public libraries development are connected with the idea of creating the united information space. The implementation of this idea assumes:

- modernization of computer equipment;
- provision of high speed access to Internet or creation of Wifi area;
- provision of remote access to information resources.

All this will provide access to:

- all types of information resources
- electronic catalogue & databases on different topics
- web-sites, blogs, social networking

Using modern information technologies in libraries gives more opportunities such as:

- to participate in multimedia content creation, blogs, etc.;
- to organize "user's private area" and provide conditions for socialization(private room, virtual book shelf);
- modern library should work as a multifunctional center this allows to be competitive in marketing conditions today

Here is a model of a multifunctional library, the main components of which are:

- Book collection, number of personal computers with Internet access, virtual reading room, etc.
- Book shopor bookstall
- Multifunctional concert hall for various actions

- Exhibition hall or show-room
- Play room for children
- Café

A multifunctional library should work as a center of social communications. It is a new function of libraries.

So, the main aims of Moscow Central Universal Scientific Library after N.A. Nekrasov development and sustainability are:

- constantly improve library & information services according to user demands;
- to provide free access to local and foreign information resources with the help of modern telecommunication technologies;
- to manage library and information services quality;
- to collaborate with libraries of different types, publishing houses, book shops, etc.;
- to promote reading.

Speaking about the activities of Moscow Central Universal Scientific Library after N.A.Nekrasov, first of all we speak about open free access provision to book & electronic resources:

- to library collection(except rare books);
- to electronic documents collection;
- to legal information search systems. We mean official legal databases which comprise a lot of useful information on different problems of civil law or retirement fund, etc.;
- to subscribed electronic resources;
- to open e-libraries on Internet which comprise digital documents of various types;
- to library databases which are generated by the library specialists based on our library collection.
- remote services:
  — electronic document delivery—it has become the traditional service but we should keep within the copyright law
  — virtual reference service
- library & information home services for disabled, retired people and large families with many children.
- cultural and educational activities
- Wi-Fi(attracts many youngsters)

全民阅读的目标设计与公共图书馆人之应然作为

谭楚子

(徐州图书馆)

The Objective for Nationwide Reading and Public Librarians' Ideal Actions

Tan Chuzi

(Xuzhou Municipal Library, China)

毋庸讳言,如果将时下公共图书馆系统声势浩大的“全民阅读”活动,放置于今日中国由传统向现代国家艰难转型,而“启蒙”事业尚未完成这一宏大历史文化背景之下进行考察,就会发现,沸沸扬扬的“全民阅读”活动,由于缺失明晰而崇高的价值指向——只管相关阅读“数据”的统计上报,而遑论阅读内容的意义建构、价值追问……乃至该阅读活动的终极目标遂成,从某种意义上讲,这一开展经年的公共图书馆全国性读书文化活动,目前已面临流于形式之虞。

零点公司最近做的一项“中国人的精神与信仰”问卷调查结果称:中国大陆总人口中的18%自称信佛,共约1亿8 500万人;17%自称信奉道教,共约1亿7 300万人;约2亿人信拜祖先神灵;约1亿4 500万人信风水;约1亿4 100万人信财神;约3亿6 200万人相信算命相面或手相;全国城市人口中3.2%自称是基督教徒,约3 300万人,而农村人口中基督教信众极其庞大且又时时游走分散,以致其目前统计数字暂付阙如。调查并且显示,这一趋势方兴未艾,还有进一步扩大和加速的征兆。

上述问卷调查结果实实在在地在向我们展示:当今时代,的确是一个人们心灵极度贫穷,精神极度荒芜的年代!

心灵的贫穷必然向往昭示,精神的饥渴必然需要阅读,此即乃当下中国大陆公共图书馆“全民阅读”以及其他一系列相关阅读推广服务活动开展时的总体社会文化背景。

由此不难看出,这一活动的确需要一个理论指导层面的价值引领和终极目标设定——“全民阅读”的价值基点应立足于构建健全的公民社会;通过开启民智的阅读活动,促成全体国民观念素质的现代化转型,进而为实现民族的真正复兴聚集强大而又源源不竭的雄厚精神实力。

为达此目标,全民阅读活动中的公共图书馆馆员应积极作为,科学建议或引领到馆读者读书。必须看到,阅读乃个人的精神生活,阅读自有其内在的可遵循之规律。为遂行上述全民阅读目标设计,我们必须首先帮助读者研究搞清“我为什么要读书”、“读什么书”及“如何读这些书”这三个问题。

“我为什么读书”与“我为什么生活”这一关于人生终极意义追问的思考紧密关联,当下网络环境无处不在的超强渗透亦复对传统阅读构成某种挑战或消解,由此凸显这一问题之内在哲学含蕴及其重要性所在。

鉴于时下出版物平庸读本占据多数,因此阅读文本理当慎重选择经典读品。

在如何阅读经典问题上当坚决摒弃解说式代读之类人工“精神代乳品”拙劣货色,提倡直接阅读原典,以期达成精神健康成长、享受快乐心灵之本旨。

当下中国大陆公共图书馆乃某种意义上哈贝马斯(Juergen Habermas)所谓政治哲学语境下的“公共空间”(Public Sphere);不仅如此,鉴于特定之国情,公共图书馆一直充当着社会结构转型期缓解日益激化的中国社会各阶层矛盾的“减压阀”的功用。这是其迥异于作为专业信息数据中心、专职为专业技术人士提供文献信息查新或课题跟踪服务的专业图书馆的最大分野。全民阅读活动不仅让公共图书馆找到了独属于自己的角色定位,也使人们对这一分野的清醒认识上升至具有战略意义的高度。

社会力量参与图书馆建设:价值、模式及策略

王　晴

(山西大学经济与管理学院)

Research on the Social Forces Assisting in Library Development: Values, Modes and Strategies

Wang Qing

(School of Economics & Management, Shanxi University, China)

进入21世纪以来,各种社会力量参与图书馆建设的活动呈现出不断高涨的态势,社会力量参与图书馆事业发展有两大效用,即对图书馆行业本身的“内向效用”和对图书馆利益相关者的“外向效用”。走“政府主导、社会参与”路子是图书馆建设的趋势。

社会力量参与图书馆建设的价值意义体现在两个方面,一是提升办馆条件,弥补资源不足,二是优化资源配置,凸显公众权益。社会力量参建图书馆既是社会文化公德意识的具体体现,也是个人慈善觉悟的公益表达,同时也是一个双赢互利的过程。

社会力量参与图书馆建设的运行模式主要有四类:一是个人或企业独立建设运营,二是

慈善组织或公益基金的援助,这类图书馆的经费来源已经不再单纯依靠财政拨款,三是由电视、网络媒体以及文化志愿行动发起的实践活动,四是包括工业区图书馆、大学城图书馆在内的开放式共享空间。后两类的建设模式表现出更加灵活多样化的特征。

为了更好地吸引和促进社会力量参与到图书馆建设活动中来,可以采取以下策略:一是积极营造捐助氛围,主动策划捐助项目,可以从两条路径实现,即馆内员工根据馆舍实际需求展开项目策划和寻找馆外合作团队,其他的有效行为也值得我们去借鉴以促进我国图书馆事业的进一步发展。二是完善捐助政策法规,优化捐助管理机制,需要考虑的要素包括利益相关者的角色定位和资源分配方案,以及相应的激励措施。三是文化强省(市、县)与劝募(捐、助)并举,图书馆应当抓住本省(市)文化事业发展的良机,与其他机构主动沟通,共同构建起一个协同创新、互利互惠的可持续发展模式。

引入社会力量并不意味着削弱或放弃政府部门在公共文化服务体系中的主导作用,而是丰富文化服务内容,促进政府职能转变的集中体现。当然,也面临着建设的针对性和运营的可持续性等问题,需要政府部门、社会力量、图书馆以及公众的共同努力。

数字阅读推广与图书馆服务定位

周怡悦
（重庆图书馆）

The Promotion of Digital Reading and Localization of Library Service

Zhou Yiyue
(Chongqing Library, China)

阅读，作为人类社会生活的一项重要活动，在随着科技发展、时代进步的今天，传统的阅读模式正逐渐被改变，现代化的数字阅读越来越受到大众的喜爱，并逐渐融入人们的生活。

1 数字阅读特性及意义

数字阅读作为新的阅读方式，影响和改变了人们的阅读习惯。快捷、方便、省时、环保的特性打破了时间、空间、地域的限制，让阅读无处不在。与传统的纸质出版物相比，数字化阅读这些优越的特性越来越受到人们的喜爱和追捧。通过数字阅读，人们可以把零散的、碎片化的时间充分利用起来，这一方式不仅降低了阅读成本，而且让人们能够拥有内容丰富、涵盖更广的资源，享受高质量的阅读体验。

2 图书馆推动数字阅读的有利条件

图书馆作为保存人类文化遗产、传播科学文化知识的社会教育场所，在科技发展的今天，许多先进地区和发达地区的图书馆已朝着数字化、信息化的方向发展，并且拥有电子触摸屏、24 小时自助图书馆、手机图书馆等先进设备和软件。同时，各级图书馆还结合区域经济社会发展的特点，增加资源内容、建立特色数据库，将数字资源传送到社区、乡镇、农村，为丰富基层群众的文化生活、缓解城乡“数字鸿沟”、推广数字阅读提供了有利条件。

3 图书馆推广数字阅读的重要举措

现代化的图书馆不仅要求馆员具备强烈的事业心、责任感和使命感，还应成为信息资源组织治理者、提供者、传播者和信息利用的导航者、教育者。图书馆除了做好日常读者服务工作外，还可利用网络、电视、微博、平面媒体等做宣传，借助 4・23 世界读书日、春节、国庆等重大节假日，联合省级、地市馆，开展丰富多彩、积极向上的数字阅读推广活动，让广大市民享受数字阅读带来的快乐。

为全面提升数字图书馆的服务能力，图书馆还通过面向高校、企业、军队、科研院所等开展信息服务，借助其成熟的数字资源发布平台，将图书馆丰富的资源带进高校、企业，实现资源共建共享，提升数字图书馆的服务能力。

目前，数字阅读已得到社会各界广泛认同，数字阅读推广也将作为一项长期工作而进行。面对这一新形势，图书馆也将拓展辐射面积和服务深度，充分发挥其作用，为全民参与数字阅读搭建一个有利的平台，从而进一步带动数字阅读的发展。